DIREITO DAS SOCIEDADES

II Volume

DAS SOCIEDADES EM ESPECIAL

ANTÓNIO MENEZES CORDEIRO
CATEDRÁTICO DA FACULDADE DE DIREITO DE LISBOA

DIREITO DAS SOCIEDADES

II Volume

DAS SOCIEDADES EM ESPECIAL

3ª reimpressão da 2ª edição de 2007

ALMEDINA
2017

DIRETO DAS SOCIEDADES

AUTOR
ANTÓNIO MENEZES CORDEIRO

EDITOR
EDIÇÕES ALMEDINA, SA
Rua Fernandes Tomás, n.os 76-80
3000-167 Coimbra
Tel.: 239 851 904
Fax: 239 851 901
www.almedina.net
editora@almedina.net

PRÉ-IMPRESSÃO
EDIÇÕES ALMEDINA, SA

IMPRESSÃO E ACABAMENTO
PAPELMUNDE

Fevereiro, 2017

DEPÓSITO LEGAL
259123/07

ADVERTÊNCIAS

As disposições legais não acompanhadas da fonte correspondem a artigos do Código das Sociedades Comerciais, aprovado pelo Decreto-Lei n.° 262/86, de 2 de Setembro, com alterações subsequentes.

As abreviaturas utilizadas constam do volume I. Com essa excepção, a presente obra surge como um escrito autónomo.

As nossas obras *Direito das obrigações* (1980, reimp., 1994), *Da boa fé no Direito civil* (1985, 2ª reimp., 2007), *Da responsabilidade civil dos administradores das sociedades comerciais* (1997) e *Tratado de Direito civil português* I/1, 3ª ed. (2005), I/2, 2ª ed. (2002), I/3, 2ª ed. (2007) e I/4 (2005), os nossos *Manuais de Direito do trabalho* (1990, reimp., 1996), *de Direito Comercial*, 2ª ed. (2007) e *de Direito bancário*, 3ª ed. (2006) e o nosso *Direito europeu das sociedades* (2005) são citados, apenas, de modo abreviado, sem qualquer outra menção. Quanto ao 1.° vol. deste *Manual de Direito das sociedades*, 2ª ed. (2007): será referido, apenas, como *Manual*.

O presente volume, 2ª ed., está actualizado com referência a obras disponíveis até Março de 2007 e, quanto às fontes, de acordo com as reformas aprovadas pelo Decreto-Lei n.° 76-A/2006, de 29 de Março, em vigor no dia 30 de Junho de 2006 e pelo Decreto-Lei n.° 8/2007, de 17 de Janeiro. Apesar do cuidado posto na revisão, nem o Autor nem a Editora se responsabilizam pela exactidão das indicações: os práticos são convidados a confrontar, permanentemente, as precisas fontes em vigor.

A presente reimpressão da segunda edição de 2007 assume o título *Direito das sociedades*, por razões editoriais.

Lisboa, janeiro de 2014

ÍNDICE DO SEGUNDO VOLUME

PARTE I
SOCIEDADES CIVIS PURAS

CAPÍTULO I – TIPO GERAL E EVOLUÇÃO DAS SOCIEDADES CIVIS

§ 1.° **Tipo geral**

§ 2.° **Evolução e Direito comparado**

§ 3.° **O Direito português**

CAPÍTULO II – O CONTRATO DE SOCIEDADE CIVIL E A SITUAÇÃO DOS SÓCIOS

§ 4.° **Celebração e conteúdo**

§ 5.° **Direitos e deveres dos sócios**

§ 6.° **A responsabilidade dos sócios e da sociedade**

CAPÍTULO III – ORGANIZAÇÃO E VICISSITUDES DAS SOCIEDADES CIVIS

§ 7.° **Organização**

§ 8.° **As vicissitudes**

CAPÍTULO IV – NATUREZA E IMPORTÂNCIA DAS SOCIEDADES CIVIS

§ 9.° **A natureza**

§ 10.° **A importância**

PARTE II
SOCIEDADES EM NOME COLECTIVO

CAPÍTULO I – TIPO GERAL E EVOLUÇÃO DAS SOCIEDADES EM NOME COLECTIVO

§ 11.° **Tipo geral, natureza e função**

§ 12.° **Evolução e Direito comparado**

§ 13.° **O Código das Sociedades Comerciais**

CAPÍTULO II – O CONTRATO DE SOCIEDADE EM NOME COLECTIVO

§ 14.° **Celebração e conteúdo**

§ 15.° **Sociedades em nome colectivo irregulares**

§ 16.° **O capital, as entradas e os sócios de indústria**

CAPÍTULO III – A SITUAÇÃO JURÍDICA DOS SÓCIOS EM NOME COLECTIVO

§ 17.° **A responsabilidade**

§ 18.° **A proibição de concorrência**

§ 19.° **O direito à informação**

CAPÍTULO IV – O FUNCIONAMENTO DAS SOCIEDADES EM NOME COLECTIVO

§ 20.° **As deliberações dos sócios**

§ 21.° **A administração**

CAPÍTULO V – AS VICISSITUDES DAS SOCIEDADES EM NOME COLECTIVO

§ 22.° **As partes sociais**

§ 23.° **Alterações, dissolução e liquidação**

PARTE III
SOCIEDADES POR QUOTAS

CAPÍTULO I – TIPO GERAL, ORIGEM E PAPEL DAS SOCIEDADES POR QUOTAS

§ 24.° **Tipo geral**

§ 25.° **Evolução e Direito comparado**

§ 26.° **O Código das Sociedades Comerciais**

CAPÍTULO II – O CONTRATO DE SOCIEDADES POR QUOTAS

§ 27.° **Celebração e conteúdo**

§ 28.° **Sociedades por quotas irregulares**

§ 29.° **O capital e as entradas**

CAPÍTULO III – OS SÓCIOS POR QUOTAS

§ 30.° **A responsabilidade**

§ 31.° **Prestações acessórias e prestações suplementares**

§ 32.° **Contrato de suprimento**

§ 33.° **O direito à informação**

§ 34.° **Direito aos lucros**

§ 35.° **A exoneração e a exclusão**

CAPÍTULO IV – O REGIME DAS QUOTAS

§ 36.° **Unidade, montante e divisão**

§ 37.° **Contitularidade e usufruto de quotas**

§ 38.° **Quotas próprias**

§ 39.° **A transmissão**

§ 40.° **A amortização**

§ 41.° **A execução e o registo**

CAPÍTULO VI – A ORGANIZAÇÃO DAS SOCIEDADES POR QUOTAS

§ 42.° **Aspectos gerais**

§ 43.° **Deliberações dos sócios e assembleia geral**

§ 44.° **A gerência**

§ 45.° **A fiscalização**

CAPÍTULO VII – ALTERAÇÕES E DISSOLUÇÃO DAS SOCIEDADES POR QUOTAS

§ 46.° **Alterações**

§ 47.° **A dissolução**

CAPÍTULO VIII – AS SOCIEDADES POR QUOTAS UNIPESSOAIS

§ 48.° **A problemática subjacente**

§ 49.° **O tipo e o regime**

PARTE IV
SOCIEDADES ANÓNIMAS

CAPÍTULO I – TIPO GERAL, PAPEL E EVOLUÇÃO DAS SOCIEDADES ANÓNIMAS

§ 50.° Tipo geral e papel

§ 51.° Origem e evolução no Direito comparado

§ 52.° Nota histórica sobre a experiência portuguesa

§ 53.° Direito europeu das sociedades anónimas

§ 54.° As fontes e a sua preparação

§ 55.° **Aplicação e bibliografia**

CAPÍTULO II – O CONTRATO DE SOCIEDADE ANÓNIMA

§ 56.° **Celebração, modalidades e conteúdo**

§ 57.° **Sociedades anónimas irregulares**

§ 58.° **O capital e as entradas**

CAPÍTULO III – OS ACCIONISTAS

§ 59.° **Qualidade de sócio; lealdade e igual tratamento**

§ 60.° **As entradas e outras formas de capitalização**

§ 61.° **Direito à informação**

§ 62.° **Direito aos lucros**

CAPÍTULO IV – SOCIEDADES ABERTAS
E VALORES MOBILIÁRIOS

§ 63.° **A interacção do Direito mobiliário**

§ 64.° **Aquisição e perda da qualidade "sociedade aberta"**

§ 65.° **Aspectos gerais**

§ 66.° **Participações qualificadas**

§ 67.° **Deliberações sociais**

§ 68.° **Valores mobiliários**

§ 69.° **Ofertas públicas em geral**

§ 70.° **Ofertas públicas de distribuição**

§ 71.° **Ofertas públicas de aquisição**

CAPÍTULO V – AS ACÇÕES

§ 72.° **Generalidades**

§ 73.° **Acções próprias**

§ 74.° **Transmissão, registo e depósito**

§ 75.° **Acções preferenciais sem voto**

§ 76.° **Acções preferenciais remíveis**

§ 77.° **Amortização de acções; exoneração e exclusão**

CAPÍTULO VI – AS OBRIGAÇÕES

§ 78.° **Ideia e evolução**

§ 79.° **Princípios gerais**

§ 80.° **Modalidades**

CAPÍTULO VII – ASSEMBLEIA GERAL DAS SOCIEDADES ANÓNIMAS

§ 81.° **Deliberações dos accionistas**

§ 82.° **O presidente da mesa**

§ 87.° **As funções do presidente da mesa**

§ 84.° **Composição, funcionamento e competência**

CAPÍTULO VIII – ADMINISTRAÇÃO E FISCALIZAÇÃO DAS SOCIEDADES ANÓNIMAS

§ 85.° **Os modelos de organização**

§ 86.° **O conselho de administração**

§ 87.° **A fiscalização (conselho fiscal ou fiscal único)**

§ 88.° **Comissão de auditoria**

§ 89.° **Conselho de administração executivo**

§ 90.° **Conselho geral e de vigilância**

§ 91.° **Revisor oficial de contas**

§ 92.° **Secretário da sociedade**

§ 93.° **Apreciação anual da situação da sociedade**

CAPÍTULO IX – PUBLICIDADE DE PARTICIPAÇÕES
E ABUSO DE INFORMAÇÃO

§ 94.° **Publicidade de participações**

§ 95.° **Abuso de informação (*insider trading*)**

CAPÍTULO X – AUMENTO E REDUÇÃO DE CAPITAL E DISSOLUÇÃO DAS SOCIEDADES ANÓNIMAS

§ 96.° **O aumento de capital e as suas especificidades**

§ 97.° **A redução de capital e a dissolução**

1. **Razão de ordem**

No tratamento científico-positivo das sociedades, teremos em especial conta a realidade do Direito português. Seremos levados, de acordo com a ordenação do Código das Sociedades Comerciais, a estudar sucessivamente as sociedades em nome colectivo, as sociedades por quotas, as sociedades anónimas e as sociedades em comandita. A antecedê-las, por razões de ordem histórica e dogmática, impõe-se o estudo das sociedades civis sob forma civil ou sociedades civis puras.

As cooperativas são, materialmente, verdadeiras sociedades[1]. Todavia, por razões de oportunidade académica, não serão incluídas, tal como as sociedades em comandita, nesta 1ª edição.

Quanto aos agrupamentos europeus de interesse económico e às sociedades anónimas europeias: apesar de adoptados, respectivamente, pelos Regulamentos n.º 2137/85, de 25 de Julho e n.º 2157/2001, de 8 de Outubro, eles acabam por dispor de regras nacionais específicas, sendo realidades de Direito português. Os planos europeus foram tratados no nosso *Direito europeu das sociedades*[2], com algumas considerações nacionais. Por aí nos ficamos, na presente edição.

---

[1] *Manual*, 361 ss. (366 ss.).

[2] *Direito europeu das sociedades*, 825 ss. e 855 ss..

PARTE I

SOCIEDADES CIVIS PURAS

CAPÍTULO I

TIPO GERAL E EVOLUÇÃO DAS SOCIEDADES CIVIS

§ 1.° TIPO GERAL

2. As sociedades civis como tipo básico

I. As sociedades civis surgem no Código Civil: artigos 980.° a 1021.°. Não houve, aparentemente, uma emancipação perante a fenomenologia contratual das origens. Com efeito, embora a sociedade civil – entenda-se: civil sob forma civil ou civil pura – dê lugar a uma organização, o Código Civil versa-a como o terceiro contrato, após a compra e venda e a doação e antes da locação.

Esta particularidade deve ser levada à conta de mais um acidente histórico-cultural.

II. As sociedades civis não são, em bom rigor, um tipo societário entre outros. Elas antes traduzem um tipo básico, ou seja: um tipo menos estrito e no qual afloram vectores que encontrámos em todo o Direito das sociedades e que irão ressurgir nos diversos tipos de sociedades comerciais.

Fica claro que a sociedade civil pura não é um modelo-fonte ou um tipo inspirador, de onde, por dedução ou por evolução especializada, se retirem os restantes. Historicamente sucedeu mesmo o inverso: os quadros básicos das sociedades foram moldados no domínio comercial, particularmente no das sociedades anónimas; daí, num interessante refluxo histórico-dogmático, regressaram ao Direito comum. Mas ainda que nesses termos não-originais, facto é que as sociedades civis se erguem como um conjunto mais lasso ou mais geral de regras organizativas, que permitem uma cómoda introdução aos regimes comerciais bem mais densos.

III. Foi ainda afirmado que as sociedades civis puras – tal como as demais sociedades de pessoas – têm uma vertente contratual mais intensa do que as sociedades comerciais, especialmente as de capitais. Essa vertente não obsta a que abranjam um plano organizativo bastante desenvolvido[3], plano esse que, de resto, consome já a quase totalidade das normas civis.

Toda esta matéria deve ser esclarecida através da História[4].

Vamos retomar alguns elementos históricos.

3. **Noção e elementos**

I. O Código Civil define contrato de sociedade como – artigo 980.°:

> (...) aquele em que duas ou mais pessoas se obrigam a contribuir com bens ou serviços para o exercício em comum de certa actividade económica, que não seja de mera fruição, a fim de repartirem os lucros resultantes dessa actividade.

Esta noção deixa transparecer um contrato oneroso, embora as prestações não sejam recíprocas: todos devem efectuá-las, suportando o inerente esforço; todavia, as partes não recebem, propriamente, as prestações efectuadas pelos outros. Tais prestações vão, efectivamente, integrar o património ou acervo social.

II. De acordo com a noção legal, é possível apurar a presença de três elementos[5]:

– as contribuições das partes;
– um exercício em comum;
– o fim da repartição dos lucros.

---

[3] Cf. STAUDINDER/STEFAN HABERMEIER, *BGB §§ 705-740*, 13ª ed. (2003), prenot. n.° 1 (11).

[4] *Infra*, 41 ss..

[5] Cf. PIRES DE LIMA/ANTUNES VARELA, *Código Civil Anotado*, II vol., 4ª ed. (1997), 285 ss.. À luz do Código de SEABRA: JOSÉ TAVARES, *Sociedades e empresas comerciais*, 2ª ed. (1924), 20 ss.. Quanto à jurisprudência: RLx 7-Jun.-1990 (SILVA PAIXÃO), CJ XV (1990) 3, 134-137, STJ 17-Mai.-1995 (CORTEZ NEVES), BMJ 447 (1995), 422-430 (428), STJ 23-Nov.-1999 (TOMÉ DE CARVALHO), BMJ 491 (1999), 258-262 (261/II), com indicações em anotação do BMJ e RPt 14-Jun.-2002 (PIRES CONDESSO), Proc. 0230728/ITIJ, visitado em 20-Mar.-2006.

Um quarto elemento, de certo modo prévio, seria a intenção de formar a sociedade ou *affectio societatis*. A sua análise, todavia, reconduz a *affectio* à própria vontade contratual de formar a sociedade, isto é, à intenção de concluir o contrato aqui em causa. Não teria, assim, um especial relevo como elemento, embora seja um factor importante na distinção entre sociedade e outras figuras semelhantes ou afins.

A falta de *affectio societatis* determinaria a ausência da "sociedade". Em STJ 13-Out.-1977, ainda ao abrigo do artigo 1240.° do Código de SEABRA, veio dizer-se:

> Designadamente não se provou que entre o autor e o réu marido tenha havido a *intenção de formar uma sociedade*, no sentido jurídico do termo, o que, quer se considere, com José Tavares, manifestação de mútuo consenso, condição geral e essencial de qualquer contrato, quer se entenda como o elemento específico do contrato de sociedade que alguns autores designam por *affectio societatis* – sempre seria indispensável para que se pudesse considerar constituída, de facto, a sociedade a que os autos se referem[6].

A própria decisão transcrita não se compromete com uma específica *affectio societatis*. Na sua falta, não teríamos o mútuo consenso, essencial para a contratação em causa. O referido mútuo consenso seria, assim, o verdadeiro elemento em causa.

III. Quanto às contribuições das partes, admite a lei que as mesmas consistam em bens ou serviços. Podemos ir mais longe: a contribuição poderá residir numa qualquer vantagem de tipo patrimonial como, por exemplo, a concessão de uma garantia. Além disso, ela pode englobar: a transferência de direitos reais ou a sua oneração; a constituição de direitos pessoais de gozo; a efectivação de prestações de *facere*; a suportação de actuações que, à partida, o sócio poderia proibir.

As contribuições podem não ser imediatas. A própria lei refere "... se obrigam a contribuir ...": poderão fazê-lo no futuro ou, até, apenas eventualmente, já que a lei admite obrigações condicionadas, *cum potuerit*[7] e dependentes de interpelação.

É até de admitir que a contribuição de um sócio possa consistir, simplesmente, na inclusão do seu nome na sociedade. Tal inclusão pode, mesmo e *in concreto*, representar o bem social mais considerável. Resta

[6] STJ 13-Out.-1977 (RODRIGUES BASTOS), BMJ 270 (1977), 172-176 (174).

[7] Quando o credor puder cumprir.

recordar que o direito ao nome se inscreve no campo dos direitos de personalidade patrimoniais[8].

A actuação das partes deve obedecer aos requisitos do artigo 280.°, do Código Civil: ser física e legalmente possível, conforme com a lei, determinável e consentânea com a ordem pública e os bons costumes.

IV. Segue-se o "... exercício em comum de certa actividade económica, que não seja de mera fruição ...".

A expressão "exercício em comum" deve ser entendida como exercício por conta de todos. Pode falar-se em "fim comum"[9], desde que, a "fim", se dê um alcance particularmente lato. Na verdade, pode o "exercício" não ser levado a cabo por todos os sócios, sem deixar de ser "em comum".

A natureza "económica" da actividade exigida prende-se com a ideia da repartição de lucros, essencial para distinguir a sociedade da associação. Assim, não seria de sociedade o contrato em tudo semelhante ao artigo 980.° do Código Civil, mas em que as partes se obrigassem, por exemplo, a contribuir (apenas) com orações. Como dissemos, o Direito vigente afigura-se menos conceitual. Poderemos admitir sociedades com fitos não económicos: tecnicamente, surgirão como o produto de contratos atípicos, aos quais haverá que aplicar o essencial dos artigos 980.° e seguintes, do Código Civil.

Por fim, o "exercício em comum" não poderia ser de mera fruição[10]. O legislador pretendeu, com isso, delimitar a sociedade de meras situações de compropriedade de coisas, que têm um regime próprio[11]. Tanto quanto a tipicidade dos direitos reais o permita, nada impedirá uma "sociedade" de mera fruição: figura atípica à qual se aplicarão, com as necessárias adaptações, as regras da sociedade[12]. Estamos no domínio do Direito privado. Além disso, pode haver casos em que apenas um ou alguns sócios se obriguem a facultar à sociedade o uso e fruição de uma coisa: artigo 992.°/3, *in fine*, do Código Civil. E aí, já há sociedade.

---

8 *Tratado* I/3, 2ª ed., 106.

9 Como querem PIRES DE LIMA/ANTUNES VARELA, *Código Civil Anotado*, cit., 2, 4ª ed. 286.

10 RAÚL VENTURA, *Apontamentos sobre sociedades civis*, (2006, póstumo), 20.

11 CARLOS ALBERTO DA MOTA PINTO, *Teoria geral do Direito civil*, 4ª ed., por ANTÓNIO PINTO MONTEIRO e PAULO MOTA PINTO (2005), 293.

12 O próprio artigo 1407.°/1, do Código Civil, manda aplicar, à administração da coisa comum, o regime da sociedade.

Deve notar-se que os outros Direitos não são tão restritivos neste domínio. O Código Civil italiano limita-se a remeter a "comunhão constituída ou mantida com o objectivo do gozo de uma ou mais coisas" para o domínio da comunhão em geral: artigo 2248.°. A doutrina e a jurisprudência já tentaram aligeirar este preceito – mais delimitado do que o nosso – entendendo que, não obstante o mero gozo de uma coisa, poderia haver sociedade sempre que ele estivesse organizado em moldes empresariais[13].

No Direito alemão, admitem-se entradas *quoad dominium* (de propriedade), *quoad sortem* (de valor) e *quoad usum* (de gozo)[14], tudo dependendo da vontade das partes.

De facto, não vemos construção útil a não ser na base da tipicidade dos direitos reais e na natureza vinculativa de algumas regras da compropriedade. Assim, submetê-las à sociedade poderia, entre outros aspectos, pôr em crise o direito de preferência e o direito de pedir a divisão: artigos 1409.° e 1412.°, do Código Civil.

V. A concluir os elementos legais, surge-nos o objectivo da repartição dos lucros da sociedade. Este elemento tem um alcance parcialmente injuntivo, na medida em que o artigo 994.° proíbe os pactos leoninos. De acordo com a actual tendência de permitir sociedades *non profit*, propendemos para uma acepção muito lata de lucros: poderão não consistir numa imediata percepção de vantagens, pelos sócios, antes procurando beneficiar terceiros. Lembre-se, de resto, que sempre se poderia construir uma sociedade a favor de terceiro – artigos 443.° e seguintes, do Código Civil.

4. O papel das sociedades civis puras

I. O regime dos artigos 980.° e seguintes, do Código Civil, levanta múltiplas dúvidas.

Em princípio, as sociedades civis sob forma civil ou sociedades civis puras deveriam representar a grande matriz donde, por especialização, teriam sido retiradas todas as restantes, incluindo as comerciais. Todavia, isso não sucedeu. Historicamente, a *societas* era apenas um contrato, sem o poderoso elemento organizativo hoje patente no regime civil português vigente. Esse elemento organizativo adveio das sociedades comerciais, *maxime* das anónimas.

---

13 Cf. FRANCO DI SABATO, *Le società*, 6ª ed. (1999), 12.

14 STAUDINDER/HABERMEIER, *BGB*, 13ª ed. (2003), § 706, Nr. 5-7 (99-101).

Por isso, o papel das sociedades civis puras no domínio comercial deve ser sempre ponderado, norma a norma.

II. As sociedades civis – agora sob a forma de contrato de sociedade – representariam ainda um quadro elementar de colaboração entre duas ou mais pessoas, para a prossecução de um fim económico comum. Assim sucederia nas hipóteses de associações efémeras: duas pessoas põem-se de acordo para, em conjunto, desenvolver certa actuação, dividindo tarefas ou assumindo, ambas, a mesma actuação. Há sociedade, aplicando-se os artigos 980.° e seguintes do Código Civil? Parece evidente que, numa hipótese dessas, a maioria dos artigos relativos ao "contrato" de sociedade surge puramente inaplicável[15]. Quando muito, haveria que, caso a caso, indagar da oportunidade de recorrer a normas próprias desse contrato.

Resta concluir que o "contrato" de sociedade não é o cenário mais geral de colaboração económica entre duas pessoas: tal papel caberá a um contrato atípico de associação, que não dependa da organização societária e ao qual, eventualmente, se aplicarão as regras – ou algumas regras – da sociedade[16].

III. Tal o caso decidido pela Relação de Lisboa, em 18-Mai.-2000:

> Um grupo de pessoas combinara jogar no totoloto, usando sempre uma determinada chave. O boletim correspondente era rotativamente preenchido por cada um dos participantes, sendo o custo das apostas repartido por todos.
>
> Ora, em determinada altura, um boletim foi premiado com 200.363.854$00[17]. A pessoa em cujo nome o boletim fora preenchido recusava a entrega do prémio aos restantes. O Tribunal entendeu que não havia, aqui, claramente, elementos para integrar o artigo 980.° do Código Civil. Todavia, estar-se-ia perante um contrato atípico, válido, próximo da sociedade e que devia ser cumprido. Determinou, pois, a divisão do prémio[18].

IV. Temos, depois, diversas actuações conjuntas de pessoas, a que o Direito manda aplicar regras próprias da sociedade. Assim sucede no tocante à administração da coisa comum: segundo o artigo 1407.°, do Código Civil, há que recorrer ao artigo 985.°, do mesmo diploma, "... com

[15] Essa inaplicabilidade resulta do mérito da situação considerada e não de, *a priori*, se ter concluído não estarmos perante uma pessoa colectiva, em concreto.

[16] Poderíamos, aqui, inserir a contraposição entre "sociedade ocasional" ou "momentânea" e "sociedade duradoura" – STAUDINGER/HABERMEIER, *BGB* cit., 13ª ed., Nr. 66 (49 ss.), sendo que a primeira não chegaria a dar corpo a qualquer organização.

[17] Cerca de um milhão de euros.

[18] RLx 18-Mai.-2000 (MARCOLINO DE JESUS), CJ XXV (2000) 3, 91-95 (94/I).

as necessárias adaptações ...". Trata-se de uma situação aplicável à comunhão de outros direitos, nos termos do artigo 1404.°, do Código Civil, com relevo para as situações hereditárias.

De novo se acentua a necessidade de ponderar situações caso a caso: em abstracto, não é possível definir um âmbito de aplicação para o regime da sociedade civil. Mas com todas as reservas que deixamos expressas[19]: as sociedades civis contêm elementos subsidiariamente relevantes (2.°).

V. A concluir, uma palavra quanto à "comercialidade" das sociedades civis sob forma civil ou civis puras que ora nos vêm ocupando. De facto, elas não são sociedades comerciais, perante o artigo 1.°/2 do Código de 1986: falta-lhes o elemento formal. Mas as sociedades civis têm fins lucrativos. A sua actividade vai ser essencialmente comercial. A organização que elas implicam está destinada ao benefício. Trata-se de matéria que não pode deixar de ser integrada no universo das sociedades como um todo.

5. Modalidades; sociedades civis especiais

I. As sociedades civis são susceptíveis de diversas classificações. Desde logo, podem assumir forma civil ou forma comercial: no primeiro caso seguirão, como vimos, os artigos 980.° e seguintes, do Código Civil; no segundo, o Código das Sociedades Comerciais. Retomá-las-emos mais abaixo.

Muito importante é a distinção doutrinária entre sociedades civis puras com personalidade jurídica plena ou, meramente, rudimentar: adiante veremos o critério a que obedece esta contraposição.

II. O regime geral das sociedades civis puras constitui um quadro de referência para diversos tipos especiais de sociedades civis, dotadas de regimes fixados na lei[20]. Podemos, assim, distinguir entre sociedades civis típicas e atípicas[21]. Temos, como exemplos[22]:

---

[19] *Vide* KARL WINKLER, *Die Lückenausfüllung des GmbH-Rechts durch das Recht der Personengesellschaften* (1967), 23 ss., 49 ss. e *passim*.

[20] Cf. STAUDINGER/HABERMEIER, *BGB* cit., 13ª ed., Nr. 3 (11).

[21] CHRISTOPH SCHÜNKING, no *Münchener Handbuch des Gesellschaftsrechts* I – *BGB-Gesellschaft*, 2ª ed. (2004), § 1, Nr. 1 (3).

[22] PINTO FURTADO, *Curso de Direito das sociedades*, 5ª ed. (2004), 50-51, referindo em conjunto algumas sociedades civis sob forma comercial.

– as sociedades de advogados, reguladas pelo Decreto-Lei n.° 229/2004, de 10 de Dezembro;
– as sociedades de revisores oficiais de contas ou SROC, previstas nos artigos 94.° e seguintes, do Decreto-Lei n.° 487/99, de 16 de Novembro;
– as sociedades de despachantes oficiais, disciplinadas pelo Decreto-Lei n.° 513-F1/79, de 27 de Dezembro e pelo Decreto-Lei n.° 445/99, de 3 de Novembro, por último alterado pelo Decreto-Lei n.° 73/2001, de 26 de Fevereiro;
– as sociedades de administradores da insolvência, tratadas pelo Decreto-Lei n.° 54/2004, de 18 de Março.

6. As sociedades civis sob forma comercial

I. As sociedades civis que temos vindo a considerar regem-se pelos artigos 980.°, do Código Civil: trata-se das sociedades civis sob forma civil ou, na terminologia do Prof. PAULO CUNHA, das sociedades civis puras.

Contrapõem-se-lhes as sociedades civis sob forma comercial, isto é, aquelas que adoptem um dos tipos referidos no Código das Sociedades Comerciais e, não obstante, tenham exclusivamente por objecto a prática de actos não comerciais – artigo 1.°/4[23]. Tais sociedades são, na prática e computando as formalizadas, mais frequentes do que as civis puras[24].

II. As sociedades civis sob forma comercial submetem-se ao regime das sociedades comerciais. Decisiva é, pois, a forma que adoptem[25].

---

[23] O revogado artigo 106.°, do Código Comercial, dispunha:

> As sociedades civis poderão constituir-se sob qualquer das formas estabelecidas no artigo antecedente, mas ficarão nesse caso sujeitas às disposições deste Código, excepto às que disserem respeito à falência e à jurisdição.

O "artigo antecedente" referia as sociedades em nome colectivo, anónimas e em comandita. O artigo 1.°, § único da LSQ continha um preceito equivalente, para as sociedades por quotas.

[24] Na jurisprudência: STJ 4-Jun.-1974 (ABEL DE CAMPOS), Proc. 065235/ITIJ e STJ 13-Jul.-1992 (SANTOS MONTEIRO), Proc. 081919/ITIJ, ambos visitados em 20-Mar.-2006.

[25] *Manual*, 44.

De notar, todavia, que leis especiais prevêem tipos específicos de sociedades civis sob forma comercial. Assim, é o que sucede, por exemplo:

- com as sociedades desportivas (SAD), regidas pelo Decreto-Lei n.° 67/97, de 3 de Abril, com as alterações do Decreto-Lei n.° 107/97, de 16 de Setembro[26]; trata-se de sociedades sob a forma anónima;
- com as sociedades de agricultura de grupo, previstas pelo Decreto-Lei n.° 336/89, de 4 de Outubro, alterado, por último, pelo Decreto-Lei n.° 382/93, de 18 de Novembro;
- com as sociedades gestoras de empresas (SGE), que podem assumir, segundo o artigo 2.°, do Decreto-Lei n.° 82/98, de 2 de Abril, a forma de sociedades comerciais ou de sociedades civis sob forma comercial.

[26] Artigos 22.° e seguintes.

§ 2.º EVOLUÇÃO E DIREITO COMPARADO

7. Direito romano e período intermédio

I. A sociedade deriva do contrato de *societas*[27]. Ao longo do tempo, tornou-se patente que, à *societas*, podiam acolher-se duas realidades distintas: o próprio contrato de sociedade, moldado inicialmente sobre os *bonae fidei iudicia* e uma organização entre duas ou mais pessoas tendente à prossecução de objectivos comuns. Esta última terá origem na comunhão de vários herdeiros[28], tendo sido influenciada, na sua evolução, pela ideia nascente de sociedades comerciais.

No mais antigo Direito romano surgiu o *consortium erito non cito*, na base dos herdeiros de um falecido *pater familias*. Não tinha origem contratual. Mais tarde apareceria uma figura paralela, mas de base contratual: a *societas re contracta*, fonte da subsequente *societas omnium bonorum*. Daí se passaria, depois, à *societas* como *bonae fidei iudicium*[29].

Como se vê, a *societas*, já nos inícios, surge como o ponto de encontro de institutos variados, com origens históricas distintas e funções próprias.

Ainda no Direito romano surge uma contraposição entre a *societas omnium bonorum*, onde estava em causa a gestão do património comum e dos patrimónios dos *socii* e a *societas omnium quae ex quaestu veniunt*, no qual apenas se jogam os adquiridos: não os patrimónios dos sócios[30].

---

[27] *Da responsabilidade civil dos administradores*, 74 ss., com indicações.

[28] Cf. Helmut Coing, *Europäisches Privatrecht/1500 bis 1800* – Band I – *Älteres Gemeines Recht* (1985), 464.

[29] Com diversos elementos, Mario Talamanca, *Società (diritto romano)*, ED XLII (1990), 814-860 (814 ss.).

[30] Talamanca, *Società (diritto romano)* cit., 823 ss.. Cf. Max Kaser, *Direito privado romano*, trad. Samuel Rodrigues/Ferdinand Hämmerle (1999), 255 ss..

II. No período intermédio, foi aprofundada a contraposição entre a *societas universalis* e a *societas particularis*. A primeira abrangia as categorias romanas da *societas omnium bonorum* e da *societas quaestus*; a segunda apontava para um negócio específico, com um escopo particularizado[31].

A matéria veio ainda a conhecer uma influência das nascentes categorias comerciais[32]. Tudo isto acolheu o impacto da vigorosa doutrina da personalidade colectiva.

8. O estilo napoleónico; a migração comercial

I. Com as codificações, os esquemas anteriores seriam simplificados. Formaram-se, porém, dois grandes estilos – o napoleónico ou francês e o pandectístico ou alemão – que viriam a enformar o Direito continental europeu. O seu conhecimento, ainda que elementar, ajuda a entender o regime nacional.

II. O Código NAPOLEÃO de 1804, no seu artigo 1832, define simplesmente a sociedade como:

> (...) um contrato pelo qual duas ou mais pessoas acordam em pôr alguma coisa em comum, com vista a dividir o benefício que, daí, possa advir[33].

Impunha-se, de acordo com o pensamemto básico da época, uma concepção contratualista da sociedade.

No Código NAPOLEÃO, a sociedade surgia nos artigos 1832 a 1873, ocupando o título IX do Livro III. Apresentava a seguinte sistematização:

Capítulo I – Disposições gerais – 1832 a 1834;
Capítulo II – Das diversas espécies de sociedades – 1835;
Secção I – Das sociedades universais – 1836 a 1840;

[31] H. COING, *Europäisches Privatrecht* cit., I, 465.

[32] CORRADO PECORELLA, *Società (diritto intermedio)*, ED XIII (1990), 860-865.

[33] Trata-se da versão original; cf. *Les cinq codes, Napoléon, de Procedure Civile, de Commerce, d'Instruction Criminelle, et Pénal*, por T. D. (1811), 209. Este preceito veio a ser alterado pelas Leis n.° 78-9, de 4 de Janeiro e 85-697, de 11 de Julho.

Secção II – Da sociedade particular – 1841 e 1842;
Capítulo III – Das vinculações dos sócios entre si e perante terceiros;
Secção I – Das vinculações dos sócios entre si – 1843 a 1861;
Secção II – Das vinculações dos sócios perante terceiros – 1862 e 1864;
Capítulo IV – Das diferentes formas por que finda a sociedade – 1865 a 1872;

Disposição relativa às sociedades de comércio – 1873.

Registe-se que, segundo este último artigo,

> As disposições do presente título não se aplicam às sociedades de comércio a não ser nos pontos que não tenham nada de contrário às leis e usos do comércio.

Mantinha-se, de acordo com o figurino românico, a contraposição entre as sociedades universais e particulares.

III. A natureza contratual da sociedade implicava a primazia do negócio societário: este atribuiria direitos e deveres mútuos, aos sócios, fixando ainda o fim comum a que toda a actividade social ficava adstrita. O contrato de sociedade seria eminentemente *intuitu personae*, isto é: celebrado tendo em vista as qualidades pessoais dos sócios. As posições destes seriam intransmissíveis, cessando a sociedade com a morte de qualquer deles[34].

A sociedade opõe-se à corporação ou *universitas*: trata-se de uma distinção nítida, no Direito comum[35]. Ao contrário da primeira, a *universitas* é independente de quaisquer mudanças que se registem entre os seus membros.

Todavia, através da influência do Direito comercial e de todo um desenvolvimento doutrinário, acabou por entender-se que o contrato de sociedade desempenhava uma função organizacional. Ainda que não reconhecendo personalidade colectiva às sociedades civis sob forma civil, as sociedades de Direito civil, na órbita napoleónica, não são muito clara-

[34] Assim o artigo 1865, n.° 3, do Código NAPOLEÃO.

[35] HELMUT COING, *Europäisches Privatrecht/1800 bis 1914* – Band II – *19. Jahrhundert* (1989), 354.

mente contrapostas às corporações ou associações[36]. A prazo, este estado de coisas teve por efeito o de retirar as exposições sobre sociedades civis das obras dedicadas aos contratos[37], desenvolvendo-se uma dogmática cada vez menos obrigacional. Embora mantendo a localização formal no Código Civil[38], as sociedades (civis) são, antes do mais, sociedades, surgindo, até 2001, nas recolhas de leis relativas ao Código das Sociedades.

IV. Uma evolução deste tipo ficou também clara na experiência italiana[39]. O Código Civil italiano de 1865 ainda tratava a sociedade – artigo 1697.° – como o contrato pelo qual duas ou mais pessoas convencionavam colocar alguma coisa em comunhão, de modo a dividir os ganhos que, daí, pudessem resultar.

Aflorava uma ideia de *societas*, recorrendo embora a esquemas de comunhão.

O Código de 1942 revolucionou a matéria. A sociedade deixou o âmbito dos contratos, surgindo no título V do livro V, dedicado ao trabalho – artigos 2247.° e seguintes[40]. A doutrina aproxima-a de um exercício colectivo de empresa. Posto isto, o Código Civil italiano trata as sociedades civis em conjunto com as comerciais: de resto, umas e outras são, simplesmente, sociedades.

O título V do Livro V do Código Civil italiano, relativo às sociedades, tem a seguinte sistematização:

Capítulo I – Disposições gerais;
Capítulo II – Da sociedade simples;
Capítulo III – Da sociedade em nome colectivo;
Capítulo IV – Da sociedade em comandita simples;
Capítulo V – Da sociedade por acções;
Capítulo VI – Da sociedade em comandita por acções;

36 HELMUT COING, *Europäisches Privatrecht* cit., 2, 356.

37 Cf. FRANÇOIS COLLART DUTILLEUL/PHILIPPE DELEBECQUE, *Contrats civils et commerciaux*, 4ª ed. (1998), 18, explicando que a matéria se estuda no Direito dos agrupamentos ou das sociedades.

38 A matéria consta dos artigos 1832.° e seguintes do Código Civil, na redacção da Lei n.° 78-9, de 4-Jan.-1978; cf. *Code Civil/Dalloz*, 105ª ed. (2006), 1767 ss..

39 FRANCESCO GALGANO, *Società (diritto privato)*, ED XLII (1990), 865-883 (865 ss.), com indicações.

40 Cf. PIETRO RESCIGNO, *Codice civile*, 6ª ed. (2006), 3002 ss., com indicações.

Capítulo VII – Da sociedade de responsabilidade limitada;
Capítulo VIII – Da transformação, da fusão e da cisão de sociedades;
Capítulo IX – Da sociedade constituída no estrangeiro ou operando no estrangeiro.

A migração "comercial" da *societas* ficou consumada, ainda que a coberto da supressão do velho Direito mercantil.

9. O estilo pandectístico; a preservação formal da *societas*

I. A evolução pandectística da matéria não foi coincidente com a acima apontada. Na verdade, o aprofundamento românico levado a cabo pelos estudiosos alemães originou um reavivar da velha *societas*, com um retrocesso do pensamento comercial[41]. A contraposição entre sociedade, puramente contratual, e associação ou corporação, de base institucional, foi aprofundada.

A sociedade continua, assim, a surgir entre os contratos obrigacionais[42]: tratada nos §§ 705 e seguintes do BGB[43], a sociedade é contraposta a outras realidades, com relevo para as associações e para as entidades personalizadas[44].

II. A noção de contrato de sociedade resultante do § 705 do BGB é elementar e deixa na sombra quaisquer aspectos organizativos. Dispõe:

> Através do contrato de sociedade, os sócios obrigam-se mutuamente a prosseguir um escopo comum do modo determinado no contrato e em especial a prestar as contribuições ajustadas.

Todavia, ao abrigo de uma fórmula tão simples e genérica, são possíveis concretizações absolutamente distintas[45]: desde a compra a meias de um bilhete de lotaria até uma sociedade com dezenas de advogados e toda

---

[41] HELMUT COING, *Europäisches Privatrecht* cit., 2, 357.

[42] Cf. WOLFGANG FIKENTSCHER/ANDREAS/HEINEMANN, *Schuldrecht*, 10ª ed. (2006), 649 ss..

[43] Cf. PETER ULMER, no *Münchener Kommentar zum BGB*, 5.° vol., *Schuldrecht/ /Besonderer Teil*, III, 4ª ed. (2004), § 705 (58 ss.).

[44] Cf. PALANDT/HARTWIG SPRAU, *BGB*, 66ª ed. (2007), § 705, 2) (1072-1073).

[45] SCHÜCKING, *Münchener Handbuch* cit., 1, 2ª ed., § 1, Nr. 1 (3).

uma estrutura de funcionamento e de apoio[46]. E assim, para além das regras gerais do Código Civil, há que contar com diversas especialidades[47]. O grande desafio reside na funcionalização do conceito em jogo.

III. A doutrina de ponta – com exemplo nos trabalhos de KARSTEN SCHMIDT, considerados como os mais avançados nesse domínio – acaba por tratar a "sociedade de Direito civil" entre as diversas sociedades, no domínio do Direito das sociedades comerciais[48].

Por via doutrinária, o sistema alemão vem, assim, a aproximar-se dos francês e italiano. Desenha-se uma grande disciplina de Direito das sociedades, que absorve as sociedades civis e, além disso: as próprias associações e fundações.

---

[46] KARSTEN SCHMIDT, *Gesellschaftsrecht*, 4ª ed. (2002), 1691. Cf. ULMER, no *Münchener Kommentar* cit., 5, 4ª ed., prenot. § 705, Nr 1 (5).

[47] FRIEDRICH KÜBLER/HEINZ-DIETER ASSMANN, *Gesellschaftsrecht* 6ª ed. (2006), 45.

[48] KARSTEN SCHMIDT, *Gesellschaftsrecht* cit., 4ª ed., §§ 58 e seguintes (1689 ss.), onde pode ser confrontada a doutrina mais recente, que ilustra este movimento.

§ 3.° O DIREITO PORTUGUÊS

10. O Código de SEABRA

I. Na pré-codificação portuguesa, a tradição da *societas*, viva nas Ordenações[49], foi reforçada pela influência napoleónica[50]. Podemos, aí, seguir a contraposição entre a sociedade universal e a particular e as diversas regras quanto à administração da sociedade e aos direitos dos sócios.

II. No Código de SEABRA, a sociedade aparece como contrato: ocupa o capítulo II do título, reservado aos contratos em particular, logo depois do casamento. Não obstante, a definição inserida no seu artigo 1240.° parecia acentuar a vertente significativo-ideológica da sociedade[51]:

> É licito a todos os que podem dispôr de seus bens e industria associar-se com outrem, pondo em commum todos os seus bens ou parte d'elles, a sua industria, simplesmente, ou os seus bens e industria conjuntamente, com o intuito de repartirem entre si os proveitos ou perdas, que possam resultar d'essa communhão. É o que se chama sociedade.

No Código de SEABRA, a sociedade alargava-se pelos artigos 1240.° a 1317.°, em obediência à seguinte sistematização[52]:

Secção I – Disposições gerais – 1240.° a 1242.°;
Secção II – Da sociedade universal – 1243.° a 1248.°;
Secção III – Da sociedade particular – 1249.° a 1251.°;

---

49 *Ordenações Filipinas*, Liv. IV, tit. XLIV = ed. Gulbenkian, 827 ss..

50 *Vide* COELHO DA ROCHA, *Instituições de Direito civil portuguez*, 3ª ed. (1846), § 861 e seguintes = 8ª ed. (1917), II, 584 ss..

51 Assim, JOSÉ DIAS FERREIRA, *Codigo Civil Annotado*, 2, 2ª ed. (1895), 478, logo aproximava a apontada definição da "realização prática do direito de associação".

52 Cf. JOSÉ DIAS FERREIRA, *Codigo Civil Annotado* cit., 2, 2ª ed., 478 ss..

Sub-secção I – Dos direitos e obrigações recíprocas dos sócios – 1252.° a 1271.°;
Sub-secção II – Das obrigações dos sócios em relação a terceiro – 1272.° a 1274.°;
Secção IV – Da duração e da extinção da sociedade – 1275.° a 1280.°;
Secção V – Da sociedade familiar – 1281.° a 1297.°;
Secção VI – Da parceria rural – 1298ª;
Sub-secção I – Da parceria agrícola – 1299.° a 1303.°;
Sub-secção II – Da parceria pecuária – 1304.° a 1317.°.

Como se vê, a sociedade era, no Código de SEABRA, bastante envolvente. A doutrina sublinhava que "sociedade" ora exprimia um contrato, ora traduzia a "colectividade" dele derivada[53]; um claro reflexo do pensamento francês, como de resto se infere da bibliografia então em voga. Ainda a mesma doutrina apontava as seguintes características da sociedade[54]:

a) É sempre derivada de um contrato, assim se distinguindo da indivisão ou da compropriedade;
b) Em regra consensual;
c) Bilateral ou sinalagmática[55];
d) Oneroso: se um dos sócios não prestar nada, haverá uma "doação disfarçada";
e) Comutativo;
f) De fim essencialmente lucrativo.

III. O Código de SEABRA mantinha a distinção tradicional entre a sociedade universal e a sociedade particular. A primeira – artigo 1243.° –,

> (...) pode abranger todos os bens móveis e imóveis, presentes e futuros, ou só os móveis, frutos e rendimentos dos imóveis presentes, e todos os bens que se adquirirem no futuro.

A segunda – artigo 1249.° –,

> (...) é a que se limita a certos e determinados bens, aos frutos e rendimentos destes, ou a certa e determinada indústria.

[53] LUIZ DA CUNHA GONÇALVES, *Tratado de Direito civil*, 7.° vol. (1933), 206.

[54] CUNHA GONÇALVES, *Tratado* cit., 7, 207 ss..

[55] A actual doutrina distingue entre "bilateral" e "sinalagmática": o primeiro exprime a dupla vinculação, enquanto o segundo traduz o nexo comutativo; por exemplo: a promessa "unilateral" (artigo 411.° do Código Civil) é sinalagmática: uma das partes presta se quiser; deverá, todavia, fazê-lo se quiser que a outra preste.

A sociedade universal implicava que alguém entregasse a generalidade dos seus bens – ou, pelo menos, os móveis – para o manejo social. A sociedade, sendo dona dos diversos bens, presentes ou futuros, assumiria todas as dívidas anteriores ou posteriores ao contrato e as despesas dos sócios, excepto as delituais – artigo 1246.°, sempre do Código de SEABRA. Dissolvida a sociedade, os bens repartir-se-iam por igual, salvo cláusula em contrário – artigo 1248.°.

Muito envolvente e de discutível racionalidade económica, as sociedades universais eram pouco praticadas. CUNHA GONÇALVES explicava que "... estas sociedades só servem como peças de museu de arqueologia jurídica"[56]. Elas apenas encontrariam algo de paralelo no domínio das comunhões conjugais: mas aí com regimes específicos. Já então, *de iure condendo*, se defendia a sua inutilidade.

IV. A sociedade particular constituía a verdadeira sociedade civil sob forma civil. O Código de SEABRA dispensava-lhe uma regulação bastante circunstanciada.

A sociedade "... em cujos haveres entre a propriedade de algum imóvel" só poderia ser constituída por escritura pública – artigo 1250.°.

Os sócios ficavam adstritos às entradas a que se tivessem obrigado, respondendo por elas – artigos 1251.° a 1255.°. Todos os sócios teriam igual poder de administrar, salvo estipulação expressa em contrário – artigo 1270.°. Cada sócio administrador poderia praticar separadamente os actos de administração – artigo 1268.°.

Os sócios não eram obrigados solidariamente pelas dívidas da sociedade, salvo convenção expressa em contrário – artigo 1272.°: sê-lo-iam, porém, por quotas proporcionais às suas respectivas partes na sociedade – artigo 1273.°. O artigo 1274.°, sempre do Código de SEABRA, continha uma regra importante[57]:

> Os credores da sociedade preferem aos credores de cada um dos sócios, pelo que toca aos bens sociais; mas podem os credores particulares de cada sócio penhorar, e fazer execução, na parte social do devedor.
>
> § único. Neste último caso, ficará dissolvida a sociedade, e o executado responderá por perdas e danos, para com os outros sócios, verificando-se a dissolução extemporaneamente.

---

56 CUNHA GONÇALVES, *Tratado* cit., 7, 234.

57 CUNHA GONÇALVES, *Tratado* cit., 7, 300 ss..

A fragilidade das sociedades civis ficava, assim, patente.

V. O artigo 1276.° do Código de SEABRA previa a extinção da sociedade:

1.° Findo o tempo por que foi contratada;
2.° Pela extinção do seu objecto;
3.° Por se achar preenchido o fim dela;
4.° Pela morte ou interdição de algum dos sócios;
5.° Pela renúncia de algum dos sócios, e no caso do artigo 1274.°, § único.

Alguns destes termos podiam ser afastados ou complementados[58]. Todavia, eles exprimem a contingência deste tipo de sociedades.

VI. No domínio das sociedades especiais, o Código de SEABRA vinha regular as sociedades familiares – artigos 1281.° a 1297.°. CUNHA GONÇALVES incluía esta figura, ao lado das sociedades universais, no "museu da arqueologia jurídica", esclarecendo que ela não tinha paralelo em nenhum outro Código europeu[59].

A parceria – ou parçaria – rural podia ser agrícola ou pecuária: na agrícola, uma pessoa dá a outrem algum prédio rústico, para ser cultivado por quem o recebe, mediante o pagamento de uma quota de frutos – artigo 1299.°; na pecuária, seriam entregues animais – artigo 1304.°.

Estas figuras eram dotadas de várias regras, muitas vezes completadas pelos usos locais.

11. **Sistema geral do Código Civil**

I. O Código Civil vigente foi, no domínio da sociedade, particularmente influenciado pelo Código Civil italiano[60], diferente do napoleónico puro. No entanto, a influência não foi ao ponto de se aproximar a socie-

---

[58] A análise dos diversos temas pode ser seguida em CUNHA GONÇALVES, *Tratado* cit., 7, 309 ss..

[59] CUNHA GONÇALVES, *Tratado* cit., 7, 342.

[60] Foram autores do competente anteprojecto ANTÓNIO FERRER CORREIA e VASCO LOBO XAVIER.

dade da "empresa", tanto mais que jogou o peso do esquema pandectístico de sinal contrário. Mas ela ganhou uma vasta vertente organizativa, incompatível com um mero contrato, de tipo germânico. De novo a riqueza cultural do Direito privado português obriga a um estudo histórico e comparatístico, para tornar compreensível o regime vigente. Numa rápida apreciação, podemos considerar que o Código Civil veio, em relação ao anterior:

- simplificar a ideia de sociedade; foram designadamente suprimidas as arcaicas "sociedades universais" e as "familares", enquanto a parceria foi retirada deste universo; a parceria agrícola, proibida, foi aproximada do arrendamento rural, enquanto a parceria pecuária deu azo a um contrato autónomo, próximo da locação – artigos 1121.° a 1128.°;
- aperfeiçoar a dimensão organizativa da sociedade: trata-se de uma decorrência do influxo italiano, como vimos;
- regular com cuidado as relações com terceiros;
- balizar os temas da extinção e da liquidação.

No conjunto, as sociedades do Código Civil, sociedades civis sob forma civil ou sociedades civis puras, na terminologia de PAULO CUNHA, surgem como entes autónomos perfeitamente definidos. O contrato de sociedade não está configurado para reger uma associação ocasional entre duas pessoas, com fins económicos, num aspecto a que teremos a oportunidade de regressar.

II. Uma ideia geral do regime da sociedade do Código Civil pode ser obtida com recurso à sua sistematização. A matéria consta do Capítulo III do Livro II, Título II: depois do contrato de doação e antes do de locação – artigos 980.° a 1021.°. Abrange seis secções:

Secção I – Disposições gerais – 980.° a 982.°;
Secção II – Relações entre sócios – 983.° a 995.°;
Secção III – Relações com terceiros – 996.° a 1000.°;
Secção IV – Morte, exoneração ou exclusão de sócios – 1001.° a 1006.°;
Secção V – Dissolução da sociedade – 1007.° a 1009.°;
Secção VI – Liquidação da sociedade e de quotas – 1010.° a 1021.°.

O regime estabelecido é complexo, implicando o domínio de diversos institutos. Trata-se de matéria que faz todo o sentido incluir no nosso estudo de Direito das sociedades[61].

12. A aplicação subsidiária

I. Um dos pontos fundamentais no actual Direito português das sociedades civis é a aplicabilidade das suas normas, a título subsidiário, aos demais tipos societários.

Com efeito, dispõe o artigo 2.°:

> Os casos que a presente lei não preveja são regulados segundo a norma desta lei aplicável aos casos análogos e, na sua falta, segundo as normas do Código Civil sobre o contrato de sociedade no que não seja contrário nem aos princípios gerais da presente lei nem aos princípios informadores do tipo adoptado.

II. O preceito transcrito recebeu uma redacção barroca. De facto, o sistema de integração de lacunas das sociedades comerciais é, em síntese[62]:

– analogia dentro do Código das Sociedades Comerciais;
– princípios informadores do tipo;
– princípios gerais do Código das Sociedades Comerciais;
– normas das sociedades civis.

Princípio informador do tipo será, por exemplo, a limitação da responsabilidade dos accionistas à realização das acções que hajam subscrito (271.°, 2ª parte). Princípio geral do Código, por seu turno: o da inoponibilidade a terceiros das cláusulas limitativas de capacidade (6.°/4).

III. De todo o modo, tais princípios contracenam sempre com o Direito das sociedades civis. Quer isto dizer que, independentemente da

---

[61] Até hoje, ela tem sido incluída nas (poucas) análises existentes sobre contratos civis; cf. Luís Menezes Leitão, *Contrato de sociedade*, em Menezes Cordeiro (org.), *Direito das obrigações*, 2.° vol., 2ª ed. (1994).

[62] Quanto ao tema paralelo do sistema de fontes: *Manual*, 229 ss..

concreta aplicabilidade, o regime das sociedades civis, havendo lacuna, será sempre tido em conta nas diversas operações de integração.

Resta acrescentar que, ao contrário do que poderia resultar das cautelas do artigo 2.°, as sociedades civis puras têm hoje, no Código Civil e pelas razões acima apontadas, uma natureza materialmente comercial.

CAPÍTULO II

O CONTRATO DE SOCIEDADE CIVIL E A SITUAÇÃO DOS SÓCIOS

§ 4.° CELEBRAÇÃO E CONTEÚDO

13. O contrato, a forma e as suas alterações

I. O artigo 980.° apresenta a sociedade civil pura como um contrato. Todavia, o regime subsequente pode aplicar-se sem a efectiva conclusão de um contrato de sociedade (civil). Assim acontece por remissão: artigo 1407.°/1, do Código Civil, quanto à administração da coisa comum ou artigo 36.°/2, quanto às sociedades comerciais não registadas, no tocante às relações com terceiros, como exemplos. Podemos chegar a situações em que o regime dos artigos 980.° e seguintes do Código Civil seja aplicável, independentemente de um contrato ou de um contrato a tanto destinado.

A natureza básica da figura da sociedade civil mais acentuada fica. De todo o modo, é indubitável que o cenário legal comum de sociedade civil tem base contratual, numa ocorrência que modela todas as normas em presença[63].

II. O artigo 981.°/1, do Código Civil, determina que o contrato de sociedade não esteja sujeito a forma especial, à excepção da que for exigida pela natureza dos bens com que os sócios entrem para a sociedade[64]. Subjacente à lei está, pois, a ideia de que, pelo contrato de sociedade, os

63 WILHELM HAPP, no *Münchener Handbuch des Gesellschaftsrechts* cit., 1, § 5 (77 ss.).

64 Portanto: havendo apenas contribuições em dinheiro, não é necessária a escritura pública: RPt 23-Jan.-1986 (LOPES FURTADO), CJ XI (1986) 1, 172-177 (174/I) = Proc. 0018901/ITIJ, visitado em 20-Mar.-2006.

O artigo 981.°/1, do Código Civil, decorre directamente do artigo 2251.°, do Código Civil italiano.

sócios vão dispor dos bens que constituam o objecto das suas contribuições. Por exemplo e nessa via: pelo artigo 875.° do Código Civil, exigir-se-ia a escritura pública sempre que, das contribuições, fizessem parte bens imóveis.

Mas vão dispor a favor de quem? No Direito alemão, o § 706 (2) presume que as transferências pressupostas pelas entradas passem a ser propriedade comum dos sócios[65]. Nada de semelhante surge no Código Civil português. Fica em aberto a personalização, ainda que eventualmente rudimentar, da sociedade civil: um tema a que regressaremos várias vezes.

III. O artigo 981.°/2 é gerido por um *favor negotii* muito vincado, estabelecendo especiais hipóteses de conversão ou de redução, no caso de inobservância da prescrição legal de forma. Recordamos o seu teor:

> A inobservância de forma, quando esta for exigida, só anula todo o negócio se este não puder converter-se segundo o disposto no artigo 293.°, de modo que à sociedade fique o simples uso e fruição os bens cuja transferência determina a forma especial, ou se o negócio não puder reduzir-se, nos termos do artigo 292.°, às demais participações.

Trata-se de um acrescento feito sobre o original italiano e que enferma de anomalias, a afeiçoar pela interpretação. Assim:

- a inobservância de forma legal dá azo à nulidade – 220.° do Código Civil – e não à anulabilidade; logo, onde está "... só anula ...", ler-se-á "... só provoca a nulidade ..."; aliás, a tratar-se de anulabilidade, nunca poderia ser a "inobservância da forma" a anular fosse o que fosse: seria uma iniciativa das partes;
- a conversão prevista no artigo 293.° tem requisitos que, aqui, se devem ter por respeitados[66]; já não se entende porque limitar o produto da conversão ao "... simples uso e fruição dos bens pela sociedade"; outras soluções seriam possíveis: não vemos nada, na lei, que as impeça;
- também a redução encarada no artigo 292.° terá lugar quando operem os seus requisitos gerais[67]; não há motivos para a aplicar, apenas, ao universo das participações.

O Direito privado é um todo complexo, sendo sempre arriscado pretender tocar numa das suas partes. De todo o modo, será possível,

---

[65] STAUDINDER/HABERMEIER, *BGB* cit., 13ª ed., § 706, Nr. 14 (102).
[66] *Tratado* I/1, 3ª ed., 883 ss..
[67] *Idem*, 878 ss..

com base nesta disposição, construir uma doutrina da sociedade civil irregular[68].

IV. Deve assinalar-se que o contrato de sociedade comercial está sujeito a escritura pública – 7.°/1 – e, a partir de 30-Jun.-2006, por força do Decreto-Lei n.° 76-A/2006, de 29 de Março, a escrito com as assinaturas presencialmente reconhecidas. Será, assim, um dos (poucos) casos em que um acto comercial está sujeito a uma forma mais pesada do que o correspondente acto civil. Porquê? Porque o contrato comercial dá lugar, segundo a lei, a uma nova pessoa colectiva. Isso não sucederia necessariamente, tratando-se de pessoas colectivas plenas, com as sociedades civis puras. Já se, a estas, se pretender atribuir esse tipo de personalidade, a escritura pública será necessária, por via do artigo 158.° do Código Civil, aplicável *ex vi* artigo 157.°, do mesmo Código.

14. **Alterações; os direitos especiais**

I. Uma vez celebrado, o contrato de sociedade pode alterar-se. Assim sucede com qualquer contrato, desde que as partes estejam de acordo. No caso da sociedade, poderá haver mais de duas partes: pois mesmo então as alterações exigirão o acordo de todos os sócios, salvo se o próprio contrato o dispensar – 982.°/1, do Código Civil[69]. A hipótese normal será, nessa altura, a de se prever uma alteração por maioria, simples ou qualificada.

II. Dispõe, seguidamente, o artigo 982.°/2, do Código Civil:

> Se o contrato conceder direitos especiais a algum dos sócios, não podem os direitos concedidos ser suprimidos ou coarctados sem o assentimento do respectivo titular, salvo estipulação expressa em contrário.

A figura dos direitos especiais dos sócios tem clara origem comercial, dispondo hoje de consagração geral no artigo 24.°[70]. Correspondem, *grosso modo*, a prerrogativas livremente pactuadas e que terão levado algum ou alguns sócios[71] a aderir à sociedade. A hipótese de, por maioria

---

[68] *Vide* HAPP, no *Münchener Handbuch* cit., § 5, Nr. 5 ss. (78 ss.).

[69] Este preceito equivale ao artigo 2252.°, do Código Civil italiano.

[70] *Manual*, 563 ss..

[71] Ou a todos eles: VAZ SERRA, anot. a STJ 14-Dez.-1978 (ALBERTO ALVES PINTO), RLJ 112 (1979), 167-172, 172-176 (173).

e contra a sua própria vontade, eles serem despojados desses direitos poderia prejudicar a constituição de determinadas sociedades. Donde a opção: tais direitos só com o assentimento do próprio podem ser suprimidos ou limitados[72].

Este princípio aplica-se, ainda, às posições especiais advenientes de acordo ou de estipulação superveniente[73].

15. As entradas

I. Do contrato de sociedade civil resultam relações específicas entre os sócios. Tais relações são complementadas pelas regras legais aplicáveis, supletivas ou injuntivas e por deveres acessórios, induzidos do princípio geral da boa fé. Esta tem um papel significativo, já que a sociedade civil pura é um contrato *intuitu personae*, que postula (ou pode postular) um grau elevado de confiança entre as partes.

II. O primeiro dever das partes é a obrigação de entrada[74]. O artigo 983.°/1, do Código Civil, exprimiu a ideia pela negativa: "os sócios estão somente obrigados às entradas estabelecidas no contrato"[75]. Sendo evidente, esta fórmula poderá pôr em dúvida pactos supervenientes relativos a entradas. Estes são obviamente possíveis, devendo ser respeitados.

Poder-se-ia distinguir, seguindo o Direito alemão, entre contribuições e entradas[76]: a contribuição equivaleria a qualquer prestação necessária para

[72] STJ 12-Jan.-1973 (OLIVEIRA CARVALHO), BMJ 223 (1973), 240-254 (248).

[73] Desde que, naturalmente e pela interpretação, seja possível determinar que foram adoptados com o sentido "especial".

[74] *Vide* FRANCO DI SABATO, *Capitale e responsabilità interna nelle società di persone* (reimp., 2005), 9 ss..

[75] O artigo 983.°/1 foi retirado do artigo 2253.°/I, do Código Civil italiano; este adoptou, porém, a fórmula directa: "o sócio fica obrigado a executar as contribuições determinadas no contrato social". Já no § 707 do BGB alemão, a fórmula parece diversa: "o sócio não está obrigado a elevar a contribuição acordada ou a completar a entrada atingida por perdas" – cf. STAUDINDER/HABERMEIER, *BGB* cit., 13ª ed., § 707 (107 ss.). A lealdade pode, todavia, obrigar o sócio a proceder a contribuições suplementares – *idem*, Nr. 5 ss. (109 ss.).

[76] STAUDINDER/HABERMEIER, *BGB* cit., 13ª ed., § 706, Nr. 2 (99) e, com diversos elementos, KARSTEN SCHMIDT, *Gesellschaftsrecht* cit., 4ª ed., 566 ss..

o fim comum do contrato, enquanto a entrada corresponderia à aportação de valores patrimoniais susceptíveis de dar corpo ao capital da sociedade.

O Código Civil parece, todavia, usar contribuições e entradas em sinonímia: vejam-se os seus artigos 980.º e 983.º. A diferenciação terminológica comporta, todavia, sempre vantagens, para o progresso do Direito.

Quando o contrato não disponha diversamente, as entradas dos sócios presumem-se iguais em valor – artigo 983.º/2, do Código Civil. Trata-se de uma valoração que aflora, também, no artigo 1403.º/2, 2ª parte, do mesmo Código.

III. As entradas podem ter as mais diversas naturezas[77]. Em princípio, o título jurídico da entrada é o próprio contrato de sociedade: tal contrato poderá, por hipótese, ter eficácia translativa de domínio, assim se explicando as exigências formais que sobre ele pendem. Todavia, pode o contrato de sociedade traduzir uma mera promessa de transferência, a executar no futuro. Exigir-se-á, então, um novo acto jurídico, eventualmente solene, para a efectivação da entrada.

Pergunta-se se as entradas devem ser determinadas no pacto ou se bastará que sejam determináveis, designadamente em função do fim que as partes se proponham fixar.

O Código Civil italiano contém um artigo 2253.º/II, segundo o qual:

> Se as contribuições não estiverem determinadas, presume-se que os sócios ficam obrigados a contribuir, em partes iguais entre eles, a quanto seja necessário para a prossecução do objecto social.

O facto de o legislador ter aproveitado o 2253.º/I, mas não o segundo parágrafo desse mesmo preceito, não permite qualquer conclusão interpretativa no sentido de uma contribuição desse tipo não ser, entre nós, possível.

A letra do artigo 983.º/1 parece um tanto estrita: "... somente obrigados às entradas estabelecidas no contrato ...". Todavia, ela deve ceder perante o sistema geral das obrigações. Aí, nada proíbe as partes de designarem uma obrigação pelos seus fins. Outro tanto é possível nas sociedades civis, sendo certo que isso permite defender e prosseguir escopos úteis. Desde que a determinabilidade, ainda que *in futurum*, fique assegurada, nada impede obrigações de entrada inicialmente indeterminadas. A

[77] *Supra*, 33-34.

"comercialização" das sociedades civis foi, por vezes, excessiva, indo mesmo mais longe do que o ocorrido em Itália.

IV. O Código Civil aplicou-se, depois, quanto à execução das obrigações de entrada, à garantia e ao regime do risco: artigo 984.°[78]. A ideia do legislador foi a seguinte:

– quando as entradas impliquem a transferência ou a constituição de um direito real, regem as normas da compra e venda – 984.°, *a*);
– quando traduzam apenas o uso e a fruição de uma coisa, regem as normas da locação – 984.°, *b*).

Fica claro, particularmente perante esta última remissão, que estão em causa, apenas, os aspectos atinentes à "execução da prestação", à "garantia" e ao "risco da coisa".

V. No tocante à entrada consistente na transferência de créditos e de posições contratuais, o legislador desviou-se do modelo italiano, que apenas fixava um dever supletivo de garantir a solvência do devedor cedido e apelou às regras da cessão de créditos e da cessão da posição contratual. Sucede que ambas essas figuras são formas de transmitir obrigações, não nos dando o regime por que operam[79]: um crédito pode ser vendido, doado, trocado, transaccionado ou inserido num contrato atípico, como meros exemplos: tudo depende do negócio-base da cessão. Pergunta-se se tal negócio não poderia ser o próprio contrato de sociedade. Cremos que sim: donde a regra da presunção de que o sócio garante a solvência do devedor[80].

VI. Finalmente, o Código Civil é omisso quanto a prestações de *facere* e de suportação: apenas refere, no artigo 992.°/2 e 3, a figura do sócio de indústria. Haverá que aplicar o regime que resulte das situações consideradas e dos contratos mais vocacionados para intervir. Também

---

[78] Desta feita serviram de modelo os artigos 2254.° (garantia e riscos das contribições) e 2255.° (contribuições em créditos), do Código italiano. Reconhecem-no PIRES DE LIMA/ANTUNES VARELA, *Código Civil Anotado* cit., 2, 4ª ed., 293, embora sem nos darem qualquer justificação para o facto.

[79] *Direito das obrigações*, 2, 92 ss. e 128 ss..

[80] Os artigos 587.°/2 e 426.°/2, ambos do Código Civil, relativos, respectivamente, à cessão de créditos e à cessão da posição contratual, fixam regras diversas.

nada se diz no tocante ao *quantum* de diligência que o sócio deva usar no cumprimento das obrigações de entrada ou, mais genericamente, das suas obrigações. A regra do § 708 do BGB é a de que ele deve usar do mesmo cuidado que ponha nos assuntos próprios. Trata-se de um privilégio a manejar com cautelas[81]. No Direito português, remeteríamos para a bitola de exigência própria do cumprimento das obrigações, em geral.

16. **A denominação**

I. O Código Civil não regulou denominação das sociedades civis sob forma civil[82]. Também aqui acompanhou o Código italiano. Todavia, o RNPC ocupa-se do tema, dispensando mesmo regras sobre o assunto. À partida, recordamos que, de acordo com a técnica hoje dominante[83], ainda que nem sempre seguida pelo Código das Sociedades Comerciais, as sociedades civis puras, não sendo comerciais, têm denominação e não firma.

II. Segundo o artigo 42.°/1 do RNPC, sem prejuízo do disposto em legislação especial,

> (...) as denominações das sociedades civis sob forma civil podem ser compostas pelos nomes, completos ou abreviados, de um ou mais sócios, seguidos do aditamento "e Associados", bem como por siglas, iniciais, expressões de fantasia ou composições, desde que acompanhadas da expressão "Sociedade".

Uma vez que o contrato de sociedade civil não é formal, a adopção de denominações não é obrigatória. Mas a assumir uma protecção, haverá que seguir os passos do RNPC.

Resta acrescentar que o regime de composição de denominação é mais avançado do que o da forma das sociedades em nome colectivo: mereceria ser alargado a estas.

---

[81] Cf. Staudinger/Habermeier, *BGB* cit., 13ª ed., § 708 (111 ss.) e Ulmer, *Münchener Kommentar* cit., 5, 4ª ed., § 708, Nr. 16 (222).

[82] Cf. algumas considerações em Raúl Ventura, *Apontamentos sobre sociedades civis* cit., 40 ss..

[83] *Manual de Direito comercial*, 2ª ed., 330.

§ 5.° DIREITOS E DEVERES DOS SÓCIOS

17. Enunciado geral

I. O desenvolvimento anterior já permite inferir diversos direitos e deveres relativos aos sócios e, em especial: os que se prendam com as matérias das entradas e da administração. Além disso, temos várias outras figuras.

Desde logo o direito à fiscalização, de natureza injuntiva – artigo 988.°/1, do Código Civil –, e que envolve:

– o direito de obter dos administradores as informações de que necessitem sobre os negócios da sociedade;
– o direito de consultar os documentos a eles pertinentes;
– o direito de exigir a prestação de contas[84].

A figura do inquérito judicial prevista nos artigos 1479.° e seguintes, do Código de Processo Civil, poderia levantar dúvidas: ela exige uma remissão legal que não se verifica[85]. Por seu turno, o artigo 67.°/1 comporta um cenário genérico para as sociedades comerciais, que pode, por analogia, ser aplicado às sociedades civis sob forma civil: prevê-se, aí, um esquema mais simples – o do n.° 2 – que prevalece sobre os do inquérito[86].

---

[84] STJ 15-Mar.-1994 (Ramiro Vidigal), Proc. 085029/ITIJ, visitado em 20-Mar.-2006.

[85] Cf. uma referência ao inquérito judicial no artigo 292.°, a propósito das sociedades anónimas. Quanto à sua aplicação: RPt 30-Set.-2002 (Ferreira de Sousa), CJ XXVII (2002) 4, 181-183 (183). Já os gerentes de uma sociedade não podem lançar mão do inquérito judicial: STJ 10-Jul.-1997 (Figueiredo e Sousa), CJ/Supremo V (1997) 2, 166-167, tão pouco o podendo fazer o cônjuge meeeiro: RPt 13-Fev.-2000 (Caimoto Jácome), CJ XXV (2000) 2, 198-202 (199/II).

[86] RLx 27-Out.-1994 (Flores Ribeiro), CJ XIX (1994) 4, 132-133 (132/II), indicando jurisprudência anterior.

O direito à informação nas sociedades civis sob forma civil efectivar-se-á, assim, através do esquema do artigo 67.°/2. Todavia, quando a analogia perante algum preceito que permita o inquérito judicial se imponha, ele será aplicável[87].

II. O sócio pode usar as coisas sociais para os fins próprios da sociedade – 989.°, *a contrario*, do Código Civil. Já quando o pretenda fazer para fins estranhos à mesma sociedade, requer-se o consentimento unânime dos consócios, como se alcança desse preceito.

O artigo 989.° do Código Civil traduz à letra o artigo 2256.° do Código Civil italiano. Revela uma completa inversão perante o artigo 1270.°, 2.°, do Código de SEABRA, que dispunha:

> Pode qualquer dos socios servir-se, na forma do costume, das cousas da sociedade contanto que esta não seja prejudicada, ou os outros socios privados do uso que tambem tenham direito.

Para além do fascínio itálico, não se vislumbra razão para semelhante mudança[88]: a nova solução é menos solidária, o que vem agudizar, sem mérito, as relações entre os sócios. Contraria, ainda, os nossos brandos costumes.

O não cumprimento desse preceito dará lugar a responsabilidade contratual. Além disso, sendo grave, poderá justificar a exclusão prevista no artigo 1003.°, *a*), do Código Civil.

III. O artigo 990.°, do Código Civil, estabelece uma regra de proibição da concorrência. Fá-lo em termos incisivos:

> O sócio que, sem expressa autorização de todos os outros, exercer, por conta própria ou alheia, actividade igual à da sociedade fica responsável pelos danos que lhe causar, podendo ainda ser excluído, nos termos da alínea *a*) do artigo 1003.°.

Trata-se de uma típica norma comercial, que o legislador civil importou, desta feita, do artigo 2301.° do Código Civil italiano, relativo a

87 Referindo, sem tomar posição, os "inquéritos sociais" dos artigos 1479.° e seguintes do Código de Processo Civil, cf. PIRES DE LIMA/ANTUNES VARELA, *Código Civil Anotado* cit., 2, 4ª ed., 299.

88 PIRES DE LIMA/ANTUNES VARELA, *Código Civil Anotado* cit., 2, 4ª ed., 300, reconhecem-na, mas não dão, para ela, qualquer justificação material.

sociedades em nome colectivo[89]. Mas fê-lo ainda em termos ainda mais enérgicos do que os fixados pelo ordenamento dador: este – artigo 2301.°/II – presumia o consentimento dos outros sócios quando a actividade concorrente preexistisse em relação ao contrato social, com conhecimento deles: uma norma que não passou para o nosso Código.

A proibição de concorrência do sócio em relação às sociedades comerciais surge, para os diversos tipos, através dos artigos 180.°, 254.°, 398.°/3 e 4 e 477.°. Todavia, nas sociedades comerciais que dispõem de um pacto social devidamente negociado e formalizado, é de regra incluir, no seu articulado – e quando esse seja o caso – uma norma permissiva da concorrência. Não assim nos contratos de sociedades civis, onde preceitos como o artigo 990.° podem surgir como verdadeiras armadilhas inesperadas.

Procurando restringir, pela interpretação, o alcance do artigo 990.°, ANTUNES VARELA vem escrever que a proibição só vale para as actividades efectivamente exercidas pela sociedade e não para as meramente previstas no pacto social[90]. Mas como estas podem sempre, a todo o momento, iniciar-se, ficará a pender, sobre os sócios, a permanente ameaça de passarem a incorrer em concorrência indevida. Resta "corrigir", pela interpretação, esta norma menos conseguida: seja através do aprofundar das autorizações tácitas, seja admitindo a exclusão apenas perante prejuízos significativos.

18. Distribuição de lucros e perdas; proibição de pactos leoninos

I. O Código Civil ocupa-se, depois, da distribuição dos lucros. A matéria é, em larga medida, deixada à autonomia das partes, apenas com o limite da proibição dos pactos leoninos[91]. Segundo o artigo 994.°, do Código Civil[92], retomada no artigo 22.°/3 do Código das Sociedades Comerciais,

> É nula a cláusula que exclui um sócio da comunhão nos lucros ou que o isenta de participar nas perdas da sociedade, salvo o disposto no n.° 2 do artigo 992.°.

[89] O Código Civil italiano não contém uma regra semelhante para as "sociedades simples": as correspondentes às nossas sociedades civis sob forma civil.

[90] PIRES DE LIMA/ANTUNES VARELA, *Código Civil Anotado* cit., 2, 4ª ed., 301.

[91] *Manual*, 596 ss..

[92] Foi modelo o artigo 2265.° do Código Civil italiano; cf. FERRARA/CORSI, *Gli imprenditori e le società*, 13ª ed. (2006), 252 ss..

Este último preceito salvaguarda a posição dos sócios de indústria, em termos de resto acompanhados pelo final do artigo 22.°/3.

A equivalente proibição no Código de SEABRA era mais estrita. Segundo o artigo 1242.° do Código em causa,

> Será nulla a sociedade, na qual se estipular que todos os proveitos pertençam a algum, ou alguns dos socios, e todas as perdas a outro, ou outros d'elles.

Este preceito atingia toda a sociedade e não, apenas, a cláusula ou cláusulas viciadas, numa dimensão excessiva que a doutrina sublinhava[93]. Todavia: no Código vigente, a salvaguarda do pacto social, amputado da cláusula leonina, só opera se ele passar pelo crivo da redução – 292.°, do Código Civil. Quando não, a regra é simples: a invalidade de uma cláusula abrange a de todo o instrumento.

A justificação da proibição de pactos leoninos tem sido procurada na essência da sociedade. Mas não, uma vez que o elemento "lucros" tem vindo a esbater-se, no Direito moderno. A proibição radica, antes, no cuidado com que o Direito civil exclui a doação de bens futuros ou a renúncia antecipada aos direitos – artigos 942.°/1 e 809.°, ambos do Código Civil. É sabido que as pessoas são levadas, com muita facilidade, a disporem daquilo que não têm, tornando-se, assim, especialmente vulneráveis.

II. Com essa limitação, cabe ao pacto social fixar a proporção da repartição de lucros e perdas, pelos diversos sócios[94]; nada dizendo, a repartição opera na base da proporção das respectivas entradas – 992.°/1[95].

Antecipando matéria geral, podemos dizer que os sócios têm um direito geral aos lucros. Em concreto, porém, tal direito depende:

– de haver, efectivamente, lucros;
– de tais lucros não serem absorvidos por quantias "... afectadas, por deliberação da maioria, à prossecução dos fins sociais" – 991.°, do Código Civil.

---

[93] DIAS FERREIRA, *Codigo Civil Annotado* cit., 2, 2ª ed., 480.

[94] Cf. PIRES DE LIMA/ANTUNES VARELA, *Código Civil Anotado* cit., 2, 4ª ed., 303.

[95] A solução alternativa, mais "puramente civil", é a do § 722 do BGB alemão: quando os quinhões dos sócios, nos lucros e perdas, não estejam determinados, eles serão iguais, independentemente do tipo ou do montante das entradas. Cf. STAUDINGER/HABERMEIER, *BGB* cit., 13ª ed., § 722 (221 ss.).

Quando o contrato apenas determine a participação de cada sócio nos lucros, presume-se que ela será idêntica nas perdas – 992.°/4.

O sócio de indústria não responde, no silêncio do contrato, pelas perdas – 992.°/2 – com derrogação da própria proibição de pactos leoninos – 994.°, *in fine*. Fica entendido, nestes casos, que o sócio, havendo prejuízo, já "perdeu" o seu trabalho.

III. As sociedades civis puras não têm um capital social expresso nem apresentam quotas ou quinhões quantificados. Assim, quando as entradas não se reduzam a contributos quantificados, pode haver dúvidas em determinar a sua proporção, para efeitos da determinação dos lucros e perdas, que caibam a cada um. O problema pode ser resolvido no próprio contrato. Quando o não seja, haverá que proceder a uma estimação judicial do quinhão do sócio de indústria, segundo juízos de equidade – 992.°/3, 1ª parte. O mesmo esquema será aplicável àquele que apenas se obrigou a facultar, à sociedade, o uso e a fruição de uma coisa – *idem*, 2ª parte.

IV. O artigo 993.°, do Código Civil, por obediência ao artigo 2264.°, do Código Civil italiano, põe a hipótese de a divisão dos ganhos e perdas ser deferida a um terceiro[96]. Nessa altura, deve o terceiro em causa proceder segundo juízos de equidade.

Não tendo a divisão sido feita em tempo devido, fá-la-á o tribunal, de acordo com os mesmos juízos de equidade – 993.°/1, *in fine*. O n.° 2 desse preceito dá, ao sócio, um prazo de seis meses para impugnar a divisão feita por terceiro.

Estes preceitos multiplicam as remissões para o tribunal; não têm tido aplicação. De todo o modo, os "juízos de equidade" que referem não poderão apontar para uma justiça casuística. Antes dependerão das entradas de cada sócio e dos esforços por eles desenvolvidos, em prol da sociedade. Nada mais havendo, valerá a repartição igualitária, do tipo da do § 722, do BGB alemão.

---

96 Vamos tomá-la como uma concretização do disposto no artigo 400.° do Código Civil, quanto à determinação da prestação por terceiro.

§ 6.° A RESPONSABILIDADE DOS SÓCIOS E DA SOCIEDADE

19. A responsabilidade pelas obrigações sociais

I. O regime da responsabilidade por dívidas constitui sempre um ponto sensível da essência societária[97]. No caso das sociedades civis puras, o esquema é o seguinte – artigo 997.°/1 e 2:

- pelas dívidas sociais responde a sociedade;
- respondem ainda, pessoal e solidariamente, os sócios;
- os quais, quando demandados por débitos da sociedade, podem, todavia, exigir a prévia excussão do património social.

A primeira regra a destacar é a da responsabilidade dos bens sociais pelas dívidas da sociedade. Todavia, os sócios podem ser também chamados a responder embora, nessa eventualidade, possam opor o benefício da excussão. A situação aproxima-se da responsabilidade solidária prevista nas sociedades em nome colectivo – artigo 175.°/1, do Código das Sociedades Comerciais – embora não se confunda com ela:

- nas sociedades civis, é possível demandar o sócio, *ab initio*; este, em defesa e se quiser, aporá o *beneficium excussionis*;
- nas sociedades em nome colectivo, há que demandar a própria sociedade: apenas subsidiariamente, os sócios[98].

II. O artigo 997.°/3, do Código Civil, permite que a responsabilidade dos sócios que não sejam administradores seja modificada, limitada ou

97 RAÚL VENTURA, *Apontamentos sobre sociedades civis*, cit., 179 ss..

98 PIRES DE LIMA/ANTUNES VARELA, *Código Civil Anotado* cit., 2, 4ª ed., 309, consideram, todavia, a responsabilidade dos sócios das sociedades civis puras como subsidiária; não parece que assim seja.

excluída por cláusula expressa do contrato; tal possibilidade, porém, não existirá quando apenas terceiros não-sócios sejam administradores[99].

O Direito civil reconhece a possibilidade de uma limitação convencional da responsabilidade patrimonial: é o que se infere do artigo 602.°, do Código Civil. Trata-se, porém, de uma limitação convencionada entre as partes interessadas. Ora a limitação prefigurada no artigo 997.°/3 funciona perante terceiros.

De facto, este dispositivo abre as portas a "subtipos" de sociedades civis puras. Designadamente, seria possível afeiçoar algo que se aproximasse das comanditas: uma sociedade com sócios que apenas responderiam com as suas entradas, lado a lado com outros que responderiam pessoal e ilimitadamente.

A limitação estatutária da responsabilidade de algum ou alguns sócios não é, porém, oponível a terceiros que, de boa fé, a ignorem: artigo 997.°/3, *in fine*, que remete para o 996.°/2, ambos do Código Civil.

III. A responsabilidade patrimonial dos sócios alarga-se às dívidas sociais anteriores à sua entrada: é o que resulta do artigo 997.°/4, do Código Civil, que recebeu o artigo 2269.°, do Código Civil italiano.

20. A responsabilidade da sociedade por factos ilícitos

I. Segundo o artigo 998.°/1, do Código Civil:

> A sociedade responde civilmente pelos actos ou omissões dos seus representantes, agentes ou mandatários, nos mesmos termos em que os comitentes respondem pelos actos ou omissões dos seus comissários.

Trata-se de um preceito que repete literalmente o artigo 165.° do Código Civil, relativo a pessoas colectivas. Presta-se, assim, às críticas jurídico-científicas que cumpre dirigir a este último preceito[100].

Recordamos o essencial. Independentemente da questão da personalidade colectiva, que nunca deve ser previamente colocada, verifica-se que o

---

99 Nessa altura poderia não haver qualquer sócio responsável, surgindo sociedades civis puras "de responsabilidade limitada": figura que a lei não prevê, em geral.

100 *Tratado* I/3, 2ª ed., 654 ss..

artigo 998.°/1 transcrito, tal como o 165.°, ambos do Código Civil ou o artigo 6.°/5 do Código das Sociedades Comerciais, por puras razões circunstanciais que se prendem com os seus autores, não atinaram na ideia de "representação" orgânica. Os feitos dos "representantes" das pessoas colectivas ou, melhor dizendo, os "factos" dos titulares dos seus órgãos repercutem-se directa e imediatamente nas entidades representadas, sem as contingências e as particularidades da comissão prevista no artigo 500.°, do Código Civil, dogmaticamente inaplicável. Basta ver que, admitida a moderna personalidade, a pessoa colectiva tem "culpa", enquanto a sua responsabilidade nunca poderia depender da contingência de, sobre o "representante", recair, também, o dever de indemnizar. Em regra, mesmo, não recairá, sem que, por aí, se ponha em causa a responsabilidade das pessoas colectivas.

II. O artigo 998.°/2 recorda o regime da responsabilidade por dívidas das sociedades civis puras: não podendo o lesado ressarcir-se completamente nem pelos bens da sociedade, nem pelo património do representante, agente ou mandatário, ser-lhe-á lícito exigir, dos sócios, o remanescente.

Os termos deste preceito não coincidem com os do artigo 997.°/1 e 2; todavia, admitimos que os regimes de ambos sejam precisamente os mesmos. A aproximação deverá ser doutrinária.

21. Credor particular do sócio e compensação entre créditos da sociedade e contra os sócios ou entre créditos dos sócios e contra a sociedade

I. O credor particular de um sócio não é credor da sociedade nem pode atingir, directamente, os bens desta. Assim, segundo o artigo 999.°/1, do Código Civil, enquanto não se dissolver a sociedade e havendo outros bens suficientes do devedor, o credor particular do sócio apenas pode executar o direito deste aos lucros e à sua quota de liquidação[101].

Este regime, um tanto retirado do artigo 2270.° do Código Civil italiano, distingue-se da regra do Código de Seabra, cujo artigo 1274.° passamos a transcrever, na grafia original:

---

[101] Ocorrendo a penhora de uma quota, ela é havida como penhora de direitos: RPt 7-Jul.-2005 (Rafael Arranda), Proc. 0552789/ITIJ, visitado em 20-Mar.-2006.

> Os credores da sociedade preferem aos credores de cada um dos socios, pelo que toca aos bens sociaes; mas podem os credores particulares de cada socio penhorar, e fazer execução, na parte social do devedor.
>
> § único. N'este ultimo caso, ficará dissolvida a sociedade, e o executado responderá por perdas e damnos, para com os outros socios, verificando-se a dissolução extemporaneamente.

Esta solução destinava-se, designadamente, a prevenir "fraudes": as do sócio que viesse contrair dívidas pessoais, para prejudicar os credores da sociedade[102].

II. Quando os bens do devedor sejam insuficientes, o seu credor pode exigir a liquidação da quota do devedor, seguindo-se os termos do artigo 1021.°: artigo 999.°/2, do Código Civil. A própria sociedade poderá evitar este regime draconiano, pagando a dívida do sócio relapso; ficará, então, sub-rogada na posição do credor deste.

III. Como corolário da diferenciação patrimonial entre a sociedade e o sócio, o artigo 1000.°, do Código Civil, veda a compensação:

– quer entre o que um terceiro deva à sociedade e o crédito dele sobre alguns dos sócios;
– quer entre o que a sociedade deva a um terceiro e o crédito que contra este, tenha algum dos sócios.

Temos, aqui, uma demonstração da reciprocidade dos créditos, enquanto requisito da compensação[103].

---

[102] Dias Ferreira, *Codigo Civil Annotado* cit., 2, 2ª ed., 495.

[103] Cf. o nosso *Da compensação no Direito civil e no Direito bancário* (2003), 109 ss. (112).

CAPÍTULO III

ORGANIZAÇÃO E VICISSITUDES DAS SOCIEDADES CIVIS

§ 7.° ORGANIZAÇÃO

22. Uma orgânica interna?

I. O Código Civil foi bastante generoso no tratamento jurídico das sociedades civis puras. Chegou mesmo a minúcias regulativas que, quanto se sabe, nunca tiveram, nos mais de 40 anos de vigência que leva o Código, qualquer aplicação[104]. Todavia, nada adiantou quanto à eventual consignação de órgãos, por parte das sociedades civis puras.

O estabelecimento de uma orgânica interna não ocorreu porque o tipo "sociedade civil pura" tem um âmbito de aplicação muito lato, podendo operar em áreas onde a presença de órgãos seria inútil e, mesmo, inviável. Nada impede, porém, que o contrato de sociedade preveja tal orgânica.

II. O Código Civil postula deliberações dos sócios, chegando a referi-las, nos artigos 991.° e 996.°/1[105]. Subjacente estará, assim, uma "assembleia geral". Também o artigo 985.°/2, quando menciona a "maioria" dos administradores visualiza qualquer coisa que se aproxima de um conselho de administração.

Finalmente, as sociedades civis que, nos termos abaixo referidos, assumam personalidade jurídica plena, caem sob o artigo 157.° do Código

[104] Pense-se, por exemplo, na hipótese do artigo 993.°/1 do Código Civil: recurso ao tribunal para suprir a divisão de lucros deferida a terceiros.

[105] Cf. considerações gerais em Raúl VENTURA, *Apontamentos sobre sociedades civis* cit., 107 ss..

Civil: por analogia, ser-lhe-ão aplicáveis os diversos preceitos relativos às associações, com relevo para o seu artigo 162.°, que prevê a orgânica.

O grande interesse das sociedades civis puras é, precisamente, o de permitir a sua adaptação às mais diversas realidades.

III. Cumpre ainda dar nota de que parte da parcimónia legislativa, no tocante às sociedades civis sob forma civil, tem a ver com uma preocupação quase assumida de não lhes atribuir personalidade colectiva[106]. O legislador não deveria preocupar-se com essa questão: cabe-lhe fixar o melhor regime; saber, com base nele, se há personalidade colectiva é, depois, uma tarefa da doutrina.

Mau grado a preocupação não-personalista, o legislador português acabaria por adoptar um regime que, mais do que qualquer outro, abre as portas à personalização.

23. A administração

I. A administração de uma sociedade traduz a actividade que abrange todos os actos materiais e jurídicos, destinados a concretizar os seus objectivos e que lhe sejam imputáveis. A administração pode, ainda, reportar-se aos efeitos dessa actividade.

A ideia de administração das sociedades veio a desenvolver-se, paulatinamente, em torno das sociedades anónimas[107]. Hoje podemos proclamar que ela integra um grande acervo comum a todas as sociedades, tendo, num interessante retorno dogmático, encontrado abrigo no Código Civil. De todo o modo, é justo consignar que o Código de SEABRA, nos seus artigos 1268.°, 1269.° e 1270.°, já havia antecipado o essencial da administração das sociedades civis[108].

II. A administração das sociedades civis é confiada à autonomia privada. O contrato social poderá, assim, estipular as soluções que as partes entendam sufragar. Pode, inclusive, confiar a administração da sociedade

[106] Assim, PIRES DE LIMA/ANTUNES VARELA, *Código Civil Anotado* cit., 2, 4ª ed., 287, sendo curioso que, a tal propósito, se fale em "... modernos ensinamentos da doutrina ...". Tais "modernos ensinamentos" seguem, de facto, via diversa.

[107] *Manual*, 699 ss..

[108] Cf. JOSÉ DIAS FERREIRA, *Codigo Civil Annotado* cit., 2, 2ª ed., 492 ss..

a terceiros que não sejam sócios: uma situação que vem, de resto, referida no artigo 997.°/3, do Código Civil. Apenas na falta de convenção haverá que recorrer ao artigo 985.°, expressamente assumido como supletivo. Posto isto, as regras a aplicar no silêncio do contrato serão as seguintes:

– todos os sócios têm igual poder para administrar – 985.°/1: trata-se de uma administração disjunta, uma vez que os inerentes poderes não têm de ser exercidos conjuntamente; antes podem sê-lo em separado[109];
– cabendo a administração a todos ou a alguns dos sócios, qualquer dos administradores tem o direito de se opor ao acto que o outro pretenda realizar[110]; cabe, então, à maioria decidir sobre o mérito da oposição; quer isso dizer que, havendo oposição, a administração passa a ser conjunta, envolvendo todos os administradores – 985.°/2;

> Tal como está redigida, a lei só permite a oposição em relação a um acto que o administrador actuante pretenda realizar. Quer isso dizer que não cabe qualquer oposição, perante um acto já realizado. A oposição ao acto deve chegar ao poder do administrador actuante ou dele ser conhecida, antes da consumação do acto, nos termos gerais dos actos recipiendos – artigo 224.°, do Código Civil[111]. Todavia, deve ficar entendido que o administrador que saiba da oposição plausível de acto, deve abster-se da sua prática, antes procurando o assentimento da maioria dos seus colegas: é uma exigência da boa fé.

– quando o contrato firme uma regra de administração conjunta, deve entender-se, "na dúvida", que ela opera por maioria – 985.°/3; como alternativa, pode resultar, do contrato, uma regra de unanimidade;
– ainda a título supletivo, a "maioria" exige, aqui, mais de metade dos sufrágios dos administradores – 985.°/4; ficam, pois, afastadas

---

[109] É essa a solução expressamente assumida pelo artigo 2257.°/I, do Código Civil italiano; *vide* Renzo Costi/Giuseppe di Chio, *Società in generale/Società di persone/ /Associazioni in partecipazione*, 2ª ed. (1980), 285 ss.. Em compensação, o § 709 (1) do BGB estabelece a regra oposta: a de uma administração conjunta; cf. Staudinger/ /Habermeier, *BGB* cit., 13ª ed., § 709 (120 ss.).

[110] Trata-se do *Widerspruchsrecht* previsto no § 711 do BGB, para os casos em que o contrato estabeleça uma regra de administração disjunta; cf. Staudinger/Habermeier, *BGB* cit., 13ª ed., § 711 (151 ss.).

[111] Cf. Pires de Lima/Antunes Varela, *Código Civil Anotado* cit., 2, 4ª ed., 295.

maiorias relativas – inferiores a 50% – ou maiorias qualificadas; ficam, de igual modo, afastadas maiorias não-pessoais, em que, na base do capital detido ou de quaisquer outros factores, o voto não seja igualitário;

– independentemente das situações contratualmente fixadas e, designadamente, de se ter combinado que, para a administração em geral ou para determinada categoria de actos, seja necessário o assentimento de todos os administradores ou da maioria deles, a qualquer administrador é lícito praticar os actos de administração urgentes destinados a evitar, à sociedade, um maior dano – 985.°/5, do Código Civil.

III. Para além das regras supletivas, que atribuem a administração a todos os sócios, pode acontecer que esta apenas caiba a algum ou alguns deles. Aí cumpre distinguir:

– a designação pode ser feita no próprio contrato;
– a designação pode ocorrer posteriormente, sendo feita pelos sócios.

Na primeira hipótese – artigo 986.°/1, do Código Civil – a designação pode ser judicialmente revogada, a requerimento de qualquer sócio, com fundamento em justa causa. Seguir-se-á, então, o processo fixado no artigo 1484.°-B, do Código de Processo Civil.

Na segunda, a designação pode ser revogada pela maioria dos sócios – 986.°/3. Em tudo o mais – *idem*, n.° 3, *in fine* –, há que aplicar as regras do mandato.

Toda esta matéria está menos clara, na letra da lei. Haverá, assim, que aproximá-la de uma teoria geral da administração das sociedades[112]. O sistema será, então, o seguinte:

– a administração pertence a algum ou alguns dos sócios, resultando do contrato social, a título de direito especial do sócio: a destituição só é possível por via judicial, havendo justa causa;
– verifica-se a mesma e referida hipótese, mas sem que se trate de um direito especial do sócio; a destituição é possível por maioria, havendo justa causa; na falta desta, a destituição continua a ser possível, mas obriga a indemnizar;

[112] *Manual*, 794 ss..

– a administração foi atribuída, em momento subsequente, por deliberação da maioria dos sócios: a destituição é possível por nova deliberação, podendo haver lugar a indemnização, não havendo justa causa.

A base legal desta construção residirá, antes de mais, no mandato – artigos 1170.° e 1172.°, do Código Civil.

Resta acrescentar que a "justa causa" deve, aqui, ser aproximada da "justa causa" requerida no final do artigo 1170.°/2 do Código Civil: traduz um motivo justificado, suficientemente significativo, em função dos valores do ordenamento, para legitimar a medida[103].

IV. Quanto aos direitos e obrigações dos administradores, o artigo 987.°, do Código Civil, remete para o regime do mandato.

No tocante às obrigações do administrador e na base do artigo 1161.°, do Código Civil, ele deverá:

a) Praticar os actos próprios da sua posição, segundo as instruções da sociedade ou, se se preferir, da generalidade dos sócios;
b) Prestar aos sócios as informações que eles lhes peçam;
c) Comunicar aos sócios a execução do seu mandato ou, se o não tiver feito, a razão por que assim procedeu;
d) Prestar contas, no fim do mandato ou quando lhe sejam exigidas; infere-se do artigo 988.°/2, do Código Civil, que tais contas são prestadas anualmente, no fim de cada ano civil;
e) Entregar à sociedade o que recebeu em execução do mandato ou no seu exercício.

Além disso, ele dispõe do *ius variandi* referido no artigo 1162.°, do Código Civil, valendo o artigo 1163.°, do mesmo diploma, quanto à aprovação do mandato.

A matéria dos direitos do administrador infere-se dos artigos 1167.° e seguintes, do Código Civil. Assim, cabe-lhe:

a) Receber da sociedade os meios necessários à execução do mandato;

---

[103] Cf. RAQUEL REI, *A justa causa no contrato de mandato*, inédito; *vide*, quanto ao "fundamento importante" do § 712 (2), do BGB, com indicações: STAUDINGER/HABERMEIER, *BGB* cit., 13ª ed., § 712, Nr. 7 ss. (160 ss.).

b) Receber a retribuição;
c) Receber o reembolso de despesas justificadas, com juros;
d) Receber a indemnização do prejuízo recebido em consequência do mandato, mesmo que a sociedade não tenha culpa.

Quando a sociedade não cumpra os deveres que decorram, para ela, da referida alínea *a*), pode o administrador abster-se das suas funções: artigo 1168.°, do Código Civil.

V. Os administradores podem ser responsabilizados pelos seus actos ou omissões. Trata-se de matéria complexa, no domínio das sociedades comerciais[114]. No tocante às civis, a lei atribui a cada sócio o direito de responsabilizar os administradores – 987.°/2, do Código Civil.

24. A representação

I. A sociedade civil pura é representada, em juízo e fora dele, pelos seus administradores – artigo 996.°/1, do Código Civil:

– de acordo com o que resulte do contrato;
– segundo as regras fixadas no artigo 985.°, do Código Civil, relativas ao próprio exercício da administração.

Trata-se de uma representação orgânica, à qual haverá que aplicar, na medida em que exista analogia e com as adaptações necessárias, as regras da representação voluntária[115].

II. A lei preocupa-se, depois, com a protecção dos terceiros que contratem com a sociedade. Assim, as deliberações sobre a extinção ou modificação dos poderes dos administradores não são oponíveis a terceiros de boa fé, ou seja: a terceiros que, sem culpa, as ignoravam ao tempo em que contrataram com a sociedade – 996.°/2[116]. Acrescenta a lei que se considera culposa a ignorância se, à deliberação, foi dada publicidade conveniente.

[114] *Manual*, 905 ss..

[115] COSTI/DI CHIO, *Società in generale* cit., 2ª ed., 306 ss..

[116] A previsão legal refere ainda: "quando não estiverem sujeitas a registo"; pressupor-se-ia um registo relativo a deliberações de sociedades civis, o qual não foi criado.

Nas sociedades anónimas, como parece razoável, a tutela conferida aos terceiros vai mais longe: não basta, para provar o conhecimento que eles tenham das limitações de poderes dos administradores, a mera publicidade dada ao contrato de sociedade – o qual está, aí sim, sujeito a registo comercial; veja-se o artigo 409.°/3, do Código das Sociedades Comerciais.

§ 8.° AS VICISSITUDES

25. Cessão de quotas

I. Segundo o artigo 995.°/1, do Código Civil[117], nenhum sócio pode ceder a terceiro a sua quota, sem consentimento de todos os outros. Compreende-se a regra: as posições dos sócios são *intuitu personae*, isto é: o contrato foi celebrado tendo em conta as qualidades pessoais das partes envolvidas; fica excluído que, após a sua conclusão, a quota social possa vir a ser detida por quem, de todo, não tivesse sido acolhido pelos restantes. Trata-se, de resto, de uma posição que já resultava do artigo 161.° do Código VEIGA BEIRÃO, quanto às sociedades em nome colectivo e que hoje surge no artigo 182.°, do Código das Sociedades Comerciais.

II. Levanta-se um problema: *a contrario sensu*, pareceria que o sócio é livre de alienar a sua quota a outro sócio. Não é assim: isso equivaleria à saída de um sócio e à concentração de posições na esfera de outro, o que poderá ser, de todo, contrário à vontade e às previsões (justas e contratualmente consignadas) dos outros sócios. Além disso, verifica-se que, nas sociedades em nome colectivo, a transmissão entre vivos de uma parte social exige o acordo dos restantes sócios – artigo 182.°/1 – seja quem for o beneficiário.

Aparentemente, o legislador nacional ficou perdido perante o silêncio do Código Civil italiano, quanto à cessão de quotas. De facto, em face do Código italiano, vale o artigo 2252.°, que só permite as modificações do contrato social com o acordo de todos os sócios. Ora é evidente que a "cedência de quota" obriga a alterar o pacto social.

Temos, pois, que entender que a autorização da cessão de quotas, mesmo entre sócios, obriga à concordância de todos os restantes, salvo se

---

117 *Vide* RAÚL VENTURA, *Apontamentos sobre sociedades civis*, 163 ss..

o pacto social determinar diversamente. Se necessário, podemos fazer apelo ao artigo 982.°/1, do Código Civil, ou aos princípios que regulam a cessão da posição contratual.

III. O artigo 982.°/2 do Código Civil exige, para a transmissão de quotas, a forma exigida para a transmissão dos bens da sociedade. Temos de ter ainda em conta as regras sobre a forma voluntária – artigo 222.°, do Código Civil: para a hipótese de, com a transmissão de quotas, se estar a modificar um contrato para o qual, voluntariamente, as partes seguiram uma forma mais exigente do que a prescrita. E se se tratar de uma sociedade com escritura pública, e, daí, dotada de personalidade jurídica plena, parece que a escritura pública, para a cessão de quotas, terá de ser inevitável.

26. **Morte, exoneração ou exclusão de sócios**

I. Significativamente, as primeiras vicissitudes que podem atingir a sociedade civil pura têm a ver com situações que afectem os seus sócios. Trata-se de uma decorrência que atinge, também, as sociedades em nome colectivo[118] e que emerge da natureza pessoal do ente em jogo. Passaremos, seguindo a ordem do Código Civil, a considerar, sucessivamente[119]:

– a morte de um sócio;
– a sua exoneração;
– a sua exclusão.

II. Segundo o artigo 1001.°/1, do Código Civil, falecendo um sócio, deve a sociedade liquidar a sua quota em benefício dos herdeiros. A liquidação consiste em determinar o valor da quota em dinheiro, a operar nos termos do artigo 1021.°, do Código Civil; o valor da liquidação será, depois, entregue aos herdeiros, no prazo de seis meses, segundo o n.° 3 desse artigo[120]. Todavia, os sócios supérstites têm a faculdade:

[118] Cf., por exemplo, o artigo 184.° do Código das Sociedades Comerciais, relativo ao falecimento de um sócio de sociedade em nome colectivo.

[119] Em termos alargados: Raúl Ventura, *Apontamentos sobre sociedades civis* cit., 215 ss..

[120] Trata-se de uma faculdade que, segundo Pires de Lima/Antunes Varela, *Código Civil Anotado* cit., 2, 4ª ed., 314, só opera quando a sociedade tenha mais de dois sócios; cf., também, Eridano de Abreu, anot. STJ 10-Mar.-1981, abaixo citado, ROA 1982, 155-163 (159). Todavia: nada impede que, havendo apenas dois sócios, a quota do

– de optar pela dissolução da sociedade, a qual só é oponível aos herdeiros do sócio falecido se lhes for comunicada dentro de 60 dias a contar do conhecimento da morte pelos supérstites – 1001.°/1 e 2[121]; nessa altura, os herdeiros assumem todos os direitos inerentes à quota do falecido, na sociedade em liquidação – *idem*, n.° 3;
– de escolher continuar a sociedade com os herdeiros do falecido, se chegarem a acordo com eles – 1001.°/1; estes podem, então, dividir livremente entre si o quinhão do seu antecessor ou encabeçá-lo em algum ou alguns deles – *idem*, n.° 4.

Tudo isto assume feição supletiva: poderá o pacto social ser explícito quanto ao procedimento a observar no caso da morte de um sócio, altura em que bastará segui-lo.

III. A exoneração de um sócio é a sua saída voluntária da sociedade. Contrapõe-se à exclusão, que equivale à saída imposta pelos restantes sócios.

O Código de SEABRA usava a expressão "renúncia" do sócio – artigos 1278.°, com três parágrafos e 1279.°, corpo[122]. Anteriormente, as Ordenações Filipinas falavam, mais descritivamente, em o companheiro se "afastar" da companhia[123].

A expressão "exoneração", ora acolhida na lei, era usada por JOSÉ TAVARES[124] enquanto, em Itália, é usada a expressão "recesso" – artigo 2285.°, do Código Civil. O termo correcto – num prisma de teoria geral – é o usado pelo BGB alemão: denúncia (*Kündigung*): § 723[125].

Efectivamente, a sociedade dá azo, entre os sócios, a uma relação duradoura, sendo a denúncia o esquema adequado para lhe pôr cobro. Ao usar o termo "exoneração", de cariz puramente comercial, o Código Civil veio acentuar a dimensão organizativa e institucional das sociedades civis puras, em detrimento da dimensão contratual[126].

falecido seja mesmo liquidada, reconstituindo-se a pluripessoalidade no prazo legal de seis meses, fixado no artigo 1007.°, *d*), do Código Civil.

[121] Cf. STJ 10-Mar.-1981 (ANTÓNIO FURTADO DOS SANTOS), ROA 1982, 151-154 (153), anot. ERIDANO DE ABREU cit., 158-159.

[122] Cf. DIAS FERREIRA, *Codigo Civil Annotado* cit., 2, 2ª ed., 498-499.

[123] Ord. Fil., Liv. IV, tit. XLIV, § 8.°.

[124] JOSÉ TAVARES, *Sociedades e empresas comerciais* cit., 2ª ed., 608.

[125] Com largo desenvolvimento e muitas indicações: STAUDINGER/HABERMEIER, *BGB* cit., 13ª ed., § 723 (232 ss.) e ULMER, *Münchener Kommentar* cit., 5, § 723 (289 ss.).

[126] De todo o modo, "exoneração" teve êxito, tendo passado ao Código das Sociedades Comerciais; cf. o seu artigo 185.°, quanto às sociedades em nome colectivo.

Quanto à exoneração, a lei assenta no sistema seguinte[127]:

- a exoneração é livre quando a duração da sociedade não tenha sido fixada no contrato ou quando ela tenha sido fixada por toda a vida de um sócio ou por um período superior a 30 anos[128] – 1002.°/1;
- a exoneração exige justa causa, quando haja fixação do prazo e ocorra antes do seu termo – 1002.°/2;
- a exoneração deve seguir o previsto no contrato, quando este se ocupe da matéria – *idem*, n.° 2.

A exoneração só se torna efectiva no fim do ano social em que seja feita a comunicação respectiva, mas nunca antes de decorridos três meses sobre esta comunicação – 1002.°/3. Trata-se de um pré-aviso legal destinado a permitir o ajustamento das contas e o encerramento dos negócios. Nos termos gerais, a exoneração deve constar de uma declaração (naturalmente: recipienda) dirigida aos restantes sócios.

Finalmente: as causas legais de exoneração (isto é: a justa causa) têm natureza injuntiva, podendo as contratuais ser modificadas por acordo das partes: 1002.°/4, do Código Civil. Quanto à eficácia da exoneração, há que atender ao artigo 1006.°, abaixo examinado.

IV. A exclusão do sócio vem tratada no artigo 1003.°. Ela pode dar-se nos casos contratualmente previstos e, ainda, em quatro hipóteses, elencadas na lei[129]:

- a violação grave das obrigações para com a sociedade; esta causa pode ser alargada à violação dos deveres para com os outros sócios, incluindo deveres de lealdade e de defesa do bom nome e reputação; assim, o sócio acusado de um crime grave, mesmo alheio à sociedade, poderá integrar esta situação; a bitola de gravidade é a

---

[127] Cf. o sistema vigente quanto às sociedades em nome colectivo, naturalmente destinado a dar-lhes mais solidez: artigo 185.°.

[128] O legislador de 1966 recorreu à perífrase (desnecessária) de dizer que "... não se considera, para este efeito, fixada no contrato ...".

[129] ANTÓNIO AVELÃS NUNES, *O direito de exclusão de sócios nas sociedades comerciais* (1968; existe uma reimp., de 2002), 59 ss. (79).

Quanto ao BGB alemão, com muitas indicações, cf. STAUDINGER/HABERMEIER, *BGB* cit., 13ª ed., § 737 (329 ss.) e KLAUS PIEHLER/NORBERT SCHULTE, *Münchener Handbuch* cit., 1, 2ª ed., § 10 (169 ss.).

habitual: o gerar-se uma situação tal que seja razoavelmente inexigível, aos outros sócios, a manutenção da sociedade com o sócio a excluir[130];

– a interdição ou inabilitação: o contrato de sociedade é celebrado *intuitu personae*; logo, não pode prosseguir com os representantes dos sócios, ainda que em nome e por conta destes;

– a impossibilidade, ao sócio de indústria, de prestar à sociedade os serviços a que ficou obrigado: é da natureza das coisas;

– o perecimento, por causa não imputável aos administradores, da coisa ou direito que constituíra a entrada dos sócios, nos termos explicitados no artigo 1004.°.

Repare-se que a exclusão não exige, em todos os casos, a culpa do visado. Ela aproxima-se da resolução do contrato por incumprimento – ou por ausência de cumprimento – a qual pode ocorrer por razões puramente objectivas[131].

Quanto ao *modus faciendi*: a exclusão depende do voto da maioria dos sócios, não contando o voto do sócio a excluir, produzindo efeitos decorridos 30 dias sobre a data da sua comunicação ao visado – 1005.°/1. O direito de oposição do sócio excluído caduca no prazo de 30 dias após se ter tornado eficaz – 1005.°/2.

Tendo a sociedade apenas dois sócios, a exclusão deve ser declarada pelo tribunal – 1005.°/3.

V. Quer a exoneração, quer a exclusão não isentam o sócio da responsabilidade pelas dívidas sociais contraídas até ao momento em que a saída produza os seus efeitos – 1006.°/1. Bem se compreende: estamos perante sociedades de responsabilidade ilimitada, em que cabe aos sócios responder pelas dívidas sociais.

Finalmente: não estando sujeitas a registo[132], as exoneração e exclusão não são oponíveis a terceiros de boa fé, ou seja: a terceiros que, sem

---

[130] O artigo 185.°/2 ilustra algumas "justas causas" para a exclusão de sócios em sociedades em nome colectivo; trata-se de meros exemplos, quer para as sociedades civis puras, quer para as próprias sociedades em nome colectivo.

[131] Cf., em geral, JOÃO BAPTISTA MACHADO, *Pressupostos da resolução por incumprimento* (1979), em *Obra dispersa*, vol. I (1991), 125-193 (129 ss.).

[132] Recordemos que não chegou a ser criado um registo relativo às sociedades civis puras.

culpa, as ignorassem, ao tempo em que contrataram com a sociedade – 1006.°/2. Para o efeito, esse mesmo preceito considera sempre culposa a ignorância se, ao acto tiver sido dada a conveniente publicidade.

27. Dissolução da sociedade

I. A dissolução da sociedade equivale à cessação do respectivo contrato e ao termo das relações entre os sócios. O recurso ao termo "dissolução" acentua, mais uma vez, a vertente organizatória e institucional do fenómeno que ora nos ocupa[133].

O artigo 1007.° do Código Civil, que segue à letra, com mera modificação da ordem de duas alíneas, o artigo 2272.° do Código Civil italiano, fixa seis causas de dissolução[134]:

a) *O acordo dos sócios*: estes podem sempre, por unanimidade, pôr termo ao ente que criaram; salvaguardados ficarão os efeitos produzidos perante terceiros;

b) *Pelo decurso do prazo fixado no contrato, não havendo prorrogação*: trata-se de uma causa natural e evidente;

c) *Pela realização do objecto social, ou por este se tornar impossível*: a menos que, de acordo com as regras aplicáveis, as partes dêem novo objecto à sociedade, esta não poderá praticar mais actos, justificando-se a dissolução; registe-se que a impossibilidade poderá ser puramente jurídica; de todo o modo, ela refere-se ao objecto social e não às obrigações assumidas por algum dos sócios[135];

---

[133] O Código de Seabra, menos comprometido nesta via que o legislador histórico de 1966, insiste, todavia e *contra factum proprium*, em negar, falava, simplesmente, em "extincção da sociedade", usando a locução "a sociedade acaba"; cf. Dias Ferreira, *Codigo Civil Annotado* cit., 2, 2ª ed., 496.

[134] Confronte-se com o elenco fundamentalmente coincidente do artigo 141.°, do Código das Sociedades Comerciais; o artigo 142.° do mesmo Código prevê outras causas de dissolução, que implicam sentença judicial; trata-se de preceitos que poderiam sempre ser aplicáveis por analogia; de todo o modo, perante sociedades civis puras dotadas de personalidade jurídica plena – ou melhor; das condições objectivas que a isso conduzam – haveria que aplicar o artigo 182.° do Código Civil, *ex vi* 157.° do mesmo diploma, que colmataria o essencial.

[135] RPt 10-Dez.-1992 (Almeida e Silva), Proc. 9150217/ITIJ, visitado em 20-Mar.-2006.

d) *Por se extinguir a pluralidade dos sócios, se no prazo de seis meses não for reconstituída*: as sociedades civis puras não deram (ainda) o passo para a unipessoalidade, o que traduziria a supremacia definitiva da dimensão organizatória sobre a contratual; assim, a lei apenas permite uma unipessoalidade transitória: por seis meses;

e) *Por decisão judicial que declare a sua insolvência*; nessa eventualidade, há que passar à liquidação do património, sendo todavia de recordar a aplicabilidade dos diversos instrumentos tendentes, eventualmente, à sua recuperação;

f) *Por qualquer outra causa prevista no contrato*: estamos, efectivamente, no domínio da autonomia privada.

Estas causas de dissolução não são exaustivas. Outras leis poderão trazer novos fundamentos os quais, de resto, são ainda susceptíveis de derivar do regime aplicável. Pense-se nas regras tecidas em torno da morte, exoneração ou exclusão dos sócios e de que acima se deu conta.

II. A dissolução levada a cabo por acordo exige, naturalmente, o voto unânime dos sócios, salvo se o contrato permitir deliberações desse tipo meramente maioritárias – 1008.°/1[136]. E decidida a dissolução por acordo, não há lugar à prestação de contas[137].

Quanto à prorrogação do prazo fixado no contrato: ela pode ser validamente deliberada, até à partilha. Pode, ainda, haver prorrogação tácita, por tempo indeterminado, quando os sócios continuarem a exercer a actividade social e salvo se, das circunstâncias, resultar que não houve tal intenção – 1008.°/2. Trata-se, no fundo, de uma manifestação tácita de vontade, pelo que ela deverá ser detectada em todos os sócios.

III. Verificada a dissolução, a realidade social subjacente continua – ou pode continuar – a existir. A lei prevê – tal como já fizera com as associações, no artigo 184.° do Código Civil – que os poderes dos adminis-

---

[136] Já se decidiu que nada impede que se reconheçam os efeitos da dissolução decidida por mútuo acordo dos sócios, antes de ser judicialmente declarada a nulidade do contrato: STJ 6-Out.-1983 (Joaquim Figueiredo), Proc. 070854/ITIJ, visitado em 20-Mar.-2006.

[137] RPt 16-Mar.-1992 (Alves Correia), Proc. 9130845/ITIJ, visitado em 20-Mar.-2006.

tradores se mantenham, limitados à prática dos actos meramente conservatórios[138] e, no caso de não serem nomeados liquidatários, aos actos necessários à liquidação do património social.

IV. Pode acontecer que, após a dissolução, os administradores excedam os poderes (limitados) que o artigo 1009.°/1, como vimos, lhes confere. Nessa circunstância, apenas os administradores em causa responderão perante os terceiros com que contratem. Todavia, se esses terceiros estiverem de boa fé – isto é: ignorarem, sem culpa, a ocorrência da dissolução – a sociedade e os outros sócios são responsáveis. É o que se infere do artigo 1009.°/2, que retoma o artigo 184.°/2, do Código Civil, ainda que alterando, sem necessidade, a linguagem.

28. **Liquidação da sociedade e de quotas**

I. Dissolvida a sociedade, passa-se à liquidação do seu património – 1010.°, do Código Civil. Podemos apresentar a liquidação como um conjunto das operações que visem:

– proceder ao exacto levantamento de todos os direitos e obrigações incluídos em determinado património;
– solucionar os problemas pendentes que deixem pairar dúvidas ou incertezas sobre posições que envolvam o património em liquidação;
– cumprir todas as obrigações pendentes, de modo a apurar um saldo;
– transformar o saldo em causa numa expressão pecuniária, essencialmente divisível.

A liquidação pode ser muito simples ou pode levantar problemas que se multipliquem até ao infinito.

II. O artigo 1011.°, do Código Civil, reporta a ordenação básica: o processo de liquidação pode:

– estar fixado no próprio contrato de sociedade, cabendo, então, observá-lo;

[138] E à ultimação dos negócios correntes, por aplicação, se necessário analógica, do artigo 184.°, do Código Civil e como é de natureza das coisas. De resto, ela resulta do artigo 1015.°, do mesmo Código.

– ser determinado por acordo unânime dos sócios, seguindo-se aquilo em que convenham;
– resultar de preceitos supletivos da lei substantiva ou de processo.

Para que a liquidação não se prolongue indefinidamente, há que lhe apor um prazo: não estando ele determinado, qualquer sócio ou credor pode requerer a sua indicação pelo Tribunal – 1011.°/2.

III. A liquidação de património dá azo a um processo especial regulado nos artigos 1122.° e seguintes, do Código de Processo Civil. Também os artigos 146.° e seguintes, do Código das Sociedades Comerciais, compreendem toda uma regulação sobre o tema da liquidação das sociedades. Caso a caso haverá que ponderar se alguma ou algumas das normas aí inseridas são susceptíveis de aplicação analógica. O universo possível das sociedades civis puras é tão extenso que todas as situações são compagináveis. Isto dito, cumpre passar às regras civis supletivas.

Segundo o artigo 1012.°/1, do Código Civil, a liquidação compete aos administradores. Quando o contrato confie aos sócios a nomeação de liquidatários e o "acordo se revele impossível", caberá ao tribunal decidir, por iniciativa de qualquer sócio ou de qualquer credor – *idem*, n.° 2.

Os liquidatários ficam numa posição idêntica à dos administradores, salvo preceito diverso – 1013.°/1 – cabendo-lhes decidir por maioria, excepto acordo em contrário dos sócios – *idem*, n.° 2.

IV. Posto isto, eis o processo previsto no Código Civil:
– não sendo os liquidatários administradores, devem estes exigir-lhes a entrega dos bens, livros e documentos da sociedade, bem como as contas relativas ao último período de gestão; na sua falta, deve a entrega ser requerida ao tribunal – 1014.°/1;
– é obrigatória a organização de um inventário, que dê a conhecer a situação do património social, a elaborar conjuntamente por administradores e liquidatários – *idem*, n.° 2;
– os liquidatários praticam todos os actos necessários à liquidação do património social, ultimando os negócios pendentes, cobrando os créditos, alienando os bens e pagando aos credores – 1015.°; enquanto estes não estiverem pagos ou não forem consignadas as quantias necessárias, não pode haver partilha dos bens sociais –

1016.°/1; podem os sócios ser chamados a responder, nos termos da sua responsabilidade solidária pelas dívidas sociais – *idem*, n.° 2;

– os bens atribuídos em uso e fruição são restituídos aos sócios proprietários no estado em que se encontrarem – 1017.°/1; tendo-se perdido ou deteriorado por causa imputável aos administradores, são estes e a sociedade solidariamente responsáveis pelos danos – *idem*, n.° 2;

– pagas as dívidas sociais, passa-se à partilha, nos termos regulados no artigo 1018.° e, designadamente: reembolso das entradas e distribuição do excedente na proporção que cada um tenha nos lucros; as entradas que não sejam em dinheiro são estimadas, sendo possível, aos sócios, acordar em que a partilha se faça em espécie.

V. Enquanto as partilhas não estiverem concluídas, podem os sócios retomar o exercício da actividade social, desde que o decidam por unanimidade – 1019.°/1; resultando a dissolução de causa imperativa, terão, todavia, de ter cessado as circunstâncias que a determinaram – *idem*, n.° 2.

VI. De notar que a responsabilidade dos sócios – agora: antigos sócios – se mantém quando, encerrada a liquidação, se verifique a existência de débitos que não tenham sido saldados – 1020.°, do Código Civil. Fica, assim, prevenida qualquer hipótese de fraude, evitando-se, ainda, fazer correr pelos terceiros credores, os riscos inerentes às vicissitudes das sociedades civis puras.

VII. O artigo 1021.°, do Código Civil, conclui a matéria legal atinente às sociedades civis puras com as regras a observar no tocante à liquidação de quotas.

Recorde-se que tal liquidação ocorre nas hipóteses de morte, exoneração ou exclusão de um sócio. A preocupação da lei – de resto, em obediência ao princípio constitucional do respeito pela propriedade privada – é a de que o ex-sócio receba o valor justo que lhe compete. Esse valor é fixado com base no estado da sociedade, à data em que tenha ocorrido ou produzido efeitos o facto determinante da liquidação em causa – 1021.°/1, 1ª parte; havendo negócios em curso, os lucros ou perdas destes são computados – *idem*, 2ª parte.

Na avaliação da quota são tidas em conta, na parte aplicável, as regras sobre liquidação – 1018.°/1 a 3, *ex vi* 1021.°/2: logicamente, não se pode, a propósito da liquidação de uma quota, receber algo de diverso do que competiria pela liquidação da própria sociedade.

Finalmente e como foi referido: o pagamento do valor da liquidação deve ser feito, salvo acordo em contrário, no prazo de seis meses a contar do dia em que o facto determinante da liquidação se tornou eficaz. Sendo materialmente impossível observar tal prazo, haverá que reportá-lo, automaticamente, à mais recente data em que se torne visível o seu acatamento. Verificados os requisitos, caem juros moratórios.

VIII. As sociedades comerciais dispõem de um procedimento especial de extinção imediata, regulado nos artigos 27.° a 30.° do Regime Jurídico dos Procedimentos Administrativos de Dissolução e de Liquidação de Entidades Comerciais, aprovado pelo Decreto-Lei n.° 76-A/2006, de 29 de Março. Esse procedimento corre perante a conservatória de registo comercial, razão por que não se aplica às sociedades civis puras. Mas é pena. Caberá ao legislador ponderar o assunto, de modo a facilitar a dissolução e a liquidação desse tipo de sociedades.

a propósito da liquidação de uma quota, ocorrer algo de diverso do que ocorreria pela liquidação da própria sociedade.

Finalmente e como foi referido, o pagamento do valor de liquidação deve ser feito, salvo acordo em contrário, no prazo de seis meses a contar do dia em que o facto determinante da liquidação se torne eficaz. Sendo materialmente impossível observar tal prazo, haverá que reportá-lo, automaticamente, à mais recente data em que se torne viável o seu acatamento. Verificados os requisitos, caem juros moratórios.

VIII. As sociedades comerciais dispõem de um procedimento especial de extinção imediata, regulado nos artigos 27.º a 30.º do Regime Jurídico dos Procedimentos Administrativos de Dissolução e de Liquidação de Entidades Comerciais, aprovado pelo Decreto-Lei n.º 76-A/2006, de 29 de Março. Esse procedimento corre perante a conservatória do registo comercial, razão por que não se aplica às sociedades civis puras. Mas é ponto. Cabe ao legislador ponderar o assunto, de modo a facilitar a dissolução e a liquidação desse tipo de sociedades.

CAPÍTULO IV
NATUREZA E IMPORTÂNCIA DAS SOCIEDADES CIVIS

§ 9.° A NATUREZA

29. O problema da personalidade colectiva

I. O Código Civil não atribui, com clareza, personalidade colectiva às sociedades civis que regula. Mas também não a nega. O autor do anteprojecto – o Prof. FERRER CORREIA – teve a seguinte ideia[139]:

> Foi de caso pensado que não propusemos a inserção no *Projecto* de qualquer norma consagrando ou repudiando, neste capítulo das sociedades civis, o conceito de personalidade colectiva. Efectivamente, este conceito, como outros do mesmo género, não é mais do que a expressão da síntese das soluções dadas a certas questões práticas de regulamentação, que, essas sim, têm de ser enfrentadas pelo legislador. E não há dúvida de que o *Projecto* as enfrentou. Resta apenas saber que indicações se tiram das soluções adoptadas pelo *Projecto*, no que toca ao mencionado conceito. Mas esse é um problema de dogmática jurídica, com que o legislador não tem de se preocupar.

Vamos, pois, abordar o problema dogmático anunciado por FERRER. Temos, ainda, duas precisões. Em primeiro lugar, não é uma (mera) questão de "conceito": antes de construção dogmática, envolvendo consequências de entendimento e de regime. Seguidamente: estamos perante um tema português clássico, discutido há mais de um século e não de uma temática importada. Num momento em que a defesa do Direito português

---

139 ANTÓNIO FERRER CORREIA, *Estudos preparatórios inéditos*, transcrito em PIRES DE LIMA/ANTUNES VARELA, *Código Civil Anotado* cit., 2, 4ª ed., 288.

deve constituir prioridade absoluta, não podemos deixar cair no esquecimento as nossas questões mais debatidas e, ainda, por resolver.

II. Na origem da discussão ora em estudo, surge-nos DIAS FERREIRA que, anotando a sociedade civil do Código de SEABRA, a considera como[140]:

> (...) pessoa jurídica com direitos e obrigações, não só entre os seus membros, mas em relação a terceiros (...)

GUILHERME MOREIRA, a quem se deve a expressão "pessoa colectiva", vem tomar posição diversa. Para ele, a personalidade só surgiria quando se verificasse uma total independência patrimonial em relação aos sócios ou associados. Isso leva-o a considerar as sociedades anónimas como pessoas colectivas; já as sociedades em nome colectivo não o seriam, outro tanto sucedendo com as sociedades civis puras[141].

Logo JOSÉ TAVARES, numa análise muito incisiva e ponderosa, vem tomar posição oposta: as sociedades civis puras teriam uma verdadeira personalidade jurídica[142]. De facto, diversos preceitos do Código de SEABRA reconheciam, na sociedade civil, uma entidade juridicamente diferenciada dos seus sócios. Rematava este Autor[143]:

> Em conclusão: se o código civil explicitamente trata a sociedade como uma entidade capaz de direitos e obrigações, atribuindo-lhe de facto as consequências e reconhecendo-lhe as garantias mais características duma personalidade jurídica, com que lógica de direito se poderá contestar-lhe a natureza de pessoa jurídica idêntica, ou pelo menos, análoga à das sociedades comerciais? Semelhante contestação é decididamente a negação dos princípios fundamentais da própria lei.

---

[140] DIAS FERREIRA, *Codigo Civil Annotado* cit., 2, 2ª ed., 486.

[141] GUILHERME MOREIRA, *Instituições do Direito civil português*, vol. I – *Parte geral* (1907), 295. Diz designadamente:

> A attribuição do direito de personalidade ás sociedades em que são invariaveis os socios e ha responsabilidade illimitada pelas dividas, não terá fundamento algum admissivel, pois que nessas sociedades não existem, como é obvio, interesses communs que sejam independentes dos interesses individuaes dos socios, e levará a consequencias inadmissiveis.

[142] JOSÉ TAVARES, *Sociedades e empresas comerciais* cit., 2ª ed., 191 ss..

[143] JOSÉ TAVARES, *Sociedades e empresas comerciais* cit., 2ª ed., 199. TAVARES não deixa de notar que o caminho encetado por GUILHERME MOREIRA o leva, logicamente, a negar a personalidade das sociedades em nome colectivo.

Fechando este ciclo de controvérsia, CUNHA GONÇALVES vem negar a personalidade colectiva das sociedades civis puras. Invoca argumentos de tradição e explica que a "sociedade" é de tomar com o sentido de os "diversos sócios"[144].

III. Após a publicação do Código Civil de 1966, o problema manteve-se: o legislador entendeu, como vimos – pensamos que bem – não resolver expressamente o problema, remetendo-o para a doutrina. A doutrina dividiu-se. Contra a personalidade colectiva das sociedades civis puras manifestaram-se FERRER CORREIA[145], PIRES DE LIMA e ANTUNES VARELA[146], MOTA PINTO[147] e ISABEL MAGALHÃES COLLAÇO[148].

A favor, com algumas reservas, depunha PAULO CUNHA[149]; também

---

144 CUNHA GONÇALVES, *Tratado* cit., 7.° vol., 225 ss.. Este Autor retoma aí a posição já defendida no seu *Comentário ao Código Comercial Português*, vol. I (1914), 235 ss..

145 FERRER CORREIA, *Estudos preparatórios inéditos*, transcrito em PIRES DE LIMA/ /ANTUNES VARELA, *Código Civil Anotado* cit., 2, 4ª ed., 288. Diz FERRER:

> De resto, todos sabem que o conceito de personalidade colectiva é de conteúdo variável, consoante os autores e as escolas. Nós, por exemplo, pensamos que a sociedade civil, tal como se encontra estruturada no Projecto, é um simples caso de comunhão em mão comum (o mesmo pensam os Autores alemães, quanto à sociedade do B.G.B.); mas admitimos que outros, guiados por um diferente critério, entendam ser outra a conclusão exacta.

146 PIRES DE LIMA/ANTUNES VARELA, *Código Civil Anotado* cit., 2, 4ª ed., 287-288: reconhecem que certos preceitos atribuem alguns direitos e obrigações às sociedades civis; mas isso não permitiria uma generalização que consideram conceptualista.

147 CARLOS ALBERTO DA MOTA PINTO, *Teoria Geral do Direito Civil* cit., 4ª ed., 295-296; MOTA PINTO sublinha, em especial, ausência de qualquer norma, do tipo da do artigo 158.° do Código Civil ou da do artigo 5.° do Código das Sociedades Comerciais, que, genericamente, lhes atribua personalidade colectiva.

148 Trata-se de posição defendida por MAGALHÃES COLLAÇO nas exposições orais de Teoria Geral do Direito Civil e que, no ano de 1971/1972, foram parcialmente relatadas por JOSÉ MAGALHÃES e por PEDRO GUERRA E ANDRADE.

149 PAULO CUNHA, *Teoria Geral do Direito Civil/Apontamentos inéditos das lições*, 1971/1972, 26ª aula teórica em 20-Jan.-1972. A construção de PAULO CUNHA era, no essencial, a seguinte. Referindo a não-opção expressa do Código Civil, PAULO CUNHA lamentava-a; considerava ainda não haver preceito mais duvidoso do que o artigo 157.°, do Código Civil. Posto isso, considerava menos curial a posição de MARCELLO CAETANO, segundo a qual o artigo 157.° permitiria, por analogia, a atribuição de personalidade a certas sociedades: de facto, haveria que partir, antes, das sociedades civis puras; e só depois de, por outros preceitos, se apurar a sua personalidade seria possível falar em analogia. Ora a análise dos artigos 980.° e seguintes do Código Civil – particularmente: dos artigos 984.°, 996.°, 997.°, 1000.°, 1007.°, 1010.°, 1016.°, 1017.° e 2033.° – a que se acrescen-

com reservas, ela é propugnada por MARCELLO CAETANO[150], CASTRO MENDES[151], CARVALHO FERNANDES[152] e PEDRO PAIS DE VASCONCELOS[153].

Uma análise interessante resulta de RAÚL VENTURA[154].

30. A posição adoptada

I. Antes de situar o problema perante os dados actuais da teoria da personalidade colectiva, parece útil proceder a algumas precisões.

Quando a lei, de modo expresso e eficaz, reconheça personalidade colectiva a uma entidade está, por essa via, a determinar a aplicação de certas normas: de outro modo, a qualificação "pessoa colectiva" ficaria no vazio. A personalização de um ente "artificial" cria uma entidade oponível *erga omnes*, com direitos – incluindo de personalidade! – próprios, uma esfera específica e todas as prerrogativas que acompanham as pessoas, em

tavam ainda diversos preceitos do Código de Processo Civil, então em vigor, revelava claramente que as sociedades civis puras eram dotadas de personalidade colectiva, pelo seu regime. PAULO CUNHA introduzia, depois, uma dupla restrição. De fora ficavam as parcerias rurais, consideradas sociedades pelo Código Civil de SEABRA, mas não pelo Código actual. Quanto às outras: agora haveria que recorrer ao artigo 157.° do Código Civil: as sociedades civis puras deveriam ter estatutos aprovados por escrito e publicados para adquirir a personalidade, assim se afastando as situações efémeras.

150 MARCELLO CAETANO, *As pessoas colectivas no novo Código Civil português*, O Direito 99 (1967), 85-110 (100 ss.): para este Autor, a personalidade das sociedades civis surgiria através do artigo 157.° do Código Civil: quando elas tivessem substrato e houvesse um reconhecimento, impor-se-ia a analogia prevista naquele preceito, surgindo a personalidade.

151 JOÃO DE CASTRO MENDES, *Direito Civil* (*Teoria Geral*), 1.° vol. (1967), 307 ss., *maxime* 313, que adopta a orientação de MARCELLO CAETANO:

> (...) a sociedade, constituída nos termos dos arts. 980.° e seguintes do Código Civil, só será pessoa colectiva, quando a analogia da sua situação em face das pessoas reguladas nos artigos 157.° e seguintes justifique a atribuição de personalidade jurídica.

152 LUÍS A. CARVALHO FERNANDES, *Teoria geral do Direito civil*, 1, 3ª ed. (2001), 499 ss. (505), adopta uma orientação semelhante à de MARCELLO CAETANO, aperfeiçoando-a. A personalidade colectiva surgiria desde que as sociedades civis recorressem à escritura pública – artigos 158.°/1 e 168.°/1 do Código Civil – fazendo constar, dos estatutos, as especificações do artigo 167.°, todos do Código Civil.

153 PEDRO PAIS DE VASCONCELOS, *Teoria geral do Direito civil*, 2ª ed. (2003), 206.

154 RAÚL VENTURA, *Apontamentos sobre sociedades civis*, cit. 25 ss., que, contudo não chega a tomar posição.

Direito. Compreende-se, por isso, que as pessoas colectivas devam adoptar figurinos normalizados, sujeitando-o, ainda, a adequada publicidade. De outro modo, não seria curial opor tais pessoas colectivas a terceiros: estes não podem ser confrontados com a necessidade de respeitar situações que não conheciam nem podiam conhecer.

Mas a lei pode não ser expressa: antes se limitando a prever um regime que, por razões de harmonia sistemática, obrigue o intérprete-aplicador a formular o juízo ético-valorativo da personalização. No fundo, é sempre de um regime adequado que se trata.

II. Posto isso, regressemos às sociedades civis puras. A análise do articulado legal vigente mostra, com relevo para o problema, preceitos que:

- referem directamente direitos e deveres como sendo da sociedade: artigos 989.° ("coisas sociais"), 995.°/2 ("bens da sociedade"), 997.°/1 ("dívidas sociais"), 997.°/2 ("débitos da sociedade" e "património social"), 998.°/1 ("bens da sociedade"), 1000.° ("terceiro deve à sociedade" e "sociedade deve ao terceiro"), 1003.°, *a*) ("obrigações para com a sociedade") e *c*) ("serviços à sociedade"), 1010.° ("liquidação do seu [da sociedade] património"), 1014.°/1 ("entrega dos bens e dos livros e documentos da sociedade"), 1014.°/2 ("património social"), 1016.°/1 ("bens sociais" e "credores da sociedade"), 1016.°/2 ("bens da sociedade"), 1018.°/1 ("dívidas sociais");
- pressupõem direitos ou deveres da sociedade: artigos 984.°, 1004.° e 1017.°, relativos a entradas;
- mencionam directamente actos ou actuações da própria sociedade: artigos 990.° ("actividade igual à da sociedade"), 1001.°/1 ("deve a sociedade liquidar a sua quota") e 1019.° ("actividade social" ou "danos da sociedade");
- admitem consequências para a sociedade: artigos 985.°/5, *in fine* ("perdas sociais") e 992.°/2 ("lucros e perdas da sociedade");
- referem fins da sociedade: artigo 991.° ("fins comerciais"), a representação da sociedade: artigo 996.°; ou o estado da sociedade: artigo 1021.°/1;
- admitem a responsabilidade patrimonial da sociedade: 997.°/1 bem como a sua responsabilidade civil: 998.°/1.

III. Parece claro que o Código Civil se exprime, neste complexo, em *modo colectivo*. Será quimérico tentar convolar todas as regras em que se refere a sociedade para regras reportadas aos sócios: é toda uma subsequente questão de regime, comum às diversas pessoas colectivas, saber como tais regras chegam, depois, aos destinatários últimos que as devam cumprir. Além disso, o Código Civil postula, várias vezes, a possibilidade de, por maioria, se formar uma vontade social: irredutível, pois, à de todos os sócios: assim sucede nos artigos 982.°/2, 985.°/2, 3 e 4, 991.°, 1005.°/1 e 1008.°/1: umas vezes quando o pacto o permita; outras, por lei.

IV. O RNPC contém elementos com interesse. O FCPC abrange informação relativa às sociedades civis (artigo 4.°/1, *a*), do RNPC). O seu artigo 42.° dispõe expressamente sobre as denominações das sociedades civis, como vimos[155]:

> 1. Sem prejuízo do disposto em legislação especial, as denominações das sociedades civis sob forma civil podem ser compostas pelos nomes, completos ou abreviados, de um ou mais sócios, seguido do aditamento "e Associados", bem como por siglas, iniciais, expressões de fantasia ou composições, desde que acompanhadas da expressão "Sociedade".

Não fica, todavia, clara a obrigação de inscrição no RNPC: o artigo 6.° do correspondente diploma refere "pessoas colectivas", não sendo seguro que as sociedades civis puras fiquem abrangidas. Contudo, o artigo 10.°/1 sujeita a inscrição no FCPC factos relativos às entidades referidas no artigo 4.°/1, *d*), o qual menciona:

> Entidades que, prosseguindo objectivos próprios e actividades diferenciadas das dos seus associados, não sejam dotadas de personalidade jurídica;

Quer isto dizer que as sociedades civis puras devem ser inscritas no RNPC, ou mais precisamente – artigo 10.°/1 – devem sê-lo:

– a sua denominação;
– a sua sede e endereço postal;
– o objecto social ou actividade exercida;
– o início e a cessação da sua actividade.

Esta obrigação envolve a de adoptar uma denominação; ela torna-se efectiva, nos termos do artigo 54.°/2, quando a sua constituição se concretize por escritura pública: parece que este preceito terá de se aplicar à

155 *Supra*, 61.

própria constituição das sociedades civis puras, independentemente de serem, *a priori*, pessoas colectivas.

31. **Personalidade plena e pessoas rudimentares**

I. A sociedade civil sob forma civil, constituída por escritura pública, dotada de denominação, devidamente inscrita no RNPC, dado o âmbito dos artigos 980.° e seguintes do Código Civil, é uma pessoa colectiva em tudo semelhante às demais sociedades. Mostram-se assegurados os diversos interesses e valores subsequentes.

De acordo com a metodologia de PAULO CUNHA podemos, então – e só então! – recorrer ao artigo 157.° do Código Civil. Verifica-se a analogia que permite a aplicação dos artigos 158.°/1 e 167.°/1, ambos do Código Civil: as sociedades civis puras, desde que constituídas por escritura pública e com as especificações prescritas, nos seus estatutos, são pessoas colectivas plenas.

II. Quanto às restantes, todas as graduações são possíveis. Relativizada a ideia de personalidade colectiva e admitido o princípio das pessoas colectivas rudimentares, nenhuma dificuldade haverá em considerá-las como "pessoas rudimentares". Só funcionam como tal nos casos em que a lei assim o determine e para os específicos efeitos consignados legalmente.

III. Cumpre ainda chamar a atenção para as sociedades civis sob forma civil que adquirem a personalidade colectiva por via de leis especiais. Assim sucede com as sociedades de advogados, reguladas pelo Decreto-Lei n.° 229/2004, de 10 de Dezembro: adquirem personalidade pela inscrição na Ordem dos Advogados.

§ 10.° A IMPORTÂNCIA

32. **Aspectos económicos**

I. De acordo com os elementos disponíveis, os números relativos às sociedades civis puras são os seguintes[156]:

ano	2002	2003	2004
número	10	21	19
trabalhadores	11	152	77
volume de negócios[157]	177	10.343	9.930

Os números serão pouco significativos: recordemos, todavia, que em 2004 havia no país 11 sociedades em comandita, somando as comanditas simples e as comanditas por acções. Além disso, tais números apenas reflectem as sociedades civis inscritas no RNPC e nos cadernos das finanças e da segurança social: não os muitos milhares de contratos de sociedade que, diariamente, se fazem e desfazem na nossa Terra.

II. Não sendo esmagadora, a importância económica das sociedades civis sob forma civil sempre será alguma. E se não surge mais utilizada, tal deve-se ao desconhecimento das suas qualidades de flexibilidade e adaptação e à falta de amparo jurídico. Muitas sociedades familiares que se encaminham, por força das circunstâncias, para o tipo das sociedades por quotas poderiam desembocar em sociedades civis puras.

III. É ainda curioso reportar os números relativos às sociedades civis sob forma comercial. São eles[158]:

---

[156] Fonte: INE.

[157] Em milhares de euros.

[158] Fonte: INE.

ano	2002	2003	2004
número	1.894	2.033	2.060
trabalhadores	7.905	7.813	8.058
volume de negócios[159]	428.538	440.504	528.435

Fundamentalmente lidamos, aqui, com sociedades por quotas: de longe o tipo dominante, no domínio das sociedades.

33. **Aspectos dogmáticos**

I. No plano dogmático, as sociedades civis têm a maior importância. Bastará invocar três planos:

– o jurídico-científico;
– o da aplicação subsidiária;
– o das remissões explícitas.

A dogmática das sociedades civis puras é do maior interesse para a edificação de uma verdadeira parte geral do Direito das sociedades[160]. Como vimos, a lei disponibiliza, hoje, um regime pormenorizado que permite equilibrar os níveis contratual e organizativo. Constitui, assim, uma base excelente para o afinamento da dogmática envolvida.

II. A aplicação subsidiária do regime das sociedades civis resulta, como vimos, do artigo 2.°. Além disso, ocorrem remissões expressas para o seu regime: por exemplo, a do artigo 36.°/2. De novo se trata de matéria sempre presente, na disciplina do Direito das sociedades.

---

159 Em milhares de euros.

160 Por isso, na 1ª ed. do 1.° volume do presente *Manual*, essa matéria foi tratada a propósito das sociedades em geral.

PARTE II

SOCIEDADES EM NOME COLECTIVO

CAPÍTULO I

TIPO GERAL E EVOLUÇÃO DAS SOCIEDADES EM NOME COLECTIVO

§ 11.° TIPO GERAL, NATUREZA E FUNÇÃO

34. As sociedades em nome colectivo no Código

I. As sociedades em nome colectivo são objecto do título II do Código das Sociedades Comerciais: o primeiro depois da denominada parte geral. Elas ocupam 23 artigos – 175.° e 196.° – ordenados por quatro capítulos:

I – Características e contrato (175.° a 188.°-A);
II – Deliberações dos sócios e gerência (189.° a 193.°);
III – Alterações do contrato (194.°);
IV – Dissolução e liquidação da sociedade (195.° e 196.°).

II. A leitura do respectivo articulado, por confronto com a parte geral, permite identificar três áreas de regulação. Temos, com efeito:

- preceitos específicos das sociedades em nome colectivo, com exemplo nos artigos 175.°/1 e 177.°, referentes às suas características e à firma;
- preceitos de ordem geral, ora repetidos, ora retomados com eventuais adaptações linguísticas: assim sucede, entre outros, com o artigo 176.°, que reproduz o que já adviria do artigo 9.°, ambos sobre o conteúdo do contrato de sociedade;
- preceitos de ordem geral, mas que o título I do Código não consagrou: veja-se, nesse sentido, o artigo 192.°, relativo à competência dos gerentes.

Registe-se que a extensão regulativa dispensada pelo Código das Sociedades Comerciais às sociedades em nome colectivo fica muito aquém das da sociedade por quotas (oitenta e sete artigos) e da sociedade anónima (cento e noventa e dois artigos: números subsequentes à reforma de 2006). Será de esperar uma grande aderência à parte geral do Código[161].

35. **Responsabilidade por dívidas; insuficiência**

I. O legislador de 1986 optou por caracterizar a sociedade em nome colectivo através do regime da responsabilidade pelas suas dívidas. Segundo o artigo 175.°/1 e nessas sociedades, o sócio responde:

– individualmente pela sua entrada;
– subsidiariamente, pelas obrigações sociais;
– e isso solidariamente com os demais sócios.

De facto, os sócios respondem, sempre, pela sua entrada: trata-se da regra presente nos artigos 20.°, *a*) e 27.° e retomada nos artigos 197.°/1, quanto a sociedades por quotas e 271.°, quanto às anónimas. Mas a responsabilidade pelas obrigações sociais, mesmo subsidiária, não surge nem nas sociedades por quotas, nem nas anónimas: ambas são sociedades de responsabilidade limitada, ao contrário do que ocorre nas sociedades em nome colectivo. Quanto à solidariedade: ela está presente, de facto, nas sociedades por quotas, mas apenas no tocante à obrigação de entrada.

II. O regime de responsabilidade das sociedades em nome colectivo aproxima-se, assim, do das sociedades civis puras[162]. Nestas, o artigo 997.°/1, do Código Civil, estabelece uma regra de responsabilidade pessoal dos sócios pelas dívidas sociais, responsabilidade essa que opera solidariamente entre todos eles. Como, porém, o sócio demandado para pagamento dos débitos da sociedade pode exigir a prévia excussão do património social (997.°/2, do Código Civil), queda concluir que também

[161] No Direito italiano, o Código Civil procede a uma remissão do regime das sociedades em nome colectivo para as "sociedades simples" ou sociedades civis sob forma civil (2293.°): cf. Francesco Galgano, *Diritto civile e commerciale*, III – *L'impresa e le società*, 1 – *L'impresa, le società in genere. Le società di persone*, 4ª ed. (2004), 414 ss..

[162] *Supra*, 69 ss..

aqui há subsidiariedade económica. Em termos jurídicos, porém, ocorrem diferenças: nas sociedades civis puras, é possível demandar o sócio; este, se quiser, invocará o *beneficium excussionis*[163].

III. No Direito italiano, perante um texto muito semelhante ao do novo artigo 175.°/1, alguma doutrina sublinha a insuficiência do elemento "responsabilidade dos sócios" para definir a sociedade em nome colectivo.

Dispõe, efectivamente, o artigo 2291.° do Código Civil italiano:

> Na sociedade em nome colectivo, todos os sócios respondem solidária e ilimitadamente pelas obrigações sociais.
> O pacto em contrário não é eficaz perante terceiros.

Explicam FERRARA/CORSI que essa fórmula, para além de não permitir uma distinção perante as sociedades simples – i. é: civis puras – apenas nos dá uma consequência do concreto tipo em jogo[164], numa observação retida por outros estudiosos[165]. A presença de uma sociedade em nome colectivo adviria, assim, de três factores[166]:

– da presença dos elementos constitutivos da própria noção de sociedade – artigo 980.°, do Código Civil português;
– da natureza comercial da actividade desenvolvida;
– da ausência de uma vontade das partes tendente a reconduzir a figura a qualquer outro tipo de sociedade.

Todavia, também por aqui não avançamos. Os elementos gerais da sociedade encontram-se nos diversos tipos, não permitindo abrir distinções. A natureza comercial da actividade vai demasiado longe: pode haver sociedades civis sob a forma de sociedade em nome colectivo (1.°/4). Quanto à não-recondução do ente em causa a qualquer outro tipo societário: ela deixa em aberto as hipóteses de sociedades civis puras, de sociedades irregulares e de associações não personalizadas.

---

163 *Supra*, 69 ss..

164 FRANCESCO FERRARA JR./FRANCESCO CORSI, *Gli imprenditori e le società*, cit., 13ª ed., 309.

165 FRANCO DI SABATO, *Le società*, 6ª ed. cit., 107, reportando-se a anteriores edições da obra de FERRARA/CORSI.

166 FRANCO DI SABATO, *Diritto delle società*, 2ª ed. (2005), 150.

IV. A objecção lógica de que o regime de responsabilidade por dívidas pressupõe a prévia determinação da natureza da sociedade parece inultrapassável. Mas também os critérios "materiais" alternativos se mostram insuficientes. Na verdade, as sociedades em nome colectivo – como as restantes demonstrações de personalidade colectiva – apenas tendencialmente visam dar corpo a valorações substanciais específicas.

No plano prático do Direito, elas obedecem, antes de mais, a critérios objectivos e formais.

36. **A firma; outros elementos**

I. A sociedade em nome colectivo tem, necessariamente, uma firma – 9.°/1, *c*). A firma consta do contrato, a celebrar por escrito com assinaturas presencialmente reconhecidas ou por escritura pública – 7.°/1. O reconhecimento ou a escritura, por seu turno, não poderão ter lugar sem, neles, se dar conta do certificado de admissibilidade da firma – 54.°/1 do RNPC. O contrato de sociedade está sujeito a registo comercial – 3.°, *a*), do CRegC – registo esse que é exigido para a plena constituição do novo ente colectivo – 5.°. Em suma: por diversas e confluentes razões, não é compaginável a existência de uma sociedade comercial não dotada de uma competente firma. Essa firma passará por três distintas autoridades públicas, todas com poderes de fiscalização e sujeitas ao princípio da legalidade: o RNPC, o notário e o conservador do registo comercial[167].

II. As sociedades em nome colectivo têm uma firma característica. Segundo o artigo 177.°, ela deve:

– ou individualizar todos os sócios, subentendendo-se que através dos nomes respectivos, completos ou abreviados;
– ou conter, pelo menos, o nome ou firma de um deles com o aditamento, abreviado ou por extenso, "e Companhia"[168] ou qualquer outro que indique a presença de mais sócios[169].

---

[167] Quanto à constituição das sociedades comerciais: *Manual*, 425 ss. e *passim*, tendo-se em conta as alterações introduzidas pelo Decreto-Lei n.° 76-A/2006, de 29 de Março.

[168] Ou & Companhia, de acordo com a tradição; *&* ou *e* comercial terá advindo da corrupção gráfica do *et* latino.

[169] No Direito italiano, em termos semelhantes: R. DAMMACCO/S. DAMMACCO, *Le società di persone* (1995), 8.

Pela negativa, a firma das sociedades em nome colectivo é claramente identificável pela ausência de qualquer partícula que indique a limitação da responsabilidade[170].

II. As sociedades em nome colectivo dispõem – ou podem dispor – de outros elementos específicos: impossíveis, juridicamente, de encontrar nos restantes tipos societários. Assim sucede com o sócio de indústria.

Nos termos do artigo 20.°, *a*), todo o sócio é obrigado a entrar para a sociedade com bens susceptíveis de penhora ou, nos tipos de sociedade em que tal seja permitido, com indústria. Justamente: os sócios de indústria só são permitidos nas sociedades em nome colectivo (178.°) e, ainda e quanto aos sócios comanditados, nas sociedades em comandita (468.°, *a contrario*). Quer isso dizer: na presença de um sócio de indústria e na falta de comandita, estaremos com segurança perante uma sociedade em nome colectivo. Já a mera ausência desse elemento nada permitirá concluir.

III. As sociedades em nome colectivo são, basicamente, sociedades comerciais, facilmente reconhecíveis pela sua firma.

Na hipótese – académica – de nos defrontarmos com uma sociedade cuja firma não esteja clara ou não seja conhecida, poderemos recorrer a aspectos subsequentes, próprios do seu regime: a responsabilidade ilimitada dos sócios pelas dívidas sociais, a presença de um sócio de indústria ou, ainda, algum dos outros aspectos específicos, abaixo examinados.

37. Natureza e função

I. Perante o Direito português, as sociedades em nome colectivo são verdadeiras sociedades comerciais, dotadas de personalidade jurídica, nos termos do artigo 5.° do Código das Sociedades Comerciais.

Não é assim no Direito alemão. Na verdade, o § 124 do HGB até se mostraria favorável à personificação da oHG (*offene Handelsgesellschaft*), correspondente à nossa SNC. Diz o seu n.° 1:

---

170 Antes do Código das Sociedades Comerciais, as sociedades anónimas davam pela sigla SARL: sociedade anónima de responsabilidade limitada. O "RL" foi suprimido uma vez que, de facto, todas as sociedades anónimas têm responsabilidade limitada. A distinção faz-se, hoje, pela contraposição às siglas "Lda." das sociedades por quotas e "SA", das anónimas.

A sociedade em nome colectivo pode, sob a sua firma, encabeçar direitos e adstringir-se a vinculações, pode adquirir o direito de propriedade e outros direitos reais e pode demandar e ser demandada, perante o tribunal.

Todavia, após uma evolução de que abaixo se dará conta, a doutrina dominante entende hoje que se trata apenas de uma "mentira necessária" do legislador[171]: uma fórmula cómoda para explicar que a titularidade dos sócios passa, aqui e no seu exercício, pela orgânica própria da sociedade.

Também o moderno Direito civil italiano recusa a personalidade colectiva das sociedades de pessoas[172]. De todo o modo: na Alemanha como em Itália, alguns autores propõem soluções mais avançadas. Estes aspectos serão abaixo retomados em rubrica comparativa[173].

Trata-se, porém, de sociedades muito simples.

II. Na pureza dos princípios e das tradições, a sociedade em nome colectivo daria corpo a uma organização imediata de comerciantes para, em conjunto, exercerem uma prática comercial[174]. A actuação comum giraria, unificada, em torno de um nome: tendencialmente, o da família. Fala-se, igualmente, num comerciante com os seus ajudantes[175]. Ainda, na mesma lógica surgiria a responsabilidade ilimitada e solidária dos sócios.

A sociedade em nome colectivo corresponderia, deste modo, a uma cobertura jurídica adequada para pequenas empresas de tipo familiar[176], exprimindo a forma básica do exercício, em conjunto, do comércio[177]. Particularmente importantes, no século XIX, elas permitiram emprestar, às sociedades em geral, uma caução de seriedade, mercê, justamente, da responsabilidade ilimitada e solidária dos seus sócios[178]. Tiveram, deste

---

171 Karsten Schmidt, *Gesellschaftsrecht* cit., 4ª ed., 1363.

172 Ferrara/Corsi, *Gli imprenditori e le società*, 13ª ed. cit., 188.

173 *Infra*, 129 ss..

174 Fabrizio Guerrera, *Società in nome collettivo*, ED XLII (1990), 938-961 (938/I).

175 Rudolf Müller-Erzbach, *Deutsches Handelsrecht*, 2ª e 3ª ed. (1928), 183.

176 Götz Hueck/Christine Windbichler, *Gesellschaftsrecht*, 20ª ed. (2003), 122-123.

177 Karsten Schmidt, *Zur Stellung der OHG im System der Handelsgesellschaften/ /Eine Untersuchung des gesellschaftsrechtlichen Grundsatzes der unbeschränkten Haftung* (1972), 88. Assinale-se que esta obra, em 362 pp. maciças, corresponde à dissertação de doutoramento do Prof. Karsten Schmidt: provavelmente o maior especialista ocidental em Direito das sociedades. Este Autor começou a sua carreira científica justamente através do estudo das sociedades em nome colectivo.

178 Karsten Schmidt, *Gesellschaftsrecht* cit., 4ª ed., 1361.

modo, uma importância decisiva na viragem do mundo comercial para as sociedades e, mais genericamente, para os operadores colectivos.

III. A função inicial das sociedades em nome colectivo veio a perder-se. Nesse sentido, jogaram duas ordens de motivos:

- os operadores viraram-se, por várias razões, para as sociedades de responsabilidade limitada, particularmente para as sociedades por quotas;
- as leis – principalmente a nossa – vieram a contagiar os regimes das sociedades em nome colectivo com elementos próprios das sociedades de capitais, tornando desnecessariamente complexo o seu manuseio.

IV. Ainda em sede de introdução, as sociedades em nome colectivo apresentam-se bastante próximas das sociedades civis sob forma civil. Aliás, para além de remissões directas do Código das Sociedades Comerciais para o Código Civil, encontraremos múltiplos aspectos regulativos que foram influenciados por este. Todas elas são sociedades de pessoas[179].

No HGB há uma expressa remissão das sociedades em nome colectivo para o BGB (§ 105/III)[180], tendo, desde cedo, surgido estudos nesse campo[181]. Já o inverso – aproveitar as regras especiais do HGB para integrar as sociedades civis – presta-se a crítica[182].

Entre nós, na falta de expressas remissões, as sociedades em nome colectivo mantêm uma feição comercial própria. Apenas pelo crivo do artigo 2.° se pode chegar ao Código Civil.

---

179 *Vide* Paolo Spada, *Tipologia delle società e società di persone*, em Nicola Rocco di Torrepadula, *Le disposizioni generali sulle società e le società di persone/ /Prospettive di riforma* (2001), 73-96 (76 ss.).

180 Outro tanto sucede no Código Civil italiano, através do já citado artigo 2293.°: *vide supra*, nota 152.

181 Fritz Hemmer, *Die Anwendung des Gesellschaftsrechts des BGB auf die offene Handelsgesellschaft* (1927), com referência, entre outros aspectos, à representação (27) e à mudança de sócios (48).

182 Claus-Wilhelm Canaris, *Die Übertragung des Regelungsmodelle der §§ 125-130 HGB auf die Gesellschaft bürgerlichen Rechts als unzulässige Rechtsfortbildung contra legem*, ZGR 2004, 69-125.

§ 12.º EVOLUÇÃO E DIREITO COMPARADO

38. Das origens às codificações

I. As sociedades civis sob forma civil ou sociedades civis puras derivam do contrato romano de *societas*[183]. Já as sociedades em nome colectivo têm uma origem mais directamente comercial[184]. Elas surgiram em Itália, a partir do século XII[185], como forma de dar corpo à actuação comercial conjunta dos herdeiros de um comerciante falecido[186]. Designavam-se, então, companhias.

A expressão companhia – ou o seu equivalente nas diversas línguas latinas – advém de *cum panis*: exprimia a comunidade das pessoas que partilham o mesmo pão[187].

A companhia distinguia-se da *commenda*, pela qual havia uma associação entre um parceiro que fornecia o capital e um outro que desenvolvia

---

183 *Supra*, 41.

184 ANTONIO BRUNETTI, *Trattato di diritto delle società*, 1, 2ª ed. (1948), 437 ss.. Além da literatura já citada no *Manual*, cumpre acrescentar MAX WEBER, *Zur Geschichte der Handelsgesellschaften im Mittelalter/Nach südeuropäischen Quellen* (1889), 44 ss.. (3 ss. quanto ao Direito romano).

185 PAUL PIC, *Traité général théorique et pratique de droit commercial: des sociétés commerciales* 1, 2ª ed. (1925), 106, KARL WIELAND, *Handelsrecht* I – *Das kaufmännische Unternehmen und die Handelsgesellschaften* (1921), 521 ss. e A. SCIALOJA, *Sulle origini delle società commerciale*, em *Saggi di vario* diritto, 1 (1927), 223-250 (227-229).

186 *Idem*, 438, bem como KARL ADLER, *Zur Entwicklungslehre und Dogmatik des Gesellschaftsrechts* (1958), 30 ss. e FRANZ KLEIN, *Die wirtschaftlichen und sozialen Grundlagen der Erwerbsgesellschaften* (1914), 11 ss..

187 LEVIN GOLDSCHMIDT, *Handbuch des Handelsrechts*, Teil A, *Universalgeschichte des Handelsrechts* (1891, 2ª reimp., 1973), 271-272.

o trato comercial[188]: uma figura que está na origem das actuais sociedades em comandita[189].

Além disso, ela não se confundia com a antiga comunhão familiar, nem com a *societas*. Com efeito, a companhia medieval, na sistematização de BRUNETTI[190], reunia três características específicas:

1ª O escopo: o exercício especializado do comércio;
2ª O regime: operava a responsabilidade ilimitada e solidária;
3ª O exercício comercial sob um mesmo nome.

Podemos considerar que o tipo "sociedade em nome colectivo" corresponde a um vigoroso e autónomo pólo de desenvolvimento das sociedades comerciais e da técnica jurídica a elas subjacente.

II. A experiência italiana das companhias medievais estendeu-se a outros países[191]. No século XVI, merece uma especial referência a sociedade dos FUGGER, banqueiros oficiais da casa de Habsburgo[192].

A sociedade FUGGER foi constituída em 1494, na cidade de Augsburg, por contrato entre ULRICH, GEORG e JAKOB FUGGER. Cada um dos três irmãos tinha poderes ilimitados de gestão e de representação e todos respondiam ilimitadamente pelas dívidas sociais. Com as mortes de ULRICH e de GEORG sucederam-lhe os herdeiros respectivos, mas sem poderes de gestão e de representação, que se mantiveram em JAKOB. Passou-se, assim, para um tipo mais próximo da comandita.

De facto, as sociedades em nome colectivo foram, no início, usadas para dar corpo a sociedades de parentes, especialmente colaterais[193].

---

188 HELMUT COING, *Europäisches Privatrecht* cit., 1, 464.

189 Recorde-se o escrito clássico de GUSTAV LASTIG, *Beiträge zur Geschichte des Handelsrechts*, ZHR 24 (1879), 387-449 (396 ss.)

190 BRUNETTI, *Trattato di diritto delle società*, 1, 2ª ed. cit., 444.

191 KARL ADLER, *Zur Entwicklungslehre und Dogmatik des Gesellschaftsrechts* cit., 63 ss., PAUL REHME, em VICTOR EHRENBERG (publ.), *Handbuch des gesamten Handelsrechts*, I (1913), 167 e WIELAND, *Handelsrecht* cit., 1, 523. Com múltiplas indicações: MARKUS SÖHNCHEN, *Die historische Entwicklung der rechtlichen Gründungsvoraussetzungen von Handels- und Aktiengesellschaft* (2005), 20 ss..

192 GÖTZ HUECK/CHRISTINE WINDBICHLER, *Gesellschaftsrecht/Ein Studienbuch* cit., 20ª ed., § 12, 10 (122).

193 REHME, em EHRENBERG, *Handbuch* cit., 1, 168 e A. SCIALOJA, *Sulle origini delle società commerciale* cit., 229; este Autor explica ainda que, subsidiariamente, se lhes aplicava o regime da comunhão doméstica.

Difundidas em França pelos mercadores italianos e provençais, as sociedades em nome colectivo conheceram, também aí, uma expansão significativa. A Ordenança do Comércio, adoptada por LUÍS XIV em 1673, consagrou dois tipos de sociedades: as sociedades gerais, em cujo âmbito todos os sócios tinham poderes de gestão e eram responsáveis ilimitadamente e as sociedades em comandita, pelas quais essas características apenas se prendiam com os sócios comanditados[194]. As sociedades gerais eram, precisamente, as sociedades em nome colectivo[195]: na sua regulação, LUÍS XIV acolheu as regras que já antes eram observadas[196]. O artigo 7.° do título IV da Ordenança de 1673 fixava a regra da responsabilidade ilimitada e solidária dos seus sócios[197]. Coube a POTHIER (1699-1772), na base de uma ideia de SAVARY, generalizar a expressão "sociedade em nome colectivo"[198]: a sociedade girava sob um nome usado pelos diversos comerciantes que a compunham[199].

III. O Código de Comércio de NAPOLEÃO (1807) foi decisivo na transição do Direito das sociedades, para a época da codificação científica. Aproveitou-se, para tanto e no essencial, a experiência anterior[200]. As sociedades ora em estudo receberam, aí, a designação sociedades em nome colectivo: locução que resulta de se acentuar o facto de ela assentar numa colectividade de sócios-comerciantes que gira sob um nome comum[201].

---

[194] M. G. F. DAGEVILLE, *Code de commerce expliqué par la jurisprudence* (1828), 81. *Vide* COING, *Europäisches Privatrecht* cit., 1, 529.

[195] M. FOURNEL, *Code de commerce acompagné de notes et observations* (1819), 23.

[196] PAUL PIC, *Traité général* cit., 1, 2ª ed., 207 e WIELAND, *Handelsrecht* cit., 1, 523.

[197] BRUNETTI, *Trattato* 1, 2ª ed. cit., 448. Cf. a obra monumental de ULISSE MANARA, *Delle società e delle associazioni commerciali/Trattato teorico-pratico/Parte generale*, 1 (1902), 420 ss..

[198] ROBERT JOSEPH POTHIER, *Oeuvres contenant les traités de Droit français*, par AINÉ DUPIN, II (1831), *Traité du contrat de société*, 415. A definição de POTHIER era a seguinte:

> A sociedade em nome colectivo é a que formam dois ou mais comerciantes, para desenvolver em comum um certo comércio em nome de todos os associados.

[199] Cf., ainda, ULISSE MANARA, *Delle società* cit., 1, 421.

[200] Assim, nos *motifs*, explicou-se que a definição de *société générale* ou *en nom colectif* era fácil, uma vez que se tratava de matéria assente. Cf. o *Code de commerce/ /édition conforme à l'édition originale de l'impremerie impériale à laquelle ou a ajouté l'exposé des motifs* (1807), 12.

[201] J. A. ROGRON, *Code de commerce expliqué par ses motifs et par des exemples*

Vale a pena consignar os artigos que a versão original do *Code de commerce* imortalizou:

20. A sociedade em nome colectivo é constituída por duas ou mais pessoas e que têm por objecto fazer o comércio sob uma razão social.
21. Apenas os nomes dos associados podem fazer parte da razão social.
22. Os associados em nome colectivo, indicados no acto de sociedade, são solidários em todas as vinculações da sociedade, ainda que apenas um único dos sócios tenha assinado, desde que o haja feito sob a razão social.

Como se vê, a regulação era muito escassa: as sociedades em nome colectivo foram consideradas como as que mais se aproximavam das sociedades civis[202]. Entre os pontos mais salientes, temos:

– o exercício comercial;

– sob uma razão social que exprima os nomes dos sócios ou o de algum deles[203];

– e sendo todos os sócios solidários e ilimitadamente responsáveis[204].

Na dogmática subjacente, a doutrina da época recorria aos quadros civis. Assim sucedia no tocante ao regime da solidariedade[205] e à própria explicação dos poderes de representação envolvidos: os sócios seriam todos mandatários uns dos outros[206].

O Código de Comércio francês, de 1807, assumiu uma influência marcante em toda a subsequente evolução do Ocidente Continental[207].

(1834), 9/II e M. Delangle, *Des sociétés commerciales/Commentaire du titre III, livre 1 du code de commerce* 1 (1843), 207 ss. (221).

202 Auguste Laurin, *Cours élémentaire de droit commercial* (1888), 142.

203 Delangle, *Des sociétés commerciales* cit., 1, 225 ss..

204 Fournel, *Code de commerce* cit., art. 22 (23); cf. Delangle, *Des sociétés commerciales* cit., 1, 231 ss..

205 Dageville, *Code de commerce* cit., 87 e Laurin, *Cours élémentaire* cit., 144.

206 M. Troplong, *Commentaire du contrat de société en matière civile et commerciale* (1843), 320 (n.° 809); este Autor punha, todavia, como limite o facto de o exercício jurídico sob a razão social não exceder manifestamente o fim da sociedade (n.° 811): uma limitação hoje impraticável.

207 Cf. como curiosidade, E. G. Hoechster/Auguste Sacré/Léonel Oudin, *Manuel de Droit Commercial français et étranger* (1874), 124-125 e 159-161, quanto às sociedades em nome colectivo.

IV. No momento seguinte[208], vamos encontrar a sociedade em nome colectivo consagrada no ADHGB alemão de 1861. Recebeu, aí, a designação que perduraria: sociedade aberta ou *offene Handelsgesellschaft*[209].

A matéria foi inserida no título I (Da sociedade aberta) do Livro II (Das sociedades)[210]. Obteve a arrumação seguinte[211]:

Secção I – Constituição (85 a 89);
Secção II – Relações entre os sócios (90 a 109);
Secção III – Relações dos sócios com terceiros (110 a 122);
Secção IV – Exoneração e admissão de sócios (123 a 132);
Secção V – Liquidação (133 a 145);
Secção VI – Da prescrição das acções contra os sócios (146 a 149).

Como características essenciais, mantiveram-se as das companhias medievais[212]: vocação para um giro comercial concreto, manejo sob um nome comum e responsabilidade ilimitada e solidária dos sócios, numa orientação que transitou para os §§ 105 e seguintes do HGB[213].

39. O Código Ferreira Borges

I. As Ordenações regulavam o *contracto de sociedade e companhia*[214].

---

208 Quanto à situação no ALR prussiano, fundamentalmente omisso quanto a este tipo de sociedade: Jörg Hofmeister, *Die Entwicklung des Gesellschafterwechsels im Recht der Personengesellschaften vom ALR bis zum ADHGB* (2002), 21-22 e Markus Söhnchen, *Die historische Entwicklung* cit., 63 ss..

209 Por oposição à sociedade "fechada" ou "secreta" – a *stille Gesellschaft* – regulada de seguida e que corresponde às nossas actuais associações em participação: *Manual de Direito comercial*, 2ª ed., 625 ss..

210 H. Makower, *Das allgemeine Deutsche Handelsgesetzbuch* (1864), 68-149.

211 O grande estudioso das sociedades em nome colectivo à luz do velho ADHGB foi Theodor Hergenhahn em *Die offene Handelsgesellschaft (Artikel 85-149 des Allgem. Handelsgesetzbuchs)*, 1894. Uma especial referência deve ainda ser feita a Gustav Lastig, em W. Endemann, *Handbuch des deutschen Handels-, See- und Wechselrechts* I – *Ein leitung*, 1 – *Die Personen des Handelsrechts* (1881), 343 ss..

212 Cf. Wilhelm Happ, no *Münchener Handbuch des Gesellschaftsrechts* I – *BGB-Gesellschaft – Offene Handelsgesellschaft – Partnerschaftsgesellschaft, Partenreederei – EWIN* (2004), § 46, Nr. (841), quanto à origem da figura.

213 Kübler/Assmann, *Gesellschaftsrecht*, 6ª ed. cit., 68 ss. e Ulrich Stuhlfelner, no *Heidelberger Kommentar zum Handelsgesetzbuch*, 7ª ed., (2007), 313 ss..

214 *Ord. Fil.*, Liv. IV, Tít. XLIV = ed. Gulbenkian, 827-830. Quanto à evolução do

Com essa locução visavam a sociedade civil sob forma civil. Caberia a FERREIRA BORGES fazer a distinção, reservando a companhia para a sociedade "incorporada por carta ou alvará do governo"[215], ou seja: para a sociedade anónima:

FERREIRA BORGES introduz, entre nós, a locução "sociedade em nome colectivo". Define-a nestes termos[216]:

> (...) é aquella que contractão duas ou mais pessoas, e que tem por objecto fazer o commercio debaixo d'uma firma social.

A sociedade em nome colectivo teria como ponto marcante o facto de o sócio actuante "... obrigar os seus consocios para com terceiros ..."[217]. Estavam lançados os pilares do moderno Direito português das sociedades. As *companhias de commercio* ficariam reservadas, no Código FERREIRA BORGES, para o que hoje chamamos sociedades anónimas[218].

II. No Código Comercial de 1833, FERREIRA BORGES consignaria as sociedades em nome colectivo como "sociedades com firma"; chamar-lhes-ia, ainda, *sociedades ordinarias* ou *em nome collectivo* (artigo 548.°). A matéria abrangia dez artigos (547.° a 556.°). Vale a pena retê-los, pela sua emblemática elegância. Assim:

> 547. A sociedade em geral é um contracto, pelo qual duas ou mais pessoas se unem, pondo em commum bens ou industria, com o fim de lucrar em todas ou em algumas das especies das operações mercantis, e com animo positivo de se obrigar pessoalmente como socios e voluntariamente.
>
> 548. Quando os socios convencionam commerciar debaixo d'uma firma, que abrace a collecção de seus respectivos nomes, esta sociedade chama-se sociedade ordinaria, ou em nome collectivo, ou com firma: Mas d'esta só podem fazer parte os nomes dos socios, ou alguns, ou um só d'elles, com tanto que a firma contenha a formula – *e companhia*.
>
> 549. Todos e cada um dos socios da firma d'esta sociedade responde solidariamente por todas e quaesquer convenções da sociedade, posto que só

conceito de sociedade no Direito português: PEDRO PAIS DE VASCONCELOS, *A participação social nas sociedades comerciais* (2005), 15 ss..

215 JOSÉ FERREIRA BORGES, *Diccionario juridico-commercial* (1837, reimp. póstuma, 1856), 88/II.

216 *Idem*, 386/I e II.

217 *Idem*, loc. cit..

218 Artigos 538.° a 546.°. Cf. *infra*, 518.

um d'elles assignasse, uma vez que assigne com a firma social, salvas as restricções adiante legisladas.

550. As condições e estipulações, que os socios inserirem no contracto, não podem desonerar nenhum dos socios, expressos na firma, a respeito de terceiro.

551. Os fundos, entrados na sociedade com firma para as necessidades do objecto social, são considerados, desde a data do contracto, como propriedade conjuncta e commum de todos e cada um dos socios.

552. Só podem fazer parte da firma da sociedade pessoas, que segundo a lei são reputadas commerciantes.

553. Todas as cartas mandadeiras d'esta sociedade, todas as suas letras de cambio, ou da terra, e livranças á ordem, quitações, facturas, procurações, contas, e demais actos concernentes á sociedade, deverão ser assignados com a firma social: pena de perda dos direitos, que de taes escriptos podessem resultar á sociedade.

554. Entende-se, que nesta sociedade não será permittido a socio algum ter conta corrente com ella, em quanto não tiver integralmente verificada a sua entrada respectiva na caixa social, salva convenção especial em contrario.

555. O contracto de sociedade com firma deve expressar qual, ou quaes dos socios podem usar da firma social. No silencio do contracto presume-se, que cada um dos socios o póde fazer. – Os socios excluidos não obrigam firmando, uma vez que o seu nome se não inclua na firma.

556. Se os socios d'uma sociedade com firma receberem fundos d'uma pessoa, para o fim de os inverter na sociedade, e esta pessoa perceber lucros sociaes por esses fundos, obrigando só esses fundos ás perdas, sem mais responsabilidade pessoal sua, este contracto entre o fornecedor e os socios é uma parceria, e a firma póde responsabilizar a totalidade dos fundos fornecidos, e não o comparte fornecedor, salvas as disposições legisladas na secção V. – *Das parcerias mercantis*.

III. Se bem atentarmos, o Código FERREIRA BORGES continha já os diversos elementos típicos da sociedade com firma, hoje em nome colectivo[219]. Assim:

– a firma: ela deveria "abraçar a collecção dos seus respectivos nomes" ou, ainda, o de alguns ou algum, desde que contenha a fórmula "e companhia" – 548.°;

---

[219] *Vide* os tópicos constantes do *Reportorio commercial para uso e commodidade não só de jurisconsultos mas de negociantes, seguradores, capitães de navios e mais pessoas que se empregam no Commercio* (1844), 459 ss..

– a responsabilidade ilimitada e solidária: "todo e cada um dos socios (...) responde solidariamente por todas e quaisquer convenções da sociedade" – 549.°;

– a comercialidade intrínseca: só podem fazer parte da firma da sociedade pessoas que, segundo a lei, são reputadas comerciantes – 550.°.

Perante o laconismo das Ordenações, estas regras representam uma relativa novidade. Podemos considerar que elas tiveram como fonte, essencialmente, o Código de Comércio francês[220], Código esse que assumiu, de resto, uma especial preponderância na reforma de 1833[221]. A designação "sociedade em nome colectivo" foi penetrando na doutrina[222] produzida no âmbito do Código FERREIRA BORGES, a qual acentuava, em termos descritivos, a maior frequência das "sociedades com firma"[223], a solidariedade entre os sócios[224] e o facto de estes serem, necessariamente, comerciantes[225]. Em anotação ao Código de 1833, FORJAZ DE SAMPAIO explicava a denominação com "... uma confraternidade de idéas, de interesses e de deveres"[226].

40. O Código VEIGA BEIRÃO

I. A preparação do Código VEIGA BEIRÃO foi muito conturbada[227]. As dúvidas e as discussões não recaíram, porém, sobre as sociedades em

---

220 *Vide* GASPAR PEREIRA DA SILVA, *Fontes proximas do Codigo Commercial Portuguez ou referencia em Codigos das Nações Civilisadas e ás obras dos melhores Jurisconsultos onde se encontrão disposições ou doutrinas identicas ou similhantes á legislação do mesmo Codigo* (1843), 159-160.

221 *Responsabilidade dos administradores*, 196.

222 RICARDO TEIXEIRA DUARTE, *Commentario ao titulo XII, parte I, livro II do Codigo Commercial Portuguez que se inscreve nas Companhias, Sociedades e Parcerias Commerciais* (1872), 45.

223 *Idem*, 44.

224 *Idem*, 46-47.

225 *Idem*, 49.

226 DIOGO PEREIRA FORJAZ DE SAMPAIO PIMENTEL, *Annotações ou synthese annotada do Codigo de Commercio* 2 (1875), 63.

227 *Manual de Direito comercial*, 2ª ed., 94 ss..

nome colectivo: matéria pacífica[228]. Na base de um anteprojecto de HINTZE RIBEIRO relativo às sociedades, adoptou-se uma regulação sobre sociedades em nome colectivo[229]. Podemos adiantar que, para além da tradição de FERREIRA BORGES, ela foi especialmente sensível ao Código de Comércio italiano de 1882[230] e ao espanhol, de 1885[231-232].

Esse parentesco é flagrante no plano sistemático. A propósito do contrato de sociedade, os três códigos começam por inserir um capítulo sobre disposições gerais, surgindo, depois, capítulos sobre cada um dos três tipos de sociedades então conhecidas: em nome colectivo (o Código espanhol usa "companhia regular colectiva"), em comandita e anónima.

Quanto ao nosso Código VEIGA BEIRÃO, recordamos a sua sistemática, na parte agora relevante:

Capítulo I – Disposições gerais:
- Secção I – Da natureza e espécies de sociedades (104.° a 112.°);
- Secção II – Da forma do contrato de sociedade (113.° a 117.°);
- Secção III – Das obrigações e direitos dos sócios (118.° e 119.°);
- Secção IV – Da dissolução (120.° a 123.°);
- Secção V – Da fusão (124.° a 127.°);
- Secção VI – Da prorrogação (128.° e 129.°);
- Secção VII – Da liquidação e partilha (130.° a 144.°);

---

228 No *Appendice ao codigo commercial portuguez* – usada a 3ª ed., 1906 – que reúne os trabalhos preparatórios do Código Comercial de 1888, surgem debates sobre a sociedade anónima: não sobre a sociedade em nome colectivo; cf., aí, 215 ss..

229 Teve ainda interesse o estudo de política legislativa de DIOGO PEREIRA FORJAZ DE SAMPAIO PIMENTEL, *Projecto de Codigo de Commercio* (1870); aí (74) no artigo 195.°, surgia a seguinte noção:

> Tem logar sociedade com firma ou em nome collectivo quando diferentes pessoas sendo alguma ou algumas commerciantes, se reunirem em termos do artigo 1240 do codigo civil para fazer commercio em commum debaixo d'um nome ou d'uma firma, individual ou collectiva.

O artigo 197.° (75) reportava-se ao sócio de indústria, surgindo o regime subsequente (artigos 203.° e seguintes) bastante desenvolvido.

230 Cf., para o competente texto, LEONEL BOLAFFIO/CESARE VIVANTE, *Il Codice di Commercio commantato*, III, *Delle società e delle associazioni commerciali*, por ALBERTO MARGHIERI, col. CALOGERO GANGI, 3ª ed. (1909), 5 ss. e 103 ss..

231 *Idem*, *Código de Comercio*, edición oficial (1885), artigos 116 e seguintes (65 ss.).

232 Algumas equivalências de artigos entre o Código VEIGA BEIRÃO e códigos estrangeiros podem ser confrontadas em ERNST LEHR, *Code de commerce portugais de 1888/traduit et annoté* (1889), 39 ss..

Secção VIII – Das publicações (145.°);
Secção IX – Das acções (146.° a 149.°);
Secção X – Das prescrições (150.°).
Capítulo II – Das sociedades em nome colectivo (151.° a 161.°).

II. Na parte geral avulta a noção de sociedade em nome colectivo, constante do artigo 105.°, § 1.°, do Código Comercial:

> A sociedade em nome colectivo é caracterizada pela responsabilidade, solidária e ilimitada, de todos os associados.

Ainda a esse nível, o artigo 106.° admitia que as sociedades civis pudessem constituir-se segundo alguma das formas indicadas no artigo 105.°[233] – e, portanto: também sob a forma de sociedades em nome colectivo – enquanto o artigo 108.°, numa interpretação que se tornaria dominante, a todas reconhecia a personalidade jurídica[234]. Outros preceitos tinham especial relevância para as sociedades em nome colectivo: iremos encontrá-los a propósito dos diversos institutos.

III. No tocante ao capítulo específico sobre sociedades em nome colectivo, passamos a dar um apanhado do seu conteúdo[235]:

Artigo 151.°: deliberações dos sócios: administração e fiscalização;
Artigo 152.°: quem pode usar a firma social, obrigando os associados;
Artigo 153.°: responsabilidade solidária e subsidiária dos sócios; responsabilidade de quem incluiu o seu nome na firma e relação entre o uso desta e o poder de administrar;
Artigo 154.°: poderes dos administradores;
Artigo 155.°: irrevogabilidade dos poderes de administração contidos no pacto social; defesa contra o seu abuso;
Artigo 156.°: revogabilidade dos poderes de administração concedidos por acto posterior;

---

233 J. Pinto Furtado, *Código Comercial Anotado* – I/*Artigos 1.° a 150.°* (1975), 244 ss..

234 *Manual*, 328 ss.. Quanto às sociedades em nome colectivo: *infra*, 129 ss. (135).

235 Os artigos do Código Veiga Beirão não eram epigrafados; tem interesse confrontar as epígrafes particulares de publicadores e de anotadores do Código; p. ex.: José Alberto dos Reis, *Código Comercial actualizado e Código de falências* (1936), 63 ss., João de Deus Pinheiro Farinha, *Código Comercial Português (Breves notas de legislação, jurisprudência e doutrina)* (1963), 124 ss. e J. Pinto Furtado, *Código Comercial Anotado* II – *Das sociedades em especial*, tomo I – *Artigos 151.° a 178.°* (1979), 7 ss..

Artigo 157.°: proibição de concorrência geral;
Artigo 158.°: proibição de concorrência específica;
Artigo 159.°: quantias a retirar pelos sócios: limites;
Artigo 160.°: indemnizações a que os sócios têm direito;
Artigo 161.°: cessão de parte na sociedade: necessidade de autorização de todos os demais sócios.

IV. Feito o competente confronto, verifica-se, em geral, que o Código Veiga Beirão, relativamente às sociedades em nome colectivo:

- veio regular com maior precisão o seu funcionamento interno, referindo o papel das deliberações dos sócios na administração e na fiscalização – 151.°;
- explicitou a natureza meramente subsidiária da responsabilidade ilimitada dos sócios – 153.°;
- reconheceu a existência de "direitos especiais à gerência", os quais só com o consentimento do próprio podem ser afastados, salvo abuso – 155.° e 156.°;
- clarificou o tema da proibição de concorrência – 157.° e 158.°;
- explicitou os aspectos relativos às indemnizações a que os sócios podem ter direito – 160.°.

Grosso modo, podemos considerar que o Código Veiga Beirão veio conferir, às sociedades em nome colectivo, um tratamento societário mais pronunciado. Já não se trata (tanto) de uma organização espontânea de comerciantes para o exercício conjunto do comércio, sob uma firma comum[236]: antes de uma verdadeira e própria organização nova, que, segundo o artigo 108.° do Código Veiga Beirão, "representa para com terceiros uma individualidade jurídica diferente da dos associados".

V. O dispositivo do Código Veiga Beirão, sobre sociedades em nome colectivo, vigorou por quase cem anos: de 1888 a 1986, data da revogação dos artigos 104.° a 206.° do Código Comercial, levada a cabo pelo artigo 3.°/1, *a*), do Decreto-Lei n.° 262/86, de 2 de Setembro, que aprovou o Código das Sociedades Comerciais[237]. Durante esse período

[236] O artigo 552.° do Código Ferreira Borges ainda exigia que, da firma da sociedade em nome colectivo, só pudessem fazer parte pessoas que, nos termos da lei, se devessem considerar comerciantes: uma exigência que desapareceu com Veiga Beirão.

[237] DR I Série n.° 201, de 2-Set.-1986, 2293-2297 (2296/II).

significativo, não houve uma especial elaboração doutrinária e científica sobre sociedades em nome colectivo. Os estudiosos foram atraídos por tipos mais recentes ou mais dinâmicos, como o das sociedades por quotas, criado em 11-Abr.-1901 ou o das sociedades anónimas. Não chegaram a ser elaborados tratamentos monográficos sobre o tema. Assim, as análises mais extensas e completas que podemos apontar, neste período, ainda são as inseridas em comentários ao Código Comercial. E especialmente[238]:

- Luiz da Cunha Gonçalves, *Comentário do Código Comercial Português* 1 (1914), 332-350;
- Jorge Pinto Furtado, *Código Comercial Anotado*, vol. II, *Das sociedades em especial*, tomo 1 (1979), 7-114.

Também a jurisprudência foi pouco volumosa: assentes na confiança, as sociedades em nome colectivo, originaram, sobretudo, litígios relacionados com a morte de algum dos seus sócios.

VI. Já na fase final da sua vigência, o Código Comercial foi alterado em vários preceitos atinentes à sociedade em nome colectivo: pelo Decreto-Lei n.º 363/77, de 2 de Setembro[239]. Este diploma visou proceder à adaptação do Código Comercial aos princípios derivados da Constituição de 1976, designadamente quanto à igualdade. Todavia, decidiu ir mais longe e "modernizar" o regime das sociedades em nome colectivo[240]. Para o efeito, alterou os artigos 120.º, § 1 e 154.º a 156.º, do Código Comercial. Nestes termos:

- o artigo 120.º, § 1, dizia respeito à extinção das sociedades em nome colectivo, a qual ocorreria, na versão original do Código, pela morte ou interdição de qualquer dos sócios[241] e, sendo por

[238] Podemos ainda assinalar: Adriano Anthero, *Comentario ao Codigo Commercial Portuguez*, I (1913), 284-298 e Aureliano Strecht Ribeiro, *Código Comercial Português actualizado e anotado*, I (1939), 240-258, com indicações jurisprudenciais múltiplas.

[239] DR I Série n.º 203, de 2-Set.-1977, 2109-2111.

[240] A expressão pertence a António Caeiro, *O projecto de Código das Sociedades. Parte geral. Sociedades em nome colectivo*, RDE X/XI (1984/85), 53-86 (82).

[241] Um ponto delicado, que fragilizava este tipo de sociedades; todavia, eram frequentes as cláusulas de continuação com os herdeiros: RPt 26-Abr.-1952 (J. Leite da Silva), BMJ 33 (1952), 290-294 (292) e STJ 4-Mai.-1954 (Jaime Tomé), BMJ 43 (1954), 522-527 (526), ainda que com novos escolhos formais, como se pode ver nesses dois acórdãos.

tempo indeterminado, pela simples vontade de um deles; com a reforma de 1977, esse preceito foi revogado, ascendendo ao seu lugar uma regra relativa às sociedades em comandita;
- o artigo 154.° atribuía aos sócios encarregados da administração as faculdades previstas para os administradores das sociedades civis do Código de SEABRA; a nova versão, de tipo mais amplo, veio remeter a administração da sociedade para os artigos 985.° a 987.°, do Código Civil (de 1966)[242];
- o artigo 155.° estatuía que a administração concedida a um sócio, no próprio contrato não podia ser revogada; o § único exceptuava a hipótese de determinados abusos; a nova versão mudou completamente o preceito, estabelecendo que a fiscalização destas sociedades seria feita segundo o artigo 988.°, do Código Civil[243];
- o artigo 156.° permitia que a administração designada em acto posterior ao contrato, pudesse ser livremente revogável, como simples mandato, a arbítrio dos sócios; a nova versão modificou, também aqui e completamente, o sentido do preceito, vindo determinar que nos casos de morte, exoneração ou exclusão de sócios se aplicassem os artigos 1001.° a 1005.°, do Código Civil.

Poderá ser questionável esta técnica de revogar disposições úteis para ficar com artigos disponíveis, introduzindo então, contra toda a lógica do conjunto, preceitos inteiramente novos. Melhor teria sido, por exemplo, num preceito único, estabelecer que às sociedades em nome colectivo se aplicariam os artigos 985.° a 988.° e 1001.° a 1005.°, do Código Civil.

Retenha-se, todavia, a "civilização" do regime das sociedades em nome colectivo, claramente aproximadas do das sociedades civis puras. Tal movimento surge natural se tivermos presente que o Código Civil de 1966, mormente nas áreas das pessoas colectivas e das sociedades, sofrera, por seu turno, um movimento de comercialização[244].

---

242 PINTO FURTADO, *Código Comercial Anotado* cit., II/1, 60 ss..

243 *Idem*, 74 ss..

244 *Tratado* I/3, 2ª ed., 614 ss..

41. Nota comparatística

I. O actual Direito português das sociedades comerciais acolheu todo um acervo jurídico-científico tradicional. Mas foi, ainda, muito influenciado por experiências jurídicas estrangeiras. Temos, no fundo, a sombra da velha Lei da Boa Razão, de 18-Ago.-1769[245], cujo artigo 9.° remetia para as:

> (...) sobreditas Leys das Nações Christãs, illuminadas e polidas, que com ellas estão resplandecendo na boa, depurada, e sãa Jurisprudencia; (...).

O Código das Sociedades Comerciais de 1986 manteve esta linha de abertura ao exterior. Na sua preparação e na sua revisão foram tidas em conta numerosas soluções provenientes, em especial, da Alemanha, de França e de Itália[246]. O estudo das sociedades em nome colectivo ficará mais completo situando, previamente, esse instituto nos três referidos ordenamentos.

II. No Direito alemão, na linha da tradição do velho AHGB de 1861, já referido[247], as sociedades em nome colectivo passaram para o HGB de 1897-1900[248]. Mantêm, aí, a designação "sociedade comercial aberta" (*offene Handelsgesellschaft* ou OHG), por oposição à "sociedade fechada" (*stille Gesellschaft*), equivalente, como foi dito, à nossa actual associação em participação[249].

Feito o confronto entre o AHGB e o HGB, parece flagrante a estabilidade da matéria[250]. A secção referente às sociedades em nome colectivo abrange:

Título I – Constituição da sociedade (§§ 105 a 108);
Título II – Relação dos sócios entre si (§§ 109 a 122);
Título III – Relação dos sócios contra terceiros (§§ 123 a 130);

245 *Manual de Direito comercial*, 2ª ed., 86 ss..

246 *Manual*, 155 ss..

247 *Supra*, 107.

248 Quanto às suas origens: *Manual de Direito comercial*, 2ª ed., 61 ss..

249 *Manual de Direito comercial*, 2ª ed., 627-628.

250 Quanto à versão inicial do HGB: H. MARKOWER/F. MARKOWER, *Handelsgesetzbuch mit Kommentar*, 13ª ed. (1906), 271-410.

Título IV – Dissolução da sociedade e saída de sócios (§§ 131 a 144);
Título V – Liquidação da sociedade (§§ 145 a 158);
Título VI – Prescrição (§§ 159 e 160).

Houve alguma redução na matéria: dos 65 artigos de 1861 passou-se, agora, para 46. A extensão explica-se pela inexistência, no HGB alemão, de uma parte geral sobre sociedades. De notar ainda a ampla remissão feita, no § 105/II, para o Direito das sociedades civis, regulado no BGB[251]. Apesar da preferência crescente alcançada pelas sociedades de responsabilidade limitada, as sociedades em nome colectivo mantêm, na Alemanha, um grande vigor dogmático[252].

III. Também o Direito francês, no que tange mais directamente às sociedades em nome colectivo, manteve uma certa estabilidade.

O tema surge introduzido, no palco actual, pelo *Code de Commerce* de 1807: muito parco em regras, como vimos[253]. A matéria foi objecto, sobretudo, de comentadores ao Código: não ocorreu nenhuma literatura minimamente comparável à que seria produzida sobre sociedades anónimas e, até, sobre comanditas.

As sociedades ora em estudo foram inseridas no Código das Sociedades, aprovado pela Lei n.° 66-537, de 24-Jul.-1966. Aí, após um capítulo preliminar, com disposições gerais, ocorria um título I, relativo a regras de funcionamento das sociedades em nome colectivo. A matéria fica muito aquém do desenvolvimento alemão[254]. Abrange:

10.° Qualidade dos sócios e regime de responsabilidade;
11.° Firma;
12.° Gerentes;
13.° Poderes dos gerentes;
14.° Relações com terceiros;
15.° Deliberações dos sócios;

---

251 ADOLF BAUMBACH/KLAUS J. HOPT, *Handelsgesetzbuch*, 32ª ed. (2006), § 105, Nr. 15 ss. (487 ss.) e INGO KOLLER, em INGO KOLLER/WULF-HENNING ROTH/WINFRIED MORCK, *Handelsgesetzbuch*, 5ª ed. (2005), Nr. 3 (301).

252 Como exemplo e com elementos: KARSTEN SCHMIDT, no *Münchener Kommentar zum Handelsgesetzbuch* 2 – *Handelsgesellschaften und stille Gesellschaft*, 1 – *Offene Handelsgesellschaft*, §§ 105-160 (2004): um volume maciço de 940 pp..

253 *Supra*, 116.

254 *Vide* PAUL LE CANNU (org.), *Code des sociétés*, 17ª ed. (2000), 131-147.

16.° Aprovação das contas;
17.° Direito à informação;
18.° Destituição de gerentes;
19.° Transmissão de partes sociais;
20.° Forma da transmissão;
21.° Extinção por morte de um sócio;
22.° Outras formas de extinção.

O regime foi alterado, especialmente pela Lei n.° 84-148, de 1-Mar.-1984, sobre fiscalização: foram introduzidos os artigos 17.°-1 a 17.°-3, sobre o tema. Também, as leis n.° 85-98, de 26-Jan.-1985 e n.° 78-704, de 3-Jul.-1978, introduziram modificações: no tocante à extinção.

À Ordenança n.° 2000-912, de 18-Set.-2000, habilitada pela Lei de 12-Jul.-1999[255], veio recodificar o Direito comercial francês, absorvendo *à droit constant* (sem alterações), as leis anteriores, com relevo para o Código das Sociedades. A matéria relativa às sociedades em nome colectivo, praticamente inalterada, surge agora nos artigos L 221-1 a L 221-17 do novo Código de Comércio.

As sociedades em nome colectivo mantêm, em França, uma atenção decrescente. Conservam-se, na prática, as referências feitas em manuais e em obras gerais.

IV. O Direito italiano merece uma especial atenção. Num primeiro tempo, foi grande a influência do Código de Comércio francês, de 1807: assim sucedeu no Código de Comércio para os Estados Sardos, de 30-Dez.-1842. Aí, a matéria das sociedades surgia no artigo 29.°, com a enumeração dos três tipos admitidos: sociedades *in nome collettivo*, *in accomandita* e *anonima*[256]. À sociedade em nome colectivo era dispensado um tratamento simples, de tipo napoleónico[257]. Uma orientação deste tipo conservou-se no Código Civil italiano de 28-Jun.-1865[258].

Seguiu-se o importante Código de Comércio de 31-Out.-1882[259]: uma sistematização que prenuncia a de Veiga Beirão. Aí, o artigo 76.°/1, apresentava:

---

[255] *Manual*, 99-100, com elementos.

[256] Cesare Aproli, *Lezioni di diritto commerciale* 2 (1854), 77.

[257] *Idem*, 78-79. Estão em causa os artigos 113.° a 117.°.

[258] Cf., sobre a sucessão de Códigos Comerciais italianos, o *Manual*, 67-68.

[259] *Idem*, 78.

A sociedade em nome colectivo, na qual as obrigações sociais são garantidas pela responsabilidade ilimitada e solidária de todos os sócios.

Passando às sociedades em nome colectivo em especial, encontramos os seguintes preceitos[260]:

Artigo 105.° Firma;
Artigo 106.° Responsabilidade solidária e subsidiária;
Artigo 107.° Poderes dos sócios administradores;
Artigo 108.° Unanimidade requerida para modificações na sociedade;
Artigo 109.° Indemnizações contra a sociedade;
Artigo 110.° Concorrência;
Artigo 111.° Respeito pelo fundo comum;
Artigo 112.° Concorrência por participação noutras sociedades;
Artigo 113.° Sanções.

Mantinha-se uma regulação simples, em parte possibilitada pela remissão para as sociedades civis puras.

42. O problema da personalidade colectiva

I. No campo da discussão dogmática, o ponto que mais agitou o instituto das sociedades em nome colectivo foi o da sua eventual personalização. Embora a questão esteja definitivamente resolvida, no Direito português e por via legislativa, no sentido positivo, devemos ter presente ser outra a orientação de ordenamentos influentes, como o alemão e o italiano. Vale a pena reter os grandes vectores que o enformam.

II. À partida, as sociedades em nome colectivo, mau grado a sua vetustez, não eram personalizadas: a personalidade colectiva era outorgada ou era especificamente reconhecida[261], num esquema pesado que só se aplicava às sociedades anónimas. Em relação às restantes, nem se poria o problema. Nos meados do século XIX, o alemão GELPCKE levantou o problema: na base de puros critérios substanciais, a personalidade deveria ser reconhe-

[260] *Codice di commercio del Regno d'Italia preceduto dalla Relazione del Guardasigilli*, ed. Casa Editrice E. Pietrocola, Nápoles (1892), 92 ss.. A matéria pode ser seguida nos grandes comentários italianos; p. ex., no de BOLAFFIO/VIVANTE, *Il Codice di Commercio*, MARGHIERI, *Delle società* cit., 103-141.

[261] Quanto à evolução dos modos de aquisição da personalidade colectiva, até se chegar ao actual sistema de reconhecimento automático: *Tratado* I/3, 2ª ed., 661 ss..

cida a todas as sociedades comerciais, uma vez que elas actuavam, *nomine proprio*, no comércio jurídico[262]. A ideia foi retomada por KOHLER[263]. Mas LABAND oscilaria: tratar-se-ia, antes, de um tipo de compropriedade[264].

Já na fase de preparação do HGB, a teoria da personalidade colectiva das sociedades aqui em estudo foi defendida por AFFOLTER: resultaria da sua análise o poderem ser sujeito de direitos[265].

Todavia, o problema voltaria a colocar-se: a invenção, em 1892[266], de um novo tipo de sociedade comercial – a sociedade por quotas – dotada expressamente de personalidade colectiva e revestida – ao contrário das sociedades em nome colectivo – de uma completa autonomia patrimonial e de responsabilidade limitada veio, por diferenciação, pressionar a não-personalidade das sociedades em nome colectivo. KOHLER, não obstante, vem reafirmar essa personalidade colectiva[267]. Foi contraditado por KARL LEHMANN[268], tendo tido ainda a possibilidade de replicar[269]. No essencial, explica as diferenças entre a mão-comum e a personalidade colectiva[270] e atém-se à existência de órgãos próprios[271] e à imputação directa de direitos e deveres[272].

III. Provavelmente, as sociedades em nome colectivo teriam conseguido vencer a batalha da personificação. Opôs-se-lhes, porém, a jurisprudência, em termos que ditariam o futuro da contenda. Eis algumas espécies, numa série que se inicia antes do próprio HGB de 1897:

---

[262] W. GELPCKE, *Die Handelsgesellschaft als juristische (moralische) Person*, em *Zeitschrift für Handelsrecht*, 2 (1852), 3 ss., *apud* AFFOLTER, cit., *infra*, nota 255.

[263] JOSEF KOHLER, *Das Recht des Markenschutzes/mit Berücksichtigung ausländischer Gesetzgebungen u. mit bes. Rücksicht auf d. engl., angloamerikanische, franz., belgische u. italien. Jurisprudenz* (1884), 235 ss..

[264] LABAND, *Dogmatik der Handelsgesellschaften*, ZHR 30 (1885), 469-532 e 31 (1885), 1-62 (1 ss.).

[265] A. AFFOLTER, *Die rechtliche Natur der offenen Handelsgesellschaft*, AbürglR 5 (1891), 1-11 (10).

[266] *Infra*, 231. Afirmando já que a maioria da doutrina propendia para a não personalidade: HERGENHAHN, *Die offene Handelsgesellschaft* cit., 21.

[267] JOSEF KOHLER, *Die offene Handelsgesellschaft als juristische Person*, ZHR 74 (1913), 456-461.

[268] KARL LEHMANN, *Entgegnung*, ZHR 74 (1913), 462-469.

[269] JOSEF KOHLER, *Nochmals die offene Handelsgesellschaft als juristische Person*, AbürglR 40 (1914), 229-261 (235 ss.).

[270] *Idem*, 235.

[271] *Idem*, 241.

[272] *Idem*, 243 ss..

RG 8-Dez.-1880; a OHG não tem personalidade jurídica; os seus direitos cabem aos respectivos sócios[273];
RG 4-Out.-1881: mantém a mesma postura[274];
RG 30-Nov.-1892: a sociedade em nome colectivo não é sujeito de direitos: tal papel compete aos seus sócios[275];
RG 18-Jun.-1901: a propósito de questões fiscais, vem dizer-se que a OHG não é um sujeito autónomo de direitos, distinto dos sócios[276].

Mais tarde, a jurisprudência veio matizar um pouco a sua posição. Reconheceu aspectos "parciais" de personalidade, mas sempre sobre um pano de fundo negativo. Assim:

RG 29-Nov.-1927: a OHG "forma uma especial unidade e tem uma certa autonomia patrimonial, apesar de não ser sujeito de Direito"[277];
BGH 18-Mar.-1975: processualmente, a OHG opera como se fosse uma pessoa[278].

IV. Na doutrina, a tradição antiga das discussões do princípio do século XX e a paulatina evolução da jurisprudência tiveram algum influxo[279]. KÄMMELER dedicou ao tema um estudo muito citado[280]. Aí considera, no essencial:

- que o problema não está definitivamente resolvido; apesar de todos afirmarem que as sociedades em nome colectivo não são pessoas colectivas acaba por, na prática, reconhecer-se que elas têm uma certa individualização[281];
- que tem uma individualidade jurídica[282] pouco explicável pela propriedade em mão comum[283];

---

[273] RG 8-Dez.-1880, RGZ 3 (1881), 57-58.

[274] RG 4-Out.-1881, RGZ 5 (1882), 51-57 (55).

[275] RG 30-Nov.-1892, RGZ 30 (1893), 33-37 (35).

[276] RG 18-Jun.-1901, JW 1901, 576/I.

[277] RG 29-Nov.-1927, RGZ 118 (1928), 295-304 (298).

[278] BGH 18-Mar.-1975, BGHZ 64 (1975), 155-159 (156).

[279] Sem prejuízo de se manifestarem recusas simples de reconhecimento de personalidade a esse tipo de sociedades; assim: HANS WÜRDINGER, *Gesellschaften*, 1. Teil: *Recht der Personalgesellschaften* (1937), 105.

[280] LUDWIG KÄMMERER, *Die Rechtsnatur der offenen Handelsgesellschaft/Versuch einer Neubegründung*, NJW 1966, 801-806.

[281] *Idem*, 801/I.

[282] *Idem*, 803/I.

[283] *Idem*, 805/I.

– que, em suma: elas têm jurídica subjectividade, mas não personalidade[284].

ALFRED HUECK, no seu clássico sobre as sociedades em nome colectivo que remonta ao segundo pós-guerra[285], vem explicar, quanto à natureza das sociedades em nome colectivo[286]:

– que se trata de sociedades de pessoas: não de capitais[287];
– que tem natureza comercial[288];
– que envolve uma comunhão em mão-comum e não a personalidade colectiva[289].

Impõe-se um esclarecimento sobre a "propriedade em mão-comum": conceito tipicamente alemão, que passamos a referir com brevidade.

V. A mão-comum, propriedade em mão-comum ou comunhão em mão-comum constitui um tema clássico de História dogmática do Direito. Apesar de algumas referências tradicionais[290], ele veio a desenvolver-se com o pensamento nacionalista alemão[291]. A noção era feita decorrer da primitiva propriedade comunitária germânica[292], contrapondo-se a uma ideia, menos marcada, de comunhão latina[293].

A História da mão-comum foi estudada especialmente por BUCHDA[294],

---

284 *Idem*, 806/II. Mais precisamente:

(...) *erhält sie Rechtsträgerschaft oder Rechtssubjektivität, aber keine Rechtsfähigkeit oder Rechtspersönlichkeit.*

285 ALFRED HUECK, *Das Recht der offenen Handelsgesellschaft*, 2ª ed. (1951), 353 pp.; na 4ª ed. (1971), aqui usada, a obra ascende a 538 pp.; ela foi muito utilizada pelo nosso Prof. RAÚL VENTURA.

286 ALFRED HUECK, *Das Recht der offenen Handelsgesellschaft*, 4ª ed. cit., 25 ss..

287 *Idem*, 26.

288 *Idem*, 27.

289 *Idem*, 32.

290 Cf. a rec. de G. RÜMELIN a SCHEURL, *Zur Lehre von der Teilbarkeit der Rechte. Bedeutung der Begriffsbildung und legislatorische Behandlung*, JhJb 28 (1889), 386-484 e ANDREAS VON TUHR, *Allgemeiner Teil des Deutschen Bürgerlichen Rechts* / I – *Allgemeine Lehre und Personenrecht* (1910, reimp., 1957), 78 ss. e 348 ss..

291 AUGUST SANGER, *Gemeinschaft und Rechtsteilung* (1913), 43 ss..

292 A qual persistiu, nalgumas manifestações, ao longo dos séculos.

293 KONRAD ENGLÄNDER, *Die regellmässige Rechtsgemeinschaft*, I – *Grundlegung* (1914), 1 ss.; este Autor estuda, depois, diversas formas de comunhão no BGB; a sua ordenação interior (ob. cit., 162 ss.) teria de ser vista caso a caso.

294 GERHARD BUCHDA, *Geschichte und Kritik der deutschen Gesamthandlehre* (1936), 15 ss. (história) e 225 ss. (crítica).

passando a ser de referência obrigatória. Todavia, a matéria terá sido misturada com institutos romanos[295], surgindo, hoje, mais como um princípio que transparece em outras situações, como a comunhão hereditária[296] do que como instituto autónomo[297].

A mão-comum fica muito próxima da personalidade colectiva; não se deixa, porém, caracterizar perante o Direito vigente, a não ser aproveitando figuras dogmáticas autónomas, como a comunhão conjugal ou a própria sociedade[298].

A mão-comum teve os seus dogmáticos[299], ainda que a doutrina mais avançada se interrogue sobre se ela não estará ultrapassada[300].

No campo processual, tudo se passa como se as sociedades em nome colectivo tivessem personalidade[301]. Entre nós: "personalidade judiciária".

VI. Apesar de toda esta evolução e se regressarmos à manualística, mesmo à mais qualificada, encontramos uma permanente afirmação de não-personalidade, no tocante às sociedades em nome colectivo. Assim sucede, a título de exemplo, com Fritz Möhle (1950)[302], com Georg Senftner (1958)[303] e com Alfred Hueck (1971)[304] e, nos tempos mais

---

[295] Karl Larenz, *Zur Lehre von der Rechtsgemeinschaft*, JhJb 83 (1933), 108-177 (108); cf., 176-177, um pequeno quadro da matéria.

[296] Horst Bartholomeyczik, *Das Gesamthandsprinzip beim gesetzlichen Vorkaufsrecht der Miterben*, FS Nipperdey I (1965), 145-175 (145 ss.); este Autor dá conta de que já Otto von Gierke havia formulado essa ideia.

[297] Wolfgang B. Schünemann, *Grundprobleme der Gesamthandgesellsschaft* cit., 22 ss.; as diversas teorias podem ser vistas em Jürgen Blomeyer, *Die Rechtsnatur der Gesamthand*, JR 1971, 397-403 (398 ss.).

[298] Werner Flume, *Gesellschaft und Gesamthand*, ZHR 136 (1972), 177-207 (184 e 190).

[299] Assim: Joachim Schulze-Osterloh, *Das Prinzip der gesamthänderischen Bindung* (1972), 32 e 207 ss., quanto à aplicação do princípio.

[300] Thomas Raiser, *Gesamthand und juristische Person im Licht des neuen Umwandlungsrechts*, AcP 194 (1994), 494-512: pouco satisfatória (496 ss.), ultrapassada (499 e 512) e abrindo-se à subjectividade (503-504). Este escrito é importante no tocante à confecção das novas doutrinas sobre a personalidade colectiva. Cf., ainda, Peter Ulmer, *Hundert Jahre Personengesellschaftsrecht: Rechtsfortbildung bei OHG und KG*, ZHR 161 (1998), 102-132 (107 ss.).

[301] Paul Oberhammer, *Die offene Handelsgesellschaft im Zivilprozess* (1998), 4 e 54.

[302] Fritz Möhle, *Die Personengesellschaft* (1950), 20.

[303] Georg Senftner, *Die Offene Handelsgesellschaft und die Stille Gesellschaft*, 11ª ed. (1958), 11.

[304] Alfred Hueck, *Das Recht der offenen Handelsgesellschaft* cit., 4ª ed., 32.

recentes, com HUECK/WINDBICHLER (2003)[305] e com WILHELM HAPP (2004)[306]. Não podemos deixar de ver, nestas tomadas de posição, um corte entre a doutrina comercialista e os progressos entretanto alcançados, em Direito civil, no domínio da teoria da personalidade colectiva.

De todo o modo, é flagrante a opção de KARSTEN SCHMIDT (2002)[307]: estranha a opinião corrente que diz não haver contradição entre a afirmação comum de que "a OHG não é uma pessoa colectiva, mas antes uma mão-comum" e "esta mão-comum e sujeito de direito"[308]. Esse Autor acaba (2004) por deixar a questão em aberto, imputando-lhe um nível terminológico[309]. E hoje, Autores mais antigos como WIELAND[310] e mais recentes, como THOMAS RAISER[311], mantêm viva a ideia da personalização das sociedades em nome colectivo. O debate tem vindo a assumir um papel na própria discussão sobre a personalidade colectiva, forçando a sua flexibilização[312].

VII. A discussão sobre a personalidade das sociedades em nome colectivo também foi sentida em Itália. Desfazendo uma orientação anterior, o Código Civil de 1942 veio inclinar-se para a negativa. Temos três aspectos, relatados por FERRARA/CORSI (2006), que deixam margem para pensar[313]:

– os credores pessoais dos sócios podem atingir as partes sociais, desarticulando a sociedade;
– o sócio não pode transferir livremente a sua parte social;
– os credores da sociedade não têm uma preferência, em relação aos bens desta, perante os credores dos sócios.

---

[305] HUECK/WINDBICHLER, *Gesellschaftsrecht* cit., 20ª ed., 120.

[306] WILHELM HAPP, *Münchener Handbuch des Gesellschaftsrechts*, 2ª ed. (2004), § 46, Nr. 10 (842).

[307] KARSTEN SCHMIDT, *Gesellschaftsrecht* cit., 4ª ed., 1363.

[308] Esta asserção pode ser confrontada em BAUMBACH/HOPT, *Handelsgesetzbuch*, 32ª ed. (2006), § 124, Nr. 1 (588).

[309] KARSTEN SCHMIDT, *Münchener Kommentar zum Handelsgesetzbuch*, 2 (2004), § 105, Nr. 7 (10).

[310] KARL WIELAND, *Handelsrecht* cit., 1, 396 ss., quanto a sociedades de pessoas em geral.

[311] Supra, nota 290; cf., ainda, PETER ULMER, *Die Gesamthandsgesellschaft/Ein noch immer unbekanntes Wesen?*, AcP 198 (1998), 113-151 (119 ss.).

[312] *Tratado* I/3, 2ª ed., 563 ss. e 571 ss..

[313] FRANCESCO FERRARA JR./FRANCESCO CORSI, *Gli imprenditori e le società* cit., 13ª ed., 173 ss..

Estes três pontos verificam-se também – com algumas variações – no Direito português. Eles demonstram, somados à responsabilidade ilimitada, que a sociedade em nome colectivo não dispõe de total autonomia patrimonial.

Mas também aqui a evolução vai promovendo novas soluções: a personalização, devidamente afinada, mantém-se na ordem do dia[314].

VIII. No Direito português: não vemos que exista uma verdadeira e própria mão-comum[315]. Há situações de compropriedade e de comunhão especial, devidamente identificadas nos seus regimes. Não se justifica a importação da ideia de mão-comum, difícil de explicar, sem tradições entre nós e que na própria terra de origem dá azo a nebulosidades dogmáticas.

Ficamo-nos, pois, pela indicação legal, já com tradições[316], da personalidade das sociedades em nome colectivo: ela não prejudica as especificidades do regime que, adiante, serão estudadas.

---

314 Favorável à personalidade: FABRIZIO GUERRERA, *Società in nome collettivo* cit. (1990), 948: e isso mau grado a "autonomia patrimonial imperfeita do fundo social" – *idem*, 949-950.

315 Cf., na Suíça, a tentativa de FRANÇOIS GUISAN, *La notion de gesamte Hand ou de conjonction appliquée à la société em nom collectif* (1905), 16 ss. e 85 ss..

316 *Manual*, 328.

§ 13.º O CÓDIGO DAS SOCIEDADES COMERCIAIS

43. **Preparação geral**

I. Com diversos antecedentes[317], a reforma que conduziria ao actual Código das Sociedades Comerciais, de 1986 iniciou-se em 1966[318]. Temos, pois, cerca de vinte anos de preparação, bastante agitados e que permitiram a intervenção dos diversos comercialistas então activos.

A base jurídico-científica do Código derivou da massa normativa representada pelo Código VEIGA BEIRÃO e pela Lei das Sociedades por Quotas, de 1901. Todavia, após os meados do século XX, veio a intensificar-se um influxo da doutrina alemã: as obras de FERRER CORREIA, em Coimbra, e de RAÚL VENTURA, em Lisboa, a tanto conduziram. Também a reforma civil de 1966, de tipo germânico, teve aqui um papel de relevo: permitiu a sensibilização às inerentes categorias.

II. Uma revisão aprofundada do Direito das sociedades comerciais exige um contacto estreito com o regime das pessoas colectivas em geral e com o das sociedades civis sob forma civil. Esse contacto existiu, de certa maneira, através de FERRER CORREIA: Autor com grande influência na preparação do Código de 1986 e que subscreveu, no tocante ao Código Civil de 1966, os anteprojectos relativos às pessoas colectivas em geral[319] e às sociedades civis puras[320].

[317] Quanto à preparação geral do Código das Sociedades Comerciais: *Manual*, 143 ss..

[318] FERNANDO OLAVO, *Alguns apontamentos sobre a reforma da legislação comercial*, BMJ 293 (1980), 5-22 (18 ss.).

[319] ANTÓNIO FERRER CORREIA, *Pessoas colectivas/Anteprojecto de um novo Código Civil*, BMJ 67 (1957), 247-281.

[320] Infelizmente, esta matéria não chegou a ser publicada. Encontramos nota dela em PIRES DE LIMA/ANTUNES VARELA, *Código Civil Anotado*, II, 4ª ed. (1997), 288, sob o título *Estudos preparatórios inéditos*, já citados.

Todavia: os Autores que intervieram decisivamente no Código das Sociedades Comerciais não foram, salvo FERRER, os artífices do Código VAZ SERRA. Resulta, daí, uma certa autonomia dogmática entre os dois diplomas.

III. Quanto à elaboração dos anteprojectos relativos aos distintos sectores do Código Comercial, registou-se uma intervenção de diversos especialistas.

De acordo com a ordenação que a matéria veio a assumir no Código das Sociedades Comerciais de 1986, assinalamos: de FERRER CORREIA, com a colaboração de ANTÓNIO A. CAEIRO, as disposições gerais[321], de RAÚL VENTURA, com a colaboração de BRITO CORREIA, a responsabilidade dos administradores[322] e a transformação de sociedades[323], de ALBERTO PIMENTA, a prestação de contas do exercício nas sociedades comerciais[324], de FERNANDO OLAVO, as sociedades em nome colectivo[325], de RAÚL VENTURA, as sociedades por quotas[326-327], de FERRER CORREIA, LOBO XAVIER, ÂNGELA COELHO e ANTÓNIO CAEIRO, também as sociedades por quotas[328],

321 A. FERRER CORREIA, *Lei das Sociedades Comerciais (Anteprojecto)*, BMJ 185 (1969), 25-81 e 191 (1969), 5-137.

322 RAÚL VENTURA/LUÍS BRITO CORREIA, *Responsabilidade civil dos administradores de sociedades anónimas e dos gerentes de sociedades por quotas/Estudo comparativo dos direitos alemão, francês, italiano e português*, BMJ 192 (1970), 5-112, 193 (1970), 5-182 e 194 (1970), 5-113.

323 RAÚL VENTURA/LUÍS BRITO CORREIA, *Transformação de sociedades/Anteprojecto e notas justificativas*, BMJ 218 (1972), 5-129, 219 (1972), 11-69 e 220 (1972), 13-83.

324 ALBERTO PIMENTA, *A prestação das contas do exercício nas sociedades comerciais*, BMJ 200 (1970), 11-106, 201 (1970), 5-71, 202 (1971), 5-57, 203 (1971), 5-53, 204 (1971), 5-48, 205 (1971), 5-58, 207 (1971), 5-46 e 209 (1971), 5-36.

325 FERNANDO OLAVO, *Sociedade em nome colectivo – Ensaio de anteprojecto*, BMJ 179 (1968), 15-37.

326 RAÚL VENTURA, *Sociedades por quotas de responsabilidade limitada/Anteprojecto – primeira redacção*, BMJ 160 (1966), 75-113 e *Segunda redacção*, BMJ 182 (1969), 25-196.

327 Segundo informação de FERNANDO OLAVO, este anteprojecto foi reelaborado por VAZ SERRA, num trabalho que não chegou a ser publicado; cf. FERNANDO OLAVO, *Alguns apontamentos* cit., 19.

328 ANTÓNIO FERRER CORREIA/VASCO LOBO XAVIER/MARIA ÂNGELA COELHO/ /ANTÓNIO A. CAEIRO, *Sociedades por quotas de responsabilidade limitada/Anteprojecto de lei – 2ª redacção e exposição de motivos*, RDE 3 (1977), 153-224 e 349-423 e RDE 5 (1979), 111-141 e 142-200; tratar-se-ia de uma reelaboração do anteprojecto de VAZ SERRA.

de VAZ SERRA, as acções das sociedades anónimas[329] e a assembleia geral[330] e de FERNANDO OLAVO e GIL MIRANDA, as sociedades em comandita[331]. Era inevitável uma certa flutuação entre os diversos troços e isso mau grado os esforços das revisões finais.

IV. Ainda a nível de preparação, verificou-se que, para além da parte especial assumidamente dedicada às sociedades em nome colectivo de que se ocupou FERNANDO OLAVO, diversos outros aspectos relativos a esse tipo societário foram trabalhados na parte geral. Assim sucedeu:

- com o problema das sociedades em nome colectivo irregulares, tratado por FERRER CORREIA[332];
- com o tema da transformação de sociedades, sobre que escreveram RAÚL VENTURA e BRITO CORREIA[333].

Estes pontos têm reflexos no regime vigente. Ambas as áreas acusam o influxo mais marcado do pensamento jurídico alemão.

44. Trabalhos preparatórios

I. O anteprojecto relativo às sociedades em nome colectivo foi confiado, como se disse, ao Prof. FERNANDO OLAVO[334]. Trata-se de um articulado em trinta e cinco artigos, todos epigrafados e ordenados nos termos seguintes:

– Disposições gerais:

1.° (Noção);

---

[329] ADRIANO PAES DA SILVA VAZ SERRA, *Acções nominativas e acções ao portador*, BMJ 175 (1968), 5-43, 176 (1968), 11-82, 177 (1968), 5-94 e 178 (1968), 17-85.

[330] ADRIANO PAES DA SILVA VAZ SERRA, *Assembleia geral*, BMJ 197 (1970), 23-176.

[331] FERNANDO OLAVO/GIL MIRANDA, *Sociedade em comandita/Notas justificativas*, BMJ 221 (1972), 11-42, 223 (1973), 15-65 e 224 (1973), 5-79.

[332] ANTÓNIO FERRER CORREIA, *Lei das sociedades comerciais (Anteprojecto)/ /Disposições gerais*, BMJ 185 (1969), 25-81 (44 e 49 ss.).

[333] RAÚL VENTURA/LUÍS BRITO CORREIA, *Transformação de sociedades (Anteprojecto e notas justificativas)*, BMJ 218 (1972), 5-129 e BMJ 220 (1972), 13-83, especialmente BMJ 220, 31 ss., 57 ss., 61 ss., 66 ss. e 73 ss..

[334] FERNANDO OLAVO, *Sociedade em nome colectivo* cit. *supra*, nota 315.

2.° (Personalidade);
3.° (Firma);
4.° Proibição de concorrência);
5.° (Ilicitude de emissão de obrigações).

– Contrato social:

6.° (Participação de incapazes);
8.° (Cônjuges);
9.° (Participações recíprocas);
10.° (Forma externa do contrato social. Registo. Consequências da inobservância da forma e da falta de registo);
11.° (Especificações a consignar);
12.° (Responsabilidade dos sócios de sociedade irregular);
13.° (Transformação em sociedade em nome colectivo).

– Partes sociais e participação nos lucros e perdas:

14.° (Contribuição em indústria);
15.° (Transmissão de parte social por acto entre vivos. Admissão de novos sócios);
16.° (Execução de direitos sociais);
17.° (Falecimento de sócio);
18.° (Participação nos lucros e perdas);
19.° (Distribuição periódica de dividendos);
20.° (Ilicitude de distribuição de outras quantias e de dividendos fictícios).

– Órgãos sociais:

21.° (Competência de gerentes);
22.° (Composição da gerência);
23.° (Funcionamento);
24.° (Uso indevido de poderes de gerência);
25.° (Remuneração dos gerentes);
26.° (Destituição de gerentes);
27.° (Fiscalização dos sócios);
28.° (Competência da assembleia geral);
29.° (Convocação);
30.° (Dispensa de reunião de assembleia geral);
31.° (Assistência à reunião. Representação);
32.° (Funcionamento).

– Dissolução e liquidação:

33.° (Causas de dissolução);
34.° (Forma);
35.° (Oposição à prorrogação).

II. Cada preceito vem acompanhado de breves justificações. Indica-se, a propósito de cada um, a fonte inspiradora, procedendo-se, ainda, a diversas explicações.

Tal como FERNANDO OLAVO explica, vários dos preceitos inseridos no articulado do anteprojecto perdem a sua razão de ser, perante uma parte geral que trate a matéria. Efectivamente e a nosso ver, pertenceriam a uma hipotética parte geral: o artigo 2.° (personalidade), o 10.° (forma do contrato e registo), o 11.° (especificações do contrato), o 12.° (responsabilidade dos sócios da sociedade irregular), o 18.° (participação nos lucros e perdas), o 19.° e o 20.° (distribuição de lucros e ilicitude de distribuição de outras quantias e de dividendos fictícios), o 24.° (uso indevido dos seus poderes), o 25.° (remuneração), o 26.° (destituição dos gerentes), os 28.° a 31.° (competência da assembleia geral, convocação, dispensa de reunião, assistência à reunião e representação) e os 34.° e 35.° (causas e forma de dissolução). A matéria ficaria – havendo uma parte geral envolvente – reduzida a dezoito artigos: praticamente, metade.

III. Na passagem para o projecto de Código das Sociedades, o articulado sobre as sociedades em nome colectivo sofreu o seguinte tratamento[335]:

Capítulo I – Características e contrato:

174.° Características;
175.° Conteúdo;
176.° Firma;
177.° Sócios de indústria;
178.° Responsabilidade pelo valor das entradas;
179.° Alteração do contrato de sociedade.

Capítulo II – Relação entre os sócios e com terceiros:

180.° Composição e funcionamento da gerência;

---

[335] *Código das sociedades comerciais (Projecto)*, BMJ 327 (1983), 43-339 (149-160).

181.° Competência dos gerentes;
182.° Destituição de gerentes;
183.° Proibição de concorrência e de participação noutras sociedades;
184.° Fiscalização dos sócios;
185.° Direito de voto;
186.° Deliberações dos sócios;
187.° Transmissão entre vivos de parte social;
188.° Execução sobre a parte do sócio;
189.° Liquidação de parte;
190.° Dissolução;
191.° Regresso à actividade.

Capítulo III – Morte, exoneração ou exclusão de sócios:
192.° Falecimento de um sócio;
193.° Exoneração do sócio;
194.° Exclusão do sócio;
195.° Destino da parte social extinta.

Capítulo IV – Actos sujeitos a registo:

196.° Actos sujeitos a registo.

Feito o confronto com o anteprojecto FERNANDO OLAVO, temos:

– preceitos dele provenientes, normalmente com alterações: 174.° a 177.°, 179.° a 182.°, 184.° a 188.°, 190.° e 192.°;
– preceitos novos: 178.°, 183.°, 191.° e 193.°, 196, todos do Projecto;
– preceitos desaparecidos: 2.°, 4.° a 10.°, 12.°, 13.°, 18.° a 22.°, 24.°, 25.°, 29.° a 31.°, 33.° a 35.°, todos do anteprojecto FERNANDO OLAVO.

A maioria dos artigos suprimidos tem, de facto, a ver com regras gerais. Nas regras novas, encontramos, entre outros, elementos relativos à morte, exoneração ou exclusão de sócios. Houve uma certa influência italiana, já patente, de resto, no anteprojecto[336]. Foi evidente a preocupação codificadora e sistematizadora, embora se pudesse ter ido mais longe. De todo o modo, passou-se de 35 para 23 artigos.

---

[336] Cf. PIETRO RESCIGNO, *Codice civile*, 6ª ed., II (2006), artigos 2291.° a 2312.° (3053-3067).

45. A versão final do Código das Sociedades Comerciais

I. O Código das Sociedades Comerciais, tal como resultou do Decreto-Lei n.° 262/86, de 2 de Setembro, consagrou, às sociedades em nome colectivo, 22 artigos, ordenados em quatro capítulos. Assim:

Capítulo I – Características e contrato:

175.° Características;
176.° Conteúdo do contrato;
177.° Firma;
178.° Sócios de indústria;
179.° Responsabilidade pelo valor das entradas;
180.° Proibição de concorrência e de participação noutras sociedades;
181.° Direito dos sócios à informação;
182.° Transmissão entre vivos de parte social;
183.° Execução sobre a parte do sócio;
184.° Falecimento do sócio;
185.° Exoneração do sócio;
186.° Exclusão do sócio;
187.° Destino da parte social extinta;
188.° Liquidação da parte.

Capítulo II – Deliberação dos sócios e gerência:

189.° Deliberação dos sócios;
190.° Direito de voto;
191.° Composição da gerência;
192.° Competência dos gerentes;
193.° Funcionamento da gerência.

Capítulo III – Alterações do contrato:

194.° Alterações do contrato.

Capítulo IV – Dissolução e liquidação da sociedade:

195.° Dissolução e liquidação;
196.° Regresso à actividade. Oposição de credores.

II. Feito o competente cruzamento com o projecto verifica-se, desde logo, uma diferente distribuição de alguma matéria. Também se antecipa, logo a uma primeira leitura, a manutenção de normas de natureza geral.

III. Depois de publicado o Código, temos apenas a anotar:

– alterações aos artigos 192.° e 193.°, introduzidas pelo Decreto-Lei n.° 280/87, de 8 de Julho;
– rectificação ao artigo 195.°/2, efectuada pelo Decreto-Lei n.° 257/96, de 31 de Dezembro;
– alterações aos artigos 182.°, 184.°, 187.° e 195.°, adoptadas pelo Decreto-Lei n.° 76-A/2006, de 29 de Março;
– aditamento do artigo 188.°-A, levado a cabo por este último diploma.

Assinale-se que a grande reforma de 2006 atingiu as sociedades em nome colectivo em dois planos: pondo termo às exigências de escritura pública e dando lugar à "dissolução administrativa" das sociedades. Donde as apontadas alterações.

46. **Bibliografia e aplicação**

I. Após a publicação do Código das Sociedades Comerciais, as sociedades em nome colectivo mereceram pouca atenção: quer da doutrina, quer da jurisprudência. O que se compreende: nos diversos países, o tipo "sociedade em nome colectivo" tem vindo a perder terreno a favor de outras fórmulas mais aperfeiçoadas, com relevo para a sociedade por quotas.

Entre nós, para além dos manuais onde o tema é contemplado com escassas páginas, apenas podemos apontar escritos específicos de José Lobo Moutinho[337] e de Raúl Ventura[338].

II. Quanto à jurisprudência: assinale-se um acórdão publicado sobre este velho tipo societário: RLx 30-Jul.-1987, sobre a comunicabilidade da parte social[339]. Na *Net*, temos ainda outro aresto que confirma a não

---

[337] José Lobo Moutinho, *A responsabilidade do sócio em nome colectivo, em face do Código das Sociedades Comerciais*, DJ VI (1992), 172-250 e VII (1993), 83-137.

[338] Raúl Ventura, *Novos estudos sobre sociedades anónimas e sociedades em nome colectivo* (1994, reimp., 2003); aí, é feita uma análise, artigo a artigo, aos dispositivos relativos às sociedades em nome colectivo (209 a 347).

[339] RLx 30-Jul.-1987 (Carvalho Pinheiro), CJ XII (1987) 4, 139-141.

comunicabilidade da posição do sócio em nome colectivo ao cônjuge, mercê do *intuitus personae* que aí domina[340].

III. No tocante à evolução do número de sociedades em nome colectivo, temos a expressão seguinte[341]:

ano		número
1950		2.689
	(...)	
1953		4.336
1954		4.616
	(...)	
1973		2.619

Já mais recentemente, e após a introdução do euro, temos[342]:

ano	número	trabalhadores	negócios[343]
1998	542	3.764	
2000	509	3.482	134
2001	491	4.288	733
2002	286	3.831	877
2003	477	4.342	1.030
2004	378	4.119	não disponível

Como se vê, mau grado uma série de oscilações que poderão ser ocasionadas por diferenças de notação estatística, as sociedades em nome

340 STJ 15-Mar.-1994 (SANTOS MONTEIRO), Proc. 084817/ITIJ, visitado em 13-Fev.-2006.

341 Os números até 1973 constam de PINTO FURTADO, *Código Comercial Anotado* cit., II/1, 11 ss., dando conta da "decrescente importância das sociedades em nome colectivo" e isso em 1979.

342 Números do INE.

343 Em milhões de euros. Não conhecemos a explicação para as oscilações de 2002, nem para o significado do volume de negócios.

colectivo têm vindo a perder significado. Em cinquenta anos (de 1954 a 2004), apesar de intensa evolução económico-social que traduziu uma autêntica fuga para as sociedades, as sociedades em nome colectivo perderam mais de nove décimos dos seus efectivos. Todavia, ainda asseguram quatro milhares de postos de emprego, movimentando mais de mil milhões de euros, como volume de negócios.

Num prisma científico: o seu interesse está intacto.

CAPÍTULO II

O CONTRATO DE SOCIEDADE EM NOME COLECTIVO

§ 14.° CELEBRAÇÃO E CONTEÚDO

47. As partes

I. A celebração do contrato em nome colectivo pode, *grosso modo*, ser remetida para o regime geral da celebração dos contratos comerciais de sociedade[344]. Anotemos algumas especificidades[345].

O contrato pode ser concluído por quaisquer pessoas dotadas de capacidade de exercício. Todavia, está difundida a ideia de que a sociedade em nome colectivo, pela ilimitação da responsabilidade que envolve, seria perigosa. Resquício dessa ideia é o dispostivo do artigo 8.°/1, que recordamos:

> É permitida a constituição de sociedades entre cônjuges, bem como a participação destes em sociedades, desde que só um deles assuma responsabilidade ilimitada.

Com tal fórmula impede-se a formação de uma sociedade familiar em nome colectivo: precisamente a hipótese em que ela teria mais interesse. Tudo isto corresponde a resquícios históricos ligados à discriminação da mulher casada e ao abaixamento social do exercício do comércio[346]: pontos a rever e a corrigir, em definitivo.

---

344 *Manual*, 425 ss..

345 Com interesse, ainda que passando sempre pelo crivo do Direito comparado: HERGENHAHN, *Die offene Handelsgesellschaft* cit., 25 ss., MÜLLER-ERZBACH, *Deutsches Handelsrecht* cit., 2ª e 3ª ed., 188 ss. e GUERRERA, *Società in nome collettivo* cit., 940/I.

346 *Manual*, 427 ss., com a evolução histórica e com indicações.

II. Ainda na mesma linha da pretensa perigosidade das sociedades em nome colectivo, não podem os menores, representados pelos pais, entrar numa sociedade em nome colectivo ou em comandita simples ou por acções, sem autorização do tribunal – 1889.°/1, *d*), do Código Civil[347]. Compreende-se a preocupação, útil nos casos em que o "menor rico" fosse introduzido, como sócio, numa sociedade em nome colectivo, para lhe dar mais crédito ou, no limite, para lhe suportar as dívidas.

Lembremos, todavia, que o grande interesse das sociedades em nome colectivo era de ordem familiar: desaparecerá se implicar um acréscimo de burocracia, de perda de tempo e de desperdício de dinheiro.

III. Sempre sob o signo do risco especial representado pela responsabilidade ilimitada, o artigo 11.°/5[348] veio proteger as próprias sociedades comerciais de, como sócias, ingressarem em sociedades em nome colectivo. Diz esse preceito:

> O contrato pode ainda autorizar, livre ou condicionalmente, a aquisição pela sociedade de participações como sócio de responsabilidade ilimitada ou de participações em sociedades com objecto diferente (...)

Normalmente, os estatutos societários conferem esta possibilidade: muito raramente exercida.

Todos estes preceitos diversos deveriam ter sido devidamente codificados, na sede própria: o Código das Sociedades Comerciais.

IV. Às sociedades em nome colectivo não se aplicam as possibilidades, existentes para as sociedades por quotas (270.°-A a 270.°-G) e para as sociedades anónimas (488.°/1), de constituição puramente unilateral. São, pois, exigidas pelo menos duas partes (7.°/2): descontando as sociedades em comandita, pela natureza das coisas, as sociedades em nome colectivo acabam, assim, por ser as únicas que sofrem o processo rígido da não-unipessoalidade.

---

[347] Hoje: sem autorização do Ministério Público, visto o disposto no Decreto-Lei n.° 272/2001, de 13 de Outubro: artigo 2.°/1, *b*).

[348] Na numeração resultante do Decreto-Lei n.° 257/96, de 31 de Dezembro.

48. **A forma e o registo**

I. O contrato de sociedade em nome colectivo está sujeito a forma escrita, devendo as assinaturas dos seus subscritores ser reconhecidas presencialmente, salvo se forma mais solene for exigida para a transmissão dos bens com que os sócios entrem para a sociedade – 7.°/1 – e a registo – 5.°, bem como 3.°, *a*), do CRegC[349].

O Código Comercial, na versão de 1888, admitia a constituição de sociedades comerciais por título particular – artigo 115.°. Esse preceito veio a ser implicitamente revogado pelo Código do Notariado de 1935[350], cujo artigo 163.°, 3.°, sujeitava a escritura pública "as sociedades comerciais e suas alterações, dissoluções e liquidações", numa regra que se manteve nos códigos ulteriores: 88.°, *d*), do Código de 1960[351], 89.°, *e*), do de 1967[352] e 80.°/2, *e*), do de 1995[353], o qual se conservou nas alterações aprovadas pelo Decreto-Lei n.° 2/2005, de 4 de Janeiro.

Houve uma evolução formalizadora, que se poderá compreender por preocupações de segurança e de normalização[354]. Tudo isso, porém, se encaixa no forte movimento burocratizador nacional, que encarece as iniciativas e tolhe o desenvolvimento. Bastaria manter o RNPC e o registo comercial, para que os mais cautelosos ficassem satisfeitos.

O peso formalista mais se acentua nas sociedades em nome colectivo. Estas deviam-se ter mantido como um contraponto às sociedades civis sob forma civil: só seria exigida, para a sua celebração, uma escritura pública quando estivessem em causa coisas imóveis – 981.°/1, do Código Civil. Veja-se, aliás, que no cauteloso Direito alemão, não há, para a formação de

---

349 Quanto ao registo: BAUMBACH/HOPT, *Handelsgesetzbuch* cit., 32ª ed., § 106 (512 ss.). A regra do artigo 7.°/1 foi introduzida pelo Decreto-Lei n.° 76-A/2006, de 29 de Março; anteriormente exigia-se sempre a escritura pública.

350 Aprovado pelo Decreto-Lei n.° 26:118, de 24 de Novembro de 1935, COLP 1935, II, 675-698 (688/II).

351 Aprovado pelo Decreto-Lei n.° 42 933, de 29 de Abril de 1960, DG I Série, n.° 92, de 20-Abr.-1960, 933-961 (948/I).

352 Aprovado pelo Decreto-Lei n.° 47 619, de 31 de Março de 1967, DG I Série, n.° 77, de 31-Mar.-1967, 665-690 (676/I).

353 Aprovado pelo Decreto-Lei n.° 207/95, de 14 de Agosto, DR I Série-A, n.° 187, de 14-Ago.-1995, 5047-5080 (5063/II).

354 Os tribunais são sempre sensíveis a questões de forma; em STJ 18-Out.-1935 (PIRES SOARES), GRLx 49 (1936), 309-310 (310/I), entendeu-se que uma alteração do pacto seguiu a forma de constituição.

sociedades em nome colectivo, qualquer exigência genérica de forma, salvo se envolver imóveis[355]. A reforma de 2006 retomou, assim, bom caminho.

II. A inobservância de forma pode ser minorada pelo regime específico das sociedades irregulares, a que abaixo se fará referência[356]. Mantemos a tónica geral de crítica ao sistema vigente: as sociedades em nome colectivo deveriam constituir um esquema societário aligeirado, de funcionamento instantâneo, para servir o pequeno comércio altamente personalizado: uma situação parcialmente resolvida pela reforma de 2006.

Paradoxo: o Decreto-Lei n.° 111/2005, de 8 de Julho[357], procurando reagir às queixas contínuas de esmagamento burocrático das empresas, veio criar:

> (...) a "empresa na hora", através de um regime especial de constituição imediata de sociedades (...)

Esse regime só se aplica, porém ... a sociedades por quotas e a sociedades anónimas (1.°). Ficam de fora as sociedades em nome colectivo: aquelas que mais facilidades exigiriam.

A razão de ser desta exclusão tem a ver com o problema da firma. A "empresa na hora" exige que os interessados escolham uma firma de fantasia previamente criada e reservada a favor do Estado – 3.°, *a*). Ora tais firmas não são possíveis em relação a sociedades em nome colectivo: um aspecto já revisto noutros países e que também entre nós requereria reforma.

49. **O conteúdo**

I. O conteúdo do contrato de sociedade vem, em geral, previsto no artigo 9.°/1, cujo teor é útil ter presente:

> 1. Do contrato de qualquer tipo de sociedade devem constar:
>
> *a*) Os nomes ou firmas de todos os sócios fundadores e os outros dados de identificação destes;

---

[355] Koller/Roth/Morck, *HGB Kommentar* cit., 5ª ed., § 105, Nr. 6 (302). O registo é, como se disse, exigido pelo § 106 do HGB – *idem*, 337.

[356] *Infra*, 137 ss..

[357] Regulamentado pela Portaria n.° 590-A/2005, de 14 de Julho.

b) O tipo de sociedade;
c) A firma da sociedade;
d) O objecto da sociedade;
e) A sede da sociedade;
f) O capital social, salvo nas sociedades em nome colectivo em que todos os sócios contribuam apenas com a sua indústria;
g) A quota de capital e a natureza da entrada de cada sócio, bem como os pagamentos efectuados por conta de cada quota;
h) Consistindo a entrada em bens diferentes de dinheiro, a descrição destes e a especificação dos respectivos valores;
i) Quando o exercício anual for diferente do ano civil, a data do respectivo encerramento, a qual deve coincidir com o último dia de um mês de calendário, sem prejuízo do previsto no artigo 7.° do Código do Imposto sobre o Rendimento das Pessoas Colectivas.

II. Tratando-se de sociedades em nome colectivo, há que lidar com o artigo 176.° (Conteúdo do contrato):

1. No contrato de sociedade em nome colectivo devem especialmente figurar:

a) A espécie e a caracterização da entrada de cada sócio, em indústria ou bens, assim como o valor atribuído aos bens;
b) O valor atribuído à indústria com que os sócios contribuam, para o efeito de repartição de lucros e perdas;
c) A parte de capital correspondente à entrada com bens de cada sócio.

O legislador nacional é particularmente prolixo, nestes domínios[358]. O contrato de sociedade deveria, simplesmente, conter os elementos voluntários essenciais: tudo o resto advém da lei[359].

III. Perante o Direito nacional, nota-se de imediato que as alíneas *a*) – espécie e a caracterização da entrada de cada sócio – e *c*) – parte do capital correspondente à entrada com bens de cada sócio – são inúteis[360]: elas logo resultariam das alíneas *g*) e *h*) do artigo 9.°.

---

358 Como elemento comparativo: STUHLFELNER, *Heidelberger Kommentar* 7ª ed. cit., 324 ss..

359 Cf. BAUMBACH/HOPT, *HGB* cit., 32ª ed., § 109 (518 ss.).

360 ALBINO DE MATOS, *Constituição de sociedades*, cit., 5ª ed., 27 e RAÚL VENTURA, *Novos estudos sobre sociedades anónimas e sociedades em nome colectivo* cit., 227.

Salva-se o artigo 176.°, *b*), relativo ao sócio de indústria, que melhor teria ficado no artigo 178.°. Trata-se de matéria – aí sim – específica e à qual não deixaremos de dar a devida atenção.

IV. Perante o Direito português, não subsiste qualquer dúvida de que a constituição de uma sociedade em nome colectivo é puramente formal: pode, no momento da sua formação, não corresponder a qualquer empreendimento real. Na sua redacção primitiva, o § 105 do HGB deixava entender que, para a sociedade em nome colectivo se constituir, devia-se exigir um estabelecimento em exploração. A reforma do HGB de 1998, visando simplificar o lançamento de pequenas empresas, veio dispensar esse ponto – § 105/II[361].

50. A firma

I. A firma das sociedades em nome colectivo apresenta uma especial configuração: é o elemento formalmente caracterizador deste tipo societário. Segundo o artigo 177.°/1,

> A firma da sociedade em nome colectivo deve, quando não individualizar todos os sócios, conter, pelo menos, o nome ou firma de um deles, com o aditamento, abreviado ou por extenso, "e Companhia" ou qualquer outro que indique a existência de outros sócios.

Como vimos, este preceito remonta à tradição de FERREIRA BORGES[362]: a sociedade com firma – ou com nome – contrapõe-se às sociedades sem firma ou anónimas. E a "firma" seria, necessariamente, o nome dos sócios ou, pelo menos, o de um deles, com a indicação "& companhia"[363].

---

[361] Cf. KARSTEN SCHMIDT, *HGB-Reform und gesellschaftsrechtliche Gestaltungspraxis*, DB 1998, 61-65 (61/I ss.) e WOLFGANG SCHÖN, *Die vermögensverwaltende Personenhandelsgesellschaft/Ein Kind der HGB-Reform*, DB 1998, 1169-1177 (1177/I).

[362] *Supra*, 128.

[363] Tem interesse verificar a evolução do tema na literatura alemã. P. ex.: LASTIG, em ENDEMANN, *Handbuch* cit., I/1, 344, MÜLLER-ERZBACH, *Deutsches Handelsrecht* cit., 2ª e 3ª ed., 186 e SENFTNER, *Die Offene Handelsgesellschaft* cit., 21; hoje: BAUMBACH/ /HOPT, *HGB* cit., 32ª ed., § 19, Nr. 11 ss. (144 ss.).

II. No Código VEIGA BEIRÃO, o artigo 21.°, acolhendo essa tradição, veio dispor:

A firma de uma sociedade em nome colectivo deve, quando não individualizar todos os sócios, conter pelo menos o nome ou a firma de um deles, com o aditamento abreviado ou por extenso "e Companhia".

Surgiram dúvidas quanto à efectiva necessidade de usar a fórmula ritual "e Companhia", dúvidas essas que o Decreto-Lei n.° 19.638, de 20 de Abril de 1931, veio remover. Esse diploma acrescentou ao transcrito artigo 21.°, depois de "e Companhia", a fórmula:

(...) ou qualquer outro que indique a existência de outros sócios.

E foi com esse aditamento que se passou ao actual artigo 177.°/1.

III. Os interessados devem obter, num momento prévio, um certificado de admissibilidade da firma, junto do RNPC e isso apesar de apenas estarem em causa os seus próprios nomes. Ainda à luz do RNPC, parece-nos que a locução "e Companhia", mau grado a flexibilidade do final do preceito, não pode ser substituída por "e associados": ou estaremos perante uma sociedade civil sob forma civil – artigo 42.°/1, do RNPC. Recordemos ainda que sem o certificado de admissibilidade, não é possível a realização do reconhecimento presencial ou da competente escritura – artigo 54.°/1, do RNPC – e, logo: a própria constituição da sociedade.

IV. A matéria relativa à firma das sociedades em nome colectivo – tal como sucede com a dos comerciantes individuais[364] – carece de uma reforma urgente.

Vamos tomar como exemplo o Direito alemão. Também aí a firma das OHG devia ser composta pelos nomes dos sócios ou de um deles, seguido da existência de outros[365].

Com a reforma comercial de 1998[366], a matéria foi simplificada[367]. Admitem-se, agora, firmas pessoais, firmas objectivas e firmas de fan-

[364] KARSTEN SCHMIDT, *Gesellschaftsrecht*, 3ª ed. (1997), 1369.

[365] SAMUEL GOLDMANN, *Das Handelsgesetzbuch* I (1901), § 19 (81).

[366] *Vide*, quanto a esta reforma, o *Manual de Direito comercial*, 2ª ed., 223 ss..

[367] KARSTEN SCHMIDT, *Gesellschaftsrecht* cit., 4ª ed., 1373.

tasia[368]. Sabe-se que se trata, em qualquer dos casos, de uma sociedade em nome colectivo porque, à firma, seja ela qual for, se acrescentará sempre a sigla OHG.

Entre nós, a firma continha o nome (ou nomes) dos sócios para, junto da praça onde a sociedade girasse, todos se aperceberem de imediato quem era o responsável ilimitado pelas dívidas sociais. A matéria já ficava menos clara quando, numa firma, ao nome do sócio, se acrescentasse um simples "& Companhia": o eventual interessado teria de averiguar quem era a companhia. Tudo isso era importante por não haver registo comercial e, ainda, por o número de sociedades em giro ser pouco elevado: todas eram conhecidas.

Hoje, o problema não se põe. Qualquer entidade que pretenda negociar com uma sociedade, em nome colectivo ou outra, principalmente tratando-se de lhe conceder crédito, facilmente acederá, por pedido directo ou através do registo, a todos os elementos necessários. Além disso, os nomes dos comerciantes já não são espontaneamente conhecidos na praça. A sociedade Silva & Companhia pouco nos dirá sobre a identidade do Senhor Silva, sócio de responsabilidade ilimitada.

V. Para as sociedades em nome colectivo impor-se-ia que, à semelhança do que há anos propusemos (sem êxito) para os comerciantes individuais, fosse possível escolher toda a casta de firmas, desde que seguidas da sigla SNC. O tipo ficaria patente, sem possibilidade de confusões. Assim, teríamos:

– firmas pessoais:	Costa & Silva, SNC;
– firmas objectivas:	Chapas e Latas, SNC;
– firmas mistas:	Chapas Costa, SNC;
– firmas de fantasia:	Reino do Freguês, SNC.

O problema da manutenção de firmas meramente pessoais é o seguinte: hoje, as pessoas não conhecem, em regra, a entidade com que poderiam contratar. A firma é o elemento essencial de divulgação e de publicidade. Uma sociedade que firme Costa & Silva, por exemplo, nada dirá sobre a

368 Desenvolvidamente, GEROLD BEZZENBERGER, no *Münchener Handbuch* cit., 1, § 49, Nr. 36 ss. (890 ss.). Cf. GUSTAVUS, *Die Neuregelung im Gesellschaftsrecht nach dem Regierungsentwurf eines Handelsrechtreformgesetzes*, GmbHR 1998, 17-22 (17/II).

sua concreta actividade. Já, igualmente por exemplo, a sociedade Motores do Campo Grande, SNC, seria bem mais eloquente.

Aguardemos, também aqui, que o legislador estude alguma doutrina. Até lá, as velhas sociedades em nome colectivo continuarão a sofrer de mais esta *deminutio*: uma dificuldade que contribui para o seu abandono.

VI. O problema do anacronismo das firmas ou das sociedades em nome colectivo já havia sido intuído por autores de peso: FERRER CORREIA[369] e RAÚL VENTURA[370]. O primeiro propusera que, por analogia com o artigo 20.° do Código Comercial, as firmas das sociedades de pessoas pudessem conter elementos alusivos ao objecto social. O segundo apelava à analogia com o artigo 13.° do Decreto-Lei n.° 42/89, de 3 de Fevereiro – hoje seria o artigo 42.° do RNPC, aprovado, como se sabe, pelo Decreto-Lei n.° 129/98, de 13 de Maio[371] – relativo às firmas das sociedades civis puras.

Nestas interpretações, a firma das sociedades em nome colectivo teria sempre de conter o nome do sócio – ou dos sócios; mas poder-lhe-iam ser aditadas siglas ou expressões que exprimissem o seu objecto social.

A ideia merece apoio até que se reformule a lei. Só não vemos como convencer funcionários do RNPC, notários e conservadores do registo comercial sem uma alteração legislativa decidida.

51. Responsabilidade por aparência na firma

I. O artigo 177.°/2 consagra uma regra tradicional, já presente no artigo 153.°, § 2.°, do Código VEIGA BEIRÃO[372]:

> Se alguém que não for sócio da sociedade incluir o seu nome ou firma na firma social, ficará sujeito à responsabilidade imposta aos sócios no artigo 175.°.

O preceito responsabiliza – ainda que objectivamente – a pessoa que, por si e como consequência e acção sua, tenha incluído, não sendo sócia, o seu nome na firma de uma sociedade em nome colectivo. O dispositivo

369 ANTÓNIO FERRER CORREIA, *Direito comercial* 1 (1973), 287.

370 RAÚL VENTURA, *Novos estudos* cit., 229.

371 Quanto à sucessão de diplomas aqui em causa: *Manual de Direito comercial*, 2ª ed., 326 ss..

372 PINTO FURTADO, *Código Comercial Anotado* cit., II/1, 59.

não se aplica se, abusivamente, alguém incluir o nome de um terceiro, que de nada saiba, na firma de uma sociedade em nome colectivo. Caberiam, então, os diversos remédios relativos à tutela do nome[373].

II. Passando à previsão, cumpre distinguir:

– o terceiro logrou construir uma firma na qual o seu nome se incluiu;
– o terceiro teve artes de, num ou mais actos praticados pela sociedade em nome colectivo, fazer inserir o seu nome.

É à primeira hipótese que se aplica o transcrito artigo 177.°/2: apenas nas condições que ela retrata se poderá dizer que o seu nome está incluído na firma social. Trata-se de uma hipótese que nos vem de Ferreira Borges (1833) e que, então, seria concebível. Hoje não o é. Semelhante inclusão na firma teria de passar pelos crivos (apertados!) do RNPC, do notário ou da entidade responsável pelo reconhecimento presencial das assinaturas e do conservador do registo comercial[374]. Perante a realidade, o artigo 177.°/2 surge como uma relíquia dos tempos em que ainda imperava o informalismo: a firma tinha, então, um papel quase constitutivo.

III. Na segunda hipótese – num ou mais actos da sociedade foi incluído o nome de um terceiro, por iniciativa ou tolerância deste – já não podemos falar em verdadeira inclusão na firma. Poderá, então, verificar-se uma sociedade aparente, a qual seguirá o regime do artigo 36.°/1[375]. O terceiro, ao criar a falsa aparência de uma sociedade que o inclua, vai responder solidariamente pelas dívidas do ente aparente.

Diferenças em relação à primeira hipótese: a responsabilidade é directa e não, apenas, subsidiária.

Aquando da inserção, no Código, do dispositivo sobre sociedades em nome colectivo não se atentou nem na evolução dos tempos, nem no dispositivo da parte geral.

---

373 *Tratado* I/3, 2ª ed., 214 ss..

374 Perante o Código Veiga Beirão e a legislação subsequente, num cenário em que a única barreira era a exigência de escritura, já Pinto Furtado considerava esta hipótese "muito difícil".

375 *Manual*, 482 ss..

§ 15.° SOCIEDADES EM NOME COLECTIVO IRREGULARES

52. Aspectos gerais e modalidades

I. Na tradição portuguesa, lamentavelmente abandonada pelo Código das Sociedades Comerciais, mas que podemos manter viva, com vantagens e por via doutrinária, a sociedade irregular é aquela que, por incompleitude no seu processo formativo ou por vício intrínseco no seu contrato, não produza todos os efeitos que, por lei e pela natureza, ela deveria produzir[376]. Mais precisamente, ficam abrangidas:

- as "sociedades" postas a funcionar independentemente de as partes envolvidas terem formalizado um contrato de sociedade;
- as sociedades formalizadas por escritura pública mas não registadas;
- as sociedades formalizadas, mas cujo contrato seja inválido; ainda aqui, poderá faltar ou não o registo.

II. O Código das Sociedades Comerciais veio regular esta matéria nos artigos 36.° a 52.°, incluídos numa secção intitulada – aliás erroneamente – "Regime das sociedades antes do registo. Invalidade do contrato". *Grosso modo* o esquema previsto, sempre aplicável às sociedades em nome colectivo é o seguinte:

- há uma sociedade puramente aparente, sem haver qualquer contrato: todos os intervenientes respondem solidária e ilimitadamente pelas obrigações – 36.°/1;
- há uma sociedade acordada, mas sem ainda haver contrato definitivo: às relações entre os sócios e com terceiros aplica-se o regime

[376] Com desenvolvimento: *Manual*, 477 ss.. *Vide,* ainda, MANUEL ANTÓNIO PITA, *O regime da sociedade irregular e a integridade do capital social* (2004) 634 pp..

das sociedades civis – 36.°/2, na redacção dada pelo Decreto--Lei n.° 76-A/2006, de 29 de Março.

Até aqui, o regime é geral para todas as sociedades. A partir do momento em que já haja contrato, cabe aplicar regras diferenciadas.

Interessam-nos, de agora em diante, as soluções especificamente dirigidas às sociedades em nome colectivo irregulares[377].

III. Antes de passar a analisar o desenvolvido sistema legal português, cumpre referir que as sociedades irregulares, mormente na área das em nome colectivo, constituem um tema clássico[378], ainda que tenha vindo a ceder perante os maiores desenvolvimentos obtidos nos campos das sociedades por quotas e das sociedades anónimas. Todavia, os progressos aí obtidos são mencionados como traduzindo áreas da aplicação criativa do Direito[379].

53. A sociedade em nome colectivo não registada

I. A sociedade em nome colectivo, depois de concluído o contrato mas antes do registo, rege-se, no tocante às relações entre os sócios, pelo contrato – 37.°/1. A solução é justa e adequada: tendo concluído um contrato e iniciado, na sua base, uma actividade económica, nada mais há a fazer do que honrar a palavra dada. Além disso, haverá que aplicar as regras correspondentes ao tipo societário em causa.

Quanto a sociedades em nome colectivo, aplicaremos às relações entre os sócios, respectivamente:

– as normas específicas imperativas;
– as normas gerais imperativas;
– as cláusulas contratuais;
– as normas específicas supletivas;
– as normas gerais supletivas.

[377] Sobre o inesgotável tema, com indicações: ULRICH BÄLZ, *Münchener Handbuch* cit., 1, § 100 (1779 ss.) e KARSTEN SCHMIDT, *Münchener Kommentar HGB* cit., 1, § 105, Nr. 228 ss. (84-89). Em Itália: DI SABATO, *Diritto delle società* cit., 2ª ed., 162-163.

[378] KARSTEN SCHMIDT, *Zur Stellung der OHG* cit., 271.

[379] PETER ULMER, *Hundert Jahre Personengesellschaft Rechtsfortbildung bei OHG und KG*, ZHR 161 (1997), 102-132 (115).

Apenas deparamos com a particularidade do artigo 37.°/2: a transmissão, por acto entre vivos, das participações sociais e as modificações do contrato requererão unanimidade. Trata-se, porém, de uma regra que, salvo o que abaixo se dirá[380], já resultava dos artigos 182.°/1 e 194.°/1 e 2.

II. No tocante a relações com terceiros, temos um preceito específico para as sociedades em nome colectivo não registadas: o artigo 38.°:

- pelos negócios realizados em nome das sociedades, com o acordo expresso ou tácito dos sócios – o qual se presume – respondem todos eles, solidária e ilimitadamente;
- se os negócios não tiverem sido autorizados por todos, respondem pessoal e solidariamente apenas os que os realizarem ou autorizarem – 38.°/2;
- as cláusulas limitativas da responsabilidade não são oponíveis a terceiros, salvo se se provar que estes as conheciam – 38.°/3[381].

O sócio demandado ao abrigo do artigo 38.°/1 pode, em defesa, invocar o *beneficium excussionis* previsto no artigo 997.°/2, do Código Civil? Isso permitir-lhe-ia só responder se os bens afectos à sociedade (o seu património) fossem insuficientes. O teor literal da lei parece inculcar a negativa. Mas o elemento sistemático da interpretação aponta para a saída inversa. Com efeito:

- não havendo (sequer) escritura, aplica-se o regime das sociedades civis e, logo, o *beneficium* em jogo (36.°/2);
- depois da escritura, não se entende como (e para quê) um regime mais severo.

Não faz sentido causticar as já massacradas sociedades em nome colectivo com mais este regime desfavorável: agora em relação às sociedades civis puras e às sociedades irregulares pela falha (magna) do contrato. O *beneficium excussionis* terá de manter-se, por aplicação do artigo 997.°/2, do Código Civil.

---

380 *Infra*, 209 e 219; o problema cifra-se em saber se esses preceitos são ou não imperativos; não o sendo, o artigo 37.°/2 seria útil: impediria alterações não unânimes, neste tipo de sociedade irregular, mesmo quando o pacto social as facultasse.

381 Ou deviam conhecer, dentro da linha ética que temos vindo a defender.

54. A sociedade em nome colectivo inválida

I. O artigo 43.°/1 prevê que as sociedades em nome colectivo possam ser inválidas por duas distintas ordens de razões, depois dotadas de regimes diferenciados[382]:

– vícios no título constitutivo;
– causas gerais de invalidade dos negócios, segundo a lei civil.

São vícios do título constitutivo (43.°/2, que remete para o 42.°/1 e acrescenta ainda alguns):

– a falta de, pelo menos, dois sócios fundadores;
– a falta de menção da firma, da sede, do objecto ou do capital da sociedade, bem como do valor da entrada de algum sócio ou de prestações realizadas por conta deste;
– menção de um objecto ilícito ou contrário à ordem pública;
– falta de escritura pública;
– falta de nome ou firma de alguns dos sócios de responsabilidade ilimitada.

Quanto à falta de indicação do capital, entenda-se que ela releva apenas quando a sociedade em nome colectivo o deva ter: isso não sucede, como vimos, quando ela só tenha sócios de indústria – 9.°/1, *f*). Também não é vício a hipótese da alínea *d*) do artigo 42.°/1: não há, aqui, regras sobre a liberação do capital.

II. A presença de invalidade por vícios no título constitutivo tem a particularidade de ser sanável por deliberação dos sócios, tomada nos termos estatutários previstos para a alteração do contrato: mas desde que o vício resulte de falta ou nulidade da indicação da firma, da sede, do objecto e do capital da sociedade, bem como do valor da entrada de algum sócio e das prestações realizadas por conta desta.

A acção de nulidade corre segundo o regime específico do artigo 44.°.

III. Tratando-se de causas gerais de invalidade dos negócios, segundo a lei civil, lida-se com o artigo 46.°: este especifica, na epígrafe, "vícios da

[382] Quanto aos aspectos gerais envolvidos: *Manual*, 503 ss..

vontade e incapacidade" e, no seu corpo, "o erro, o dolo, a coacção, a usura e a incapacidade". A essa lista haverá que acrescentar a falta de consciência da declaração e, com as devidas adaptações, a simulação.

Isto posto: o artigo 46.° determina a anulabilidade do contrato em relação ao incapaz ou à pessoa que tenha sofrido o vício da vontade ou a recusa. Embora a lei não o diga, ficam em causa quer o erro na declaração, quer o erro na formação da vontade. Pena foi que o projecto final do Código não tivesse sido revisto, também, por um civilista.

Todavia, sempre segundo o artigo 46.° em causa, o negócio poderá ser anulado "quanto a todos os sócios" se não for possível, nos termos do artigo 292.° do Código Civil, a sua redução às participações dos outros (46.°, *in fine*).

IV. O processamento e as consequências da anulação – apresentadas, como já afirmámos noutra obra, em termos caleidoscópicos pelo legislador de 1986 –, obedecem a regras gerais para os diversos tipos societários[383].

---

[383] *Manual*, 508 ss..

§ 16.° O CAPITAL, AS ENTRADAS E OS SÓCIOS DE INDÚSTRIA

55. O capital

I. O artigo 9.°/1, *f)* determina que do contrato de sociedade deva constar o capital social,

> (...) salvo nas sociedades em nome colectivo, em que todos os sócios contribuam com a sua indústria.

O capital da sociedade equivale ao conjunto das entradas dos vários sócios, realizadas ou por realizar[384]. Essa noção básica tem uma projecção contabilística: será a cifra ideal que representa as entradas estatutárias, surgindo como tal, nos diversos instrumentos de prestação de contas. Nada disso se confunde com o património real das sociedades[385].

II. O capital surge como elemento relevante justamente nas chamadas sociedades de capitais: sociedades por quotas e sociedades anónimas. Nas sociedades de pessoas, o conceito apaga-se, de tal modo que:

– ele não ocorre nas sociedades civis sob forma civil, perante o silêncio do artigo 980.° do Código Civil[386];
– ele não ocorre, necessariamente, nas sociedades em nome colectivo; faltará nas sociedades que apenas agrupem sócios de indústria.

Poderíamos, assim, distinguir sociedades em nome colectivo com capital social e sem ele.

---

384 *Manual*, 420 ss. e PAULO DE TARSO DOMINGUES, *Do capital social/Noção, princípios e função*, 2ª ed. (2004), 22 ss., sobre toda esta matéria.
385 *Idem*, 52.
386 PAULO DE TARSO DOMINGUES, *Do capital social* cit., 2ª ed., 23-25.

III. Em termos de política legislativa, teria sido possível dispensar as sociedades em nome colectivo de qualquer capital social: não faz, aí, grande sentido. Poderíamos fazer dele uma noção abstracta englobando o conjunto dos valores das entradas, incluindo as entradas em indústria, para efeitos de repartição de lucros e perdas – 176.°/1, *b*)[387]: mas nessa altura, todas as sociedades teriam "capital social".

A referência ao capital social das sociedades em nome colectivo é brumosa e não tem expressão, já que não se lhes impõe qualquer capital mínimo. Ele apenas conduz a que se apliquem, no seu âmbito, diversas e complexas leis de "tutela do capital", ao arrepio do que deveria ser uma verdadeira e própria sociedade de pessoas.

Nas sociedades por quotas, o capital mínimo é de 5.000 euros, enquanto, nas anónimas, essa cifra ascende a 50.000 euros: artigos 201.° e 276.°/3, respectivamente.

56. **Entradas em dinheiro e em espécie**

I. A obrigação de entrada é um traço específico e característico das sociedades – 20.°, *a*). A natureza da entrada de cada sócio deve constar do contrato social – 9.°/1, *g*). A entrada consiste em realidades patrimoniais ou com alcance patrimonial, numa conjunção especialmente documentada nas sociedades em nome colectivo.

Aí encontramos:

– entradas em dinheiro;
– entradas em espécie;
– entradas em indústria.

De acordo com a visão tradicional, a sociedade em nome colectivo caracterizar-se-ia por postular a prossecução conjunta de um empreendimento comercial[388]. As entradas teriam a ver com o contributo para tal empreendimento, o qual poderia ser essencialmente variável. Todavia, a codificação da matéria veio aproximar, em diversos pontos, as sociedades

[387] Aparecem, assim, nas sociedades do BGB, as partes ou participações no capital – Hans Gummert, *Münchener Kommentar* cit., 1, § 13, Nr. 11 ss. (280 ss.) e Joachim Frhr. von Falkenhausen/Henning C. Schneider, *idem*, § 61, Nr. 23 ss. (1106 ss.).

[388] Koller, em Koller/Roth/Morck, *HGB* cit., 5ª ed., § 105, Nr. 10 (305).

em nome colectivo das sociedades de capitais[389]. Entre eles está a matéria atinente às entradas – ou a certas entradas.

II. A entrada em dinheiro postula uma obrigação pecuniária do sócio. Nos termos gerais do artigo 25.°/1, o seu montante não pode ficar aquém do valor nominal da entrada que ele venha a realizar: abaixo do par. O inverso seria possível: teríamos um prémio de subscrição[390], que nada impede neste tipo de sociedade.

A lei não regula nem o momento do cumprimento da obrigação de entrada, nem a forma desse cumprimento: apenas dispomos de regras para as sociedades por quotas e para as anónimas[391]. Concluímos pela aplicação:

– ou das regras que porventura o contrato insira;
– ou das regras supletivas do Direito civil: a todo o tempo pode o sócio apresentar-se a realizar a entrada ou pode a sociedade exigir-lha, sob pena de mora.

Consequentemente, não há base para a aplicação do artigo 543.°: este apenas funciona perante as sociedades de capitais.

III. Nas entradas em espécie lidamos com a transferência, para a sociedade, de direitos patrimoniais susceptíveis de penhora e que não sejam dinheiro. O Direito comunitário preocupou-se muito com as entradas em espécie: ao passo que as entradas em dinheiro são facilmente confrontáveis, através do seu valor nominal, as entradas em espécie têm um valor objectivo discutível. Os particulares interessados podem ser levados a empolá-lo, em detrimento dos credores. O tema foi cuidadosamente tratado no artigo 10.° da 2ª Directriz de Direito das Sociedades ou Directriz n.° 77/91/CEE, de 13 de Dezembro de 1976, sobre as garantias do capital social[392]. Da transposição dessa Directriz resulta o artigo 28.°: preceito que, havendo entradas em espécie, impõe a preparação de um relatório elaborado por um ROC, devidamente distanciado da sociedade em jogo e que avalia, objectiva e explicadamente, os bens em jogo – 28.°/3, *d*). Ao relatório é dada, para a protecção de terceiros, uma especial publicidade – 28.°/4 e 5.

389 Raúl Ventura, *Novos estudos* cit., 211.

390 *Manual*, 590.

391 *Manual*, 590 ss..

392 *Direito europeu das sociedades*, 181 ss., 187-188 e 222 ss..

A 2ª Directriz dirige-se a sociedades anónimas. O legislador nacional, fiel à sua militância pró-Bruxelas, transferiu essa matéria para a parte geral do Código de modo a aplicar-se a todo o tipo de sociedades. Sem justificação: a vida das sociedades portuguesas não pode ser sistematicamente mais difícil do que a das suas concorrentes dos outros países europeus[393].

O esquema antes vigente era bem mais simples e não menos eficaz. Segundo o artigo 118.°, § 3.°, do Código Comercial[394]:

> Os bens ou valores prestados ou prometidos pelos sócios, e que fizerem parte integrante do capital social, serão devidamente descritos e avaliados no instrumento do contrato de sociedade, e por tal avaliação responderão esses sócios quando seja mister realizá-los.

Não temos conhecimento de este esquema se ter mostrado insuficiente. De todo o modo, o dispositivo da 2ª Directriz, de origem alemã, só faz sentido para as sociedades anónimas, *maxime*: para as abertas.

Confrontado com a desnecessária (e dispendiosa) complicação que o artigo 28.° representa para as sociedades em nome colectivo, o artigo 179.° veio dispor:

> A verificação das entradas em espécie, determinada no artigo 28.°, pode ser substituída por expressa assunção pelos sócios, no contrato de sociedade, de responsabilidade solidária, mas não subsidiária, pelo valor atribuído aos bens.

Algumas precisões[395]:
– trata-se de uma responsabilidade para com a sociedade;
– é solidária: esta pode efectivá-la junto de quem entender;
– não está ao acesso directo dos credores da sociedade: estes apenas poderão, subsidiariamente, penhorar o correspondente crédito ou, verificando-se os competentes pressupostos, lançar mão de uma acção sub-rogatória – artigo 606.°/1, do Código Civil[396];
– funciona em alternativa ao artigo 28.°, à opção dos sócios.

---

393 Raúl Ventura, *Novos estudos* cit., 238, explica a generalização: parece-nos que com alguma ironia, a qual revela discordância.

394 Cf. Pinto Furtado, *Código Comercial Anotado* cit., I, 302 ss..

395 Raúl Ventura, *Novos estudos* cit., 240.

396 *Direito das obrigações*, 2, 481 ss..

57. Os sócios de indústria

I. O sócio de indústria é aquele que entra para a sociedade com serviços próprios: nem com dinheiro, nem com bens. Trata-se de uma concretização do artigo 980.° do Código Civil, na parte em que refere "serviços". A lei civil, de resto, nada mais dispõe sobre o tema a não ser, no artigo 992.°, cujos números 2 e 3, respectivamente[397]:

– isentam o sócio de indústria de responder, nas relações internas, pelas perdas sociais;
– regula a fixação do quinhão do sócio de indústria nos lucros, bem como o valor da sua contribuição.

As contribuições em indústria estão vedadas nas sociedades por quotas (202.°/1) e nas anónimas (277.°/1). Trata-se, pois, de uma especial prerrogativa das sociedades em nome colectivo (178.°) e das em comandita, no tocante aos sócios comanditados (468.°, *a contrario*).

II. A lei não especifica que "indústria" possa integrar a contribuição para a sociedade em nome colectivo. Entendemos que será qualquer serviço útil, de teor económico[398].

A lei portuguesa confere, a este aspecto uma dimensão particularmente significativa, designadamente no artigo 178.°.

No Direito francês, apoiado no Código Civil[399], apenas se diz que as contribuições de indústria não são possíveis nas sociedades de responsabilidade limitada, salvo o caso específico das SARL[400].

No Direito alemão, o HGB é omisso. A doutrina sublinha a natureza muito variada das contribuições[401], as quais podem abranger serviços[402], com base no § 706/3 do BGB[403-404].

---

397 *Supra*, 58 ss..

398 Em sentido amplo; não bastaria, por exemplo, um serviço meramente contemplativo.

399 PHILIPPE MERLE, *Droit commercial/Sociétés commerciales*, 10ª ed. (2005), 57.

400 Artigo L. 223-7/2, do Código de Comércio.

401 KARL SCHMIDT, *Gesellschaftsrecht* cit., 4ª ed., 1376.

402 KARL SCHMIDT, *Münchener Kommentar HGB* cit., 1, § 105, Nr. 178 (67).

403 VON FALKENHAUSEN/HENNING C. SCHNEIDER, *Münchener Handbuch* cit., 1, § 60, Nr. 22 (1083).

404 STEFAN HABERMEIER, no *Staudingers Kommentar BGB* cit., §§ 705-740, Nr. 8 (101) e HARTWIG SPRAU, no *Palandt Kommentar BGB*, 66ª ed. (2007), § 706, Nr. 5 (1083).

No Direito italiano, o Código Civil só implicitamente prevê a contribuição de indústria: dispondo, no artigo 2263.°/2, relativo às sociedades civis puras, que não sendo o seu valor contratualmente determinado, caberá ao juiz fixá-lo, segundo a equidade[405], enquanto o artigo 2295.°, referente às sociedades em nome colectivo, estipula que o seu título constitutivo deva referir (n.° 7) as prestações a que se obriguem os sócios de indústria (*soci di opera*)[406].

Já se tem pretendido excluir do universo das "indústrias" possíveis a assunção da gerência da sociedade: porque todos os sócios são gerentes, nos termos do artigo 191.°/1 e salvo cláusula em contrário: logo, todos eles o seriam de indústria[407]. Mas não: tudo depende da livre vontade das partes. Bem pode acontecer que uma pessoa, dotada de experiência, de bons conhecimentos e de especial *know how*, represente uma tal mais-valia para a sociedade que os seus consócios o aceitem como sócio de indústria sendo a sua entrada, justamente, o serviço de gerência. Poderá mesmo ser um excelente negócio para todos: não vislumbramos porque iria o Direito impedi-lo.

III. A presença de sócios de indústria levanta algumas dificuldades práticas. Desde logo: como computá-la para o capital social? Repare-se que, *ab initio*, a indústria nada vale; *in futurum*, o seu contributo para a riqueza societária irá aumentando, à medida que se for concretizando. Perante a dificuldade, o legislador adoptou duas normas importantes:

– se todos os sócios o forem de indústria, não há capital social: artigo 9.°, *f*);
– em qualquer caso, o valor da contribuição em indústria não é computado no capital social – artigo 178.°/1.

IV. À partida, o sócio de indústria deveria ser responsável, tal como os outros e ilimitadamente, pelas dívidas da sociedade. Todavia, o artigo 22.°/3, que proíbe os pactos leoninos[408], excepciona:

> (...) salvo o disposto quanto a sócios de indústria.

---

405 Di Sabato, *Diritto della società*, 2ª ed. cit., 94-95.

406 Di Sabato, *idem*, 153.

407 Raúl Ventura, *Novos estudos* cit., 230.

408 *Manual*, 596 ss.. Esse preceito tem um paralelo nos artigos 994.° e 992.°/2, do Código Civil.

Tentemos articular essa aparente particularidade com as específicas disposições relativas aos sócios de indústria. Assim:

– os sócios de indústria não respondem, nas relações internas, pelas perdas sociais, salvo cláusula em contrário do contrato de sociedade – 178.°/2, semelhante ao artigo 992.°/2, do Código Civil;
– quando, por haver tal cláusula, o façam e, desse modo, contribuam com capital – 178.°/3:

> (...) ser-lhes-á composta, por redução proporcional das outras partes sociais, uma parte de capital social correspondente àquela contribuição.

– a última e referida hipótese implica a alteração da sociedade: qualquer dos gerentes pode outorgar na respectiva escritura – 178.°/4.

Mas: e nas relações externas?

V. O sócio de indústria, na qualidade de membro de uma sociedade em nome colectivo, responde perante os credores solidária e subsidiariamente, pelas dívidas da sociedade – 175.°/1. Este aspecto não é, logicamente, afastado.

Quanto a perdas propriamente ditas: se não houver lucro, o sócio de indústria terá trabalhado sem nada receber em causa. Sofre perdas (e graves!). Em suma: pela natureza das coisas, o risco de perdas a que se sujeita o sócio de indústria é o de não ser pago[409].

[409] Com uma diversa (e complicada) interpretação: RAÚL VENTURA, *Novos estudos* cit., 231 ss..

CAPÍTULO III

A SITUAÇÃO JURÍDICA DOS SÓCIOS EM NOME COLECTIVO

§ 17.° A RESPONSABILIDADE

58. **Responsabilidade pelas entradas**

I. Na sociedade em nome colectivo, cada sócio responde individualmente pela sua entrada – artigo 175.°/1, 1ª parte. Trata-se de um preceito distinto do das sociedades por quotas, nas quais cada sócio é solidariamente responsável por todas as entradas previstas no pacto social – 197.°/1 – e do das sociedades anónimas: aí, cada sócio responde apenas pelo valor das acções que haja subscrito.

II. Como se infere do próprio regime das entradas[410], a responsabilidade aqui em causa:

– é individual: cada sócio só responde pela sua própria entrada;
– é exercida pela própria sociedade: apenas em acção sub-rogatória poderia um terceiro interessado agir neste domínio, desde que verificados os devidos pressupostos;
– efectiva-se de acordo com a natureza da entrada em causa.

III. Quanto à efectivação: cabe à sociedade interpelar o sócio remisso e proceder, sendo esse o caso, à fixação de prazo admonitório, antes de se considerar incumprida, definitivamente, a obrigação em causa (808.°, do Código Civil).

410 *Supra*, 164 ss..

Mas além disso e nos termos gerais:

– a entrada em dinheiro efectiva-se, sendo necessário, segundo as regras que regem as obrigações pecuniárias; no limite, haverá que recorrer aos mecanismos coactivos de agressão e de execução patrimonial;
– a entrada em espécie pode dar azo à reivindicação da coisa pela sociedade, verificados os pressupostos do artigo 1311.° do Código Civil; de facto, a sociedade adquire a propriedade da "espécie" por mero efeito do contrato – 408.°/1, do Código Civil; quando, por razões de redocumentação ou outras, não caiba a transferência imediata, será possível a execução específica;
– a entrada em indústria faculta, não sendo cumprida:
– ou a sua execução por terceiros, quando estejam em causa "indústrias" fungíveis; tal execução é feita à custa do sócio faltoso – 828.°, do Código Civil;
– ou a aplicação de sanções pecuniárias compulsórias – artigo 829.°-A, do mesmo Código Civil.

59. **Responsabilidade pelas obrigações sociais**

I. Além de responder pelas entradas, o sócio em nome colectivo responde ainda pelas obrigações sociais: subsidiariamente em relação à sociedade e solidariamente com os outros sócios – artigo 175.°/2ª parte. Trata-se, como vimos, de um ponto chave deste tipo societário[411]. Com o seguinte alcance:

– a responsabilidade é subsidiária porque só opera perante a insuficiência do património social;
– a responsabilidade é solidária porque qualquer dos sócios pode ser demandado pela totalidade do *quantum* em causa.

II. A natureza subsidiária da responsabilidade do sócio aqui em causa coloca, na esfera deste, uma excepção em sentido técnico[412]: a de

[411] *Supra*, 106 ss.. A sociedade em nome colectivo sofre, assim, uma especial ordenação perante os patrimónios dos sócios; cf. HERBERT WIEDEMANN, *Gedanken zur Vermögensordnung der Personengesellschaft*, FS Odersky (1996), 925-941 (931 ss.).

[412] *Tratado* I/1, 3ª ed., 350 ss..

invocar o *beneficium excussionis*, com isso detendo a própria responsabilidade, até que se mostre excutido o património da sociedade[413].

O benefício da excussão foi histórica e dogmaticamente desenvolvido no âmbito da fiança[414]. Ela está consagrada no artigo 638.°/1 do Código Civil[415] e no seu equivalente nos diversos Códigos, com relevo para o § 771 do BGB (*Einrede der Vorausklage*)[416].

A figura é tradicional entre nós, estando consagrada no artigo 830.° do Código de SEABRA[417]:

> O fiador não póde ser compellido a pagar ao credor, sem prévia excussão de todos os bens do devedor, excepto: (...)

Na prática, o benefício da excussão retira utilidade à fiança: são, por isso, frequentes as cláusulas de exclusão.

III. O benefício da excussão, como qualquer posição activa privada, deve ser exercido por iniciativa do seu titular. A esse propósito, importa ter presente o artigo 828.° do Código de Processo Civil, precisamente epigrafado "penhorabilidade subsidiária":

> 1. Na execução movida contra devedor subsidiário, não podem penhorar-se os bens deste, enquanto não estiverem excutidos todos os bens do devedor principal, desde que o devedor subsidiário fundadamente invoque o benefício da excussão, no prazo a que se refere o n.° 1 do artigo 816.°[418].

O exercício, no prazo fixado, da excepção do *beneficium excussionis* constitui um encargo técnico[419]: destinado a prevenir que a situação se protele indefinidamente.

IV. A responsabilidade subsidiária dos sócios pelas obrigações sociais é estabelecida a favor dos credores sociais: não da própria socie-

[413] PINTO FURTADO, *Código Comercial anotado* cit., II/1, 37. Quanto à evolução histórica do benefício da excussão: *idem*, 38-43.

[414] JANUÁRIO GOMES, *Assunção fidejussória de dívida/Sobre o sentido e o âmbito da vinculação do fiador* (2000), 836 ss. e *passim*.

[415] *Direito das obrigações*, 2, 512.

[416] PALANDT/SPRAU, *BGB* cit., 66ª ed., § 771 (1137): à letra, *Einrede der Vorausklage* significa excepção da acção prévia.

[417] JOSÉ DIAS FERREIRA, *Codigo Civil Portuguez Annotado* cit., 2, 2ª ed., 117.

[418] Trata-se do prazo para a oposição.

[419] *Tratado* I/1, 3ª ed., 358 ss..

dade[420]. Não é possível, fora dos condicionalismos próprios da responsabilidade subsidiária, imputar ao sócio prejuízos que a lei não lhe impute. Além disso, uma execução contra o sócio sempre pressuporia que este tivesse sido demandado na acção donde proveio o título executivo[421].

60. A insolvência

I. Tradicionalmente, a declaração de falência – hoje: insolvência – de uma sociedade em nome colectivo envolvia a declaração de falência dos sócios, dada a sua responsabilidade ilimitada.

Trata-se da solução que surgia já no Código Ferreira Borges (1833), artigos 1124.° e 1158.°[422] e no Código Veiga Beirão (1888), artigo 745.°, passado ao Código de Falências de 1899, artigo 162.°.

A regra manter-se-ia nos sucessivos diplomas que se ocuparam da falência[423], surgindo no artigo 1291.° do Código de Processo Civil de 1961, com a redacção seguinte:

> 1. A sentença que declare a falência da sociedade declarará igualmente a de todos os sócios de responsabilidade ilimitada.
>
> Para esse efeito, há-de o requerimento para a declaração da falência da sociedade indicar o nome, domicílio, freguesia e comarca de naturalidade de cada um dos sócios de responsabilidade ilimitada que a compõem.

Com alterações na forma, a mesma regra transitou para o Código dos Processos Especiais de Recuperação da Empresa e de Falência, aprovado pelo Decreto-Lei n.° 132/93, de 23 de Abril. Surge, neste diploma, a designação "falências derivadas". Segundo o artigo 126.°/1:

---

[420] STJ 16-Jan.-1970 (Adriano de Campos de Carvalho), BMJ 193 (1970), 391-394 (393).

[421] STJ 2-Nov.-1971 (Eduardo Arala Chaves), BMJ 211 (1971), 258-260 (260).

[422] Dispunham esses preceitos, na parte aquí relevante e respectivamente:

> (...) No caso de quebra d'uma sociedade com firma, a declaração deve conter o nome e indicação do domicilio de cada um dos socios solidarios da firma.
>
> (...) Em fallencia da sociedade com firma os sellos devem ser postos não só no estabelecimento social, mas tambem no domicilio separado de cada um dos socios solidarios.

[423] *Vide* o nosso *Introdução ao Direito da insolvência*, O Direito 2005, 465-506 (473 ss.), quanto à evolução da experiência portuguesa.

> A declaração de falência de uma sociedade sujeita à disciplina do Código das Sociedades Comerciais envolve a de todos os sócios de responsabilidade ilimitada.

II. A inclusão, no universo da falência, dos sócios de responsabilidade ilimitada, que surge noutros ordenamentos[424], para mais em termos automáticos ou derivados, só pode ter, como explicação, a falta de personalidade jurídica das sociedades em nome colectivo.

Compreende-se que seja lógico nos actuais Direitos alemão e italiano. Resulta incongruente no nosso Direito. Apresenta-se, entre nós, como uma relíquia do valioso mas longínquo Código FERREIRA BORGES, no qual, tudo visto, a sociedade em nome colectivo representava, por um conjunto de comerciantes, o exercício, em comum, da sua actividade.

III. No actual Código da Insolvência (2004), o sistema resulta menos claro. O artigo 6.° introduz uma noção de "responsáveis" legais. Diz o seu n.° 2:

> Para efeitos deste Código, são considerados responsáveis legais as pessoas que, nos termos da lei, respondam pessoal e ilimitadamente pela generalidade das dívidas do insolvente, ainda que a título subsidiário.

Todavia, o preceito relativo à petição inicial (23.°) omite a óbvia indicação de quem, porventura, devesse ser julgado insolvente, em conjunto com o devedor principal. Deduzimos que os "responsáveis legais" deverão ser objecto de distintos pedidos de insolvência, caso em relação a eles se verifiquem os competentes pressupostos.

O artigo 40.°/1, *e*) e *f*), dá legitimidade, para oposição de embargos, aos responsáveis legais pelas dívidas do insolvente e aos sócios, associados ou membros do devedor: os sócios em nome colectivo têm, assim, um duplo título para intervir, independentemente de terem sido requeridos na falência.

Os devedores solidários e garantes (95.°/1) dão azo a diferentes massas solventes, às quais o credor pode concorrer pela totalidade do seu crédito.

---

[424] DI SABATO, *Diritto delle società* cit., 2ª ed., 159 ss. e no Direito alemão, a insolvência da sociedade em nome colectivo não conduz à imediata insolvência dos seus sócios embora, em regra, esta venha a ocorrer. Cf. KARSTEN SCHMIDT, *Gesellschaftsrecht* cit., 4ª ed., 1514-1515.

As acções contra os responsáveis legais pelas dívidas do insolvente ficam a cargo, na pendência do processo de insolvência, exclusivamente, do administrador da insolvência (82.°/2, todos do CIRE).

IV. Temos elementos suficientes para apurar, na insolvência das sociedades em nome colectivo, uma dogmática própria, dogmática essa que, inclusive, altera o esquema comum da responsabilidade subsidiária que resulta das leis comerciais substantivas.

Trata-se de matéria que carece de estudo. Resta fazer votos para que haja um mínimo de estabilidade legislativa. De outro modo, nem será possível proceder a um levantamento coerente dos preceitos relevantes e das relações que, entre eles, se estabeleçam.

61. Objecto, início e termo

I. A situação da responsabilidade ilimitada é ponderosa. Cabe, por isso, fixar com precisão o seu objecto, o seu início e o seu termo: factores que o legislador contempla de modo expresso.

Quanto ao objecto da responsabilidade temos as "obrigações sociais" (175.°/1) ou as "obrigações da sociedade" (175.°/2). Trata-se de obrigações externas, isto é, de obrigações da sociedade para com terceiros. A fonte é irrelevante: ficam abarcadas obrigações *ex contractu*, *ex delicto* e todas as restantes ensinadas pela doutrina geral das obrigações[425]. Também o conteúdo das obrigações em jogo não releva: poderão ser de *dare*, de *facere* ou de *non facere*.

Seguindo uma ideia de Pinto Furtado[426], afigura-se-nos que tem aqui aplicação o artigo 638.°/2, relativo à fiança: mesmo quando excutidos todos os bens da sociedade, é lícito ao sócio ilimitado recusar o pagamento, desde que prove que o crédito não foi satisfeito por culpa do credor. Trata-se de uma exigência da boa fé, na fórmula clássica *tu quoque*.

II. Seguindo a ordem legal, o sócio responde apenas pelas obrigações da sociedade contraídas até à data em que dela saia. Vale, para situar cronologicamente as obrigações em causa, a data da sua constituição: não

[425] Raúl Ventura, *Novos estudos* cit., 214 ss..

[426] Pinto Furtado, *Código Comercial anotado* cit., I/2, 56-57.

a do vencimento ou qualquer outra. Nos contratos de formação sucessiva, teremos de determinar o preciso *quantum* vinculativo no momento em que a responsabilidade ilimitada do sócio deve ser aferida. Assim, ele poderá, por hipótese, ser responsabilizado pelo incumprimento de uma carta de intenção concluída quando era sócio, mas não pela do contrato-promessa subsequentemente obtido.

III. O artigo 175.°/2, 2ª parte, determina a responsabilidade do sócio pelas obrigações contraídas anteriormente à data do seu ingresso. Trata-se da solução equivalente à do artigo 977.°/4, do Código Civil e à do artigo 2269.°, do Código italiano[427].

No seu anteprojecto, FERNANDO OLAVO, embora consciente destes factores, propusera a solução inversa[428]. Explicava, em troço também transcrito por RAÚL VENTURA:

> Os credores anteriores à entrada ou posteriores à saída do sócio não podiam ter tido em vista a garantia pessoal dele e correspondentemente não é justo que dela beneficiem. Por outro lado também não se justifica que o sócio responda por actos de que pode não ter sequer conhecimento e que estavam em todo o caso fora do seu controle.

RAÚL VENTURA responde:

- quanto ao segundo aspecto: seria de elementar prudência que uma pessoa, antes de ingressar numa sociedade de responsabilidade ilimitada se inteire das obrigações existentes;
- quanto ao primeiro: assim é; todavia, o Código preferiu tutelar o crédito em geral e evitar, aos credores, o terem de indagar a precisa data do ingresso dos sócios.

IV. A solução de FERNANDO OLAVO era, sem dúvida, a mais coerente e equilibrada ... além de mais justa. Haverá muitas circunstâncias em que alguém ingressa numa sociedade sem que, por cauteloso que seja, possa conhecer todos os débitos existentes. A solução pelo abuso do direito é sempre espinhosa, quando o legislador de 1986 podia tudo ter resolvido.

---

[427] RAÚL VENTURA, *Novos estudos* cit., 212 ss..

[428] FERNANDO OLAVO, *Sociedades em nome colectivo* cit., 16.

62. Sub-rogação e regresso

I. O artigo 175.°/3 atribui, ao sócio que haja sido chamado a responder por dívidas da sociedade em nome colectivo, um direito de regresso. Cumpre reter os seus precisos termos:

> O sócio que, por força do disposto nos números anteriores, satisfizer obrigações da sociedade tem direito de regresso contra os outros sócios, na medida em que o pagamento efectuado exceda a importância que lhe caberia suportar segundo as regras aplicáveis à sua participação nas perdas sociais.

O direito de regresso consta do artigo 524.° do Código Civil: ele traduz-se num direito novo, particularmente dirigido à contra-efectivação da solidariedade. Os juros a que dê lugar, por exemplo, serão os moratórios contados desde o pagamento que deu azo ao regresso.

Quanto à medida do regresso: ela recorta-se na participação que, a cada um, caiba no tocante à repartição das perdas sociais.

II. O n.° 4 do artigo 175.° manda aplicar o mesmo regime à hipótese de um sócio ter satisfeito obrigações da sociedade, para evitar que, contra ela, fosse movida execução. A lei pretendeu que não fosse penalizado o sócio que, em nome da boa prossecução dos negócios ou por qualquer outra razão, não invocasse o *beneficium excussionis*.

III. Todavia, não podem ficar por aqui as consequências do pagamento, por um sócio, das dívidas da sociedade, tanto mais que, entre nós, estas têm personalidade jurídica.

A primeira consequência do pagamento, nestas circunstâncias, de uma dívida alheia é a sub-rogação: artigo 592.°/1. O sócio fica na precisa posição do credor, sendo-lhe transmitidas todas as garantias e acessórios – 582.° *ex vi* 594.°, do Código Civil. Aliás: também é essa (e não a do regresso) a situação do fiador que cumpra a obrigação – artigo 644.°/1, do Código Civil[419].

---

[419] PIRES DE LIMA/ANTUNES VARELA, *Código Civil Anotado* cit., 2, 4ª ed., 660; já no Código de SEABRA havia, nesta hipótese, sub-rogação – artigo 839.°; cf. DIAS FERREIRA, *Codigo Civil Annotado* cit., 2, 2ª ed., 123-124.

Essa sub-rogação – que por maioria de razão opera na hipótese do artigo 175.°/4 – permite ao credor que tenha pago dívidas sociais duas vias de actuação ulterior:

– pode agir como novo credor da sociedade, por via da sub-rogação nos direitos do primeiro credor;
– pode agir em regresso, directamente contra os seus consócios.

Uma ponderação *in concreto* mostrará qual a via preferível. Em regra será, porém, a da sub-rogação. De novo sublinhamos que o projecto de Código das Sociedades Comerciais deveria ter sido revisto, também por civilistas.

§ 18.° A PROIBIÇÃO DE CONCORRÊNCIA

63. Aspectos gerais

I. A proibição de concorrência tem um lugar especial, particularmente nas sociedades de pessoas[430]. Ela surge:

- no artigo 990.° do Código Civil, relativo aos sócios das sociedades civis puras;
- no artigo 180.°, quanto a sócios de sociedades em nome colectivo;
- no artigo 254.°, no que toca a gerentes de sociedades por quotas.

Pela natureza das coisas, pela sua extensão e pelo pormenor legislativo, podemos considerar que a proibição paradigmática é precisamente a que surge no campo das sociedades em nome colectivo.

II. Em termos latos, há concorrência quando dois ou mais agentes económicos aspirem a negociar num mesmo mercado, isto é, com um determinado universo de potenciais interessados, de tal modo a opção por um dos agentes concorrentes implique uma não-opção pelos outros. A concorrência está na base das economias do mercado, sendo assegurada e disciplinada por todo um complexo normativo com importantes projecções comunitárias: o Direito da concorrência. A concorrência pode ser directa, quando os agentes pretendam colocar no mercado produtos idênticos; ou pode ser indirecta ou por sucedâneo quando os produtos em jogo, não sendo idênticos, se possam, melhor ou pior, substituir uns aos outros.

III. No campo societário, não encontramos uma noção única da concorrência e do seu âmbito. Assim:

---

430 *Vide* STUHLFELNER, no *Heidelberger Kommentar*, 7ª ed. cit., 350 ss..

– o artigo 990.° do Código Civil fala, simplesmente, em "exercer uma actividade igual à da sociedade";

– o artigo 180.°/3 entende:

> (...) como concorrente qualquer actividade abrangida no objecto da sociedade, embora de facto não esteja a ser exercida por ela.

– o artigo 254.° contrapõe:

> (...) como concorrente com a da sociedade qualquer actividade abrangida no objecto desta, desde que esteja a ser exercida por ela ou o seu exercício tenha sido deliberado pelos sócios.

A lei é mais severa quanto às sociedades em nome colectivo: proíbe, aí e como se vê, a mera concorrência potencial[431]; nos dois outros casos, apenas a concorrência efectiva é sancionada.

64. Concorrência e lealdade: sentido e limites

I. A proibição, dirigida aos sócios em nome colectivo, de concorrerem com a própria sociedade, é antiga[432]. Ela vem sendo retirada do dever de fidelidade[433] ou do dever de lealdade[434], tendo base legal. Ela explica-se pela própria natureza da sociedade em nome colectivo, tomada como uma estrita comunidade de trabalho e de responsabilidade[435]. Os sócios que a queiram constituir comprometem-se, uns perante os outros, a colocar os seus esforços em prol do conjunto[436], mantendo-se mutuamente fiéis a esse escopo[437].

---

431 Cf. Mario Sirtoli, *I soci di società*, 2ª ed. (1996), 18.

432 Cf. Sergio Sotgia, *La responsabilità personale nella società in nome colletivo* (1931), 36; cf. Lastig, em Endemann, *Handbuch* cit., I/1, 370 e Wieland, *Handelsrecht* cit., 1, 581-582.

433 Brunetti, *Trattato* cit., 1, 2ª ed., 479.

434 Antje Mattfeld, *Münchener Handbuch* cit., 1, 2ª ed., § 59, Nr. 1 (1056-1057) e Karsten Schmidt, *Gesellschaftsrecht* cit., 4ª ed., § 47, II, 2 (1377).

435 Gerd H. Langhein, *Münchener Kommentar* cit., 1, § 112, Nr. 1 (152).

436 Jürgen Ensthaler/Hermann Fahse, *OHG/KG/Stille Gesellschaft/ /Kompaktkommentar zu der §§ 105 bis 237 HGB* (2002), 47 ss.. Cabe ainda referir, de Hermann Staub (fund.), *Handelsgesetzbuch/Grosskommentar*, ed. publ. Claus-Wilhelm Canaris/Wolfgang Schilling/Peter Ulmer, II vol., *§§ 105-237* (2004), § 112 (Peter Ulmer).

437 BGH 5-Dez.-1983, BGHZ 89 (1984), 162-172 (166).

II. Essa ideia não deve ser exacerbada: o sócio não pode, pura e simplesmente, abdicar da sua capacidade produtiva autónoma. A proibição de concorrência surge como uma norma destinada a prevenir colisões de interesses, independentemente de, *in concreto*, eles ocorrerem efectivamente e isso com consequências ou sem elas[438]. Estão especialmente em causa[439]:

– o uso, pelo sócio concorrente, de informações privilegiadas, que lhe advenham da sua presença no manejo societário (*insider trading*);
– a diminuição das hipóteses de negócio da sociedade, desviadas para outros domínios.

Poderíamos ainda acrescentar a este rol a própria falta de dedicação à sociedade que o sócio concorrente, disperso por outras paragens, acabaria por demonstrar perante os negócios sociais.

III. Na fixação do dever de não-concorrência, há que lidar com os seus âmbitos subjectivo, objectivo e cronológico.

Em termos subjectivos, ela abrange todos os sócios em nome colectivo, independentemente do facto de serem ou não gerentes[440]. A proibição de concorrência abrange, *a fortiori*, os gerentes que não sejam sócios, designados por via do artigo 191.°/2. Fica abarcada a pertença a outra sociedade de responsabilidade ilimitada. O exercício também pode ser por conta própria ou alheia: ambos são proibidos – 191.°/1[441]. O n.° 4 desse preceito especifica ainda que, no exercício por conta própria, se inclui a participação de, pelo menos, 20% do capital ou nos lucros de uma sociedade em que o sócio assuma responsabilidade limitada.

IV. Objectivamente, a concorrência é vedada quando implique qualquer actividade abrangida no objecto da sociedade, ainda que não esteja, no momento considerado, a ser exercida – 180.°/3.

No domínio do Código Comercial, havia que lidar com duas hipóteses

---

438 LANGHEIN, *Münchener Kommentar* cit., 1, § 112, Nr. 3 (152-153).

439 BAUMBACH/HOPT, *HGB* cit., 32ª ed., § 112, Nr. 1 (536).

440 ULMER, no *Staub-Grosskommentar* cit., II, § 112, Nr. 7 e MATTFELD, no *Münchener Handbuch* cit., 1, 2ª ed., § 59, Nr. 7 (1058).

441 RAÚL VENTURA, *Novos estudos* cit., 246.

diferentes consignadas, respectivamente, nos artigos 157.° e 158.° do Código Comercial[442]. Assim:

– quando, para a sociedade em nome colectivo em causa, não se tivesse fixado qualquer tipo de negócio, os seus sócios não poderiam praticar quaisquer actos comerciais – artigo 157.°;
– tendo-se a sociedade em nome colectivo constituído para determinada espécie de comércio, os sócios já poderiam fazer livremente operações comerciais que não fossem da mesma espécie – 158.°.

A ideia de uma sociedade com um objecto completamente genérico corresponde às antigas sociedades universais. O bloqueio total da actividade extra-societária dos sócios levou a críticas, pelo menos *de iure condendo*: ADRIANO ANTHERO propõe que ela se limitasse aos sócios administradores[443]. Contra, JOSÉ TAVARES: a sociedade em nome colectivo estabelece um vínculo de estreita intimidade e responsabilidade entre os sócios, o que justifica a solução[444].

O problema deve considerar-se superado: não se admitem sociedades universais, devendo o pacto social especificar, necessariamente, o objecto da sociedade – 9.°/1, *d)*[445].

Pode ainda suceder que a sociedade venha, de facto, exercer uma actividade não compreendida no seu objecto social: opera, perante ela, a proibição de concorrência? RAÚL VENTURA responde pela afirmativa: tendo o sócio consentido uma actuação extra-estatutária, não lhe seria lícito, agora, prevalecer-se da omissão quanto ao objecto da sociedade[446]. Mas podemos distinguir:

– se o sócio já exercia a actividade questionada antes de a sociedade se abalançar a ela e se não houve intenção de transferir, para o ente societário, tal actividade, não vemos como proibir a concorrência;
– se o sócio apenas vem seguir o caminho da sociedade, encetando, *ex novo*, a actuação concorrente, há ilicitude: mesmo que se trate de actuação *de facto*.

---

442 *Vide* PINTO FURTADO, *Código Comercial Anotado* cit., II/1, 85 ss. e 95 ss..

443 ADRIANO ANTHERO, *Comentário ao Codigo Commercial Portuguez* cit.,1, 291-292, com indicações.

444 JOSÉ TAVARES, *Sociedades e empresas comerciais* cit., 2ª ed., 283.

445 No sentido de não ser hoje legalmente possível constituir uma sociedade em nome colectivo sem especificar o seu objecto: RAÚL VENTURA, *Novos estudos* cit., 243.

446 *Idem*, 245.

Para a definição da actividade em jogo não releva, apenas, a sua natureza: também há que lidar com coordenadas geográficas. Se uma sociedade vende postais (apenas) em Lisboa, não haverá concorrência vedada se o sócio iniciar vendas no Porto.

V. Em termos cronológicos, a proibição de concorrência deveria subsistir enquanto a qualidade de sócio se mantiver. Todavia, os deveres de boa fé (762.°/2, do Código Civil) vão proibir[447]:

– a concorrência na fase pré-societária, isto é: no momento em que se prepare a sociedade, a qual já se poderá encontrar em funcionamento antes do registo e antes da própria escritura;
– a concorrência na fase pós-societária, ou seja: o sócio que já tenha abandonado a sociedade pode ser portador de segredos e de oportunidades de negócio, angariadas enquanto sócio e dos quais não pode tirar proveito, em detrimento da sociedade.

65. O consentimento

I. O artigo 180.°/1, ao proibir a concorrência que ora nos ocupa, logo ressalva "... salvo expresso consentimento de todos os outros sócios"[448]. Compreende-se essa hipótese: movimentamo-nos no plano patrimonial onde, em princípio, as diversas posições jurídicas são disponíveis.

Não se infira estarem em jogo "interesses" dos sócios e não da sociedade: todos os "interesses" o são das pessoas singulares envolvidas, apenas sucedendo que alguns deles operam em modo colectivo, de acordo com as regras da personalidade colectiva. É manifestamente esse o caso, uma vez que o consentimento requerido o é "... a todos os outros sócios".

II. O consentimento pode resultar do próprio pacto social: a solução preferível uma vez que, dessa forma, todos saberão com o que contar. *Quid iuris*, porém, quando a situação advenha de iniciativa da sociedade? Isto é: a sociedade modifica o seu objecto e, com isso, vai envolver uma actividade já desenvolvida por um sócio. Em princípio, tal alteração só é possível com o consentimento de todos e, logo: do sócio visado (194.°/1). Este terá de escolher: ou negoceia individualmente ou o faz em nome colectivo.

---

447 MATTFELD, no *Münchener Handbuch* cit., 1, 2ª ed., § 59, Nr. 12 ss.. (1060-1062).

448 LANGHEIN, *Münchener Kommentar* cit., 2, § 112, Nr. 23 ss. (159 ss.).

Neste último caso, é necessária a autorização, sob pena de incorrer (supervenientemente) em concorrência ilícita.

III. A lei fala em "expresso" consentimento. Não poderá ser tácito? A lei equipara as declarações tácitas às expressas: elas resultam de factos que, com toda a probabilidade as revelem, podendo ser formais[449]. E o próprio legislador abre uma brecha na estrita redacção do artigo 181.°/1 quando, no n.° 5 desse mesmo preceito, dispõe:

> O consentimento presume-se no caso de o exercício da actividade ou a participação noutra sociedade serem anteriores à entrada do sócio e todos os outros sócios terem conhecimento desses factos.

Em compensação, não vemos margem para transpor, neste domínio, a presunção do artigo 254.°/2.

IV. O consentimento subsequente não está sujeito a qualquer forma específica[450]. Ele pode provir de declarações individuais ou de uma manifestação conjunta da vontade de todos, patente, por exemplo, numa votação realizada em reunião de sócios.

66. Concorrência ilícita

I. A concorrência ilícita envolve uma quebra grave da confiança que deve reinar entre os sócios. Assim, o artigo 186.°/1, *a*), coloca-a à cabeça dos casos nos quais a sociedade pode excluir um sócio: uma "violação grave das suas obrigações para com a sociedade".

Esta sanção pode ser insuficiente: o sócio concorrente pode apoderar-se de segredos comerciais, de carteiras de clientes e de negócios, lançando-se, por conta própria e à custa da sociedade[451]. As leis prevêem, por isso, esquemas sancionatórios mais complexos, com exemplo no § 113 do HGB[452], com relevo para o ingresso, da sociedade, no negócio faltoso[453].

---

449 *Tratado* I/1, 3ª ed., 543 ss..

450 MATTFELD, *Münchener Handbuch* cit., 1, § 59, Nr. 26 (1063).

451 RAÚL VENTURA, *Novos estudos* cit., 249.

452 BAUMBACH/HOPT, *HGB* cit., 32ª ed., § 113 (539 ss.) e LANGHEIN, *Münchener Kommentar* cit., 2, § 113 (164 ss.).

453 STUHLFELNER, *Heidelberger Kommentar*, 7ª ed. cit., 354 ss..

II. Também o nosso artigo 180.°/2[454] prevê sanções alternativas, a aplicar ao prevaricador:

- ou uma indemnização pelos danos causados à sociedade;
- ou a entrega, à sociedade, dos negócios concorrentes e dos inerentes proveitos, sejam eles captados em nome do próprio sócio concorrente ou sejam-no em nome alheio.

Esta solução alternativa é fortemente insatisfatória, devendo ser corrigida pela interpretação.

III. Tomada à letra, parece que a sociedade teria de escolher: ou a indemnização ou o subingresso nos negócios do sócio concorrente[455]. Tratando-se de matéria em curso, dependente, para mais, de decisões judiciais, nenhuma sociedade pode prever, com clareza, qual a melhor solução. O Direito das sociedades não deve transformar-se num exercício aleatório de apostas.

Dizem-nos os princípios gerais que o devedor é responsável pelos danos que cause ao credor (798.°), devendo a reparação ser integral (562.°, ambos do Código Civil). Tudo o que seja limitar legal e artificialmente as indemnizações incorre em inconstitucionalidade, por violação da propriedade privada (62.°/1, da Constituição).

A hipótese de subingresso é interessante: mas deve ser sempre completada por uma indemnização, quando não se mostre suficiente para cobrir todos os danos.

A alternativa legal deve ser interpretada nestes termos:

- ou a sociedade opta, *ab initio*, por uma indemnização;
- ou escolhe o subingresso a completar, eventualmente, com a indemnização adequada.

O progresso do Direito privado faz-se na busca da harmonia e da adequação de valores.

---

454 O preceito está mal inserido entre os números 1 e 3: má revisão!

455 RAÚL VENTURA, *Novos estudos* cit., 250, explica mesmo que a escolha a fazer pela sociedade, é irreversível e inacumulável.

§ 19.° O DIREITO À INFORMAÇÃO

67. Aspectos gerais

I. O direito à informação sobre os assuntos da sociedade constitui um dos mais importantes elementos que integram o *status* de sócio. Sobre ele, há toda uma dogmática geral, para a qual remetemos[456].

II. Em termos gerais, a informação relevante pode ser mais ou menos acessível. Compreende-se que numa sociedade anónima que possa reunir dezenas de milhares de sócios – incluindo concorrentes! – não seja pensável facultar, a todos e permanentemente, o acesso à documentação social. Nessa base, fomos levados a distinguir círculos de informação, consoante as pessoas a que sejam acessíveis: informação pública, informação reservada, informação qualificada e informação secreta[457]. Toda esta matéria foi desenvolvida a partir das sociedades anónimas, encontrando, no Código, consagrações dispersas.

III. Nas sociedades em nome colectivo, em que todos os sócios são tendencialmente gerentes (191.°/1) e por cujas dívidas eles respondem solidariamente, o regime da informação deve ser mais aberto: acessível, em princípio, a todos os sócios[458].

---

[456] *Manual*, 661 ss.. *Vide* Carlos Maria Pinheiro Torres, *O direito à informação nas sociedades comerciais* (1998), 304 pp..

[457] *Manual*, 668-669.

[458] *Vide* o § 118 do HGB; cf. Baumbach/Hopt, *HGB* cit., 32ª ed., § 118, Nr. 1 ss. (558 ss.) e Michael Enzinger, no *Münchener Kommentar* cit., 2, § 118 (254 ss.), com múltiplas indicações.

68. Os elementos das informações

I. O direito dos sócios em nome colectivo à informação societária resulta do artigo 181.°. Este preceito compreende vários níveis de regulação. Assim, iremos distinguir:

- como prestar informações;
- qual o objecto das informações;
- a inspecção dos bens sociais.

II. As informações devem ser verdadeiras, completas e elucidativas – 181.°/1. Aparentemente, ficam abrangidas, nos termos desse mesmo preceito:

- informações directas, prestadas verbalmente;
- informações escritas, se assim for solicitado;
- a consulta, na sede social, da escrituração, dos livros e dos documentos[459].

A lei não especifica como se processam as informações verbais e por escrito. É evidente que não podem ser prestadas em contínuo: o gerente solicitado não deve descurar as suas funções, no manejo social. O dever geral de informar deve entender-se delimitado pelas exigências da boa fé. Já quanto à consulta da escrituração, dos livros e dos documentos, temos norma: o artigo 181.°/3 determina que a mesma se faça pessoalmente pelo sócio[460], que pode ser assistido por um ROC ou por outro perito; pode, ainda, tirar cópia, como se infere da remissão para o artigo 181.°/3, do Código Civil.

III. Quanto ao objecto da informação, a lei distingue – 181.°/2:

- informações sobre actos já praticados;
- informações sobre actos cuja prática seja esperada, quando sejam susceptíveis de fazer incorrer o seu autor (a sociedade) em responsabilidade.

---

459 *Vide* Pinheiro Torres, *O direito à informação nas sociedades comerciais* cit., 123 ss..

460 Nos termos gerais, temos de admitir a possibilidade de representação: orgânica, legal (obviamente!) e voluntária, desde que dotada de poderes especiais.

Nesta distinção está, aparentemente, em causa a possibilidade de obter elementos sobre as intenções dos gestores. Já a determinação do que possa provocar responsabilidade é mais complexo. Na dúvida, devem prevalecer critérios objectivos.

IV. A inspecção dos bens sociais está prevista no artigo 181.°/4: deve ocorrer pessoalmente, com a eventual participação de peritos.

Tudo isto pode accionar despesas: caberá ao sócio interessado suportá-las.

V. Pergunta-se se pode ser invocado o segredo, para não prestar informações. No tocante a negócios da sociedade, a resposta é negativa: o sócio, até porque ilimitadamente responsável, deve poder aceder a tudo.

Admitimos, porém, que os gerentes, por via da sua actividade, fiquem na posse de elementos confidenciais relativos a terceiras pessoas e que nada tenham a ver com o giro comercial. Sobre tais elementos cabe segredo, nos termos gerais[461].

69. **Abuso de informações**

I. Segundo o artigo 181.°/5:

> O sócio que utilize as informações obtidas de modo a prejudicar injustamente a sociedade ou outros sócios é responsável, nos termos gerais, pelos prejuízos que lhes causar e fica sujeito a exclusão.

Impõem-se precisões. A informação, só por si, é um dano para quem a deva prestar: envolve um esforço, um dispêndio de tempo e, porventura: mesmo despesas directas. Qualquer pedido de informação vai, assim, prejudicar a sociedade e logo os sócios. Todavia, não é, manifestamente, esse o aspecto aqui em jogo.

A lei fala em "utilizar" a informação: visa-se a situação na qual o sócio, em vez de guardar para si a informação obtida, vai:

– ou divulgá-la a terceiros;
– ou encetar, na sua base, uma qualquer actuação.

---

[461] Trata-se, designadamente, do direito à intimidade privada: *Tratado* I/3, 2ª ed., 247 ss..

Ambas essas actuações podem ser ilícitas.

II. A ilicitude em causa pode advir:

– da violação de deveres contratuais expressamente assumidos: pensa-se na hipótese de se ter acordado um regime de confidencialidade;
– da violação de deveres legais específicos, com relevo para a proibição de concorrência;
– da violação de um dever geral de lealdade: para com a sociedade ou para com os outros sócios;
– da inobservância de direitos subjectivos absolutos, como o direito à intimidade da vida privada.

A lei refere "prejudicar injustamente". Leia-se "ilicitamente", fórmula correcta, no actual Direito civil de responsabilidade.

III. Além da ilicitude, exige-se o prejuízo, isto é, o dano. Admitimos:

– danos emergentes;
– lucros cessantes;
– danos morais.

Por tudo isso o sócio prevaricador é responsável, nos termos gerais. O artigo 181.°/5 refere ainda a sujeição do sócio à exclusão. Pode, com efeito, tratar-se de uma violação grave das suas obrigações para com a sociedade, nos termos do artigo 186.°/1, *a*).

70. Sanções pela não-prestação de informações

I. Segundo o artigo 181.°/6:

> No caso de ao sócio ser recusado o exercício dos direitos atribuídos nos números anteriores, pode requerer inquérito judicial nos termos previstos no artigo 450.°.

O português não é famoso.

O artigo 450.° prevê, efectivamente, um inquérito judicial, "... em cujo processo será ordenada a destituição do infractor, se disso for caso" (n.° 1).

II. Além disso, haverá que contar com a aplicação do artigo 518.°: preceito que incrimina a recusa ilícita de informações, bem como do artigo 519.°, que se ocupa das informações falsas.

Queda, finalmente, o dever de indemnização por todos os danos que sejam provocados ao sócio preterido, incluindo os morais. Recusar um pedido legítimo de informações, para mais numa ambiência de sociedade em nome colectivo é, antes de mais, uma grave desconsideração.

CAPÍTULO IV

O FUNCIONAMENTO DAS SOCIEDADES EM NOME COLECTIVO

§ 20.° AS DELIBERAÇÕES DOS SÓCIOS

71. Aspectos gerais; a assembleia geral

I. No tocante às deliberações dos sócios de sociedades em nome colectivo, há que aplicar, em primeira linha, a parte geral do Código – artigos 53.° a 63.°[462]. Apenas com uma prevenção: trata-se de matéria gizada em torno da grande matriz das sociedades anónimas. Na passagem para as sociedades de pessoas, haverá sempre que proceder às competentes adaptações.

II. O Código de 1986 evitou referir a assembleia geral. Por um lado, teve em conta o facto de poder haver deliberações por escrito (54.°) sem que, de assembleia geral, se possa falar. Por outro, preponderou, num plano vocabular, a opção contratualista subjacente[463].

Curiosamente, o artigo 189.°/1 não teve dúvidas em, relativamente às sociedades em nome colectivo, referir a assembleia geral.

72. Funcionamento

I. O artigo 189.°/1, relativo às deliberações dos sócios, começa logo por definir o direito subsidiário. Assim:

---

[462] *Manual*, 685 ss. (693 ss.).

[463] *Vide*, o nosso *SA: assembleia geral e deliberações sociais* (2007), 24 ss..

> Às deliberações dos sócios e à convocação e funcionamento das assembleias gerais aplica-se o disposto para as sociedades por quotas em tudo quanto a lei ou o contrato de sociedade não dispuserem diferentemente.

Só que o artigo 248.°/1, referente às assembleias gerais das sociedades por quotas manda aplicar:

> (...) o disposto sobre assembleias gerais das sociedades anónimas, em tudo o que não estiver especificamente regulado para aquelas.

Temos, pois, um jogo complexo de remissões: muito discutível, *de iure condendo*. No anteprojecto de Fernando Olavo, a assembleia geral das sociedades em nome colectivo obtinha vários preceitos[464]. Foram suprimidos, supostamente por se tratar de matéria geral. Não se compreende como, em última análise, vão aparecer nas sociedades anónimas e por quotas. Além dos aspectos dogmáticos, ainda temos uma injustiça histórica: afinal, as sociedades em nome colectivo são as mais antigas[465].

II. Prevalecem as normas específicas sobre sociedades em nome colectivo[466]. São elas:

- as deliberações são tomadas por maioria simples, salvo disposição legal ou contratual diversa (189.°/2);
- o sócio só pode ser representado pelo cônjuge, ascendente, descendente ou outro sócio, bastando para o efeito uma carta dirigida à sociedade (189.°/4);
- as actas devem ser assinadas por todos os que participarem na assembleia (189.°/5);
- a cada sócio pertence um voto, salvo se outro critério resultar do pacto social, sem que o direito de voto possa ser suprimido (190.°/1);

---

464 Fernando Olavo, *Sociedade em nome colectivo* cit., 32-34.

465 De todo o modo, já no tempo do Código Veiga Beirão se havia decidido que o regime da convocação da assembleia geral das sociedades anónimas era supletivamente aplicável às sociedades em nome colectivo: STJ 7-Mai.-1974 (Eduardo Correia Guedes), BMJ 237 (1974), 266-269 (268-269). Havendo irregularidade na convocação, optava-se pela mera anulabilidade das deliberações nela tomadas: STJ 6-Abr.-1976 (Manuel Ferreira da Costa), STJ 256 (1976), 128-138 (134).

466 Procedendo a uma ordenação diversa: Raúl Ventura, *Novos estudos* cit., 314 ss..

– o sócio de indústria dispõe sempre, pelo menos, de votos em número igual ao menor número de votos atribuídos a sócios de capital (190.°/2).

III. De seguida, há que recorrer às seguintes normas próprias das sociedades por quotas:

– qualquer sócio pode requerer a convocação da assembleia geral, solicitando, ainda, a inclusão de assuntos na ordem do dia (248.°/2);
– a assembleia geral é convocada por qualquer gerente, por carta registada expedida com o mínimo de quinze dias, salvo outras regras legais ou contratuais (248.°/3);
– ela é presidida pelo sócio que detenha a maior fracção do capital ou, em igualdade, pelo mais velho (248.°/4);
– o sócio não pode votar quando haja conflito de interesses (251.°).

IV. Das sociedades anónimas recuperamos os pontos seguintes:

– a convocatória deve mencionar o lugar, o dia e a hora da reunião – 377.°/5, *b*);
– bem como a ordem do dia – 377.°/5, *a*);
– deve decorrer na sede da sociedade – 377.°/6.

Outras regras poderão ser aproveitadas.

73. **Competência**

I. O artigo 189.°/3, inserido no seio de regras relativas ao funcionamento da assembleia, compreende alguns dados sobre a sua competência. Assim, ela abrange, necessariamente:

– a apreciação do relatório de gestão e dos documentos de prestação de contas;
– a aplicação dos resultados;
– a propositura de acções da sociedade contra os sócios ou gerentes, bem como as suas desistência e transacção;
– a nomeação de gerentes de comércio;

– o consentimento para que algum sócio possa concorrer com a sociedade.

O artigo 191.°/2 permite acrescentar:

– por deliberação unânime: a designação de pessoas estranhas à sociedade como gerentes.

II. Além da competência enunciada, outros preceitos prevêem novos campos para a deliberação dos sócios, mas por unanimidade. Assim:

– a criação de partes sociais "livres", para transmissão, no caso de extinção de parte social – 187.°/2;
– a designação, como gerentes, de pessoas estranhas à sociedade – 191.°/2;
– a confirmação de actos praticados sem poderes – 192.°/3;
– as alterações ao contrato ou as decisões de fusão, cisão, transformação e dissolução, salvo se o contrato as autorizar por maioria, que não poderá ser inferior a três quartos dos votos de todos os sócios – 194.°/1;
– a admissão de novos sócios – 194.°/2.

E por maioria, temos ainda outro ponto:

– a fixação da remuneração dos gerentes – 192.°/5.

III. O pacto social torna-se determinante para o exacto levantamento da competência da assembleia geral. Designadamente, ele deverá precisar se, à assembleia, são conferidos poderes de gestão e qual o seu alcance.

Resta acrescentar que a dificuldade – nesta como noutras matérias – reside em localizar, no Código, os preceitos pertinentes. Tudo poderia ter sido facilitado com uma parte geral melhor construída e com uma ordenação da matéria dentro de cada tipo societário.

§ 21.° A ADMINISTRAÇÃO

74. Aspectos gerais; a gerência

I. A administração – ou condução dos negócios – surge, hoje, como o aspecto nuclear do Direito das sociedades[467]. Na verdade, a generalidade das normas relativas a sociedades traduz-se, tudo visto, em regras de conduta dirigidas aos administradores. Por seu turno, "administrador" em sentido amplo designa toda a pessoa a quem caiba, sem delegações, o manejo da sociedade. Abrange[468]:

- os gerentes das sociedades em nome colectivo, por quotas ou em comandita;
- os administradores *stricto sensu* das sociedades anónimas de estrutura monista;
- os administradores executivos das sociedades anónimas de estrutura dualista.

II. Nas sociedades em nome colectivo, lidamos com gerentes. E ao conjunto dos gerentes de uma determinada sociedade chamaremos "gerência": expressão que, de resto, exprime também a actividade de administração (*Geschäftsführung*)[469].

A gerência abarca toda a actividade dirigida à prossecução dos fins da sociedade[470]. Pode abranger actos materiais e actuações jurídicas: contactos, reuniões, correspondência, organização, publicidade e a realização dos diversos negócios[471].

---

[467] *Manual*, 789 ss..

[468] *Dos administradores das sociedades comerciais*, 17.

[469] Na literatura italiana avançada: VITTORIO AFFERNI, *L'amministrazione, la responsabilità e la rappresentanza*, em TORREPADULA, *Le disposizioni generali* cit., 119-143.

[470] PETER RAWERT, *Münchener Kommentar* cit., 2, § 114, Nr. 6 (175).

[471] KARSTEN SCHMIDT, *Gesellschaftsrecht* cit., 4ª ed., 1389.

Podemos mantê-la distinta da representação[472]. Esta, porém, acaba associada estreitamente à gestão, uma vez que assegura os poderes necessários para o funcionamento da sociedade[473].

III. A natureza da gestão – *hic*: da gerência – dá azo a uma discussão complexa. Vale, aqui, a teoria geral sobre o *status* do administrador[474].

Sublinhe-se que, segundo o artigo 192.°/5, a gerência presume-se remunerada: pode, porém, ser excluída pelo contrato. Não o sendo, o seu montante é fixado por deliberação dos sócios.

75. A composição da gerência

I. Como regra de base, a gerência é composta por todos os sócios: quer pelos iniciais, quer por aqueles que só posteriormente tenham adquirido essa qualidade – 191.°/1. A gerência tende, assim, a coincidir com a assembleia geral, o que permite falar num "monopólio orgânico" dos sócios[475]. Trata-se de uma regra que equivale à do artigo 985.°/1, do Código Civil[476] e que constava já do artigo 152.°, § 2.°, do Código VEIGA BEIRÃO[477].

II. Podem verificar-se desvios, em relação à regra de base. Assim:

- o pacto social pode reservar a qualidade de gerente apenas para algum ou alguns dos sócios (191.°/1);
- podem, por deliberação unânime, ser designados gerentes pessoas estranhas à sociedade (191.°/2);
- a pessoa colectiva sócia não pode ser gerente mas, salvo proibição contratual, pode nomear uma pessoa singular para, em nome próprio, exercer esse cargo (191.°/3).

---

472 KARSTEN SCHMIDT, *Münchener Kommentar* cit., 2, § 125 (390 ss.).

473 KARSTEN SCHMIDT, *Gesellschaftsrecht* cit., 4ª ed., 1402.

474 *Manual*, 699 ss. (721 ss.), com indicações.

475 KARSTEN SCHMIDT, *Münchener Kommentar* cit., 2, § 125, Nr. 5 (394).

476 RAÚL VENTURA, *Novos estudos* cit., 319.

477 PINTO FURTADO, *Código Comercial Anotado* cit., II/1, 23 ss.; o Código VEIGA BEIRÃO subentendia a gerência falando no "direito ao uso da firma social".

Numa certa aproximação às sociedades de capitais, surgem alguns sintomas da dissociação entre a titularidade do capital e a gestão da sociedade.

76. A destituição dos gerentes

I. A destituição dos administradores, em geral, carece de uma teorização geral[478]. Efectivamente, o Código de 1986 não curou do seu tratamento na parte geral: teria sido perfeitamente possível fazê-lo.

No tocante à gerência das sociedades em nome colectivo, o legislador foi, todavia, bastante generoso em normas.

II. Cumpre distinguir diversas situações. Assim:

– a do sócio designado gerente por uma cláusula especial do contrato de sociedade: só pode ser destituído em acção intentada pela sociedade ou por outro sócio, contra ele e contra a sociedade, com fundamento em justa causa (191.°/4); estamos, efectivamente, perante um direito especial, que, em princípio, só com o consentimento do próprio pode ser afastado (24.°/5); a lei ressalva a hipótese de decisão judicial baseada em justa causa;
– a do gerente que o seja pela sua qualidade de sócio ou que tenha sido designado gerente por deliberação dos sócios: só pode ser, salvo cláusula em contrário, destituído com justa causa (191.°/5);
– a dos gerentes não sócios que podem ser destituídos livremente (191.°/6);
– a da sociedade que tenha apenas dois sócios: a destituição de qualquer deles da gerência só é possível com fundamento em justa causa e através de acção judicial intentada pelo outro contra a sociedade (191.°/7).

III. A justa causa é, aqui, um motivo justificativo bastante: seja ele objectivo, seja ele subjectivo, no sentido de exigir culpa do visado[479]. Parece-nos a solução mais favorável à funcionalidade das sociedades em

[478] *Manual*, 894 ss..
[479] *Manual*, 895 ss., quanto à discussão sobre o tema.

nome colectivo[480]. Terá de haver mecanismos que permitam, com os devidos controlos e garantias, substituir os gerentes que não acompanhem as necessidades da moderna gestão societária.

IV. Na hipótese dos gerentes estranhos à sociedade e, como tal, livremente destituíveis, independentemente de justa causa (191.°/7): deverá entender-se que, mau grado essa possibilidade, o gerente designado para um certo período de tempo não pode ser destituído *ad nutum*, antes do termo. Se o for, a destituição é eficaz: a sociedade ficará, todavia, obrigada a indemnizar.

77. Funcionamento

I. O funcionamento da gerência nas sociedades em nome colectivo envolve uma série de vectores de ordem geral[481]. Iremos abordar os elementos específicos do tipo societário ora em análise.

A matéria é, à partida, deixada ao cuidado das partes: "salvo convenção em contrário ...", na fórmula usada pelo artigo 193.°/1, para abordar o assunto. Isto posto, o Código prescreve a seguinte solução supletiva:

– havendo mais de um gerente, todos têm poderes iguais e independentes para administrar e representar a sociedade;
– mas qualquer deles pode opor-se aos actos que a outra pretenda realizar;
– cabendo então à maioria dos gerentes tomar uma decisão – 193.°/1.

Note-se que a oposição de um gerente a um acto de outro é ineficaz em relação a terceiros, a não ser que estes tenham conhecimento dela – 193.°/2.

II. Em termos esquemáticos, podemos distinguir:

– a administração conjunta;
– a administração disjunta;
– a administração colegial.

---

[480] Além disso, o artigo 186.°/1, *a*), 2ª parte, *a contrario*, permite entender que pode haver "justas causas" que não se traduzam em factos culposos.

[481] *Manual*, 794 ss..

Na administração conjunta, os diversos actos têm de ser levados a cabo por dois ou mais administradores, em simultâneo. Na disjunta, cada um deles pode, sozinho, praticar os actos inerentes à gestão. Finalmente, na colegial, funciona um conselho que agrupa os administradores em cujo seio, por deliberação maioritária, se adoptem os diversos actos de gestão. Todos estes métodos têm vantagens e desvantagens: umas e outras dependem, de resto, do tipo de sociedade e da espécie de acto que, concretamente, esteja em causa.

III. O Direito português, em relação à gerência das sociedades em nome colectivo, estabelece um sistema basicamente disjunto, com elementos de conjunção negativa e saída colegial. No fundo, temos um sistema paralelo ao do artigo 985.°/1 e 2, do Código Civil. Ou seja[482]:

– havendo mais de um gerente, todos têm poderes iguais e independentes para administrar e representar a sociedade (método disjunto);
– mas podendo qualquer outro opor-se aos actos que o primeiro queira realizar (conjunção negativa);
– cabendo à maioria decidir sobre o mérito da oposição (método colegial).

No domínio do Código Comercial e após a reforma do Decreto-Lei n.° 363/77, de 2 de Setembro, que remeteu a administração das sociedades em nome colectivo para o regime do Código Civil das sociedades civis puras, o esquema era já semelhante[483].

IV. O Direito alemão é mais complexo. O § 116 do HGB distingue entre os negócios correntes e os negócios extraordinários[484]:

Segundo o § 115.°/I, opera o método da disjunção, com conjunção negativa plena: cada sócio tem competência para a prática dos actos, devendo sobrestar se outro deduzir oposição. O § 116.°/I inclui na gerência "todas as actuações que correspondam ao manejo habitual do empreendimento". Em relação aos actos extraordinários requer-se uma deliberação dos sócios – § 116.°/II. Predomina, nessa altura, a ideia de colegiabilidade. Como

---

482 RAÚL VENTURA, *Novos estudos* cit., 334 ss..

483 PINTO FURTADO, *Código Comercial Anotado* cit., II/1, 60 ss..

484 BAUMBACH/HOPT, *HGB* cit., 32ª ed., § 116, Nr. 1 e 2 (552) e JOACHIM JICKELI, *Münchener Kommentar* cit., 2, § 116, Nr. 1 ss. (210 ss.).

bem se compreende: põe-se, depois, toda uma problemática destinada a distinguir os actos habituais dos extraordinários[485].

78. Competência; a representação

I. Segundo o artigo 192.°/1, competem aos gerentes a administração e a representação da sociedade. Vimos em que se traduz a administração (a gestão)[486]; quanto à representação: trata-se da representação orgânica, própria das pessoas colectivas[487] e à qual só com muitas cautelas se pode aplicar o regime da representação voluntária.

O tema da representação foi regulado nos artigos 7.° e seguintes da 1ª Directriz das sociedades comerciais (n.° 68/151/CEE, de 9 de Março)[488], tendo sido transposto através do Código das Sociedades Comerciais[489]. Em nome da tutela da confiança e da segurança do tráfego jurídico foram introduzidas diversas delimitações à possibilidade de desvincular as sociedades por excessos dos seus representantes. Simplesmente, o sistema assim montado só se aplica às nossas sociedades por quotas e anónimas[490]: não às sociedades em nome colectivo. Compreende-se, por isso, que surjam afloramentos da 1ª Directriz nos artigos 260.°/1 e 409.°/1[491]. Mas não nas sociedades em nome colectivo: uma especial homenagem à sua natureza simples e imediatista.

II. A competência dos gerentes, quer para administrar, quer para representar, deve ter como limites – 192.°/2:

– o objecto social;
– o pacto societário.

Quando sejam celebrados actos que ultrapassem esses limites, há falta de poderes: os actos em causa podem ser impugnados pela sociedade.

---

485 JICKELI, *Münchener Kommentar* cit., 2, § 116, Nr. 6 ss..

486 *Supra*, 199.

487 *Tratado* I/4, 44 ss..

488 *Direito europeu das sociedades*, 127 ss. (132 ss.).

489 *Idem*, 174 ss..

490 *Idem*, 167.

491 RAÚL VENTURA, *Novos estudos* cit., 330.

A impugnação já não será possível se os negócios questionados tiverem sido confirmados, expressa ou tacitamente, por deliberação unânime dos sócios – 192.°/3.

III. Pode acontecer que os negócios *ultra vires* não tenham sido confirmados. Pois mesmo nessa eventualidade, eles não são impugnáveis pelos terceiros neles intervenientes que tivessem tido conhecimento da infracção cometida pelo gerente – 192.°/4. O conhecimento deve ser objecto de prova autónoma, uma vez que não se presume com base nos registos ou na publicação – 192.°/4, *in fine*. Tais elementos são, contudo, factores de prova, que o juiz poderá ter em conta.

A representação das sociedades em nome colectivo dá azo a um subsistema autónomo, cuja dogmática merece aprofundamento.

CAPÍTULO V

AS VICISSITUDES DAS SOCIEDADES EM NOME COLECTIVO

§ 22.° AS PARTES SOCIAIS

79. Aspectos gerais

I. Os sócios detêm um acervo de direitos relativos às sociedades a que pertençam. Além disso, são destinatários de feixes de obrigações: tudo isso integra o seu *status*[492]. O *status* de sócio advém da titularidade básica no acervo societário. Essa titularidade é reportada ao capital, quando exista ou, na hipótese inversa, à própria sociedade como ente ideal. A titularidade em causa assume diversas designações, em função do tipo de sociedade que esteja em causa. Temos:

- quotas, nas sociedades civis puras – artigo 1021.°, do Código Civil;
- partes, nas sociedades em nome colectivo – artigos 176.°/1, *c*), 182.° e 183.°, entre outros;
- quotas, nas sociedades por quotas – 197.°/1;
- acções, nas sociedades anónimas – 271.°.

II. A parte social – por vezes: parte do capital – tem várias funções:

- permite identificar a titularidade de determinada participação, numa sociedade em nome colectivo;
- dá a medida da distinção dos lucros e perdas, bem como a da repartição final da responsabilidade ilimitada que, sobre todos, incide.

[492] *Manual*, 568 ss..

Muitas das vicissitudes que podem atingir uma sociedade em nome colectivo têm a ver com as partes sociais. Pela sua própria natureza, uma alteração no plano das partes induz uma modificação na própria sociedade.

80. **Transmissão entre vivos**

I. As situações jurídicas patrimoniais são essencialmente transmissíveis. Trata-se de uma prerrogativa que assume consagração constitucional: as participações societárias, porquanto patrimoniais, deveriam comparticipar, também, dessa transmissibilidade.

Todavia, a posição social é, ainda, uma posição contratual. Nessa qualidade, ela abrange aspectos activos e passivos. E estes últimos não são susceptíveis de livres transmissões, uma vez que não é indiferente, para o credor, a concreta figura do devedor. A cessão da posição contratual e a assunção de dívidas exigem, por isso e como é sabido, o consentimento do cedido (424.°/1 e 595.°/1, do Código Civil).

Finalmente e como terceira variável: mesmo as posições puramente activas são, por vezes, contratadas tendo em conta as especiais qualidades do seu titular: dizem-se *intuitu personae*, ficando especialmente ligadas à pessoa do credor. A sua livre transmissão não é, então, possível (577.°/1, *in fine*, do Código Civil).

II. Nas sociedades comerciais apura-se uma graduação. A livre transmissibilidade das posições sociais varia na razão inversa da pessoalidade do tipo societário a que se reportem. Assim:

– na sociedade anónima, a transmissibilidade das acções é, em princípio, total (326.° e 327.°, hoje revogados; 101.° e 102.° do CVM);
– na sociedade por quotas, a transmissão de quotas exige o consentimento da própria sociedade (228.°/1);
– na sociedade em nome colectivo, a transferência de partes requer o consentimento de todos os outros sócios (182.°/1);
– na sociedade civil pura, a cessão da quota de um sócio exige a concordância de todos os outros (995.°/1, do Código Civil).

Estas regras podem ser inflectidas pelos pactos sociais: fica, todavia, exarada a sua estrutura básica. Compreende-se, ainda, que tenha sido necessária toda uma evolução para facultar modificações subjectivas nas sociedades, particularmente de pessoas[493]. A transmissão de participações sociais envolve, no plano económico, uma série de variáveis tendentes a determinar o seu valor[494].

III. O dispositivo referido, do artigo 182.°/1, correspondia já ao artigo 161.° do Código Comercial[495]: explica-se, precisamente, pela natureza pessoal das sociedades em nome colectivo e pela confiança *intuitu personae* que se exige entre os seus associados: quer nas suas qualidades comerciais, quer na sua honradez quer, finalmente, nas suas capacidades patrimoniais, uma vez que estamos perante sociedades de responsabilidade ilimitada.

Ele é acompanhado pelos Direitos dos diversos países. Além disso, reflecte-se em regras como a da não-comunicabilidade da qualidade de sócio ao seu cônjuge, mesmo sob o regime de comunhão geral de bens[496].

A lei não impõe qualquer forma para o consentimento. Este poderá ser efectivado individual ou colectivamente: mas nunca (apenas) por maioria[497]. Raúl Ventura considera a norma do artigo 182.°/1 como imperativa; o pacto social não poderia, por conseguinte, dispensar o consentimento de todos os sócios, para efeitos de transmissão[498]. Assim é. Dada a natureza pessoal das posições envolvidas, não há renúncias antecipadas à apreciação que só *in concreto* poderá ser efectivada em consciência.

IV. A exigência de consentimento de todos, para a transmissão, opera, pelas mesmas razões, perante a constituição de um usufruto sobre a parte social. O artigo 182.°/3 fala em "constituição de direitos reais de

---

493 Um especial interesse assume a monografia, já citada, de Jörg Hofmeister, *Die Entwicklung des Gesellschafterwechsels im Recht der Personengesellschaften vom ALR bis zum ADHGB* (2002), onde são examinados, além do ALR (19 ss.) e do ADHGB (143 ss.), a experiência francesa (49 ss.) e a austríaca (75 ss.).

494 Cf. Alberto Pertinari, *La cessione di quote di società commerciale*, 2ª ed. (1997), 398 pp..

495 Pinto Furtado, *Código Comercial Anotado* cit., II/1, 105 ss..

496 STJ 24-Out.-1969 (Ludovico da Costa), BMJ 190 (1969), 344-350 (348), STJ 28-Nov.-1969 (Ludovico da Costa), BMJ 191 (1969), 300-302 (302), STJ 3-Fev.-1981 (Amaral Aguiar), BMJ 304 (1981), 424-427 (426) e STJ 23-Jun.-1988 (Lima Cluny), Proc. 076445/ITIJ, visitado em 13-Fev.-2006.

497 Raúl Ventura, *Novos estudos* cit., 254.

498 *Idem*, 256.

gozo", mas apenas por força de expressão: não há direitos reais sobre partes sociais e, muito menos, "de gozo": elas não têm natureza material. O usufruto de direitos é (ele sim) reconhecido. Essa regra é aplicável aos "direitos reais de garantia" – aqui: o penhor da parte, a tomar como penhor de direito – segundo o final do citado preceito.

V. A cessão não autorizada é, em si, válida, tanto mais que a autorização pode vir a ser dada ulteriormente[499]. Todavia, ela não produz efeitos perante os sócios e a sociedade, antes da autorização. Finalmente, a transmissão da parte do sócio, mau grado autorizada por todos os sócios, só se torna eficaz para com a sociedade quando lhe seja comunicada por escrito ou por ela seja reconhecida – 182.°/4. Compreende-se: a transmissão é subsequente à autorização, havendo que dotar a sociedade de uma data certa, para efeitos contabilísticos e sociais.

81. **Execução**

I. A execução sobre a parte de um sócio em nome colectivo coloca problemas delicados. Em princípio, uma participação societária representa um valor patrimonial. Nessa qualidade ela deve ser penhorável, respondendo pelas dívidas do seu titular (601.°, do Código Civil). No entanto, tratando-se de sociedades de pessoas, a posição considerada não é, apenas, patrimonial. As leis procuram dosear os aspectos que, das quotas das sociedades civis puras (999.°, do Código Civil) e das partes das sociedades em nome colectivo possam, de facto, ser executados (183.°).

II. A regra de base é a da impenhorabilidade da parte do sócio: a execução apenas poderá recair sobre o direito aos lucros e a quota de liquidação (183.°/1). Isto posto: efectuada a penhora em causa, o credor, nos quinze dias seguintes à notificação desse facto, pode requerer que a sociedade seja notificada para, em prazo razoável não excedente a 180 dias, proceder à liquidação da parte – 183.°/2. Salvo situações muito especiais, o prazo razoável tenderá a coincidir com os 180 dias, uma vez que a liquidação da parte coloca, sempre, diversos problemas.

---

499 STJ 22-Mar.-1968 (Torres Paulo), BMJ 175 (1968), 246-250 (248 e 249).

A sociedade pode reagir por duas vias:

– ou demonstrando que o sócio devedor possui outros bens suficientes para satisfazer a dívida exequenda, altura em que a execução prosseguirá sobre eles – 183.°/3;
– ou provando que a parte do sócio não pode ser liquidada, por a sociedade ficar com uma situação líquida inferior ao capital social – 183.°/4 e 188.°/1.

Nessa última eventualidade:

– a execução prossegue sobre o direito aos lucros e à quota de liquidação;
– podendo o credor requerer que a sociedade seja dissolvida – 183.°/4: nessa altura poderá realizar o direito à quota de liquidação.

III. Na venda ou adjudicação dos direitos aos lucros ou à quota de liquidação, os outros sócios têm preferência. Havendo mais de um interessado, procede-se a rateio na proporção do valor das respectivas partes sociais – 183.°/5. Assim se compatibiliza, até aos limites do possível, a execução da parte social com a natureza pessoal das sociedades em nome colectivo.

82. **Falecimento de um sócio**

I. O falecimento de um sócio em nome colectivo coloca problemas delicados: paralelos aos que ocorrem, nessas mesmas circunstâncias, perante as sociedades civis puras – 1001.° do Código Civil[500]. Efectivamente, a parte do falecido representa um valor patrimonial que não pode deixar de reverter para os seus herdeiros. Mas ela representa, ainda, uma realidade puramente pessoal, perdida, para sempre, com o desaparecimento do seu titular.

A lei procura compatibilizar esses dois aspectos: por vezes, contraditórios.

[500] *Supra*, 82 ss..

II. Estamos sob a primazia da autonomia privada. A solução ideal residirá, assim, em prever-se, no pacto social, o *modus operandi* na hipótese de falecimento do sócio. Os interessados podem prever, designadamente[501]:

– o termo da sociedade[502];
– a passagem da parte social ao sucessor;
– a sua supressão, com compensação aos sucessores, regulando-se, directamente ou por remissão, o procedimento que, então deva ser seguido.

No silêncio das partes, há que apelar para o sistema legal. Este, numa evolução presente, também, no Código Civil, dá conta de um relativo *favor societatis*, permitindo, em certas condições, o funcionamento da sociedade. Recordemos que, pelo Código VEIGA BEIRÃO – artigo 120.º[503]:

> § 1.º As sociedades em nome colectivo dissolvem-se pela morte ou interdição de qualquer dos sócios e, sendo por tempo indeterminado, pela simples vontade de um dos sócios.

Desenvolveram-se as cláusulas sociais destinadas a prevenir tão radical solução.

III. Ocorrendo um falecimento de sócio – e sempre no silêncio do contrato – podem os sócios supérstites – 184.º/1 e 184.º/2:

– ou pagar aos sucessores do falecido o valor da parte que lhe pertencera;
– ou optar pela dissolução da sociedade, comunicando-o ao sucessor nos 90 dias seguintes ao da data em que tomaram conhecimento do facto;
– ou continuar a sociedade com o sucessor do falecido, desde que este concorde expressamente: o que não pode ser afastado por cláusulas em contrário[504].

---

[501] Outras hipóteses em RAÚL VENTURA, *Novos estudos* cit., 265 ss..

[502] A morte de um sócio em nome colectivo, mesmo que, por isso, ela fique reduzida à unidade, não extingue a sociedade: apenas a faz entrar em dissolução: STJ 2-Dez.-1966 (GONÇALVES PEREIRA), Proc. 061457/ITIJ, visitado em 13-Fev.-2006.

[503] Sobre esse regime, PINTO FURTADO, *Código Comercial Anotado* cit., I, 341-345.

[504] Como explica RAÚL VENTURA, *Novos estudos* cit., 269, este encadeado legal

Sendo vários os sucessores da parte do falecido, podem eles livremente dividi-la entre si ou encabeçá-la nalgum ou nalguns deles – 184.°/3. Entenda-se: "livremente" entre si; no que toca aos sócios supérstites, terá sempre de se verificar o seu assentimento.

IV. Ainda na hipótese de continuação da sociedade com os sucessores do falecido: sendo algum deles incapaz, podem os supérstites, nos 90 dias seguintes, deliberar a transformação da sociedade, de modo que o incapaz se torne sócio de responsabilidade limitada – 184.°/4. Teremos, no horizonte, uma comandita simples. Não o fazendo pode o representante do incapaz requerer judicialmente a exoneração do seu representado ou, não sendo isso possível legalmente, a dissolução da sociedade – 184.°/6.

Dissolvida a sociedade ou devendo a parte do sócio falecido ser liquidada, extinguem-se, a partir da data da morte todos os direitos e obrigações inerentes à parte social; a sucessão opera apenas no produto da liquidação, reportado àquela data e calculado *ex* 1021.°, do Código Civil – 184.°/6.

Tudo isto é aplicável ao caso de a parte do sócio falecido compor a meação do seu cônjuge.

V. A eventualidade da morte de um sócio numa sociedade de pessoas, especialmente uma sociedade em nome colectivo, constitui um ponto fraco deste tipo societário. Ele deve ser ponderado, aquando da sua constituição.

83. **Exoneração do sócio**

I. Uma sociedade pressupõe relações duradouras[505]. Estas são tendencialmente sensíveis à denúncia[506]: quando não tenham uma duração predeterminada permite-se a qualquer das partes envolvidas provocar, unilateralmente, a sua cessação. Eventualmente: com um pré-aviso. Além

---

pode dar lugar a incongruências. Imagine-se que não pode ser liquidada a parte do falecido, por via do artigo 188.°; que não foi comunicada, nos 90 dias e ao sucessor, a opção pela dissolução da sociedade; e que não se optou pela continuação da sociedade com os sucessores do falecido ou que estes não deram o seu assentimento: *quid iuris*? A última saída será sempre a dissolução da sociedade: mas esta deveria ter sido prevista.

[505] *Manual*, 579 ss..

[506] Pedro Romano Martinez, *A cessação do contrato* (2005), 57 ss..

disso, poderá pôr-se termo a relações duradouras quando, para isso, haja justo motivo (justa causa): estaremos próximos da resolução.

Esta lógica aplica-se às sociedades de pessoas[507]: fala-se, então, na exoneração do sócio (185.°). Como veremos a propósito das sociedades por quotas, há que alargar a base justificativa para esta reflexão[508]. De momento, ela é suficiente.

O Código das Sociedades Comerciais estabelece, na parte geral, algumas situações que traduzem "motivos justificados" (a terminologia é nossa) de exoneração. Assim sucede nos artigos 3.°/5 (mudança de sede para o estrangeiro), 137.°/1 (transformação de sociedades) e 161.°/5 (regresso à actividade), relativamente aos sócios que se oponham às correspondentes deliberações. Trata-se de preceitos que aprofundaremos no campo das sociedades por quotas.

Segundo o artigo 185.°, o sócio pode exonerar-se da sociedade (n.° 1):

– nos casos previstos na lei ou no contrato[509];
– não havendo termo de duração da sociedade, sendo este vitalício ou por um período superior a 30 anos, ao fim de 10 anos;
– ocorrendo justa causa.

A exoneração torna-se efectiva no fim do ano social em que seja feita a comunicação respectiva mas nunca antes de decorridos três meses sobre ela (185.°/4). O sócio exonerado tem direito ao valor da sua parte social (185.°/5), com as especificações aí feitas.

II. A hipótese de exoneração por justa causa é a que levanta mais dúvidas. O artigo 185.°/2, a título exemplificativo[510], indica algumas con-

---

507 Artigo 1002.°, do Código Civil, quanto às sociedades civis puras.

508 *Infra*, 317 ss.. O Direito português (ao contrário do italiano) aprofunda a exoneração e a exclusão dos sócios a propósito das sociedades por quotas.

509 Cf. R. DAMMACCO/S. DAMMACCO, *Le società di persona* cit., 18 ss..

510 Contra: RAÚL VENTURA, *Novos estudos* cit., 290, que opina pela taxatividade, por força de considerações societárias. Mas é necessário atentar também em aspectos pessoais, não referidos na lei: o sócio vítima de tentativa de homicídio perpetrada pelos outros, em plena assembleia geral, não terá justa causa de exoneração? Além disso, sempre haveria que lidar com as situações de exoneração previstas na parte geral: artigos 3.°/5, 45.°/1, 137.°/1 e 161.°/5. Sobre o tema cf., ainda, MARIA AUGUSTA FRANÇA, *Direito à exoneração*, em FDL/CEJ, *Novas perspectivas do Direito comercial* (1988), 205-227 (209-211), no sentido da boa doutrina.

cretizações de justa causa. Esta verifica-se quando, contra o seu voto expresso:

a) A sociedade não delibere destituir o gerente, ocorrendo justa causa de exclusão;
b) A sociedade não delibere excluir um sócio, ocorrendo justa causa para tanto;
c) O referido sócio for destituído da gerência da sociedade.

Este elenco permite fixar a justa causa para a exoneração do sócio em nome colectivo na quebra geral da confiança, entre ele e a sociedade ou entre ele e os outros sócios. Não se trata, pois, de uma reacção a factos ilícitos; requer-se, todavia, que a quebra da confiança seja bastante grave.

A invocação de justa causa deve ser feita nos 90 dias a contar daquele em que o interessado tomou conhecimento dos competentes factos – 185.°/3.

84. **Exclusão do sócio**

I. A possibilidade de exclusão de sócios foi regulada, no Código Civil: artigos 1003.° a 1006.°. Visa-se, *grosso modo*, reagir a situações que tornem o sócio a excluir inaproveitável, em termos de fins da sociedade.

A exclusão é possível nos casos previstos na lei e no contrato e, ainda[511] – 186.°:

– quando lhe seja imputável uma violação grave das suas obrigações para com a sociedade, designadamente a proibição de concorrência – *a*), 1ª parte;
– quando seja destituído da gerência com base em justa causa que consista em facto culposo, susceptível de causar prejuízo à sociedade – *a*), 2ª parte;
– quando ocorra a sua interdição ou inabilitação – *b*), 1ª parte;
– quando seja declarada a sua insolvência – *b*), 2ª parte;
– quando, sendo sócio de indústria, se impossibilite de prestar à sociedade os serviços a que ficou obrigado – *c*).

[511] *Vide* R. DAMMACCO/S. DAMMACCO, *Le società di persona* cit., 12 ss..

Trata-se de normas imperativas: não podem ser afastadas por vontade das partes[512].

II. A lei regula aspectos processuais. Assim:

– a exclusão deve ser deliberada por três quartos dos votos dos restantes sócios, se o contrato não exigir maioria mais elevada (186.°/2, 1ª parte);
– a deliberação deve ocorrer nos 90 dias seguintes àquele em que algum dos gerentes (entenda-se: que não o próprio, caso o seja) tomou conhecimento do facto que permite a exclusão (186.°/2, 2ª parte);
– se a sociedade tiver apenas dois sócios, a exclusão só pode ser decretada pelo tribunal (186.°/3).

III. A exclusão do sócio não pode dar azo a um confisco. Assim, o sócio excluído tem direito ao valor da sua parte social, calculado nos termos do artigo 105.°/2, com referência ao momento da deliberação de exclusão – 186.°/4. Não podendo, por força do artigo 188.°, ser a parte social liquidada, retoma o sócio o direito aos lucros e à quota de liquidação, até lhe ser efectuado o devido pagamento (186.°/5).

85. **Extinção e liquidação de partes sociais**

I. A extinção da parte social vem regulada no artigo 187.°[513]. De facto, seja por falecimento do sócio (184.°), seja pela sua exoneração (185.°), seja pela exclusão (185.°), pode chegar-se a situações nas quais a quota deve desaparecer.

Dispõe o referido artigo 187.°:

– ou há lugar à redução do capital social (187.°/1, 1ª parte);
– ou o respectivo valor acresce às restantes partes, nas proporções respectivas, devendo ser alterado, em conformidade, o contrato de sociedade (187.°/1, final, na redacção dada pelo Decreto-Lei n.° 76-A/2006, de 29 de Março);

[512] RAÚL VENTURA, *Novos estudos* cit., 298.
[513] RAÚL VENTURA, *Novos estudos* cit., 306 ss..

– ou, por opção do pacto ou mediante decisão unânime: a criação de uma ou mais partes sociais "livres", no valor nominal igual à que foi extinta, para imediata transmissão a sócios ou a terceiros (187.°/2).

II. A liquidação da parte não é possível quando, tratando-se de sociedade não dissolvida, a sua situação líquida se torne, por isso, inferior ao capital social (188.°/1).

Tal liquidação efectiva-se nos termos do artigo 1021.° do Código Civil[514]. A parte é avaliada com referência ao momento da ocorrência ou da eficácia do facto que originou a liquidação.

---

[514] *Supra*, 88 ss..

§ 23.° ALTERAÇÕES, DISSOLUÇÃO E LIQUIDAÇÃO

86. Alteração no contrato

I. As sociedades em nome colectivo, como todas as outras podem, uma vez constituídas, sofrer alterações. Estas implicam, em regra, modificações nos respectivos contratos: firma pelo qual a lei aborda o tema, no artigo 194.°/1. Esse mesmo preceito especifica:

– alterações;
– fusão;
– cisão;
– transformação.

Todas essas eventualidades gozam de um regime geral: artigos 85.° a 96.°, 97.° a 117.°, 118.° a 129.° e 130.° a 140.°[515]. Cumpre apenas recordar que, nesses preceitos gerais, surgem alguns especificamente dirigidos às sociedades em nome colectivo. Tal o caso do artigo 139.°/1, segundo o qual a transformação de uma sociedade de responsabilidade ilimitada numa outra em que esta seja limitada não afecta a responsabilidade pessoal e ilimitada dos sócios pelas dívidas sociais anteriormente contraídas. E inversamente: numa transformação de uma sociedade de responsabilidade limitada numa sociedade em nome colectivo, a responsabilidade pessoal e ilimitada dos sócios não abrange as dívidas sociais anteriormente constituídas.

II. Ainda como regra específica, o artigo 194.°/1 determina que todas essas alterações são feitas por unanimidade:

> (...) a não ser que o contrato autorize a deliberação por maioria, que não pode ser inferior a três quartos dos votos de todos os sócios.

---

[515] *Manual*, 951 ss., 959 ss., 967 ss. e 971 ss., respectivamente.

Também só por unanimidade pode ser deliberada a admissão de novos sócios – artigo 194.°/2. Logicamente: tal admissão envolve, *ipso iure*, a modificação do pacto social[516].

87. **Dissolução e liquidação**

I. A dissolução e a liquidação surgem longa e pormenorizadamente tratadas na parte geral: artigos 141.° a 145.° e 146.° a 165.°, respectivamente[517].

São aplicáveis, quanto à dissolução, os dispositivos dos artigos 141.° (casos de dissolução imediata) e 142.° (casos de dissolução administrativa ou deliberação). Além disso, o artigo 195.°/1, de acordo, aliás, com a regulamentação já examinada[518], vem prever mais duas hipóteses de dissolução[519]:

– a requerimento do sucessor do sócio falecido, se a liquidação da parte social não puder fazer-se por força do disposto no artigo 188.°/1 – 195.°/1, *a*);
– a requerimento, nas mesmas circunstâncias, do sócio que pretende exonerar-se com base no artigo 185.°/2, *a*) e *b*).

Temos, assim, algumas particularidades quanto às sociedades em nome colectivo[520].

II. Quanto à liquidação: segue-se o pormenorizado tratamento dos artigos 146.° e seguintes. Todavia, o artigo 195.°/2, com referência ao

---

[516] STJ 29-Jun.-1976 (JACINTO RODRIGUES BASTOS), BMJ 258 (1976), 249-253 (252): a suspensão de funções de um administrador nomeado no pacto envolve a alteração deste e requer a unanimidade.

[517] *Manual*, 975 ss.. Estes dispositivos foram bastante alterados pelo Decreto-Lei n.° 76-A/2006, de 29 de Março, que substituiu a dissolução judicial por uma dissolução administrativa.

[518] *Supra*, 213 e 214.

[519] Quanto ao tema substantivo: MICHELE SANDULLI, *Lo scioglimento e la fine della società*, em TORREPADULA, *Le disposizioni generali* cit., 145-162.

[520] Dada a falta de uma parte geral, surge mais desenvolvido no HGB: §§ 131 e ss.; cf. BAUMBACH/HOPT, *HGB* cit., 32ª ed., § 131, Nr. 1 ss. (635 ss.) e KARSTEN SCHMIDT, no *Münchener Kommentar* cit., 2, § 131 (525 ss.), com condenações históricas e de política legislativa.

artigo 153.°/3 que explicita dívidas dos sócios que os liquidatários poderão exigir, vem acrescentar:

> (...) além das dívidas das entradas, as quantias necessárias para satisfação das dívidas sociais, em proporção da parte de cada um nas perdas; se, porém, algum sócio se encontrar insolvente, será a sua parte dividida pelos demais, na mesma proporção.

88. **Regresso à actividade**

I. Após a dissolução da sociedade e no decurso do processo de liquidação, podem os sócios deliberar o termo desta e a retoma da actividade social. Trata-se de uma hipótese prevista, em geral, no artigo 161.°.

Nas sociedades de responsabilidade ilimitada, o regresso à actividade vai, de imediato, ampliar o universo das dívidas pelas quais o sócio pode ser chamado a responder. Esta circunstância explica a especificidade do regresso à actividade, quando estejam em causa sociedades em nome colectivo.

II. Segundo o artigo 196.°, o credor do sócio de sociedade em nome colectivo em liquidação pode opor-se ao regresso desta à actividade:

- desde que o faça nos trinta dias seguintes ao da publicação da respectiva deliberação;
- por notificação judicial avulsa requerida nesse prazo.

Recebida a notificação pode a sociedade, nos sessenta dias seguintes, excluir o sócio ou deliberar a continuação da liquidação – 196.°/2. Se nada fizer, pode o credor exigir judicialmente a liquidação da parte do seu devedor.

PARTE III

SOCIEDADES POR QUOTAS

CAPÍTULO I

TIPO GERAL, ORIGEM E PAPEL DAS SOCIEDADES POR QUOTAS

§ 24.° TIPO GERAL

89. As sociedades por quotas no Código

I. O Código das Sociedades Comerciais apresenta as sociedades por quotas no seu artigo 197.°/1:

> Na sociedade por quotas o capital está dividido em quotas e os sócios são solidariamente responsáveis por todas as entradas convencionadas no contrato social, conforme o disposto no artigo 207.°.

Adiante veremos que esta primeira aproximação legal é insuficiente para definir o tipo societário ora em estudo. Principiemos, por isso, por uma abordagem sistemática da matéria.

II. O Código consagra às sociedades por quotas os artigos 197.° a 270.°: 73 artigos a que poderemos somar mais 14 (artigos 242.°-A a 242.°-F, 262.°-A e 270.°-A a 270.°-G), relativos ao registo de quotas, ao dever de prevenção e às sociedades unipessoais[521] e aditados pelos Decretos-Leis n.° 76-A/2006, de 29 de Março e n.° 257/96, de 31 de Dezembro e subtrair o 264.°, revogado por esse mesmo diploma. Um total de 86, bastante mais do que os 23 que se ocupam das sociedades em nome colectivo. Aparentemente, estaremos:

– perante um tipo mais complexo;

---

[521] Contando já o artigo 262.°-A, aditado pelo Decreto-Lei n.° 257/96, de 31 de Dezembro, e descontando o 264.°, revogado pelo mesmo preceito.

– exigindo maior precisão de soluções;
– e surgindo a uma certa distância do tipo básico das sociedades civis sob forma civil.

III. O Código articula a matéria relativa às sociedades em nome colectivo pela forma seguinte:

Capítulo I – Características e contrato (197.° a 201.°);
Capítulo II – Obrigações e direitos dos sócios:
Secção I – Obrigação de entrada (202.° a 208.°);
Secção II – Obrigações de prestações acessórias (209.°);
Secção III – Prestações suplementares (210.° a 213.°);
Secção IV – Direito à informação (214.° a 216.°);
Secção V – Direito aos lucros (217.° e 218.°).
Capítulo III – Quotas:
Secção I – Unidade, montante e divisão da quota (219.° a 221.°);
Secção II – Contitularidade da quota (222.° a 224.°);
Secção III – Transmissão da quota (225.° a 231.°);
Secção IV – Amortização da quota (232.° a 238.°);
Secção V – Execução da quota (239.°);
Secção VI – Exoneração e exclusão de sócios (240.° a 242.°);
Secção VII – Registo de quotas (242.°-A a 242.°-F).
Capítulo IV – Contrato de suprimento (243.° a 245.°);
Capítulo V – Deliberações dos sócios (246.° a 251.°);
Capítulo VI – Gerência e fiscalização (252.° a 262.°-A);
Capítulo VII – Apreciação anual da situação da sociedade (263.°);
Capítulo VIII – Alterações do contrato (265.° a 269.°);
Capítulo IX – Dissolução da sociedade (270.°);
Capítulo X – Sociedades unipessoais por quotas (270.°-A a 270.°-G).

IV. Verifica-se que o Código seguiu, *grosso modo*, a ordenação da parte geral, esforçando-se, agora, por adaptar as suas soluções ao especial universo das sociedades por quotas. A interpenetração destas com a parte geral é muito grande: de certo modo, mais do que a das sociedades em nome colectivo, uma vez que a parte geral foi moldada sobre o regime das sociedades de capitais.

90. A (mera) responsabilidade solidária pelas entradas

I. O tipo "sociedade por quotas" parece distinguir-se, perante a apresentação do artigo 197.°/1, pelo facto de existir, entre os sócios, uma responsabilidade solidária pelas entradas. De facto e à partida, a entrada corresponde a uma obrigação individual de cada sócio – 20.°, *a*) – podendo mesmo consistir numa prestação não fungível. Esta corresponsabilidade traduz já algo de específico.

A solidariedade pode ser convencionada: 405.°/1 e 512.°/1, do Código Civil. Quer isso dizer que em qualquer tipo societário as partes sempre poderiam, através de acordos laterais, estabelecê-la, no tocante às entradas: nem por isso iriam transformar o ente em causa numa sociedade por quotas.

II. O artigo 197.° vai mais longe. O seu n.° 3 determina:

> Só o património social responde para com os credores pelas dívidas da sociedade, salvo o disposto no artigo seguinte:

A responsabilidade solidária dos sócios pelas entradas torna-se assim, supletivamente, na única em que eles incorrem. Estamos perante uma responsabilidade dos sócios limitada às entradas, o que nos habilita a falar, a propósito das sociedades por quotas, em sociedades de responsabilidade limitada. De resto, é assim que elas são conhecidas nas línguas francesa (SARL, de *société à responsabilité limitée*), alemã (GmbH, de *Gesellschaft mit beschränkter Haftung*), italiana (SRL, de *società a responsabilità limitata*) e espanhola (SL, de *sociedad de responsabilidad limitada*). Também o Código Civil brasileiro de 2002 fala em sociedade limitada (artigo 1052.° e seguintes).

III. A limitação da responsabilidade pode ser afastada através dos acordos de responsabilização directa dos sócios para com os credores sociais, nos termos do artigo 198.°. De novo estamos perante uma característica insuficiente: teremos de, mais longe, enquadrar o tipo.

Tal como vimos suceder com as sociedades em nome colectivo[522], haverá que recorrer ao elemento formal da firma. Esta, segundo o artigo 200.°, pode ter natureza pessoal, material ou de fantasia mas, em qualquer

---

[522] *Supra*, 108 ss..

caso, concluirá pela palavra "limitada" ou "Lda.". Não é pensável, com os graus de sindicância existentes (RNPC, entidade que reconheça as assinaturas e conservador do registo), que uma sociedade possa formar-se com uma firma não indicada para o seu tipo.

A partir daí, a firma corresponderá a sociedades:

– cujas partes se denominem "quotas", sendo subscritas pelos sócios num regime de solidariedade na sua realização;
– de responsabilidade limitada, uma vez que, supletivamente, os sócios não respondem pelas obrigações sociais;
– com uma determinada configuração orgânica, distinta da das sociedades anónimas.

91. Natureza e função

I. As sociedades por quotas são, formalmente, sociedades comerciais: logo, personalizadas (5.°). E tal como sucede com as restantes sociedades: também elas podem ser adoptadas para dar corpo a sociedades civis (1.°/4). Ao contrário do que ocorre com as sociedades em nome colectivo, a personalidade colectiva das sociedades por quotas não põe quaisquer dúvidas: nem na sua evolução, nem no Direito comparado. As leis são expressas. Além disso, quando surgiram, já a doutrina da personalidade colectiva estava estabilizada, oferecendo opções claras ao legislador.

II. As sociedades por quotas são multifacetadas: podem facultar as mais diversas funções[523], surgindo como um instrumento para todos os fins[524].

Tendencialmente[525], elas têm um número reduzido de sócios: todos se conhecem, sendo frequente o estabelecimento de relações de confiança entre eles. Funcionarão, nessa medida, como sociedades de pessoas. Os

[523] Quanto às razões que podem justificar a opção pelo tipo da sociedade por quotas: Herbert Grziwotz, no *Münchener Handbuch des Gesellschaftsrechts*, 3 – *Gesellschaft mit beschränkter Haftung*, 2ª ed. (2003), § 2 (13 ss.).

[524] Thomas Raiser / Rüdiger Veil, *Recht der Kapitalgesellschaften*, 4ª ed. (2006), 375.

[525] O Direito português, ao contrário de outros, não põe limites máximos ao número de sócios das sociedades por quotas. No Direito francês, elas não podem ter mais de 50 sócios, sob pena de se transformarem em anónimas.

sócios podem, de resto e para além das entradas, contribuir para a sociedade em termos personalizados (vendedores, contabilistas e, em geral, prestadores de pequenos serviços).

Mas a sociedade por quotas pode funcionar como verdadeira sociedade de capitais: congregando fundos para a prossecução de fins[526]. A sua estrutura tem sido aproximada da das sociedades anónimas[527].

Encontramos sociedades por quotas familiares, profissionais e, propriamente, comerciais. O tipo é suficientemente lato para abranger actuações *non profit*[528]. Além disso, a sociedade por quotas pode corresponder à mera actuação de uma pessoa: quando seja unipessoal.

III. Podemos, sem exagero, considerar que, mercê de vários factores – incluindo alguns de natureza psicológica – as sociedades por quotas traduzem um tipo de organização capaz de desenvolver qualquer espécie de actuação humana lícita.

Tradicionalmente, o seu estudo compete à disciplina Direito comercial ou, preferivelmente: Direito das sociedades comerciais.

---

526 *Vide*, sobre o tema do posicionamento das sociedades por quotas: Célia Maria de Jesus Protásio, *Sociedade por quotas de responsabilidade limitada: sociedades de pessoas ou de capital?* (1988); segundo esta Autora, a Lei de 1901 acabaria por fixar uma sociedade de capitais; hoje, se não for afastado o regime supletivo legal, será uma sociedade de pessoas (ob. cit., 34 e 36).

527 Cf. Kübler / Assmann, *Gesellschaftsrecht*, 6ª ed. cit., 261.

528 Cf. Karsten Schmidt, *Gesellschaftsrecht* cit., 4ª ed., 983.

§ 25.° EVOLUÇÃO E DIREITO COMPARADO

92. A Lei alemã de 20-Abr.-1892

I. As sociedades por quotas traduzem uma pura criação do legislador alemão, aparentemente sem qualquer arrimo histórico. O seu êxito, sem precedentes, mostra que o Direito privado, mau grado o peso determinante da História e dos antecedentes científico-culturais, é permeável a criações humanas.

Na origem das sociedades por quotas, temos as reformas das sociedades anónimas, de 1870 e de 1884. Consagrado o esquema do reconhecimento automático da personalidade jurídica e firmados os princípios do seu controlo interno, as sociedades anónimas transformaram-se em entidades pesadas e de funcionamento dispendioso. Particularmente adaptadas às grandes empresas, as sociedades anónimas deixavam, sem cobertura capaz, as pequenas e as médias. Procurou-se colmatar a lacuna, através dum novo tipo societário de capitais, que se mostrasse adaptado a empreendimentos menores[529]. Assim surgiu a lei alemã das sociedades por quotas, de 20-Abr.-1892: *Gesetz betreffend die Gesellschaften mit beschränkter Haftung* ou *GmbHG*. Esta lei recebeu nova redacção, pela Lei de 20-Mai.-1898, de modo a ser adaptada ao *HGB* e ao *BGB*[530].

---

[529] HUECK/WINDBICHLER, *Gesellschaftsrecht* cit., 20ª ed., 452-453, FRIEDRICH KÜBLER, *Gesellschaftsrecht*, 5ª ed. (1999), 222 e KARSTEN SCHMIDT, *Gesellschaftsrecht* cit., 4ª ed., 986-987.

[530] Quanto à origem e desenvolvimento das *GmbH*, WERNER SCHUBERT, *Das GmbH-Gesetz von 1892 – "eine Zierde unserer Reichsgesetzsammlung"*, FS 100 Jahre GmbH-Gesetz (1992), 1-47, WOLFGANG ZÖLLNER, *100 Jahre GmbH/Überlegungen zu Grundfragen des GmbH – Rechts aus Anlass ihres Jubiläums*, JZ 1992, 381-385 (381 ss.) e GRZIWOTZ, *Münchener Handbuch* cit., 3, 2ª ed., § 1 (1 ss.). Existe uma tradução portuguesa, efectuada por ADOLPHO DE AZEVEDO SOUTO, *Lei das sociedades por quotas anotado*, 2ª ed. (1922), 259 ss., bem como uma publicação, pelo BMJ 181 (1968), 289-326, de uma versão em francês. As alterações, na lei inicial, podem ser seguidas, com explica-

II. A Lei de 22-Abr.-1892 foi um imediato sucesso, na sua terra de origem. Em 1911 já havia 20.000 sociedades por quotas, na Alemanha, num número que ultrapassaria as 70.000, antes da grande inflação[531]. Em 1936, contavam-se 40.000. O regime nacional-socialista, por razões ideológicas, forçou muitas a transformarem-se em sociedades de pessoas: o seu número regrediu. Em 1961, na República Federal Alemã, ascendiam a 39.000. Depois, o crescimento foi exponencial: 112.063, em 1973; 225.209, em 1979; 401.687, em 1989; 770.000, em 1996; 850.000, em 2001[532].

O Direito alemão das sociedades por quotas – *GmbHGRecht* – constitui uma complexa província com tratados, manuais, monografias e revistas especializadas.

III. A Lei alemã das sociedades por quotas tem o seguinte conteúdo[533]:

Secção 1ª	Constituição da sociedade (§§ 1.° a 12.°);
Secção 2ª	Relações jurídicas da sociedade e dos sócios (§§ 13.° a 34.°);
Secção 3ª	Representação e administração (§§ 35.° a 52.°);
Secção 4ª	Modificações do contrato de sociedade (§§ 53.° a 59.°);
Secção 5ª	Dissolução e nulidade da sociedade (§§ 60.° a 77.°);
Secção 6ª	Disposições finais (§§ 78.° a 85.°).

ções, em Oliver Mosthaf, *Die Reformen des Rechts der Gesellschaften mit beschränker Haftung* (1994), 15 ss., 18 ss. e 40 ss. e em Grziwotz, *Münchener Handbuch* cit., 3, 2ª ed., § 1, Nr. 21 ss. (6-7).

531 Ronald in der Stroth, *Das Recht der GmbH bis 1933: Tatsachen, Kritik, Reformverschläge* (1992) 1, 63 ss. e 148. Com mais pormenor, temos os números seguintes: 1892, 60; 1893, 240; 1898, 1.839; 1900, 4.077; 1910, 19.650, tendo sido largamente ultrapassado o número de sociedades anónimas que era de 5.295; 1915, 27.252; 1920, 39.152; e 1923, 71.433, tendo sido ultrapassado o número de sociedades em nome colectivo que, em 1925, era de 66.823.

532 Quanto aos números: Hueck/Windbichler, *Gesellschfatsrecht* cit., 20ª ed., 454-455.

533 Conheceu diversas alterações, consideradas pouco significativas, a última das quais foi adoptada pela Lei de 10-Nov.-2006; cf. Christian Schmidt-Leithoff, em Heinz Rowedder/Christian Schmidt-Leithoff, *Gesetz betreffend die Gesellschaften mit beschränkter Haftung (GmbHG)*, 4ª ed. (2002), Introd., Nr. 4-20 (39-43) e Alfred Hueck/Lorenz Fastrich, em Adolf Baumbach/Alfred Hueck, *GmbH-Gesetz*, 18ª ed. (2006), Introd., Nr. 1 ss., especialmente 19 (2 ss., 9), onde ainda podem ser confrontadas as reformas em curso.

Muitas das soluções alemãs foram tidas em conta pelo nosso legislador: seja para as acolher, seja para proceder a adaptações[534]. O êxito subsequente falaria por si[535].

93. A expansão na Europa

I. As sociedades por quotas, tal como foram concebidas pelo legislador do *Reich* alemão, acabariam por ser recebidas pelos Direitos dos diversos países continentais[536], sendo de referir a Lei Portuguesa de 11-Abr.-1901, a Lei Austríaca posta em vigor em 1906[537] e a Lei Francesa de 7-Mar.-1925[538]. Em Itália, por razões de ordem histórica, seria necessário aguardar o Código Civil de 1942, para assistir à sua consagração[539]. E também em Espanha, o tipo societário em causa só seria admitido pela Lei de 17-Jul.-1953; a expansão das sociedades por quotas seria tardia, tendo de se aguardar pela Lei n.° 2/1995, de 25 de Março, para assistir a uma difusão moderna[540].

---

534 *Vide* SANTOS LOURENÇO, *Das sociedades por cotas* (1926), 12.

535 Em RONALD IN DER STROTH, *Das Recht der GmbH bis 1933* cit., são considerados aspectos interessantes da sua evolução nos primeiros tempos: as formas pessoal (17), unipessoal (19), GmbH & Co. KG (24), cartéis (32) e *Konzern* (37); a comparação entre as expectativas do legislador e os resultados alcançados (46); as projecções empresariais (80); as propostas de reforma (101); a jurisprudência da época (111).

536 Uma lista extensa, com indicação das diversas leis, pode ser confrontada em MARCUS LUTTER, *Die Entwicklung der GmbH in Europa und in der Welt*, FS 100 Jahre GmbH-Gesetz (1992), 49-83.

537 HANS-GEORG KOPPENSTEINER, *GmbH-Gesetz Kommentar* (1994), 1 ss. e GRZIWOTZ, *Münchener Handbuch* cit., 3, 2ª ed., § 1, Nr. 39 (10-11); Portugal terá sido o primeiro a acolher a iniciativa alemã, hoje presente em quase todos os países.

538 GEORGES DROUETS, *La société à responsabilité limitée (Commentaire de la Loi du 7 Mars 1925)* (1925), 15 ss. (20).

539 GASTONE COTTINO, *Diritto commerciale*, I/2, *Le società*, 2ª ed. (1987), 591 ss., GABRIELE RACUGNO, *Società a responsabilità limitata*, ED XLII (1990), 1042-1071 (1043) e *Società a responsabilità limitata*, GiurComm I (1990), 577-622 (611 ss.). Tem interesse considerar a literatura contemporânea da sua aparição, em Itália; assim, ENRICO SOPRANO, *La società a responsabilità limitata nel nuovo Codice Civile*, RDComm XXXIX (1941) I, 394-420 (396 ss.) e ANTONIO BRUNETTI, *Riflessioni sulla società a responsabilità limitata*, RTDPC III (1949), 619-636 (619), recordando que, segundo a própria justificação de motivos do *Codice*, a sociedade por quotas fora considerada uma "pequena anónima sem circulação de acções".

540 O texto pode ser conferido em EDUARDO MARIA VALPUESTA GASTAMINZA, *La sociedad nueva empresa* (2004), 187 ss..

Logo desde o início, as sociedades por quotas mereceram uma especial atenção da doutrina[541], sendo, hoje, objecto, como se referiu, de uma produção jurídica e literária inabarcável[542].

II. No que toca particularmente ao Direito francês, a evolução registada foi marcante[543]. As sociedades por quotas foram introduzidas, como se disse, pela Lei de 7-Mar.-1925. Na origem dessa lei esteve o êxito das GmbHG alemãs na Alsácia-Lorena, recuperada pela França depois da Grande Guerra de 1914-1918. A sociedade por quotas começou por ser híbrida: pessoal e de capitais. O Código das Sociedades de 24-Jul.-1966 e as reformas que se lhe seguiram acentuaram a vertente "capitais". As sociedades de responsabilidade limitada (SARL) constavam nesse Código, dos artigos 34.° a 69.°: de notar que não se punha, aí, a responsabilidade solidária dos sócios pelas entradas, uma vez que estas se deviam mostrar realizadas, na constituição (38.°)[544].

---

[541] Foram compulsadas, como exemplo, as obras seguintes: SCHLIEKMANN, *Die GmbH/Darstellung dieser Gesellschaft zum Gebrauche in der Praxis* (1895), ROBERT ESSER, *Das Reichgesetz betreffend die G.m.b.H.* (1902), FRANZ FRÄNKEL, *Die Gesellschaft mit beschränkter Haftung / Eine volkswirtschaftliche Studie* (1915) e A. FREYMUTH, *Die GmbH in der Rechtsprechung der deutschen Gerichte von 1916 bis 1924*, 3 vol. (1925).

[542] Entre os comentários e além do de ROBERT ESSER, cumpre citar MAX HACHENBURG, *Staub's Kommentar zum Gesetz, betreffend die Gesellschaften mit beschränkter Haftung*, 3ª ed. (1909), HACHENBURG, *Gesetz betreffend die Gesellschaften mit beschränkter Haftung*, 7ª ed. (1979), SCHOLZ, *Kommentar zum GmbH-Gesetz*, 7ª ed. (1986 ss.), HEINRICH SUDHOFF/MARTIN SUDHOFF, *Der Gesellschaftsvertrag der GmbH* (1987), ROWEDDER/SCHMIDT-LEITHOFF, *Gesetz betreffend die Gesellschaften mit beschränkter Haftung*, 4ª ed. (2002), WELF MÜLLER/BURKHARD HENSE, *Beck'sches Handbuch der GmbH*, 3ª ed. (2002), MARCUS LUTTER/PETER HOMMELHOFF, *GmbH-Gesetz Kommentar*, 16ª ed. (2004) e ADOLF BAUMBACH/ALFRED HUECK, *GmbH-Gesetz/Gesetz betreffend die Gesellschaften mit beschränkter Haftung*, 18ª ed. (2006).

Muito significativos são também: a obra colectiva organizada por LUTZ MICHALSKI, *Kommentar zum Gesetz betreffend die Gesellschaften mit beschränkter Haftung (GmbH)* (2002), com 20 autores e em dois volumes maciços, de XLVI + 2168 e XII + 2378 páginas, respectivamente: neste momento, ultrapassando as 4500 pp. de mancha densa, será a mais extensa obra sobre sociedades por quotas; o já citado *Münchener Handbuch des Gesellschaftsrechts*, cujo 3.° volume (2ª ed., 2003), dedicado às sociedades por quotas, alcança LXXII + 1713 pp., com 26 autores especializados.

[543] Sobre toda a evolução: PHILIPPE MERLE, *Sociétés commerciales* cit., 10ª ed., 201 ss..

[544] *Code des sociétés* cit., 17ª ed., de PAUL LE CANNU, 152-220.

A matéria passaria, depois, para o Código de Comércio, através da recompilação de 2000: artigos L. 223-1 a L. 223-43[545]. A medida do seu êxito exprime-se em números: em 2004 havia, em França, 984.625 sociedades por quotas, contra 128.085 anónimas e 37.298 em nome colectivo[546].

III. Quanto ao Direito italiano, o panorama foi menos avassalador. Houve uma consagração, como vimos, tardia: seria necessário aguardar o Código Civil de 1942[547]. Este, por seu turno, pretendeu fazer uma "pequena sociedade por acções". Um conjunto de factores levou a um menor interesse dos operadores[548]: burocracia, fiscalidade e alguma rigidez[549-550]. A isso procurou reagir o legislador italiano através da reforma de 2003[551], a qual deu especial atenção às srl[552]. Têm-se sucedido as monografias[553], os comentários[554] e as obras colectivas[555], com referência às novas regras. A literatura é inesgotável.

IV. Ainda uma breve atenção: ao Direito espanhol. Como foi referido, as "sociedades de responsabilidade limitada" fizeram um aparecimento tardio, em lei de 1953. O seu regime foi modernizado pela Lei n.° 2/1995, de 23 de Março: um diploma extenso, que deu azo a um floresci-

[545] *Code de Commerce*, 102ª ed., anot. NICOLAS RONTCHEVSKY (2007), 253-265.

[546] PHILIPPE MERLE, *Sociétés commerciales* cit., 10ª ed., 201.

[547] *Vide*, com elementos, ANTONIO BRUNETTI, *Trattato del diritto delle società*, III (1950), 3 ss. e LORENZO MOSSA, *Trattato del nuovo diritto commerciale/III – Società a responsabilità limitata* (1953), 80 ss..

[548] DI SABATO, *Diritto delle società* cit., 2ª ed., 468.

[549] Segundo o senso do ISTAT, de 1991, havia 31.585 sociedades anónimas em Itália, contra 224.568 srl e isso perante 2.222.759 empresas individuais, "recuperáveis" para srl.

[550] Quanto às sociedades por quotas em Itália, antes da reforma de 2003: GIUSEPPE STASSANO, *Società a responsabilità limitata*, 3ª ed. (1997), 393 pp..

[551] *Manual*, 96.

[552] *Vide* ANTONIETTA CARESTIA e outros, *Società a responsabilità limitata (artt. 2462-2483 c.c.)* (2003), 1 ss..

[553] GIUSEPPE STASSANO/MATTEO STASSANO, *La nuova società a responsabilità limitata*, 5ª ed. (2003), 375 pp..

[554] ANGELO BUSANI, *La riforma delle società s.r.l./Il nuovo ordinamento dopo il D. lgs. 6/2003* (2004), 625 pp..

[555] VITTORIO SANTORO, *La nuova disciplina della società a responsabilità limitata* (2003), reunindo escritos de 14 autores especializados.

mento doutrinário[556]. Por fim, a Lei n.° 7/2003, de 1 de Abril, veio aprovar uma denominada "sociedade limitada nova empresa", com alteração à lei anterior[557].

V. Apesar do inegável mérito do legislador alemão e, mais tarde, dos diversos legisladores, que souberam adaptar a ideia aos vários ordenamentos nacionais, não oferecerá dúvidas que a criação caiu em terreno favorável. Graças ao desenvolvimento das sociedades anónimas, a ideia de uma limitação da responsabilidade, reconhecida a entes colectivos, livremente criados pelos particulares e assentes, apenas, em mecanismos próprios de fiscalização, radicara-se, com profundidade, na consciência jurídica dominante. Neste campo receptivo, as sociedades por quotas traduzem uma simplificação, bem pensada, das sociedades anónimas.

94. A experiência portuguesa

I. A Lei das Sociedades por Quotas, de 11 de Abril de 1901, teve, na sua origem, a recepção do regime alemão das sociedades de responsabilidade limitada, aprovada, como foi referido, por um diploma de 1892.

Coube, ao Conselheiro e Ministro dos Negócios Eclesiásticos e da Justiça, ARTUR ALBERTO DE CAMPOS HENRIQUES, apresentar, em 22-Fev.-1901, a Proposta de Lei n.° 9-A, sobre sociedades por quotas de responsabilidade limitada. O competente relatório faz algumas referências históricas e comparatísticas. A Comissão de Legislação deu parecer favorável, impressionada pelos exemplos das nações comerciais mais fortes do Mundo.

Na discussão parlamentar, não faltariam acusações de ligação estreita ao modelo alemão. O maior opositor foi VEIGA BEIRÃO, no seu papel de *leader* da minoria progressista: seria, segundo ele, preferível estabelecer a sociedade limitada, baseada no Código Comercial, mas caracterizada pela limitação da responsabilidade dos seus sócios. O Ministro manteve a defesa do novo tipo, intervindo, ainda, ARTUR MONTENEGRO, que preferiria que se partisse das sociedades anónimas.

---

[556] Cf. VÍCTOR MANUEL GARRIDO DE PALMA (org.), *Estudios sobre la sociedad de responsabilidad limitada* (2004).

[557] VALPUESTA GASTAMINZA, *La sociedad nueva empresa* cit., 175 ss., com o texto do diploma; nesta obra podem ser confrontadas as novidades então introduzidas.

De todo o modo, o projecto acabaria por ser votado e aprovado[558].

II. A LSQ, de 65 artigos, foi sistematizada em 9 capítulos[559]:

I – Da natureza e da constituição das sociedades – 1.° a 5.°;
II – Das quotas, pagamentos suplementares e dividendos – 6.° a 25.°;
III – Da administração e fiscalização – 26.° a 34.°;
IV – Das deliberações sociais – 35.° a 40.°;
V – Das alterações do pacto social e da dissolução da sociedade – 41.° a 43.°;
VI – Das publicações sociais e do registo – 44.° e 45.°;
VII – Das acções e prescrições – 46.° a 49.°;
VIII – Da emissão de obrigações e das operações bancárias – 50.° e 51.°;
IX – Disposições gerais – 52.° a 65.°.

Uma vez publicada, a LSQ mereceu uma atenção particular da doutrina. Entre os comentaristas, cumpre referir Azevedo Souto[560], Santos Lourenço[561] e Abílio Neto[562].

---

[558] Estes e outros elementos podem ser confrontados em Santos Lourenço, *Das sociedades por cotas* cit., 1, 11 ss. e em Raúl Ventura, *Sociedades por quotas*, 1, 2ª ed. (1989, 3ª reimp., 2004), 10 ss. e *Apontamentos para a reforma das sociedades por quotas de responsabilidade limitada*, BMJ 182 (1969), 25-196 (25 ss.). Tem um especial interesse a consulta da publicação *Lei das sociedades por quotas de responsabilidade limitada acompanhada do relatório e proposta de lei e dos pareceres das comissões parlamentares*, 1901. Cf., aí, o relatório (21 ss.) e a proposta de lei (26 ss.).

[559] Texto original: COLP 1901, 97-102.

[560] Adolpho de Azevedo Souto, *Lei das sociedades por quotas anotada*, 2ª ed. (1922); a 1ª ed. é anterior a 1917, uma vez que tem um prefácio de Veiga Beirão; há 3ª ed., de 1941 e 4ª ed., de 1955; a partir da 5ª, de 1963, as actualizações foram levadas a cabo por Manuel Baptista Dias da Fonseca, a quem se devem, ainda, a 6ª ed., de 1968 e a 7ª, de 1972. A 2ª ed., aqui citada, tem em anexo – 259 ss. – uma tradução portuguesa, da responsabilidade do Autor, do *GmbHG* alemão.

[561] Santos Lourenço, *Das sociedades por cotas/Comentário à Lei de 11 de Abril de 1901* (s/d, mas 1926), 2 volumes; este Autor usa a grafia (que Pinto Furtado considera igualmente correcta) *cotas*; mantemos o tradicional *quotas* que, de resto, está na lei.

[562] Abílio Neto, *Sociedades por quotas/Notas e comentários* (1977).

§ 26.° O CÓDIGO DAS SOCIEDADES COMERCIAIS

95. Os trabalhos preparatórios

I. A matéria das sociedades por quotas consta, hoje, do Código das Sociedades Comerciais, cujo diploma preambular – o Decreto-Lei n.° 262/86, de 2 de Setembro, no seu artigo 3.°/1, *b*) – revogou expressamente a LSQ velha, de 1901. Mais precisamente, ela surge, no título III, do CSC, artigos 197.° a 270.°-G, sendo curioso notar que, mau grado as partes gerais do Código, que deveriam provocar um certo aligeiramento, ela atinge, hoje, uma extensão superior à da LSQ.

II. A matéria das sociedades por quotas conheceu trabalhos preparatórios muito alongados e completos, que cumpre recordar[563]. Em 1967, foi formada, pelo Governo, uma Comissão destinada a rever a legislação portuguesa sobre sociedades comerciais. RAÚL VENTURA foi incumbido do capítulo das sociedades por quotas: apresentou, sucessivamente, três anteprojectos: a primeira redacção, publicada em 1966[564], a segunda, antecedida por interessante exposição de motivos[565], em 1969[566], e uma

---

[563] Cf. RAÚL VENTURA, *Sociedades por quotas* cit., 1, 2ª ed., 15 ss., onde podem ser confrontados elementos que não eram conhecidos pelo grande público. *Vide*, ainda, JOSÉ ENGRÁCIA ANTUNES, *Direito das sociedades comerciais/Perspectivas do seu ensino* (2000), 58 ss.. Já acima demos uma panorâmica geral sobre esta matéria; retomamo-la, agora, pelo prisma das sociedades por quotas.

[564] RAÚL VENTURA, *Sociedades por quotas de responsabilidade limitada/Anteprojecto – primeira redacção*, BMJ 160 (1966), 75-113: um total de 63 artigos, distribuídos por sete capítulos: definição, capital e quotas de capital, entrada de contribuições, quotas de participação, deliberações dos sócios, gerência e contrato e suas alterações.

[565] RAÚL VENTURA, *Apontamentos para a reforma das sociedades por quotas de responsabilidade limitada*, BMJ 182 (1969), 25-196, já citados; parte deste texto foi utilizada na exposição inserida, inicialmente, em *Sociedades por quotas*, vol. 1.°, sup. cit.

[566] RAÚL VENTURA, *Sociedades por quotas de responsabilidade limitada/Antepro-*

terceira, inédita. Em 1970, o Ministério da Justiça desistiu de uma nova lei geral para sociedades, optando por uma lei autónoma, para as sociedades por quotas. RAÚL VENTURA apresentou uma nova redacção do anteprojecto, elaborada nesse sentido, inédita. VAZ SERRA foi incumbido da revisão desse anteprojecto, tendo produzido um trabalho notável, nas palavras de RAÚL VENTURA: mas inédito[567].

III. O processo foi interrompido pela Revolução de 1974-75, tendo sido retomado, depois dele, pela equipa de FERRER CORREIA[568]: FERRER

---

jecto – segunda redacção, BMJ 182 (1969), 197-247: um total de 81 artigos, em dez capítulos, salientando-se, como acrescento em relação à primeira redacção, um capítulo sobre suprimentos, outro sobre o direito dos sócios à informação e, finalmente, um terceiro sobre sociedades limitadas por garantia.

[567] Trata-se de elementos relatados em RAÚL VENTURA, *Sociedades por quotas* cit., 1, 2ª ed., 15.

[568] Cf., a esse propósito, o discurso de ANTÓNIO DE ALMEIDA SANTOS, mais precisamente *Discurso de S. E. o Ministro da Justiça na posse dos Presidentes das Comissões encarregadas de preparar a revisão dos Códigos Civil, de Processo Civil, Penal, de Processo Penal e Comercial, em 10-Jan.-1977*, BMJ 263 (1977), 5-24, onde, depois de se afirmar que o Código Comercial "... é hoje uma delida manta de retalhos" (22), lê-se – *idem*, 22:

> Centralizado na pessoa do comerciante individual, a pensar no sólido ourives da praça do Porto, ou no conceituado retalhista da Rua dos Correeiros, há-de o velho Código de Veiga Beirão transfigurar-se num Código tendo por núcleo a empresa, tal como o direito comercial moderno a configura.

Enquanto decano das personalidades nomeadas para as Comissões caberia a FERRER CORREIA responder: *Discurso na posse dos Presidentes das Comissões encarregadas da reforma do Código Civil, do Processo Civil, Penal, de Processo Penal e Comercial, em 10-Jan.-1977*, BMJ 263 (1977), 25-34, dizendo – ob. cit., 27 – a propósito do Código Comercial:

> Relíquia venerável das codificações oitocentistas, fruto de um modo de conceber o direito comercial há muito ultrapassado, na doutrina e na legislação, o Código é um instrumento obsoleto, de todo inapropriado para satisfazer os interesses do sector da vida económica a que especificamente respeita.

Subsequentemente (26) e referindo ORLANDO DE CARVALHO, FERRER CORREIA não deixa de notar que o "novo" Direito comercial não se esgota na empresa.

Como se vê, a reforma do Direito comercial ficaria bem aquém do previsto, sendo certo que, 30 anos depois, o Código VEIGA BEIRÃO continuava em vigor. A intervenção de ALMEIDA SANTOS suscitaria, anos depois, uma reacção viva de FERNANDO OLAVO; deste Autor, cf. *Alguns apontamentos sobre a reforma da legislação comercial*, BMJ 293 (1980), 5-22 (13).

Correia, Lobo Xavier, Maria Ângela Coelho e António Caeiro. Devem-se-lhes mais dois anteprojectos: uma primeira redacção, concluída em 1976 e uma segunda, de 1977, acompanhada de vastas justificações[569], de que há, ainda, uma versão revista[570]. Os próprios Autores esclarecem que este trabalho teve, por base, o anteprojecto de Vaz Serra.

Finalmente, em 1981, Raúl Ventura regressaria à ideia da Lei geral das sociedades, apresentando, ao Ministro da Justiça, um primeiro anteprojecto.

Este documento foi revisto por uma comissão presidida pelo Ministro, Menéres Pimentel e composta, ainda, por Fernando Olavo, Raúl Ventura e António Caeiro. Desta revisão resultou o Projecto[571]. Novas revisões precederam, ainda, a final publicação do Código, no qual se contêm as sociedades por quotas.

IV. Os trabalhos preparatórios foram influenciados, fundamentalmente:

- pela própria Lei de 11 de Abril de 1901;
- pela prática subsequente, seja à luz da jurisprudência, seja à luz das soluções estatutariamente consignadas;
- pela doutrina e pela prática alemãs: mais do que pela italiana, sempre pouco desenvolvida quanto a sociedades por quotas;

---

569 A. Ferrer Correia/Vasco Lobo Xavier/Maria Ângela Coelho/António A. Caeiro, *Sociedades por quotas de responsabilidade limitada/Anteprojecto de lei – 2ª redacção e exposição de motivos*, RDE 3 (1977), 153-224 e 349-423 e RDE 5 (1979), 111-141. Há separata: cita-se por esta última. Note-se, ainda, que o próprio Ferrer Correia, *As sociedades por quotas de responsabilidade limitada segundo o Código das Sociedades Comerciais*, ROA 1987, 659-700 (662, 664 e *passim*), reporta-se a este documento como "projecto de Coimbra". Normalmente, ele é referido como o anteprojecto Ferrer Correia.

570 A. Ferrer Correia e outros cit., 2ª redacção revista, RDE 5 (1979), 142-200. Esclarece-se, aí, que a revisão resultou duma Comissão à qual pertenceram, ainda, César Abranches e Alberto Pimenta, Comissão essa que teria tido em conta as observações de Raúl Ventura; cf. RDE 5 (1979), 142, nota 1.

571 *Código das Sociedades (Projecto)*, BMJ 327 (1983), 45-339, antecedido por breve nota preambular de José Manuel Menéres Pimentel, então Ministro da Justiça, onde se dá conta destes eventos – BMJ 327 cit., 43-44.

– pelo (então) anteprojecto da "grande reforma" alemã das sociedades: um *Regierungsentwurf* de 1971/73, muito citado pelo Prof. RAÚL VENTURA e que atingiu tais níveis de perfeccionismo que acabou por ser rejeitado, dadas as complicações a que iria conduzir[572].

O *Regierungsentwurf* alemão, em conjunto com as outras fontes e com os cuidados postos na reforma – que chegou a alcançar seis anteprojectos! – explicarão a natureza cinzelada e complexa do regime que ficaria consignado no texto final. Temos uma boa notícia para a Ciência do Direito; mas uma nova discutível para a prática e para as necessidades das mais de 300.000 sociedades por quotas portuguesas que convivem com a lei vigente.

96. **O projecto**

No projecto, as sociedades por quotas surgiam nos artigos 197.° a 271.°[573]. O confronto com a versão final da lei revela algumas diferenças de tipo sistemático. Assim, no projecto, encontramos a seguinte arrumação da matéria:

Capítulo I – Características e contrato (197.° a 201.°);
Capítulo II – Quotas (202.° a 222.°);
Capítulo III – Obrigações e direitos dos sócios (223.° a 239.°);
Capítulo IV – Alteração do contrato (240.° a 244.°);
Capítulo V – Exoneração e exclusão de sócios (245.° e 246.°);
Capítulo VI – Publicidade dos actos sociais (247.° e 248.°);
Capítulo VII – Deliberação dos sócios (249.° a 254.°);
Capítulo VIII – Gerência e fiscalização (255.° a 265.°);
Capítulo IX – Apreciação anual da situação da sociedade (266.° e 267.°);
Capítulo X – Contrato de suprimento (268.° a 270.°);
Capítulo XI – Dissolução da sociedade (271.°).

---

572 HERBERT GRZIWOTZ, no *Münchener Handbuch* cit., 3, 2ª ed., § 1, Nr. 23 (6): este projecto chegou a atingir os 300 parágrafos! A (sobre)vivência do *Regierungsentwurf* no Direito português é uma curiosidade que a doutrina alemã desconhece.

573 BMJ 327, 160-203.

Não foi publicado um relatório justificativo, nem dada conta da via por que se chegou a este texto[574].

97. O Código

I. Na passagem do projecto para o Código, as alterações foram escassas. De todo o modo, delas damos conta, no geral[575].

Houve, desde logo, uma rearrumação sistemática, nem sempre ideal: a anteposição das quotas às obrigações e direitos dos sócios, tal como estava no projecto, era preferível.

Verificaram-se, de seguida, diversas correcções formais, nem sempre para melhor.

II. Nos aspectos de fundo, podemos apontar algumas preocupações no sentido de dar mais solidez às sociedades por quotas. Por exemplo:

– o projecto previa um capital social mínimo de 300.000$00; no Código, ficariam 400.000$00 – artigo 201.°;
– o projecto admitia o diferimento da realização das entradas em 50% (223.°/2); o Código manteve essa linha, mas desde que a parte realizada atingisse o capital mínimo previsto por lei (202.°/2).

III. Uma vez aprovado, o Código conheceu diversas alterações com relevo no domínio das sociedades por quotas. Assim, e apenas no que, a estas, diz respeito:

– o Decreto-Lei n.° 280/87, de 8 de Julho, alterou os artigos 202.°, 217.°, 219.°, 247.°, 248.°, 250.° e 260.°;
– o Decreto-Lei n.° 261/95, de 3 de Outubro, incidiu nos artigos 209.°, 250 e 267.°;
– o Decreto-Lei n.° 257/96, de 31 de Dezembro, veio alterar os artigos 219.° e 250.°, revogar o artigo 264.° e aditar os artigos 260.°-A e 270.°-A a 270.°-G;

---

[574] Os elementos mais pormenorizados conhecidos ainda são os que nos dá RAÚL VENTURA; mas, neste ponto, são omissos; cf. a sua *Sociedades por quotas* cit., 1, 2ª ed., 16, referindo apenas "duas outras revisões, sendo Ministros da Justiça RUI MACHETE e MÁRIO RAPOSO".

[575] Uma análise ponto por ponto, que está por fazer, exigiria o confronto com a versão original do Código das Sociedades Comerciais: DR I Série, n.° 201, de 2-Set.-1986, 2293-2385 (2328/II a 2342/I).

– o Decreto-Lei n.° 343/98, de 6 de Novembro, deu nova redacção aos artigos 201.°, 204.°, 218.°, 219.°, 238.°, 250.° e 262.°;
– o Decreto-Lei n.° 36/2000, de 14 de Março, modificou os artigos 270.°-A e 270.°-D;
– o Decreto-Lei n.° 237/2001, de 30 de Agosto, reformou os artigos 202.°, 219.° e 221.°;
– o Decreto-Lei n.° 76-A/2006, de 29 de Março: interveio nos artigos 200.°, 202.°, 219.°, 221.°, 225.°, 226.°, 228.°, 230.°, 231.°, 237.°, 240.°, 266.° 267.°, 268.°, 270.°-A, 270.°-C, 270.°-D e 270.°-F e acrescentou os artigos 242.°-A a 242.°-F;
– o Decreto-Lei n.° 8/2007, de 17 de Janeiro: atingiu os artigos 242.°-B e 242.°-F, recém-introduzidos.

Ao longo da exposição subsequente, iremos encontrar o sentido das diversas alterações. Recomenda-se vivamente aos estudiosos do Direito da sociedades que, a propósito de cada preceito, verifiquem cuidadosamente qual a redacção em vigor. Além disso, há que jogar sempre com as leis relativas à aplicação das leis no tempo.

98. Apreciação geral

I. As sociedades por quotas deveriam constituir a fórmula de eleição para as iniciativas patrimoniais que não estejam directamente ligadas ao pequeno comércio industrial. Praticamente, elas cobrem todo o tipo de actividades, podendo falar-se na sua popularização.

Em tais condições, haveria que dispensar-lhes um tratamento simples, claro e flexível.

II. O Direito português das sociedades por quotas, mercê dos factores acima apontados[576], apresenta, porém, uma complexidade excessiva. Logo na preparação do competente anteprojecto, assistiu-se a uma disputa de escolas, com sucessivos documentos de elaboração distinta. Mantiveram-se, até tarde, indefinições políticas: quanto à opção por um Código das Sociedades Comerciais ou por uma Lei de Sociedades por Quotas.

[576] *Supra*, 239 ss..

Fica por explicar a substituição da lei de 1901: afinal, na Alemanha, a Lei de 1892 conserva-se, até hoje, com poucas alterações[577].

III. Teria sido possível um Código mais simples, melhor arrumado e, no tocante às sociedades por quotas, de maior acessibilidade. O tema põe mesmo em causa a excelência de um Código das Sociedades Comerciais: as inevitáveis dúvidas que surgem na articulação da parte geral com as partes especiais e as remissões e transposições entre os diversos tipos societários fazem, da matéria, uma disciplina só acessível a juristas especializados. Ora as sociedades por quotas poderiam ser tratadas num Código sintético mas preciso, dirigido a gestores e a pequenos e médios empresários.

A inevitável simplificação acabará por vir através de exigências comuntiárias[578].

99. **Bibliografia e aplicação**

I. Sobre sociedades por quotas existe, entre nós, alguma bibliografia, em especial se fizermos a comparação com as sociedades em nome colectivo. Particularmente impressiva é a obra do Prof. RAÚL VENTURA, antes e depois de 1986[570]. São de referência obrigatória os três volumes sobre sociedades por quotas, por ele publicados em comentário ao Código das Sociedades Comerciais[580]. Além disso e descontando as referências em obras gerais, encontramos apoio em anotações ao Código das Sociedades Comerciais, com relevo para a de ABÍLIO NETO[581]. Seguem-se numerosas monografias sobre pontos específicos[582].

577 KARSTEN SCHMIDT, *Gesellschaftsrecht*, cit., 4ª ed., 987 e SCHMIDT-LEITHOFF, em ROWEDDER/SCHMIDT-LEITHOFF, *GmbHG* cit., 4ª ed., Nr. 4 (39).

578 *Direito europeu das sociedades*, 94 ss., onde pode ser confrontado o texto da Comunicação da Comissão de 21-Mai.-2003, sobre a modernização do Direito das sociedades.

579 *Vide* os escritos de RAÚL VENTURA, na bibliografia final.

580 RAÚL VENTURA, *Sociedades por quotas*, 1, 2ª ed. (1989), 771 pp., 2 (1989), 309 pp. e 3 (1991), 236 pp.: um total superior a 1300 pp., com muitos elementos de Direito comparado.

581 ABÍLIO NETO, *Código das Sociedades Comerciais*, 3ª ed. (2005), 394-627.

582 *Vide*, *infra*, a bibliografia geral.

II. A aplicação da matéria relativa às sociedades por quotas é muito rica. Trata-se, a larga distância, do tipo societário mais praticado em Portugal. Se nos reportarmos aos números mais recentes, encontramos, sem incluir as sociedades por quotas unipessoais[583]:

ano	número	trabalhadores	volume de negócios[584]
2000	237.158	1.566.192	22.511
2001	267.036	1.569.978	24.222
2002	267.333	1.731.157	124.222
2003	287.373	1.753.471	122.557
2004	292.686	1.688.634	126.994

Adiante-se que, a estes números, ainda haveria que somar as sociedades unipessoais por quotas[585] as quais, em 2004, tinham os seguintes indicadores:

número	trabalhadores	volume de negócios[586]
35.198	96.805	7.752

Finalmente, teríamos ainda de lidar com as sociedades civis sob forma comercial que, na sua grande maioria, são sociedades por quotas. Em 2004, temos as variáveis que seguem:

número	trabalhadores	volume de negócios[587]
2.060	8.058	528

No seu conjunto, as sociedades por quotas equivalem hoje, em Portugal, a mais de 80% de todas as pessoas colectivas, assegurando quase 65% do emprego por elas dispensado: dão trabalho a cerca de 1.800.000 pessoas. Elas movimentam, como volume de negócios, qualquer coisa

[583] Segundo números fornecidos pelo INE.
[584] Em milhões de contos, até 2001 e em milhões de euros, de 2002 em diante.
[585] Quanto à evolução das sociedades unipessoais por quotas, *vide infra*, 456.
[586] Em milhões de euros.
[587] Em milhões de euros.

como 135.274 milhões de euros: quase metade da cifra atingida por todas as pessoas colectivas.

III. A jurisprudência confirma este papel dominante. À luz do Código de 1986, contamos mais de duzentos acórdãos publicados sobre questões de sociedades por quotas. Com base nas bases de dados disponíveis, a cifra vai para a ordem do milhar. Podemos adiantar que o desenvolvimento teórico e académico das sociedades por quotas fica, neste momento, muito aquém do seu interesse prático: um ponto a rever, nos próximos anos.

CAPÍTULO II

O CONTRATO DE SOCIEDADES POR QUOTAS

§ 27.° CELEBRAÇÃO E CONTEÚDO

100. As partes; unipessoalidade e constituição não negocial

I. Podem ser partes em contrato de sociedade por quotas todas as pessoas: singulares ou colectivas. Dada a natureza da responsabilidade limitada, desaparecem aqui as prevenções relativas às sociedades em nome colectivo, que apresentam especificidades no tocante à participação dos cônjuges (8.°/1) ou à aquisição de posições em sociedades de responsabilidade ilimitada, a autorizar pelo contrato (11.°/1). A acessibilidade das sociedades por quotas é uma da suas vantagens[587].

II. A lei não fixa um número necessário de sócios. Deverá ser o mínimo de dois (7.°/2). A lei admite sociedades unipessoais por quotas, no termo de uma evolução abaixo referida[588]. Segundo o artigo 270.°-A:

> 1. A sociedade unipessoal por quotas é constituída por um sócio único, pessoa singular ou colectiva, que é titular do capital social.

Todavia, a sociedade unipessoal por quotas corresponde a um tipo específico ou subtipo, com regras próprias, incluindo uma firma onde figure, antes de "Limitada" ou "Lda.", a palavra unipessoal (270.°-C). Resta concluir que, a menos que se haja optado por uma sociedade unipessoal, com firma e regras próprias, estatutos adoptados e regras específicas, a

---

[588] Quanto à formação das sociedades por quotas: LUTZ MICHALSKI, no MICHALSKI/ /*Kommentar* cit., 1, 633 ss..

[589] *Infra*, 461 ss..

sociedade por quotas deve constituir-se com, pelo menos, dois sócios. E deverá mantê-los. Quando reduzidas a um único, temos:

– ou se trata de pessoa colectiva pública ou entidade equiparada, altura em que a situação pode manter-se – 142.°/1, *a*);
– ou recompõe a pluralidade no prazo de um ano – *idem*;
– ou é transformada em sociedade unipessoal por quotas, nos termos do artigo 270.°-A/3;
– ou é dissolvida administrativamente – 142.°/1, *a*).

III. Mercê do antigo princípio da especialidade[590], o artigo 11.°/5 ainda consagra a regra segundo a qual:

> O contrato pode ainda autorizar, livre ou condicionadamente, a aquisição pela sociedade (...) de participações em sociedades com objecto do acima referido (...).

Sendo que o "objecto acima referido" é o da própria sociedade potencial adquirente. Pareceria resultar daqui uma limitação quanto à possibilidade de ser parte em sociedades por quotas: a ser uma sociedade, ela teria de ter o mesmo objecto. Mas há dois mecanismos correctivos:

– a capacidade da sociedade corresponde aos direitos e às obrigações necessários ou convenientes à prossecução do seu fim (6.°/1): ora como apenas os sócios podem determinar o que é "necessário ou conveniente", todas as situações são compagináveis;
– na hipótese académica de se optar por uma aquisição que, de todo, nada pudesse ter de útil, bastaria que ela tivesse operado por deliberação unânime dos sócios ou que não sobreviesse qualquer oposição em 30 dias: ela consolidar-se-ia equivalendo, na prática, a uma automática modificação dos estatutos.

IV. Para além do já referido fenómeno da unipessoalidade, é ainda possível a constituição não-contratual de sociedades por quotas:

– por diploma legal;
– por decisão judicial, quando a constituição de uma sociedade ocorra no âmbito de um plano de insolvência;

590 *Manual*, 331.

– por decisão administrativa, quando o Estado opte pela constituição, *a solo*, de uma sociedade por quotas.

A lei portuguesa não põe limites ao número de sociedades por quotas de que se possa ser sócio.

101. A forma e o registo

I. As sociedades por quotas seguem o regime geral da redução a escrito com as assinaturas dos subscritores reconhecidas presencialmente, salvo se forma mais solene for exigida, para a transmissão de bens com que os sócios entrem para a sociedade (7.°/1, na redacção dada pelo Decreto-Lei n.° 76-A/2006, de 29 de Março), a qual deve ser precedida pela obtenção do certificado de admissibilidade da firma (54.°/1, do RNPC). Adquirem a personalidade plena pelo registo (5.°).

Fácil no papel, este sistema era, na prática, o mais burocratizado da Europa. Em Lisboa e no ano da graça de 2006, continuava a esperar-se meses por qualquer registo comercial. A isso poderíamos acrescentar semanas pelo certificado de admissibilidade de firma. Apenas a situação dos notários melhorara, devido à privatização: tudo depende, agora, dos bons conhecimentos de cada um. Mantém-se pois uma grande expectativa em torno da reforma de 2006, que aboliu a necessidade de escritura pública.

II. As enormes delongas na constituição de sociedades, particularmente no tocante ao tipo popularizado das sociedades por quotas, foram objecto de sucessivas representações aos Governos. Finalmente, em 2005, houve novidade: veio facultar-se, em certos casos, a constituição de sociedades em 24 horas. Vamos ver[591].

[591] A simplificação do processo de formação das sociedades está na ordem do dia, na Alemanha, tendo ocasionado algumas medidas em Itália; cf. FULVIO ASTOLFI/ALESSANDRO NAPOLITANO/PAOLO RICCI, *La semplificazione del diritto societario* (2001), 232 pp.; todavia, a experiência portuguesa é a mais conseguida.

102. A constituição imediata (reforma de 2005)

I. O Decreto-Lei n.° 111/2005, de 8 de Julho, teve, em *Diário da República*, um sumário mediático[592]:

> Cria a "empresa na hora", através de um regime especial de constituição imediata de sociedades, alterando o Código das Sociedades Comerciais, o Regime do Registo Nacional de Pessoas Colectivas, o Código do Registo Comercial, (...)

A ideia subjacente ao Diploma surge no preâmbulo, de que vamos reter os troços mais significativos[593]:

> O desenvolvimento da competitividade (…) pressupõe que se realize um forte esforço de eliminação de actos e práticas inúteis, evitando que os cidadãos e as empresas sejam onerados com actividades burocráticas que nada acrescentem e não constituam uma mais-valia. Para o efeito, os serviços do Estado devem oferecer uma resposta ágil, rápida e desburocratizada.

E prossegue:

> No processo de constituição de sociedades comerciais, a actividade do Estado deve limitar-se ao essencial para garantir a segurança da actividade das empresas e das transacções comerciais. A constituição de sociedades comerciais não deve ser permeável à existência de burocracias e actos enraizados pelas práticas e por métodos que não constituam um valor acrescentado em função da protecção daqueles valores.

II. A receita para este desafio é adiantada, ainda no mesmo preâmbulo. Diz ele:

> Os interessados na constituição de uma sociedade comercial podem, assim, dirigir-se a uma destas conservatórias manifestando a intenção de constituir a empresa, bastando-lhes acolher uma das firmas pré-aprovadas à sua disposição e escolhendo o pacto ou acto constitutivo previamente aprovado e certificado pelos serviços de registos e notariado.

---

592 DR I Série, n.° 130, de 8-Jul.-2005, 4186.

593 *Idem*, 4198/I.

Acrescentando:

> A conservatória do registo comercial assegurará a comunicação e as formalidades subsequentes a todas as entidades que devam ser notificadas da constituição da sociedade, sem que os interessados fiquem onerados com tal tarefa o que constitui um importante elemento de desburocratização (...).

III. O próprio diploma – o Decreto-Lei n.° 111/2005, de 8 de Julho – abrange 28 artigos, repartidos por quatro capítulos:

Capítulo I – Regime especial de constituição imediata de sociedades (1.° a 16.°);
Capítulo II – Alterações legislativas (17.° a 24.°);
Capítulo III – Pontos de atendimento e informação obrigatória (25.° e 26.°);
Capítulo IV – Disposições finais e transitórias (27.° e 28.°).

Anote-se que os artigos 8.° e 25.° foram alterados pelo artigo 37.° do Decreto-Lei n.° 76-A/2006, de 29 de Março.

Interessa-nos, de modo particular, o capítulo I. O regime especial de constituição imediata dirige-se:

- às sociedades comerciais e civis sob forma comercial do tipo por quotas e anónima (1.°);
- ficando excluídas (2.°):
  - sociedades cuja competência dependa de autorização especial: pensa-se no caso da banca e dos seguros, cujas instituições se sujeita a autorização do Banco de Portugal e do Instituto de Seguros de Portugal;
  - sociedades cujo capital seja realizado com recurso a entradas em espécie;
  - sociedades anónimas europeias[594].

Na verdade, só as sociedades por quotas e as anónimas podem atingir um nível de normalização que torne viável o esquema da "concretização imediata".

[594] Quanto a estas: *Direito europeu das sociedades*, 855 ss. e 972 ss..

IV. A aplicação do regime da constituição imediata de sociedades tem, como pressuposto, que se eliminem todas as delongas relativas à admissibilidade da firma e às discussões com o notário. Assim:

– quanto à firma: ou se opta por uma expressão de fantasia criada e reservada a favor do Estado – 3.°, *a*), 1ª parte – a escolher numa bolsa de firmas reservadas a favor do Estado (15.°); ou se apresenta logo um certificado de admissibilidade do RNPC – *idem*, 2ª parte[595];
– quanto ao pacto: adopta-se um modelo aprovado pelo Director-Geral dos Registos e Notariado – 3.°, *b*).

V. Quanto a aspectos processuais, observa-se o seguinte:

– o processo de constituição imediata é da competência das conservatórias do registo comercial, independentemente da sede da sociedade constituenda (4.°/1); o procedimento pode ser promovido, também, nos centros de formalidades de empresas ou CFE (4.°/2):
– a tramitação deve iniciar-se e concluir-se no mesmo dia, em atendimento presencial único (5.°);
– principia-se pela escolha da firma e do modelo do pacto ou acto constitutivo (6.°/1), prosseguindo depois da verificação inicial da identidade, da capacidade e dos poderes de representação dos interessados para o acto (6.°/2);
– quanto a documentos, são exigidos:
  – os comprovativos da identidade, capacidade e poderes de representação (7.°/1);
  – a demonstração do depósito legal ou a declaração, sob a sua responsabilidade, que será realizada no prazo de cinco dias úteis (7.°/2);
  – a entrega (facultativa) imediata da declaração de início de actividade para efeitos fiscais (7.°/3), sendo advertidos de que, quando a não façam, o deverão fazer no serviço competente e no prazo legal (7.°/4);
  – os serviços notificam ainda, por via electrónica, a segurança social (7.°/5).

595 O que significa que se desiste, neste ponto, da "constituição imediata".

VI. Feita a verificação inicial da identidade, da capacidade e dos poderes de representação dos interessados, o serviço competente procede às diversas operações seriadas nas 9 alíneas do artigo 8.°/1, a concluir com a emissão e entrega do cartão de identificação de pessoa colectiva e com a comunicação, aos interessados, do número de identificação da segurança social.

Tudo isso se processa dentro do princípio da legalidade: o conservador deve recusar a titulação, nos casos previstos no artigo 9.° e que se prendem com omissões, vícios ou deficiências que prejudiquem o acto, seguindo-se o regime de impugnação dos artigos 98.° e seguintes do CRegCom (9.°).

VII. São possíveis determinados aditamentos à firma seleccionada (10.°). O direito ao uso da firma caduca se o procedimento for interrompido por causa imputável aos interessados (11.°).

Concluído o procedimento, o serviço competente entrega de imediato, aos representantes da sociedade e a título gratuito, uma certidão do pacto ou acto constitutivo e do registo deste último, bem como o recibo comprovativo dos encargos pagos (12.°).

E ainda o serviço competente procede, depois, e no prazo de 24 horas às diversas diligências subsequentes (13.°/1): publicações legais, remessa para as finanças da declaração de início de actividade, informações à Direcção-Geral do Trabalho e à Segurança Social e outras.

VIII. O Decreto-Lei n.° 111/2005, de 8 de Julho, alterou uma série de diplomas, com relevo para o Código das Sociedades Comerciais[596], para o RNPC[597] e para o Código de Registo Comercial[598].

IX. O novo esquema de constituição de sociedades por quotas (e anónimas) foi colocado em experimentação. Durante um período a fixar por portaria, ele passará a funcionar (apenas) nas Conservatórias do Registo Comercial de Aveiro, Coimbra, Moita e Barreiro e nos CFE de Aveiro e de Coimbra.

Diversos aspectos foram regulados por Portaria n.° 590-A/2005, de 14 de Julho. Subsequentemente: a Portaria n.° 811/2005, de 12 de Setembro

[596] Artigos 10.°, 100.°, 167.° e 171.°.

[597] Artigos 18.°, 32.° a 34.°, 53.°, 54.°, 56.° e 64.°.

[598] Artigos 14.°, 51.°, 55.°, 62.°, 70.° e 71.°.

fixou o período experimental até 31-Dez.-2005; o Despacho n.° 1034/2005, de 11 de Novembro, alargou o círculo de conservatórias e de centros de formalidades de empresas onde pode ser levada a cabo a constituição imediata[599] e o Despacho n.° 292/2006, de 15 de Março, procedeu a novo alargamento[600].

X. Num País visceralmente céptico em relação a novidades que venham do Estado, o esquema das empresas na hora obteve algumas críticas na comunicação social. Verberou-se, em especial, a não intervenção de advogados e os riscos de afunilamento nos locais onde o novo processo foi posto em vigor.

Apenas há que desejar que o esquema funcione, na prática. Em abstracto, ele é totalmente viável, graças à informática. Constitui um excelente progresso que honra os seus autores. E poderá operar como um exemplo para outros actos da vida privada, patrimonial e, até, pessoal.

103. **A constituição *on line* (reforma de 2006)**

I. A modernização da constituição de sociedades prosseguiu com o Decreto-Lei n.° 125/2006, de 29 de Junho: permitiu a criação de sociedades pela *Internet*. Para o efeito, usa-se um sítio do Ministério da Justiça[601], mantido pela Direcção-Geral dos Registos e do Notariado[602], com as diversas funções referidas no artigo 3.°/1. O regime de constituição *on line* não é aplicável às sociedades cujo capital seja realizado em espécie, de tal modo que se exija forma mais solene do que a escrita; tão-pouco se aplica às sociedades anónimas europeias (2.°).

II. O pedido é formulado *on line,* envolvendo os actos alinhados no artigo 6.°. Aí destacamos a opção por uma firma de fantasia precisamente criada e reservada pelo Estado e a opção por um pacto-modelo ou por pacto enviado pelo interessado. Os encargos são pagos por via electrónica, havendo ainda que remeter os elementos necessários.

[599] DR II Série n.° 229, de 29-Nov.-2005, 16661-16662.

[600] DR II Série n.° 61, de 27-Mar.-2006, 4492-4493.

[601] Cujo endereço é www.empresaonline.pt.

[602] O sítio é regulado pela Portaria n.° 657-c/2006, de 29 de Junho.

O pedido é apreciado pelo serviço competente (11.°): estando tudo em ordem, ele procede à inscrição no RNPC e a todas as demais formalidades (12.°). Esta reforma só pode merecer apoio.

104. **O conteúdo**

I. O conteúdo do contrato de sociedade por quotas deve obedecer ao disposto no artigo 9.°/1: o preceito que rege, em geral, a matéria. E como as sociedades por quotas se aproximam do modelo nuclear tido em conta pelo legislador, na Parte I, compreende-se que pouco mais haja a acrescentar àquele preceito.

II. Nessas condições, o artigo 199.° limita-se a especificar como elementos a incluir no contrato:

– o montante de cada quota de capital e a identificação do respectivo titular;
– o montante das entradas efectuadas por cada sócio no contrato e o montante das diferidas.

Perante o artigo 199.°, *a*), resultará sempre, do contrato de sociedade por quotas, a identidade dos diversos sócios. Trata-se de um elemento que aproxima este tipo das sociedades de pessoas: as sociedades anónimas limitam-se a especificar o número total das acções.

III. Para além dos elementos necessários, o contrato pode conter cláusulas eventuais, algumas das quais típicas. Assim:

– a obrigação de prestações acessórias (209.°/1);
– a permissão de prestações suplementares (210.°/1), fixando as suas coordenadas (210.°/3);
– a regulamentação do direito à informação (214.°/2);
– regras quanto aos lucros (217.°/1);
– regras quanto à transmissão por morte (225.°/1 e 226.°/1);
– regras quanto à cessão de quotas (229.°);
– permissão para amortização de quotas (232.°/1);
– os casos de exoneração (240.°/1) e de exclusão do sócio (241.°/1);
– a competência da assembleia geral (296.°/2);

– a exclusão do voto escrito (247.°/2);
– a presidência da assembleia geral (248.°/4);
– a possibilidade de a cada cêntimo do valor nominal da quota competirem dois votos (250.°/1);
– a designação dos gerentes (252.°/2);
– a permissão de concorrência, por parte dos gerentes (254.°/1);
– a natureza gratuita da gerência (255.°/1) ou o facto de ela estar indexada aos lucros (255.°/3);
– a exigência de maioria qualificada para a destituição dos gerentes (257.°/2);
– o direito especial à gerência (257.°/3);
– a competência da gerência (259.°);
– o funcionamento da gerência plural (261.°/1);
– a existência de um conselho fiscal (262.°/1);
– a exigência de uma maioria superior a $^3/_4$ para as alterações ao contrato (265.°/1).

Em todos estes casos há um regime supletivamente aplicável, na hipótese de nada se dizer no contrato. O Código teria sido mais funcional se tivesse reunido, num preceito ordenado, esta matéria.

De todo o modo, cumpre reter que estamos no campo da autonomia privada[603]. Cabe às partes envolvidas definir, no que a lei não proíba, a ordenação dos seus interesses.

105. A firma

I. Segundo o artigo 200.°:

> 1. A firma destas sociedades deve ser formada, com ou sem sigla, pelo nome ou firma de todos, algum ou alguns dos sócios, ou por uma denominação particular, ou pela reunião de ambos esses elementos, mas em qualquer caso concluirá pela palavra "Limitada" ou pela abreviatura "Lda.".

Este preceito tem toda uma história: importante para a sua exegese. Vamos reconstruí-la em termos sintéticos.

[603] WOLFGANG ZÖLLNER, *Inhaltsfreiheit bei Gesellschaftsverträgen*, em FS 100 Jahre GmbH-Gesetz (1992), 85-125.

II. Na origem temos o elegante artigo 3.° da Lei de 1901, que dispunha[604]:

> As sociedades por quotas, de responsabilidade limitada, adoptarão uma firma, ou uma denominação particular.
>
> § 1.° A firma, quando não individualize todos os sócios, deve conter o nome ou firma de um d'elles. A denominação deve, quanto possível, dar a conhecer o objecto das sociedades.
>
> (...)

Este artigo 3.° devia articular-se com o artigo 23.° e seu parágrafo único, da versão original do Código Veiga Beirão. Aí, tínhamos[605]:

- a firma, correspondente ao nome do comerciante;
- a denominação particular, equivalente a uma qualquer outra designação, própria das sociedades anónimas (sem nome ou sem firma).

As sociedades em nome colectivo tinham firma: necessariamente exibiriam o nome dos seus sócios ou de algum deles[606]; as anónimas não: apenas denominação particular.

Quando adoptadas as sociedades por quotas, o legislador abriu-lhes, à escolha, as duas hipóteses e isso com efeitos práticos:

- ou optavam por uma firma, altura em que a sociedade ficava obrigada pela assinatura de um dos gerentes com a firma social (29.°, § único, da LSQ);
- ou escolhiam a denominação particular obrigando-se, então, quando os actos fossem assinados, em seu nome, pela maioria dos gerentes (30.°, da LSQ).

Esta contraposição, muito clara, veio a ser alterada pelo Decreto n.° 19:638, de 21 de Abril de 1931[607]. Este diploma visou permitir que sociedades em nome colectivo de êxito se pudessem transformar em sociedades anónimas, mantendo o seu "nome" (a firma): o que era proibido pelo § único do artigo 19.° do Código Comercial. Optou, então, por

---

[604] COLP 1901, 97/II. Quanto à firma no âmbito da LSQ, em especial: Raúl Ventura, *A firma das sociedades por quotas*, RFDUL XXII (1968/69), 111-150 (113 ss.).

[605] *Manual de Direito comercial*, 2ª ed., 321 ss..

[606] *Supra*, 152 ss..

[607] DG I Série, n.° 95, de 24-Abr.-1931, 686 = COLP 1931, 518.

revogar esse parágrafo e por alterar o artigo 23.° do Código Comercial, que ficou assim redigido:

> A firma das sociedades anónimas consistirá numa denominação que deverá quanto possível dar a conhecer o seu objecto podendo todavia conter o nome de quaisquer pessoas (…)
>
> § único. Sempre que na lei se fale em "denominação particular de uma sociedade anónima", deverá esta expressão considerar-se equivalente à palavra "firma".

Parece evidente que, na altura, a lei pretendeu abolir a diferença entre "firma" e "denominação particular". "Firma" passaria a exprimir o "nome comercial" de pessoas e de sociedades[608].

III. O Decreto n.° 19:638, de 21 de Abril de 1931, não atentou em que a Lei das Sociedades por Quotas continuava inalterada, aí se mantendo a distinção entre firma e denominação particular. Além disso, a distinção conservava relevo em termos de registo[609]. Gerou-se polémica quanto a saber se a contraposição se mantinha ou não, no Direito português[610]. E o diferendo acabou com uma composição terminológica[611]:

– teríamos a firma em sentido amplo, que abarcaria qualquer designação comercial;
– a qual abrangeria a firma *stricto sensu*, firma-nome ou firma pessoal, composta pelo nome das pessoas e a firma-denominação, reportada a outros elementos, objectivos ou de fantasia.

---

608 BARBOSA DE MAGALHÃES, *Direito comercial*, por JOSÉ LOURENÇO JÚNIOR (1936), 348.

609 *Manual de Direito comercial*, 2ª ed., 324.

610 FERNANDO OLAVO, *Manual de Direito comercial* 1 (1964), 184 ss. e *Direito comercial* 1, 2ª ed. (1970), 287-288. *Vide* CARLOS OLAVO, *A firma das sociedades comerciais e civis sob forma comercial*, em *Estudos em Homenagem ao Professor Doutor Raúl Ventura*, II (2003), 379-419 (383 ss.). Ficou célebre a polémica entre JOSÉ GABRIEL PINTO COELHO e FERNANDO TAVARES DE CARVALHO; deste último: *Das firmas e denominações das sociedades* (1939), 58 pp.; do primeiro, *As firmas e o Decreto n.° 19.638: Resposta ao Dr. Fernando Tavares de Carvalho* (1943), 26 pp.. Ambos esses Autores tiveram, depois, a oportunidade de voltar à liça: TAVARES DE CARVALHO, *As minhas afirmações sobre firmas: depoimento sobre a razão de uma atitude* (1943), 104 pp. e PINTO COELHO, *Lições de Direito comercial*, 1, 3ª ed. (1957), 276, referindo-se a "... um notário de Lisboa ...".

611 *Manual de Direito comercial*, 2ª ed., 324. *Vide* RAÚL VENTURA, *Sociedades por quotas* cit., 1, 2ª ed., 87-88.

Perante isso e dado o artigo 3.° da LSQ, restava concluir que as sociedades por quotas podiam ter ou firma-pessoal ou firma-denominação, com as diferenças de regime daí resultantes.

IV. Na preparação do Código das Sociedades Comerciais, o anteprojecto de VAZ SERRA e o de RAÚL VENTURA limitavam-se a referir a firma das sociedades por quotas, só que com a palavra "responsabilidade limitada" ou "limitada", por extenso ou abreviado; já o de FERRER CORREIA mantinha, explícita, a contraposição entre "firma" e "denominação"[612].

Acabaria por prevalecer a orientação de FERRER CORREIA. As sociedades por quotas têm, todas, firma (em sentido amplo): esta pode derivar do nome ou firma dos sócios ou de denominação particular. Não pode dizer-se que a distinção entre firma ou denominação particular tenha desaparecido: antes se manteve e nos velhos termos.

Simplesmente: durante os anos 80 do século XX sucederam-se as reformas relativas ao registo das pessoas colectivas. Na sequência dessas reformas, estabilizou-se a terminologia[613]:

- firma usa-se para sociedades comerciais, comerciantes individuais e estabelecimentos individuais de responsabilidade limitada;
- denominação cabe a associações, a fundações, a empresários individuais não comerciantes e a sociedades civis puras.

Era (é) lógico e claro. O Código das Sociedades Comerciais não foi sensível a esta evolução clarificadora, mantendo a antiga contraposição, ainda que sem os efeitos de outrora.

V. Na constituição da firma, na sua dogmática e nos meandros relativos à sua natureza, cabe observar as regras gerais[614]. De todo o modo, cumpre ter presente que a generalidade dos problemas que se põem a propósito da firma têm, justamente, a ver com as sociedades por quotas[615].

---

612 RAÚL VENTURA, *Sociedades por quotas* cit., 1, 2ª ed., 86.

613 *Manual de Direito comercial*, 2ª ed., 326 ss..

614 *Idem*, 331 ss..

615 *Vide* HELMUT HEINRICH, *Münchener Handbuch* cit., 3, 2ª ed., § 19, II (257-271), com muitas indicações.

§ 28.° SOCIEDADES POR QUOTAS IRREGULARES

106. **Aspectos gerais; remissão**

Tal como vimos suceder com as sociedades em nome colectivo, também nas sociedades por quotas pode haver situações de irregularidade: por incompleitude ou por vício intrínseco.

Têm aplicação as construções e as soluções gerais já expendidas[616]. Apenas cumpre chamar a atenção para as normas especialmente dirigidas a sociedades por quotas – normas essas que, de resto, constam da parte geral[617].

107. **A sociedade não-registada**

I. A primeira especificidade ocorre na hipótese de uma sociedade por quotas, já formalizada nos termos do artigo 7.°/1, mas ainda não registada, realizar algum negócio[618]. Ou melhor, mantendo a ficção de que tais sociedades não têm personalidade jurídica: de tal negócio ser praticado em seu nome. Nessa eventualidade, segundo o artigo 40.°/1, na parte que agora releva[199]:

---

[616] *Manual*, 473 ss., 490 ss. e 515 ss.; cf. *supra*, 157 ss..

[617] Com larga exposição de matéria geral: Hans-Joachim Priester, no *Münchener Handbuch* cit., 3, 2ª ed., § 15 (177 ss.) e Hans Gummert, *idem*, § 16 (186 ss.).

[618] Cf. Isidora Borges Martinho, *As sociedades comerciais por quotas irregulares* (2001), 33 ss.. Em geral: Götz Hueck, *Vorgesellschaft*, em FS 100 Jahre GmbH-Gesetz (2002), 127-158.

Recordamos que pela reforma de 2006, deixou de se exigir a escritura pública.

[619] Corresponde ao § 11/II do GmbHG; cf. Schmidt-Leithof, em Rowedder/ /Schmidt-Leithof, *GmbHG* cit., 4ª ed., § 11 (361 ss.) e Marcus Lutter/Walter Bayer, em Lutter/Hommelhoff, *GmbH-Gesetz* cit., 16ª ed., § 11 (256 ss.).

> (...) respondem ilimitada e solidariamente todos os que no negócio agirem em representação dela, bem como os sócios que tais negócios autorizarem (...)

Digamos que, dada a falta do registo, a lei reage retirando o privilégio da personalidade colectiva.

Simplesmente, a responsabilidade dos representantes só pode ser subsidiária:

- porque, de outro modo, a sua situação ficaria pior do que na "sociedade por quotas" ainda não formalizada no contrato definitivo; nessa eventualidade, aplicar-se-ia o regime das sociedades civis (36.°/2), o qual prevê que os sócios demandados por dívidas da sociedade possam requerer a prévia excussão do património social;
- porque o resto do preceito, abaixo transcrito, visa precisamente assegurar um fundo social comum: obviamente, para responder pelas dívidas.

II. Ainda segundo o artigo 40.°/2, parte final, na hipótese de negócios praticados em nome de uma sociedade por quotas formalizada mas não registada:

> (...) os restantes sócios respondem até às importâncias das entradas a que se obrigaram, acrescidas das importâncias que tenham recebido a título de lucros ou de distribuição de reservas.

Temos, aqui, uma regra especialmente destinada a assegurar o património social responsável pelas dívidas.

108. **A sociedade inválida**

I. Ocorrendo uma sociedade por quotas[620] e uma vez efectuado o registo definitivo, operam restrições quanto à invalidação[621]. Trata-se de

---

[620] O Direito alemão é omisso quanto à sociedade por quotas inválida (*fehlerhafte Gesellschaft*), o que levanta dificuldades doutrinárias; cf. SCHMIDT-LEITHOF, em ROWEDDER/SCHMIDT-LEITHOF, *GmbHG* cit., 4ª ed., § 2, Nr. 58 (211).

[621] O artigo 42.°/1 fala em "... só pode ser declarado nulo ..."; é óbvio, porém, que a anulação (*a fortiori*), também deve ser visada: ela não é possível fora do aí previsto. *Vide* o *Manual*, 516.

uma exigência do artigo 11.° da 1ª Directriz das sociedades comerciais[622], transposta, para o nosso Direito, pelo Código das Sociedades Comerciais. Recordamos a lista dos vícios que permitem a invalidação – 42.°/1[623]:

a) Falta do mínimo de dois sócios fundadores, salvo quando a lei permita a constituição da sociedade por uma só pessoa;
b) Falta de menção da firma, da sede, do objecto ou do capital da sociedade, bem como da entrada de algum sócio ou de prestações realizadas por conta desta;
c) Menção de um objecto ilícito ou contrário à ordem pública;
d) Falta de cumprimento dos preceitos legais que exigem a liberação mínima do capital social;
e) Não ter sido reduzido a escritura pública o contrato de sociedade.

A acção de declaração de nulidade obedece ao artigo 44.°, concebido sob o signo da tutela do novo ente colectivo[624].

II. O *favor societatis* explica que, segundo o artigo 42.°/2, sejam sanáveis os vícios que decorram da falta ou nulidade da firma e da sede, do valor da entrada de algum sócio e das prestações realizadas por conta desta: por deliberação dos sócios, tomada nos termos estabelecidos para as deliberações sobre alteração do contrato.

III. Quanto a vícios da vontade – o erro, o dolo, a coacção e a usura: podem ser, nas sociedades por quotas, invocados como justa causa de exoneração pelo sócio atingido ou prejudicado, desde que se verifiquem as circunstâncias, incluindo as de tempo, que permitiriam a anulação, pelo Direito civil – 45.°/1. Essa "justa causa" vem somar-se ao elenco do artigo 240.°/1.

Havendo incapacidade: segundo o artigo 45.°/2, o negócio jurídico é anulável em relação ao incapaz.

IV. A 1ª Directriz das sociedades comerciais concede, a estas, uma protecção perante as invalidades, independentemente do registo. O artigo 42.° só se aplica, porém, depois do registo definitivo.

622 *Direito europeu das sociedades*, 127 ss. (133).

623 Cf. Isidora Borges Martinho, *As sociedades comerciais por quotas irregulares* cit., 27 ss..

624 *Manual*, 505 ss..

A sociedade por quotas invalidada fora do que prevê o artigo 11.° da 1ª Directriz – e mercê do artigo 42.°/1 – por não se mostrar registada, traduzirá uma violação concreta daquele diploma comunitário. Os prejudicados pela ocorrência poderão demandar o Estado português pelos danos daí resultantes[625].

[625] *Manual*, 516-517.

§ 29.º O CAPITAL E AS ENTRADAS

109. O capital

I. As sociedades por quotas têm, necessariamente, capital social[626]: um ponto que deriva da sua própria natureza e que surge positivado nos artigos 9.º/1, *f*), 199.º, *a*) e 201.º. Não são admitidas contribuições de indústria – 202.º/1 – assim se fechando o círculo.

O capital mínimo está fixado em 5.000 euros (201.º): esse valor deve ser respeitado aquando da constituição; além disso, o capital não pode, ulteriormente, descer abaixo desse montante.

II. Torna-se curioso acompanhar a evolução do capital social mínimo das sociedades por quotas.

A Lei de 11-Abr.-1901 dispunha, no seu artigo 4.º[627]:

> O capital da sociedade não pode ser inferior a 5 contos de réis e deve corresponder á somma das quotas dos socios.
>
> § 1.º Estas podem ser desiguaes, mas nenhuma pode ser inferior a 100$000 réis, e o seu valor deve ser sempre divisivel por 25$000 réis.
>
> (...)

Os "5 contos de réis", em 1901, equivaliam aos 20.000 marcos exigidos pela lei alemã: uma importância bastante elevada. Segundo SANTOS LOURENÇO,

> A intenção da lei alemã foi tornar inacessivel a sociedade por cotas a emprezas secundarias, e essa intenção predominou na fixação do minimo da Lei, reconhecendo as vantagens praticamente derivadas do sistema alemão.

[626] Tocando nos diversos problemas aqui em jogo: WULF GOETTE, *Aktuelle GmbH--Rechtsprechung: Kapitalaufbringung und Kapitalschutz in der GmbH* (2004), sublinhando as entradas (31), os aumentos (62) e os sucedâneos (84).

[627] COLP 1901, 97/II.

Com a depreciação monetária subsequente à República e à I Guerra Mundial (1914-1918), os "5 contos de réis" de 1901 foram perdendo significado.

Mas apenas em 1961, o Governo, já com ANTUNES VARELA na pasta da Justiça, atendendo ao pedido da Corporação do Comércio, decidiu introduzir alterações na Lei de 1901, designadamente no tocante ao capital mínimo. Fê-lo através do Decreto-Lei n.° 43 843, de 5 de Agosto de 1961[628]. Diz-se, designadamente, no seu preâmbulo, no tocante ao capital das sociedades por quotas[629]:

> O mínimo estabelecido, que é de 5 000$, tornou-se porém, desde 1901 e até hoje, de tal maneira exíguo, em face das sucessivas desvalorizações da moeda, que não pode já exercer a função útil que lhe compete.

Decidiu-se, por isso, elevá-lo: não na medida que resultaria da desvalorização, mas em montante inferior. O artigo 4.° da LSQ recebeu a seguinte redacção[630]:

> Artigo 4.° O capital da sociedade não pode ser inferior a 50 000$ e deve corresponder à soma das quotas dos sócios.
>
> § 1.° Estas quotas podem ser desiguais, mas nenhuma pode ser inferior a 5 000$, e o seu valor deve ser sempre divisível por 250$.

O novo montante não foi aplicado às sociedades anteriormente constituídas[631]. Ele manteve-se até 1986: altura em que 50.000$ já não tinham significado económico.

Na preparação do Código, houve propostas de todo o tipo[632]: RAÚL VENTURA apresentou 60.000$00; VAZ SERRA, 60.000$00; e FERRER CORREIA, cujo anteprojecto é mais recente, 300.000$00, que poderiam baixar para 150.000$00 se se estipulasse a responsabilidade suplementar dos sócios. No projecto, temos 300.000$00; na segunda revisão ministerial chegaram a ser ponderados os 1.000.000$00, "para impedir o acesso de pequenas empresas à estrutura societária"[633]. O Código ficou-se pelos 400.000$00[634] (201.°),

[628] DG I Série, n.° 181, de 5-Ago.-1961, 978-980. Foram alterados os artigos 2.°, 4.°, 5.° e 39.° da Lei de 11-Abr.-1901.

[629] *Idem*, 978/II.

[630] *Idem*, 980/I.

[631] RAÚL VENTURA, *Sociedade por quotas* cit., 1, 2ª ed., 114.

[632] *Idem*, 111 ss..

[633] *Idem*, 113. Quanto ao Projecto: BMJ 327, 162.

[634] DR I Série, n.° 201, de 2-Set.-1986, 2328/I.

não podendo haver quotas inferiores a 20.000$00 e devendo o seu valor ser divisível por 400$00 (219.°/3)[635].

De novo a inflação veio tirar significado prático a tais cifras. O Decreto--Lei n.° 343/98, de 6 de Novembro, a pretexto de fazer a adaptação do Código das Sociedades Comerciais ao euro, alterou, no seu artigo 3.°, entre outros, os artigos 201.° e 219.°/3 e 238.°/1 do Código das Sociedades Comerciais[636], remetendo os valores em jogo, respectivamente, para 5.000 (capital mínimo), 100 (quota mínima) e 50 euros (divisibilidade)[637].

III. A versão inicial do Código de 1986 fixava o capital mínimo, como se viu, em 400.000$00: cerca de 2.000 euros. Porém, ao contrário do que sucedera em 1961, decidiu-se que esse limite se aplicaria a todas as sociedades por quotas: mesmo às anteriormente constituídas. O artigo 512.°, versão inicial, renumerado pelo Decreto-Lei n.° 184/87, de 21 de Abril (artigo 2.°), como artigo 533.°, deu três anos às sociedades anteriores para adequar o seu capital ao novo limite. Caso o prazo fosse ultrapassado, caberia ao Ministério Público requerer a dissolução.

RAÚL VENTURA dá-nos a seguinte explicação para esta aplicação retroactiva[638]: a 2ª Directriz de Direito das sociedades previa, para as sociedades anónimas, um capital mínimo de 25.000 ECUS (6.°/1, 1ª parte), aplicando-se às sociedades já constituídas, ainda que com uma possível dilacção de 18 meses (6.°/2, *in fine*)[639]. Continua RAÚL VENTURA[640]:

> Estabelecida esta regra para as sociedades anónimas, não faria sentido deixar de a aplicar às sociedades por quotas.

Não vemos porquê. A 2ª Directriz aplica-se, apenas, a sociedades anónimas. O legislador português foi – neste ponto como noutros – muito

[635] *Idem*, 2332/II.

[636] DR I Série-A, n.° 257, de 6-Nov.-1998, 5939-5946 (5941/I).

[637] Cf. MENEZES CORDEIRO, *Regime português do euro: um anteprojecto*, RFDUL 2001, 515-531 (521); no âmbito da preparação desse diploma, nós próprios propusemos, para o limite mínimo, não menos de 10.000 euros; todavia, a conveniência em aplicar o diploma às sociedades de pretérito levou à adopção da cifra mais moderada de 5.000 euros. No Direito alemão, o capital mínimo é de 25.000 euros (§ 5/I, do GmbHG); cf. SCHMIDT-LEITHOFF, em ROWEDDER/SCHMIDT-LEITHOFF, *GmbHG* cit., 4ª ed., § 5, Nr. 1 (269-270), com elementos evolutivos.

[638] RAÚL VENTURA, *Sociedade por quotas* cit., 1, 114-115.

[639] *Direito europeu das sociedades*, 186.

[640] RAÚL VENTURA, *Sociedade por quotas* cit., 1, 115.

para além do que o Direito europeu exigiria, ao impor a outros tipos societários soluções boas, apenas, para as anónimas[641]. Melhor teria sido obrigar, *in futurum* e para as sociedades por quotas, a um capital (bastante) mais elevado e evitar incomodar as de pretérito com elevações de capital que, no fundo, são meras exigências de redocumentação burocrática onde se consome muita da energia das nossas empresas.

Resta acrescentar que o artigo 29.° do Decreto-Lei n.° 343/98, de 6 de Novembro, veio determinar a aplicação dos novos limites:

a) No dia 1 de Janeiro de 2002, relativamente às sociedades constituídas em data anterior a 1 de Janeiro de 1999;
b) No dia em que se torne eficaz a opção das sociedades de alterar a denominação do capital social para euros.

A aplicação do artigo 533.° à nova redacção das regras sobre capital mínimo, introduzida pelo Decreto-Lei n.° 343/98 não era clara. Assim, o Decreto-Lei n.° 235/2001, de 30 de Agosto, veio, no seu artigo único, n.° 1[642], determinar que as sociedades que não houvessem procedido ao aumento de capital social até aos montantes mínimos previstos nos artigos 201.° e 276.°/3[643] do Código das Sociedades Comerciais,

(...) devem ser dissolvidas a requerimento do Ministério Público, mediante participação do conservador do registo comercial.

O artigo único previa, porém, uma notificação prévia, a efectuar pela conservatória competente do registo comercial, notificação essa a partir da qual se contariam três meses: última oportunidade para a regularização do capital social, perante a lei nova.

110. As entradas; o diferimento

I. A obrigação de entrada – artigos 20.°, *a*) e 25.° e seguintes – assume, nas sociedades por quotas, algumas particularidades.

Desde logo, não se admitem contribuições de indústria – 202.°/1: as entradas deverão concretizar-se em dinheiro ou em espécie, seguindo-se,

---

641 *Direito europeu das sociedades*, 231.

642 DR I Série-A, n.° 201, de 30-Ago.-2001, 5557-5558 (5558/I).

643 Este preceito reporta-se às sociedades anónimas.

neste último caso, o preceituado no artigo 28.°[644]. Como vimos, na hipótese de se recorrer à constituição imediata prevista no Decreto-Lei n.° 111/2005, de 8 de Julho, apenas as entradas em dinheiro são possíveis[645].

II. O legislador dispensou um especial tratamento à possibilidade de diferimento das entradas[646]. Apenas pode ser diferida a efectivação das entradas em dinheiro desde que estas, no seu conjunto e somadas às eventuais entradas em espécie – que não são diferíveis – perfaçam o capital mínimo fixado na lei.

O artigo 202.°/3 a 5 tem a redacção que resultou, sucessivamente, dos Decretos-Leis n.° 280/87, de 8 de Julho, n.° 237/2001, de 30 de Agosto e n.° 76-A/2006, de 29 de Março. O regime daí resultante é o seguinte:

– a soma das entradas já realizadas deve ser depositada em instituição de crédito[647], numa conta aberta em nome da futura sociedade, até ao momento da celebração do contrato;
– os sócios devem declarar no acto constitutivo, sob sua responsabilidade, que procederam a esse depósito;
– dessa conta só poderão ser feitos levantamentos:

a) Depois do registo definitivo;
b) Depois de celebrado o contrato, caso os sócios autorizem os gerentes a efectuá-los para fins determinados;
c) Para liquidação por inexistência ou nulidade do contrato ou por falta de registo.

De iure condendo, não se justificam estes "depósitos" obrigatórios, hoje reduzidos a mero ritual[648]. Melhor seria admitir, como entradas,

---

644 RAÚL VENTURA, *Sociedades por quotas* cit., 1, 119 ss..

645 *Supra*, 253.

646 Os tipos societários desenvolvem linguagens próprias. No Direito das sociedades por quotas fala-se na assunção da obrigação de entrada e na sua efectivação; no Direito das sociedades anónimas, usa-se subscrição e realização de acções, respectivamente, para exprimir a mesma ideia.

647 Segundo o artigo 543.°, a abertura de contas deveria ocorrer junto da Caixa Geral de Depósitos, até que uma portaria autorizasse a sua realização noutras instituições de crédito. Assim sucedeu com a Portaria n.° 228/92, de 25 de Julho.

648 *Manual*, 590; efectivamente, nada impede que, com expedientes ou sem eles, os sócios recuperem, logo depois da "entrada", o dinheiro que "entregaram" à sociedade. Os próprios bancos podem emprestar o dinheiro necessário pelas horas necessárias à exibição

créditos sobre os sócios, que a sociedade cobraria quando necessário. A alteração de 2001 – portanto: a adoptada pelo Decreto-Lei n.° 237/2001, de 30 de Agosto, retomada pelo Decreto-Lei n.° 76-A/2006, de 29 de Março – veio permitir a substituição do comprovativo do depósito por uma declaração dos sócios, sob sua responsabilidade, de que o depósito existe. Há como que um convite à fraude, numa solução que ficou a meio caminho entre a saída ideal e a existente.

III. De notar que a "inexistência" do contrato – que não constava da redacção inicial do Código – não tem projecção na parte geral. Será um vício específico das sociedades por quotas? Não cremos que a "inexistência" deva ser admitida como vício autónomo[649]. A sua transposição para as sociedades anónimas iria contraditar o artigo 11.°/2 da 1ª Directriz sobre Direito das sociedades[650]. Quanto a sociedades por quotas: embora não haja, nesse domínio, Direito comunitário aplicável, sempre assistiríamos a grave disfunção. Sublinhe-se ainda que, no tocante a sociedades irregulares, o vasto regime legislado nada diz quanto a pretensas inexistências. Há que – também por isso – reconduzi-las à nulidade.

IV. A possibilidade de diferimento das entradas e o montante abrangido devem constar do próprio contrato de sociedade – 199.°, *b*). Compreende-se: trata-se de um ponto sensível, relevante para terceiros e em relação ao qual operam as razões justificativas da exigência de forma para o próprio contrato de sociedade.

Quando as partes optem pelo diferimento, para além da já vista regra de que só podem estar em causa entradas em dinheiro e até metade (202.°/1), há que observar o seguinte – 203.°/1 e 2[651]:

– o diferimento operará a termo;
– tornando-se exigível, em qualquer caso, em cinco anos ou em metade de duração da sociedade, quando inferior;

---

do comprovativo. Finalmente: é cláusula de estilo dizer que os gerentes podem levantar o capital social para as despesas de instalação da sociedade ... o que será feito logo após a escritura.

649 *Tratado* I/1, 3ª ed., 864.

650 *Direito europeu das sociedades*, 133.

651 Raúl Ventura, *Sociedades por quotas* cit., 1, 2ª ed., 135 ss..

– e devendo, salvo acordo em contrário, as prestações dos diversos sócios ser simultâneas e representar fracções iguais do respectivo montante.

V. O diferimento operará a termo: ou é remetido para uma data fixada ou fica dependente de factos certos e determinados[652]. Não se admite um diferimento condicionado (facto futuro e incerto)[653]. Para eventualidades, a lei prevê outros mecanismos, incluindo o próprio aumento de capital, a decidir pelos sócios.

Exigível em cinco anos ou em metade da duração da sociedade, quando seja inferior: uma norma imperativa destinada a prevenir um diferimento sem limites. Esta regra é aplicável quando as partes não fixem prazo algum?

Temos duas soluções em abstracto:

– ou, na falta de qualquer prazo, se entende haver o termo legal supletivo de cinco anos – ou de metade da duração da sociedade, quando inferior;
– ou, nessa mesma eventualidade, se recorre ao regime geral das obrigações sem prazo, presente no artigo 777.°/1, do Código Civil[654]: a sociedade pode solicitar a entrada a todo o tempo ou o sócio pode-se apresentar todo o tempo a efectivá-la; esta solução tem a preferência de Raúl Ventura, com o argumento de que os prazos mínimos operam em benefício da sociedade e não dos sócios[655].

Subjacente à solução Raúl Ventura temos uma contraposição entre o interesse da sociedade e o dos sócios: um ponto complexo e do qual nos parece difícil retirar soluções dogmáticas capazes[656]. O problema deve ser repensado.

Se as partes não indicarem, no contrato, qual o prazo do diferimento, há uma lacuna. Essa lacuna deve ser integrada em termos objectivos, com

---

652 *Tratado* I/1, 3ª ed., 727 ss..

653 Raúl Ventura, *Sociedades por quotas* cit., 1, 2ª ed., 136:

> Uma entrada condicional, embora parcialmente, tornaria inseguro o capital social e, se a condição não se verificasse, tornaria o capital parcialmente fictício.

654 *Direito das obrigações*, 2, 191.

655 Raúl Ventura, *Sociedades por quotas* cit., 1, 2ª ed., 138.

656 *Manual*, 790 ss..

aproximação às regras próprias da interpretação da lei[657]. Teremos de considerar, caso a caso, o que se passa. Assim:

– ou resulta do contrato que as entradas diferidas devem coincidir com determinado evento *certus an*, ainda que *incertus quando*: nessa altura, a integração aproximará, dessa eventualidade, o prazo de efectivação;
– ou apenas emerge que as partes não quiseram vincular-se a nenhuma data, altura em que operam os limites legais máximos: cinco anos ou metade da duração da sociedade.

Estamos no campo da autonomia privada. Esse mesmo regime deve aplicar-se perante entradas condicionadas e, designadamente, perante a condição (potestativa) do "chamamento" da gerência: tal "chamamento" ou é objectivamente justificado (*certus an*) ou tem o limite dos cinco anos ou metade da duração da sociedade.

Quanto à exigência (supletiva) de realização simultânea das entradas diferidas e de percentagens idênticas nessa mesma realização: trata-se do afloramento do princípio do igual tratamento dos sócios.

111. Sócio remisso; tramitação

I. A ocorrência do termo no qual a entrada diferida deva ser verificada – seja pelo decurso do prazo, seja pela verificação do facto *certus an* de que dependa – provoca a exigibilidade fraca da inerente prestação[658]. Há um desvio em relação ao artigo 805.°/1 e 2 do Código Civil: havendo prazo prefixado ou derivando o vencimento de facto *certus an*, a mora deveria ser imediata (*ex re*). A exigência de interpelação cifra-se num *favor socii*, destinado a prevenir que este, por desconhecimento da ocorrência do facto *certus an* ou por esquecimento, entre em mora, desencadeando um sempre desagradável conflito com a sociedade[659]. Aflora, neste ponto, a vertente pessoal das sociedades por quotas. Esse mesmo aspecto surge, ainda, na eficácia diferida da própria interpelação: esta não

[657] E não dos negócios! Cf. o *Manual*, 447 ss. (450).

[658] *Direito das obrigações*, 2, 190-191.

[659] Quanto à necessidade de interpelação: STJ 16-Mai.-1995 (PEREIRA CARDIGOS), Proc. 086581/ITIJ, visitado em 12-Fev.-2006.

provoca o vencimento (forte) imediato da prestação; ela deve fixar um prazo, entre 30 e 60 dias, para o efectivo pagamento. O sócio não é apanhado desprevenido (mínimo de 30 dias) mas também não pode beneficiar de novos e longos diferimentos (máximo de 60 dias).

Os gerentes, verificado o termo, têm o dever de interpelar tão cedo quanto possível ou constituir-se-iam sujeitos do dever de indemnizar a sociedade pelos danos que ocasionarem com a sua omissão.

II. Interpelado, pode o sócio não realizar a prestação no prazo que lhe tenha sido fixado na própria interpelação. Temos a figura do sócio remisso, regulada nos artigos 204.° a 208.°[660]. Repare-se que a mora do sócio na realização da entrada é duplamente grave: põe em causa o próprio ente colectivo e conduz, por via do sistema de responsabilidade subjacente às sociedades por quotas, à responsabilização solidária dos sócios cumpridores.

O artigo 204.°, perante o sócio remisso, prevê a seguinte tramitação:

- o sócio deve ser avisado, por carta registada, que a partir do 30.° dia subsequente à sua recepção, fica sujeito a exclusão e à perda, total ou parcial, da quota: trata-se de um prazo admonitório que corresponde à adaptação do artigo 808.°/1, do Código Civil;
- não sendo o pagamento efectuado nesse prazo, pode a sociedade deliberar excluir o sócio (204.°/2, 1ª parte)[661];
- ou, em alternativa, por sua iniciativa ou a pedido do sócio remisso, pode optar por limitar a perda à parte da quota correspondendo à prestação não efectivada (204.°/2, 3ª parte); a essa parte não é aplicável o artigo 219.°/3 (mínimo de 100 euros), mas ela não pode ser inferior a 50 euros (204.°/3)[662].

III. A exclusão do sócio vem genericamente prevista no artigo 241.°/1: trata-se, aqui e precisamente, de um dos casos previstos na lei, para que a exclusão possa sobrevir.

---

660 Raúl Ventura, *Sociedades por quotas* cit., 1, 2ª ed., 150 ss..

661 A exclusão não é obrigatória: REv 19-Dez.-1985 (Faria e Sousa), CJ X (1985) 5, 227-229 (228/I) e António José Avelãs Nunes, *O direito de exclusão dos sócios nas sociedades comerciais* cit., 97 ss.; ambas estas referências se reportam ao regime vigente sob a LSQ.

662 Redacção do artigo 3.° do Decreto-Lei n.° 343/98, de 6 de Novembro.

Torna-se importante sublinhar que a exclusão do sócio, com a subsequente tramitação legal, não é obrigatória: a sociedade pode optar pelo regime comum de execução da dívida[663]. Tal se infere, designadamente e também, do artigo 207.°/4. A hipótese de exclusão dos sócios remissos não é um mero esquema de execução coactiva da prestação, a funcionar em alternativa ao regime geral (817.° do Código Civil). Pelo contrário: antes afloram, aqui, valores societários próprios das sociedades de pessoas. O sócio remisso está, antes de mais, a quebrar a confiança dos restantes sócios, na prossecução dos fins societários. Não efectivando a obrigação de entrada, ele coloca-se à margem do projecto colectivo, podendo ser excluído. Mas isso passa por uma concreta avaliação do sucedido: donde a exigência de deliberação dos sócios – 246.°/1, *c*) – deliberação essa em que o próprio sócio remisso não pode votar – 251.°/1, *c*) e *d*).

IV. A exclusão do sócio ou a perda da parte da quota correspondente à prestação remissa devem ser comunicadas ao interessado (204.°/2, 2ª e 4ª partes). À perda de parte da quota aplica-se, depois, o regime correspondente à quota do sócio excluído (204.°/4).

V. Excluído o sócio, cumpre decidir o destino da quota perdida a favor da sociedade. A lei prevê as diversas hipóteses:

- a venda da quota em hasta pública (205.°/1, 1ª parte);
- a venda a terceiros por modo diverso, exigindo-se, porém, sendo o preço inferior à soma do montante em dívida com a prestação já efectuada por conta da quota, o consentimento do sócio excluído (205.°/1, 2ª parte);
- a divisão da quota proporcionalmente às dos outros sócios, vendendo-se a cada um a parte que lhe couber – 205.°/2, *a*);
- a venda indivisa ou a divisão não proporcional seguida de venda, uma e outra a favor de algum ou alguns dos sócios – 205.°/2, *b*); esta via segue o artigo 265.°/1 (maioria necessária para a alteração do contrato); além disso, o preço por que os outros sócios pretendam adquirir a quota deve ser previamente comunicado ao sócio excluído, por carta registada, podendo este, no prazo de 30 dias, opor-se à execução da deliberação quando o preço em causa não

663 RAÚL VENTURA, *Sociedades por quotas* cit., 1, 2ª ed., 153.

alcance a soma da importância em dívida com o valor já pago e desde que ele não cubra o valor real da quota calculado nos termos do artigo 1021.° do Código Civil – 205.°/3; a deliberação não pode ser executada antes de decorrido o prazo para a oposição ou antes do trânsito em julgado da decisão que declare a oposição ineficaz – 205.°/4.

A solução de base será, tudo visto, a venda em hasta pública[664]. Todavia, a vertente pessoal das sociedades por quotas explica que a venda possa ser feita a sócios, se assim se deliberar e os outros requisitos forem preenchidos. Mas deverá haver venda, seja ela qual for? Raúl Ventura responde pela positiva: de outro modo – diz ele – conservar-se-ia na titularidade da sociedade uma quota não liberada, sendo que a própria sociedade não pode proceder à liberação[665]. Ora está em causa o interesse dos credores, pelo que a regra não pode ser derrogada pelos sócios. Na verdade, joga-se, também, o interesse do sócio remisso, que já terá realizado, pelo menos, 50% do capital que lhe cabia. Veja-se, a tal propósito, o artigo 208.°/2.

VI. O artigo 206.° versa a responsabilidade do sócio e a dos anteriores titulares da quota: ela é solidária, perante a sociedade (e sem possibilidade de compensação) pela diferença do produto da venda e a parte da entrada em dívida – n.° 1. O titular anterior que pagar à sociedade (ou a um sócio sub-rogado, nos termos do artigo 207.°) tem o direito de haver do sócio excluído e de qualquer dos antecessores deste, em regime de conjunção[666], o reembolso da quantia paga, depois de deduzida a parte que lhe competir (206.°/2).

A responsabilidade dos outros sócios consta do artigo 207.°[667].

VII. Quanto às quantias obtidas na venda das quotas[668] (208.°/1 e 2):

---

664 Assim, o § 23 do GmbHG. *Vide* Hueck/Lorenz Fastrich, em Baumbach//Hueck, *GmbH-Gesetz*, 18ª ed. cit., § 23 (360 ss.) e Andreas Pentz, em Rowedder//Schmidt-Leithoff, *GmbHG* cit., 4ª ed., § 23 (713 ss.).

665 Raúl Ventura, *Sociedades por quotas* cit., 1, 2ª ed., 167.

666 O critério da repartição é a divisão simples pelo número total dos titulares que a quota teve: Raúl Ventura, *Sociedades por quotas* cit., 1, 2ª ed., 183.

667 *Infra*, 280-281.

668 Raúl Ventura, *Sociedades por quotas* cit., 1, 2ª ed., 198 ss..

– suportam as despesas correspondentes;
– cabem à sociedade, até ao limite da entrada em dívida;
– no excedente, se o houver, competem aos outros sócios, no limite dos desembolsos que hajam suportado;
– no que sobre, será entregue ao sócio remisso até ao limite da parte da entrada por ele prestada;
– no remanescente: pertence à sociedade.

A lei não deixou grande margem à imaginação do intérprete--aplicador.

CAPÍTULO III

OS SÓCIOS POR QUOTAS

§ 30.° A RESPONSABILIDADE

112. Pelas entradas

I. Cada sócio é responsável pela sua entrada e, designadamente, pela parcela cuja efectivação tenha sido diferida no contrato de sociedade. Além disso, ele é solidariamente responsável, com os demais sócios, pela realização do capital diferido. Trata-se de um ponto que a própria lei apresenta como característica da sociedade (197.°/1).

A "responsabilidade" pela entrada própria equivale ao específico e já examinado regime das entradas. A responsabilidade solidária pelo conjunto das entradas coloca uma problemática própria, versada no artigo 207.°.

II. A responsabilidade de cada sócio pelas entradas alheias provém do § 24 da Lei alemã. Dispõe a primeira parte desse preceito[669]:

> Caso a entrada não possa ser efectivada nem pelo obrigado ao seu pagamento, nem através da venda da quota, devem os restantes sócios efectuá-la de acordo com a proporção das suas quotas.

---

[669] *Vide* HUECK/LORENZ FASTRICH, em BAUMBACH/HUECK, *GmbH-Gesetz*, 18ª ed. cit., § 24 (365 ss.), LUTTER/BAYER em LUTTER/HOMMELHOFF, *GmbHG* cit., 16ª ed., § 24 (442 ss.) e ANJA SOFIA GAISER, *Die Freistellung geringfügig beteiligter Gesellschafter von der Ausfellhaftung nach § 24 GmbHG im Rahmem einer Kapitalerhöhung*, GmbHR 1999, 210-217 (212/I ss.).

A Lei de 1901 retomou essa regra nos termos seguintes:

Artigo 15.° – Não se podendo cobrar de um sócio ou dos seus antecessores, nem por meio de venda, toda a importância em dívida, deverão os outros sócios entrar com a parte que faltar.

Artigo 16.° – No caso do artigo anterior a cada um dos sócios caberá uma parte proporcional ao capital respectivo, respondendo, porém, todos solidariamente para com a sociedade pela importância em dívida.

No âmbito desta lei, a doutrina considerava a responsabilidade de cada sócio, pelas quotas alheias, como subsidiária[670].

III. No Código de 1986, a regra vem desenvolvida no artigo 207.°/1:

> Excluído um sócio, ou declarada perdida a favor da sociedade parte da sua quota, são os outros sócios obrigados solidariamente à parte da entrada que estiver em dívida, quer a quota tenha sido ou não já vendida nos termos dos artigos anteriores; nas relações internas esses sócios respondem proporcionalmente às suas quotas.

Mantém-se, assim, o regime de responsabilidade subsidiária pelas quotas alheias, com solidariedade entre os corresponsáveis, a repartir, nas relações internas, na proporção das quotas respectivas. Como (bem) observa Raúl Ventura, o esquema legal é pouco animador: a responsabilidade solidária depende de deliberação dos próprios sócios a responsabilizar, deliberação essa que irá no sentido da perda, total ou parcial e a favor da sociedade, da quota do sócio remisso[671]. Também lá se poderia chegar na hipótese de a sociedade ter optado pelos meios executivos normais (portanto: sem efectuar as declarações previstas no artigo 204.°/1) e não ter logrado recuperar, do sócio remisso, a importância em dívida (207.°/4). De todo o modo, no caso de a sociedade não exercer os seus direitos contra os sócios (seja o remisso, seja os restantes), podem os credores sociais fazê-lo, por via do artigo 30.°.

IV. Pergunta-se quem são os "outros sócios", para efeitos de responsabilização subsidiária e solidária pela realização das quotas em

---

[670] Santos Lourenço, *Das sociedades por cotas* cit., 217 ss. e Abílio Neto, *Sociedade por quotas* cit., 157 ss..

[671] Raúl Ventura, *Sociedades por quotas* cit., 1, 2ª ed., 189.

falta. "Outros sócios" são os titulares de posições sociais válidas e eficazes, no momento em que o problema se ponha[672]. Não ficam abrangidos[673]:

– o próprio sócio remisso e excluído;
– os anteriores titulares da quota do remisso, que respondem nos termos do artigo 206.°;
– o adquirente da quota do sócio remisso;
– a sociedade, como detentora de quotas próprias: o regime especial destas prevalece sobre as regras gerais.

O sócio que tiver efectuado algum pagamento por via do artigo 207.°, pode (207.°/3):

> (...) sub-rogar-se no direito que assiste à sociedade contra o excluído e seus sucessores, segundo o disposto no artigo 206.°, a fim de obter o reembolso da quantia paga.

113. **Directa para com os credores sociais**

I. As sociedades por quotas são sociedades de responsabilidade limitada. Os sócios não respondem pelas dívidas sociais (197.°/3): apenas pelas entradas próprias e, subsidiária e solidariamente, pelas quotas dos outros sócios.

O Código de 1986, inovando, veio, todavia, prever a possibilidade de uma responsabilidade directa para com os credores sociais.

Nas origens temos uma ideia do anteprojecto Raúl Ventura[674]. Este Autor propusera dois subtipos de sociedades por quotas:

– as limitadas pelo capital, correspondentes às da Lei de 1901 e hoje existentes;
– as limitadas por garantia, nas quais a obrigação de contribuição dos sócios seria condicionada pela necessidade de contribuição para satisfação de débitos sociais, depois de dissolvida a sociedade[675].

[672] *Vide* o artigo 207.°/4.

[673] Raúl Ventura, *Sociedades por quotas* cit., 1, 2ª ed., 190-191.

[674] Os preceitos relevantes deste anteprojecto, bem como dos anteprojectos Vaz Serra e Ferrer Correia podem ser comodamente confrontados em Raúl Ventura, *Sociedades por quotas* cit., 1, 2ª ed., 54.

[675] Cf., ainda, Raúl Ventura, *Sociedade por quotas de responsabilidade/Anteprojecto – Segunda redacção* cit., 244 ss. (artigos 76.° e seguintes).

No tocante às sociedades limitadas pelo capital, poderia estipular-se uma responsabilidade suplementar dos sócios. No anteprojecto VAZ SERRA e, depois, no de FERRER CORREIA, desapareceram as sociedades limitadas por garantia. Conservou-se, porém, a responsabilidade suplementar dos sócios, nas sociedades limitadas pelo capital.

II. A ideia da responsabilidade suplementar dos sócios veio a filiar-se em considerações de ordem prática detectadas no funcionamento efectivo das sociedades por quotas.

As sociedades por quotas têm, em regra, um capital pouco expressivo. O seu financiamento vem a ser efectuado pelos próprios sócios, com recurso a suprimentos ou a prestações suplementares, ou pelo recurso da própria sociedade ao crédito. Neste último caso, porém, apenas se obtêm financiamentos, designadamente bancários, desde que haja uma garantia pessoal dos sócios. Explica RAÚL VENTURA[676]:

> (...) portanto, parece mais simples e cómodo admitir que, logo na constituição da sociedade e até montantes determinados, os sócios assumam responsabilidade solidária com a sociedade pelas obrigações que esta contrair.

III. A responsabilidade directa dos sócios para com os credores requer[677]:

– uma estipulação no contrato;
– com uma indicação do montante-limite.

Para além disso, e segundo o artigo 198.°/1, essa responsabilidade pode assumir diversas feições, consoante o que resulte do pacto social. Designadamente:

– pode ser solidária com a da sociedade;
– pode ser subsidiária em relação à desta, a efectivar apenas na fase da liquidação.

---

676 RAÚL VENTURA, *Sociedades por quotas* cit., 1, 2ª ed., 56.

677 FERRER CORREIA, *A sociedade por quotas de responsabilidade limitada segundo o Código das Sociedades Comerciais*, em *Temas de Direito comercial e de Direito internacional privado* (1989), 123-169 (133) = ROA 1987, 659-700 (667).

Trata-se de uma responsabilidade pessoal. Assim (198.°/2):

– abrange apenas as obrigações da sociedade constituídas enquanto o sócio responsável a ela pertencer;
– não se transmite por morte deste, sem prejuízo da transmissão das obrigações a que o sócio estava anteriormente vinculado.

IV. Supletivamente, o sócio chamado a pagar dívidas sociais, ao abrigo deste esquema, tem direito de regresso contra a sociedade, pela totalidade do que houver pago: mas não contra os outros sócios. Naturalmente: a hipótese, dependente de estipulação, de haver regresso contra a sociedade e contra os restantes sócios tem "maior interesse"[678].

114. Outras; funcionamento do sistema

I. Em princípio, o *status* de sócio em sociedades por quotas não compreende outras situações de responsabilidade por dívidas sociais, para além das acima descritas. Trata-se de consequência lógica da personalização e do princípio da separação de esferas e patrimónios. Apenas por contrato se poderão estabelecer hipóteses de responsabilização.

II. A responsabilidade dos sócios por dívidas sociais poderá, todavia, surgir por exigências específicas do sistema e ao abrigo do instituto do levantamento da personalidade colectiva[679]. Caberá recordar que o tema surgiu, na jurisprudência europeia, precisamente a propósito das sociedades por quotas[680]: estas, precisamente por aliarem um pequeno capital à responsabilidade limitada, poderiam dar azo a abusos. Nessa altura, a exigência de boa fé determinaria a responsabilização dos sócios envolvidos.

Existe, a esse propósito, toda uma tipologia de casos, tratados na parte geral, para onde se remete[681].

---

678 Albino Matos, *Constituição de sociedades*, 5ª ed. (2001), 28.

679 Pentz, em Rowedder/Schmidt-Leithoff, *GmbHG* cit., 4ª ed., § 13, V (485-488, só com bibliografia) e Hueck/Fastrich em Baumbach/Hueck, *GmbGH-Gesetz* cit., 18ª ed., § 13, Nr. 13 ss. (235 ss.).

680 *Manual*, 377 ss..

681 *Manual*, 384 ss..

III. O funcionamento do sistema permite constatar que a limitação da responsabilidade dos sócios é muito teórica. Na verdade, no que toca aos créditos bancários – os mais significativos, uma vez que é junto da banca que se financiam as sociedades comuns (i.é, não abertas) – as sociedades por quotas só logram obtê-los mediante garantias pessoais (fiança ou avais) dos sócios ou, pelo menos, dos sócios-gerentes.

A hipótese, prevista pelo Código de 1986, de uma responsabilidade directa dos sócios, até este momento, não tem sido explorada. Mais fácil e dinâmica, sobretudo perante obrigações cambiárias, é a directa assunção, pelos sócios, do papel de garantes, perante certas dívidas.

IV. Justamente na via de, contratualmente e em face de outros débitos, responsabilizar os sócios pelas dívidas de sociedades surgiram as fianças *omnibus*[682]: contratos pelos quais os sócios – ou os sócios-gerentes – assumiriam a responsabilidade ilimitada por todas as dívidas, presentes e futuras, da sociedade, perante certo credor. Tais contratos já foram considerados nulos por indeterminabilidade do seu conteúdo[683] ou por contrariedade aos bons costumes[684]: um ponto a verificar caso a caso.

Dada a prática, podemos considerar que o grande atractivo das sociedades por quotas é o seu potencial organizativo: mais do que a limitação da responsabilidade, um tanto teórica.

---

682 *Vide* JANUÁRIO GOMES, *Assunção fideijussória de dívidas* cit., 621 ss..
683 *Manual de Direito bancário*, 250.
684 *Idem*, 252.

§ 31.° PRESTAÇÕES ACESSÓRIAS E PRESTAÇÕES SUPLEMENTARES

115. **Obrigações de prestações acessórias**

I. As obrigações de prestações acessórias estão hoje expressamente consagradas na lei[685]. Segundo o artigo 209.°/1, trata-se de obrigações:

- constantes do contrato de sociedade;
- adstringem todos ou alguns sócios;
- a efectuar, a favor da sociedade, determinadas prestações, além das entradas.

Além disso, sempre segundo o mesmo preceito, deve o contrato de sociedade que as insira:

- definir os elementos essenciais da obrigação;
- especificar se as prestações devem ser fixadas onerosa ou gratuitamente.

Seguem-se diversos aspectos relativos ao seu regime: abaixo examinados.

II. A origem jurídico-positiva destas prestações acessórias remonta ao § 3 do GmbHG alemão, de 1892. Esse preceito prevê, no seu n.° 1, os elementos essenciais do contrato de sociedade. E no n.° 2, acrescenta[686]:

> Caso o empreendimento esteja limitado a um certo lapso de tempo ou caso os sócios, além das obrigações de entrada, ainda estejam adstritos a

[685] *Vide* João de Menezes Leitão, *As obrigações de prestações acessórias nas sociedades por quotas* (1989), 8 ss..

[686] Hueck/Fastrich em Baumbach/Hueck, *GmbGH-Gesetz* cit., 18ª ed., § 3 (58 ss.).

outras vinculações para com a sociedade, também essas determinações carecem de acolhimento no contrato de sociedade.

Desenvolveu-se, assim, a doutrina dos deveres de prestação acessórios (*Nebenleistungspflichten*)[687], a que se reconhece a maior relevância prática[688]. Não há limitações quanto ao seu conteúdo[689]: prestações pecuniárias, de entrega de coisas certas ou de serviço, dependendo da autonomia das partes[690].

A Lei portuguesa de 1901 não retomou o preceito alemão: segundo Raúl Ventura, por se ter contentado com a remissão, feita no seu artigo 2.°, § único, para o artigo 114.° do Código Comercial[691]. Consagrou, sim, as prestações suplementares (artigos 17.° a 19.°), na base nas *Nachschüssen* dos §§ 26 a 28 da Lei alemã[692]: as prestações suplementares são permitidas pelo contrato de sociedade, dependendo, depois, de deliberação dos sócios[693].

III. O Código das Sociedades Comerciais, retomando a iniciativa dos diversos anteprojectos, consagrou as prestações acessórias (209.°), diferenciadas das suplementares (210.°)[694].

Trata-se de prestações independentes: filhas da autonomia privada, elas vinculam imediatamente os sócios podendo atingi-los todos ou apenas alguns, diferenciada ou paralelamente. Elas podem dever ser executadas de imediato ou, apenas, ulteriormente: a prazo *certus an certus quando*, apenas *certus an* ou sob condição (*incertus an*).

---

687 Hueck/Fastrich em Baumbach/Hueck, *GmbGH-Gesetz* cit., 18ª ed., § 3, Nr. 31 (73 ss.).

688 Hueck/Windbichler, *Gesellschaftsrecht* cit., 20ª ed., 506-507.

689 Hueck/Fastrich cit., Nr. 39 ss. (76 ss.).

690 Refiram-se, ainda, Schmidt-Leithof, em Rowedder/Schmidt-Leithof, *GmbHG* cit., 4ª ed., § 3, Nr. 3 ss. (228 ss.), Lutter/Bayer, em Lutter/Hommelhoff, *GmbH-Gesetz* cit., 16ª ed., § 3, Nr. 28 ss. (92 ss.) e Helmut Schwaiger, em Müller/Hense, *Beck'sches Handbuch* cit., 3ª ed., § 7 D (348 ss.).

691 Raúl Ventura, *Sociedades por quotas* cit., 1, 2ª ed., 206.

692 *Infra*, 288 ss..

693 No âmbito da LSQ, cumpre citar Raúl Ventura, *Obrigações acessórias dos sócios nas sociedades por quotas*, CJ VI (1981) 2, 5-16, por um prisma de Direito a constituir.

694 O texto dos diversos anteprojectos pode ser confrontado em Raúl Ventura, *Sociedades por quotas* cit., 1, 2ª ed., 204-205.

O conteúdo depende da autonomia das partes[695]. Designadamente: pode tratar-se de prestações pecuniárias, de prestações de *dare* e de prestações de *facere*. Quanto a prestações pecuniárias: nos anteprojectos de RAÚL VENTURA e de VAZ SERRA, elas não eram possíveis, por se entender que estando previstas as entradas, as prestações suplementares e os suprimentos, já não seria necessário prever mais esquemas de financiamento. Tal restrição desapareceu no anteprojecto FERRER CORREIA e, depois, no projecto final (230.°)[696]: o artigo 209.°/2 pressupõe, de modo expresso, prestações acessórias pecuniárias.

Ainda quanto ao conteúdo: as prestações acessórias podem ser instantâneas ou duradouras, únicas ou fraccionadas, periódicas ou irregulares. As denominações que lhes dêem as partes não são vinculativas. Assim, um "suprimento" obrigatório é, na realidade, uma prestação acessória pecuniária[697]. Correspondendo o conteúdo da prestação ao de um contrato típico, aplica-se a regulamentação própria do contrato em causa (209.°/1, final).

IV. Outros traços do regime:

- as prestações acessórias não-pecuniárias são intransmissíveis (209.°/2): um caso de interdição legal de cessão de créditos, a subsumir no artigo 577.°/1, do Código Civil;
- convencionando-se a onerosidade, a contraprestação pode ser paga independentemente de haver lucros de exercício (209.°/3);
- o incumprimento das prestações acessórias não afecta a posição do sócio como tal (209.°/4);
- as obrigações acessórias extinguem-se com a dissolução da sociedade (209.°/5).

Este último preceito resulta da natureza das coisas: se a obrigação devesse subsistir à dissolução da sociedade, já teria uma natureza não-societária, cabendo apenas, caso a caso, ponderar a sua licitude.

---

695 Podemos falar, em geral, num princípio da liberdade de financiamento; cf. HARTWIN VON GERKAN/PETER HOMMELHOFF, *Handbuch des Kapitalersatzrechts*, 2ª ed. (2002), 24.

696 BMJ 327, 179.

697 RAÚL VENTURA, *Sociedades por quotas* cit., 1, 2ª ed., 211.

Quanto às restantes regras: todas elas são supletivas, embora a lei só o diga expressamente no artigo 209.°/4 ("salvo disposição legal em contrário") e, implicitamente, no 209.°/3 ("pode"). Estamos no seio da autonomia privada, cabendo às partes reger os seus interesses como bem entenderem.

V. No que tange à sua natureza: as obrigações de prestações acessórias surgem como cláusulas acidentais facultativas e típicas, próprias dos contratos de sociedade[698]. O legislador deixa-as à disposição dos interessados para que melhor possam compor os seus negócios.

116. Prestações suplementares

I. Como foi referido, a figura das prestações suplementares adveio das *Nachschüssen* da Lei alemã de 1892. Segundo o seu § 26/I[699]:

> Pode ficar determinado, no contrato de sociedade, que os sócios, além do montante das entradas, possam deliberar a exigibilidade de outras prestações.

Trata-se de uma via de financiamento complementar das sociedades[700], à disposição dos sócios. Os comentadores explicam que, na Alemanha, ela obteve pouco reconhecimento prático[701]: mau grado uma regulação de pormenor, nos §§ 26 a 28 da Lei[702].

A Lei de 1901, inspirada nas regras alemãs, consignou as prestações suplementares nos seus artigos 17.° a 19.°. A doutrina da época explicava a sua diferenciação quer em relação aos suprimentos[703], quer em relação

698 JOÃO DE MENEZES LEITÃO, *As obrigações acessórias* cit., 38.

699 PENTZ, em ROWEDDER/SCHMIDT-LEITHOFF, *GmbHG* cit., 4ª ed., § 26 (735 ss.) e LUTTER/BAYER, em LUTTER/HOMMELHOFF, *GmbH-Gesetz* cit., 16ª ed., § 26 (448 ss.).

700 KLAUS KAMINSKIK, *Nachschusspflichten*, (1965), 5, 11, 36 e *passim*, PETER HOMMELHOFF/DETLEF KLEINDICK, *Flexible Finanzierungsinstrument im GmbH-Recht*, FS GmbHG 1992, 421-445 e JOHANNES WEISSER, *Nachschusspflicht von GmbH-Gesellschaftern für sog. Milestone Payments im Insolvenzfall?*, GmbHR 2004, 1370-1375.

701 HUECK/FASTRICH em BAUMBACH/HUECK, *GmbGH-Gesetz* cit., 18ª ed., § 26, Nr. 1 (370).

702 SCHWAIGER em MÜLLER/HENSE, *Beck'sches Handbuch* cit., 3ª ed., § 7, Nr. 80 ss. (341 ss.).

703 SANTOS LOURENÇO, *Das sociedades por cotas* cit., 233.

ao capital social[704]. Tratava-se, porém, de reforçar os capitais próprios da sociedade[705].

II. Aquando da preparação do Código das Sociedades Comerciais, RAÚL VENTURA chegou a propor a abolição dessa figura[706]. Todavia, ela manteve-se pelo peso da tradição: fica à disposição dos sócios como mais um instrumento de apoio ao financiamento das sociedades ora em estudo. Elas assumem o papel de um complemento do património social e não (como os suprimentos) de mero mútuo à sociedade[707].

Várias razões podem levar as partes a estipular prestações suplementares[708], com relevo para as conveniências de reforço dos capitais próprios.

III. Quanto ao seu regime, elas distinguem-se, desde logo, pela dupla base jurídico-normativa (210.°/1):

– devem estar previstas no pacto inicial, seja *ab initio*, seja por alteração;
– devem ser deliberadas pelos sócios.

Ao contrário do que sucede com as prestações acessórias, as prestações suplementares têm, necessariamente, natureza pecuniária (210.°/2)[709]. Isto dito, deve o próprio contrato conter diversos elementos a elas relativos:

– o seu montante global;
– os sócios que ficam obrigados;
– o critério de repartição entre eles.

---

704 RLJ 63 (1930), 71-72 (71/II), em resposta a uma consulta, explicando que as prestações suplementares não implicam o aumento do capital social, embora façam variar o património social.

705 KAMINSKI, *Nachschusspflichten* cit., 103 ss., quanto ao seu significado económico.

706 RAÚL VENTURA, *Sociedade por quotas de responsabilidade limitada/ /Anteprojecto – Primeira redacção* cit., 75 ss., bem como *Sociedades por quotas* cit., 1, 2ª ed., 236.

707 STJ 9-Jan.-1992 (CABRAL ANDRADE; vencido: ROGER LOPES), BMJ 413 (1992), 561-567 (565).

708 RUI PINTO DUARTE, *Suprimentos, prestações acessórias e prestações suplementares*, em DET/*Problemas de Direito das sociedades* (2002), 257-280 (275 ss.).

709 RAÚL VENTURA, *Sociedades por quotas* cit., 1, 2ª ed., 238.

A indicação do montante global é essencial[710]; na falta de indicação dos sócios obrigados, todos ficam adstritos a fazê-lo; e não havendo critério de repartição, deve esta ser proporcional à quota de cada um (210.°/4).

As prestações suplementares não vencem juros (210.°/5).

IV. Para além da consagração no pacto social, as prestações suplementares devem ser deliberadas[711]. Essa deliberação terá de fixar (211.°/1):

– o montante tornado exigível;
– o prazo da prestação, que não pode ser inferior a 30 dias a contar da comunicação aos sócios.

Temos, ainda, duas restrições (211.°/2 e 3):

– a deliberação só é possível depois de interpelados todos os sócios para liberação integral das suas quotas de capital;
– as prestações não podem ser exigidas depois de dissolvida a sociedade.

V. As prestações suplementares estão próximas do dever de entrada. É-lhes aplicável o disposto nos artigos 204.° e 205.° (212.°/1). Pode, pois, ser excluído o sócio que não as acate, o que se compreende: trata-se de obrigações assumidas no pacto social; o incumprimento justifica, em relação ao faltoso, como que uma resolução contratual. O legislador reforça os traços próprios da sua efectivação e da sua natureza pessoal.

Assim:

– ao crédito da sociedade por prestações suplementares não pode ser oposta a compensação (212.°/2);
– a sociedade não pode exonerar os sócios da obrigação de as efectuar, estejam ou não já exigidas (212.°/3);
– o direito de as exigir é intransmissível e nele não podem sub-rogar-se os credores da sociedade (212.°/4).

---

[710] Na sua falta, a cláusula é nula: STJ 13-Abr.-1994 (Faria de Sousa), CJ/Supremo II (1994) 2, 27-32 (28/I).

[171] Deliberação essa que pode ser anulável por abuso: STJ 2-Jun.-1987 (Soares Tomé), BMJ 368 (1987), 474-478 (477-478).

117. A restituição das prestações suplementares

I. As prestações suplementares, ainda que não vencendo juros (210.°/5), podem ser restituídas[712]. Para isso, o artigo 213.° fixou uma série de requisitos, um tanto na linha da Lei alemã (§ 30[713]) e da Lei de 1901 (artigo 21.°[714]). Desde logo, a restituição depende de uma deliberação dos sócios (213.°/2). Posto o que:

– a situação líquida não pode ficar inferior à soma do capital e da reserva legal (213.°/1, 1ª parte);
– o respectivo sócio já deve ter liberado a sua quota (*idem*, 2ª parte).

II. Cabe ainda observar o seguinte:

– a restituição não é possível depois de declarada a insolvência da sociedade (213.°/3);
– a restituição deve respeitar a igualdade dos sócios que as tenham efectuado, desde que hajam liberado as quotas respectivas 213.°/4).

Para o cálculo do montante da obrigação vigente de efectuar prestações suplementares não são computadas as prestações restituídas.

---

712 Trata-se de aspectos que advêm do anteprojecto de FERRER CORREIA, comodamente confrontável em RAÚL VENTURA, *Sociedades por quotas* cit., 1, 2ª ed., 263-264.

713 Mais precisamente: § 30/II; cf. HUECK/FASTRICH em BAUMBACH/HUECK, *GmbGH-Gesetz* cit., 18ª ed., § 30, Nr. 35 ss. (452).

714 Cujo § 1.° dispunha:

> Podem ser restituídas aos sócios as prestações suplementares, quando não forem indispensáveis para cobrir qualquer perda de capital.

§ 32.° CONTRATO DE SUPRIMENTO

118. Noção, origem e figuras afins

I. Quando uma sociedade por quotas tenha necessidade de financiamentos, a solução mais fácil, mais natural e mais flexível é ajustá-los com os seus próprios sócios[715]. Temos a figura do contrato de suprimento, definido no artigo 243.°/1 como:

> (...) o contrato pelo qual o sócio empresta à sociedade dinheiro ou outra coisa fungível, ficando esta obrigada a restituir outro tanto do mesmo género e qualidade (...)

Ou, numa segunda modalidade, o contrato:

> (...) pelo qual o sócio convenciona com a sociedade o diferimento do vencimento de créditos seus sobre ela, desde que, em qualquer dos casos, o crédito fique tendo carácter de permanência.

II. A exigência, em qualquer caso do "carácter de permanência" leva o legislador a fixar "índices"[716]. São eles (243.°/2 e 3):

- a articulação de um prazo de reembolso superior a um ano, seja ela contemporânea à constituição do crédito ou posterior a ela; no caso de diferimento do vencimento, computa-se o tempo decorrido desde a constituição até ao negócio de diferimento;
- a não exigência do reembolso devido pela sociedade durante um ano, quer não havendo prazo, quer havendo um prazo inferior; tratando-se de lucros não distribuídos, o prazo de um ano conta-se desde a data da deliberação de distribuição.

---

[715] Cf. ANDREAS BOCK, *Kapitalaufbringung mit Gesellschafterdarlehen in der Vor-GmbH und der GmbH* (1991), 65 e *passim*.

[716] RAÚL VENTURA, *Sociedades por quotas* cit., 2, 113 ss..

Os credores sociais podem provar o carácter de permanência mesmo que o reembolso tenha ocorrido antes de expirado um ano[717]; os sócios podem ilidir a presunção de permanência demonstrando que o diferimento corresponde a circunstâncias independentes da qualidade de sócio (243.°/4). Fica ainda sujeito ao regime dos suprimentos o crédito de terceiro sobre a sociedade, desde que o sócio o adquira por negócio entre vivos e no momento da aquisição se verifique alguma das circunstâncias que constituem "índice de permanência" (243.°/5). Esta equiparação de regimes permite ver, aqui, uma terceira modalidade de suprimentos[718].

III. A figura dos suprimentos não tinha assento explícito na Lei alemã de 1892, nem na Lei portuguesa de 1901. Todavia, ela foi-se impondo pela prática, surgindo nos pactos sociais, na jurisprudência[719] e na doutrina[720] já na primeira metade do século XX. Todos os anteprojectos pretenderam regular o assunto, com bastante pormenor[721]. Trata-se de um tema bastante estudado, mesmo antes do Código de 1986[722]. Por maioria de razão: também depois[723].

Registe-se que, no Direito alemão, os suprimentos receberam um regime legal expresso através da novela de 4-Jul.-1980, que aditou ao

---

[717] Jorge Coutinho de Abreu, *Suprimentos*, em *Estudos em Homenagem ao Prof. Doutor Raúl Ventura*, II (2003), 71-80 (73).

[718] RCb 30-Jun.-1998 (Silva Freitas), CJ XXIII (1998) 3, 39-43 (40-41).

[719] Assim, STJ 29-Jul.-1952 (Jaime de Almeida Ribeiro), BMJ 32 (1952), 319-323 (321):

> (…) os discutidos suprimentos, que o art. 17.° do pacto social admite, constituem genuínos contratos de empréstimo, tal como são definidos pelo art. 506.° do Código Civil (…)

Jurisprudência anterior pode ser confrontada em Raúl Ventura, *Sociedades por quotas* cit., 2, 74.

[720] P. ex., Santos Lourenço, *Das sociedades por cotas* cit., 238.

[721] *Vide* Raúl Ventura, *Sociedades por quotas* cit., 2, 68-72.

[722] De referir: Carlos Pamplona Corte-Real, *Dos suprimentos nas sociedades comerciais* (1967), sendo de sublinhar a interessante análise dos suprimentos como produto de acordos parassociais (22 ss.).

[723] Luís Filipe C. Barros Figueiredo, *O contrato de suprimento nas sociedades por quotas* (1989), 51 pp., Alexandre Mota Pinto, *Do contrato de suprimento/O financiamento da sociedade entre capital próprio e capital alheio* (2002), 417 pp. e Jorge M. Coutinho de Abreu, *Suprimentos* cit. supra, nota 697.

GmbHG os §§ 32a e 32b[724]. A matéria é apresentada como um sucedâneo ao próprio capital da sociedade, obtendo um regime consonante com esse estatuto e com a sua natureza de empréstimo[725]. Em seu torno desenvolve-se o Direito dos sucedâneos do capital próprio (*Eigenkapitalersatzrecht*)[726].

IV. Os suprimentos devem distinguir-se das figuras afins, designadamente das prestações acessórias e das prestações suplementares[727]: os regimes envolvidos são bastante diversos. Bastará fixar alguns traços distintivos[728]:

– as prestações acessórias resultam do pacto social e podem envolver dinheiro, bens ou serviços;
– as prestações suplementares são permitidas pelo pacto social e resultam de deliberação dos sócios, recaindo apenas sobre dinheiro;
– os suprimentos advêm de um contrato celebrado entre o sócio e a sociedade, relativo a dinheiro ou a outra coisa fungível, equivalendo a um mútuo.

Todas estas realidades surgem no domínio societário, envolvendo sociedades e os seus sócios, nessa qualidade.

O suprimento distingue-se, noutro plano, de um mútuo comum: representa um contributo permanente ou, pelo menos, prolongado, do sócio para a sociedade em que detenha uma posição. Quando muito representaria um mútuo de escopo, cujo regime é inflectido pela realidade societária que visa servir.

---

724 ULRICH MOSER, *Kapitalersetzende Gesellschafterdarlehem bei der GmbH* (1989) e HUECK/FASTRICH em BAUMBACH/HUECK, *GmbGH-Gesetz* cit., 18ª ed., 468-525. Cf. ALEXANDRE MOTA PINTO, *Do contrato de suprimento* cit., 203 ss..

725 KARSTEN SCHMIDT, *Gesellschaftsrecht* cit., 4ª ed., 1154 ss. e *Kapitalersetzende Bankenkredite*, ZHR 147 (1983), 165-194 (182 ss.) e PETER ULMER, *Umstritten Fragen im Recht der Gesellschaftsrechtdarlehen (§ 32a GmbHG)*, ZIP 1984, 1163-1174.

726 PENTZ, em ROWEDDER/SCHMIDT-LEITHOFF, *GmbHG* cit., 4ª ed., § 32 e com centenas de indicações bibliográficas (871-876), VON GERKAN/HOMMELHOFF, *Handbuch des Kapitalersatzrechts* cit., 2ª ed., 45 e HOLGER FLEISCHER, no MICHALSKI/*Kommentar* cit., 547 ss., também com muitas fontes.

727 JOÃO AVEIRO PEREIRA, *O contrato de suprimento*, 2ª ed. (2001), 109 ss..

728 RAÚL VENTURA, *Suprimentos a sociedades por quotas no direito vigente e nos projectos*, RDES 1980, 165-225 (179 ss.). Cf. ALEXANDRE MOTA PINTO, *Do contrato de suprimento* cit., 319 ss..

119. Regime

I. O suprimento corresponde a um especial envolvimento do sócio no financiamento da sociedade ou, se se preferir, na sua capitalização. O problema reside em separá-lo de uma comum ajuda monetária, puramente transitória. A lei alemã, como traço distintivo do suprimento, requer uma valoração: ele ocorre quando um sócio da sociedade, que, se agisse como comerciante ordenado, teria procedido a uma contribuição de capital próprio, lhe conceder um empréstimo (§ 32a/I). O Código de 1986, na base de uma ideia excelente de RAÚL VENTURA, optou por um critério mais claro: o da permanência[729]. Como vimos, o artigo 243.°/2 e 3 fixa índices de permanência, associado a um jogo de presunções[730]. Na falta de estabilidade, não há suprimento[731].

II. O contrato de suprimento é um mútuo especial: é patente a proximidade entre a definição do artigo 1142.° do Código Civil e a do artigo 243.°/1. Isso sem prejuízo de se poder, depois, afirmar a sua autonomia.

No tocante à forma, há diferenciação: o suprimento, na linha dos empréstimos mercantis, não está sujeito a qualquer forma especial (243.°/6). O suprimento mantém-se um contrato. Caso o pacto social preveja a obrigação de efectuar suprimentos, estamos perante prestações acessórias (209.°), cabendo analisar o respectivo regime (244.°/1). Hipótese especial é a de os suprimentos serem adoptados por deliberação social. Nessa altura, só ficam vinculados os sócios que votem favoravelmente tal deliberação (244.°/2)[732]. Ainda a ideia contratual explica o artigo 244.°/3: a celebração de contratos de suprimento não depende de prévia deliberação dos sócios.

III. O artigo 245.° fixa uma série de regras para os suprimentos, sendo patentes os desvios em relação ao mútuo[733]. Encontramos aqui matéria de tipo interpretativo e, como tal, aplicável a suprimentos celebrados

[729] RAÚL VENTURA, *Apontamentos para a reforma das sociedades por quotas* cit., 126 ss. (133).

[730] *Supra*, 293.

[731] REv 12-Mar.-1998 (FONSECA RAMOS), CJ XXIII (1998) 2, 271-273 (272/I).

[732] RAÚL VENTURA, *Sociedades por quotas* cit., 2, 129.

[733] Quanto ao regime deste, damos como reproduzido o *Manual de Direito bancário*, 525 ss..

antes da entrada em vigor do Código de 1986[734]. Quanto às normas específicas, temos:

– não havendo prazo para o reembolso dos suprimentos, aplica-se o artigo 777.°/2, do Código Civil (fixação do prazo deferida ao tribunal)[735]; o tribunal terá em conta as consequências que o reembolso acarretará para a sociedade, podendo determinar o pagamento em prestações[736] (245.°/1): uma regra já considerada interpretativa em relação ao Direito anterior[737];
– os credores por suprimentos não podem requerer, por eles, a insolvência da sociedade, embora o plano de insolvência lhes seja aplicável[738] (245.°/2); decretada a insolvência, os suprimentos só são reembolsados depois de pagos os créditos de terceiros, não sendo admissível a compensação de créditos da sociedade com os de suprimentos (245.°/3)[739];
– este regime é reforçado com a impugnabilidade do reembolso dos suprimentos efectuados no ano anterior à insolvência (245.°/5) e com a nulidade das garantias reais prestadas relativamente à obrigação do seu reembolso (245.°/6).

IV. O regime dos suprimentos é, depois, complementado pelas regras gerais. Assim:

– o suprimento é um contrato real *quoad constitutionem*: só produz efeitos com a efectiva entrega do dinheiro[740];

---

[734] RCb 5-Fev.-1991 (Virgílio de Oliveira), CJ XVI (1991) 1, 66-68 (67/II, quanto ao artigo 243.°/6) e RCb 10-Nov.-1992 (Pereira da Graça), CJ XVII (1992) 5, 43-46 (45/II) = BMJ 421 (1992), 509.

[735] REv 6-Mai.-1993 (Cortez Neves), BMJ 427 (1993), 611.

[736] Anteriormente, na falta de regras explícitas, o suprimento era equiparado ao mútuo, aplicando o artigo 1148.°/2 do Código Civil: denúncia com pré-aviso de 30 dias. P. ex.: STJ 11-Abr.-1985 (Magalhães Baião), BMJ 346 (1985), 257-259 (259).

[737] RPt 4-Mai.-1989 (Lopes Furtado), BMJ 387 (1989), 657 = CJ XIV (1989) 3, 189-192 (192/II) e RPt 11-Out.-1990 (Fernandes Magalhães), CJ XV (1990) 4, 228-230 (229/I).

[738] Procedemos à adaptação perante o actual Código da Insolvência.

[739] RPt 4-Out.-1994 (Matos Fernandes), BMJ 440 (1994), 546.

[740] STJ 27-Out.-1998 (Martins da Costa), CJ Supremo VI (1998) 3, 85-86 (86/II) e STJ 9-Fev.-1999 (Francisco Lourenço), CJ Supremo VI (1999) 1, 100-103 (102/II).

– as partes podem estipular juros: porém, se nada disserem, não se deve presumir a onerosidade, uma vez que o suprimento é, sempre e por definição, um negócio "interessado": o sócio pretende capitalizar a sociedade que, depois, lhe dará lucros[741];
– o crédito de suprimentos é transmissível, nos termos gerais do artigo 577.°/1, do Código Civil; quando transmitido a um não-sócio mantém, não obstante, a precisa qualidade que tinha inicialmente; além disso, ele tem autonomia, não se transmitindo automaticamente com a quota[742].

120. Âmbito, papel e natureza

I. O contrato de suprimento foi regulado expressamente no domínio das sociedades por quotas. Curiosamente, estas assumem, no Direito português e nalguns aspectos, uma dimensão matricial que, em regra, compete às sociedades anónimas. Pergunta-se, feito este raciocínio, se o regime dos suprimentos se poderá aplicar a outros tipos societários.

No tocante às sociedades em nome colectivo, RAÚL VENTURA responde pela negativa: o regime da responsabilidade ilimitada não justificaria a especial protecção dos credores que as regras sobre suprimentos sempre envolvem[743]. Mas essa responsabilidade é, tão-só, subsidiária: ela não equivale a certas vantagens imediatas que o regime dos suprimentos dá aos credores. Pensamos, pois, que nada obsta à aplicabilidade analógica dos suprimentos às sociedades em nome colectivo: um ponto a verificar caso a caso.

II. Mais complexa é a situação nas sociedades anónimas[744]. RAÚL VENTURA, sob inspiração alemã, explica que cumpre distinguir entre o accionista empresário e o accionista investidor: o primeiro está efectivamente embricado na vida societária, pelo que os seus contributos em dinheiro têm, nesse plano, uma justificação interessada; o segundo não

---

741 RAÚL VENTURA, *Sociedades por quotas* cit., 2, 125; este ponto bem poderia ter ficado exarado no Código de 1986. De todo o modo, ele é acolhido na jurisprudência. Assim: RCb 30-Jun.-1998 cit., CJ XXIII, 3, 42.

742 RAÚL VENTURA, *Sociedades por quotas* cit., 2, 134-135.

743 RAÚL VENTURA, *Sociedades por quotas* cit., 2, 89.

744 JORGE COUTINHO DE ABREU, *Suprimentos* cit., 78 ss..

tem tal ligação. Assim sendo, apenas ao accionista empresário haveria que aplicar o regime dos suprimentos. Na Alemanha, a jurisprudência fixou em 25% a percentagem do capital social cuja detenção permitiria concluir por um accionista empresário; RAÚL VENTURA propõe entre nós, com base nos artigos 392.° (eleição especial de administrador) e 418.°/1 (requerimento de nomeação judicial de membro do conselho fiscal), a detenção de 10%[745], numa opção acompanhada pela jurisprudência[746].

De facto, o regime dos suprimentos nem é excepcional, nem se funda em razões privativas das sociedades por quotas[747]: pode ser aplicado por analogia. Além disso, o suprimento é um contrato à disposição de quaisquer interessados, desde que se mostrem reunidos os elementos naturais de que depende: uma sociedade com os seus sócios.

Nestas condições, podemos encontrar suprimentos nas sociedades anónimas[748]:

- quando as partes estipulem ou quando o pacto social os preveja e regule;
- quando se gere um empréstimo que, materialmente, exerça a função do suprimento.

Não chega a mera qualidade de accionista para que se verifique este último ponto. A fixação de uma percentagem de detenção de acções para que se possa falar em "accionista empresário" interessado na capitalização da sociedade tem óbvias vantagens no plano da segurança. A cifra de 10% proposta por RAÚL VENTURA faz sentido; não lhe podem ser contrapostas, sem menos, percentagens de 1% e de 5% exigidas para outros propósitos, uma vez que os lugares paralelos (392.° e 418.°/1) traduzem efectivas implicações empresariais. Mas na falta de lei, não vemos como impô-la doutrinariamente: qualquer percentagem fixa implica um arbítrio que só pode ser assumido por lei geral.

Propomos, pois, como elemento de analogia, a fórmula substancial presente no nosso sistema societário e que transparece no § 32a do

---

[745] RAÚL VENTURA, *Sociedades por quotas* cit., 2, 87-88.

[746] STJ 14-Dez.-1994 (CARDONA FERREIRA), CJ/Supremo (1994) 3, 173-178 (176/II) e STJ 9-Fev.-1999 (FRANCISCO LOURENÇO), CJ/Supremo VII (1999) 1, 100-103 (102/I).

[747] REv 7-Mai.-1998 (ARTUR MOTA MIRANDA), BMJ 477 (1998), 585.

[748] *Vide* ALEXANDRE MOTA PINTO, *Do contrato de suprimento* cit., 292 ss..

GmbHG: haverá suprimento quando a entrega opere em situações nas quais o accionista ordenado faria uma contribuição de capital. Atenção: só a partir da verificação dessa analogia (*iuris*) será legítimo aplicar os índices do artigo 243.°/2 e 3.

III. Os suprimentos são empréstimos permanentes feitos pelos sócios às sociedades respectivas: justificam-se e explicam-se a esse nível. O sócio terá, como contrapartida, o bom funcionamento da sociedade e os lucros (reais ou potenciais) que, daí, lhe poderão advir.

Compreende-se, a essa luz, que ele corra um risco acrescido de não-reembolso: donde o regime na insolvência e a nulidade das garantias reais que os assegurem. Também aqui haverá que inscrever a álea do momento do reembolso, quando não tenha sido estipulado.

IV. No tocante à natureza: está-se em face de um contrato típico e nominado, a inscrever no atlas jurídico como um mútuo especial de escopo.

Podemos ir um pouco mais longe.

O contrato de suprimento só é possível quando celebrado entre um sócio e a sociedade na qual ele detenha uma posição. Sendo assim, ele inscreve-se na organização societária em jogo, mais precisamente na sua vertente financeira. Opera uma lógica de coligação de contratos: sociedade/ /suprimento. Materialmente, estamos perante um contrato de Direito das sociedades, com tudo o que isso implica em termos regulativos e valorativos: um ponto importante na explicitação do seu regime[749].

---

[749] ALEXANDRE MOTA PINTO, *Do contrato de suprimento* cit., 387-388, reclama uma completa emancipação em relação ao mútuo e apresenta o suprimento como "... um contrato autónomo de financiamento, pelo qual os sócios fornecem à sociedade capital alheio em substituição do necessário capital próprio".

33.° O DIREITO À INFORMAÇÃO

121. Generalidades; evolução

I. O direito à informação constitui um dos pontos básicos que compõem, em geral, a situação jurídica dos sócios[750]. Ele está genericamente consagrado no artigo 21.°/1, *c*). A parte geral não pormenorizou o exercício desse direito: oficialmente por ele depender, na efectivação, do concreto tipo de sociedade em jogo, o que remete a matéria para a parte especial[751]. Há, na verdade, algumas especificidades regulamentares, embora nos pareça que todo um regime geral deveria ter sido vertido na primeira parte do Código.

II. No domínio da Lei de 1901 – tal como, de resto, perante a Lei alemã de 1892 – a informação nas sociedades por quotas não tinha uma consagração expressa. Havia que recorrer às regras gerais dos artigos 118.° e 119.° do Código VEIGA BEIRÃO[752]. O desenvolvimento das sociedades e a presença, mesmo nas sociedades por quotas, de gestores profissionais cuja ligação à titularidade do capital era cada vez mais ténue, levaram à necessidade de melhor prever o tema da informação[753].

---

[750] *Manual*, 589 ss.; cf. CARLOS OLAVO, *Direitos e deveres dos sócios nas sociedades por quotas e anónimas*, CJ XI (1986) 5, 7-14 (12 ss.), CARLOS MARIA PINHEIRO TORRES, *O direito à informação nas sociedades comerciais* cit., 113 ss. e JOÃO LABAREDA, *Direito à informação* em IDET/*Problemas de Direito das sociedades* (2002), 119-151 (121 ss., referindo a situação antes de 1986).

[751] RAÚL VENTURA, *Sociedade por quotas* cit., 2, 279.

[752] *Manual*, 593-594.

[753] KARSTEN SCHMIDT, *Die Information des Gesellschafters*, FS 100 Jahre GmbH-Gesetz (1992), 559-586 e VOLKER RÖMERMANN, no MICHALSKI/*Kommentar* cit., 1113 ss. (1116, até à Novela de 1980 e 1119, depois dela).

Na Alemanha isso foi feito através da novela de 1980[754] que, na Lei de 1892, introduziu os §§ 51a e 51b, relativos ao direito à informação e à decisão judicial sobre ele, respectivamente[755]. Embora prestando-se a críticas pela redacção alcançada[756], a inovação veio provocar um surto de estudos sobre a matéria[757], incluindo monografias de algum fôlego, de âmbito geral ou especial[758]. Foram estabelecidas conexões com outras fontes[759], florescendo, também, os estudos de Direito comparado[760].

III. Neste ambiente foi preparado o Código de 1986. O legislador foi levado a, à matéria da informação, dispensar latos desenvolvimentos, de teor, por vezes mesmo, regulamentar. Os diversos anteprojectos convergiram no aprontamento de preceitos alargados[761], numa actuação que passaria ao projecto e ao Código definitivo[762].

---

[754] Logo na hora: HANS-JOACHIM PRIESTER/KARSTEN SCHMIDT, *Die GmbH-Novelle/ /Konsequenzen für die Praxis* (1980), 104 pp., com indicações jurisprudenciais.

[755] WOLFGANG ZÖLLNER, em BAUMBACH/HUECK, *GmbH-Gesetz* cit., 18ª ed., §§ 51a e 51b (1532-1560).

[756] KARSTEN SCHMIDT, *Gesellschaftsrecht* cit., 4ª ed., 1040.

[757] CHRISTIAN VON BITTER, *Das Informationsrecht der GmbH-Gesellschafter*, ZIP 1981, 825-832, BARBARA GRUNEWALT, *Einsichts- und Auskunftsrecht des GmbH--Gesellschafters nach neuem Recht*, ZHR 146 (1982), 211-237 (214 ss.), MARCUS LUTTER, *Zum Informationsrecht des Gesellschafters nach neuem Recht*, ZGR 1982, 1-14, ALEXANDER REUTER, *§ 51a GmbHG – Quo vadis?*, BB 1986, 1653-1660, KLAUS MÜLLER, *Schranken der Informationsrechte nach § 51a GmbHG*, GmbHR 1987, 87-94, GÜNTER KARL, *Das Anskunfts- und Einsichtsrecht des GmbH-Geschäftsführers nach § 51a GmbHG*, DStR 1995, 940-944, ANDREAS WITTE, *Zum Informationsrecht des Gesellschafters einer mitbestimmten GmbH*, ZGR 1998, 151-166 e JÜRGEN BREMER, *Herausgabe von Informationen im Rahmen einer Due Diligence*, GmbHR 2000, 176-180.

[758] FRANK ROITZSCH, *Der Minderheitenschutz im Verbandsrecht* (1981), 160 ss., KARSTEN SCHMIDT, *Informationsrecht Gesellschaften und Verbänden* (1984), 93 pp., JÖRG TIETZE, *Die Informationsrechte des GmbH-Gesellschafters* (1985), 161 pp., HERMANN PETER WOHLLEBEN, *Informationsrecht des Gesellschafters* (1989), 251 pp. e HANS-PETER BOPP, *Die Informationsrechte des GmbH-Gesellschafters/Eine rechtsvergleichende Untersuchung des deutschen, französischen und schweizerischen Rechts* (1991), 221 ss. e *passim*.

[759] WOHLLEBEN, *Informationsrechte* cit., 7, 8 e 10.

[760] BOPP, *Die Informationsrechte* cit., 50 ss. (Alemanha), 90 ss. (França) e 125 ss. (Suíça).

[761] Confrontáveis em RAÚL VENTURA, *Sociedade por quotas* cit., 1, 2ª ed., 276-278.

[762] *Vide* JOSÉ A. ENGRÁCIA ANTUNES, *O direito à informação nas sociedades de capitais*, em *Colóquio/Os quinze anos de vigência do Código das Sociedades Comerciais*, org. FERRER CORREIA (2003), 45-55.

As razões científicas e histórico-culturais que levaram ao actual estado de coisas são compreensíveis. Todavia, há que, sobre elas, fazer actuar a Ciência do Direito. Embora tecnicamente configurado como um direito subjectivo, com tudo o que isso implica, o direito à informação insere-se num universo de Direito das sociedades. Por certo que se visa, sempre, o bem estar patrimonial e moral das pessoas (seres humanos): mas em modo colectivo. Este ponto deve acompanhar a interpretação e a aplicação das normas em presença[763].

122. **As informações e a sua prestação**

I. O direito dos sócios à informação consta do artigo 214.°. Este preceito surge, porém, como uma amálgama de princípios gerais, de regras específicas e de precisões: bem poderia ter sido simplificado e desdobrado.

No GmbHG alemão, o direito à informação foi introduzido, como dissemos, de modo explícito, nos §§ 51a e 51b, pela Novela de 1980[764]. Ficou prevista, designadamente, a obrigação dos gerentes de prestar aos sócios as informações pedidas e a possibilidade de recusa, quando seja de recear uma utilização estranha aos escopos da sociedade[765].

A regra básica surge no artigo 214.°/1, que desdobra:

– os gerentes devem prestar a qualquer sócio que o requeira informação verdadeira, completa e elucidativa sobre a gestão da sociedade;
– e bem assim facultar-lhe, na sede social, a consulta da respectiva escrituração, livros e documentos.

Vamos ver. O direito assiste a *qualquer sócio* ou ao usufrutuário quando, por lei ou convenção, lhe caiba exercer o direito de voto (214.°/8). Não fica excluído o sócio-gerente, desde que se trate de elementos a que não tenha tido acesso[766], num ponto que já suscitou contro-

[763] Em especial: a exposição sintética e precisa de MAXIMILIAN SCHIESSEL, no *Münchener Handbuch* cit., 3, 2ª ed., § 33 (539-549).

[764] GEORG KOPPENSTEINER, em ROWEDDER/SCHMIDT-LEITHOFF, *GmbHG* cit., § 51a (1684-1685, com bibliografia).

[765] KOPPENSTEINER, ob. cit., § 51a, Nr. 22 ss. (1695 ss.).

[766] STJ 25-Out.-1990 (BROCHADO BRANDÃO), Proc. 079137/ITIJ, visitado em 12-Fev.-2006 e RPt 1-Jul.-2002 (COUTO PEREIRA), Proc. 0250177/ITIJ, visitado em 12-Fev.-2006.

vérsia[767]: injustificada. Em compensação, tal direito não assiste ao cônjuge do sócio que não tenha essa qualidade[768]. O sócio que requeira informação deve estar devidamente identificado[769]. Também se entende que o esquema do artigo 214.° não pode ser usado pela sociedade contra os sócios[770].

II. O final do artigo 214.°/1, à semelhança do artigo 181.°/1 relativo às sociedades em nome colectivo, permite que a informação seja pedida por escrito, devendo ser dada em conformidade. Compreende-se que pedidos repetidos de informação escrita venham perturbar o normal funcionamento da sociedade. Por isso, o artigo 214.°/2 admite que o direito à informação seja:

> (...) regulamentado no contrato de sociedade, contanto que não seja impedido o seu exercício efectivo ou injustificadamente limitado o seu âmbito.

A lei vai mais longe, especificando que não pode ser excluído esse direito (designadamente) quando:

– para o seu exercício for invocada suspeita de práticas susceptíveis de fazer incorrer o seu autor em responsabilidade, nos termos da lei;
– a consulta tiver por fim julgar da exactidão dos documentos de prestação de contas ou habilitar o sócio a votar em assembleia já convocada.

---

767 Assim, em STJ 23-Mai.-1996 (Mário Cancela), CJ/Supremo IV (1996) 2, 86-88 (88/I), entendeu-se que o gerente tem direito de acesso incondicional a toda a documentação da sociedade e, daí, que não necessite de obter direito à informação através do disposto no artigo 214.°; mas não: se, na qualidade de gerente, não conseguir ser informado, nada obsta a que invoque a qualidade de sócio para o ser, por outra via. Também em RPt 13-Abr.-1999 (Lemos Jorge), BMJ 486 (1999), 369/I, se vem dizer que o direito à informação a que alude o artigo 214.° só pode ser exigido por sócio não-gerente; mas não: excluindo os casos de chicana, bem pode o sócio-gerente ter sido mantido à margem de todos ou de alguns negócios (basta que haja pelouros na gerência!) não fazendo sentido retirar-lhe, por ser gerente, prerrogativas que cabem a todos os sócios.

768 RLx 20-Mar.-1997 (Luís Fonseca), CJ XXII (1997) 2, 86-87 (86/II).

769 STJ 27-Abr.-1993 (Carlos Caldas), CJ/Supremo I (1993) 2, 72-73 (72/II): a carta não vinha assinada pelo sócio, contendo apenas um "P." seguido de assinatura ilegível.

770 RPt 16-Out.-2001 (Cândido de Lemos), Proc. 0121302/ITIJ, visitado em 13-Fev.-2006.

Estamos perante um garantismo que não se explica à luz do Direito privado. O direito à informação não pode ser excluído: ponto assente. Mas a sua regulamentação no pacto social – onde se lida com direitos disponíveis! – pode ser efectiva: é evidente que nada custa alegar suspeitas de responsabilidade do autor de quaisquer actos ou invocar a possível inexactidão de documentos para, em contínuo, tudo devassar. Os preceitos devem ser interpretados à luz do *favor societatis* e numa perspectiva de efectiva substancialidade das situações.

III. O artigo 214.°/3 permite pedidos de informação:

- sobre actos já praticados;
- sobre actos esperados, quando estes sejam susceptíveis de fazer incorrer o seu autor em responsabilidade, nos termos da lei.

Tomando estes preceitos à letra, toda a actividade futura ou projectada (mesmo eventual) teria de ser comunicada. Valem as presunções acima feitas sobre o primado do modo colectivo e a necessidade de interpretação restritiva desta matéria.

IV. Quanto à consulta da escrituração, livros ou documentos: ela deve ser feita pessoalmente pelo sócio, que pode ser assistido por um ROC ou por um perito, bem como usar a faculdade do artigo 576.° do Código Civil (pode tirar cópias ou fotografias). Explica a jurisprudência (bem) que a sociedade pode certificar-se das qualidades do pretenso ROC ou perito, procedendo à sua identificação; mas não pode exigir deles, uma declaração de responsabilização como condição de acesso à consulta solicitada[771].

Nas mesmas e referidas condições pode o sócio inspeccionar os bens sociais (214.°/5).

V. Na conformação do dever de informar, devemos ainda ter em conta as suas finalidades[772]. Ele visa proteger os interesses dos sócios. Mas além disso, protege ainda os interesses dos trabalhadores e dos credores, assegurando a fidedignidade das contas. Trata-se, em suma, de um

[771] STJ 25-Nov.-1999 (Sousa Inês), CJ/Supremo VII (1999) 3, 120-122 (121/II-122/I).

[772] Wohlleben, *Informationsrechte* cit., 11, 15, 16 e 25.

esquema geral que melhor assegura o efectivo e correcto funcionamento das sociedades, providenciando o próprio autocontrolo dos gerentes.

123. A recusa justificada

I. O pedido de informação pode ser recusado, desde que, para tanto, haja justificação[773]. O artigo 215.°/1 admite três ordens de razões, a que poderemos acrescentar uma quarta[774]. Assim e principiando por esta:

– razões de praticabilidade;
– razões derivadas do disposto no contrato de sociedade;
– receio de utilização da informação para fins estranhos à sociedade e com prejuízo desta;
– violação do segredo imposto por lei para tutela de terceiros.

RAÚL VENTURA invoca a taxatividade do artigo 215.°/1[775]. Não vemos porquê: a informação é um direito disponível, que deve ser articulado com outros princípios e direitos, *maxime* na lógica do artigo 335.°, do Código Civil (colisão de direitos)[776]. Além disso, o direito à informação nada pode contra a natureza das coisas. Assim, a informação será recusada (ainda que temporariamente) se o próprio gerente a ela não tiver acesso, se ele estiver impedido de a ela aceder (de férias ou em serviço) ou se, estando ao serviço da sociedade, ele não puder, de todo, interromper a tarefa.

II. As restantes três razões estão elencadas no artigo 215.°/1.

O contrato de sociedade deve ser acatado. A própria lei como que convida à sindicância da legalidade do contrato; todavia, desde que o direito não seja excluído, teremos de entender (para mais, no domínio comercial!) que os contratos devem ser cumpridos. E mesmo na hipótese da sua invalidade, haverá que ponderar os cenários do *venire contra factum proprium*: o sócio compromete-se, por contrato, a exercer o seu

---

[773] *Vide* PINHEIRO TORRES, *O direito à informação* cit., 219 ss..

[774] No GmbH: KARL-HEINZ SCHMIEGELT, em MÜLLER/HENSE, *Beck'sches Handbuch* cit., 3ª ed., § 3, Nr. 81 ss. (128 ss.).

[775] RAÚL VENTURA, *Sociedade por quotas* cit., 1, 2ª ed., 309, assente, no essencial, no argumento literal: "... só podem ...".

[776] *Tratado* I/4, 379 ss..

direito à informação em certos moldes e, depois, invoca a ilegalidade do pactuado para *venire* contra o acordado.

O receio da utilização de informações para fins estranhos à sociedade e com prejuízo desta deve ser apreciado em termos objectivos[777], segundo as regras da experiência comum[778]. De todo o modo, será sempre causa de "receio" o facto de a informação pretendida ser manifestamente inútil, para os interesses do sócio requerente[779].

A violação do segredo imposto por lei para tutela de terceiros é, sempre, uma razão absoluta de recusa de informação. Resta acrescentar que "lei" é, aqui, o Direito: pode resultar de lei expressa, de princípios gerais ou de instrumentos contratuais, existentes em relação ao terceiro protegido.

III. Finalmente, o direito à informação é, como qualquer posição jurídico-subjectiva, susceptível de abuso (334.° do Código Civil). No seu exercício, ele não pode contraditar a confiança legítima, nem a materialidade subjacente[780]. Perante situações de abuso, o exercício deve cessar. E em face delas, a recusa é justificada[781].

Em compensação, o mero conflito de interesses, que impeça o sócio de votar, não bloqueia o direito à informação do interessado[782].

124. Sanções pela não-prestação e pelo abuso de informação

I. A recusa de informação ao sócio, quando injustificada, dá azo a determinadas sanções. Assim:

– é fundamento de anulação de deliberações sociais – 58.°/1, *c*)[783];

777 RPt 5-Jan.-1999 (AFONSO CORREIA), CJ XXIV (1999) 1, 177-180 (179/I).

778 RLx 3-Mar.-1994 (NASCIMENTO GOMES), Proc. 0061506/ITIJ, visitado em 5-Mar.-2006.

779 Quanto à utilidade que a informação deve assumir: ZÖLLNER, em BAUMBACH/ /HUECK, *GmbH-Gesetz* cit., 18ª ed., § 51a (Nr. 27 ss.).

780 *Tratado* I/4, 275 ss..

781 Cf. RLx 6-Nov.-1990 (PINTO MONTEIRO), Proc. 0031971/ITIJ, visitado em 5-Mar.-2006.

782 RPt 28-Mai.-1998 (PIRES CARDOSO), BMJ 477 (1998), 570 (o sumário).

783 STJ 7-Out.-1993 (SOUSA MACEDO), Proc. 0838541/ITIJ, visitado em 12-Fev.-2006 e STJ 17-Fev.-1998 (CARDONA FERREIRA), CJ/Supremo VI (1998) 1, 88-90 (89/II), com considerações relevantes sobre o ónus da prova.

– pode dar azo à convocação da assembleia geral, para que a informação negada seja prestada ou para que a informação falsa seja corrigida – 215.°/2;
– permite ao sócio atingido requerer ao tribunal um inquérito judicial – 216.°;
– faculta o direito à indemnização por todos os danos – 798.° e 483.°/1, do Código Civil.

II. Quanto ao inquérito, diz-nos a jurisprudência:

– que faltando normas adjectivas sobre a forma de exercer o direito à informação, há que recorrer às que regulem casos análogos, como os dos artigos 1479.°/3, 1480.°/1, 1409.°/1 e 303.°, do Código de Processo Civil[784];
– que ele compete no caso de recusa ou de oposição à informação[785];
– que ele não pode ser usado para consultar os livros da sociedade ou a sua escrituração[786];
– que ele é acessível ao sócio-gerente[787];
– que o requerente de inquérito deve expor os motivos do mesmo e indicar os factos que lhe interessa averiguar[788];
– que ele não pode ter lugar no caso de falta de aprovação de contas[789];

[784] RPt 31-Mai.-1988 (Leonel Rosa), BMJ 377 (1988), 555.

[785] RPt 13-Fev.-1990 (Lobo Mesquita), BMJ 394 (1990), 538-539, fazendo aplicação à recusa de consulta da escrituração, o que não é seguido pela jurisprudência de seguida referida e RPt 29-Out.-1996 (Durval Morais), Proc. 9620501/ITIJ, visitado em 6-Mar.-2006.

[786] REv 13-Out.-1994 (Pita de Vasconcelos), CJ XIX (1994) 4, 276-277 (277/I) e RPt 17-Jan.-2000 (Cunha Barbosa), CJ XXV (2000) 1, 184-186 (186/I).

[787] RPt 1-Fev.-2000 (Gonçalves Vilar), Proc. 9921595/ITIJ, visitado em 13-Fev.-2006, RPt 2-Dez.-2002 (Pinto Ferreira), CJ XXVII (2002) 5, 186-188 (188) e RPt 19-Out.-2004 (Mário Cruz), CJ XXIX (2004) 4, 194-196 (194), com uma importante nota de rodapé, muito documentada. Contra: STJ 1-Jul.-1997 (Cardona Ferreira), BMJ 469 (1997), 570-574 (573) e REv 18-Out.-2005 (Pedro Antunes), CJ XXX (2005) 4, 274-275 (275/I), segundo os quais o gerente (apenas) poderia peticionar a investidura no cargo social. Mas tal investidura não lhe servirá de nada, se não lhe prestarem as informações: o inquérito deve-lhe ser acessível, sendo ele sócio.

[788] STJ 10-Jul.-1997 (Figueiredo e Sousa), CJ/Supremo V (1997) 2, 166-167 (167/I e II).

[789] RLx 12-Out.-2000 (Fernanda Sousa Pereira), CJ XXV (2000) 4, 111-113 (113/I).

– que impende sobre o requerente o ónus da prova de recusa ilícita de informação ou da sua prestação falsa, incompleta ou não elucidativa[790];
– que ele pode ser intentado, também, contra o sócio-gerente[791].

Estamos numa zona na qual a casuística judicial assume um papel de relevo.

III. No direito à indemnização, há que computar toda uma série de danos, caso se verifiquem. Assim, temos:

– danos emergentes: privado de informação, o sócio não pôde dispor de determinadas vantagens ou tomou decisões erradas;
– lucros cessantes: uma projecção, no futuro, da situação criada;
– maiores despesas: a recusa de informação obrigou o sócio a novas diligências, a contratar advogados e contabilistas e a perder tempo;
– danos morais: uma recusa, *ad nutum*, de informação é uma afronta que pode afectar a integridade moral e o bom nome e reputação do visado.

IV. O abuso de informação, por parte do sócio interessado, dá também lugar a diversas sanções[792]. Temos (214.°/1):

– a responsabilidade civil;
– a exclusão.

Quanto à responsabilidade civil: devem ser indemnizados todos os danos, patrimoniais (emergentes, incluindo maiores despesas e lucros cessantes) e morais: a própria sociedade tem o direito ao bom nome e à reputação. A indemnização pode ser em espécie, nos termos gerais.

---

[790] RPt 22-Jan.-2001 (Amélia Ribeiro), Proc. 0050849/ITIJ, visitado em 13-Fev.-2006.

[791] RLx 8-Mai.-2001 (Pereira da Silva), Proc. 0014481/ITIJ, visitado em 5-Mar.-2006 e RLx 25-Mai.-2004 (António Geraldes), Proc, 3859/2004-7, visitado em 5-Mar.-2006.

[792] *Vide* Pinheiro Torres, *O direito à informação* cit., 241 ss..

A exclusão (241.°/1) cabe na medida em que o abuso de informação implique uma quebra grave do pacto social. Muitas vezes o abuso de informação anda associado a outras violações: do bom nome, do sigilo, de elementos comerciais ou industriais tutelados e, em qualquer caso, do dever de lealdade e de correcção para com os sócios e a sociedade. Tudo isso deve ser ponderado na deliberação de exclusão.

§ 34.° DIREITO AOS LUCROS

125. Princípio geral; aplicação

I. O direito aos lucros integra, como elemento essencial, o *status* de sócio[793]. Ele vem referido com ênfase, no artigo 21.°/1, *a*), surgindo ainda como elemento essencial do contrato de sociedade, no artigo 980.°, *in fine*, do Código Civil[794]. Recordamos que, de acordo com a técnica comum relativa aos "direitos" dos sócios, cumpre distinguir entre direitos abstractos e direitos concretos[795]: os direitos abstractos correspondem a posições potencialmente favoráveis que podem surgir na esfera dos sócios, mercê da titularidade da posição social; os direitos concretos traduzem a concretização dessas posições, depois de verificados os respectivos requisitos. Apenas neste último caso surgem verdadeiros direitos subjectivos.

Pois bem: todo o sócio tem, pela própria natureza da situação em que se encontra imerso, um direito abstracto a lucros; concretamente, tal direito só surgirá na sequência de um procedimento abaixo referido. Ainda em sede geral, recordamos a proibição tradicional dos pactos leoninos (22.°/3)[796].

II. Nas sociedades por quotas, a matéria dos lucros aparece versada no artigo 20.° da Lei de 1901[797], cujo teor recordamos:

---

[793] *Manual*, 595 ss.; *vide* MANUEL ANTÓNIO PITA, *Direito aos lucros* (1989), com uma análise de Direito comparado (75 ss.), FILIPE CASSIANO DOS SANTOS, *O direito aos lucros no Código das Sociedades (À luz de 15 anos de vigência)*, em *IDET/Problemas de Direito das Sociedades* (2002), 185-199 (187 e *passim*) e PAULO DE TARSO DOMINGUES, *Capital e património sociais, lucros e reservas*, em PEDRO MAIA e outros (org.), *Estudos de Direito das sociedades*, 7ª ed. (2005), 129-177 (163).

[794] Perante o Direito anterior: JOSÉ TAVARES, *Sociedades e empresas comerciais* cit., 2ª ed., 516.

[795] *Manual*, 571 ss..

[796] *Manual*, 596 ss.; *vide* RAÚL VENTURA, *Sociedade por quotas* cit., 1, 2ª ed., 324 ss..

[797] O qual remonta ao § 29 do GmbHG; *vide* HUECK/FASTRICH, em BAUMBACH/

Os sócios têm direito, salvo estipulação em contrário na escritura social, aos lucros líquidos que resultem do balanço anual, deduzida a percentagem destinada à formação do fundo de reserva.

§ único. A divisão dos lucros far-se-á, salvo estipulação em contrário da escritura social, em proporção das quotas.

A grande questão que se punha era a seguinte: podia a sociedade sacrificar os lucros concretos de cada sócio, reinvestindo-os, a diversos títulos, no manejo societário? Perante o texto transcrito, a jurisprudência fixara-se na seguinte orientação:

– no silêncio do pacto social e não havendo unanimidade, os lucros líquidos que resultarem do balanço anual, deduzida a percentagem destinada ao fundo de reserva, não podiam deixar de ser distribuídos[798];
– permitindo-o o pacto social, os lucros poderiam (por exemplo) ser afectos à liquidação de prejuízos de gerência anteriores, à reserva legal, a um fundo especial ora criado e, o remanescente, a contas de suprimentos[799].

III. Na preparação do Código das Sociedades Comerciais[800], foi ponderada a obrigatoriedade de distribuição de, pelo menos, parte dos lucros[801]. Tratava-se de prevenir que uma sociedade crescesse indefinidamente, de acordo com a vontade da maioria, sem que a minoria pudesse receber quaisquer vantagens desse crescimento – a não ser uma teórica valorização da quota[802].

Não foi essa a opção que prevaleceu. Segundo o artigo 217.°[803]:

– deve ser distribuída aos sócios metade do lucro de exercício que, nos termos desta lei, seja distribuível;

/Hueck, *GmbH-Gesetz* cit., 18ª ed., § 29 (380 ss.) e Pentz, em Rowedder/Schmidt-Leithoff, *GmbHG* cit., 4ª ed., § 29 (760-763, com muita bibliografia). Em geral: Andreas Heidinger, no Michalski/*Kommentar* cit., 1, 1755 ss..

798 STJ 5-Fev.-1963 (Arlindo Martins), BMJ 124 (1963), 719-722 (721).

799 STJ 14-Jan.-1964 (Albuquerque Rocha), BMJ 139 (1964), 328-330 (329).

800 Quanto aos anteprojectos: Raúl Ventura, *Sociedade por quotas* cit., 1, 2ª ed., 320-321. Na sempre liderante doutrina alemã, além dos escritos já referidos: Hans-Joachim Priester, no *Münchener Handbuch* cit., 3, 2ª ed., § 57 (1105-1136).

801 Anteprojecto Raúl Ventura, artigo 83.°/4.

802 Raúl Ventura, *Sociedade por quotas* cit., 1, 2ª ed., 334.

803 Na redacção (menos elegante) dada pelo Decreto-Lei n.° 280/87, de 8 de Julho.

– salvo diferente cláusula contratual;
– ou salvo deliberação tomada por maioria de três quartos dos votos correspondentes ao capital social em assembleia geral para o efeito convocada[804].

Esta última hipótese foi acrescentada pela alteração introduzida pelo Decreto-Lei n.° 280/87, de 8 de Julho.

Nos termos gerais, o pacto social pode afastar a regra da lei estipulando, por exemplo, que cabe à sociedade, por maioria simples, deliberar a não distribuição de lucros[805]. A deliberação que, fora do que a lei permita, não proceda à distribuição de lucros, é anulável[806].

III. A noção de "lucro distribuível" vem-nos do artigo 33.°. À partida, o lucro será a diferença entre os proveitos e os custos[807]: existirá na medida em que os primeiros sejam superiores aos segundos. Isto posto, não são distribuíveis, dos lucros do exercício (33.°/1):

– a parcela necessária para cobrir prejuízos transitados;
– a parte destinada a formar reservas impostas por lei ou pelo contrato de sociedade.

Além disso, não podem ser distribuídos lucros do exercício (33.°/2):

– enquanto as despesas de constituição, de investigação e de desenvolvimento não estiverem completamente amortizadas;

---

[804] STJ 3-Nov.-1990 (Brochado Brandão), Proc. 079507/ITIJ, visitado em 12-Fev.-2006, REv 2-Jul.-1991 (Herculano Namora), BMJ 409 (1991), 887 e STJ 28-Mai.-1992 (Roger Lopes), Proc. 081893/ITIJ, visitado em 12-Fev.-2006.

[805] STJ 7-Jan.-1993 (Raúl Mateus), BMJ 423 (1993), 540-553 (549 = CJ/Supremo I (1993) 1, 5-10 (9/I) = RDES XXXVIII (1996), 257-268, anot. Evaristo Mendes, 283-364, muito bem documentada (sem prejuízo de poder haver atentado aos bons costumes).

[806] RLx 20-Out.-1992 (Correia de Sousa), Proc. 0048801/ITIJ, visitado em 17-Mar.-2006, STJ 6-Jul.-1993 (Miguel Montenegro), Proc. 083786/ITIJ, visitado em 13-Fev.-2006, RCb 16-Mai.-1995 (Pereira da Graça), CJ XX (1995) 3, 28-31 (30/II), STJ 28-Mai.-1996 (Costa Marques), Proc. 088096/ITIJ, visitado em 12-Fev.-2006, RCb 13-Out.-1998 (Távora Vítor), BMJ 480 (1998), 551 = CJ XXIII (1998) 4, 31-35 (34/I), explicitando que, para além da anulação, há que mandar pagar ao sócio a importância devida.

[807] Manuel António Pita, *Direito aos lucros* cit., 33 ss..

– excepto se o montante das reservas livres e dos resultados transitados for, pelo menos, igual ao dessas despesas não amortizadas.

Quanto às reservas: determina o artigo 33.°/3 que não possam ser distribuídas aquelas cuja existência e cujo montante não constem, expressamente, do balanço (33.°/3). Na deliberação visada devem ser expressamente mencionadas quais as reservas distribuídas, no todo ou em parte, quer isolada quer juntamente com os lucros de exercício (33.°/4).

126. **O procedimento**

I. Apurada a existência e a disponibilidade de lucros, tudo depende de uma deliberação social que determine a sua distribuição. Como vimos, ela não é obrigatória: pode ser dispensada, em geral, pelo pacto social ou, ano a ano, por uma deliberação social adoptada pela maioria qualificada de 3/4; na falta de algum destes pontos, 50% dos lucros de exercício são distribuíveis.

II. Deliberada a atribuição dos lucros, recordamos que a sua distribuição pelos sócios, salvo cláusula em contrário, deverá ser feita na proporção dos valores nominais das respectivas quotas de capital (22.°/1)[808]. Posto isso[809]:

– o crédito dos sócios à sua parte nos lucros vence-se decorridos 30 dias sobre a deliberação de distribuição (217.°/2, 1ª parte);
– salvo diferimento consentido pelo sócio (217.°/2, médio), entendendo-se: diferimento pelo período que este admitir;
– os sócios podem contudo, com fundamento na excepcional situação da sociedade, alargar o diferimento até aos 60 dias (217.°/2, 2ª parte).

III. O artigo 217.°/3 determina ainda que quando gerentes e fiscais tenham, pelo contrato de sociedade, direito a uma participação nos lucros, esta só possa ser paga depois de postos a pagamento os lucros dos sócios. Trata-se de um preceito que visa salvaguardar as posições dos sócios e a confiança geral no funcionamento da sociedade e da sua gerência.

[808] RPt 7-Dez.-1999 (Afonso Correia), BMJ 492 (1999), 489 (489/II).

[809] Raúl Ventura, *Sociedade por quotas* cit., 1, 2ª ed., 347 ss..

127. **Reserva legal**

I. No universo das reservas[810], cabe distinguir a legal das facultativas, também ditas complementares ou extraordinárias[811]. A reserva legal é imposta e regulada por lei.

Trata-se de um instituto originário das sociedades anónimas. O artigo 34.° da LSQ remetia para o artigo 191.° do Código Comercial, preceito esse que obrigava as sociedades anónimas a constituir um "fundo de reserva" para o qual teriam de reverter 20% dos lucros líquidos da sociedade, até que esse fundo atingisse, pelo menos, 1/5 do capital social[812].

II. O Código das Sociedades Comerciais manteve essa técnica. O artigo 218.°/1 considera obrigatória a constituição de uma reserva legal. O seu n.° 2 remete para os artigos 295.° (Reserva legal) e 296.° (Utilização da reserva legal), próprios das sociedades anónimas. Salvo quanto ao limite mínimo da reserva legal: nunca inferior a 2.500 euros[813].

A dogmática das reservas melhor fica explanada no domínio das sociedades anónimas[814].

---

810 *Manual*, 614 ss..

811 RAÚL VENTURA, *Sociedade por quotas* cit., 1, 2ª ed., 351 ss..

812 Para anotações da época, ABÍLIO NETO, *Sociedades por quotas* cit., 287 ss..

813 Redacção do artigo 3.° do Decreto-Lei n.° 343/98, de 6 de Novembro; a versão inicial referia 200 000$00.

814 *Infra*, 604 ss..

§ 35.° A EXONERAÇÃO E A EXCLUSÃO

128. Generalidades

I. A sociedade assenta no correspondente contrato. Deste promanam relações duradouras, que adstringem os sócios, uns perante os outros e em termos complexos: todos encabeçam direitos e obrigações que, no seu conjunto, dão azo a um *status* denso, destinado a prolongar-se no tempo[815]. A relação não se extingue pelo cumprimento. Pelo contrário: ela reforça-se, segregando, com o decorrer da sua execução, novos deveres assentes na confiança.

Dominado pela autonomia privada, o próprio contrato de sociedade pode prever sobre a sua duração – 141.°/1, *a*). Indo mais longe, dever-se-ia desde logo conceder que, no pacto social, se pudesse estipular quanto à exoneração dos sócios – isto é, quanto à sua saída voluntária – e quanto à exclusão dos mesmos[816] – ou seja: quanto à sua irradicação da sociedade, independentemente de qualquer concordância do visado[817].

II. A saída de um sócio, por exoneração ou por exclusão, coloca diversos problemas, mesmo quando legitimada pelo contrato social. A posição jurídica de sócio envolve direitos e deveres. A sua supressão *ad nutum* pode traduzir a expropriação do sócio ou/e a amputação de factores relevantes para a sociedade e para os seus credores. Há que pensar e que providenciar sobre tudo isso.

---

[815] *Manual*, 579 ss..

[816] Na literatura alemã, fala-se em *Austritt* (exoneração) e *Ausschluss* (exclusão); cf. HUECK/FASTRICH, em BAUMBACH/HUECK, *GmbH-Gesetz* cit., 18ª ed., Anhang nach § 34 (562 ss.), com muitas indicações.

[817] Dissolução, exoneração e exclusão cabem, no fundo, na mesma panorâmica da cessação das situações jurídicas duradouras, devendo proceder-se à sua distinção nesse plano. Cf. KARSTEN SCHMIDT, *Gesellschaftsrecht* cit., 4ª ed., 1058 ss..

A problemática mais se complica perante a figura da exclusão.

Pode ainda suceder que o pacto social seja omisso: nada dizendo quanto à saída de sócios, na constância da sociedade. A lei poderá dispor sobre o tema. Nessa eventualidade, agudizam-se os problemas derivados da liberação do sócio perante os seus deveres e da compensação a que tenha direito pela amputação das suas posições activas.

Nos ordenamentos omissos, houve que, na base dos princípios gerais, construir "fundamentos justificados" para a saída dos sócios. Terá de haver uma saída para o sócio que – por exemplo – sistematicamente contunda com os interesses da sociedade a que pertença e, logo, com os interesses dos seus parceiros.

III. O Código das Sociedades Comerciais não regulou, na parte geral, a exoneração e a exclusão dos sócios. Dispensou algumas regras quanto às sociedades em nome colectivo (185.° e 186.°)[818] e quanto às sociedades por quotas (240.° a 242.°): fica a lacuna nas anónimas, numa problemática difícil de reduzir: serão aí, possíveis, a exoneração e a exclusão e sendo-o, em que base[819]? Recordamos que, para as sociedades civis puras, *legem habemus*: artigos 1002.° e 1003.°, do Código Civil.

De todo o modo, a regulamentação sobre exoneração e exclusão de sócios, elaborada a propósito das sociedades por quotas, é paradigmática. Nesse domínio coloca-se a maioria da jurisprudência e boa parte das doutrinas portuguesa[820] e alemã[821]. Em Itália, o problema é exposto e debatido a propósito das sociedades simples – as nossas sociedades civis sob forma civil[822].

---

[818] *Supra*, 213 ss..

[819] *Vide infra*, 711 ss..

[820] CAROLINA CUNHA, *A exclusão de sócios (em particular nas sociedades por quotas)*, em IDET/*Problemas do Direito das sociedades* (2003), 201-233.

[821] Cumpre referir: GERHARD K. BALZ, *Die Beendigung der Mitgliedschaft in der GmbH/eine empirische und dogmatische Untersuchung zur Ausschliessung und zum Austritt von Gesellschaftern* (1984), 232 pp., BARBARA KESSELMEIER, *Ausschliessung- und Nachfolgeregelung in der GmbH-Satzung* (1999), 331 pp. e MARKUS GEHRLEIN, *Ausschluss und Abfundung von GmbH-Gesellschaftern* (1997), 316 pp..

[822] P. ex.: ANTONIO BRUNETTI, *Trattato* cit., 1, 402-403 e MARIO BUSSOLETTI, *Società semplice*, ED XLII (1990), 908-938 (927 ss.).

IV. Para além destes aspectos de feição prática, a exoneração e a exclusão de sócios colocam temas importantes de construção jurídico-científica.

Num contrato de sociedade, particularmente estando em causa sociedades de pessoas, as diversas posições erguem-se *intuitu personae*. As situações não são intermutáveis: a saída de uma pessoa envolve a cessação da realidade preexistente.

Ao longo da História registou-se uma evolução: para uma visão inicial muito personalista, qualquer modificação nos sócios poria em causa a subsistência da sociedade; mais tarde, as concepções de tipo institucionalista e de feição empresarial, vieram apurar a hipótese de uma realidade de conjunto capaz de subsistir, mesmo perante as alterações subjectivas no corpo social[823].

O problema não é apanágio do Direito das sociedades. O vínculo obrigacional clássico (397.°, do Código Civil) também era inseparável das pessoas do credor e do devedor. Mais tarde, a patrimonialização do Direito civil levou à objectivação das obrigações as quais, sem quebra de identidade e respeitando certos requisitos, podem circular no espaço jurídico. Nesse plano haverá que procurar as raízes últimas dos fenómenos da exoneração e da exclusão de sócios.

129. Base justificativa

I. Quanto à base justificativa de exonerações ou de exclusões assentes em motivos justificados, temos toda uma articulação a considerar[824]. Ainda que sem preocupações de reconstrução histórica rigorosa, podemos apontar uma sucessão de teorias[825]:

– taxatividade legal;

---

[823] *Vide* RAÚL VENTURA, *Dissolução e liquidação de sociedades* (1987), 24 ss.. Quanto à evolução legislativa portuguesa: JOÃO CURA MARIANO, *Direito de exoneração dos sócios nas sociedades por quotas* (2005), 15 ss..

[824] Normalmente, o problema é posicionado e discutido a propósito da exclusão de sócios; parece, contudo, lógico alargá-lo à própria exoneração.

[825] Entre nós e com indicações: ANTÓNIO JOSÉ AVELÃS NUNES, *O direito de exclusão de sócios nas sociedades comerciais* cit., 23 ss. e LUÍS MENEZES LEITÃO, *Pressupostos da exclusão de sócio nas sociedades comerciais* (1989), 15 ss.. O modelo da discussão era retirado dos clássicos italianos do tempo do Código de Comércio de 1882 – cf. BRUNETTI,

– preservação da empresa;
– incumprimento contratual;
– inexigibilidade da manutenção do *status* por ponderação perante o sistema.

A tese dita "taxatividade legal" arranca da ideia subjacente de que não é possível, numa sociedade comercial de pessoas, uma saída de um sócio. Tal saída seria, porém, de encarar em situações taxativamente previstas na lei, com um sentido publicístico e visando a tutela da realidade empresarial[826].

De facto, a lei compreende, por vezes, causas legais de exoneração e de exclusão. Mas nem sempre: em certos ordenamentos, como o alemão, há que avançar na base da doutrina enquanto noutros – o nosso! – as exonerações legais devem ser complementadas. Além disso, a existência de causas legais de exoneração ou de exclusão é admissível à luz de valores estruturalmente privados e para defesa das posições das pessoas: pense-se nos casos de resolução do arrendamento por iniciativa do senhorio – 64.°/1, do RAU e 1083.°/2 do Código Civil, nos termos do NRAU aprovado pela Lei n.° 6/2006, de 27 de Fevereiro.

A taxatividade legal é redutora e acaba por não cumprir a função explicativa que se lhe pede.

II. A preservação da empresa – muitas vezes apresentada como teoria do poder disciplinar – impor-se-ia, nalgumas leituras mais vincadamente institucionalistas, como um valor em si, dotado de jurídico-positividade[827]. Daí resultaria que as sociedades, independentemente de um expresso (e

Trattato cit., 1, 402; no texto, procuraremos ordenar e desenvolver as teses em função de postulados jurídico-científicos actuais.

826 Lorenzo Mossa, *L'esclusione del socio della società di due soci*, RDComm (1915) II, 637-644 (639-640), em anotação a CAp Genova 11-Jan.-1915, *idem*, 637-644, Mario Ghidini, *Estinzione e nullità della società commerciale* (1937), 65 (n.° 28), Cesare Vivante, *Trattato di diritto commerciale*, II – *Le società comerciali*, 5ª ed. (1929), 465 (n.° 752). Embora a discussão seja essencialmente italiana, cf. Müller-Erzbach, *Handelsrecht* cit., 2ª e 3ª ed., 214 (a propósito das sociedades em nome colectivo).

Quanto ao exacto pensamento de Mossa: Menezes Leitão, *Pressupostos da exclusão de sócio* cit., 18, nota 4.

827 Tullio Ascarelli, *Appunti di diritto commerciale* II – *Società commerciali* (1933), 234-236, Alfredo de Gregorio, *Delle società e delle associazioni commerciali* (1938), n.° 466 (637) e Umberto Navarrini, *Trattato elementare di diritto commerciale*, II, 5ª ed. (1937), n.° 711 (102-103).

taxativo) desenvolvimento legal, teriam o poder de sancionar os sócios cuja conduta viesse a mostrar-se prejudicial para o ente colectivo.

Esta orientação não é hoje sufragável. Ela assenta numa ideia institucional extrema irrealista: as sociedades, na generalidade, não correspondem a quaisquer empresas. E quando correspondam: estas não detêm nenhuma soberania. Além disso, o "interesse" da empresa (ou o da sociedade) acaba, sempre, por se reconduzir ao interesse dos sócios[828]. Finalmente: a dogmatização do poder disciplinar privado levanta uma série de dificuldades[829]: não vemos vantagem em importá-lo para o Direito das sociedades, tanto mais que os regimes não coincidem.

III. O incumprimento contratual reconduz a exoneração ou a exclusão dos sócios à figura da resolução do contrato pela inexecução da outra parte. Temos aqui o núcleo duro das doutrinas ditas contratualistas, dominantes em Itália, após o Código Civil de 1942[830].

No âmago: a sociedade é entendida como um contrato, a cumprir até ao fim, salvo cláusula em contrário ou salvo incumprimento do outro lado. A partir daqui, há várias articulações possíveis, acentuando alguns autores que, na realidade, está em jogo o interesse privado dos sócios. Trata-se de uma opção bem presente na nossa doutrina[831]. Adiante tomaremos posição. Não nos parece, todavia, que se possa colocar num mesmo plano a "dissolução total" e a "dissolução limitada a um sócio" (exoneração ou exclusão): são realidades diferentes, que passam por regimes próprios distintos.

A recondução da exoneração e da exclusão do sócio às consequências de incumprimentos contratuais, com especial focagem na resolução que eles possibilitam, não é convincente[832]. Desde logo, é patente que a resolu-

---

828 *Manual*, 790 ss..

829 *Tratado* I/3, 2ª ed., 726 ss., quanto ao "poder disciplinar" das associações.

830 ARTURO DALMARTELLO, *L'esclusione del soci delle società commerciali* (1939), 69 ss. (n.° 28 ss.); este Autor procede a uma larga exposição da matéria, exposição essa que tem sido retomada pela doutrina portuguesa. Além deste Autor: GIUSEPPE AULETTA, *Risoluzione del rapporto sociale per inadempimento*, RTDPC 1955, 522-531 (525) e AURELIO CANDIAN, *Riflessioni im tema di esclusione del socio*, em *Saggi di diritto* III (1949), 63-70 (66).

831 AVELÃS NUNES, *O direito de exclusão do sócio* cit., 56 ss., MENEZES LEITÃO, *Pressupostos da exclusão de sócio* cit., 42 ss..

832 Crítica, também: CAROLINA CUNHA, *A exclusão de sócios* cit., 216; esta Autora considera, nuclearmente, haver uma dissemelhança funcional entre a resolução por incum-

ção põe termo ao contrato, enquanto a exoneração ou a exclusão não o fazem: ou haveria dissolução e liquidação. De seguida: a resolução assenta num incumprimento, enquanto a exoneração e a exclusão podem ter outras causas. Finalmente: as explicações contratualistas tornam-se artificiais, sobretudo perante sociedades em que o elemento pessoal esteja mais ténue. O pacto social, embora fruto da autonomia privada, tem um sentido normativo geral. Por isso a sua interpretação fica mais próxima da da lei do que da dos negócios jurídicos[833].

IV. A recondução da exoneração e da exclusão a uma ideia de inexigibilidade da manutenção do *status* de sócio, por valoração do sistema, tem a vantagem de absorver as soluções contratualistas, indo para além delas. À partida – e esse é um mérito do institucionalismo, que não deve ser desconsiderado – fica claro que ambos os conceitos servem a continuação da sociedade, prevenindo a sua dissolução[834]. Indo mais longe: ambos abrem num universo em que se tornou inexigível, seja ao sócio (exoneração), seja à sociedade (exclusão), a manutenção, relativamente a certo sujeito, da situação de sócio ou, se se preferir, do seu *status*[835]. Trata-se de

primento e a exclusão: o direito de resolução seria atribuído a um sujeito para tutelar o seu interesse em se desvincular, ele próprio, do negócio, enquanto o de exclusão visaria servir o interesse de operar a desvinculação alheia: auto-desvinculação, na resolução e hetero-desvinculação, na exclusão. Sob esta fórmula, bem vista, surge a ideia antiga de que, na exclusão, pretende-se permitir a continuação da sociedade, enquanto na resolução, tudo acaba. Tendencialmente, assim é. Já o direito de exoneração ficaria mais perto da resolução. Tudo isto é, porém, consequência de uma realidade que tentaremos surpreender.

[833] *Manual*, 447 ss..

[834] MICHAEL BECKER, *Der Austritt aus der GmbH/Durchsetzung eines unentziehbaren Individualrechts im Interesse effectiven Minderheitenschutzes* (1985), falando num "correctivo para a acção de dissolução", GEHRLEIN, *Ausschluss und Abfindung* cit., 4 e KARSTEN SCHMIDT, *Gesellschaftsrecht* cit., 4ª ed., 1061.

[835] Quanto à exclusão, a ideia foi acolhida pela jurisprudência alemã, nos casos em que não esteja contratualmente prevista, dizendo que ela pode verificar-se quando, em relação a um sócio "... ocorra, na sua pessoa, um fundamento importante que torne incomportável (*untragbar*) a manutenção da sociedade com a sua presença". Assim: RG 13-Ago.-1942, RGZ 169 (1942), 330-339 (333 ss.), BGH 1-Abr.-1953, BGHZ 9 (1953), 157-179 (183 ss.), BGH 23-Fev.-1981, BGHZ 80 (1981), 346-352 (348-349) e BGH 20-Set.-1999, NJW 1999, 3779-3780 (3779/II). A jurisprudência coloca a tónica dessa inexigibilidade na quebra da lealdade. Cf., ainda, MARKUS GEHRLEIN, *Ausschluss und Abfindung GmbH-Gesellschaftern* cit., 13 ss.; fazendo inclusive apelo ao Direito consuetudinário, BARBARA KESSELMEIER, *Ausschliessungs- und Nachfolgeregelung* cit., 67 ss. e HUECK/FASTRICH, em BAUMBACH/HUECK, *GmbH-Gesetz* cit., 18ª ed., § 34, Nr. 3 (564).

matéria que exige um suplemento de justificação nos ordenamentos omissos (como o alemão)[836]. No nosso, felizmente, o problema não se põe.

A inexigibilidade em causa deve ser ponderada à luz do sistema. Temos, como vias da sua concretização:

- a previsão contratual, que exprime o importante vector da autonomia privada;
- as previsões legais específicas, que dão corpo (em regra) aos valores da lealdade e da confiança;
- conceitos indeterminados, que permitem concretizar, mesmo na falta de lei expressa, esses mesmos valores.

De facto, não é a violação do contrato de sociedade que permite, ao outro lado, reagir com a exoneração ou a exclusão; os inerentes direitos surgem perante uma ponderação mais alargada do sistema, com uma especial valoração no sentido da manutenção da sociedade, mas sem a exigência da conservação de certo *status* de sócio.

130. A exoneração de sócios

I. A exoneração de um sócio é o efeito do exercício, por ele, de um direito potestativo de fazer cessar, unilateralmente, aquela sua qualidade[837]. A Lei de 1901 não consagrava esta possibilidade. E a própria doutrina descurava o tema, centrando a sua atenção no fenómeno, mais visível, da exclusão do sócio. O Código Civil, no seu artigo 1002.°, veio introduzir formalmente a figura da exoneração[838]. Esta era possível: a todo o tempo, não havendo prazo para a sociedade; havendo-o: quando ocorresse justa causa[839].

---

[836] Além das indicações já dadas: MICHAEL KORT, no *Münchener Handbuch* cit., 3, 2ª ed., § 29, Nr. 1 e 2 (490-491).

[837] Com elementos gerais de ordem histórica: DANIELA FARTO BAPTISTA, *O direito de exoneração dos accionistas/das suas causas* (2005), 19 ss.. Examinando detidamente as causas legais vigentes de exoneração: CURA MARIANO, *Direito de exoneração dos sócios* cit., 36 ss..

[838] O Código de SEABRA falava em "renúncia" do sócio (1278.°); JOSÉ TAVARES, *Sociedade e empresas comerciais* cit., 2ª ed., 608 ss., usava, já, "exoneração".

[839] *Supra*, 63-64.

II. O Código das Sociedades Comerciais acabou por fixar um esquema assaz complexo de exoneração. Assim, ele veio:

– consagrar, na parte geral, esquemas de exoneração aplicáveis (logicamente) aos diversos tipos de sociedades;
– inserir, no tocante às sociedades em nome colectivo e às sociedades por quotas, fundamentos específicos de exoneração;
– sendo que tudo isso poderia ter de ser conjugado, havendo lacuna, com os esquemas de exoneração previstos no Código Civil e que têm aplicação subsidiária.

Quanto à parte geral, cumpre referir:

– artigo 3.°/6, 2ª parte: havendo transferência de sede para o estrangeiro, os sócios que não a tenham votado "... podem exonerar-se da sociedade, devendo notificá-la no prazo de 60 dias após a publicação da referida deliberação"[840];
– artigo 45.°/1: nas sociedades por quotas, anónimas e em comandita por acções, o erro, o dolo, a coacção e a usura podem ser invocados como justa causa de exoneração pelo sócio atingido, desde que se verifiquem as circunstâncias que permitiriam a anulação civil do negócio[841];
– artigo 105.°/1: no caso de fusão, pode o pacto social prever um direito à exoneração do sócio que, com ela, não tenha concordado: evidentemente, aqui, tudo depende do pacto;
– artigo 120.°: manda aplicar, entre outros, o artigo anterior, à cisão;
– artigo 137.°/1: havendo transformação de sociedades, os sócios que não tenham votado favoravelmente a competente deliberação podem exonerar-se da sociedade, declarando-o por escrito, nos 30 dias seguintes à publicação da deliberação;

---

[840] Não temos conhecimento da aplicação prática desta norma; no plano europeu, o artigo 7.° do naufragado anteprojecto de uma proposta de 14ª Directriz sobre a transferência de uma sede de uma sociedade de um Estado-Membro para outro, limita-se a dizer que os Estados-Membros podem prever regras que assegurem uma protecção adequada aos sócios minoritários: *Direito europeu das sociedades*, 809 ss. (811).

[841] *Manual*, 517. *Vide* MARIA AUGUSTA FRANÇA, *Direito à exoneração* cit., 209. RAÚL VENTURA, *Sociedade por quotas* cit., 2, 16 e CURA MARIANO, *Direito de exoneração* cit., 46 ss..

– artigo 161.°/5: na sociedade em liquidação e iniciada a partilha, havendo uma deliberação de regresso à actividade, pode exonerar-se o sócio cuja participação fique relevantemente reduzida em relação à que, no conjunto, anteriormente detinha, recebendo a parte que pela partilha lhe caberia.

Temos, nalgumas destas situações, regimes diferenciados: um ponto a conferir caso a caso. Além disso, embora sem referir um "direito de exoneração", o Código consigna hipóteses que redundam no mesmo:

– artigo 490.°/5 e 6: o sócio de uma sociedade dominante pode exigir a compra das suas quotas ou acções;
– artigo 499.°/1 e 2: numa situação de subordinação, o sócio livre pode optar pela venda das suas quotas ou acções à sociedade directora.

III. O artigo 240.° reporta-se à exoneração do sócio nas sociedades por quotas. O n.° 1 prevê três possibilidades:

– exoneração nos casos previstos na lei: ficam abrangidas as situações tratadas na parte geral e de que acima demos breve nota; além disso, incluem-se outras hipóteses de exoneração referidas, de modo avulso, na parte relativa às sociedades por quotas; temos:
– exoneração do sócio da sociedade cujo pacto proíba a cessão de quotas, uma vez decorridos dez anos sobre o seu ingresso na sociedade (229.°/1);
– atribuição, pelo contrato de sociedade e ao sócio, do direito à amortização da quota: aplica-se o disposto sobre a exoneração de sócios (232.°/4);
– exoneração nas situações figuradas no contrato: podem as partes, ao abrigo da sua autonomia privada, criar novas hipóteses de exoneração; todavia, elas terão de se conter nas margens do artigo 240.°/6: não pode haver exoneração pela vontade arbitrária do sócio; o contrato social terá, pois, de remeter para factos aos quais, razoavelmente, se possa atribuir a natureza de justa causa[842];

---

[842] RAÚL VENTURA, *Sociedade por quotas* cit., 2, 18, considera que não basta referir "justa causa" para efeitos de exoneração. Não o podemos seguir: "justa causa" é, hoje, uma referência precisa, perfeitamente concretizável; além disso, estamos na área da autonomia privada.

– exoneração quando, contra o voto expresso do sócio em jogo, tenha sido deliberado – 240.°/1, *a*):
  – um aumento de capital a subscrever total ou parcialmente por terceiros;
  – a mudança do objecto social;
  – a prorrogação da sociedade;
  – a transferência da sede para o estrangeiro;
  – o regresso à actividade da sociedade dissolvida;
– exoneração quando, havendo justa causa de exclusão de um sócio, a sociedade não deliberar excluí-lo ou não promover a sua exclusão judicial – 240.°/1, *b*).

Infelizmente, a técnica legislativa adoptada, por manifesta falha na revisão final do Código, não foi a melhor. Basta ver que:

– no elenco do artigo 240.°/1, *a*), repetem-se algumas das causas previstas na parte geral: não todas; fica-se sem saber se elas seguem o regime geral ou as regras especiais fixadas em cada caso[843];
– desarticulação entre o artigo 240.° e outras hipóteses de exoneração específicas das sociedades por quotas;
– jogo de remissões complexo para a amortização;
– a não-utilização do conceito de justa causa[844], que surge nas sociedades em nome colectivo e nas sociedades civis puras: não parece bem que, a propósito de cada tipo social, se labute com uma dogmática diferente.

Numa área tendencialmente litigiosa – uma vez que a exoneração opera, muitas vezes, em conflito com a sociedade – este aspecto traduz uma das muitas complicações em que soçobra o nosso Direito das sociedades: impunha-se a preparação, cuidada e sem pressas, de uma boa reforma.

IV. Perante a exoneração levada a cabo por um sócio, o Direito deve compatibilizar interesses contrapostos. A posição social de que se vai

[843] MARIA AUGUSTA FRANÇA, *Direito à exoneração* cit., 124 ss..

[844] RAÚL VENTURA, *Sociedade por quotas* cit., 2, 19, considera o sistema do Código (sem justa causa) preferível, para evitar insegurança; o Direito dispõe, todavia, de meios seguros para concretizar devidamente a "justa causa"; cf. CURA MARIANO, *Direito de exoneração* cit., 83. Também na jurisprudência já se tem considerado taxativa a enumeração do artigo 240.°/1: RPt 10-Jan.-1995 (ARAÚJO BARROS), Proc. 94305771/ITIJ, visitado em 21-Fev.-2006.

abdicar tem um valor intrínseco: não pode deixar de ser atribuída, ao sócio em saída, uma compensação. Mas a sociedade poderá não estar em condições imediatas de a pagar. Tudo isso deverá ser solucionado através de um adequado procedimento de exoneração, fixado no artigo 240.°/2 e 3. Assim:

- o processo de exoneração só pode iniciar-se se, além dos competentes pressupostos, estiverem inteiramente liberadas todas as quotas do sócio em jogo (240.°/2)[845];
- o sócio que queira exercer o direito à exoneração deve, nos 90 dias subsequentes ao conhecimento do facto que lhe atribua tal faculdade, declarar por escrito, à sociedade, a sua intenção de se exonerar (240.°/3, 1ª parte); naturalmente: a declaração deve ser justificada;
- recebida a declaração, deve a sociedade, no prazo de 30 dias e em alternativa (240.°/3, 2ª parte):
  - ou amortizar a quota;
  - ou adquiri-la;
  - ou fazê-la adquirir por sócio ou por terceiro;
- se nada fizer, pode o sócio de saída requerer a dissolução judicial da sociedade – 240.°/3, *in fine*; seguir-se-á, então, o disposto no artigo 144.°/1 e 3.

Note-se que a amortização da quota[846] implica a extinção desta (232.°/2); a aquisição pela sociedade conduz a uma situação de quota própria[847] (220.°); "fazê-la adquirir por sócio ou terceiro" equivale à angariação do competente negócio. A opção compete apenas à sociedade, ainda que ela tenha depois de respeitar as consequências correspondentes ao que escolheu.

V. A contrapartida a pagar ao sócio de saída envolve as seguintes proposições:

- ela é calculada nos termos do artigo 105.°/2, com referência à data em que o sócio declare à sociedade a sua intenção de se exonerar (240.°/5); o artigo 105.°/2 remete, por seu turno, para o artigo 1021.°

---

[845] RAÚL VENTURA, *Sociedade por quotas* cit., 2, 24-25.

[846] *Infra*, 379 ss..

[847] *Infra*, 357 ss..

do Código Civil (liquidação de quotas): o valor da quota é fixado com base no estado da sociedade à data em que ocorreu ou produziu efeitos o facto determinante da liquidação[848];

– o pagamento é fraccionado em duas prestações a efectuar dentro de 6 meses e um ano, respectivamente, a contar do momento em que o montante esteja, em definitivo, fixado – 235.°/1, *b*), *ex vi* 240.°/5).

Pode haver perturbações no pagamento. A lei dispõe para essa eventualidade. Assim:

– se a sociedade optar pela amortização, mas não a puder levar a cabo por via do artigo 236.°/1 (a situação líquida da sociedade, depois de satisfeita a contrapartida da amortização, não pode ficar inferior à soma do capital e da reserva legal, a não ser que delibere simultaneamente a redução do capital), pode o sócio de saída (240.°/6):
  – ou esperar pelo pagamento;
  – ou requerer a dissolução da sociedade, por via administrativa;
– se se optar por uma aquisição da quota por sócio ou por terceiro e o adquirente da quota não pagar tempestivamente o pagamento cabem, ao sócio de saída, essas mesmas hipóteses, sem prejuízo de a sociedade o poder substituir, verificado o disposto no artigo 236.°/1: os pressupostos da amortização (240.°).

VI. Todo este regime permite entender porque não há uma total liberdade de exoneração, mesmo quando se pretendesse estabelecê-la pelo contrato social. A saída voluntária de um sócio pode colocar a sociedade por quotas numa situação muito séria: uma marcada descapitalização ou, até, a dissolução. Estamos perante uma sociedade com uma forte vertente de capitais, oponível a terceiros e que deve inspirar confiança. O Direito visa a sua solidez e a sua continuidade.

Os interessados, antes de constituirem uma sociedade por quotas, particularmente quando nela pretendam colocar uma parte significativa dos seus haveres, devem ponderar todas as hipóteses de desavenças com

[848] *Supra*, 90. A técnica legal das remissões indirectas (240.°/5 para o 105.°/2 e deste para o 1021.° do Código Civil) representa uma complicação dispensável para o intérprete-aplicador: porque não remeter logo para o preceito final (o 1021.° do Código Civil)? Atente-se, por fim, em que estamos perante a versão do artigo 240.° resultante do Decreto-Lei n.° 76-A/2006, de 29 de Março.

os restantes sócios: seja em vida de todos, seja no plano dos respectivos herdeiros. Particularmente delicado é o recurso à sociedade por quotas para eternizar as heranças indivisas: uma fonte de litígios complicada, uma vez que a "comunhão" não pode cessar, depois, a não ser em casos estritos. Haverá que procurar saídas estatutárias no plano das causas de dissolução.

131. A exclusão de sócios

I. A exclusão do sócio é o acto e/ou o efeito que envolvem a perda da participação que o visado tenha na sociedade, perda essa que opere sem o seu consentimento[849]. Trata-se de uma medida delicada, que envolve a supressão de uma posição patrimonial privada e que não pode operar sem uma razão ponderosa e sem uma compensação adequada.

A exclusão começou por ser prevista na Lei de 1901, para a hipótese do sócio remisso, isto é: do sócio que, devidamente avisado, não efectuasse, no prazo legal, a prestação correspondente à sua entrada (12.°, § 1.°)[850].

Na preparação do Código das Sociedades Comerciais, houve uma preocupação generalizadora mais ampla, tanto mais que o tema suscitara, entre nós, o interesse da doutrina[851]. Todavia, não se foi ao ponto de codi-

---

849 Raúl Ventura, *Sociedade por quotas* cit., 2, 44.

850 Este preceito teve alguma aplicação. Assim: STJ 24-Jun.-1955 (Eduardo Coimbra; vencidos: A. Baltasar Pereira e Lencastre da Veiga), BMJ 49 (1955), 548-554 (551): a exclusão em causa constitui uma pena convencional que não pode ser aplicada ao sócio remisso em estado de falência; STJ 5-Fev.-1963 (José Meneses), BMJ 124 (1963), 713-717 (716): "a pena prevista no artigo 11.° [aliás: 12.°, § 1.°] da Lei de 1901 respeita a todos os casos em que o sócio se recuse a realizar integralmente a sua quota, quer não tenha realizado parte alguma, quer tenha realizado apenas uma parte dela"; STJ 12-Fev.-1965 (Torres Paulo), BMJ 144 (1965), 177-179 (179): o sócio excluído nos termos do artigo 12.°, mantém interesse no apuramento do saldo da prestação de contas movida contra a sociedade; STJ 15-Mai.-1970 (Adriano de Campos de Carvalho), BMJ 197 (1970), 354-357 (357): "... por haver faltado ao cumprimento da obrigação relativa ao votado aumento de capital social, o autor fica sujeito à sanção da exclusão, prevista no artigo 12.° da Lei de 11 de Abril de 1901 e que lhe foi imposta pela deliberação anulanda"; e STJ 8-Mar.-1974 (Manuel José Fernandes Costa), BMJ 235 (1974), 306-308 (308): enquanto não for lavrada a escritura do aumento de capital, não se mostram reunidos os pressupostos que permitam considerar determinado sócio como remisso, daí se passando à sua exclusão. Toda esta jurisprudência tem interesse por mostrar, já à luz da LSQ, o tipo de questões que se suscitam, no domínio da exclusão de sócios das sociedades por quotas.

851 O texto pertinente dos diversos anteprojectos pode ser confrontado em Raúl

ficar as diversas hipóteses de exclusão do sócio que, assim, ficaram dispersas pelo tecido do Código.

II. A exclusão do sócio por quotas aparece, designadamente, nos preceitos seguintes[852]:

– artigo 204.°/1 e 2: exclusão do sócio remisso que, interpelado, não realize, no prazo legal, a entrada a que se encontre obrigado;
– artigo 212.°/1: *idem*, quanto ao sócio que não efectue as prestações suplementares que lhe caibam;
– artigo 214.°/6: o sócio que abuse da informação e prejudique "injustamente" a sociedade e os outros sócios é responsável e fica sujeito à exclusão.

Quanto às previsões gerais: regem os artigos 241.° e 242.°.

III. O artigo 241.° é, fundamentalmente, um preceito de enquadramento. O n.° 1 fixa a possibilidade de exclusão e distingue:

– a exclusão prevista na lei ("... nos casos e termos previstos na presente lei ...");
– a exclusão prevista no contrato ("... nos casos respeitantes à sua pessoa ou ao seu comportamento fixados no contrato").

A exclusão prevista na lei é a referida nos artigos 204.°/1 e 2, 212.°/1 e 214.°/6, acima explicitados e, ainda, a da cláusula geral do artigo 242.°/1, abaixo examinado.

A exclusão prefigurada no contrato terá a ver com aspectos relativos à pessoa do sócio (insolvência, desinteresse ou outras condutas similares) ou com o seu comportamento (mau desempenho ou concorrência, tudo como exemplos). A doutrina retira que não podem os estatutos prever uma exclusão por maioria arbitrária: *ad nutum*[853]. Realmente, assim é. Mas por razões precisas:

VENTURA, *Sociedade por quotas* cit., 2, 41-44. Entre os estudos produzidos no âmbito da LSQ, cumpre recordar AVELÃS NUNES, *O direito de exclusão de sócio* (1968), já citado

852 RAÚL VENTURA, *Sociedade por quotas* cit., 2, 51-52 e CAROLINA CUNHA, *A exclusão de sócios* cit., 211.

853 MENEZES LEITÃO, *Pressupostos da exclusão de sócio* cit., 109-117, segundo o qual ainda aqui deveria haver uma violação do contrato de sociedade e CAROLINA CUNHA, *A exclusão de sócios* cit., 217-218.

– o sócio não pode renunciar antecipadamente aos seus direitos (809.°, do Código Civil);
– não pode, igualmente, doar bens futuros (942.°/1, do mesmo Código).

O Direito das sociedades comerciais não deve enjeitar o núcleo fundamental do Direito privado. Para além desses aspectos, compete às partes fixar os contornos da "justa causa" que melhor caiba aos seus interesses.

IV. Na hipótese de exclusão por força do contrato, o artigo 241.°/2 manda aplicar os preceitos relativos à amortização de quotas. Trata-se de matéria regulada nos artigos 232.° e seguintes[854]. Recordamos que a amortização dá lugar à extinção da quota (232.°/2) e que faculta uma compensação equivalente ao valor da liquidação da quota em causa, a pagar em certos termos (235.°/1).

O artigo 241.°/3 permite que o contrato de sociedade fixe, para o caso de exclusão, um valor ou um critério diferentes dos previstos para a amortização de quotas[855]. Os estatutos, com frequência, aproveitam esta faculdade fixando um valor inferior e por exemplo, 2/3 do que resultaria das regras de amortização. O que se compreende: a exclusão representa uma sanção por uma conduta que, além do mais, pode acarretar danos difusos para a sociedade: reais mais difíceis de explicitar. Ora a cláusula de exclusão tem um sentido de cláusula penal, admitida por via do artigo 810.°/1, do Código Civil[856].

Todavia, não pode a fixação estatutária da compensação devida pela exclusão cifrar-se em montantes irrisórios ou não significativos. Em tal eventualidade, estar-se-ia a cair novamente na proibição do artigo 809.° do

[854] *Infra*, 383 ss..

[855] Já se decidiu – STJ 11-Abr.-2000 (Ferreira Ramos), CJ/Supremo VIII (2000) 2, 29-32 (31/II) = BMJ 496 (2000), 285-291 (291/I) – que o critério consignado no contrato não vale, em princípio, para a exclusão judicial. Todavia: a solução depende da interpretação do pacto social. Nada impede que as partes estipulem o cálculo da compensação, mesmo para a hipótese de exclusão judicial, uma vez que se trata de direitos disponíveis. Além disso, mal seria que (por hipótese) uma prevaricação mais grave, sancionada com exclusão judicial, tivesse uma saída mais vantajosa para o responsável do que uma outra, menos grave, à qual correspondesse (mera) exclusão contratual.

[856] Quanto à discussão sobre as sanções associativas e a cláusula penal: António Pinto Monteiro, *Cláusula penal e indemnização* (1990), 150 ss..

Código Civil ou na da proibição de doação de bens futuros, resultante do artigo 942.°/1, do mesmo Código.

V. A lei parece ainda distinguir entre a exclusão por deliberação social e a exclusão por decisão judicial. Adiante veremos o alcance da contraposição.

132. A exclusão judicial

I. O artigo 242.° prevê a exclusão judicial do sócio por quotas. Subjacente estará, pois, uma contraposição entre a exclusão societária, deliberada pelos sócios e a judicial, a decretar pelo juiz. O critério será o seguinte[857]:

- cabe exclusão societária quando se esteja perante um facto concreto a que a lei associe a exclusão (p. ex., os factos previstos nos artigos 204.°/1 e 2, 212.°/1 e 214.°/6) ou a que o contrato ligue a essa mesma consequência;
- cabe exclusão judicial sempre que nos encontremos no âmbito da cláusula geral do artigo 242.°/1.

Entendeu o legislador que, perante a vaguidade dessa cláusula, melhor ficaria a apreciação judicial do problema.

De iure condendo temos dúvidas. Subjacente à opção da lei está o pressuposto positivista de que as cláusulas gerais são fonte de incerteza e de insegurança, as quais têm de ser exorcizadas pelo tribunal. Não é assim. A cláusula contratual geral é parte do Direito: logo acessível aos seus destinatários. Remeter o tema para a sede judicial é fazer pairar sobre a sociedade uma situação (essa sim!) de incerteza durante anos, com pura destruição de riqueza. A solução deveria ser, sempre, a da exclusão societária, podendo, depois, o interessado prevalecer-se, quando discorde, das vias judiciais para resolver os conflitos de interesses.

II. Segundo o artigo 242.°/1:

> Pode ser excluído por decisão judicial o sócio que, com o seu comportamento desleal ou gravemente perturbador do funcionamento da sociedade, lhe tenha causado ou possa vir a causar-lhe prejuízos relevantes.

[857] Raúl Ventura, *Sociedade por quotas* cit., 2, 60.

Este preceito, salvo o que acima se disse quanto à judicialização do processo, representa um grande avanço jurídico-científico. No âmbito da Lei de 1901, fora entendido que, no silêncio do pacto social e faltando um específico preceito na lei, não era possível excluir um sócio. Mais tarde, autores como AVELÃS NUNES[858], ANTÓNIO CAEIRO[859] e VAZ SERRA[860] vieram sustentar que tal exclusão era possível quando assentasse em justa causa, numa opção acolhida por alguma jurisprudência[861]. Importante na viragem efectuada foi o dispositivo geral do artigo 1003.° do Código Civil.

Na concretização da fórmula geral do artigo 242.°/1, temos a observar as seguintes situações justificativas da exclusão por "comportamento desleal ou gravemente perturbador":

– um sócio com conhecimentos importantes a respeito da empresa, coloca tais atributos ao serviço da concorrência e, ainda por cima, incita os funcionários da sociedade à deserção; além disso, não se exige um prejuízo efectivo, mas apenas a capacidade de provocar danos[862];
– um sócio, pouco tempo depois da renúncia à gerência da sociedade, começa a vender os mesmos produtos num seu estabelecimento, a utilizar os catálogos e os preçários da sociedade e a conquistar-lhe clientes, com prejuízos para ela[863];
– um sócio desenvolve uma actividade concorrencial com a da sociedade, procurando angariar mercado através da utilização de meios técnicos e do *know how* da própria sociedade[864];

---

858 AVELÃS NUNES, *O direito de exclusão de sócios* cit., 265 ss..

859 ANTÓNIO CAEIRO, *A exclusão estatutária do direito de voto nas sociedades por quotas* (1966), em *Temas de Direito das sociedades* (1984), 9-160 (49-52, n.° 17).

860 ADRIANO VAZ SERRA, anotação a STJ 1-Fev.-1977 (OCTÁVIO DIAS GARCIA), RLJ 111 (1978), 6-9, 9-16 (11/II).

861 RCb 15-Out.-1975 (AUGUSTO TINOCO DE ALMEIDA), BMJ 252 (1976), 202 (em *obiter dictum*), REv 18-Jan.-1979 (JOSÉ ALFREDO SOARES MANSO PRETO), BMJ 286 (1979), 312 e REv 19-Jan.-1979 (ANTÓNIO BERNARDO COELHO), BMJ 286 (1979), 312, embora especificando que a exclusão teria de passar por decisão judicial.

862 STJ 29-Abr.-1991 (PIRES DE LIMA), Proc. 081681/ITIJ, visitado em 21-Fev.-2006.

863 RCb 1-Out.-1996 (GARCIA CALEJO), CJ XXI (1996) 4, 28-31 (30/I) = BMJ 460 (1996), 819 (o sumário).

864 RLx 18-Dez.-2002 (SOUSA GRANDÃO), CJ XXVII (2002) 5, 111-115 (113/II).

– a apreciação a fazer deve ser feita sem se tomar em conta a causa justificativa mas, tão-só, o juízo de gravidade e a situação de dano relevante a que conduziu ou pode conduzir[865];
– a exclusão justifica-se quando o interesse social seja posto em causa por um sócio que, por via da violação das suas obrigações, conduza a resultados ou efeitos que prejudiquem o fim social[866].

Como se vê, a deslealdade grave anda, na prática, em torno de questões de sigilo e de concorrência.

III. Subcaso interessante é o da sociedade que tenha apenas dois sócios[867]. O artigo 1005.°/3 do Código Civil dispõe que, nas sociedades que tenham apenas dois sócios, a exclusão de um deles só pode ser pronunciada pelo tribunal. O Código das Sociedades Comerciais não tem um preceito equivalente. Mas ele deve inferir-se do sistema. Pelo seguinte:
– segundo o artigo 246.°/1, *c*), depende de deliberação social a exclusão de sócios;
– de acordo com o artigo 251.°/1, *d*), o próprio sócio excluído não pode votar.

Logo, numa sociedade com apenas dois sócios, a exclusão de um deles seria possível só pela vontade unilateral do outro: uma solução sem sentido que, não tendo saída legal, encobre uma lacuna, a integrar, *ex* artigo 2.°, com recurso ao artigo 1005.°/3, do Código Civil. Assim o entende – e bem – a jurisprudência: STJ 9-Dez.-1999[868], RCb 14-Mar.-2000[869], RCb 11-Nov.-2003[870], RPt 2-Nov.-2004[871] e RPt 4-Out.-2005[872].

865 RLx 9-Jan.-1997 (Sousa Dinis), Proc. 0006222/ITIJ, visitado em 21-Fev.-2006.

866 STJ 15-Fev.-2005 (Alves Velho), Proc. 04A4369/ITIJ, visitado em 21-Fev.-2006.

867 Henning von Kottwitz, *Konfliktaustragung in der Zwei-Personen-GmbH* (2003), 20 ss., quanto ao significado deste tipo de sociedades e 93 ss., quanto à exclusão do outro sócio.

868 STJ 9-Dez.-1999 (Dionísio Correia), Proc. 99B868/ITIJ, visitado em 21-Fev.-2006.

869 RCb 14-Mar.-2000 (Custódio Costa), CJ XXV (2000) 2, 15-16 (15/II).

870 RCb 11-Nov.-2003 (Garcia Calejo), Proc. 2919/03/ITIJ, visitado em 21-Fev.-2006.

871 RPt 2-Nov.-2004 (Emídio Costa), Proc. 0425293/ITIJ, visitado em 21-Fev.-2006.

872 RPt 4-Out.-2005 (Cândido Lemos), Proc. 0524101/ITIJ, visitado em 21-Fev.-2006.

IV. A acção de exclusão deve ser proposta pela sociedade ou deliberada pelos sócios (242.°/5)[873], excepto havendo apenas os dois sócios. Compete ao Autor invocar os factos de onde se retire a causa de exclusão[874]. Além disso, a acção pode ser acompanhada por um pedido de indemnização pelos prejuízos[875].

Posto isso:

- dentro dos 30 dias subsequentes ao trânsito em julgado da sentença de exclusão, deve a sociedade amortizar a quota do sócio, adquiri-la ou fazê-la adquirir, sob pena de a exclusão ficar sem efeito (242.°/3);
- o valor é calculado por referência à data da propositura da acção e pago nos termos prescritos para a amortização de quotas (242.°/4);
- aplicando-se, caso se opte pela aquisição de quota, pelo disposto no artigo 225.°/3, 4 e 5, 1ª parte (242.°/5).

Até à amortização da quota, o sócio excluído mantém-se como sócio[876].

---

873 STJ 9-Fev.-1995 (Sousa Macedo), CJ/Supremo III (1995) 1, 72-75 (73/II); deve, ainda, ser autorizada pela assembleia geral: STJ 23-Mai.-1996 (Mário Cancela), CJ V (1996) 2, 86-88 (87/II) e RPt 7-Mar.-2005 (Caimoto Jácome), Proc. 0550495/ITIJ, visitado em 21-Fev.-2006.

874 RLx 4-Nov.-1993 (Moreira Camilo), Proc. 0053636/ITIJ, visitado em 21-Fev.-2006.

875 STJ 30-Nov.-1995 (Cunha Lopes), CJ/Supremo III (1995) 3, 128-130 (130/I).

876 RPt 2-Dez.-1997 (Pinto Ferreira), CJ XXII (1997) 5, 214-215 (216/II).

CAPÍTULO IV

O REGIME DAS QUOTAS

§ 36.° UNIDADE, MONTANTE E DIVISÃO

133. O princípio da unidade; outras características

I. A expressão "quota" é recorrente, no domínio das sociedades ora em estudo. Na tradição do § 15 do GmbHG alemão[877], ela pode abranger duas realidades distintas[878]:

- a quota de capital (*Stammeinlage*), correspondente à expressão monetária da entrada correspondente a cada sócio (uma quota de 1.000 euros, p. ex.);
- a quota de participação (*Geschäftsanteil*), equivalente aos direitos e obrigações sociais do sócio[879] ou, se se quiser, à representação do seu *status* social (uma quota de 25%, p. ex.).

Nos artigos 219.° e seguintes, o Código vem fixar diversas regras relativas a quotas. Tem aí em vista a quota de capital: uma realidade objectivada, especialmente cómoda para talhar regimes.

---

877 Numa tradução aproximada, dispõe:

> A quota de participação de cada sócio determina-se segundo o montante da quota de capital por ele assumida.

Vide HUECK/FASTRICH, em BAUMBACH/HUECK, *GmbGH-Gesetz* cit., 18ª ed., § 14, Nr. 1 ss. (258 ss.).

878 Adoptamos a terminologia portuguesa proposta por RAÚL VENTURA, *Sociedade por quotas* cit., 1, 2ª ed., 375.

879 Cf., em especial, DIETER JASPER, no *Münchener Handbuch* cit., 3, 2ª ed., § 23 (333 ss.).

II. Pergunta-se, porém, se essa objectivação vai ao ponto de o número de quotas ser independente da titularidade ou, noutros termos: cada sócio tem uma quota única ou poderá haver várias quotas? A "quota" única aproxima-se das sociedades de pessoas, enquanto o esquema da pluralidade conduz-nos às sociedades anónimas, isto é: das sociedades de capitais. De acordo com o Direito comparado, há vários sistemas possíveis[880]:

– sistema da unidade inicial (Alemanha e Lei portuguesa de 1901): cada sócio pode subscrever apenas uma quota; se depois adquirir outra, ambas conservam a sua individualidade;
– sistema da unidade permanente (Áustria, Itália, México e Suíça): cada sócio subscreve uma única quota; se depois adquirir outra, esta funde-se com a primeira;
– sistema da pluralidade: cada sócio pode ser sempre titular de várias quotas.

A opção por algumas destas teorias tem consequências práticas: havendo pluralidade, o titular pode alienar uma das quotas sem ter de proceder a uma prévia divisão; além disso, pode estar uma quota liberada e outra não, com as consequências daí derivadas.

III. Como foi dito, a Lei de 1901 optava pela unidade inicial das quotas. Segundo o seu artigo 6.°, § 1.°[881],

> Serão para todos os effeitos havidas como quotas distinctas a quota primitiva de um sócio e as que posteriormente adquirir.

Este preceito levantou dificuldades de entendimento, designadamente quanto a saber se a separação das quotas supervenientemente adquiridas era imperativa ou supletiva.

O artigo 6.°, § 1.°, da Lei de 1901 equivale, à letra, ao § 15/2 da Lei alemã. Esta era interpretada em sentido imperativo, explicando-se o seu teor pela necessidade de manter separadas as quotas liberadas e não liberadas[882]. Simplesmente, se assim é, então dever-se-á admitir a possibilidade de fusão

[880] RAÚL VENTURA, *Sociedade por quotas* cit., 1, 2ª ed., 378-379.
[881] COLP 1901, 98/I.
[882] BGH 13-Jul.-1964, BGHZ 42 (1965), 89-93 (92) e BGH 24-Out.-1974, BGHZ 63 (1975), 116-119 (117).

de quotas detidas por um único titular quando todas estejam liberadas[883]. Esta progressão da prática e da doutrina alemãs[884] teria influência directa no nosso actual Código de 1986.

Entretanto, a evolução do pensamento jurídico português seguiu, um tanto, a alemã. Perante o teor do artigo 6.°, § 1.°, da Lei de 1901, a doutrina foi levada a considerar que "o titular de várias quotas adquiridas por transmissão não tem a faculdade de reuni-las numa só"[885]. RAÚL VENTURA veio, todavia, defender uma orientação diversa: o artigo 6.°, § 1.°, apenas disporia uma ideia de distinção das quotas detidas pelo mesmo titular no momento da aquisição. Posteriormente, a separação seria dispositiva, podendo o sócio interessado operar a sua fusão[886].

Aquando da preparação do actual Código das Sociedades Comerciais, tanto o anteprojecto RAÚL VENTURA como o anteprojecto VAZ SERRA propuseram a introdução do sistema da unidade permanente[887]. Outra seria a saída preconizada por FERRER CORREIA: a da unidade inicial com pluralidade superveniente, mas permitindo-se ao titular único optar pela sua fusão[888].

O Código das Sociedades Comerciais acabaria por optar pelo sistema da unidade inicial da quota de cada sócio (219.°/1), seguida pela pluralidade superveniente das que, depois, viesse a adquirir (219.°/4, 1ª parte). Todavia, o sócio com várias quotas poderia, proceder à sua unificação, desde que se mostrem reunidos diversos requisitos (219.°/4, 2ª parte):

– estarem as quotas a unificar integralmente liberadas;
– não lhes corresponderem, segundo o contrato de sociedade, direitos e deveres diversos.

O pacto social pode impor ou proibir a unificação das quotas[889], desde que verificados os pressupostos legais: matéria disponível. E pela

---

883 RG 17-Out.-1933, RGZ 142 (1934), 36-42 (38 e 40), BGH 13-Jul-1964 cit., BGHZ 42, 89, BGH 24-Out.-1974 cit., BGHZ 63, 118 e BGH 6-Jun.-1988, NJW 1999, 168-170 (169/I).

884 *Vide* ainda, com indicações, HUECK/FASTRICH, em BAUMBACH/HUECK, *GmbGH--Gesetz* cit., 18ª ed., § 15, Nr. 18-19 (274-275).

885 SANTOS LOURENÇO, *Das sociedades por cotas* cit., 1, 159; cf. também AZEVEDO SOUTO, *Lei das sociedades por quotas anotada* cit., 7ª ed., 83 ss..

886 RAÚL VENTURA, *Sociedades por quotas de responsabilidade limitada* (1966), 72-73.

887 Cf. os textos em RAÚL VENTURA, *Sociedade por quotas* cit., 1, 2ª ed., 373.

888 *Idem*, 372.

889 RAÚL VENTURA, *Sociedade por quotas* cit., 1, 2ª ed., 387.

mesma razão, podem dois titulares de quotas distintas unificá-las, passando a uma situação de contitularidade[890].

A unificação deve ser reduzida a escrito[891], devendo ser registada e comunicada à sociedade (219.°/5): redacção do Decreto-Lei n.° 76-A/2006, de 29 de Março.

IV. O artigo 219.°/6 fixa o princípio básico de que a quota de participação é determinada pela quota de capital, projectada no capital social:

> A medida dos direitos e obrigações inerentes a cada quota determina-se segundo a proporção entre o valor nominal desta e o do capital, salvo se por força da lei ou do contrato houver de ser diversa.

V. O artigo 219.°/7 proíbe a emissão de títulos representativos das quotas. Trata-se de uma proibição tradicional, pelo menos nalguns direitos[892]. Ela visa, essencialmente, a protecção geral da confiança: na presença de títulos representativos das quotas, particularmente quando negociáveis, o público poderia esquecer as diversas restrições que impendem sobre a transmissão das quotas.

134. **O montante**

I. Relativamente ao montante das quotas, rege o artigo 219.°/3, do qual podemos extrair duas regras:

– os valores nominais das quotas podem ser diversos;
– nenhum pode ser inferior a 100 euros, salvo quando a lei o permitir.

O artigo 219.°/3 vai na quarta redacção. Na versão original, aprovada pelo Decreto-Lei n.° 262/86, de 2 de Setembro[893],

> Os valores nominais das quotas podem ser diversos, mas nenhum pode ser inferior a 20 000$, salvo quando a lei o permitir e o seu valor tem de ser divisível por 400$00.

---

[890] *Idem*, 386.

[891] Na redacção introduzida pelo artigo 1.° do Decreto-Lei n.° 237/2001, de 30 de Agosto: anteriormente, exigia-se a escritura pública.

[892] Raúl Ventura, *Sociedade por quotas* cit., 1, 2ª ed., 395-396.

[893] DR I Série, n.° 201, de 2-Set.-1986, 2332/II.

O preceito foi primeiro alterado pelo artigo 1.° do Decreto-Lei n.° 280/87, de 8 de Julho, no seu final[894]:

> (...) e o seu valor tem de ser divisível por 250$00.

Seguiu-se nova redacção, dada pelo artigo 1.° do Decreto-Lei n.° 257/96, de 31 de Dezembro[895]: foi suprimida a exigência de divisibilidade, terminando o preceito em "... o permitir".

Finalmente, o Decreto-Lei n.° 343/98, de 6 de Novembro, visando a introdução do euro, deu-lhe a redacção actual[896].

II. O montante mínimo das quotas é relativamente elevado perante o capital mínimo, fixado em 5 000 euros (201.°). Na lei alemã, actual redacção, a quota deve, tal como no nosso Direito, ter o valor mínimo de 100 euros; todavia, o capital social mínimo é, aí, de 25.000 euros (§ 5/I)[897].

III. A justificação legislativa para a exigência de quotas mínimas pode cifrar-se em duas proposições[898]:

- ou por se entender que quotas de muito pequeno montante não têm interesse;
- ou por se recear que as quotas reduzidas sejam fictícias.

135. **A divisão**

I. À divisão de quotas dedicou o Código um longo preceito: o artigo 221.°. A possibilidade de dividir uma quota está logicamente ligada ao sistema da unidade das quotas[899].

A Lei de 1901 já previa e regulava a divisão. Retemos, na linguagem da época, o seu artigo 8.°[900]:

---

[894] DR I Série, n.° 154, de 8-Jul.-1987, 2661/II.

[895] DR I Série-A, n.° 302, de 31-Dez.-1996, 4705/I.

[896] DR I Série-A, n.° 257, de 6-Nov.-1998, 5941/I.

[897] HUECK/FASTRICH, em BAUMBACH/HUECK, *GmbGH-Gesetz* cit., 18ª ed., § 5, Nr. 3 (114).

[898] RAÚL VENTURA, *Sociedade por quotas* cit., 1, 2ª ed., 391. Trata-se, como resulta do texto deste Autor, de razões pouco convincentes.

[899] RAÚL VENTURA, *Sociedade por quotas* cit., 1, 2ª ed., 464-465.

[900] COLP 1901, 98/I.

As quotas só podem dividir-se por effeito de transmissão, e quando a escriptura social não prohibir absolutamente a divisão.

§ 1.° A divisão deve ser consentida expressamente pela sociedade por meio de escrito authentico ou authenticado, em que se mencionem a importancia das quotas resultantes da divisão, e os nomes das pessoas a quem ficam respectivamente pertencendo.

§ 2.° O contrato social pode dispensar a autorização especial da sociedade para a cessão de parte de uma quota a favor de um associado, e para a divisão de quotas por herdeiros de socios.

§ 3.° Não poderá ficar constituindo mais de uma quota a parte do capital adquirido no mesmo acto pela mesma pessoa.

Como se vê, havia uma preocupação clara em evitar quebras na unidade da quota, à conta de divisões. Também sobreleva um claro domínio da autonomia privada, no plano estatutário.

II. As regras sobre a divisão de quotas eram vistas como defendendo quer a sociedade, quer os sócios[901]. A sua divisão ficava ligada à transmissão da quota resultante da operação[902]. Quanto ao consentimento da sociedade: ele poderia resultar de deliberação exarada em livro de actas, sendo depois formalizado em escritura pelo representante da mesma sociedade[903].

As condições da divisão resultantes da Lei de 1901 eram esquematizadas em quatro proposições[904]:

– transmissão de quotas;
– não havendo proibição no pacto social;
– autorização expressa da sociedade;
– documento autêntico ou autenticado.

Tudo isto pesou no sistema de 1986[905].

---

[901] Santos Lourenço, *Das sociedades por cotas* cit., 1, 181-182.

[902] Ou: a cessão parcial de uma quota implica a sua divisão: STJ 29-Jul.-1949 (Rocha Ferreira), BMJ 14 (1949), 277-280 (279): uma operação aqui considerada inválida, por falta de consentimento social.

[903] STJ 14-Jun.-1963 (Gonçalves Pereira), BMJ 128 (1963), 589-592 (590).

[904] Abílio Neto, *Sociedade por quotas* cit., 116-117.

[905] O texto dos anteprojectos pode ser confrontado em Raúl Ventura, *Sociedade por quotas* cit., 1, 2ª ed., 462-464.

III. O artigo 221.°/1 começa por tipificar os casos nos quais a divisão de quotas é admitida. São eles:

- amortização parcial;
- transmissão parcelada ou parcial;
- partilha ou divisão entre contitulares.

Os actos que importem divisão de quota deviam constar de escritura pública, excepto a partilha ou divisão entre contitulares, que pode constar de documento particular (221.°/2, na redacção resultante do Decreto-Lei n.° 237/2001, de 30 de Agosto). Esse mesmo preceito, na redacção dada pelo Decreto-Lei n.° 76-A/2006, de 29 de Março, limita-se a dispor que os actos que importem divisão da quota devem ser reduzidos a escrito.

O contrato social pode proibir a divisão desde que daí não resulte impedimento à partilha ou divisão entre contitulares por um período superior a cinco anos (221.°/3): uma aplicação da regra do artigo 1412.°/2, 1ª parte, do Código Civil.

IV. Salvo disposição diversa do pacto social, a divisão mediante transmissão parcelada ou parcial não produz efeitos, para com a sociedade, enquanto esta não der o seu consentimento (221.°/4), consentimento esse que é dado por deliberação dos sócios (221.°/6), mas sem necessidade de maioria qualificada[906], quer quanto à divisão, quer quanto à cessão. O consentimento não é necessário no caso de cessão entre cônjuges, entre ascendentes e descendentes ou entre sócios (228.°/2, *in fine*, *ex vi* 221.°/5)[907]. Todavia, deve ser comunicada à sociedade ou, pelo menos, deve-se mostrar aceite, por ela: expressa ou tacitamente[908].

É ainda possível a divisão da quota quando, perante um sócio remisso, se opte pela perda da parte da quota não liberada (204.°/2, *ex vi* 221.°/8).

V. A divisibilidade das quotas constitui um elemento que a todos diz individualmente respeito, aquando da contratação. Assim, se o pacto social

---

906 STJ 1-Fev.-1995 (AFONSO DE MELO), CJ/Supremo III (1995) 1, 57.

907 Não é necessário o consentimento para adjudicação ao cônjuge do sócio, na sequência de divórcio: RLx 13-Out.-1995 (RIBEIRO COELHO), CJ XX (1995) 4, 112-116 (113-114)

908 STJ 16-Mar.-1999 (QUIRINO SOARES), CJ/Supremo VII (1999) 1, 158-160 (160/I) e RCb 4-Fev.-2003 (JAIME FERREIRA), CJ XXVII (2003) 1, 29-32 (31/I).

for alterado no sentido de a divisão ser excluída ou modificada, a alteração só é eficaz com o consentimento de todos os sócios por ela afectados (221.º/7).

VI. A divisão de quotas não altera a quota inicial. Não podem, só por aí, surgir mais direitos e obrigações do que os inicialmente existentes[909]. As novas quotas, com esta ressalva, não são idênticas à quota donde provenham[910].

---

909 RLx 8-Out.-1992 (Flores Ribeiro), Proc. 0042156/ITIJ, visitado em 25-Fev.-2006.

910 Raúl Ventura, *Sociedade por quotas* cit., 1, 2ª ed., 488.

§ 37.° CONTITULARIDADE E USUFRUTO DE QUOTAS

136. Problemática e evolução

I. A situação de contitularidade de uma quota ocorre sempre que a posição social por ela figurada assista a duas ou mais pessoas. Tecnicamente, poderíamos falar numa comunhão, no tocante aos direitos subjectivos envolvidos e numa coadstrição, quanto às obrigações.

A natureza jurídica da comunhão corresponde a um tema com tradições de debate na doutrina portuguesa[911]. Surgiram diversas teorias explicativas, desenvolvidas com base no direito de propriedade:

1ª Titularidade de partes intelectuais da coisa comum: simplesmente, tais "partes" são figurativas, nada explicando quanto ao regime;
2ª Presença de um único direito subjectivo com vários titulares; todavia, havendo permissões dirigidas a mais de uma pessoa, cada uma delas fica logo, logicamente, investida num direito próprio;
3ª O conjunto dos contitulares daria azo a uma pessoa deles distinta, isto é, a uma pessoa colectiva, a qual seria a titular do direito; porém, tal tese não corresponde ao regime aplicável, o qual não implica qualquer personalização do conjunto dos contitulares;
4ª Na comunhão temos diversos direitos subjectivos sobre o mesmo objecto[912]: trata-se da solução mais adequada; o Direito dispensa, depois, todo um regime para harmonizar esses direitos em concurso.

---

[911] Assim, o clássico de Luís Pinto Coelho, *Da compropriedade no Direito civil português*, 1 (1939), 37 ss.: referimos, ainda, Mario Dossetto, *Teoria della comunione/ /Studi sulla comunione dei diritto reali* (1948) e os nossos *Direitos reais* 1 (1979), 615 ss..

[912] Trata-se de uma posição particularmente apresentada por Vittorio Scialoja, *Teoria della proprietà nel diritto romano* 1 (1928), 432 e que tende para recolher, hoje, a maioria dos sufrágios.

A contitularidade de quotas tem origens diversas. Ela pode ter sido estabelecida, logo *ab initio*, no pacto social; pode, ainda, ter surgido *a posteriori*, por acordo entre os interessados. Todavia, a decorrência mais frequente é a hereditária: por morte de um anterior titular, sucedem-lhe vários herdeiros os quais decidem prolongar a comunhão hereditária por uma situação de contitularidade na quota que fora do *de cuius*[913].

II. A contitularidade de quotas merece alguma atenção aos legisladores. Por um lado, ela é inevitável, seja como emergência da autonomia privada, seja como consequência da sucessão *mortis causa*. Mas por outro, ela levanta dificuldades ao funcionamento da sociedade: esta deixa de ter um interlocutor claro, seja para exercício dos direitos sociais, seja para o cumprimento das obrigações envolvidas. Há mais custos, mais indecisão e maior conflitualidade. O desafio está em encontrar um equilíbrio entre todos os interesses em presença.

A Lei alemã de 1892 ocupou-se do tema no seu § 18[914], norma essa que veio a ser vertida no artigo 9.° da nossa Lei de 1901. Recordemos o teor deste preceito[915]:

> Devem exercer em commum os direitos respectivos os comproprietarios de quota social indivisa.
>
> § 1.° Os comproprietarios de quota indivisa respondem solidariamente pelas prestações correspondentes á mesma quota.
>
> § 2.° Não estando designado um representante dos comproprietarios, os actos praticados pela sociedade a respeito de qualquer d'elles, produzem effeitos contra todos.
>
> § 3.° A disposição do paragrapho anterior applica-se aos herdeiros dos socios.

---

[913] A nossa jurisprudência sobre situações de contitularidade de quotas envolve, em regra, situações de origem hereditária: STJ 1-Fev.-1977 (COSTA SOARES), Proc. 066165/ /ITIJ, STJ 17-Jul.-1986 (FREDERICO BAPTISTA), Proc. 0739941/ITIJ e STJ 25-Nov.-1986 (CURA MARIANO), Proc. 073591/ITIJ, todos visitados em 24-Fev.-2006.

[914] HUECK/FASTRICH, em BAUMBACH/HUECK, *GmbH-Gesetz* cit., 18ª ed., § 18, Nr. 1 ss. (312 ss.) e PENTZ, em ROWEDDER/SCHMIDT-LEITHOFF, *GmbHG* cit., 4ª ed., § 18 (610 ss.).

No Direito alemão, o problema alarga-se, ainda, por força da não-personalização das sociedades de pessoas, o que provoca a recondução das situações em que estas sejam titulares ao universo da contitularidade – cf. GEORG HOHNER, *Zur Beteiligung von Personengesellschaften an Gesellschaften*, NJW 1975, 718-720.

[915] COLP 1901, 98/I.

III. Apesar de claro, esse preceito suscitou dúvidas na sua aplicação. Assim, o que sucedia se os contitulares ("comproprietários", na linguagem da LSQ) não estivessem de acordo quanto ao sentido do exercício dos seus direitos? Para uma primeira orientação, enquanto se mantivesse um desacordo, nenhum dos contitulares poderia, sozinho, exercer as suas posições[916]; uma segunda teoria defendia que a situação tinha uma saída processual: o contitular deveria propor a acção, chamando à causa os restantes[917]. Além disso, a jurisprudência da época veio esclarecer:

– que apenas o representante comum nomeado nos termos do artigo 9.° da LSQ pode intervir e votar pelos comproprietários em assembleia geral[188];
– que o esquema do representante comum visa evitar a perturbação da vida social[919];
– que a sua escolha poderia ser feita por maioria[920];
– que, de todo o modo, o comproprietário tem a qualidade de sócio[921], devendo ser convocado[922].

Além disso, a escolha do representante comum teria de ser "feita constar" à sociedade, para ser eficaz[923].

IV. Toda esta tradição foi, de certo modo, acolhida e desenvolvida no Código das Sociedades Comerciais de 1986.

Aquando da preparação, tanto o anteprojecto RAÚL VENTURA como o

---

916 STJ 22-Jul.-1947 (PEDRO DE ALBUQUERQUE), BMJ 2 (1947), 215-218 (217).

917 JOSÉ ALBERTO DOS REIS, *Jurisprudência crítica sobre processo civil* II – *Legitimidade das partes*, RLJ 81 (1948), 203-206 (204 ss.), criticando o acórdão referido na nota anterior; *vide*, no mesmo sentido, STJ 18-Abr.-1950 (JOSÉ DE ABREU COUTINHO), BMJ 18 (1950), 468-473 (471) e STJ 21-Dez.-1956 (A. BALTASAR PEREIRA), BMJ 62 (1956), 492-496 (494).

918 STJ 2-Out.-1964 (LOPES CARDOSO), BMJ 140 (1964), 467-472 (471).

919 STJ 11-Out.-1968 (LUDOVICO DA COSTA), BMJ 180 (1968), 309-314 (312).

920 STJ 16-Jan.-1970 (OLIVEIRA CARVALHO), BMJ 193 (1970), 395-400 (399) = RLJ 104 (1971), 24-28 (27/I), por aplicação do Código Civil; no Direito alemão, exigir-se-ia a unanimidade – *idem*, 398; cf., também, STJ 21-Jun.-1974 (OLIVEIRA CARVALHO), BMJ 238 (1974), 244-247 (246), bem como a documentada anotação de VAZ SERRA ao citado STJ 16-Jan.-1970, RLJ 104 (1971), 28-32 e 36-43 (36 ss.).

921 STJ 20-Dez.-1974 (OLIVEIRA CARVALHO), BMJ 242 (1975), 322-332 (327).

922 STJ 1-Jun.-1975 (JOSÉ GARCIA DA FONSECA), BMJ 243 (1975), 280-288 (286).

923 SANTOS LOURENÇO, *Das sociedades por cotas* cit., 1, 188.

anteprojecto VAZ SERRA dispensavam regulamentações pormenorizadas. O de FERRER CORREIA pareceria mais comedido[924], mas também foi minucioso. Daí resultaria que, à contitularidade da quota, dedicou o Código três artigos, de considerável extensão, agrupados em secção própria. Temos:

Artigo 222.° (Direitos e obrigações inerentes a quota indivisa);
Artigo 223.° (Representante comum);
Artigo 224.° (Deliberação dos contitulares).

As regras são numerosas; todavia, elas equivalem, na generalidade, à mera concretização de princípos gerais[925].

137. Regime vigente

I. O ponto básico do regime da contitularidade da quota – ou da quota indivisa – é o da designação de um representante comum.

O representante comum pode ser designado (223.°/1, 1ª parte):

– por lei;
– por disposição testamentária;
– pelos contitulares.

Neste último caso, a designação pode recair (223.°/2):

– sobre um de entre os contitulares;
– sobre o cônjuge de um deles;
– sobre um estranho, mas isso apenas se o contrato de sociedade o autorizar expressamente ou se ele permitir que os sócios se façam representar por um estranho nas deliberações sociais.

A designação é deliberada por maioria, nos termos do artigo 1407.°/1, do Código Civil[926]; salvo se outra regra se convencionar (ou tiver sido

---

[924] *Vide* os textos em RAÚL VENTURA, *Sociedade por quotas* cit., 1, 494-495, 512-514 e 527-528.

[925] Sobre esses preceitos, o desenvolvimento liderante é – como sucede, em geral, com toda a matéria das sociedades por quotas – o de RAÚL VENTURA, *Sociedade por quotas* cit., 1, 2ª ed., 494-530.

[926] Segundo o qual:

É aplicável aos comproprietários, com as necessárias adaptações, o disposto

convencionada) e for comunicada à sociedade (223.°/1, 2ª parte). *A fortiori* pode o pacto social dispor sobre essa matéria.

Na hipótese de designação pelos contitulares: podem os mesmos deliberar a destituição do representante comum.

II. Quando não seja possível os sócios assentarem na nomeação do representante comum – por exemplo: por desinteresse ou por empate na votação –, pode qualquer um deles pedi-la ao tribunal da comarca da sede da sociedade (223.°/3, 1ª parte).

Além disso – e salvo se designado por lei – pode qualquer contitular pedir a destituição, com fundamento em justa causa, do representante comum (223.°/3, 2ª parte)[927]. Na sua preocupação regulamentadora, o legislador excedeu-se: é óbvio que o representante "directamente designado pela lei" não poderá deixar de ser destituível "com justa causa". Quando muito, esta teria de assumir contornos mais exigentes. "Justa causa" será, aqui, qualquer fundamento justificado, objectivo ou subjectivo. Ela aproxima-se da justa causa requerida para a revogação do mandato conferido também no interesse do mandatário ou de terceiro (artigo 1170.°/2, do Código Civil): nunca da justa causa laboral.

De todo o modo, a nomeação e a destituição devem ser comunicadas por escrito à sociedade[928]; esta pode, "mesmo tacitamente", dispensar a comunicação (223.°/4).

III. Pode acontecer que o representante comum tenha impedimentos ou que ele ainda não tenha sido nomeado pelo tribunal, nos termos do artigo 223.°/3. Nessa altura, qualquer dos titulares poderá exercer os inerentes direitos (222.°/4, 1ª parte, *a contrario*); apresentando-se mais do que um, prevalecerá a opinião da maioria dos contitulares presentes, desde que (222.°/4, 2ª parte):

no artigo 985.°; para que haja, porém, a maioria dos consortes exigida por lei, é necessário que eles representem, pelo menos, metade do valor total das quotas. "Quotas" é, aqui, "quinhões de contitularidade"; quanto ao artigo 985.° do Código Civil: ele reporta-se à administração das sociedades civis puras. Toda esta cascata de remissões poderia ter sido evitada.

[927] Logo: a destituição é possível quando haja escolha feita por testamento: RPt 22-Jun.-1999 (Luís Antas de Barros), Proc. 9920168/ITIJ, visitado em 25-Fev.2006.

[928] Basta essa indicação para legitimar a intervenção do representante comum na acção: REv 2-Mai.-2002 (António Manuel Ribeiro Cardoso), CJ XXVII (2002) 3, 239-241 (240/II).

– representem, pelo menos, metade do valor total da quota;
– e para o caso não seja necessária a unanimidade prevista no artigo 224.°/1.

IV. Expostos os diversos esquemas tendentes à obtenção do representante comum dos contitulares, vamos examinar as regras nucleares. Elas surgem no artigo 222.°/1 e 2:

– os contitulares devem exercer os direitos inerentes à quota indivisa através do representante comum; infere-se daqui que um contitular, isolado, não tem legitimidade para propor acções de anulação de deliberações sociais[929], embora possa pedir a sua suspensão, se for cabeça-de-casal e não tiver atribuído a outro o papel de representante[930];
– as comunicações da sociedade devem ser dirigidas ao representante comum ou, na falta deste, a algum dos contitulares.

Em termos de qualificação das situações dos contitulares, há que atender à interferência dos conceitos sucessórios. Assim, perante uma herança indivisa, nenhum dos herdeiros tem, em rigor, a qualidade de sócio, embora eles possam nomear um representante comum[931]: tal qualidade mantém-se na própria herança. Havendo indivisão simples, todos os contitulares são sócios, embora devam recorrer ao tal representante[932].

V. O representante comum tem, apenas, poderes gerais de administração. Assim, segundo o artigo 223.°/6, ele terá de receber poderes de disposição – da lei, de testamento, de todos os contitulares ou do tribunal – para praticar actos que importem extinção, alienação ou oneração da quota, aumento de obrigações e renúncia ou redução dos direitos dos sócios. Tais poderes especiais devem ser comunicados por escrito à sociedade – *idem, in fine*.

---

929 RLx 22-Fev.-1994 (Adriano Morais), Proc. 0064381/ITIJ, visitado em 25-Fev.-2006 e STJ 4-Out.-1994 (Cardona Ferreira), BMJ 440 (1994), 498-506 (503).

930 STJ 20-Mai.-1997 (Lopes Pinto), Proc. 97A254/ITIJ, visitado em 25-Fev.-2006.

931 RLx 12-Jun.-1996 (Cruz Broco), CJ XXI (1996) 3, 114-116 (115/II).

932 STJ 26-Out.-1999 (Martins da Costa), BMJ 490 (1999), 290-293 (293) = CJ/Supremo VII (1999) 3, 61-62 (62/I).

O representante comum pode, ainda, ser instruído pelos sócios que o hajam designado. Compreende-se, porém, que tal eventualidade representaria um encargo suplementar para a sociedade sempre que, perante esta, se viesse discutir a (boa) execução das instruções por ele recebidas. Tudo isto é ponderado pelo artigo 224.°/1 e 2:

- as deliberações dos contitulares seguem o artigo 1407.°/1, do Código Civil;
- salvo se estiverem em causa a extinção, alienação ou oneração da quota, o aumento de obrigações, a renúncia ou a redução dos direitos dos sócios, altura em que se exige a unanimidade[933];
- a eficácia destas deliberações opera, apenas, perante os próprios contitulares: entre si e entre eles e o representante comum: não perante a sociedade[934].

Temos, pois, aqui um caso de eficácia da representação aparente: no sentido de atingir poderes que não lhe foram atribuídos pelo negócio de base[935].

VI. No tocante às obrigações legais ou contratuais inerentes à quota, os contitulares respondem solidariamente (222.°/3). Por um lado, aflora aqui a ideia de solidariedade que domina no campo comercial (artigo 100.° do Código Veiga Beirão[936]); por outro, emerge aqui a clara preocupação de, mercê do fenómeno da indivisão, não enfraquecer a sociedade no seu todo.

138. **Natureza, cessação e Direito subsidiário**

I. A indivisão das quotas é, tecnicamente, uma contitularidade. Todos os contitulares têm idênticos direitos e deveres, só que reportados a um mesmo objecto: a participação social, figurada pela quota. Dados os interesses envolvidos, o Direito das sociedades prevê um conjunto de regras tendentes a harmonizar os valores em presença, sem prejudicar a

933 RPt 1-Out.-1996 (Araújo Barros), CJ XXI (1996) 4, 209-213 (212/I).

934 *Idem*, 212/I.

935 Quanto à temática subjacente: *Tratado* I/4, 99 ss..

936 *Manual de Direito comercial*, 2ª ed., 480.

própria sociedade. Subjacente à contitularidade está, pois, um esquema organizativo, destinado a coordenar as vontades dos contitulares.

II. Por seu turno e em termos técnico-jurídicos, o representante comum, previsto para enquadrar o exercício dos direitos inerentes às quotas indivisas, não é um mero "representante". Além dos poderes de representação propriamente ditos, ele dispõe de todo um estatuto quanto aos actos que pode praticar e, eventualmente, quanto ao sentido do seu exercício. Trata-se, pois, de um prestador de serviços, inserido numa típica situação de mandato.

A designação mais correcta seria, pois, a de um mandatário comum, dotado de poderes de representação. E a todo o seu desempenho aplicam-se, supletivamente, as regras do mandato e da representação (1157.° e seguintes e 258.° e seguintes do Código Civil[937]). Mandantes serão, aqui, os diversos contitulares representados.

III. A contitularidade pode cessar por qualquer das vias que dão azo à cessação da comunhão. E designadamente[938]:

– por confusão, reunindo-se todos os co-direitos num único titular;
– por divisão da quota.

Nestes pontos, é importante relevar o Direito subsidiário aplicável à contitularidade de quotas.

IV. No anteprojecto de Raúl Ventura e de Vaz Serra, a matéria do Direito subsidiário tinha uma regulação explícita[939]. Aplicar-se-iam, sucessivamente:

– as regras especiais sobre quotas indivisas;
– as regras sobre contitularidade de participações sociais;
– as regras civis sobre a comunhão.

Nada disso passou ao Código de 1986. Todavia, perante o disposto no artigo 1404.° do Código Civil e tendo em causa a natureza subsidiária

937 *Tratado* I/4, 89 ss. e 57 ss..
938 Raúl Ventura, *Sociedade por quotas* cit., 1, 2ª ed., 497.
939 *Idem*, 498.

geral que o Direito privado comum assume em todo o ordenamento jurídico português[940], são aplicáveis, em última instância, as regras sobre a comunhão. Teremos de verificar, norma a norma, quais as regras civis compatíveis com a regulação especial prevista para as quotas. De todo o modo, parece inquestionável:

– a aplicação do direito de preferência graduado em 1.° lugar (1409.°/1, do Código Civil);
– o direito à divisão (*idem*, 1412.°).

A aplicabilidade deste último preceito é, aliás, implicitamente confirmada pelo artigo 221.°/3.

139. **A associação à quota**

I. Com a contitularidade de quotas não se confunde a figura da associação à quota: articulação interessante que foi especialmente estudada, entre nós, pelo Prof. RAÚL VENTURA[941]. Na associação à quota, uma pessoa (o associado) acorda com o sócio uma repartição dos custos e dos lucros envolvidos pela quota, sem, sobre esta, ter qualquer direito que possa ser oponível à sociedade[942].

II. A associação à quota estava genericamente prevista no artigo 1271.° do Código de SEABRA, segundo o qual[943]:

> Não carece o socio do consenso dos outros, para se associar com um terceiro, em relação à parte que tem na sociedade. Não póde, todavia, aindaque seja administrador, fazê-lo entrar como socio na mesma sociedade.

Tínhamos aqui uma figura de ordem geral[944], que podia ser aplicada às sociedades por quotas. O Código Civil de 1966 não consagrou a figura:

---

[940] Cf. o nosso *Do Direito privado como Direito comum português*, O Direito 137 (2005), 9-36 (32 ss.).

[941] RAÚL VENTURA, *Associação à quota* (1968), 152 pp..

[942] STJ 1-Fev.-1974 (JOÃO MOURA), BMJ 234 (1974), 300-305 (304-305).

[943] COLP 1867, 364.

[944] JOSÉ DIAS FERREIRA, *Codigo Civil Annotado* cit., 2, 2ª ed., 494 e LUIZ DA CUNHA GONÇALVES, *Tratado de Direito civil* 7 (1933), 293-295.

criticavelmente[945]. Todavia, a associação à quota pode ser estipulada pelas partes, ao abrigo da sua autonomia privada (405.° do Código Civil).

III. A associação à quota pode ter um papel útil, inclusive no domínio financeiro: faculta ao sócio descapitalizado, por exemplo, acorrer a aumentos de capital, negociando um "associado".

Tal negócio não é relevante para a sociedade. O associado do sócio não é, ele próprio, sócio. Apenas nas relações internas entre eles o acordo de associação surge relevante.

140. O usufruto de quota

I. Também às participações sociais – e, agora e aqui, às quotas – se aplica a figura geral do usufruto[946]. Este vem genericamente referido no Código Civil, de acordo com a noção romana[947], como (1439.°):

> (...) o direito de gozar temporária e plenamente uma coisa ou direito alheio, sem alterar a sua forma ou substância.

Trata-se de um direito real. Todavia, o próprio Código Civil admite a aplicação de um direito similar ao usufruto a diversas realidades que não suportam direitos reais e, designadamente: a créditos (1463.° e seguintes)[948].

II. O Código das Sociedades Comerciais não dispensou um tratamento genérico pormenorizado ao usufruto de participações sociais. Todavia, temos alguns preceitos que importa relevar.

O artigo 23.°, epigrafado "usufruto e penhor de participações", dispõe[949]:

> 1. A constituição de usufruto sobre participações sociais, após o con-

[945] RAÚL VENTURA, *Associação à quota* cit., 19.

[946] *Vide* PENTZ, em ROWEDDER/SCHMIDT-LEITHOFF, *GmbHG* cit., 4ª ed., § 17, Nr. 53 (610).

[947] *Vide* os nossos *Direitos reais* cit., 2, 919 ss..

[948] *Idem*, 943 ss..

[949] A literatura sobre o tema é, em geral, anterior ao Código de 1986; referimos BARBOSA DE MAGALHÃES, *Usufruto de acções de partes e de quotas sociais*, ROA 1952, 45-90 e JOSÉ GABRIEL PINTO COELHO, *Usufruto de acções*, RLJ 90 (1957), 49-52, 64-67, 81-83, 97-100, 129-132, 161-163, 176-179, 193-195, 209-211, 224-229 e 241-243, 90

trato de sociedade, está sujeita à forma exigida e às limitações estabelecidas para a transmissão destas.

2. Os direitos do usufrutuário são os indicados nos artigos 1466.° e 1467.° do Código Civil, com as modificações previstas na presente lei, e os mais direitos que nesta lhe são atribuídos.

O artigo 1466.° atribui ao usufrutuário o direito à fruição dos prémios ou outras utilidades. Mais explícito, o artigo 1467.° tem um conteúdo material de Direito das sociedades. Dispõe:

1. O usufrutuário de acções ou de partes sociais tem direito:

a) Aos lucros distribuídos correspondentes ao tempo de duração do usufruto;

b) A votar nas assembleias, salvo quando se trate de deliberações que suportem alteração dos estatutos ou dissolução da sociedade;

c) A usufruir os valores que, no acto de liquidação da sociedade ou da quota, caibam à parte social sobre que incide o usufruto.

2. Nas deliberações que importem alteração dos estatutos ou dissolução da sociedade, o voto pertence conjuntamente ao usufrutuário e ao titular de raiz.

No título relativo às sociedades por quotas, surgem-nos alguns preceitos com referência ao usufruto. São eles:

Artigo 233.°
(Pressupostos de amortização)

(...)

4. Se sobre a quota amortizada incidir direito de usufruto ou de penhor, o consentimento deve também ser dado pelo titular desse direito.

Artigo 269.°
(Aumento de capital e direito de usufruto)

1. Se a quota estiver sujeita a usufruto, o direito de participar no aumento do capital será exercido pelo titular da raiz ou pelo usufrutuário ou por ambos, nos termos que entre si acordarem.

2. Na falta de acordo, o direito de participar no aumento de capital pertence ao titular da raiz, mas, se este não declarar que pretende subscrever

(1958), 257-259, 273-275. 289-291, 305-307, 321-323, 337-339, 353-355 e 369-370, e 91 (1958), 33-36, 49-51 e 65-67.

a nova quota em prazo igual a metade do fixado no n.° 5 do artigo 266.°, o referido direito devolve-se ao usufrutuário.

3. A comunicação prescrita pelo n.° 5 do artigo 266.° deve ser enviada ao titular da raiz e ao usufrutuário.

4. A nova quota fica a pertencer em propriedade plena àquele que tiver exercido o direito de participar no aumento do capital, salvo se os interessados tiverem acordado em que ela fique também sujeita a usufruto.

5. Se o titular da raiz e o usufrutuário acordarem na alienação do direito de preferência e a sociedade nela consentir, a quantia obtida será repartida entre eles, na proporção dos valores que nesse momento tiverem os respectivos direitos.

III. Destes preceitos podemos tirar a estrutura geral do usufruto de quotas: ela corresponde, de resto, ao velho direito real de usufruto, com as necessárias adaptações. As normas especiais prevalecem sobre as gerais.

Em primeiro lugar, o usufrutuário de quota tem um direito relativo a esta – se se preferir: é titular desta, mas em "modo usufruto". Por isso quer o nú proprietário quer o usufrutuário são ambos sócios; só que os seus poderes de intervenção variam em função da matéria em causa[950].

Segue-se, daí, que a constituição de um usufruto sobre uma quota esteja sujeita às limitações e aos condicionalismos que impendem sobre a sua transmissão[951].

Terceiramente: as vantagens comuns da quota pertencem ao usufrutuário o qual, por isso, actua os direitos e executa as obrigações a ela inerentes; só no caso de matéria que tenha a ver com a substância da quota há que fazer intervir o nú titular[952].

IV. Tanto a contitularidade como o usufruto traduzem um concurso de dois ou mais direitos subjectivos (e adstrições) sobre a mesma participação social. Simplesmente, enquanto na contitularidade as diversas participações são qualitativamente iguais (ainda que possam ser qualitativamente diferentes), no usufruto a diferença entre os direitos em presença é de ordem qualitativa.

As relações entre os participantes seguem aqui, como se disse, o "modo usufruto".

950 RLx 13-Out.-1995 (Ribeiro Coelho), CJ XX (1995) 4, 112-116 (115/II).

951 STJ 16-Mar.-1999 (Quirino Soares), CJ/Supremo VII (1999) 1, 158-160 (160/II).

952 STJ 4-Jul.-2002 (Silva Paixão), CJ/Supremo X (2002) 2, 147-149 (148/II).

§ 38.º QUOTAS PRÓPRIAS

141. Problema geral e influência das anónimas

I. A possibilidade de uma sociedade se tornar titular das suas próprias participações sociais – num fenómeno aparentemente *contra naturam* – resulta da lógica da personalização colectiva, por um lado e da transmissibilidade das posições sociais, por outro. Desde o momento em que a sociedade possa adquirir, como pessoa autónoma, as realidades que circulem no mercado e visto que entre estas se incluem as suas próprias posições sociais, a aquisição de capital próprio é possível. Além disso, ela tem várias vantagens:

- evita a dispersão do capital;
- previne a entrada de sócios indesejáveis;
- reforça o peso da administração: com efeito, será esta que, em princípio, tomará as decisões inerentes às participações sociais próprias, isto é, da sociedade considerada;
- traduz um aumento da procura das participações sociais em jogo, fazendo subir o seu valor no mercado: um fenómeno particularmente importante no tocante a acções cotadas em bolsa.

II. Todavia, o fenómeno da aquisição e da detenção de capital social próprio também tem desvantagens. Assim:

- descapitaliza a sociedade, em detrimento dos credores: ao adquirir capital próprio, a sociedade gasta – em princípio e logicamente – o valor correspondente; no limite, caso adquirisse o seu capital todo, ficaria apenas com posições abstractamente representativas, mas sem conteúdo;
- desequilibra o funcionamento interno da sociedade: a administração irá exercer os direitos inerentes às participações próprias, uma

vez que a ela assistem os poderes de representação; com isso enfraquece o papel dos sócios e os próprios mecanismos de deliberação social e de fiscalização;

– põe em causa a lógica das sociedades, enquanto expressão da cooperação e da organização económico-privadas.

III. A detenção de participações próprias – designadamente e em expressão consagrada: quotas próprias e acções próprias – assumiu especial relevo nas sociedades anónimas. A facilidade com que, nestes casos e sem publicidade, a sociedade, gerida pela administração, pode ir ao mercado comprar as suas próprias acções, de modo a falsear cotações e reforçar o *management*, explica que, desde os inícios do século XX, se tenham registado estudos[953] e medidas destinadas a contrariar a inerente prática[954].

A preocupação com as acções próprias manteve-se, nos vários ordenamentos, acabando por ser assumida pelo legislador europeu. A 2ª Directriz do Direito das sociedades – a Directriz n.° 77/91/CEE, de 13 de Dezembro de 1976 – ou Directriz das garantias do capital[955], veio tomar diversas medidas precisamente no campo da tutela do capital das sociedades e da confiança que, nesse capital, os credores e o público mantivessem. Essa Directriz contém uma série de extensos preceitos relativos a acções próprias – artigos 18.° a 24.° – a que a Directriz n.° 92/101/CEE, de 23 de Novembro[956] acrescentou ainda outro: o 24.°-A, sobre acções detidas por sociedades dominadas.

As regras relativas às acções próprias, constantes da 2ª Directriz do Direito das sociedades, foram minuciosamente transpostas para o nosso Direito interno pelo Código das Sociedades Comerciais – artigos 316.°

[953] Entre os clássicos: KONRAD COSACK, *Eigene Aktien als Bestandteile des Vermögens einer Aktiengesellschaft* (1907), MAXIMILIAN SCHMULEWITZ, *Die Verwaltungsaktie/ /Herrschafts- und Vorrataktie/ihre rechtlichen und wirtschaftlichen Grundlagen* (1927) e RUDOLF RUTH, *Eigene Aktien und Verwaltungsaktien* (1928). Com elementos históricos e dogmáticos: SIEGFRIED SCHÖN, *Geschichte und Wesen der eigene Aktien* (1937), 1 ss. e 25 ss..

[954] Tal foi um dos aspectos encarados pela “pequena reforma” das sociedades anónimas alemãs, de 1931, e que prenunciaria já a grande reforma de 1937.

[955] JOCE N.° L-26, 1-13, de 31-Jan.-1977 e *Direito europeu das sociedades*, 181-203.

[956] JOCE N.° L-347, 64-66, de 28-Nov.-1992 e *Direito europeu das sociedades*, 204-206.

a 325.°[957]. O aditamento introduzido pela Directriz n.° 92/101/CEE foi transposto, por seu turno, pelo Decreto-Lei n.° 328/95, de 9 de Dezembro, que introduziu os artigos 325.°-A e 325.°-B. Esta matéria exerce, como veremos, uma pressão especial sobre as sociedades por quotas. Teoricamente, tal pressão deveria jogar no sentido da restrição. Todavia: como, nas sociedades por quotas, a hipótese era a da pura e simples proibição de detenção de quotas próprias – salvo casos marginais – a influência dos regimes restritivos entretanto tecidos para as anónimas acabaria por jogar no sentido de uma abertura, ainda que com limitações.

142. A evolução nas sociedades por quotas

I. A hipótese de aquisição de quotas próprias constava já da lei alemã de 1892, ainda que com restrições. Segundo o seu § 33/I[958]:

> A sociedade não pode adquirir ou aceitar como garantia quotas próprias que ainda não estejam liberadas ou plenamente liberadas.

O § 33/II prescrevia, depois, outras restrições, que tinham a ver com condições patrimoniais da própria sociedade, para adquirir quotas próprias. Sobre o tema há literatura significativa[959] embora, pela natureza das coisas, aquém da relativa às sociedades anónimas.

II. O preceito alemão reflectir-se-ia na nossa Lei de 1901. Dispunha o seu artigo 24.°[960]:

> Fora dos casos marcados expressamente na lei, a sociedade não pode adquirir quotas ainda não inteiramente liberadas.

---

[957] Cf. a bibliografia referida *infra*, 669 ss., com relevo para os estudos de RAÚL VENTURA.

[958] PENTZ, em ROWEDDER/SCHMIDT-LEITHOFF, *GmbHG* cit., 4ª ed., § 33 (969 ss.) e HUECK/FASTRICH, em BAUMBACH/HUECK, *GmbH-Gesetz* cit., 18ª ed., § 33, Nr. 1 ss. (527 ss.), ambos com indicações.

[959] P. ex., GERD ROSE, *Verdeckte Gewinnausschüttungen im Zusammenhang mit eigenen GmbH-Anteilen*, GmbHR 1999, 373-380 e MICHAEL KORT, no *Münchener Handbuch* cit., 3, 2ª ed., § 27 (456 ss.). Num plano comparativo: JÜRGEN ZIEBE, *Der Erwerb eigener GmbH-Geschäftsanteile in den Staaten der Europäischen Gemeinschaft* (1982), especialmente 137 ss.. *Vide*, ainda, KARSTEN SCHMIDT, *Gesellschaftsrecht* cit., 4ª ed., 1146-1147.

[960] COLP 1901, 99/I.

> § unico. Na acquisição de quotas liberadas só se podem empregar quantias existentes alem do capital social.

Na época, o sistema era mais permissivo no tocante às sociedades por quotas do que para as anónimas: havia uma permissão de princípio para as primeiras enquanto, para as segundas, era necessária a autorização do pacto social (artigo 169.°, § 2, do Código Comercial)[961]. Os casos em que a lei previa a aquisição de quotas próprias não inteiramente liberadas eram os do artigo 12.°, quanto à exclusão do sócio e do artigo 19.°, § único, quanto ao sócio que incumpra obrigações suplementares[962]. A aquisição de quotas não liberadas, fora desse circunstancialismo, acarretava a nulidade do negócio[963].

Assinale-se ainda que era – como é – frequente os estatutos preverem um direito de preferência da própria sociedade na aquisição das quotas próprias.

III. Aquando da preparação do Código das Sociedades Comerciais, o anteprojecto de RAÚL VENTURA chegou a proibir, pura e simplesmente, a aquisição de quotas próprias[964]. Pelo seguinte: a filosofia restritiva existente quanto às acções, designadamente através da 2ª Directriz, teria plena razão de ser no campo das quotas. Além disso, não seria possível, quanto a estas, reproduzir os preceitos de excepção próprios das anónimas, pelo que quedaria a pura e simples proibição. Já os anteprojectos de VAZ SERRA e de FERRER CORREIA[965] tinham uma maior abertura, numa opção que passaria ao texto definitivo: a aquisição é admitida, dentro de determinadas restrições.

---

961 O texto era incisivo:

> A aquisição de acções próprias e as operações sobre elas só poderão ser feitas pela respectiva sociedade, nos termos estipulados no contrato social, sendo no silêncio deste absolutamente proibidas.

962 SANTOS LOURENÇO, *Das sociedades por cotas* cit., 1, 267.

963 *Idem*, 268. *Vide* STJ 16-Dez.-1955 (EDUARDO COIMBRA), BMJ 52 (1955), 668-672 (670)

964 RAÚL VENTURA, *Sociedade por quotas* cit., 1, 2ª ed., 428-429.

965 Os textos pertinentes podem ser confrontados em RAÚL VENTURA, ob. cit., 428.

143. **O regime vigente**

I. O Código de 1986 acabaria por consagrar regimes diferentes para a aquisição de quotas próprias (220.°) e de acções próprias (316.° a 325.°-B), embora com uma importante remissão das primeiras para o artigo 324.°. À partida temos uma permissão geral de aquisição, desde que se trate de cláusulas integralmente liberadas (220.°/1). Fica ressalvada a hipótese do artigo 204.°, relativo à exclusão do sócio remisso, altura em que a respectiva quota é perdida a favor da sociedade (204.°/2).

II. Posto isso, o artigo 220.°/2 só permite, quanto às quotas próprias:

– a aquisição a título gratuito;
– a aquisição em acção executiva movida contra o sócio;
– a aquisição comum se "... para esse efeito, ela dispuser de reservas livres em montante não inferior ao dobro do contravalor a prestar".

O pacto social não tem de autorizar as quotas próprias. Mas pode proibi-las[966]: não aligeirá-las, em confronto com as limitações legais. O artigo 237.°/3 prevê que, por permissão do pacto e deliberação dos sócios, sejam criadas, em vez de uma quota amortizada inserida no balanço, uma ou várias quotas destinadas a serem alienadas. Enquanto a alienação não operar, temos quotas próprias.

Este sistema restritivo permite detectar uma lacuna, no Código de 1986, quanto à aquisição originária de acções próprias. De acordo com uma indicação do Prof. Raúl Ventura[967], podemos aplicar, às sociedades por quotas, as proibições constantes dos artigos 316.°/1 e 2 e 304.°/2; a sociedade não pode:

– subscrever quotas próprias;
– encarregar outrem de, em nome deste mas por conta dela, subscrever quotas próprias;
– encarregar outrem de, em nome deste, mas por conta dela, adquirir quotas próprias.

Neste último caso, a interposição de pessoas inviabilizaria a verificação dos competentes requisitos.

---

966 Raúl Ventura, *Sociedade por quotas* cit., 1, 434.
967 *Idem*, 438.

III. Prevenindo (ligeiras) dúvidas provindas do Direito anterior, o artigo 220.°/3 prescreve a nulidade para as aquisições de quotas próprias "com infracção do disposto neste artigo". Para a declaração de tal nulidade será necessário alegar e provar[968]:

– que ocorreu uma aquisição de quotas próprias, por determinado preço;
– que existiam reservas de certo montante;
– que as reservas livres ascendiam a um valor insuficiente.

Também já se decidiu que, decretada uma nulidade por insuficiência de reservas, não pode o correspondente negócio converter-se numa promessa de aquisição: esta manteria um objecto juridicamente impossível[969].

IV. Uma vez adquiridas, as quotas próprias ficam num regime especial[970]: artigo 220.°/4, por remissão para o artigo 324.°. Feita a adaptação, temos (324.°/1):

– ficam suspensos os direitos inerentes às quotas, excepto o que resulte do aumento de capital por incorporação de reservas;
– torna-se indisponível uma reserva de montante igual àquele por que elas estejam contabilizadas.

Além disso e para efeitos de informação e de fiscalização (324.°/2), o relatório anual deve indicar os dados relativos a acções próprias adquiridas, alienadas e detidas.

Durante a suspensão de direitos não são, designadamente, dispensados lucros nem exercido o voto.

---

[968] REv 9-Dez.-2004 (Borges Soeiro), Proc. 2058/04-3/ITIJ, visitado em 26-Fev.-2006.

[969] RPt 2-Nov.-1992 (Azevedo Ramos), BMJ 421 (1992), 497-498 (o sumário) e STJ 15-Mar.-1994 (Cura Mariano), CJ/Supremo II (1994) 1, 155-156 (156/I). Todavia, não vemos dificuldade em construir um contrato-promessa de aquisição de quotas próprias ou, até, uma aquisição definitiva, sujeitos à condição suspensiva de verificação dos requisitos legais.

[970] No Direito alemão chega-se a uma solução paralela por via doutrinária e jurisprudencial: Karsten Schmidt, *Gesellschaftsrecht* cit., 4ª ed., 1147, Hueck/Fastrich, em Baumbach/Hueck, *GmbH-Gesetz* cit., 18ª ed., § 33, Nr. 23 (537) e BGH 30-Jan.-1995, NJW 1995, 1027-1029 (1028/I).

§ 39.° A TRANSMISSÃO

144. Problemática e evolução gerais

I. Como foi referido a propósito das sociedades em nome colectivo, existe uma certa relação inversa entre a natureza pessoal das sociedades e a livre transmissibilidade das participações sociais respectivas[971]: nas sociedades puramente pessoais, a transmissibilidade é mínima; nas anónimas, será máxima. Quanto às sociedades por quotas: perdidas entre as sociedades de pessoas e as de capitais, elas prestam-se a vários esquemas possíveis, documentados na evolução histórica e no Direito comparado.

Aquando da criação do tipo "sociedades por quotas", pela Lei alemã de 1892, prevaleceu o ponto de vista segundo o qual, numa contraposição às sociedades civis e às sociedades em nome colectivo, as quotas deviam disfrutar de plena transmissibilidade. Apenas por estipulação das partes no pacto social se poderiam introduzir restrições. Recordamos os preceitos essenciais, contidos no § 15/I e V, do GmbHG[972]:

> (1) As quotas são transmissíveis em vida e por morte.
>
> (...)
>
> (5) A cessão de quotas pode ser sujeita a outros pressupostos, pelo contrato de sociedade e, em especial, pode ficar dependente de autorização da sociedade.

II. Esta orientação – em vigor há 115 anos – deu boa conta de si[973].

---

971 *Supra*, 208.

972 *Vide* HUECK/FASTRICH, em BAUMBACH/HUECK, *GmbH-Gesetz* cit., 18ª ed., § 15, Nr. 1-17 e 37-47 (267-274 e 284-289), com múltiplas indicações.

973 Com muitos elementos: UTE JASPER, no *Münchener Handbuch* cit., 3, 2ª ed., § 24 (342 ss.) e § 25 (399 ss.), quanto às transmissões em vida e por morte, respectivamente, bem como FRANK EBBING, no MICHALSKI/*Kommentar* cit., 1, 1261 ss. (1264) e RAISER/VEIL, *Recht der Kapitalgesellschaften,* 6ª ed. cit., 464.

Vamos aliás encontrá-la na nossa Lei de 1901, cujo artigo 6.°, na parte agora relevante, dispunha[974]:

> As quotas sociaes são transmissíveis nos termos de direito.
>
> (...)
>
> § 3.° A escriptura social pode fazer depender a cessão de quotas do consentimento da sociedade ou de outros requisitos.

A afirmação da livre transmissibilidade era importante: permitia a aplicação de todo um conjunto de quadros gerais[975]. Cabia depois às partes, dentro da sua autonomia, acentuar a vertente pessoal da sociedade, caso isso servisse os seus interesses[976].

Entre as cláusulas que mais frequentemente as partes inseriam, para além da que fixasse a necessidade de autorização[977], estavam as que, na hipótese de alienação, conferiam um direito de preferência: a favor da sociedade e/ou dos outros sócios[978]. Na hipótese de uma alienação que não respeitasse os requisitos contratuais, seguir-se-ia a sua invalidade[979].

III. Aquando da preparação do Código das Sociedades Comerciais de 1986, foi ponderada a situação em Direito comparado[980]. Na síntese de

---

[974] COLP 1901, 98/I.

[975] SANTOS LOURENÇO, *Das sociedades por cotas* cit., 1, 157-158. Cf. STJ 11-Fev.-1966 (GONÇALVES PEREIRA), BMJ 154 (1966), 353-359 (357).

[976] Cf., com algumas considerações, STJ 15-Dez.-1964 (ALBUQUERQUE ROCHA), BMJ 142 (1964), 362-367 (366) e RPt 2-Nov.-1973 (sem ind. relator), BMJ 231 (1973), 206 (o sumário).

[977] Autorização que não podia ser substituída pela declaração simples de um sócio – RPt 11-Out.-1952 (A. GONÇALVES PEREIRA), BMJ 38 (1953), 299-302 (301-302) – e que se deveria também considerar necessária para se dar, em penhor, uma quota social – STJ 10-Mar.-1953 (JAIME DE ALMEIDA RIBEIRO), BMJ 36 (1953), 202-206 (204).

[978] STJ 31-Jul.-1953 (JORGE DE UTRA MACHADO), BMJ 38 (1953), 294-298 (297).

[979] STJ 29-Abr.-1958 (LENCASTRE DA VEIGA), BMJ 76 (1958), 442-444 (444): caberia ao réu na acção de anulação provar que obteve a competente autorização; cf. STJ 29-Out.-1963 (ALBERTO TOSCANO), BMJ 130 (1963), 514-519 (515), embora, aqui, a causa de invalidade tivesse sido a violação do artigo 67.° do Decreto-Lei n.° 42 641, de 12 de Novembro de 1959: um banco comercial adquirira mais de 20% do capital de uma sociedade por quotas.

[980] Que já estava disponível, anteriormente; cf. SANTOS LOURENÇO, *Das sociedades por cotas* cit., 1, 158, nota 1. Cf. RAÚL VENTURA, *Cessão de quotas* (1967), 5 ss..

Raúl Ventura[981], haveria quatro sistemas, no tocante à transmissão de quotas:

– o sistema alemão, em que as restrições eram de base voluntária (leis alemã, portuguesa, austríaca e italiana);
– o sistema inglês, com restrições obrigatórias, mas não definidas por lei (leis inglesa e canadiana);
– o sistema francês, com restrições obrigatórias fixadas na lei (lei francesa);
– o sistema de meras sociedades de responsabilidade ilimitada (alguns Estados da América do Sul).

Os diversos projectos[982] foram consagrando uma liberdade de princípio quanto à transmissão; todavia, esta só era à partida admitida quando *mortis causa*. Na transmissão *inter vivos*, o sistema nacional foi aproximado do francês[983]: ela depende de autorização da sociedade.

IV. Trata-se de uma opção de primeira grandeza, que alterou o sentido das nossas sociedades por quotas e cujas motivações não nos parecem inteiramente claras. Efectivamente, verificava-se, ao longo da vigência dilatada da Lei de 1901, que muitas as vezes as partes inseriam, nos estatutos, cláusulas limitativas da transmissibilidade das quotas. Mas isso só significava que o sistema era operacional: as partes ordenavam, como melhor entendessem, os seus interesses.

A adesão ao sistema francês veio, de facto, retirar valor de mercado às nossas quotas. A hipótese de um bom negócio acaba por ser sempre, em maior ou menor grau, coarctada pela sociedade: desconfiança, despeito e até inveja, são, de facto, motores eficazes nos microcosmos societários da nossa Terra. Foi pena[984].

V. Com este pano de fundo, o Código das Sociedades Comerciais veio regular, em três pormenorizados artigos (225.° a 227.°), a transmissão

---

981 Raúl Ventura, *Sociedade por quotas* cit., 1, 2ª ed., 534.

982 *Idem*, 532-534, quanto aos respectivos textos.

983 *Idem*, 534 e 585.

984 Louvando, em geral, o regime adoptado pelo Código: Pedro Maia, *Cessão de quotas*, no *Colóquio: Os quinze anos de vigência do Código das Sociedades Comerciais*, org. Ferrer Correia (2003), 125-149 (125).

de quotas por morte. A transmissão *inter vivos* obteve quatro desenvolvidos preceitos (228.° a 231.°).

145. **Transmissão *mortis causa***

I. A transmissão *mortis causa* das quotas é, à partida, livre[985]. O artigo 225.°/1 explicita que:

> O contrato de sociedade pode estabelecer que, falecendo um sócio, a respectiva quota não se transmitirá aos sucessores do falecido, bem como pode condicionar a transmissão a certos requisitos, mas sempre com observância do disposto nos números seguintes.

Quando a quota siga por via sucessória, aplicam-se as regras gerais[986]. Nos casos, porém, em que as partes, fazendo uso da sua autonomia privada, restrinjam ou impeçam essa transmissão[987], há que prever mecanismos de compensação. De outro modo, teríamos uma expropriação *ad nutum*, não permitida pela Constituição. Não se verificando a transmissão para os sucessores, temos três possibilidades[988] (225.°/2):

– a amortização;
– a aquisição pela própria sociedade;
– a aquisição por outro sócio ou por um terceiro.

Se no prazo de 90 dias, subsequentes ao conhecimento da morte do sócio por algum dos gerentes, nenhuma destas medidas for levada a cabo, a quota considera-se transmitida.

---

985 RAISER/VEIL, *Recht der Kapitalgesellschaften,* 6ª ed. cit., 476.

986 Já se disse que, pela morte do *de cuius*, os seus herdeiros adquirem *ipso iure* a qualidade de sócios: RLx 12-Jan.-1992 (ANTÓNIO DO NASCIMENTO GOMES), BMJ 415 (1992), 716 e STJ 4-Out.-1994 (CARDONA FERREIRA), BMJ 440 (1994), 498-506 (504-505); todavia, enquanto a herança se mantiver indivisa, eles não são propriamente sócios, embora possam nomear um representante comum: RLx 12-Jun.-1996 (CRUZ BROCO), CJ XXI (1996) 3, 114-116 (116/I).

987 *Vide* ALBINO DE MATOS, *Constituição de sociedades* cit., 5ª ed., 199. Tem ainda interesse consultar MARIA ÂNGELA COELHO, *A transmissão mortis causa de quotas no anteprojecto de lei das sociedades por quotas*, RDE 2 (1976), 3-34 (12 ss.).

988 ABÍLIO NETO, *Código das Sociedades Comerciais* cit., 3ª ed., 445.

II. Caso se opte pela aquisição da quota, o respectivo contrato é outorgado pelo representante da sociedade e pelo adquirente, se for sócio ou terceiro (225.°/3), na redacção dada pelo Decreto-Lei n.° 76-A/2006, de 29 de Março. Fica pois dispensada a intervenção dos próprios sucessores. Quanto à determinação e ao pagamento do preço: aplicam-se as regras relativas à amortização, mas ficando os efeitos da alienação suspensos enquanto a contrapartida não for paga (225.°/4). Não sendo a contrapartida tempestivamente paga, podem os interessados escolher entre (225.°/5):

- a efectivação do crédito, através dos meios legais de execução coactiva;
- a ineficácia da alienação, considerando-se a quota transmitida para os sucessores a quem caberia a contrapartida em falta[989]: deverá, entretanto, ter havido partilhas relevantes, nesse ponto.

Na assembleia geral onde se debata o destino da quota do sócio falecido, podem participar os sucessores.

III. Pode ainda o contrato de sociedade deixar a transmissão da quota do *de cuius* à vontade dos sucessores. Para tal eventualidade dispõe o artigo 226.°. Temos:

- quando os sucessores não aceitem a transmissão, devem declará-lo à sociedade, por escrito, nos 90 dias seguintes ao do conhecimento do óbito (n.° 1);
- recebida a declaração, tem a sociedade 30 dias para amortizar a quota, adquiri-la ou fazê-la adquirir por sócio ou por terceiro (n.° 2);
- sob pena de o sucessor poder requerer a dissolução da sociedade por via administrativa (n.° 2, *in fine*, na redacção dada pelo Decreto-Lei n.° 76-A/2006, de 29 de Março);
- quanto à determinação e ao pagamento da contrapartida, aplicam-se as regras sobre amortização, ficando os efeitos dependentes do pagamento (n.° 3, que remete para o 225.°/4);
- se a contrapartida não puder ser paga mercê da situação da sociedade ou se, de todo o modo, ela não for paga, pode o sucessor reque-

---

[989] RLx 15-Dez.-1987 (AUGUSTO JOSÉ MENDES CALIXTO PIRES), BMJ 372 (1987), 465 (o sumário) e STJ 23-Set.-1997 (CARDONA FERREIRA), Proc. 97A083/ITIJ, visitado em 26-Fev.-2006.

rer a dissolução da sociedade por via administrativa (n.° 3, que remete para o 240.°/6 e 7).

IV. Apesar de prever prazos relativamente curtos, todos estes procedimentos tendem a alongar-se no tempo. Havia que prover durante o período de pendência da amortização ou da aquisição pela sociedade, por sócios ou por terceiro. Tal o papel do artigo 227.°:

– a amortização ou a aquisição retroagem à data do óbito (n.° 1);
– os direitos e as obrigações mantêm-se suspensos (n.° 2);
– mas durante essa suspensão, os sucessores podem exercer todos os direitos necessários à tutela da sua posição jurídica, nomeadamente votar em deliberações sobre alteração do contrato ou dissolução da sociedade (n.° 3); devem, pois, ser convocados[990].

V. Resta acrescentar que toda esta regulação é tendencialmente supletiva. Os estatutos podem prever uma diversa ordenação dos interesses mútuos envolvidos. Recordemos que, quando a sociedade não possa amortizar as quotas ou pagar a contrapartida equivalente, o sucessor pode requerer a sua dissolução. É uma solução pesada, susceptível de destruir, pela raiz, um empreendimento totalmente viável. Aos estatutos cabe, designadamente e para essa eventualidade, prever alternativas: pagamentos faseados e prazos mais alargados.

Também é possível fixar outros métodos de compensação. Mas não ao ponto de se chegar a valores irrisórios, sob pena de abuso do direito[991].

146. **Transmissão *inter vivos*; o consentimento**

I. O artigo 228.° reporta-se à transmissão e à cessão de quotas. Cabe-nos distinguir entre as duas noções. Segundo Raúl Ventura[992], a cessão de quotas é uma subespécie de transmissão *inter vivos*: é a transmissão voluntária. Assim, não haverá cessão nos casos de perda da quota

[990] RLx 15-Mai.-2000 (Ferreira Girão), CJ XXV (2000) 3, 88-89 (89/I).

[991] STJ 5-Dez.-1991 (Cabral de Andrade), Proc. 080783/ITIJ, visitado em 5-Mar.-2006: pretendera-se, aí, pagar por 10 contos (valor nominal) uma quota que os tribunais avaliaram em 6.000 contos.

[992] Raúl Ventura, *Sociedade por quotas* cit., 1, 2ª ed., 577.

(204.°), de arrematação e de adjudicação judiciais. A própria cessão é uma designação genérica que envolve múltiplas hipóteses: compra e venda, doação, sociedade e os mais diversos negócios, típicos e atípicos.

II. A lei principia por fixar a regra segundo a qual a transmissão da quota entre vivos deve ser reduzida a escrito (228.°/1, na redacção dada pelo Decreto-Lei n.° 76-A/2006, de 29 de Março). Anteriormente, ela devia constar de escritura pública, salvo quando operasse por via judicial. Posto isto, surge a norma básica, mercê da viragem operada em 1986 (228.°/2):

> A cessão de quotas não produz efeitos para com a sociedade enquanto não for consentida por esta, a não ser que se trate de cessão entre cônjuges, entre ascendentes e descendentes ou entre sócios.

Esta norma é entendida como imperativa, perante o artigo 229.°/5[993]. O consentimento é um acto jurídico unilateral, praticado pela sociedade mediante uma deliberação dos sócios[994]. Pode ser expresso[995] ou tácito[996]: neste último caso poderemos inserir a hipótese de a sociedade, designadamente através dos seus sócios (em assembleia geral ou fora dela) passar a tratar o transmissário como sócio.

A transmissão torna-se eficaz para com a sociedade logo que lhe for comunicada por escrito ou por ela for reconhecida, expressa ou tacitamente (n.° 3)[997]. "Reconhecer" implica uma atitude positiva de aceitação da validade da cessão[998].

---

[993] STJ 9-Dez.-1999 (Pinto Monteiro), BMJ 492 (2000), 459-462 (41/II); quanto à dispensa de consentimento numa transmissão a favor da filha: RPt 21-Fev.-2000 (Ribeiro de Almeida), Proc. 9951357/ITIJ, visitado em 26-Fev.-2006; a favor de um sócio: RCb 4-Fev.-2003 (Jaime Ferreira), CJ XXVIII (2003) 1, 29-32 (31/I). Mas *vide* STJ 30-Mai.-2006 (Urbano Dias), CJ/Supremo XIV (2006) 2, 105-107 (106/I e II).

[994] Alexandre Soveral Martins, *Sobre o consentimento da sociedade para a cessão de quotas*, BFD/Volume comemorativo (2003), 673-688 e Pedro Maia, *Cessão de quotas* cit., 132 ss..

[995] Mas não necessita de maiorias qualificadas: STJ 1-Fev.-1995 (Afonso de Melo), CJ/Supremo III (1995) 1, 57, nem, muito menos, do acordo de todos os sócios: RCb 29-Jan.-2002 (Helder Roque), Proc. 2959/2001/ITIJ, visitado em 5-Mar.-2006.

[996] Soveral Martins, *Sobre o consentimento* cit., 686 ss..

[997] Não sendo, pois, para a produção de efeitos perante a sociedade, necessário o registo: RPt 25-Jan.-1990 (Sampaio da Nóvoa), BMJ 393 (1990), 666 (o sumário); é a mesma decisão da nota seguinte.

[998] RPt 25-Jan.-1990 (Sampaio da Nóvoa), CJ XV (1990) 1, 228-229 (229/II).

Se não for obtido o consentimento da sociedade: esta tem legitimidade activa para o pedido de declaração de invalidade da cessão[999]. Todavia, o caso não é de nulidade: apenas de ineficácia. Bem pode suceder que, supervenientemente, a sociedade venha a dar o seu assentimento[1000]. Entre as partes, a cessão é válida[1001].

IV. O negócio-base da cessão sujeita-se às vicissitudes comuns de qualquer contrato. Pode, designadamente e verificados os competentes pressupostos, ser resolvido por alteração das circunstâncias (437.°/1, do Código Civil), por incumprimento[1002] ou anulado por erro[1003].

V. O pedido e a prestação do consentimento recebem uma regulação de pormenor, no artigo 230.°[1004]. Assim:

– o consentimento é pedido por escrito, com indicação do cessionário e de todas as condições da cessão (n.° 1);
– o consentimento expresso é dado por deliberação dos sócios (n.° 2);
– o consentimento não pode ser condicionado, sendo irrelevantes as condições que se estipulem (n.° 3);
– se a sociedade não deliberar nos 60 dias subsequentes à recepção do pedido, a eficácia deixa de depender dele (n.° 4);
– o consentimento dado a uma cessão posterior a outra não consentida torna esta eficaz, na medida necessária para assegurar a legitimidade do cedente (n.° 5).

O n.° 6 explicita ainda o consentimento tácito resultante da presença do cessionário em assembleia de sócios, sem que ninguém impugne a sua

[999] RCb 17-Nov.-1987 (Pereira da Graça), BMJ 371 (1987), 551 (o sumário), falando mesmo em nulidade.

[1000] STJ 30-Mar.-1989 (Alcides de Almeida), BMJ 385 (1989), 569-573 (573); cf. STJ 21-Out.-1999 (Miranda Gusmão), Proc. 99B410/ITIJ, visitado em 26-Fev.-2006.

[1001] STJ 21-Set.-1997 (Cura Mariano), CJ/Supremo I (1993) 3, 22-24 (24/I).

[1002] RPt 18-Out.-2004 (Fonseca Ramos), Proc. 0455146/ITIJ, visitado em 26-Fev.-2006 e relativo a uma promessa de cessão.

[1003] RPt 29-Nov.-2004 (Orlando Nascimento), Proc. 0452541/ITJ, visitado em 26-Fev.-2006.

[1004] Raúl Ventura, *Sociedade por quotas* cit., 1, 2ª ed., 622-636, Soveral Martins, *Sobre o consentimento da sociedade* cit., 681 ss., e João Labareda, *Posição do sócio alienante na deliberação sobre o pedido de consentimento para a cessão de quotas*, em *Estudos em Homenagem ao Prof. Doutor Raúl Ventura*, II (2003), 467-494.

presença. Para efeitos do registo da cessão, o consentimento tácito prova-se através da acta da deliberação: redacção dada pelo Decreto-Lei n.° 76-A/2006, de 29 de Março.

VI. Havendo recusa de consentimento, a competente comunicação a dirigir ao sócio deve incluir uma proposta de amortização ou de aquisição da quota (231.°/1, 1ª parte). Cabe, então, ao cedente decidir: se ele não aceitar a proposta no prazo de 15 dias, a proposta fica sem efeito, mantendo-se a recusa de consentimento (231.°/1, 2ª parte). Este regime – e os aspectos que dele decorrem, abaixo referidos – só opera se a quota estiver há mais de três anos na titularidade do cedente, do seu cônjuge ou de pessoa a quem tenham, um ou outro, sucedido por morte (231.°/3). Trata-se de um dispositivo que tutela a estabilidade e desincentiva passagens meramente especulativas pelo capital das sociedades por quotas.

Tratando-se de aquisição: o direito a adquirir a quota é atribuído aos sócios que declarem querê-la no momento da deliberação e proporcionalmente às quotas que já detenham; se não exercerem esse direito, ele pertencerá à sociedade (231.°/4). Temos, aqui, um verdadeiro direito de preferência, que opera na hipótese de a sociedade deliberar que a quota a ceder seja adquirida, em vez de amortizada[1005].

VII. Finalmente: a cessão para a qual foi pedido o consentimento da sociedade torna-se livre se se verificar o previsto nalguma das cinco alíneas do artigo 231.°/2:

– se for omitida a proposta que deve acompanhar a recusa;
– se a proposta e a aceitação não respeitarem a forma escrita e o negócio não for celebrado por escrito nos 60 dias seguintes à aceitação, por causa imputável à sociedade (redacção dada pelo Decreto-Lei n.° 76-A/2006, de 29 de Março);
– se a proposta não abranger todas as quotas para cuja alienação tiver sido pedido, em simultâneo, o consentimento;
– se a proposta não oferecer uma contrapartida em dinheiro igual ao valor resultante do negócio encarado: salvo se o negócio em causa for gratuito ou se provar a simulação do valor, altura em que deverá propor o valor real da quota, calculado segundo o artigo 1021.° do Código Civil, com referência ao momento da deliberação;

[1005] Raúl Ventura, *Sociedade por quotas* cit., 1, 2ª ed., 651-652.

– se a proposta propuser diferimento do pagamento e não for, no mesmo acto, prevista uma garantia adequada.

147. Segue; as cláusulas contratuais

I. O artigo 229.° ocupa-se de diversas cláusulas contratuais susceptíveis de, no pacto social, regularem o ponto sensível da cessão de quotas. Desde logo, reporta-se às duas soluções extremas:

– o pacto pode proibir a cessão de quotas: simplesmente, quando o faça, os sócios têm direito à exoneração, decorridos dez anos sobre o seu ingresso na sociedade (n.° 1)[1006]: uma solução paralela à do artigo 185.°/1, *a)*, para as sociedades em nome colectivo;
– o pacto pode dispensar o consentimento da sociedade, quer para todas, quer para determinadas situações; esta hipótese deve, porém, ser conjugada com o n.° 5.

Além disso, o pacto pode exigir o consentimento para cessões que, supletivamente, dele não precisariam: as cessões referidas no final do artigo 228.°/2: entre cônjuges, entre ascendentes e descendentes ou entre sócios (229.°/3).

II. A deliberação de alteração do contrato de sociedade que proíba ou dificulte a cessão de quotas requer o consentimento de todos os sócios afectados (229.°/4). Logicamente: trata-se de um aspecto que vai atingir a posição pessoal (e patrimonial) de todos eles.

III. Muito ponderoso, o artigo 229.°/5 dispõe que o contrato de sociedade não pode subordinar a cessão a requisitos diferentes do do consentimento da sociedade; pode, porém, condicionar esse consentimento a requisitos específicos, desde que a cessão não fique dependente:

– da vontade individual de um ou mais sócios ou de pessoas estranhas, salvo tratando-se de credor e para cumprimento de cláusula de contrato onde lhe seja assegurada a permanência de certos sócios – *a)*;

[1006] O limite de 10 anos ocorre, também no contrato de associação em participação, nos termos do artigo 30.°/3 do Decreto-Lei n.° 231/81, de 28 de Julho. Vide o *Manual de Direito Comercial*, 2ª ed., 635.

– de quaisquer prestações a efectuar pelo cedente ou pelo cessionário em proveito da sociedade ou de sócios – *b*);
– da assunção, pelo cessionário, de obrigações não previstas para a generalidade dos sócios – *c*).

Como se vê, estão especialmente em xeque as cláusulas que, a pretexto de autorização para a cessão, pretendam obter vantagens específicas para a sociedade ou para os sócios.

IV. O artigo 229.°/6 prevê que o contrato de sociedade possa cominar penalidades para o caso de a cessão ser efectuada sem prévio consentimento da sociedade. Estamos perante uma hipótese de cláusula penal (810.° do Código Civil), embora não limitada a aspectos indemnizatórios. Assim, uma especial sanção seria a exclusão do sócio (241.°/1).

Resta acrescentar que a oneração de quotas, com usufruto[1007] ou com penhor, está sujeita às limitações estabelecidas para a sua transmissão.

V. Entre as cláusulas contratuais relativas à transmissão de quotas conta-se o estabelecimento de direitos de preferência[1008]. Convirá ter o cuidado, na redacção dos competentes estatutos, de articular tais direitos com o consentimento da sociedade, de tal modo que não se possa vir dizer que a cessão ficou dependente da vontade individual de um ou mais sócios. De resto, a própria lei fixa um sistema material de preferência na hipótese de, havendo recusa do consentimento, a sociedade deliberar a aquisição da quota (231.°/4)[1009].

Ainda no pacto social e *a fortiori* (229.°/6), é possível fixar as consequências da eventual violação das preferências. Elas poderão passar pela ineficácia da cessão prevaricadora ou envolver uma acção de preferência (1410.°/1, do Código Civil).

VI. O sistema português de transmissão das quotas, diferenciado, com

---

1007 STJ 16-Mar.-1999 (Quirino Soares), CJ/Supremo VII (1999) 1, 158-160 (160/II), na linha, aliás, do artigo 23.°/1.

1008 RCb 14-Nov.-1995 (Francisco Lourenço), CJ XX (1995) 5, 30-34 (33/I). RPt 8-Abr.-2002 (Pinto Ferreira), Proc. 0250129/ITIJ, visitado em 26-Fev.-2006, e que fixa a competência dos tribunais de comércio para os litígios relacionados com esta preferência e A. Luís Gonçalves, *Exercício do direito de preferência pelos sócios de uma sociedade por quotas na cessão de uma das quotas*, RDES XXXVII (1995), 89-93.

1009 *Supra*, 371.

princípios, regras e excepções, envolvendo normas injuntivas e supletivas e remetendo (algumas) liberdades para o pacto social, acaba por ser bastante complexo. Muitas vezes, no momento sempre delicado da transacção de quotas, as partes envolvidas têm dúvidas sobre a melhor forma de dar execução ao sistema previsto no Código de 1986.

Numa reforma simplificadora, tudo isto teria de ser limado. E com simplicidade: bastaria, com poucos aditamentos, regressar ao esquema puro da Lei de 1901.

148. Posse e usucapião de quotas?

I. A propósito da transmissão de quotas, poder-se-ia suscitar o problema da posse e da usucapião. Serão tais figuras admissíveis? Curiosamente, a questão surgiu na prática, obtendo respostas favoráveis da jurisprudência. Como ponto de partida, viera a entender-se que, perante os textos do Código de SEABRA e, em especial, o seu artigo 474.°, podia haver posse sobre direitos de crédito. Passamos a reter os casos seguintes:

STJ 13-Mai.-1952: para efeitos de embargos de terceiro, há posse sobre os direitos de crédito[1010];

STJ 11-Jan.-1955: "Uma quota social é irrecusavelmente um direito mobiliário (...) As quotas de uma sociedade por quotas de responsabilidade limitada são susceptíveis de serem penhoradas. Estão no comércio e pertencem ao património da pessoa em cujo nome se encontram (...) as quotas sociais podem ser e são objecto de posse (...) Sendo susceptíveis de posse, são susceptíveis de serem adquiridas por prescrição positiva"[1011].

II. Já perante o Código VAZ SERRA, passamos a anotar:

RLx 16-Abr.-1975: uma quota numa sociedade por quotas de responsabilidade limitada não constitui rigorosamente um direito de crédito, mas um direito social que envolve elementos de carácter económico, assim como elementos de carácter não patrimonial; a posse civil de uma quota fica caracterizada quando o sócio tem a fruição dessa quota com o exercício de todos os respectivos direitos, e não apenas o direito a haver a sua participação nos lucros sociais; a penhora de uma quota

---

1010 STJ 13-Mai.-1952 (JAIME DE ALMEIDA RIBEIRO), BMJ 31 (1952), 354-358 (357). Refere-se, aqui, jurisprudência anterior.

1011 STJ 11-Jan.-1955 (ROBERTO MARTINS), BMJ 47 (1955), 409-412 (411-412).

priva o seu titular do exercício da posse sobre ela, pelo que este pode reagir contra essa penhora através de embargos de terceiros[1012];

STJ 25-Set.-1990: A posse sobre essa quota e a possibilidade de através dela, ser adquirida, era perfeitamente admitida no domínio do Código Civil de Seabra (...) o artigo 1251.° do Código Civil actual não afasta, segundo cremos, a viabilidade de uma posse sobre coisas imateriais. (...) Dado que (...) a posse da quota não se baseia em justo título, o prazo para a sua aquisição era – como continua a ser – de dez anos, conforme resulta do artigo 532.° do Código Civil de 1867 e do artigo 1299.°, alínea *b*), do Código Civil actual[1013];

STJ 6-Mai.-1998: (...) no quotista se reúnem todas as condições do possuidor: tem o "corpus", porque lhe pertence a fruição da quota e o "animus", isto é, a intenção de exercer os seus poderes de proprietário no seu próprio interesse (...) têm pois de proceder os embargos de terceiro (...)[1014];

RPt 28-Mar.-2001: uma quota em sociedade comercial por quotas é susceptível de posse ou de qualquer outro direito real[1015].

Parece claro: a jurisprudência portuguesa admite a posse de quotas, posse essa relevante para efeitos de defesa e, até, de usucapião. Contra, apenas decidiu STJ 10-Nov.-1992 e com um voto de vencido[1016]: uma decisão que se apresenta fortemente injusta, uma vez que veio desamparar duas herdeiras que, durante mais de vinte anos, foram tratadas como sócias por uma sociedade, sociedade essa que, por culpa própria exclusiva, não curara de amortizar as competentes quotas.

III. No plano doutrinário, o malogrado ANTUNES VARELA manifestou-se profundamente pela negativa[1017]. Anteriormente, o Prof. PALMA CARLOS pronunciara-se precisamente no sentido contrário: as quotas sociais admi-

---

1012 RLx 16-Abr.-1975 (MIGUEL CAEIRO), BMJ 247 (1975), 207-208 (o sumário).

1013 STJ 25-Set.-1990 (MARQUES CORDEIRO), BMJ 399 (1990), 493-500 (499) = RDES XXXVI (1994), 183-191, com anotação de EVARISTO MENDES, *idem*, 192-198.

1014 STJ 6-Mai.-1998 (FERNANDES MAGALHÃES), CJ/Supremo VI (1998) 2, 71-72 (72/I e II).

1015 RPt 28-Mar.-2001 (BRAZÃO DE CARVALHO), Proc. n.° 0051450/ITIJ, visitado em 26-Fev.-2006.

1016 STJ 10-Nov.-1992 (AMÂNCIO FERREIRA; vencido: BROCHADO BRANDÃO), BMJ 421 (1992), 450-457 (456): este acórdão foi influenciado pelo parecer referido na nota seguinte, ainda que sem o citar.

1017 JOÃO ANTUNES VARELA, *Usucapião/Quotas de sociedade/Pareceres*, CJ/Supremo I (1993) 1, 265-272 (268/II ss.).

tiriam posse, sendo defendíveis através de embargos de terceiro[1018]. Percorrendo esta via até ao fim, João Carlos Gralheiro vem defender que a quota é uma coisa[1019], susceptível de posse[1020] e possível objecto de usucapião[1021]. Evaristo Mendes acaba por não tomar uma posição clara: frisa, todavia, que a doutrina, ao contrário da jurisprudência, se mostra pouco favorável ao alargamento, às quotas, da velha *usucapio*[1022]. Falta, do nosso ponto de vista, uma explicação de fundo quanto às razões (se algumas houver) que expliquem as restrições ao âmbito da posse e da usucapião. *Quid iuris*?

IV. O Código Civil de 1966 – o tema era discutível, ao tempo de Seabra – veio limitar os direitos reais às coisas corpóreas (1302.°). Quanto à posse: para além da natureza intrinsecamente real[1023], logo se verifica que o seu regime está pensado para o universo das coisas corpóreas: posse e detenção (1253.°), posse violenta (1261.°/1), as diversas formas de aquisição de posse (1263.°), a perda da posse (1267.°), o esbulho (1277.°) e a própria noção de usucapião (1287.°), entre outros, dirigem-se, directamente, a situações que envolvam coisas corpóreas.

Além disso, a categoria "direitos reais" não é lógica ou não é puramente lógica: antes assume raízes histórico-culturais[1024]. Daí resulta que direitos relativos a coisas corpóreas (como o direito do arrendatário), por puras razões de circunstância histórica, sejam consideradas direitos pessoais de gozo, com um regime não precisamente idêntico ao dos direitos reais[1025]. À luz de tudo isto, a usucapião é um instituto limitado aos direitos reais de gozo.

1018 Adelino da Palma Carlos, *Posse: quotas sociais; embargos de terceiro/ /Parecer*, CJ VIII (1983), 5-9 (9/II).

1018 João Carlos Gralheiro, *Da usucapibilidade das quotas sociais*, ROA 1999, 1137-1152 (1142).

1020 *Idem*, 1147 ss..

1021 *Idem*, 1149 ss..

1022 Evaristo Mendes, *Anotação a STJ 25-Set.-1990* cit., 196-198.

1023 *Vide* o nosso *Da posse: perspectivas dogmáticas actuais*, 3ª ed. (2000), 163-164.

1024 *Idem*, 72-73.

1025 *Idem*, 73.

V. Não há razões racionais para isso. Torna-se injusto que um arrendatário público, pacífico e reconhecido durante vinte anos, não veja consolidada a sua posição pela usucapião[1026]. Um raciocínio semelhante é perfeitamente aplicável às quotas ou, mais latamente, às diversas posições sociais. Não será viável, quando a analogia das situações o justifique, aplicar às quotas as regras próprias dos direitos reais? Justamente: a necessidade de, no terreno, resolver claras injustiças, tem levado a jurisprudência, corajosamente, a decidir, contra a doutrina, no sentido do alargamento, às quotas, da usucapião.

Todavia, o Direito – particularmente o Direito privado! – não é razão ou não é, apenas, razão. Todo ele está moldado por profundas raízes histórico-culturais que não devemos (nem podemos!) enjeitar. O grande desafio que se coloca ao intérprete aplicador será o de concretizar um sistema harmónico e coerente (i.é: científico), utilizando meios por vezes distorcidos.

Isto dito, vamos distinguir:

- as regras relativas à defesa possessória nada têm de especial: o próprio Código Civil permite aplicá-las aos direitos pessoais de gozo; logo, elas são operacionais perante as posições sociais[1027];
- a usucapião está reservada aos direitos reais de gozo; todavia, outros institutos hoje disponíveis permitem conseguir os mesmos efeitos, por outra via: *maxime* pelo abuso do direito, através da *suppressio*[1028].

Assim, a pessoa que, longamente e à vista de todos, se comporte como titular de uma quota, como tal sendo tratado pela própria sociedade pode, *ex bona fide*, adquirir a correspondente posição: a actuação da sociedade de, supervenientemente, vir questionar essa posição seria abuso do direito, não podendo ter lugar. Fica-se com a disponibilidade de um instituto flexível, capaz de corresponder às diferenciações do caso concreto.

[1026] STJ 22-Nov.-1966 (Lopes Cardoso), BMJ 161 (1966), 393-397 (396) = RLJ 100 (1967), 197-200 (199-200), com anotação de Vaz Serra, ob. cit., 200-203 (202-203), concordante.

[1027] Posição que já havíamos assumido em *Da posse* cit., 3ª ed., 81. De notar que também a posse de acções de sociedades anónimas tem sido admitida, para efeitos de embargos de terceiro; cf. RLx 21-Dez.-1982 (Calixto Pires), CJ VII (1982) 5, 143-146 e STJ 22-Fev.-1984 (Santos Silveira), BMJ 334 (1984), 430-436.

[1028] *Tratado* I/4, 313 ss., com jurisprudência.

§ 40.° A AMORTIZAÇÃO

149. Noção, efeitos e problemática geral

I. O Código das Sociedades Comerciais – tal como a Lei de 1901 ou a própria Lei alemã de 1892 – não define "amortização de quotas". Podemos doutrinariamente apresentá-la como a supressão da quota e das posições jurídicas a ela subjacentes, levada a cabo pela própria sociedade[1029]. Evidentemente: a supressão não pode ir ao ponto de tudo fazer desaparecer: haverá, sempre, determinadas decorrências, pelo que a "supressão" não é absoluta[1030]. Temos, aqui, todo um regime a ter em conta.

II. A supressão de uma quota serve os mais diversos interesses[1031]. Designadamente:

- da sociedade, em poder normalizar o seu capital ou prevenir a presença ou a entrada de sócios indesejáveis;
- dos restantes sócios, em aumentar o seu poder de participação e de percepção de lucros;
- do próprio sócio cuja quota seja amortizada: em libertar-se de uma posição social que, porventura, não lhe interessasse, sendo compensado devidamente.

[1029] HARM PETER WESTERMANN, *Einziehung und Abfindung* (§ 34 GmbHG), FS 100 Jahre GmbH-Gesetz (1992), 447-472, CARSTEN PEETZ, *Voraussetzungen und Folgen der Einziehung von GmbH-Geschäftsanteilen/Gesellschafts- und steuerrechtliche Gesichtspunkte*, GmbHR 2000, 749-757 (749), HEINZ ROWEDDER/ALFRED BERGMANN em ROWEDDER/SCHMIDT-LEITHOFF, *GmbHG* cit., 4ª ed., § 34 (990-991, com bibliografia) e HUECK/FASTRICH, em BAUMBACH/HUECK, *GmbH-Gesetz* cit., 18ª ed., § 34, Nr. 1 (541). Na jurisprudência: BGH 14-Set.-1998, GmbHR 1998, 1177-1179 (1178/I).

[1030] LUTZ-CHRISTIAN WOLFF, *Das Schicksal eingezagener GmbH-Geschäftsanteile und alternative Satzungsregelungen*, GmbHR 1999, 958-963 (959/II e 960/I).

[1031] RAÚL VENTURA, *Sociedade por quotas* cit., 1, 2ª ed., 658 ss..

Quanto ao reverso da medalha:

– a sociedade terá de pagar pela amortização, ficando descapitalizada;
– os restantes sócios verão baixar os seus lucros e enfraquecer as suas posições;
– o sócio atingido ficará despojado de uma posição patrimonial e pessoal que poderá ter, para ele, um valor acrescido.

Toda esta trama de interesses contrapostos é ainda completada pelos valores que ao Estado cumpre tutelar: o de estabilidade e segurança nos meios societários e na riqueza a eles inerente. Compreende-se, por isso, que a amortização de quotas seja rodeada por diversas regras.

III. Na origem, o § 34 do GmbHG alemão dispunha – e dispõe, uma vez que esta norma nunca foi alterada[1032]:

(1) Só pode haver amortização (*Einziehung*) de quotas quando ela seja admitida pelo contrato de sociedade.
(2) Sem a concordância do titular da quota, a amortização só pode ter lugar quando os seus pressupostos já estivessem fixados no contrato de sociedade no momento em que a quota tivesse sido adquirida.
(3) O § 30/I mantém-se intocado [garantia do capital social].

Este preceito foi recebido na nossa Lei de 1901 nos termos seguintes[1033]:

Art. 25.° A amortização de quotas sociaes é permitida quando auctorizada expressamente na escriptura de sociedade.

§ 1.° A amortização pode ter logar ou por accordo, ou nos precisos termos fixados na escriptura social.

§ 2.° Não podem distribuir-se para amortização de quotas quantias necessarias para se manter intacto o capital social.

IV. A dogmática básica da amortização de quotas fora já fixada ao tempo da Lei de 1901. A amortização era distinta da aquisição de quota própria[1034]: na amortização, a quota é aniquilada, desaparecendo do activo e não tendo mais qualquer papel no tocante aos lucros ou a outros direitos;

1032 LUTTER/HOMMELHOFF, *GmbH-Gesetz* cit., 16ª ed., § 34 (588).
1033 COLP 1901, 99/I.
1034 SANTOS LOURENÇO, *Das sociedades por cotas* cit., 1, 274-275.

na aquisição, a quota mantém-se, figurando no balanço e podendo ser alienada e isso apesar da suspensão (hoje existente) quanto a diversos direitos a ela inerentes.

Distinguia-se, ainda, entre a amortização consensual (por acordo entre a sociedade e o sócio), cominatória (imposta ao sócio como sanção), onerosa (com compensação) ou gratuita (sem ela)[1035].

V. O sistema da Lei de 1901 era o de só facultar a amortização quando permitida pelo pacto social. No 1.° anteprojecto de RAÚL VENTURA, previa-se um esquema inverso: a amortização seria sempre possível, salvo se proibida pela lei ou pelo contrato. No projecto final voltar-se-ia à solução tradicional, agora completada: a amortização de quotas só é viável quando permitida pela lei ou pelo contrato de sociedade (232.°/1).

Para além disso, o legislador atentou em que a amortização surgia como um dos pontos mais litigiosos e mais discutidos, no âmbito da Lei de 1901[1036].

Quanto à jurisprudência da época podemos, entre outras[1037], apontar as seguintes proposições:

- é válida a cláusula pela qual se dispõe sobre a forma de amortizar a quota de um sócio falecido e se fixaram os valores sociais a pagar aos herdeiros[1038];
- podem ser fixados prazos para a liquidação em prestações da quota a amortizar – e logo para a própria amortização[1039];
- para a sua validade, basta que a cláusula de amortização compulsiva indique os diversos casos ou hipóteses em que ela se verifique, não sendo necessária a enunciação das razões[1040];

1035 *Idem*, 275.

1036 Quanto à doutrina, p. ex.: RUY GOMES DE CARVALHO, *Amortização de acções e de quotas* (1931), 90 pp., ANTÓNIO FERRER CORREIA, *Amortização e cessão de quotas*, anotação a STJ 20-Jun.-1943 (MAGALHÃES BARROS), RDES 1 (1945-46), 53-75 (60), ADOLFO BRAVO, *Amortização de cotas: sua regulamentação e pagamento*, GRLx 54 (1940), 97-98, FERNANDO MARTINS DE CARVALHO, *Amortização de quotas*, O Direito 69 (1937), 130-136 e *Amortização de cotas*, ROA 1 (1945) 1, 57-68, JOAQUIM ABRANCHES, *Amortização de quotas*, Revista de Justiça 30 (1945), 157-159, INOCÊNCIO GALVÃO TELLES, *Amortização de quotas*, ROA 6 (1946), 3 e 4, 64-69.

1037 Indicações diversas em ABÍLIO NETO, *Sociedades por quotas* cit., 205 ss..

1038 STJ 6-Jul.-1948 (PEDRO DE ALBUQUERQUE), BMJ 8 (1948), 326-328 (328).

1039 STJ 1-Mai.-1956 (AGOSTINHO FONTES), BMJ 57 (1956), 373-378.

1040 STJ 3-Mar.-1959 (AGOSTINHO FONTES), BMJ 85 (1959), 642-657 (654), com um longo voto de vencido de LENCASTRE DA VEIGA e importantes referências no BMJ 85, 658.

– a amortização opera por simples deliberação da assembleia[1041];
– o valor da quota a amortizar é o fixado no pacto e não o adoptado por deliberação[1042];
– tal valor pode ser o resultado do último balanço aprovado ainda que por maioria, acrescido da parte correspondente no fundo de reserva[1043]; esta hipótese deve, porém, ser sindicada pelo abuso do direito[1044];
– não é possível acrescentar *ex novo* e por maioria, hipóteses de amortização de quotas[1045]: dado o direito atribuído no artigo 25.°, § 1.°, a solução fixada nos estatutos deve ser acatada[1046];
– pode ser amortizada a quota do sócio que pratique actos que revelem o propósito de prejudicar a sociedade[1047];
– *idem*, quando as quotas sejam penhoradas[1048].

VI. Quanto às situações de amortização previstas nos pactos das sociedades, no âmbito da Lei de 1901, com base numa amostragem relatada por RAÚL VENTURA, temos[1049]:

– morte do sócio;
– interdição do sócio;
– insolvência ou falência do sócio;
– restrição à entrada de estranhos em geral ou de estranhos não qualificados;
– meio de saída do sócio;
– sanção por condutas do sócio;
– aquisição da quota pela própria sociedade;
– arbítrio da sociedade, com ou sem maioria qualificada;
– acordo entre a sociedade e o sócio.

[1041] STJ 15-Jun.-1962 (LOPES CARDOSO), BMJ 118 (1962), 653-655 (655).

[1042] STJ 5-Fev.-1963 (ARLINDO MARTINS), BMJ 124 (1963), 719-722 (721): há que evitar o arbítrio da assembleia geral.

[1043] STJ 17-Jul.-1964 (GONÇALVES PEREIRA), BMJ 139 (1964), 332-342 (341).

[1044] STJ 22-Fev.-1972 (J. SANTOS CARVALHO JÚNIOR), BMJ 214 (1972), 142-145 (145); cf. o importante STJ 13-Abr.-1962 (JOSÉ OSÓRIO), BMJ 116 (1962), 512-516 (514).

[1045] STJ 9-Abr.-1965 (GONÇALVES PEREIRA), BMJ 146 (1965), 420-423 (422 e 423).

[1046] STJ 12-Jan.-1971 (ALBUQUERQUE ROCHA), BMJ 203 (1971), 183-192 (190-191).

[1047] STJ 7-Dez.-1956 (sem ind. relator), BMJ 62 (1956), 501 (o sumário).

[1048] RLx 31-Jul.-1974 (sem ind. relator), BMJ 240 (1974), 266 (o sumário).

[1049] RAÚL VENTURA, *Sociedade por quotas* cit., 1, 2ª ed., 687-689.

VII. Todos estes elementos pesaram nas opções do legislador de 1986[1050]. Este foi pródigo em normas: dedicou à amortização de quotas toda uma secção – a IV – prevendo sete artigos[1051]:

232.° (Amortização de quota);
233.° (Pressupostos da amortização);
234.° (Forma e prazo da amortização);
235.° (Contrapartida da amortização);
236.° (Ressalva do capital);
237.° (Efeitos internos e externos quanto ao capital);
238.° (Contitularidade e amortização).

Estes preceitos contêm normas embricadas, que se completam e delimitam reciprocamente. No seu estudo e na sua aplicação recomenda-se, aos estudiosos e aos práticos, uma análise cuidada do conjunto.

150. **Pressupostos; previsões legais e estatutárias**

I. O artigo 232.° é, fundamentalmente, um preceito de enquadramento e de ordenação. Ele começa por submeter a amortização de quotas a uma prévia permissão (n.° 1):
– da lei; ou
– do contrato.

Manda, em qualquer dos casos, seguir o regime previsto na secção: o que envolve os artigos 232.° a 237.°. Não fica definido se esse regime é injuntivo ou se o pacto social pode dispor de outro modo. Prevalece, em princípio, esta segunda possibilidade, num aspecto que terá de ser verificado ponto por ponto.

II. O artigo 232.°/2 fixa o efeito da amortização: a extinção da quota[1052]. Ressalva porém, desde logo, os direitos já adquiridos e as obri-

1050 *Vide* António Soares, *O novo regime da amortização de quotas* (1988), 187 pp..

1051 Sobre toda esta matéria, cumpre ter presente o comentário de Raúl Ventura, que se alarga por mais de 100 páginas: *Sociedade por quotas* cit., 1, 2ª ed., 655-763.

1052 RLx 13-Mai.-1999 (Salvador Pereira Nunes da Costa), BMJ 487 (1999), 351-352 (351/II, o sumário) e STJ 11-Abr.-2000 (Ferreira Ramos), CJ/Supremo VIII (2000) 2, 29-32 (31/I) = BMJ 496 (2000), 285-291 (290/I).

gações já vencidas. Perante direitos de constituição processualmente diferida e em face de obrigações já constituídas mas não vencidas (incluindo situações condicionadas) haverá que fazer uma ponderação ponto por ponto.

O artigo 237.° fixa os efeitos da amortização no tocante ao capital social.

III. Pressuposto importante da amortização é o de a quota atingida se encontrar integralmente liberada (232.°/3)[1053]; o preceito ressalva, todavia, o caso da redução de capital.

Além disso, a sociedade só pode amortizar quotas (236.°/1)[1054]:

> (...) quando, à data da deliberação, a sua situação líquida, depois de satisfeita a contrapartida da amortização, não ficar inferior à soma do capital e da reserva legal, a não ser que simultaneamente delibere a redução do seu capital.

Este aspecto é importante. A própria lei entendeu regular a hipótese do seu desaparecimento superveniente. Assim:

- se, aquando do vencimento da obrigação de pagar a contrapartida, da amortização se verificar que, feito o pagamento, a situação líquida da sociedade passaria a ser inferior à soma do capital e da reserva legal, a amortização fica sem efeito e o interessado deve restituir à sociedade as quantias porventura já recebidas (236.°/3); tecnicamente, temos aqui uma verdadeira condição resolutiva legal;
- sendo esse o caso, o interessado pode optar pela amortização parcial da quota, na proporção do que já recebeu ou ainda, em alternativa, pelo diferimento do pagamento, até que se verifique a prescrita situação líquida (236.°/4); esta opção deve ser declarada por escrito, à sociedade, nos 30 dias subsequentes àquele em que, ao sócio, seja comunicada a impossibilidade do pagamento pelo motivo referido (236.°/5).

IV. Quanto aos pressupostos de raiz – a permissão legal ou a permissão contratual – impõe-se precisar que a lei prevê a amortização de quotas nos casos seguintes:

1053 António Soares, *O novo regime* cit., 28 ss..
1054 *Idem*, 30 ss..

– quando, por força de disposições contratuais, a quota não for transmitida para os sucessores do sócio falecido (225.°/2);
– quando, dependendo a transmissão *mortis causa* da vontade dos sucessores, estes declarem querer a amortização (226.°/1);
– quando a sociedade recuse o consentimento para a transmissão de uma quota (231.°/1);
– quando o sócio pretenda exonerar-se (240.°/3, 2ª parte).

Cada um destes preceitos deve ser examinado. Por vezes, eles pressupõem outras previsões contratuais ou envolvem alternativas. Além disso, a amortização é, por vezes, obrigatória.

V. No tocante à previsão contratual, temos diversas precisões. Aparentemente, o artigo 232.°/1 admite uma previsão genérica de amortização, desde que consagrada nos estatutos. Todavia, infere-se do artigo 233.°/1 que tal previsão genérica apenas permitirá a amortização se houver acordo do sócio atingido. Fora dessa hipótese, ela só será possível se se verificar um facto que os estatutos considerem fundamento de amortização compulsiva (*idem*, 233.°/1). Podemos, parcialmente apoiados em RAÚL VENTURA[1055], fixar o quadro seguinte:

– o pacto social nada diz: a amortização só é possível nos casos previstos na lei; a própria amortização por acordo não é possível[1056];
– o pacto social tem uma permissão genérica de amortização: só são viáveis amortizações por acordo;
– o pacto social inclui, além da permissão genérica, previsões específicas de amortização: são viáveis as amortizações por acordo e, ainda, aquelas que correspondam aos factos verificados;
– o pacto social inclui apenas previsões específicas, sem explicitar o acordo: operam as amortizações correspondentes aos factos verificados e, ainda, as que surjam por acordo, uma vez que a vontade colectiva deixou em aberto a virtualidade de amortizações.

Além disso, o pacto social pode permitir a amortização ou pode impô-la, perante determinados factos. Trata-se de um aspecto a elucidar caso a caso, através da interpretação.

1055 RAÚL VENTURA, *Sociedade por quotas* cit., 1, 2ª ed., 662.

1056 Mesmo quando votada por unanimidade! Estão em causa os direitos dos credores.

VI. Não é necessário, à luz do Direito português, engendrar situações de amortização através de uma cláusula geral de "justificação muito relevante" ou "motivo justificado". Para situações extremas, o Direito português conhece a figura da exclusão judicial (242.°/1).

Pela mesma ordem de razões, não é possível construir, por analogia ou por qualquer processo criativo, novas causas de concretização não especificadas no pacto: estaríamos, com isso, a defraudar a confiança dos sócios.

Na prática, os estatutos prevêem hipóteses de amortização nos casos de morte do sócio[1057] e de venda judicial da quota[1058]. Para situações censuráveis estabelece-se a exclusão do sócio: em regra com um regime compensatório menos favorável[1059]. Mantém-se, de todo o modo, a série ilustrativa relevada a propósito da Lei de 1901[1060].

VII. O artigo 233.°/2 explicita ainda que a amortização só é possível quando o facto permissivo já figurava no contrato de sociedade ao tempo da aquisição da quota pelo actual titular ou pela pessoa na qual ele tenha sucedido *mortis causa*: salvo se a introdução do facto em causa tiver sido unanimemente deliberada pelos sócios (*idem*). As condições em que não é possível uma determinada amortização funcionam, assim, como autênticos direitos especiais dos sócios, direitos esses que não podem ser coarctados sem o consentimento do próprio (24.°/5).

VIII. Ainda no domínio dos pressupostos, há que contar com várias regras atinentes ao consentimento dos sócios. São elas:

– o consentimento pode ser dado na própria assembleia geral ou em documento anterior ou posterior a esta (233.°/3);
– o consentimento também deve ser dado pelo usufrutuário da quota ou pelo titular de penhor sobre ela, caso existam (233.°/4);
– o consentimento é ainda necessário para a amortização parcial, salvo nos casos previstos na lei (233.°/5).

1057 STJ 23-Set.-1997 (Cardona Ferreira), Proc. 97A083/ITIJ, visitado em 28-Fev.-2006.

1058 STJ 24-Mar.-1992 (César Marques), Proc. 080948/ITIJ, visitado em 28-Fev.-2006.

1059 *Supra*, 331.

1060 *Supra*, 382.

Tecnicamente, o consentimento é um acto jurídico *stricto sensu*, unilateral. Aplicam-se-lhe, todavia e com adaptações, as regras do negócio jurídico (295.°, do Código Civil).

151. **Forma, procedimento e prazo**

I. A amortização é sempre obra de deliberação dos sócios – 234.°/1 e 246.°/1, *b*)[1061-1062]. Além disso, essa deliberação deve surgir apoiada nos respectivos pressupostos legais e estatutários (234.°/1): é importante que refira os factos pertinentes, mais do que as normas legais e contratuais que estejam em jogo e que serão, em princípio, acessíveis a qualquer intérprete-aplicador.

Como vimos, havendo necessidade de consentimento do interessado, este poderá ser prestado durante a assembleia geral ou, por documento, antes ou depois dela (233.°/3).

II. A amortização torna-se eficaz mediante uma comunicação dirigida ao sócio afectado (234.°/1, *in fine*)[1063]. Quando ela fique pendente de consentimento subsequente desse mesmo interessado, mandam as boas normas (224.°/1, do Código Civil) que ela se torne eficaz quando o respectivo documento seja recebido pela sociedade.

III. A amortização deve ser tomada no prazo de 90 dias contados do conhecimento por algum gerente da sociedade de facto (legal ou contratual) que a permita. Tratando-se de uma amortização obrigatória: passado o prazo, ela fica igualmente precludida; só que, nessa eventualidade, o gerente que tenha conhecimento do facto relevante e o não transmita aos sócios é responsável pelos danos que tenha originado ou venha a originar.

1061 António Soares, *O novo regime* cit., 68 ss.. Cf. João Labareda, *Sobre a deliberação de amortização de quotas*, em *Direito societário português/Algumas questões* (1998), 231-268.

1062 Por isso, não parecem exequíveis os artigos 511.°, 512.° e 513.° que punem os gerentes que amortizem ou façam amortizar quotas fora dos condicionalismos legais; tudo isto deveria ter sido melhor estudado pelos ilustres autores materiais do Decreto-Lei n.° 184/87, de 21 de Abril, que inseriu esses preceitos no Código. Crítico também: Raúl Ventura, *Sociedade por quotas* cit., 1, 2ª ed., 674-675.

1063 António Soares, *O novo regime* cit., 122.

IV. Temos ainda a considerar que a amortização pode surgir como o produto de um direito conferido ao sócio ou de um direito atribuído à própria sociedade. Com o seguinte alcance prático:

– quando concedido ao sócio, aplica-se o disposto sobre a exoneração (232.°/4);
– quando atribuído à própria sociedade, esta pode antes optar por adquirir a quota ou por fazê-la adquirir por um sócio ou por terceiro (232.°/5); nesta hipótese, aplica-se o artigo 225.°/3, 4 e 5, 1ª parte[1064].

No domínio da exoneração dos sócios (240.°), diversos preceitos remetem para a amortização de quotas. Temos, pois, todo um jogo de remissões: porventura evitáveis, com mais algum apuro legislativo.

V. Na própria deliberação deve-se exarar a ressalva do capital social e das reservas (236.°/2)[1065]. Assim não será se o valor for negativo e, como tal, a amortização se tornar gratuita[1066]. Além disso, a jurisprudência entende que o sócio visado pela amortização não tem um interesse oposto ao da sociedade, a menos que esteja também em causa a sua exclusão por justa causa. Pode, intervir e votar na competente assembleia geral[1067].

O sócio afectado tem legitimidade directa para se opor à amortização[1068].

152. Contrapartida

I. Pela amortização da quota é devida uma contrapartida. Assim não sucederá na hipótese de amortização gratuita: por exemplo, tratando-se de amortização de quota própria da sociedade.

[1064] *Supra*, 367.

[1065] RPt 2-Jul.-1991 (MÁRIO RIBEIRO), Proc. 0410051/ITIJ, visitado em 28-Fev.-2006 e STJ 6-Mai.-1997 (PAIS DE SOUSA), CJ/Supremo V (1997) 2, 77-79 (78/II).

[1066] STJ 24-Jun.-1993 (SAMPAIO DA SILVA), BMJ 428 (1993), 625-634 (632).

[1067] REv 27-Jun.-1991 (RAÚL MATEUS DA SILVA), CJ XVI (1991) 3, 297-301 (300/I) = BMJ 408 (1991), 674 (o sumário) e RPt 15-Jun.-1993 (GONÇALVES VILAR), Proc. 9231022/ITIJ, visitado em 28-Fev.-2006.

[1068] STJ 29-Out.-1996 (TORRES PAULO), Proc. 96A416/ITIJ, visitado em 28-Fev.-2006.

A contrapartida é fixada, em primeira linha (235.°/1, corpo):

– pelo pacto social;
– por acordo entre as partes.

As correspondentes cláusulas devem ser cumpridas (406.°/1, do Código Civil). Todavia, há que atentar nas regras gerais dos artigos 809.° (proibição de renúncia antecipada aos direitos do credor) e 941.°/1 (proibição de doação de bens futuros), ambos do Código Civil. Retemos, daqui, que as cláusulas de contrapartida por amortização de quotas devem ser minimamente compensatórias; de outro modo, estaremos perante actos gratuitos e sujeitos às competentes regras, inclusive sucessórias.

II. Na falta de regras estipuladas no pacto ou em acordo, aplicam-se as soluções supletivas do artigo 235.°/1:

– a contrapartida da amortização é o valor de liquidação da quota, determinado nos termos do artigo 105.°/2, com referência ao momento da deliberação; este preceito remete para um cálculo efectuado nos termos do artigo 1021.° do Código Civil, por um revisor oficial de contas designado por mútuo acordo ou, na falta deste, pelo tribunal[1069];
– o pagamento da contrapartida é fraccionado em duas prestações, a efectuar dentro de seis meses e um ano, respectivamente, após a fixação definitiva da contrapartida.

Por vezes, o pacto social fixa o valor de amortização remetendo-o para o balanço: o último aprovado[1070]. De acordo com a tradição jurídica portuguesa, há, aqui, que lidar com a sindicância do abuso do direito.

III. Pode a amortização recair sobre cláusulas arroladas, arrestadas, penhoradas ou incluídas em massa insolvente: nessa altura, o recurso às cláusulas do pacto poderá prejudicar terceiros. Por isso, o artigo 235.°/2 remete, em tal ocasião, para os critérios supletivos do n.° 1, excepto se os

---

[1069] E podendo ainda qualquer das partes requerer segunda avaliação nos termos do Código de Processo Civil: artigos 1498.° e 1499.° deste diploma.

[1070] REv 16-Nov.-2000 (Maria João Graça Romba), CJ XXV (2000) 5, 260-264 (263/I); já STJ 24-Mar.-1992 (César Marques), Proc. 080948/ITIJ, visitado em 28-Fev.-2006.

resultantes do pacto forem "menos favoráveis para a sociedade" e, logo, mais favoráveis para o terceiro.

IV. Não sendo a contrapartida tempestivamente paga, o interessado pode optar (235.°/3):

– pela execução da dívida;
– pela amortização parcial;
– pela espera do pagamento.

Encontramos, pois, um lote de soluções: saídas tipicamente obrigacionais contracenam com composições de tipo societário.

153. Efeitos quanto ao capital; a contitularidade

I. A amortização da quota provoca a sua supressão. Quais os efeitos no capital social da entidade atingida? O artigo 237.° resolve, hoje, expressamente o problema[1071]. Fundamentalmente, uma de duas (n.° 1):

– ou a amortização é acompanhada da correspondente redução do capital;
– ou as quotas dos outros sócios são proporcionalmente aumentadas.

Devem os sócios fixar, por deliberação o novo valor nominal das quotas. Os gerentes deveriam outorgar a correspondente escritura pública, salvo se a acta de deliberação for lavrada por notário: esta regra foi suprimida pela redacção dada ao artigo 237.°/2 pelo Decreto-Lei n.° 76-A/2006, de 29 de Março. Agora, bastará aos sócios fixar, por deliberação, o tal novo valor nominal das quotas.

II. Como solução mais flexível, muitas vezes seguida, na prática, dispõe o artigo 237.°/3:

> O contrato de sociedade pode, porém, estipular que a quota figure no balanço como quota amortizada, e bem assim permitir que, posteriormente e por deliberação dos sócios, em vez da quota amortizada, sejam criadas uma ou várias quotas, destinadas a serem alienadas a um ou a alguns sócios, ou a terceiros.

1071 *Vide* RAÚL VENTURA, *Sociedade por quotas* cit., 1, 2ª ed., 748-758.

Nesta última hipótese não há nem redução do capital, nem aumento proporcional das demais quotas. Trata-se de uma operação contabilística destinada a manter o *status quo*. Em boa verdade, seria questionável se estamos em face de uma verdadeira amortização, já que a quota atingida não é, *summo rigore*, suprimida.

III. Ainda no domínio dos efeitos da amortização, temos o caso específico da contitularidade, que mereceu, no Código de 1986, um preceito específico: o 238.°. Quando o fundamento da amortização atinja, objectivamente, a quota ou, subjectivamente, todos os contitulares, não há problema: segue-se o regime geral. Quando, porém, apenas em relação a um contitular se verifiquem os pressupostos da amortização, temos o seguinte cenário[1072]:

- podem os sócios deliberar que a quota seja dividida em conformidade com o título, desde que daí não resultem quotas inferiores a 50 euros[1073] (n.° 1);
- dividida a quota, a amortização recai sobre a que pertença ao titular que reúna os pressupostos da amortização (n.° 2, 1ª parte);
- na falta de divisão, não há amortização (n.° 2, 2ª parte).

Como explica Raúl Ventura, é, aqui, sacrificado o interesse da sociedade. Cumpre a esta tomar medidas oportunas para facilitar a divisão ou para prevenir contitularidades demasiado fraccionadas.

[1072] Raúl Ventura, *Sociedade por quotas* cit., 1, 2ª ed., 760-763.

[1073] Redacção dada pelo artigo 3.° do Decreto-Lei n.° 343/98, de 6 de Novembro. Como se vê, para facilitar a divisão, o legislador baixa, aqui, a fasquia mínima, fixada no artigo 219.°/3, em 100 euros.

§ 41.° A EXECUÇÃO E O REGISTO

154. Regime da execução da quota

I. A quota é um bem penhorável. Pode, assim, ser arrolada[1074] ou penhorada[1075], tendo em vista a sua venda em processo executivo, para satisfação dos direitos dos credores do sócio. Essa eventualidade suscita vários problemas, designadamente no que toca ao âmbito da penhora e à articulação com os interesses da sociedade. O legislador de 1986, em grande parte inspirado no anteprojecto alemão de nova lei das sociedades por quotas, que nunca chegou a ir avante, dispensou a esta matéria um tratamento específico: artigo 239.°[1076].

II. Quanto ao âmbito da penhora, esclarece o artigo 239.°/1:

– ela abrange os direitos patrimoniais a ela inerentes;
– com ressalva do direito a lucros já atribuídos por deliberação dos sócios à data da penhora, mas sem prejuízo da penhora desses créditos;
– mas continuando o direito de voto a ser exercido pelo titular da quota penhorada[1077].

III. A sociedade pode não estar nada interessada na perspectiva da penhora e da venda executiva de uma quota: por essa via, poderá entrar para a sociedade, como sócio, seja um estranho, seja uma pessoa nociva

[1074] RPt 13-Mar.-2000 (Caimoto Jácome), CJ XXV (2000) 2, 198-202 (199/I): um arrolamento por divórcio.

[1075] RLx 22-Nov.-1990 (Noronha Nascimento), Proc. 0035002/ITIJ, visitado em 28-Fev.-2006.

[1076] Raúl Ventura, *Sociedade por quotas* cit., 1, 2ª ed., 766-772.

[1077] RPt 13-Mar.-2000 cit., CJ XXV, 2, 201/I.

para os interesses sociais. Todavia, a lei não permite que os pactos sociais proíbam a transmissão de quotas em processo executivo ou de liquidação de patrimónios ou que a coloquem sob a sua permissão (239.°/2, 1ª parte). Ficam, porém e à sociedade, várias vias alternativas[1078]:

- ou a atribuição, pelo contrato, do direito de amortizar a quota, na hipótese de penhora ou equivalente[1079] (239.°/2);
- ou o exercício de preferência pelos sócios ou pela sociedade (239.°/5);
- ou ainda o pagamento da quantia exequenda pela sociedade ou pelo sócio, com sub-rogação no crédito (239.°/3, que remete para o 593.° do Código Civil).

IV. De modo a facilitar a aplicação das diversas saídas possíveis, o artigo 239.°/4 determina que a venda da quota em processo de execução ou de insolvência do sócio seja, oficiosamente, notificada à sociedade. Trata-se de uma norma imperativa: a falta de notificação envolve nulidade, uma vez que interfere na decisão da causa[1080].

155. O registo de quotas (reforma de 2006)

I. A reforma levada a cabo pelo Decreto-Lei n.° 76-A/2006, de 29 de Março, pretendeu simplificar os ónus burocráticos a que se sujeitam as sociedades portuguesas. Diz-se, em determinado troço, no seu preâmbulo:

> Finalmente, eliminam-se ainda no registo comercial outros actos e práticas que não acrescentem valor, reformulando procedimentos e criando condições para a plena utilização e aplicação de sistemas informáticos. A título de exemplo, reduz-se o número de actos sujeitos a registo, adopta-se a possibilidade de praticar determinados actos através de um registo "por depósito", cria-se um novo regime de registo de transmissão de quotas e reformulam-se actos e procedimentos internos, sempre com garantia da segurança jurídica e da legalidade.

1078 RLx 22-Nov.-1990 cit., na Net, ponto II.

1079 STJ 24-Mar.-1992 cit., Proc. 080948/ITIJ, visitado em 28-Fev.-2006.

1080 RPt 15-Mar.-1993 (Guimarães Dias), CJ XVIII (1993) 2, 194-196 (196/I).

II. Dando corpo a estas boas intenções, o legislador de 2006 acrescentou, ao capítulo III relativo às quotas, uma nova secção – a VII – intitulada "registo das quotas", com seis artigos:

242.°-A – Eficácia dos factos relativos a quotas;
242.°-B – Promoção do registo;
242.°-C – Prioridade da promoção do registo;
242.°-D – Sucessão de registos;
242.°-E – Deveres da sociedade;
242.°-F – Responsabilidade civil.

Devemos ainda ter presente que o Decreto-Lei n.° 76-A/2006, de 29 de Março, veio, nos seus artigos 5.° e 6.°, introduzir importantes alterações ao Código do Registo Comercial, o qual foi republicado em anexo. Toda esta matéria carece de um estudo conjunto. Para os propósitos da presente obra, apenas iremos referir o novo regime do registo das quotas.

III. A regra básica advém-nos do artigo 242.°-A:

> Os factos relativos a quotas são ineficazes perante a sociedade enquanto não for solicitada, quando necessária, a promoção do respectivo registo.

O preceito é delicado: deve ser integrado na lógica sistemática do Código do Registo Comercial. Na verdade, o artigo 14.°/1 desse Código estabelecia – e estabelece! – que os factos sujeitos a registo só produzem efeitos *contra terceiros* depois da *data* do respectivo registo. Como *lex specialis* verifica-se que tais factos, quando relativos a sociedades, não produzem efeitos *mesmo quando a sociedade seja parte* e perante esta enquanto *não for solicitada a promoção* do registo.

Tecnicamente, solicitar a promoção de um registo nem é forma de contrato, nem é modo de publicidade. Trata-se de uma simples formalidade (necessária) a que o legislador vem associar efeitos a nível de eficácia perante a sociedade. Esta solução é tornada necessária pela supressão da escritura pública e sob pena de se estabelecer a completa insegurança nas sociedades por quotas.

Fica à prova. De todo o modo, a sociedade de má fé não poderá, pelas regras gerais, prevalecer-se da não-solicitação de determinado registo. No limite: por abuso do direito.

IV. Segundo o artigo 242.°-B/1, cabe à própria sociedade promover os registos relativos a factos em que, de alguma forma, tenha tido intervenção ou mediante solicitação de quem tenha legitimidade. Ou seja (242.°-B/2):

a) O transmissário, o transmitente e o sócio exonerado;
b) O usufrutuário e o credor pignoratício.

Pergunta-se se tal legitimidade não deveria ser estendida:

– ao sócio envolvido em operações de unificação, de divisão e de contitularidade de quotas, quanto a operações a elas relativas;
– ao sócio excluído;
– ao sócio cuja quota seja total ou parcialmente amortizada.

A resposta será positiva. Nestes dois últimos casos, ainda se poderia dizer que a própria sociedade deveria tomar a iniciativa. Mas há um evidente interesse dos sócios.

Segundo o artigo 242.°-B/3, o pedido de promoção do registo deve ser acompanhado dos documentos que titulem o facto a registar. Pressupõe-se, naturalmente, que os interessados tenham acesso a esses documentos. Quando não: há um evidente dever de colaboração por parte da própria sociedade.

Repare-se ainda que, segundo o artigo 29.°/5 do Código do Registo Comercial (preceito de 2006),

> (...) para pedir o registo de actos a efectuar por depósito apenas tem legitimidade a entidade sujeita a registo (...)

O registo por depósito implica o mero arquivamento dos documentos que titulam os factos sujeitos a registo (53.°-A/3, do CRCom, preceito de 2006).

Se a sociedade não promover o registo, qualquer pessoa o poderá fazer junto da conservatória, seguindo-se o esquema do artigo 29.°-A do CRCom, preceito de 2006.

V. O registo por depósito retira ao conservador do registo comercial a intervenção que lhe competia. O legislador veio cometer à própria sociedade a observância das regras do registo. Assim:

– o artigo 242.°-C fixa as regras de prioridade da promoção dos

registos: ordem dos pedidos (n.° 1), ordem de antiguidade dos factos relativos à mesma quota (n.° 2) e ordem da respectiva dependência (n.° 3);
- o artigo 242.°-D estabelece, agora no plano da promoção, o princípio da instância;
- o artigo 242.°-E/1 impõe o princípio da legalidade, alargado pelo n.° 2 a aspectos fiscais;
- o artigo 242.°-E/3 e 4 introduz, a cargo das sociedades por quotas, deveres de arquivamento e de informação aos interessados.

O contraponto de todos estes ónus, encargos e deveres reside no artigo 242.°-F/1: uma responsabilização das sociedades com presunção de culpa, nos termos seguintes:

> As sociedades respondem pelos danos causados aos titulares de direitos sobre as quotas ou a terceiros, em consequência de omissão, irregularidade, erro, insuficiência ou demora na promoção dos registos, salvo se provarem que houve culpa dos lesados.

O n.° 2 desse preceito estabelece ainda uma responsabilidade solidária das sociedades pelo cumprimento das obrigações tributárias cuja fiscalização lhes é cometida pelo artigo 242.°-E/2.

156. **Dificuldades e aperfeiçoamento (reforma de 2007)**

I. A reforma de 2006 foi corajosa e do maior interesse. A seu favor, ela visa uma efectiva desburocratização da vida das sociedades por quotas. Está bem visto: oxalá funcione. Contra: ela traduz uma série de encargos sobre as pequenas sociedades as quais, sem ajuda externa, não os poderão levar a cabo.

Os próximos tempos dirão se, como se espera, o saldo é positivo[1081].

II. De todo o modo foram, desde já, detectadas pequenas dificuldades, que o legislador veio solucionar através do Decreto-Lei n.° 8/2007,

---

[1081] *Vide* Carlos Ferreira de Almeida, *O registo comercial na reforma do Direito das sociedades comerciais de 2006*, em *Estudos sobre a reforma das sociedades comerciais* (2007).

de 17 de Janeiro. Mais precisamente: esse diploma alterou os artigos 242.°-B e 242.°-F, do Código das Sociedades Comerciais. A modificação introduzida no primeiro desses preceitos visou precisar que a solicitação do registo é feita à sociedade, cabendo ao interessado entregar todos os elementos necessários e pagar as quantias devidas. A inovação aduzida ao segundo dos preceitos em causa pretendeu alargar a responsabilidade da sociedade pelos débitos fiscais.

III. Deve-se ter ainda presente que o Decreto-Lei n.° 8/2007 veio introduzir diversas alterações no Código de Registo Comercial[1082].

[1082] *Manual*, 529 ss..

CAPÍTULO VI

A ORGANIZAÇÃO DAS SOCIEDADES POR QUOTAS

§ 42.° ASPECTOS GERAIS

157. O modelo organizativo das sociedades por quotas

I. As sociedades por quotas foram criadas como uma resposta à necessidade de preencher, de certo modo, o largo espaço existente entre as sociedades em nome colectivo e as sociedades anónimas.

Nas sociedades em nome colectivo, o modelo organizativo era muito incipiente. No fundo, tínhamos um conjunto de comerciantes que acordavam no exercício conjunto da sua profissão. Todos eram competentes para administrar, para decidir e para fiscalizar. Só por muita abstracção se tornava possível discernir distintas funções na actuação do grupo.

Nas sociedades anónimas, sobretudo a partir do momento em que a sua gestão se profissionalizou e em que se tornou necessário, mercê da aquisição automática da personalidade jurídica, prever instâncias internas de fiscalização, cedo vieram a surgir órgãos diferenciados: a administração, a assembleia geral e um órgão de fiscalização.

II. Nas sociedades por quotas, o legislador hesitou. Por um lado – particularmente nas de maior dimensão – faria todo o sentido prover a uma diferenciação organizativa: pelo menos, teríamos de contar com uma administração e com um colégio de todos os sócios. Além disso, seria razoável associar uma instância fiscalizadora. Noutras, porém, compostas por dois ou três sócios, a complicação interna de nada serviria: apenas para aumentar os custos marginais do seu funcionamento. Aí tudo poderia ser mantido num nível inorgânico, um tanto semelhante ao das sociedades em nome colectivo. Digamos que as mesmas pessoas dariam corpo à administração e ao colégio dos sócios. Como decidir?

III. A Lei alemã de 1892 optou por não referenciar explicitamente órgãos distintos. Confiou a representação da sociedade a gerentes (*Geschäftsführer*, § 35)[1083] aos quais cabia ainda manter a escrituração social (§ 41) e agir, nos assuntos da sociedade, com o cuidado de um comerciante ordenado (§ 43)[1084]. Aos sócios eram reservadas determinadas matérias (§ 46), sendo as deliberações tomadas em assembleia (§ 48). Em certos casos poderia haver um conselho de vigilância (§ 52), à semelhança da organização dualista das sociedades anónimas. Tudo visto: a orgânica interna das sociedades por quotas sempre resultaria do quadro normativo adoptado pelos sócios.

IV. A nossa Lei de 1901 previa, nos capítulos III e IV, respectivamente, a administração e fiscalização (26.° a 34.°) e as deliberações sociais (35.° a 40.°). As deliberações sociais seriam tomadas em assembleia geral (36.°), a qual poderia ser dispensada em certas circunstâncias (36.°, § 2.°). Também aqui poderia ser compreendida uma organização interna, ainda que com uma tímida tipificação de órgãos[1085].

V. O Código das Sociedades Comerciais de 1986 conservou a orientação semi-orgânica que vinha do Direito anterior. Primeiro foi ordenada a matéria atinente às deliberações dos sócios (246.° a 251.°), as quais poderão ocorrer em assembleia geral, um tanto à semelhança das sociedades anónimas (248.°). Depois surge a gerência e a fiscalização (252.° a 262.°-A): a gerência poderá funcionar como órgão colectivo (261.°), enquanto o pacto social pode determinar que a sociedade tenha um conselho fiscal (262.°/1), sendo, nalguns casos, obrigatoriamente designado um revisor oficial de contas (262.°/2).

Fica uma lata margem à decisão dos sócios. Estes podem optar por esquemas mais ou menos diferenciados de organização. Mantém-se, assim, a especial ambivalência das sociedades por quotas.

[1083] KOPPENSTEINER, em ROWEDDER/SCHMIDT-LEITHOFF, *GmbHG* cit., 4ª ed., § 35 (1036-1040, com muitas dezenas de indicações bibliográficas).

[1084] TOBIAS LENZ, no MICHALSKI/*Kommentar* cit., 2, 6 ss..

[1085] Uma leitura mais marcadamente organizadora das sociedades por quotas, à luz da Lei de 1901, pode ser confrontada em ANTÓNIO PEREIRA DE ALMEIDA, *La société à responsabilité limitée en Droit portugais et sa réforme* (1975), 233 ss..

§ 43.° DELIBERAÇÕES DOS SÓCIOS E ASSEMBLEIA GERAL

158. A competência dos sócios

I. O artigo 35.° da Lei de 1901 dispunha:

> Dependem de deliberação dos socios o balanço annual, a chamada e o reembolso de prestações supplementares, a divisão e a amortização de quotas, a nomeação e a exoneração dos gerentes, a propositura e a desistencia de acções contra estes ou quaesquer socios, e a representação da sociedade nas acções contra aquelles.

Esta enumeração devia ser completada[1086], uma vez que as deliberações dos sócios teriam ainda – ou poderiam ter – um papel na constituição dos fundos de reserva (20.°), na designação dos membros do conselho fiscal (33.°) e na emissão de obrigações (50.°, todos da LSQ, depois de feitas as competentes remissões).

II. Na preparação do Código das Sociedades Comerciais e à medida que se foram sucedendo os diversos anteprojectos relativos às sociedades por quotas[1087], foi-se intensificando uma tendência para aumentar a série de actos sujeitos à deliberação dos sócios. Assim se chegou ao actual artigo 246.°.

Este preceito distingue, basicamente, nos dois números[1088]:

[1086] Ela teria "carácter exemplifcativo", nas palavras de SANTOS LOURENÇO, *Das sociedades por cotas* cit., 2, 69.

[1087] Três dos textos em causa (RAÚL VENTURA, VAZ SERRA e FERRER CORREIA) podem comodamente ser confrontados em RAÚL VENTURA, *Sociedade por quotas* cit., 2, 154-155.

[1088] A fonte inspiradora do artigo 246.° foi o § 77 do projecto de nova lei alemã das sociedades por quotas (o *Regierungsentwurf*), abandonado há cerca de trinta anos.

– actos sujeitos necessariamente a deliberação dos sócios (n.° 1);
– actos supletivamente sujeitos a esse tipo de deliberação, isto é: se o contrato social não dispuser de outra forma (n.° 2).

Quanto aos actos sujeitos necessariamente a deliberação dos sócios: a lei procede (246.°/1, corpo) a uma enumeração mínima: podem a lei ou o contrato acrescentar novos actos.

A enumeração legal – ou a contratual, quando exista – é taxativa. No seguinte sentido: quando a prática de um acto não dependa de deliberação dos sócios, ela poderá ser levada a cabo pela gerência: cabe-lhe representar a sociedade.

III. A expressão "dependem de deliberação dos sócios" pode parecer excessivamente circundante. Todavia, o legislador teve uma ideia: entre os actos elencados contam-se diversos que, em última instância, acabarão por se concretizar através da actuação da gerência. Mas, a precedê-los, deverá haver uma deliberação dos sócios.

De modo a ordenar os actos referidos no artigo 246.°, de acordo com o seu posicionamento perante actuações de outros órgãos, podemos distinguir[1089]:

– actos auto-suficientes: a deliberação dos sócios é bastante para produzir o efeito pretendido: consentimentos para divisão (221.°/6) e para cessão (230.°/2) de quotas, amortização de quotas (234.°), exclusão de sócios (241.°/2), designação e destituição de gerentes e de membros de órgãos de fiscalização (257.°/2), aprovação do relatório de gestão e exoneração de responsabilidade (246.°/1);
– actos que exigem subsequente execução pela gerência: alterações do pacto social, transformação e dissolução da sociedade e regresso à actividade da sociedade dissolvida;
– actos a concretizar pela gerência: chamada (211.°) e restituição (213.°) de prestações suplementares, aquisição, alienação e oneração de quotas próprias (220.°), proposição de acções contra sócios gerentes, fusão e cisão da sociedade e alienação ou oneração de imóveis; os pontos não especificamente reportados a preceitos legais têm a sua base no próprio artigo 246.°.

1089 RAÚL VENTURA, *Sociedade por quotas* cit., 2, 156-157; adaptámos, todavia e nalguns pontos, a terminologia.

IV. Em termos materiais, a competência dos sócios poderia ser ordenada da seguinte forma (246.°)[1090]:

– *quanto à própria sociedade*: alteração do contrato – 1, *h*) – e fusão, cisão, transformação, dissolução e regresso à actividade – 1, *i*);
– *quanto aos sócios*: chamada e restituição de prestações suplementares – 1, *a*) –, exclusão 1, *c*) –, atribuição de lucros – 1, *e*) – e proposição de acções – 1, *g*);
– *quanto às quotas*: amortização, quotas próprias, divisão e cessão – 1, *b*);
– *quanto a outros órgãos*: designação e destituição de gerentes e de membros do órgão de fiscalização – 1, *d*) e 2, *a*) e *b*) –, aprovação do relatório de gestão – 1, *e*) –, exoneração de responsabilidade – 1, *f*) – e proposição de acções – *g*);
– *quanto a actos externos*: alienação e oneração de imóveis ou do estabelecimento – 2, *c*) – e subscrição, aquisição, oneração ou alienação de participações noutras sociedades – 2, *d*).

V. Pergunta-se se os sócios têm competência para avocar matérias atinentes à gestão da sociedade ou, noutro prisma: para dar instruções, nesses domínios, à gerência. Apesar de, lamentavelmente, o Código de 1986 – sempre tão pormenorizado! – não ter esclarecido esse ponto, a resposta deve ser positiva[1091]. Pelo seguinte:

– no tocante às sociedades anónimas, os poderes de gestão são reservados ao conselho de administração, com competência residual (406.°) e só a pedido do órgão de administração podem os accionistas deliberar sobre matérias de gestão (373.°/3); não encontramos nenhum preceito similar para as sociedades por quotas;
– o artigo 259.°, relativo à competência da gerência, submete-a, genericamente, ao "... respeito pelas deliberações dos sócios";

[1090] Na lei alemã, a matéria submetida à deliberação dos sócios consta do § 46; com indicações, cf. REINMAR WOLFF, no *Münchener Handbuch* cit., 3, 2ª ed., § 37 (567-597) e WOLFGANG ZÖLLNER, em BAUMBACH/HUECK, *GmbH-Gesetz* cit., 18ª ed., § 46 (1337 ss.).

[1091] Na mesma linha, RAÚL VENTURA, *Sociedade por quotas* cit., 2, 165, considera os sócios "... o órgão superior da sociedade". É ainda essa a opção feita na literatura alemã: REINMAR WOLFF, no *Münchener Handbuch* cit., 3, 2ª ed., § 36 (565-566) e ZÖLLNER, em BAUMBACH/HUECK, *GmbH-Gesetz* cit., 18ª ed., § 46, Nr. 89 ss. (1362-1363).

– a índole geral das sociedades por quotas: tratando-se, ainda, de sociedades de pessoas (ou disso próximas), parece oportuno deixar a estas a efectiva orientação do ente colectivo em jogo.

A menos que os estatutos disponham de outra forma, podem os sócios (designadamente reunidos em assembleia geral) dar instruções à gerência[1092]. E quando ajam no âmbito dessas instruções, não há, em princípio, responsabilidade dos gerentes.

Finalmente: os sócios têm competência para definir a sua própria competência, havendo dúvidas (*Kompetenz-Kompetenz*).

159. Formas de deliberações

I. O tema das deliberações dos sócios das sociedades comerciais recebe, no Código, um tratamento complexo[1093]. Devemos ter em conta:

– a matéria inserida na parte geral: temos, aí, um capítulo IV precisamente epigrafado "deliberações dos sócios" (53.° a 63.°)[1094];
– as regras para as sociedades em nome colectivo (189.° e 190.°);
– *idem*, para as sociedades por quotas (246.° a 251.°);
– *idem*, para as sociedades anónimas (373.° a 389.°);
– *idem*, para as sociedades em comandita (472.°).

No caso das sociedades por quotas, haverá que lidar, em especial, com as regras gerais, com as regras especificamente destinadas a esse tipo societário e com as regras sobre assembleias gerais das sociedades anónimas, para as quais há uma remissão expressa (248.°/1). Recordemos, aliás, que no tocante às deliberações nas sociedades em nome colectivo, há uma remissão para as sociedades por quotas (189.°/1).

II. O Código de 1986 admite várias formas de deliberação dos sócios. Na origem temos o § 48 I e II da Lei alemã de 1892, que previa

[1092] KARSTEN SCHMIDT, *Gesellschaftsrecht* cit., 4ª ed., 1068 e HORST KONZEN, *Geschäftsführung, Weisungsrecht und Verantwortlichkeit in der GmbH und GmbH & Co KG*, NJW 1989, 2977-2987 (2977 ss.).

[1093] *Vide* o nosso *SA: assembleia geral e deliberações sociais* cit., 157 ss..

[1094] *Manual*, 689 ss..

deliberações em assembleia[1095] e deliberações por escrito[1096], seja por concordância, seja por votação. Este esquema passaria à nossa Lei de 1901, cujo artigo 36.°, depois de prever a assembleia geral, vinha dispor, no § 2.°[1097]:

> É dispensada a reunião da assemblea:
>
> 1.° Quando todos os socios concordem por escrito na deliberação;
>
> 2.° Quando todos os socios concordem por escrito em que por esta forma se delibere.

A prática veio admitir outras soluções, baseadas nos estatutos. Por exemplo: a de um sócio votar por escrito, quando não possa comparecer e isso apesar de os restantes se reunirem em assembleia geral[1098]. Fora isso, a presença em assembleia geral é necessária, uma vez que a discussão pode sempre ocasionar mudanças de posição[1099].

Ainda no tempo da Lei de 1901, já se havia decidido a possbilidade da assembleia geral funcionar apenas com um sócio, quando ele tenha o capital correspondente à maioria dos votos[1100].

III. O Código de 1986 aceitou e desenvolveu as várias formas de deliberações sociais que advinham da Lei de 1901. De certo modo, generalizou-as, no seu artigo 54.°. Todavia, esse preceito articula-se em termos nucleares com o artigo 247.°: mais um ponto crítico para a parte geral e para a revisão final do Código. Podemos distinguir, quanto às formas de deliberação:

– deliberações unânimes por escrito (54.°/1, 1ª proposição);
– deliberações em assembleias universais (54.°/1, 2ª proposição);
– deliberações por concordância com proposta remetida por escrito (247.°/1 e 5);
– deliberações em assembleia geral (247.°/1).

1095 ZÖLLNER, em BAUMBACH/HUECK, *GmbH-Gesetz* cit., 18ª ed., § 48, Nr. 1 ss. (1489 ss.).

1096 *Idem*, § 48, Nr. 27 ss. (1495 ss.).

1097 COLP 1901, 99/II.

1098 STJ 27-Mai.-1960 (SOUSA MONTEIRO), BMJ 97 (1960), 396-399 (399).

1099 STJ 11-Jul.-1969 (LUDOVICO DA COSTA), BMJ 89 (1969), 305-308 (308).

1100 STJ 15-Mar.-1927 (B. VEIGA), RLJ 59 (1927), 409-411 (410/II) e STJ 3-Mar.-1972 (MANUEL JOSÉ FERNANDES COSTA), BMJ 215 (1972), 262-266 (265).

As deliberações unânimes por escrito resultam de todos os sócios terem, por essa forma, emitido uma declaração de vontade confluente. A lei não prevê formalidades especiais, sendo todavia evidente que alguém terá de tomar a iniciativa. Nos termos gerais do Decreto-Lei n.° 7/2004, de 7 de Janeiro (26.°/1), a competente declaração pode ser feita por meios electrónicos (pela *Internet*), valendo como forma escrita. O essencial para que surja a deliberação é, aqui, simplesmente a manifestação unânime de vontade.

IV. As assembleias universais exigem que todos os sócios estejam presentes, que todos queiram deliberar e que só se decida sobre assuntos por todos consentidos (54.°/1 e 2). Embora se possa falar em "assembleia geral" é evidente que fica dispensada uma série de regras, pelo que surge um processo deliberativo autónomo.

V. A deliberação por concordância com proposta remetida por escrito aproxima-se de um *referendum*. O artigo 247.°/1 fala em "deliberações por voto escrito" o que pode provocar confusão com as deliberações unânimes por escrito do artigo 54.°/1. Mal: o legislador, para mais perante a clara distinção que vinha da Lei de 1901, bem poderia ter evitado tais confusões.

A deliberação aqui em causa pressupõe todo um processamento regulado no artigo 247.°:

– exige um acordo dos sócios, desde que ela não seja excluída pela lei ou pelo pacto social (n.° 2);
– os gerentes devem fazer uma consulta por carta registada, com o objecto da deliberação e com a cominação de que a falta de resposta dentro dos 15 dias seguintes à expedição[1101] da carta será tida como assentimento à dispensa da assembleia (n.° 3);
– quando se possa proceder à votação nesses termos (por falta de oposição) o gerente envia a todos os sócios a proposta concreta de deliberação, com os elementos necessários de informação e fixa prazo para o voto não inferior a 10 dias (n.° 4);

[1101] Afasta-se a regra geral do artigo 224.°/1 do Código Civil, o que não é isento de reparos.

– o voto escrito deve identificar a proposta e conter a aprovação ou a rejeição desta; qualquer modificação ou condicionamento do voto implica a rejeição da proposta (247.°/5);
– o gerente lavra acta em que menciona a verificação de todo o ritual, transcreve a proposta e o voto de cada sócio, declara a deliberação tomada e envia cópia da acta a todos os sócios (247.°/6);
– a deliberação considera-se tomada no dia em que for recebida a última resposta ou no fim do prazo marcado, caso algum sócio não responda (247.°/7).

O processo é longo e pesado. Não vemos razão para que, ao abrigo da autonomia privada, os estatutos não possam simplificar tudo isto, desde que ressalvem o essencial: todos devem ter possibilidade de votar e todos devem estar esclarecidos. A mera simplificação (por exemplo: fundir a consulta prévia e o envio da proposta numa única comunicação) não vai contundir com a regra da tipicidade na forma das deliberações (53.°/1).

Além disso, tudo isto poderá ser feito por via electrónica.

160. Assembleias gerais

I. A assembleia geral constitui, por excelência, o esquema de deliberação dos sócios[1102]. Pensamos que ela nunca opera no mesmo plano de igualdade das outras formas: apenas em assembleia pode haver debate e evolução do próprio pensamento. E a grande matriz das assembleias gerais é a das sociedades anónimas.

A Lei de 1901 já havia recorrido à técnica de uma remissão ampla para a assembleia geral das sociedades anónimas (artigo 36.°, § 1.°)[1103]. O artigo 248.°/1 manteve e intensificou essa orientação: obriga o intérprete-aplicador a percorrer, num vaivém, diversos preceitos complexos, procedendo às competentes adaptações, o que parece menos adequado, para mais num Código que se dirigirá a gestores não juristas[1104]. A matéria

---

1102 UWE HÜFFER, *Die Gesellschaftsversammlung/Organ der GmbH oder blosses Beschlussverfahren?*, FS 100 Jahre GmbH-Gesetz (1992), 521-537.

1103 Na lei alemã temos, hoje, uma série de remissões para o *Aktiengesetz*, a propósito do conselho de vigilância, quando previsto: § 52. Cf., neste ponto, WOLFGANG ZÖLLNER/ /ULRICH NOACK, em BAUMBACH/HUECK, *GmbH-Gesetz* cit., 18ª ed., § 52 (1560 ss.).

1104 Crítica: BRANCA MARTINS DA CRUZ, *Assembleias gerais nas sociedades por quotas* (1987), 68 ss..

relativa às assembleias gerais das sociedades anónimas alarga-se, efectivamente, por 17 artigos (373.° a 389.°), apenas caso a caso se podendo verificar se é viável a transposição[1105].

II. Quanto às normas específicas para as assembleias gerais das sociedades por quotas, temos (248.°):

– qualquer sócio por quotas pode exercer os direitos, atribuídos a minoritários nas anónimas, quanto à convocação e à inclusão de assuntos na ordem do dia (n.° 2);
– a convocação compete a qualquer dos gerentes e deve ser feita por carta registada expedida com a antecedência mínima de quinze dias; o contrato de sociedade pode exigir outras formalidades ou estabelecer um prazo mais longo (n.° 3);
– a presidência compete ao sócio que detiver ou representar a maior fracção de capital, prevalecendo, em igualdade de circunstâncias, o mais velho: tudo isso a título supletivo (n.° 4);
– nenhum sócio, mesmo que impedido de exercer o voto, pode ser privado de participar na assembleia: uma norma injuntiva (n.° 5)[1106];
– as actas devem ser assinadas por todos os sócios que participaram na assembleia (n.° 6).

III. Pertence à tradição das sociedades por quotas o estabelecimento de restrições quanto à representação voluntária, para efeitos de participação em assembleia geral. Assim, o seu artigo 39.° dispunha, num § 1.°[1107]:

> Só os socios podem votar com procuração de outros, e não será valida, quanto ás deliberações que importem modificação de contrato social ou dissolução de sociedades, a procuração que não contenha poderes especiaes quanto ao objecto da mesma deliberação.

Não vemos justificação nem vantagem para tal solução[1108]: a representação voluntária é, hoje, um instituto normalíssimo. Quando muito será de exigir, em certos casos, poderes especiais. No fundo, o legislador conti-

---

1105 RAÚL VENTURA, *Sociedade por quotas* cit., 2, 203-204, procura proceder à listagem das normas transponíveis. Adiante retomaremos o tema.

1106 RLx 21-Set.-2004 (ANA GRÁCIO), CJ XXIX (2004) 4, 87-91 (89/II).

1107 COLP 1901, 100/I. Cf. SANTOS LOURENÇO, *Das sociedades por cotas* cit., 2, 97.

1108 O § 47.°/II do GmbHG limitava-se a exigir uma procuração escrita.

nuava imbuído da ideia de que a assembleia geral é um *gremium* pessoal e de que a qualidade de sócio tem essa mesma qualidade.

O Código de 1986 não logrou quebrar essas amarras. Fixou as regras seguintes (249.°):

- a representação voluntária só pode ser conferida, pelo sócio, ao seu cônjuge, a um seu descendente ou descendente ou a outro sócio, a não ser que o contrato de sociedade faculte expressamente outros representantes (n.° 5);
- não é permitida a representação voluntária em deliberações por voto escrito (n.° 1);
- os instrumentos que não mencionem a duração dos poderes são válidos apenas para o ano civil respectivo (n.° 3);
- para uma representação em determinada assembleia geral, em primeira ou em segunda data, basta uma carta dirigida ao respectivo presidente (n.° 4).

Como se vê, mantêm-se as restrições de fundo quanto à representação voluntária, ainda que com o trocadilho de a regra básica estar dissimulada no n.° 5 do artigo 249.°. Ora uma sociedade por quotas não é um instituto de Direito da família. Também não se visualiza para quê penalizar pessoas que não possam comparecer pessoalmente por impedimento sério ou por deficiência: ficarão nas mãos aleatórias de terem familiares próximos disponíveis ou sócios da sua confiança. Impõe-se, pois, o maior cuidado na preparação dos pactos sociais, sendo certo que, no limite, o artigo 249.°/5 poderá ser julgado inconstitucional, por violação do princípio da não-discriminação[1109].

IV. Apuradas as regras específicas das sociedades por quotas – e salvo o que abaixo se dirá sobre o tema dos votos – cumpre verificar rapidamente quais são os preceitos relativos às sociedades anónimas e que aqui sejam aplicáveis por via da remissão do artigo 248.°/1. Assim:

- artigo 373.° (Forma e âmbito das deliberações): não é aplicável, prevalecendo os artigos 247.° e 246.°;
- artigo 374.° (Mesa da assembleia geral): não é aplicável, prevalecendo o artigo 248.°/4;

[1109] Artigo 13.° da Constituição.

– artigo 374.° -A (Independência dos membros da assembleia geral): não é aplicável, pela mesma razão;
– artigo 375.° (Assembleias gerais de accionistas): é aplicável, com as adaptações prescritas no artigo 248.°/2 e com adaptação dos órgãos;
– artigo 376.° (Assembleia geral anual): é aplicável, com adaptação dos órgãos;
– artigo 377.° (Convocação da assembleia):
  – os n.° 1 a n.° 4 não são aplicáveis, prevalecendo o artigo 248.°/3; todavia, podemos admitir a convocação pelo conselho fiscal, quando exista, ou pelo tribunal;
  – os n.° 5 a n.° 8 são aplicáveis, com as adaptações dos órgãos;
– artigo 378.° (Inclusão de assuntos na ordem do dia): é aplicável, com as adaptações impostas pelo artigo 248.°/2;
– artigo 379.° (Participação na assembleia): é aplicável, com as adaptações impostas pelo 248.°/5;
– artigo 380.° (Representação de accionistas): não é aplicável: prevalece o 249.°;
– artigo 381.° (Pedido de representação): é aplicável;
– artigo 382.° (Lista de presenças): é aplicável, embora se possa admitir mais simplicidade na sua execução;
– artigo 383.° (Quorum): é aplicável[1110];
– artigo 384.° (Votos): não é aplicável: prevalece o artigo 250.°;
– artigo 385.° (Unidade do voto): é aplicável;
– artigo 386.° (Maioria):
  – os n.° 1 a n.° 4 não são aplicáveis, na medida em que prevalece o 250.°;
  – o n.° 5 é aplicável;
– artigo 387.° (Suspensão da cessão): é aplicável;
– artigo 388.° (Actas):
  – o n.° 1 é aplicável;
  – o n.° 2 e o n.° 3 não são aplicáveis: prevalece o 248.°/6;
– artigo 389.° (Assembleias especiais de accionistas): não é aplicável.

Como se vê: o exercício académico é interessante. Diversas são, porém, as vantagens práticas do sistema legislativo adoptado.

1110 Contra: Raúl Ventura, *Sociedade por quotas* cit., 2, 204.

161. **Votos e impedimentos**

I. Ainda na tradição da Lei de 1901, o exercício do voto nas assembleias gerais das sociedades por quotas submete-se a determinadas regras. Segundo o seu artigo 39.°[1111]:

> As deliberações dos socios serão tomadas á pluralidade de votos.
> (...)
> § 2.° A cada quota corresponderá um voto por 25$000 réis do capital respectivo.
> § 3.° Nenhum socio por si, ou como mandatário, pode votar sobre assumptos que lhe digam directamente respeito.

Na vigência da Lei em causa, a jurisprudência veio aperfeiçoar este dispositivo. Assim[1112]:

– assento do STJ de 26-Mai.-1961: para a alteração de direitos especiais de um sócio, não basta a maioria; exige-se o acordo do sócio visado[1113];
– o sócio remisso não pode intervir na deliberação de exclusão a ele relativa[1114];
– o sócio que pede autorização para vender a quota a um estranho não pode votar na assembleia onde o consentimento social seja debatido[1115];
– o sócio não pode votar na deliberação que o destitua da gerência[1116]; mas pode votar em si próprio para a gerência[1117];
– o sócio-gerente pode votar sobre as contas de gerência[1118] e sobre

1111 COLP 1901, 100/I.

1112 Outras indicações: Raúl Ventura, *Sociedade por quotas* cit., 2, 278-280.

1113 STJ(P) de 26-Mai.-1961 (Santos Monteiro), BMJ 107 (1961), 352-359 (357) e, em aplicação do assento, STJ 6-Nov.-1962 (Bravo Serra), BMJ 121 (1962), 344-347 (347)

1114 STJ 23-Mai.-1939 (Joaquim Crisóstomo), RLJ 72 (1940), 411-412 (412/I), embora reafirmando o direito de estarem presentes.

1115 STJ 27-Jun.-1947 (Roberto Martins), BMJ 1 (1947), 266-269 (269).

1116 STJ 13-Jul.-1954 (Roberto Martins), BMJ 44 (1954), 434-438 (436).

1117 STJ 18-Fev.-1955 (Lencastre da Veiga), BMJ 47 (1955), 489-493 (492), STJ 1-Jun.-1956 (Beça de Aragão), BMJ 58 (1956), 433-438 (437) e STJ 13-Jul.-1956 (sem ind. relator), BMJ 59 (1956), 475 (o sumário).

1118 STJ 20-Out.-1961 (Lopes Cardoso), BMJ 110 (1961), 463-466 (465) e STJ 15-Jun.-1962 (Ricardo Lopes), BMJ 118 (1962), 639-647 (644).

a remuneração da gerência[1119]; mas tendo feito suprimentos à sociedade, não pode votar na assembleia que aumente a taxa de juros[1120];
– o sócio que não possa intervir numa deliberação por ela lhe dizer respeito pode, todavia, requerer a sua anulação[1121].

Na base destas proposições, seria possível proceder a uma distinção entre interesses directos e indirectos dos sócios: apenas os primeiros conduziriam à inibição do voto.

II. O Código das Sociedades Comerciais veio desdobrar a matéria em dois preceitos: o 250.° (Votos) e o 251.° (Impedimento de voto). Assente na experiência da aplicação da Lei de 1901 e em anteprojectos maciços[1122], eles vieram dar um maior desenvolvimento a toda a matéria. Quanto ao voto (250.°), temos[1123]:

– conta-se um voto por cada centavo do valor nominal da quota[1124] (n.° 1);
– permite-se que o pacto social atribua, como direito especial, dois votos por cada centavo, até ao limite de 20% do capital (n.° 2);
– consideram-se, salvo disposição especial da lei ou do contrato, tomadas as deliberações que obtiverem a maioria dos votos emitidos, não se considerando como tais as abstenções (n.° 3).

1119 STJ 1-Jun.-1973 (José António Fernandes), BMJ 228 (1973), 221-226 (224) e STJ 4-Jun.-1974 (Eduardo Arala Chaves), BMJ 238 (1974), 240-243 (241).

1120 RLx 31-Jul.-1974 (sem ind. relator), BMJ 240 (1974), 266 (o sumário).

1121 RLx 17-Mar.-1948 (Aquiles Brandão), BMJ 7 (1948), 296-301 (298-299).

1122 Podem ser comodamente confrontados em Raúl Ventura, *Sociedade por quotas* cit., 2, 222 e 276-278.

1123 Cf. Wolff, no *Münchener Handbuch* cit., 3, 2ª ed., § 38 (597-631).

1124 A versão original do Código fixava "um voto por cada 400$ de valor nominal da quota" (DR I Série, n.° 201, de 2-Set.-1986, 2338/II); o artigo 1.° do Decreto-Lei n.° 257/96, de 31 de Dezembro, alterou o artigo 250.°/1, passando a "um voto por cada 1$ de valor nominal da quota" (DR I Série-A, n.° 302, de 31-Dez.-1996, 4705/I); o Decreto-Lei n.° 343/98, de 6 de Novembro, relativo à introdução do euro, deu nova redacção ao preceito: "um voto por cada cêntimo do valor nominal da quota" (DR I Série-A, n.° 257, de 6-Nov.-1998, 5941/I; deve dizer-se "centavo"); todos estes diplomas alteraram, em conformidade, o n.° 2 do artigo 250.°.

Nos termos gerais, o voto é simples e não condicionado: representa sim ou não a uma determinada proposta[1124]; o voto "condicionado" equivalerá a um voto contra.

III. A matéria dos impedimentos de voto vem tratada no artigo 251.°: tem natureza imperativa (251.°/2).

A lei recorreu à técnica de enunciar um princípio geral (251.°/1, 1ª parte), complementando-o, a título exemplificativo, com várias hipóteses mais concretas (251.°/1, 2ª parte e alíneas).

Quanto ao princípio geral, temos:

> O sócio não pode votar nem por si, nem por representante, nem em representação de outrem, quando, relativamente à matéria da deliberação, se encontre em situação de conflito de interesses com a sociedade.

Esta técnica presta-se a intermináveis dúvidas. O projecto, no seu artigo 254.°, era mais estrito, evitando o princípio geral[1126]. Foi preterido, a favor do segundo anteprojecto de FERRER CORREIA, na revisão final do Código. Acompanhamos RAÚL VENTURA quanto às críticas em que incorre a versão final da lei[1127]. Além do mais: passa a haver desconexão com o artigo 384.°/6, que fixa as inibições no tocante às sociedades anónimas[1128].

Podemos, de todo o modo e para além da experiência colhida na vigência da Lei de 1901, apresentar algumas proposições jurisprudenciais concretizadoras. À partida interessa ter presente a enumeração legal exemplificativa. Segundo a 2ª parte do artigo 251.°/1:

> Entende-se que a referida situação de conflito de interesses se verifica designadamente quando se tratar de deliberação que recaia sobre:
>
> *a*) Liberação de uma obrigação ou responsabilidade própria do sócio, quer nessa qualidade, quer como gerente ou membro do órgão de fiscalização;

1125 RPt 21-Dez.-1993 (EMÉRICO SOARES), CJ XVIII (1993) 5, 246-250 (249/I).

1126 BMJ 327, 193.

1127 RAÚL VENTURA, *Sociedade por quotas* cit., 2, 283.

1128 Já se decidiu – RPt 26-Abr.-1993 (LÚCIO TEIXEIRA), Proc. 9210885/ITIJ, visitado em 1-Mar.-2006 – que as regras específicas sobre o direito de voto nas sociedades por quotas não são aplicáveis às anónimas. Parece-nos, todavia, que é possível elaborar uma teoria geral sobre essa matéria, relevante para as diversas situações de inibição de voto.

b) Litígio sobre pretensão da sociedade contra o sócio ou deste contra aquela, em qualquer das qualidades referidas na alínea anterior, tanto antes como depois do recurso a tribunal;
c) Perda do sócio de parte de uma quota, na hipótese prevista no artigo 204.°, n.° 2 [perda da parte equivalente ao valor não realizado pelo sócio remisso];
d) Exclusão do sócio;
e) Consentimento previsto no artigo 254.°, n.° 1 [exercício, pelos gerentes, de actividade concorrente com a da sociedade];
f) Destituição, por justa causa, da gerência que estiver exercendo ou de membro do órgão de fiscalização;
g) Qualquer relação, estabelecida ou a estabelecer, entre a sociedade e o sócio, estranha ao contrato de sociedade.

O projecto continha ainda uma alínea – a antiga *f*) –, depois suprimida, e que dizia:

Remuneração do sócio como gerente, a não ser que haja mais gerentes e tal remuneração seja igual para todos.

IV. Quanto à concretização jurisprudencial, relevamos as seguintes proposições:

– um sócio pode tomar parte na sua própria eleição como gerente[1129];
– *idem*, quanto à fixação do seu vencimento na gerência[1130];
– *idem*, quanto a relações entre a sociedade e uma terceira pessoa, ainda que cônjuge do sócio[1131];
– *idem*, quanto à aprovação das contas anuais, mesmo sendo sócio-gerente[1132];
– *idem*, quanto à amortização da sua própria quota[1133].

1129 RLx 16-Mar.-1989 (Barbieri Cardoso), CJ XIV (1989) 2, 114-115 (114/II) e STJ 5-Jun.-1997 (Costa Marques), Proc. 97B315/ITIJ, visitado em 1-Mar.-2006.

1130 RCb 7-Abr.-1994 (Francisco Lourenço), CJ XIX (1994) 2, 24-27 (26/II) e RPt 24-Nov.-1997 (Azevedo Ramos), CJ XXII (1997) 5, 202-206 (205/I), embora possa incorrer em abuso, se, neste ponto, se orientar pelo interesse próprio e não pelo da sociedade.

1131 STJ 28-Set.-1995 (Henriques de Matos), BMJ 449 (1995), 388-394 (392).

1132 RPt 2-Fev.-1998 (Azevedo Ramos), CJ XXIII (1998) 1, 201-203 (203).

1133 STJ 4-Mai.-1993 (António Francisco Pereira Cardigos), BMJ 427 (1993), 516-523 (522, com muitas indicações).

Em compensação, ele não pode votar quanto à sua própria exclusão[1134]. O artigo 251.°/1, 2ª parte, nas suas diversas alíneas é meramente exemplificativo, como se disse. Porém, para determinarmos novas situações de conflitos de interesses inibidores de votos, é necessário que se verifique uma proximidade valorativa com as situações enunciadas na lei[1135].

V. O sentido das limitações deliberativas da lei merece um pequeno excurso.

Tais limitações surgem em diversos lugares paralelos, para além das sociedades por quotas. Dispõe o artigo 410.°/6 do Código das Sociedades Comerciais:

> O administrador não pode votar sobre assuntos em que tenha, por conta própria ou de terceiros, um interesse em conflito com o da sociedade; em caso de conflito, o administrador deve informar o presidente sobre ele.

Por seu turno, o artigo 8.°/2 do Decreto-Lei n.° 464/82, de 9 de Dezembro (Estatuto do Gestor Público), articula:

> O gestor público deverá declarar-se impedido de tomar posições no órgão de gestão a que pertence sempre que sejam tomadas deliberações que afectem, directa ou indirectamente, os seus interesses pessoais (...)

Finalmente, o artigo 11.°/1 do mesmo Decreto-Lei n.° 464/82, determina:

> Os gestores públicos ficam impedidos de representação de interesses privados na administração de quaisquer empresas e ainda da prestação de outros serviços em empresas concorrentes, fornecedoras, clientes ou por qualquer vínculo ligados àquelas de que sejam gestores, salvo por incumbência destas ou de entidades públicas.

Trata-se de preceitos imperativos. Neles, a lei está preocupada não com o sentido das deliberações, mas com o procedimento que a elas conduza. Repare-se: o gerente ou o administrador (ou gestor) que delibere em causa própria pode tomar a melhor posição para a empresa e pode, inclusive, decidir contra o seu próprio interesse. Todavia, o alarido, a dúvida e

---

1134 STJ 9-Fev.-1995 (Sousa Macedo), CJ/Supremo III (1995) 1, 72-75 (74/II).

1135 RPt 11-Out.-1993 (Antero Ribeiro), Proc. 9310502/ITIJ, visitado em 1-Mar.-2006.

a suspeição irão, inevitavelmente, ficar a pairar sobre o deliberado, afectando a transparência e a credibilidade da empresa e pondo em crise a confiança que deve reinar nas relações económico-sociais. Da mesma forma, o gestor que aceite comprometer-se perante outra empresa poderá, concretamente, nada fazer de prejudicial. Os danos para a imagem do sector público daí advenientes levam, contudo, à proibição legal absoluta de que demos conta.

Podemos formular um princípio de isenção processual, princípio esse que aflora no campo judicial – artigo 122.° do Código de Processo Civil – e no campo administrativo – artigo 44.° do Código do Procedimento Administrativo.

Voltamos a frisar: não está em causa o mérito substancial da deliberação, que poderá ser óbvio e indiscutível; simplesmente, o processo que a ele conduz surge equívoco pelo que a lei veda, pura e simplesmente, tais deliberações.

O princípio da isenção processual é injuntivo: perderia sentido quando, sobre ele, as partes envolvidas viessem dispor. Podemos afirmar que ele integra a ordem pública.

Assim entendida, a isenção processual não tem nada de excepcional. Em simples *analogia iuris*, ela é aplicável a casos análogos, isto é, a situações que, manifestamente, traduzam – ou possam traduzir – na comunidade jurídica, a mesma carga negativa que advenha das decisões em causa própria.

§ 44.° A GERÊNCIA

162. Designação e substituição

I. A matéria relativa à administração e à fiscalização das sociedades por quotas obteve, na Lei de 1901, todo um capítulo: o III (26.° a 34.°). Neste, os 8 primeiros artigos reportavam-se à gerência, com o seguinte conteúdo:

26.° Representação da sociedade;
27.° Designação dos gerentes;
28.° Duração dos mandatos;
29.° Uso da firma social;
30.° Denominação particular;
31.° Direitos e obrigações dos gerentes;
32.° Substituição dos gerentes.

A expressão "gerente" – o que gere – foi adoptada para significar o *Geschäftsführer* da Lei alemã de 1892 (§§ 35 a 45)[1136]. A locução já surgia, no artigo 248.° do Código Comercial, para designar o que se ache proposto para tratar do comércio de outrem[1137]. Todavia e no equivalente, nas sociedades por quotas, aos "directores" das sociedades anónimas (171.°, do Código Comercial), "gerentes" foi acolhido sem problemas[1138].

1136 No sempre liderante Direito alemão das sociedades por quotas: além do já citado KOPPENSTEINER, no Comentário de ROWEDDER, ZÖLLNER/NOACK, em BAUMBACH/ /HUECK, *GmbH-Gesetz* cit., 18ª ed., § 35, Nr. 1 ss. (588 ss.) e, entre muitos outros: HANS-JOACHIM MERTENS/URSULA STEIN, *Das Recht des Geschäftsführers der GmbH*, 2ª ed. (1997), 340 pp., DIETRICH HOFFMANN/RÜDIGER LIEBB, *Der GmbH-Geschäftsführer*, 2ª ed. (2000), 511 pp., GEORG JAEGER, *Der Anstellungsvertrag des GmbH-Geschäftsführer*, 4ª ed. (2001), 230 pp., REINHARD MARSCH-BARNER/DIEKMANN, no *Münchener Handbuch* cit., 3, 2ª ed., § 41 (713-719) e GERHARD BRANDMÜLLER, *Die GmbH-Geschäftsführer im Gesellschaften, Steuer- und Sozialvesicherungsrecht*, 17ª ed. (2005), 448 pp..

1137 *Manual de Direito comercial*, 2ª ed., 580 ss..

1138 RLx 1-Jun.-1973 (sem ind. relator), BMJ 228 (1973), 271-272 (271), o sumário.

II. O artigo 252.°/1 fixa um ou mais gerentes. Caberá ao pacto social ou, na falta de indicação, aos sócios, decidir qual o número de gerentes pretendido[1139]. Como requisitos (*idem*, n.° 1), temos apenas[1140]:

– podem ser sócios ou estranhos;
– devem ser pessoas singulares;
– com capacidade jurídica plena.

Fica aberta a porta ao apelo a gestores profissionais. Não se acolheu a orientação, patente quanto às sociedades anónimas (390.°/4), de se poder escolher uma pessoa colectiva a qual deveria, depois, nomear uma pessoa singular para exercer o cargo em nome próprio[1141]: provavelmente por ter prevalecido o entendimento de que se deveria dar prioridade a uma estreita confiança pessoal entre os membros da gerência. De todo o modo, a abertura facultada nas sociedades anónimas permite-nos considerar que o pacto social pode admitir pessoas colectivas como gerentes, seguindo-se, depois, o preceito do artigo 390.°/4. Quanto à capacidade jurídica plena: ficam excluídos os menores, os interditos e os inabilitados, os insolventes e, ainda, as pessoas que, quanto ao exercício do comércio, incorram em proibições, incompatibilidades, inibições e impedimentos[1142]. O próprio contrato pode, aqui, criar novas exigências[1143]: mas à partida não se exigem especiais habilitações[1144].

III. A designação dos gerentes é feita (252.°/2)[1145]:
– no contrato de sociedade;
– posteriormente, por deliberação dos sócios;
– por outra forma prevista no contrato.

1139 RAÚL VENTURA, *Sociedade por quotas* cit., 3, 10.

1140 *Vide* JOÃO ESPÍRITO SANTO, *Sociedades por quotas e anónimas/Vinculação: objecto social e representação plural* (2000), 360 ss..

1141 RLx 15-Dez.-1994 (SANTOS BERNARDINO), Proc. 0093392/ITIJ, visitado em 1-Mar.-2006, entendeu que na hipótese de um gerente ter sido nomeado "em representação de determinada sociedade, sócia da gerida", ele exerce o cargo em nome próprio. Cf., ainda, STJ 17-Jan.-1995 (FERNANDO FABIÃO), BMJ 443 (1995), 395-407 (400-401), quanto aos requisitos do nomeado.

1142 *Manual de Direito comercial*, 2ª ed., 234 ss..

1143 RAÚL VENTURA, *Sociedade por quotas* cit., 3, 13-14.

1144 RGm 13-Abr.-2005 (ANTÓNIO MAGALHÃES), CJ XXX (2005) 2, 292-293.

1145 MARSCH-BARNER/DIEKMANN, no *Münchener Handbuch*, 3, 2ª ed., § 42 (720 ss.).

A designação feita no contrato de sociedade pode originar um direito comum à gerência ou um direito especial[1146]: neste último caso, ele não pode ser suprimido sem o acordo do próprio (24.°/5); admite-se, aqui, a destituição com justa causa. O direito especial à gerência não se transmite com a quota respectiva (24.°/3). O saber se, perante uma designação, se está em face de um direito comum ou um direito especial à gerência é questão de interpretação[1147].

A lei resolve, ainda, outros problemas interpretativos. Assim:

- a gerência atribuída no contrato a todos os sócios não se entende conferida aos que só posteriormente adquiriram essa qualidade (252.°/3): mantém-se, pois, uma concepção pessoal de gerência;
- a gerência não é transmissível por acto entre vivos ou por morte, nem isolada, nem conjuntamente com a quota (253.°/4): aflora, de novo, a sua natureza pessoal[1148].

Uma aplicação deste último preceito: uma sociedade tem dois sócios, exigindo o pacto social que os assuntos de responsabilidade sejam assinados pelos dois; falecendo um deles, os seus sucessores não recebem o direito à gerência; funcionará, então, o artigo 253.°/3[1149]. Falecendo o único sócio-gerente de uma sociedade, todos os outros sócios assumem, por lei, os poderes de gerência, até que sejam designados os novos gerentes[1150].

IV. A substituição de gerentes está tratada no artigo 253.°[1151]. À partida, devemos antecipar que, segundo o artigo 256.°, as funções de gerente subsistem, ilimitadamente, até que sobrevenha destituição ou renúncia. Além disso, o contrato de sociedade ou o acto de designação podem fixar a sua duração. Pois bem:

1146 Quanto aos direitos especiais: *Manual*, 563 ss..

1147 Raúl Ventura, *Sociedade por quotas* cit., 3, 18 ss.. Na dúvida, parece de acolher a ideia de que o direito não é especial: este terá de ser provado, nos seus factos constitutivos, por quem o invoque. *Vide* RPt 28-Set.-2001 (Coelho da Rocha), Proc. 0031007/ITIJ, visitado em 1-Mar.-2006.

1148 STJ 13-Mar.-1997 (Nascimento Costa), Proc. 96B793/ITIJ, visitado em 1-Mar.-2006.

1149 RPt 19-Mar.-1992 (Cesário de Matos), CJ XVII (1992) 2, 218-220 (220/I).

1150 RPt 26-Mai.-2003 (Paiva Gonçalves), Proc. 0351946/ITIJ, visitado em 1-Mar.-2006.

1151 Raúl Ventura, *Sociedade por quotas* cit., 3, 40-52.

– faltando definitivamente um gerente, os restantes prosseguem nas suas funções, aguardando-se a substituição do faltoso[1152];
– faltando definitivamente todos os gerentes, os diversos sócios assumem, *ex lege*, os poderes de gerência, até que sejam designados os gerentes (253.°/1);
– *idem* se a falta for temporária e não for possível aguardar pela cessação da falta (253.°/2);
– faltando definitivamente o gerente cuja intervenção seja necessária, *ex contractu*, para a representação da sociedade e sendo a exigência nominal, caduca a cláusula em causa (253.°/3, 1ª parte); logicamente, cairemos, então, no 253.°/1: todos os sócios são gerentes, até à nova designação;
– não sendo a exigência nominal, pode qualquer sócio ou gerente requerer ao tribunal a nomeação de um gerente substituto, até a situação ser regularizada (253.°/3)[1153].

Os gerentes judicialmente nomeados têm direito à indemnização razoável das despesas que façam e a uma remuneração; na falta de acordo com a sociedade, elas são fixadas pelo tribunal (253.°/4).

163. **Competência**

I. Os gerentes, como quaisquer administradores de sociedades, têm, fundamentalmente, dois poderes[1154]: o poder de administrar ou gerir e o poder de representar a sociedade[1155].

Quanto ao poder de administrar, podemos dizer que ele envolve a possibilidade de praticar todos os actos materiais ou jurídicos que se mostrem necessários ou convenientes para a prossecução do objecto social

---

1152 À falta de um gerente não corresponde o desconhecimento do seu paradeiro: RPt 9-Fev.-1993 (Cândido Lemos), Proc. 9150044/ITIJ, visitado em 1-Mar.-2006.

1153 Há uma lacuna nas leis do processo, quanto à forma de se efectivar este pedido; ela deve ser integrada com recurso a um processo especial do tipo do do artigo 1428.° do Código de Processo Civil (nomeação de administrador na propriedade horizontal): RPt 24-Mai.-1993 (Pita Vasconcelos), CJ XVIII (1993) 3, 214-216 (215/I).

1154 *Manual*, 794 ss.. *Vide* Ricardo Candeias, *Os gerentes e os actos de mero expediente*, ROA 2000, 243-282 (247 ss. e 251 ss.).

1155 Marsch-Barner/Diekmann, no *Münchener Handbuch* cit., 3, 2ª ed., § 44 (771-794).

(259.°). Fica, em regra, incluída a gestão corrente[1156]. Quanto aos actos de disposição: haverá que retirar os que, pela lei ou pelos estatutos, fiquem reservados para deliberação dos sócios – p. ex., 246.°/2, *c*) e *d*). Como vimos[1157], os sócios podem dar instruções aos gerentes[1158]; tal o alcance do final do artigo 259.°.

II. Os gerentes têm poder de representação: mercê do nexo de organicidade, os actos que pratiquem em nome e por conta da sociedade produzem os seus efeitos, directamente, na esfera jurídica desta[1159]. Para tanto, basta que, nos actos escritos, aponham a sua assinatura com indicação da sua qualidade de gerentes da sociedade considerada (260.°/4). Trata-se de um preceito nuclear que tem dado lugar a muitas dezenas de acórdãos, numa abundante e esclarecedora casuística. Vamos reter alguns pontos[1160]:

– a indicação da "qualidade de gerentes" pode ser deduzida, nos termos do artigo 217.° do Código Civil, de factos que com toda a probabilidade a revelem[1161];
– desapareceram as antigas "assinaturas com firma" previstas na LSQ[1162];
– exigem-se, sempre, os dois elementos: assinatura pessoal do gerente e indicação expressa dessa sua qualidade[1163];

[1156] Assim se considerando o pagamento de débitos da sociedade: RCb 8-Jun.-1993 (Silva Freitas), BMJ 428 (1993), 697-698 (697), o sumário.

[1157] *Supra*, 403.

[1158] RLx 22-Jun.-1993 (Diniz Nunes), Proc. 0072091/ITIJ, visitado em 1-Mar.-2006 e STJ 3-Mai.-1995 (Figueiredo de Sousa), Proc. 086803/ITIJ, visitado em 29-Mar.-2006.

[1159] A representação orgânica não pode ser considerada verdadeira representação: *Tratado* I/3, 600-601 e I/4, 44 ss..

[1160] Na literatura alemã: Tobias Lenz, no Michalski/*Kommentar* cit., 2, 51 ss..

[1161] STJ(P), JU n.° 1/2002, de 6-Dez.-2001 (Afonso de Melo), DR I Série-A, n.° 20, de 24-Jan.-2002, 498-502, rect. n.° 8/2002, de 30-Jan.-2002, DR I Série-A, n.° 35, de 11-Fev.-2002, 1080-1081 = CDP 2, Abril/Junho 2003, 20-25, anot. Alexandre Soveral Martins, 26-28.

[1162] RPt 19-Abr.-1990 (Carlos Matias), CJ XV (1990) 2, 236-238 (237/II), RPt 25-Fev.-1992 (Araújo Barros), Proc. 9110539/ITIJ, visitado em 1-Mar.-2006, REv 14-Mai.-1992 (António Manuel Pereira), CJ XVII (1992) 3, 337-338 (338I/), RPt 9-Mar.-2000 (Ribeiro de Almeida), Proc. 0050118/ITIJ, visitado em 1-Mar.-2006.

[1163] RPt 14-Jun.-1993 (Araújo Carneiro), Proc. 9210439/ITIJ, visitado em

– a mera assinatura do gerente, sem se dizer em que qualidade o faz, não vincula a sociedade[1164];
– uma assinatura em título de crédito sobre o carimbo de uma sociedade comercial, acompanhada da identificação manuscrita dessa sociedade, estabelece uma presunção clara de que ela pertence ao gerente dessa sociedade[1165];
– o artigo 264.°/4 deve ser interpretado restritivamente no sentido de só exigir o duplo requisito da assinatura do gerente e da menção dessa qualidade quando não for possível determinar se ele actuou em nome próprio ou em representação da sociedade[1166];
– a assinatura pessoal do gerente "em nome" da sociedade vincula esta, não sendo necessária a expressa invocação deste nome, o qual poderá resultar das circunstâncias em que a assinatura pessoal foi aposta ou em que o acto foi praticado[1167];
– a menção, no verso da livrança, "por aval à firma subscritora", sob a qual foi manuscrita uma assinatura, seguida, entre parêntesis, da firma de uma sociedade por quotas, é suficiente (em nome da boa fé e da segurança no comércio jurídico) para vincular a sociedade[1168];
– quando o acto seja oral, é necessário que o gerente estabeleça, por alguma forma, a ligação do acto com a sociedade[1169];
– a exigência do artigo 260.°/4 aplica-se, também, aos actos em que a forma escrita seja meramente voluntária[1170];

1-Mar.-2006, RLx 8-Abr.-1997 (Diniz Nunes), Proc. 0011261/ITIJ, visitado em 1-Mar.-2006, STJ 7-Out.-1997 (Herculano Lima), BMJ 470 (1997), 501-504 (503), STJ 26-Mar.-1998 (Miranda Gusmão), BMJ 475 (1998), 718-724 (721), STJ 2-Jun.-1999 (Miranda Gusmão), BMJ 488 (1999), 365-369 (369/I e II).

[1164] RPt 5-Mai.-1997 (Fonseca Ramos), BMJ 467 (1997), 635 (o sumário), STJ 5-Nov.-1998 (Ferreira Ramos), BMJ 481 (1998), 498-507 (503) e STJ 22-Jun.-1999 (Ferreira Ramos), CJ/Supremo VII (1999) 2, 159-162 (162/I).

[1165] RLx 20-Nov.-1997 (Sousa Grandão), CJ XXII (1997) 5, 93-95 (94/II-95/I).

[1166] RLx 14-Jan.-1999 (Proença Fouto), Proc. 0066202/ITIJ, visitado em 1-Mar.-2006.

[1167] RLx 8-Jul.-1999 (Teixeira Ribeiro), CJ XXIV (1999) 4, 97-104 (99).

[1168] STJ 7-Out.-1999 (Manuel Duarte Soares), BMJ 490 (1999), 280-281 (281/II).

[1169] STJ 11-Abr.-2000 (Machado Soares), CJ/Supremo VIII (2000) 2, 37-38 (38/I).

[1170] STJ 3-Out.-2000 (Ribeiro Coelho), CJ/Supremo VIII (2000) 3, 57-59 (59/I).

– basta a aposição da assinatura de dois gerentes sob um carimbo da sociedade[1171];
– *idem*, de um deles, nas mesmas circunstâncias[1172];
– a falta de assinatura gera um vício de fundo: não de forma[1173].

Hoje, podemos considerar que a técnica de actuação em modo colectivo através de sociedades, em especial de sociedades por quotas, está plenamente popularizada. Assim, quer o próprio gerente, quer os particulares que, com ele, contratem, têm a perfeita noção de que age uma sociedade. Esta ficará vinculada. De resto – como vamos ver de seguida – a ordem jurídica, até por preocupações comunitárias, tutela fortemente a confiança nessa representação.

III. O preceito decisivo é, aqui, o artigo 260.°/1, que dispõe:

> Os actos praticados pelos gerentes, em nome da sociedade e dentro dos poderes que a lei lhe confere, vinculam-na para com terceiros, não obstante as limitações constantes do contrato social ou resultantes de deliberações dos sócios.

Os números subsequentes prosseguem:

– a sociedade pode, porém, opor a terceiros as limitações de poderes resultantes do seu objecto social se provar que o terceiro as conhecia ou devia conhecer e se não tiver assumido o negócio, expressa ou tacitamente (n.° 2);
– não bastando, para o efeito, a publicidade dada ao contrato (n.° 3).

Este preceito filia-se directamente no artigo 6.°/4 o qual, por seu turno, advém do artigo 9.° da 1ª Directriz do Direito das sociedades[1174]. Pretende-se proteger a comunidade interessada de limitações não imediatamente aparentes nos poderes de representação dos gerentes e administradores: uma opção que vibra mais um golpe no antigo princípio da especialidade[1175].

1171 RLx 26-Abr.-2001 (Urbano Dias), CJ XXVI (2001) 2, 119-120 (120/I).

1172 RLx 27-Mai.-2003 (Mário Ruas Dias), CJ XXVIII (2003) 3, 88-91 (90/II): embora reportada à vinculação de sociedades anónimas, esta decisão refere, de passagem, as sociedades por quotas.

1173 RLx 12-Abr.-2005 (Rosa Ribeiro Coelho), CJ XXX (2005) 2, 88-90 (89-90).

1174 *Direito europeu das sociedades*, 132 e 174-176, com indicações.

1175 *Manual*, 331 ss..

IV. Tem o maior interesse conhecer a aplicação prática destas regras. Assim:

– a prestação de fiança a favor de terceiros por gerentes de uma sociedade por quotas, estando fora do objecto social, só será nula se, em função das circunstâncias em que for prestada, a outra parte tiver a obrigação de conhecer o abuso de poderes[1176];
– os poderes representativos dos gerentes das sociedades por quotas ficam imunes às restrições ou limitações que os sócios pretendam estabelecer, quer logo no contrato de sociedade, quer depois por meio de deliberações[1177];
– a administração e a representação de uma sociedade por quotas não podem estar limitadas pela intervenção de sócio não gerente[1178];
– o acto ou negócio jurídico praticado pelos sócios gerentes de uma sociedade não pode ser considerado nulo com o fundamento de que, dado o princípio da especialidade, a sociedade não tem capacidade de gozo para o realizar[1179];
– não obstante a previsão, no pacto social de uma sociedade por quotas, da intervenção de dois gerentes para vincular a sociedade, a intervenção de apenas um deles em representação da sociedade como aceitante de uma letra vincula este perante o sacador[1180];
– é válida, perante terceiros, a procuração forense emitida por um dos gerentes de uma sociedade por quotas em nome desta, mesmo que o pacto social exija a assinatura de dois gerentes para vincular a sociedade[1181];

[1176] STJ 27-Jan.-1993 (Mário Araújo Ribeiro), CJ/Supremo I (1993) 1, 81-84 (83/I).

[1177] STJ 10-Dez.-1997 (Costa Marques), Proc. n.° 97B667/ITIJ, visitado em 2-Mar.-2006.

[1178] RPt 1-Jul.-1999 (Oliveira Vasconcelos), CJ XXIV (1999) 4, 189-191 (191/I).

[1179] STJ 21-Set.-2000 (Abel Simões Freire), CJ/Supremo VIII (2000) 3, 36-40 (39/I) = BMJ 499 (2000), 354-361 (360/I): bem documentado.

[1180] RLx 22-Jan.-2002 (António Abrantes Geraldes), CJ XXVII (2002) 1, 80-86 (84/I): um acórdão muito bem documentado e com elevado nível doutrinário.

[1181] RLx 20-Ago.-2004 (Duro Mateus Cardoso), Proc. 5674/ITIJ, visitado em 2-Mar.-2006.

– recai sobre a sociedade o ónus de provar que o terceiro sabia ou não podia, dadas as circunstâncias, ignorar que o acto praticado não respeitou a cláusula do objecto[1182] ou as limitações de poderes resultantes do pacto social[1183].

V. A prática regista ainda situações nas quais se pretendeu limitar, por deliberações sociais, os poderes de representação de algum dos gerentes: a jurisprudência considera-as nulas[1184].

Ainda no tocante à representação da sociedade, tem o maior interesse atentar no artigo 261.°/3:

> As notificações ou declarações de terceiros à sociedade podem ser dirigidas a qualquer dos gerentes, sendo nula toda a disposição em contrário do contrato de sociedade.

Para efeitos de representação passiva, temos, pois, uma norma imperativa. De novo domina a intenção muito clara de proteger a confiança geral do público nas sociedades e nos seus suportes representativos.

Quando o gerente deva ou queira fazer notificações ou deliberações à sociedade e para evitar o acto consigo próprio, o artigo 260.°/5 estabelece que elas devem ser dirigidas a outro gerente ou, não o havendo, sucessivamente, ao órgão de fiscalização ou a qualquer sócio.

164. **Funcionamento**

I. No funcionamento da gerência, havendo mais de um gerente, temos, basicamente, três possíveis sistemas:

– *gerência disjunta*: cada um dos vários gerentes pode, isoladamente, decidir e praticar os actos de gestão ou de representação da sociedade;

1182 RCb 25-Mai.-1999 (Nuno Cameira), Proc. 1957/98/ITIJ, visitado em 2-Mar.-2006.

1183 RLx 14-Mar.-2002 (Paixão Pires), Proc. 0004628/ITIJ, visitado em 2-Mar.-2006.

1184 RLx 22-Mar.-1994 (Moreira Camilo), CJ XIX (1994) 3, 106-107 (107/I) e STJ 15-Out.-1996 (Almeida Silva), CJ/Supremo IV (1996) 3, 62-64 (64/I).

– *gerência conjunta* (ou *colectiva*): os poderes devem ser exercidos por dois ou mais gerentes, todos eles manifestando a mesma vontade;
– *gerência colegial*: os gerentes actuam em grupo, deliberando em reunião e tendo cada um um voto.

É possível uma combinação dos vários sistemas[1185]. A própria lei estabelece um esquema de gerência disjunta para a legitimidade passiva (261.°/3) e, supletivamente, um de gerência conjunta para os demais poderes (261.°/1)[1186]. Já se considerou que uma gestão de tipo colegial, própria dos conselhos de administração das sociedades anónimas, não poderia ser aplicada às sociedades por quotas, por violação do princípio da tipicidade[1187].

II. Os sócios têm o poder de dar instruções à gerência (259.°, *in fine*). Por maioria de razão podem regular internamente o seu exercício[1188].

De modo a facilitar o funcionamento da gerência, podem os gerentes delegar nalgum ou nalguns deles a competência para determinados negócios ou espécies de negócios; mesmo aí é necessário que a delegação lhes atribua expressamente o poder de vincular a sociedade (261.°). Temos, aqui, a possibilidade de uma distribuição de pelouros, entre os diversos gerentes.

III. A actividade dos gerentes – como qualquer actividade – deve ser remunerada. No caso dos gerentes, assim é: salvo disposição em contrário, no pacto social. A remuneração é fixada pelos sócios (255.°/1): naturalmente, ela será, de modo implícito, aceite pelo gerente, quando este concorde com a designação. Mesmo no silêncio do pacto, poderá não haver remuneração, se assim for decidido pelos sócios e sufragado pelo gerente[1189].

Da remuneração deve distinguir-se o pagamento de despesas. O exercício gratuito de funções, quando ocorra, não é uma liberalidade: o gerente

---

1185 Raúl Ventura, *Sociedade por quotas* cit., 2, 183 ss..

1186 João Espírito Santo, *Sociedades por quotas e anónimas* cit., 360 ss..

1187 RLx 18-Abr.-1991 (Carvalho Pinheiro), Proc. 0045962/ITIJ, visitado em 2-Mar.-2006 e STJ 5-Mar.-1992 (Tato Marinho), BMJ 415 (1992), 666-670 (669)

1188 RPt 9-Nov.-1995 (Salreta Pereira), Proc. 9530511/ITIJ, visitado em 2-Mar.-2006.

1189 Raúl Ventura, *Sociedade por quotas* cit., 2, 67. Cf. RLx 12-Jun.-1997 (Marcos Rodrigues), CJ XXII (1997) 3, 114-117 (116/I e II).

move-se num plano comercial, acabando por ter um retorno a nível de lucros da sociedade.

Os gerentes têm, em regra, a maioria dos votos na assembleia geral. Pode acontecer que, por essa via, estipulem remunerações exorbitantes, que drenem, para eles, os lucros que deveriam assistir a todos. O artigo 255.°/2 permite que, a requerimento de qualquer sócio e em processo de inquérito judicial, o tribunal reduza as remunerações que se mostrem gravemente desproporcionadas, quer ao trabalho prestado, quer à situação da sociedade[1190].

O artigo 255.°/3 proíbe que, salvo cláusula expressa do contrato de sociedade, a remuneração dos gerentes consista, total ou parcialmente, em participação nos lucros da sociedade. Haverá, aqui, uma vertigem assalariadora[1191]: não vemos porque razão, independentemente do pacto social, não se poderia deliberar no sentido de uma comparticipação, nos lucros, por parte da gerência. Naturalmente: é um acto de boa gestão.

165. Direitos e deveres; proibição de concorrência

I. Ao gerente incumbem todos os deveres que respeitam à administração da sociedade por quotas[1192]: podemos falar em deveres genéricos[1193]. Na execução desses deveres, cabe-lhe actuar com a diligência prescrita no artigo 64.°. Além disso, ele incorre em deveres materiais de lealdade[1194]: uma construção clássica, inicialmente apoiada na boa fé e que tem vindo a assumir uma estruturação própria[1195]. Damos por reproduzidas todas as

1190 Independentemente da intervenção do tribunal, pode a sociedade reduzir ou suprimir a remunerações: STJ 21-Out.-1993 (Araújo Ribeiro), CJ/Supremo I (1993) 3, 84-86 (86/I). Pagar bem, só por si, não é um acto danoso para a sociedade: RPt 24-Nov.-1997 (Azevedo Ramos), CJ XXII (1997) 5, 202-206 (206/II).

1191 Provavelmente, terá procedido a ideia de que os lucros são prerrogativa dos sócios. Todavia: uma boa técnica de gestão reside, precisamente, em retribuir os (bons) resultados.

1192 A matéria foi tratada, genericamente, no *Manual*, 687.

1193 Marsch-Barner/Diekmann, no *Münchener Handbuch* cit., 3, 2ª ed., § 45 (794-813).

1194 RPt 30-Nov.-2004 (Alziro Cardoso), Proc. 0421960/ITIJ, visitado em 2-Mar.-2006.

1195 Gottfried Knöpfel, *Die Treupflicht im Recht der GmbH* (1954, polic.), 4, 24 ss. e 85 ss., Sigurd Baltzer, *Die gesellschaftliche Treupflicht im Recht der AG und GmbH* (s/d, mas 1968), ponderando o tema especialmente na jurisprudência, até 1933 (39-70), de 1932 a 1945 (71-104) e depois da II Guerra (105-128) e Ulrich Immenga, *Bindung von Rechtsmacht durch Treupflicht*, FS 100 Jahre GmbH-Gesetz (1992), 189-243.

considerações tecidas em torno do artigo 64.°, na versão resultante da reforma de 2006[1196].

Como dever especificamente dirigido aos gerentes das sociedades por quotas, temos a proibição de concorrência inserida no artigo 254.°[1197]:

> 1. Os gerentes não podem, sem consentimento dos sócios, exercer, por conta própria ou alheia, actividade concorrente com a da sociedade.

No domínio da Lei de 1901, havia um preceito semelhante por via da remissão do artigo 31.° para o regime dos "directores" das sociedades anónimas. Quanto a estes, o artigo 173.°, § 4.°, dispunha:

> Os directores de qualquer sociedade anónima não poderão exercer pessoalmente comércio ou indústria iguais aos da sociedade, salvo os casos de especial autorização concedida expressamente em assembleia geral.

Aquando da preparação do Código das Sociedades Comerciais, o anteprojecto de FERRER CORREIA (97.°)[1198] veio prever expressamente a proibição de concorrência, inspirando-se no artigo 2390.° do Código Civil italiano, relativo a administradores das sociedades anónimas[1199]. Todavia, o mesmo artigo 254.° acabou por proceder a uma série de recortes[1200] na concorrência efectivamente vedada, de tal modo que existe uma margem de discussão quanto ao escopo efectivo da norma proibitiva[1201].

1196 *Manual,* 799 ss..

1197 RAÚL VENTURA, *Sociedade por quotas* cit., 2, 54 ss. e ALEXANDRE SOVERAL MARTINS, *O exercício de actividades concorrentes pelos gerentes de sociedades por quotas*, BFD LXXII (1996), 315-344 (315 ss..). Cf. MAXIMILIAN SCHIESSL, no *Münchener Handbuch* cit., 3, 2ª ed., § 34 (549 ss.).

1198 Cf. o texto pertinente em RAÚL VENTURA, *Sociedade por quotas* cit., 2, 54.

1199 PIETRO RESCIGNO (org.), *Codice civile*, 3ª ed. (1997), 2692. Dispõe o preceito em causa:

> Os administradores não podem assumir a qualidade de sócios ilimitadamente responsáveis em sociedades concorrentes nem exercer uma actividade concorrente por conta própria ou de terceiros, salvo autorização da assembleia.
>
> Pela inobservância de tal dever a administração pode ser revogada de ofício e responde pelos danos.

1200 Recortes esses não-existentes no Código Civil italiano.

1201 A concorrência proibida aos sócios das sociedades em nome colectivo – *supra*, 161 ss.. – é mais estrita (180.°); o mesmo parece suceder com os administradores das sociedades anónimas (398.°/4). Fica-se na dúvida (especialmente quanto a estas últimas) se não estaremos perante lapsos de revisão. Tudo isto poderia ter sido evitado com uma parte geral mais cuidada.

II. No tocante à própria noção de concorrência aqui relevante, o artigo 254.°/2 veio precisar que está em causa qualquer actividade abrangida no objecto da sociedade, desde que efectivamente exercida[1202] ou desde que o seu exercício tenha sido deliberado pelos sócios.

Quanto ao exercício (254.°/1 e 3), temos:

- a actuação própria directa;
- a actuação por interposta pessoa;
- a actuação, directa ou por interposta pessoa, em sociedade que implique a assunção de responsabilidade ilimitada;
- a participação de, pelo menos, 20% no capital ou nos lucros de sociedade em que assuma responsabilidade limitada.

Quanto a participações em sociedades, deve subentender-se: desde que concorrentes, por preencherem os requisitos do artigo 254.°/2.° 254.°/2: de outro modo, o artigo 254.°/3 nem faria sentido.

Uma boa interpretação destes preceitos exigiria o levantamento dos objectivos de proibição. Perante o texto dador – o artigo 2390.° do Código Civil italiano – têm sido defendidas as teses seguintes[1203]:

- o legislador pretende tutelar o interesse da sociedade em poder dispor das energias do gerente: mas não, uma vez que lhe não são vedadas ocupações extra-societárias, desde que não sejam concorrentes;
- o legislador quer prevenir a fuga de informações: tão-pouco, dado que, para isso, bastaria, por hipótese, uma pequena participação; além disso (SOVERAL MARTINS) a proibição sempre subsistiria, mesmo que o gerente não tivesse acesso a quaisquer informações sigilosas;
- o legislador visa evitar um potencial conflito de interesses que afaste o gerente da realização do interesse social: a opção de FERRER CORREIA, de RAÚL VENTURA e de SOVERAL MARTINS.

1202 RPt 7-Mai.-1996 (ALBERTO SOBRINHO), Proc. 9521234/ITIJ, visitado em 2-Mar.-2006.

1203 Com indicações: RAÚL VENTURA, *Sociedade por quotas* cit., 3, 55-56 e SOVERAL MARTINS, *O exercício de actividades concorrentes* cit., 318 ss..

Permitimo-nos dissentir. A proibição de concorrência, pelo modo abstracto por que é estatuída (pense-se na percentagem de 20%: porque não 25% ou 15%?) vale por si: não por fins que a transcendam. A lei pretende, simplesmente, que exista uma confiança geral e objectiva nas instituições societárias e que o grande público tenha a sensação de que imperam a limpidez e lisura nos negócios. A concorrência condenável e a deslealdade no exercício de funções terão de ser verificadas e sancionadas *in concreto*. Em abstracto, apenas se poderá fixar um quadro normal e tranquilo, que proteja o sistema[1204].

III. Quanto ao consentimento para a actuação concorrente: ele pode ser dado no próprio pacto social[1205], visando cada interessado, individualmente. O artigo 254.°/4 estabelece algumas regras facilitadoras. Assim:

– presume-se o consentimento quando o exercício da actividade seja anterior à nomeação do gerente e seja conhecido dos sócios que detenham a maioria do capital;
– *idem*, quando, existindo esse conhecimento, ele continue a exercer as suas funções decorridos mais de 90 dias depois de ter sido deliberada nova actividade da sociedade com a qual concorra a que vinha sendo exercida por ele.

IV. Sanções pela violação da proibição da concorrência: ela constitui justa causa de destituição e obriga o gerente a indemnizar a sociedade pelos prejuízos que ela sofra (254.°/5).

Tais direitos prescrevem em 90 dias contados do momento em que todos os sócios tenham conhecimento da actividade exercida pelo gerente ou, em qualquer caso, no prazo de cinco anos contados do início da actividade (254.°/6).

[1204] Por isso já se decidiu que a proibição de concorrência apenas atinge os sócios-gerentes: não os sócios em geral; seria nula a deliberação social que pretendesse proibir aos sócios não-gerentes o exercício de actividades concorrenciais, por violar a liberdade económica garantida pela Constituição: RPt 30-Mar.-1992 (Vasco Faria), Proc. 9110299/ITIJ, visitado em 2-Mar.-2006. Ainda na mesma linha, também já se entendeu que apenas a sociedade (e não outro sócio) pode pedir a competente indemnização: RLx 16-Mai.-2000 (Bettencourt Faria), CJ XXV (2000) 3, 89-91 (91/I)

[1205] STJ 12-Jun.-1996 (Agostinho Manuel Pontes de Sousa Inês), CJ/Supremo IV (1996) 2, 127-130 (130/I).

Põe-se a hipótese, facilitada pela letra da lei, de ser sancionada uma actividade que se prolongue no tempo: não um acto isolado de concorrência. Não vemos base valorativa para a distinção. Um acto isolado de concorrência pode representar uma autêntica estocada na sociedade, traduzindo grave deslealdade. Tudo dependerá do caso concreto considerado.

166. A destituição

I. A relação de gerência é duradoura: na falta de termo fixado no contrato de sociedade ou no acto de designação, ela perdura indefinidamente, até que sobrevenham ou a destituição ou a renúncia (256.°). Na realidade, a gerência pode cessar por diversas outras razões[1206]. Assim sucederá por morte ou incapacitação do gerente, por reforma ou por dissolução da sociedade. Também poderá cessar por mútuo acordo entre o gerente e a sociedade. Ficam-nos, como formas potencialmente problemáticas de extinção da gerência, os esquemas unilaterais: a destituição, quando a iniciativa compita à sociedade e a renúncia, quando caiba ao gerente.

II. A destituição de gerentes vem tratada no artigo 257.°[1207]. O princípio básico é o da livre destituibilidade dos gerentes, isto é: o de livre revogabilidade da sua situação, por acto unilateral e discricionário da sociedade[1208]. A justa causa, como veremos, apenas é necessária para que não haja lugar a indemnização e, ainda, para outros efeitos abaixo referidos. A designação com um termo não impede a livre destituição antes dele[1209].

[1206] Algumas indicações: Raúl Ventura, *Sociedade por quotas* cit., 2, 81 ss..

[1207] *Idem*, 89 a 119; cf. João Labareda, *A cessação da relação de administração*, em *Direito societário português* (1998), 65-166.

[1208] REv 27-Out.-1988 (Sampaio da Silva), CJ XIII (1988) 4, 265-268 (267/I) = BMJ 380 (1988), 561 (o sumário), STJ 23-Jun.-1992 (Rui Brito), BMJ 418 (1992), 793-800 (798), fazendo a aproximação com o princípio da livre revogação dos poderes de administração das sociedades civis e do princípio da liberdade de revogação dos contratos de prestação de serviço e de mandato (996.°/3, 1156.° e 1170.° do Código Civil), STJ 18-Jun.-1996 (Cardona Ferreira), CJ/Supremo IV (1996) 2, 155-157 (157/I), RLx 9-Jan.-1997 (Silva Pereira), CJ XXII (1997) 1, 88-93 (90/II) e STJ 9-Jul.-1998 (Aragão Seia), BMJ 479 (1998), 634-645 (641).

[1209] RPt 9-Jul.-2002 (Emídio Costa), CJ XXVII (2002) 4, 174-175 (175/I); o desrespeito pelo termo poderá ter consequências indemnizatórias.

A matéria da destituição é sensível: prende-se, de certo modo, com a ordem pública societária. Assim, não é possível fixar, nos estatutos, uma não destituibilidade dos gerentes ou de determinados gerentes. Pode-se, sim:

- fixar um direito especial à gerência, altura em que só com acordo do próprio poderia haver destituição (257.°/3, 1ª parte);
- subordinar a destituição a uma maioria qualificada ou a outros requisitos (257.°/2).

Nenhuma destas situações pode, todavia, impedir a destituição por justa causa.

III. A presença de justa causa permite:

- deliberar a destituição por maioria simples, mesmo quando o pacto a sujeite a maioria qualificada ou a outros requisitos (257.°/2, 2ª parte)[1210];
- deliberar que a sociedade requeira a suspensão e a destituição do gerente que detenha um direito especial à gerência, designando, para tanto, um representante especial[1211];
- a qualquer sócio, requerer a suspensão e a destituição do gerente, em acção intentada contra a sociedade[1212]; seguirá, então, o processo de jurisdição voluntária previsto no artigo 1484.°-B, do Código de Processo Civil[1213];
- havendo apenas dois sócios, a destituição (só) pode ser decidida pelo tribunal em acção intentada por um contra o outro[1214]: curio-

[1210] STJ 9-Jul.-1998 cit., BMJ 479, 641.

[1211] RPt 11-Jun.-1992 (Lopes Furtado), CJ XVII (1992) 3, 306-308 (307/II), RPt 25-Jan.-1993 (Abílio Vasconcelos), CJ XVIII (1993) 1, 213-215 (214/II) = BMJ 423 (1993), 602 (o sumário), com indicações e REv 23-Mai.-1996 (Mota Miranda), CJ XXI (1996) 3, 270-271 (271/I), mandando que seja usado o processo comum.

[1212] RPt 7-Jun.-1994 (Cândido Lemos), BMJ 438 (1994), 551 (o sumário), explicitando que a acção deve ser intentada contra a sociedade e o gerente destituendo, e REv 28-Mai.-1998 (Fernando Bento), CJ XXIII (1998) 3, 262-265 (264/I): preliminarmente, por providência cautelar não especificada, pode ser pedida a suspensão. Todavia, este esquema só se aplica às sociedades com três ou mais sócios: RLx 3-Out.-1991 (Sousa Dinis), CJ XVI (1991) 4, 182-184 (183/II).

[1213] Na redacção dada pelo Decreto-Lei n.° 329-A/95, de 12 de Dezembro.

[1214] RLx 15-Jun.-1989 (Tomé de Carvalho), CJ XIV (1989) 3, 145-147 (146), RPt 16-Mar.-1992 (Guimarães Dias), BMJ 415 (1992), 726 (o sumário) = CJ XVII (1992)

samente, a jurisprudência admite que, não sendo invocada justa causa, a destituição possa ser decidida pela assembleia geral[1215].

167. Segue; a concretização da justa causa

I. Tudo se ordena em torno do conceito de justa causa[1216]. O Código de 1986 dá-nos várias noções. Assim, a propósito da destituição dos gerentes das sociedades por quotas (257.°/6), temos:

> Constituem justa causa de destituição, designadamente, a violação grave dos deveres do gerente e a sua incapacidade para o exercício normal das respectivas funções.

Quanto à destituição dos administradores nas sociedades anónimas, na redacção introduzida pelo Decreto-Lei n.° 76-A/2006, de 29 de Março, encontramos:

> Constituem, designadamente, justa causa de destituição a violação grave dos deveres do administrador e a sua inaptidão para o exercício normal das respectivas funções.

No tocante ao dever de comunicação à sociedade, a cargo dos membros dos órgãos de administração e de fiscalização de uma sociedade, do número de acções e de obrigações de que sejam titulares (447.°/1 e 2), o Código explicita (*idem*, n.° 8):

> A falta culposa do cumprimento do disposto nos n.°s 1 e 2 deste artigo constitui justa causa de destituição.

2, 214-215 (214/II), REv 17-Jun.-1993 (Cortez Neves), BMJ 428 (1993), 711 (o sumário), RLx 28-Out.-1993 (Ferreira Girão), CJ XVIII (1993) 5, 106-108 (107/II), considerando que se deve lançar mão do processo comum e não do (então) artigo 1484.° do Código de Processo Civil, RPt 11-Out.-1994 (Matos Fernandes), CJ XIX (1994) 4, 206-208 (207/II), RPt 7-Nov.-1996 (Saleiro de Abreu), CJ XXI (1996) 5, 185-187 (186/I), RCb 14-Mar.-2000 (Custódio Costa), CJ XXV (2000) 2, 15-16 (15/II), RCb 18-Mar.-2003 (Helder Roque), CJ XXVIII (2003) 2, 21-22 (21/II), RPt 20-Abr.-2004 (Luís Antas de Barros), Proc. 0420180/ITIJ, visitado em 3-Mar.-2006 e RPt 4-Out.-2005 (Cândido Lemos), Proc. 0524101/ITIJ, visitado em 3-Mar.-2006.

[1215] STJ 4-Dez.-1996 (Martins da Costa), BMJ 462 (1996), 441-447 (446), RCb 11-Nov.-2003 (Garcia Calejo), Proc. 2919/03/ITIJ, visitado em 3-Mar.-2006 e STJ 19-Fev.-2004 (Nuno Cameira), Proc. 03A4125/ITIJ, visitado em 3-Mar.-2006.

[1216] *Manual*, 894 ss..

Como se vê, estes preceitos apontam uma direcção, embora não sejam rigorosamente coincidentes.

II. Antes de proceder à redução dogmática da justa causa, para efeitos de destituição dos gerentes, vamos verificar como se tem procedido à sua concretização prática. Tem ainda interesse incluir no rol as situações de justa causa de exclusão de sócios: *a fortiori* elas constituirão, também, justas causas de destituição de gerentes. Assim e como exemplos:

– há justa causa perante o comportamento desleal ou gravemente perturbador do funcionamento da sociedade, daí decorrendo prejuízos relevantes para a sociedade, efectivos ou potenciais: o sócio, para além de propalar entre os colaboradores da empresa que esta vai fechar por falta de qualidade dos produtos, dá concomitantemente colaboração à empresa concorrente[1217];
– não há justa causa quando não se provem prejuízos derivados da conduta do gerente, pois não há "... um comportamento na actividade de gerência que impossibilite a continuação da relação de confiança ..."[1218];
– há justa causa quando o gerente subtraia facturas à contabilidade da sociedade; tal atitude é ilícita havendo, ainda, presunção de culpa, por se entender a posição do gerente como contratual[1219];
– a propósito de uma acção de destituição numa sociedade com apenas dois sócios, há justa causa quando o requerido venha impedindo que a requerente exerça quaisquer actos de gerência, nem sequer a autorizando a permanecer nas instalações da sociedade; além disso, falsificou uma acta da sociedade, bem como a sua escrita; acrescendo a aspectos criminais, ficou "... quebrada a relação de confiança que deve existir entre sócios-gerentes ..."[1220];

[1217] RLx 3-Out.-1991 (Silva Salazar), Proc. 0030256/ITIJ, visitado em 3-Mar.-2006.

[1218] STJ 27-Out.-1994 (Sousa Macedo), CJ/Supremo II (1994) 3, 112-115 (114/II).

[1219] STJ 14-Fev.-1995 (Machado Soares), BMJ 444 (1995), 650-664 (660 e 661): um acórdão bem documentado.

[1220] RPt 18-Nov.-1996 (Saleiro de Abreu), CJ XXI (1996) 5, 185-187 (186/II).

– o conceito de justa causa tem a ver com o interesse social de não poder continuar investido na gerência aquele que se mostrou incompetente ou quem infringiu os deveres do cargo[1221];
– é justa causa o exercício, sem consentimento dos sócios, de actividade concorrente com a da sociedade[1222]:
– *idem*, qualquer circunstância, facto ou situação em face da qual, e segundo a boa fé, não seja exigível a uma das partes a continuação da relação contratual: *in casu*: o sócio-gerente optou por vender um estabelecimento por 83.000 c., quando podia tê-lo feito por 260.000 c., colocando os seus interesses à frente dos da sociedade[1223];
– a justa causa aqui em questão tem um carácter especial, consubstanciando uma quebra de confiança, por razões justificadas, entre a sociedade, representada pela assembleia geral e o gerente[1224];
– a justa causa será a verificação de um comportamento na actividade do gerente – ou a prática de actos por sua parte – que impossibilite a continuação da relação de confiança que o exercício do cargo pressupõe[1225];
– há justa causa quando não seja possível exigir, na sequência de violação grave dos seus deveres, que a sociedade o mantenha no cargo; será o caso de gerentes que cumpram tardiamente (3 ou 2 anos depois) o seu dever de relatar a gestão[1226];
– a justa causa também pode advir da omissão: assim sucede com o gerente que deixa caducar alvarás de construção civil, anula seguros dos trabalhadores, passa facturas falsas e aprova tardiamente as contas[1227].

[1221] RLx 3-Dez.-1996 (André Santos), Proc. 0007531/ITIJ, visitado em 3-Mar.-2006.

[1222] RPt 16-Jan.-1997 (Sousa Leite), Proc. 9630763/ITIJ, visitado em 3-Mar.-2006.

[1223] REv 28-Mai.-1998 (Fernando Bento), CJ XXIII (1998) 3, 262-265 (264/II e 265/I).

[1224] RPt 2-Nov.-1998 (Simões Freire), Proc. 9851013/ITIJ, visitado em 3-Mar.-2006.

[1225] STJ 20-Jan.-1999 (Garcia Marques), CJ/Supremo VII (1999) 1, 37-41 (40/I) = BMJ 483 (1999), 176-185 (183/I); cf. STJ 11-Mar.-1999 (Garcia Marques), BMJ 485 (1999), 432-443 (442-443): um caso de ilisão de culpa, numa hipótese de violação de um acordo parassocial por pedido de destituição de gerente.

[1226] RPt 9-Abr.-2002 (Maria Fernanda Pais Soares), CJ XXVII (2002) 2, 216-219 (218/II).

[1227] RPt 24-Mar.-2003 (Pinto Ferreira), CJ XXIX (2003) 2, 180-183 (182/II).

Em diversas decisões avulta o apelo à quebra de confiança[1228]. A via é promissora: efectivamente, para além da complexidade dos esquemas destinados a concretizar os conceitos indeterminados, há sempre um consenso alargado, entre os membros de uma comunidade, sobre as circunstâncias nas quais alguém deixa de merecer a confiança necessária para desempenhar certas funções.

III. A concretização de um conceito indeterminado opera num conjunto alargado de elementos jurídicos. Nesse domínio, é sempre importante ter presentes as consequências da decisão. Digamos que quanto mais ponderosas forem as consequências a extrair da verificação de justa causa, mais rigorosos deveremos ser no tocante ao seu prenchimento.

Em abstracto, o conceito de justa causa, para efeitos de destituição dos gerentes das sociedades por quotas, pode ter uma de duas feições:

– uma feição civil, próxima da justa causa requerida para a revogação de certos mandatos (1170.°/2, do Código Civil); nesta acepção, "justa causa" traduz qualquer motivo justificado, de natureza objectiva ou subjectiva;
– uma feição laboral, típica da justa causa exigida para o despedimento individual de trabalhadores, por iniciativa da entidade empregadora (396.°/1, do Código do Trabalho): a justa causa será, aqui "o comportamento culposo do trabalhador que, pela sua gravidade e consequências, torne imediata e praticamente impossível a subsistência da relação de trabalho".

Ora, no domínio da destituição dos gerentes, propendemos claramente para esta última solução[1229]. Pelo seguinte:

– o artigo 257.°/6 aponta como justa causa, ainda que a título exemplificativo, "... a violação grave dos deveres do gerente ...";
– as consequências da destituição sem justa causa são (apenas) o não-pagamento de uma indemnização ao gerente afastado; ampliar a justa causa equivaleria a precarizar a posição dos gerentes, numa

---

1228 *Vide*, ainda: RPt 25-Nov.-1999 (NORBERTO BRANDÃO), Proc. 9931280/ITIJ, visitado em 3-Mar.-2006, STJ 10-Fev.-2000 (ABEL FREIRE), BMJ 494 (2000), 353-358 (357/I) e RPt 22-Mai.-2001 (AFONSO CORREIA), Proc. 0120692/ITIJ, visitado em 3-Mar.-2006.

1229 De resto: a orientação que vem prevalecendo na doutrina e na jurisprudência; cf. o *Manual*, 898.

ocasião em que a saúde das empresas exige a sua profissionalização; além disso, não está em causa a possibilidade de destituir livremente os gerentes, com ou sem justa causa.

IV. A "incapacidade para o exercício normal das respectivas funções", se se prender com a saúde física ou mental do gerente, conduz à cessação da situação de gerência por caducidade: não tem a ver com o preenchimento da cláusula de "justa causa". A "incapacidade" deve ser aproximada da "incompetência profissional": o gerente descura a sua formação profissional ou não é capaz de acompanhar as realidades da empresa. Qualquer dessas eventualidades traduz a violação (grave) dos seus deveres profissionais, com presunção de culpa.

V. A justa causa de destituição do gerente pode analisar-se nos seguintes pressupostos:

– ilicitude: a violação dos deveres de gerência, sejam eles deveres específicos legais (p. ex., a proibição de concorrência ou o dever de relatar a gestão), deveres específicos estatutários (p. ex., convocar os sócios com certa periodicidade) ou deveres genéricos (p. ex., actuar com lealdade, com urbanidade e com respeito pela integridade patrimonial da empresa ou dos seus sócios);
– culpa: o juízo de censura inerente às violações perpetradas; esta, perante a violação de deveres específicos, presume-se, nos termos do artigo 799.°/1, do Código Civil.

Quanto a danos: não têm de ser efectivos: apenas potenciais. No campo societário, as normas envolvidas ou têm um conteúdo directamente patrimonial ou visam, em última instância, a tutela de valores patrimoniais. Qualquer violação implica, sempre, mas ainda que potencialmente, danos patrimoniais. Além disso, estamos no Direito privado, com uma natural primazia da pessoa. Relevam, por isso e para efeitos de justa causa de destituição, os danos morais. O gerente que desconsidere os sócios, que vede, a colegas, o acesso à empresa ou que, por qualquer via, atente contra a honra e a dignidade dos restantes gerentes ou dos titulares de quotas, incorre em justa causa de destituição.

Perante tais generalidades, podemos concluir que o dano não é um pressuposto explícito da justa causa de destituição. A sua ocorrência confirma e reforça, contudo, a presença de ilicitude e de culpa.

VI. Pergunta-se como articular a ilicitude, a culpa e, eventualmente, o dano, com a ideia judicialmente frutuosa de quebra da confiança.

O juízo de confiança pressupõe, por parte de quem o formule, uma ponderação de todos os factores relevantes que conduza a uma previsão: a de que algo se irá desenrolar de acordo com determinado programa. Quebrar a confiança no gerente equivale ao predomínio de uma incerteza sobre o modo por que, no futuro, ele irá desempenhar as suas funções.

A quebra da confiança aqui relevante é, naturalmente, aquela em que incorra um sócio comum, colocado na situação do concreto sócio atingido, perante a violação culposa dos seus deveres, perpetrada por algum gerente. O juízo de quebra corresponde a uma síntese entre a ilicitude, a culpa e o concreto significado que *in casu* assumam, por um lado e, por outro, a valoração que tudo isso suscite, num prisma de equilíbrio normal e prudente. Consequência natural da quebra relevante de confiança é a inexigibilidade da continuação de situação de gerência, inexigibilidade essa que advém de uma ponderação global do sistema, expressa pela fórmula tradicional "boa fé".

Curiosamente: embora se torne difícil explicar verbal e analiticamente em que reside a quebra de confiança, podemos arriscar que, perante a generalidade das situações práticas, todos caem de acordo quanto à sua ocorrência. No fundo, tudo equivalerá a perguntar ao intérprete-aplicador: confiaria tranquilamente os seus interesses ao gerente em jogo?

VII. Conquistados estes pontos, podemos ir um pouco mais longe: o conceito de justa causa não é uniforme, nas várias hipóteses de destituição. Antes tenderá a ser mais exigente, consoante a solidez da situação que venha a atingir. Assim, podemos distinguir:

– um gerente é designado pela assembleia geral, sem qualquer termo: temos uma situação duradoura, que tenderá a prolongar-se indefinidamente; compreende-se que possa cessar com uma justa causa mais leve;
– *idem*, mas com um mandato de duração prefixada: a sua cessação antes do termo já requer uma justa causa mais ponderosa;
– o gerente é indicado no pacto social; estamos perante um elemento que poderá ter sido constitutivo da decisão de contratar: a justa causa terá de envolver um juízo de incumprimento do próprio contrato;

– a sociedade tem apenas dois sócios: desta feita, era natural, quando contrataram, que ambos se conhecessem bem, nas suas qualidades e nos seus defeitos: uma justa causa superveniente que conduza a uma destituição deverá representar um juízo ainda mais pesado; finalmente:

– o gerente é indicado no pacto, aí recebendo um direito especial à gerência: a revogação dessa cláusula e a destituição do gerente requerem uma justa causa "forte", com a constatação de uma total inexigibilidade de continuação da situação assumida.

Esta diversificação na densidade da justa causa, de modo a adequá-la às várias situações de gerência, corresponde a uma ideia de aperfeiçoamento do Direito. Este deve dispensar soluções distintas em função do tipo de problemas que venha enquadrar e resolver. Cremos que ela já transparece nas diversas decisões judiciais[1230]. Cabe agora aos estudiosos proceder a uma exposição envolvente da matéria.

168. Segue; a indemnização

I. A destituição com justa causa é sempre possível, excepto na hipótese de haver um direito especial à gerência, como vimos. Todavia, ela obriga a indemnizar. E sobre o tema, dispõe o artigo 257.°/7:

> Não havendo indemnização contratual estipulada, o gerente destituído sem justa causa tem direito a ser indemnizado dos prejuízos sofridos, entendendo-se, porém, que ele não se manteria no cargo ainda por mais de quatro anos ou do tempo que faltar para perfazer o prazo por que fora designado.

Como ponto de partida, devemos assentar em que a destituição de um gerente, sem justa causa, é um facto ilícito[1231]. A ilicitude poderá variar,

[1230] Por isso se exige que os fundamentos da destituição constem da acta da assembleia geral que a delibere: STJ 15-Fev.-2000 (FRANCISCO LOURENÇO), BMJ 494 (2000), 358-365 (365/I).

[1231] Contra: RAÚL VENTURA, *Sociedade por quotas* cit., 3, 118. Se o acto é lícito, caímos numa delicada contraposição entre os interesses da sociedade e os do gerente; não vemos, porém, como posicionar aqui uma indemnização. Quanto ao fundo: se um gerente é designado *sine die* ou para um mandato de quatro anos: destituí-lo *ex abrupto* e *ad nutum* vai contra o combinado e contra expectativas legítimas. É ilícito, ainda que o Direito não preveja, aqui, a reintegração natural.

consoante as circunstâncias (será maior numa destituição imediata ocorrida antes do termo de um mandato expressamente acordado), mas é uma constante.

II. A indemnização pressupõe danos, incumbindo ainda ao interessado invocar e provar todos os factos constitutivos da sua pretensão[1232]. Ele teria, em especial, de demonstrar os concretos prejuízos sofridos[1233], não bastando alegar a mera perda de retribuição[1234].

Torna-se patente, quer na jurisprudência, quer na própria lei, uma certa política restritiva, no tocante ao arbitramento de indemnizações. Trata-se de um ponto que deve ser esclarecido e reponderado.

No tocante à lei: o artigo 257.°/7, 2ª parte, parece de facto inculcar a ideia de que a indemnização não poderá ultrapassar as vantagens que adviriam da manutenção do cargo pelos períodos aí fixados.

Quanto à jurisprudência e a alguma doutrina: subjacentes, elas poderão ter duas ideias restritivas:

- o arbitramento de indemnizações elevadas poderia pôr em crise o princípio da livre destituibilidade dos gerentes: os sócios ponderariam sempre o risco de fazer incorrer a sociedade em consequências ruinosas;
- a destituição, mesmo sem justa causa, seria um facto lícito: perante ele, nunca se poderia ir muito longe na via indemnizatória.

III. A tudo isto temos de contrapor outra panorâmica: o miserabilismo das nossas indemnizações[1235], contra as quais há que lutar, no presente momento histórico.

O exercício de funções de gerente deve ser dignificado: sem condições e sem contrapartidas, não é possível exigir estudo, aperfeiçoamento e responsabilização. Os dirigentes das empresas, mesmo de pequena dimensão, devem ter conhecimentos básicos de contabilidade, de Direito comer-

---

[1232] RCb 28-Mai.-1991 (Costa Marques), CJ XVI (1991) 3, 77-80 (79/I).

[1233] STJ 12-Jun.-1996 (Nascimento Costa), CJ/Supremo IV (1996) 2, 130-132 (132/I) e STJ 20-Mai.-2004 (Neves Ribeiro), Proc. 04B1218/ITIJ, visitado em 3-Mar.-2006.

[1234] RPt 16-Mar.-2004 (Fernando Samões), Proc. 0420808/ITIJ, visitado em 3-Mar.-2006.

[1235] *Vide* o nosso *Da responsabilidade civil dos administradores* cit., 550 ss. e António Santos Abrantes Geraldes, *Temas da responsabilidade civil* – vol. II – *Indemnização dos danos reflexos* (2005), 23.

cial e das realidades do sector onde laborem. Devem ter dignidade e devem ser prestigiados.

A destituição *ad nutum* – ou, porventura pior: a possibilidade de ela ocorrer a todo o tempo – sem compensação ou com compensações irrisórias equivale a um abaixamento no nível das pequenas e médias empresas do País.

Por certo que sobrecarregar as empresas com ónus pesados, quando intentem uma renovação e à semelhança do que sucede no sector laboral, também tem custos. Todavia, isso pode ser evitado:

- prevendo as situações de justa causa;
- ou estabelecendo prazos para os mandatos de gerência, de tal modo que qualquer renovação possa operar, de modo indolor para todos, no termo do mandato.

IV. Nos termos do artigo 62.°/1, da Constituição, são inconstitucionais todas as limitações legais ao direito à indemnização: isso poderá corresponder à manutenção de um dano não compensado e, logo, de um atentado à propriedade privada (em sentido amplo). Além disso, os diversos direitos fundamentais, que incluem muitos direitos de personalidade, devem ser tutelados, também no plano indemnizatório ainda que, aqui, com o mero sentido de uma compensação.

Quer isso dizer que, perante uma destituição sem justa causa que obrigue a indemnizar, são computáveis[1236]:

- os lucros cessantes, correspondentes à perda da remuneração até ao final do mandato ou por um período razoável: a lei refere os quatro anos, mas esse ponto deve ser aferido caso a caso;
- os danos emergentes: maiores despesas, custos de instalação, perda de lugar do cônjuge, que tenha acompanhado o gerente abandonando a anterior ocupação, deslocação dos filhos e outras;
- os danos morais: uma destituição *ad nutum*, sem justa causa ou com uma alegação de justa causa que não venha a demonstrar-se é, antes de mais, um grave atentado à dignidade pessoal e profissional de cada um.

Particularmente criticável nos parece ser a postura de desconsiderar os lucros cessantes com a alegação de que o destituído, entretanto, anga-

1236 *Manual*, 899 ss..

riou outros meios de vida. Premiamos o infractor: quanto mais o destituído trabalhar, menos pagará a entidade responsável. E se o destituído se remeter à completa ociosidade, então a responsabilidade da sociedade será máxima. A incongruência é patente. A indemnização só pode ser compensada com lucros que ocorram mercê do próprio nexo causal que delimita o dano. Factores externos, como a capacidade do atingido para alcançar alternativas, são irrelevantes.

Uma nova ética na governação das empresas deve ser servida por um Direito moderno que não tenha receio de extrair as consequências dos factos com que lide.

V. A solução ideal para toda esta problemática estará na fixação, aquando da designação:

– da duração do mandato;
– das eventualidades que possam justificar a cessação antecipada das funções do gerente;
– das compensações a que essa cessação possa dar lugar.

Não é viável uma renúncia antecipada à indemnização por destituição sem justa causa: artigo 809.°, do Código Civil.

169. A renúncia

I. A renúncia é um acto unilateral, praticado pelo gerente e pelo qual ele põe termo à situação jurídica de administração ou de gerência.

A renúncia é possível a todo o tempo: de outro modo, estaríamos a admitir algo de semelhante a trabalhos forçados. Todavia, ela não pode ocorrer sem regras, deixando a sociedade desamparada e sem dirigentes. Acontece ainda que, em termos de gestão profissionalizada, o recrutamento e a formação de gestores adequados representa um investimento, com custos que podem ser elevados. A sua substituição *ex abrupto* pode nem ser possível. De todo o modo: ficam envolvidos novos custos e despesas. E a própria imagem da empresa estará em causa.

Tudo isto envolve uma regulamentação jurídica que procure preservar os valores em presença.

II. A renúncia deve ser comunicada por escrito à sociedade (258.°/1).

Trata-se de um acto recipiendo[1237]. Esta norma deve ser completada com a do artigo 260.°/5: ela deve ser dirigida a outro gerente; não o havendo, ao órgão de fiscalização; não o havendo, a qualquer sócio.

Se não o for: não é eficaz. O gerente que, sem uma declaração válida de renúncia, abandone o seu posto está, seguramente, a incorrer em justa causa de destituição. Esta, a ser actuada, inverte a situação e faz incorrer o gerente "renunciante" em indemnização.

Sendo comunicada, a renúncia torna-se efectiva em oito dias depois de realizada a comunicação: será um lapso de tempo necessário para que a sociedade cure da substituição. A renúncia opera *ex nunc*: não torna, assim, inútil a acção movida pelo renunciante contra a sociedade, por destituição sem justa causa e tendo em vista a obtenção da competente indemnização[1238].

A renúncia torna-se eficaz nos referidos oito dias, perante a sociedade: isso sem prejuízo da necessidade do registo, para poder tornar-se plenamente oponível, perante terceiros[1239].

III. A renúncia pode ter justa causa. A justa causa aqui em jogo tenderá a ser mais lata do que a requerida para a destituição[1240]. Assim, ela abrange:

– as violações culposas de deveres perpetradas pela sociedade, com relevo para o não pagamento atempado da remuneração ou de outras prestações retributivas acordadas ou para a não concretização das condições de trabalho prefixadas ou expectáveis;
– circunstâncias ponderosas, na esfera do gerente, que o levem a abandonar as suas funções: aspectos familiares ou profissionais que tornem inexigível a manutenção do cargo.

1237 RAÚL VENTURA, *Sociedade por quotas* cit., 3, 122.

1238 STJ 13-Out.-1993 (MACHADO SOARES), Proc. 084281/ITIJ, visitado em 4-Mar.-2006.

1239 STJ 26-Jan.-1994 (ARAÚJO RIBEIRO), Proc. 084830/ITIJ, visitado em 4-Mar.-2006. Em RPt 14-Fev.-2002 (GONÇALO SILVANO), CJ XXVII (2002) 1, 209-210 (210/I), entendeu-se ser válida, num processo de falência, a citação de um gerente, mesmo quando este tenha renunciado ao seu cargo: desde que a renúncia não tenha sido inscrita.

1240 Como lugar paralelo poder-se-ia indicar o artigo 441.°/2, do Código do Trabalho, quanto ao despedimento por iniciativa do trabalhador. Uma vez que o gerente pode sempre renunciar com um pré-aviso, pensamos que só razões ponderosas poderiam justificar a saída imediata.

A justa causa é necessária, para que o gerente renunciante não tenha de indemnizar a sociedade por todos os prejuízos causados.

IV. Na hipótese de um mandato muito longo ou de um mandato de duração indeterminada, o gerente poderá renunciar, sem justa causa (ou sem a invocar) desde que dê um pré-aviso razoável (258.°/2, *in fine*). De quanto? No Direito do trabalho, ele seria de trinta ou de sessenta dias, conforme o trabalhador de saída tenha até dois anos ou mais de dois anos de antiguidade (443.°/1, do Código do Trabalho). No contrato de agência, a denúncia perante a duração indeterminada deverá ter um pré-aviso de um mês, se o contrato durar há menos de um ano, dois meses, se já tiver iniciado o segundo ano de vigência e três meses, nos restantes casos (artigo 28.°/1 do Decreto-Lei n.° 178/86, de 3 de Julho).

Estes valores são referências úteis. Todavia, a sua generalização às sociedades por quotas levanta dúvidas: as situações de base podem ser muito diferentes, quanto às circunstâncias. O gerente altamente especializado, com conhecimentos técnicos em áreas pouco conhecidas, deverá dar um pré-aviso maior do que o administrador facilmente substituível.

V. A renúncia *ad nutum*, e portanto: sem justa causa nem pré-aviso, obriga o gerente renunciante a indemnizar. Também aqui defendemos que a indemnização deve ser plena, contemplando:

– os lucros cessantes, incluindo todos os negócios lucrativos que se tenham perdido;
– os danos emergentes, computando as despesas de recrutamento e de formação perdidas e as que seja necessário suportar para encontrar novo gerente;
– os danos morais: todo o dano de imagem que a sociedade possa sofrer.

De novo a solução ideal residirá em, previamente e aquando da contratação, se acordar na duração do mandato e nas condições e consequências da sua cessação antecipada, por iniciativa do gerente.

170. **A natureza**

I. A determinação da natureza da gerência – ou da posição jurídica do gerente – constitui uma questão complexa, com muito para esclarecer[1241].

Têm dominado, na nossa doutrina, as concepções contratualistas: haveria um contrato entre o gerente e a sociedade que explicaria o seu estatuto e que daria base aos direitos e deveres envolvidos. Seria um "contrato de administração" ou de "gerência". Todavia, afigura-se-nos que a situação de gerência pode ter diversas outras fontes. Assim, ela advém:

- do próprio contrato de sociedade, quando designe o gerente;
- de deliberação unilateral: esta não é, tecnicamente, uma proposta, de tal modo que a subsequente aceitação pelo designado não integra um contrato: os regimes são distintos;
- da própria qualidade de sócio, quando todos sejam chamados, *ex lege*, à qualidade de gerentes;
- de designação judicial.

Há outras hipóteses possíveis, como a cooptação.

II. A fórmula matricial de designação – portanto: a mais típica, sobre a qual o legislador modelou o regime característico da figura – é a designação unilateral pela assembleia. Apesar de haver uma aceitação, voltamos a frisar que não há, aqui, uma proposta contratual.

A situação jurídica de gerência caracteriza-se não pela sua fonte, mas pelo seu conteúdo. Será um *status* que envolve direitos e deveres:

- de base legal: os muitos que advêm directamente da lei, seja ela injuntiva ou supletiva;
- de base societária: os que assentem no contrato de sociedade;
- de base deliberativa: os provenientes de deliberações dos sócios;
- de base negocial: os praticados directamente entre o gerente e a própria sociedade.

[1241] Sobre toda esta matéria: *Manual*, 877 ss. e *Da responsabilidade civil dos administradores*, 360 ss., com indicações. Limitar-nos-emos, aqui, a indicar as nossas conclusões.

III. Substancialmente, a gerência é uma situação complexa, privada, patrimonial, onerosa, eventualmente sinalagmática e assente na prestação de serviço. O grande modelo supletivo – para além da aplicação subsidiária das regras sobre a administração das sociedades civis puras – será, assim, o contrato de mandato: 1156.°, do Código Civil.

§ 45.° A FISCALIZAÇÃO

171. **Problemática geral**

I. A fiscalização das sociedades e a problemática a ela subjacente constituiriam um dos grandes motores da evolução do Direito das sociedades ao longo do século XX[1243].

A questão tornou-se especialmente candente mercê da adopção generalizada da regra do reconhecimento automático da personalidade colectiva e da democratização do capital. A concorrência, a densificação das regras técnico-económicas e a necessidade de incrementar a confiança no mercado e no seu funcionamento fizeram o resto.

II. Hoje, podemos considerar que a fiscalização visa os seguintes objectivos:

- defender os interesses da sociedade (e logo: dos sócios) assegurando que a constituição financeira interna é respeitada;
- tutelar os interesses das pessoas que contratem com as sociedades;
- proteger o interesse geral da comunidade, através do bom funcionamento das diversas unidades económicas;
- assegurar o mercado e a regularização das instituições económicas;
- acautelar a confiança geral dos agentes económicos, na idoneidade dos entes colectivos.

Apesar do interesse dos sócios ser nuclear, também no campo da fiscalização, verifica-se que ele não é único. Por isso, boa parte das normas relativas à fiscalização acaba por assumir natureza injuntiva. Ele tutela elementos de tipo geral, que se inscrevem na ordem pública societária.

[1243] *Manual*, 131 ss.; não retomaremos as considerações então efectuadas.

Toda esta problemática veio a merecer a atenção do legislador comunitário, particularmente por via da igualização da concorrência nos diversos países e da defesa, em nível europeu, da confiança do público. Distintos instrumentos têm vindo a versar o assunto.

III. A fiscalização tem dois grandes modelos, que se entrelaçam nas sociedades anónimas:

- o interno, assente em instâncias próprias, com relevo para o conselho fiscal e para a revisão oficial de contas;
- o externo, dependente do Estado ou de entidades reguladoras independentes.

Nalguns casos, a fiscalização externa é inevitável: pense-se na supervisão bancária e na dos seguros, levadas a cabo, respectivamente, pelo Banco de Portugal e pelo Instituto de Seguros de Portugal. Noutros, a fiscalização contemplada é predominantemente interna.

IV. Nas sociedades por quotas, a fiscalização é interna. Poderemos exceptuar alguns sectores regulados[1244]. A pequena ou média dimensão que elas assumem não justifica submetê-las a controlos do Estado: depararíamos com uma burocracia que poria em jogo o seu próprio funcionamento.

Temos aí, todavia, ainda uma clivagem:

- a fiscalização orgânica;
- a fiscalização inorgânica.

Na primeira, a sociedade por quotas em causa dispõe de uma instância especializada na fiscalização: será o caso de estar dotada de um conselho fiscal ou de ter ao seu serviço um revisor oficial de contas.

Na segunda, a fiscalização será simplesmente levada a cabo pelos diversos sócios, ao abrigo das prerrogativas legais e estatutárias que lhes cabem.

V. Resta-nos apresentar uma noção material de fiscalização. Esta traduz o conjunto de regras destinadas a assegurar o cumprimento e a

[1244] Quanto à regulação económica cf. o nosso *Regulação económica e supervisão bancária*, O Direito 138 (2006), 245-276.

sanção de outras regras – as regras primárias – próprias do funcionamento das sociedades. Além disso, a fiscalização destina-se ainda a tornar público o efectivo acatamento das regras primárias, de modo a melhor garantir a confiança do público nas sociedades e no mercado.

172. **Modos de fiscalização: o conselho fiscal e o ROC**

I. O anteprojecto de Raúl Ventura, no tocante à fiscalização das sociedades por quotas, atribuía, ao pacto social, a possibilidade de uma tríplice opção:

– a fiscalização pela gerência;
– o fiscal único; ou
– o conselho fiscal.

Infelizmente, a versão final veio a perder em clareza. De toda a forma, esses três modos continuam subjacentes à lei, designadamente ao artigo 262.° do Código das Sociedades Comerciais.

II. Cabe ao contrato de sociedade optar, em primeira linha, por uma fiscalização orgânica ou inorgânica. Na primeira hipótese, o artigo 262.°/1 refere a opção por um conselho fiscal, o qual se irá reger pelo disposto para as sociedades anónimas (413.° e seguintes, bastante alterados pelo Decreto-Lei n.° 76-A/2006, de 29 de Março). *A fortiori* poderá a opção ser feita por um fiscal único.

Quando nada prevejam, a fiscalização será inorgânica; levada a cabo pelos sócios, ao abrigo do seu direito à informação (214.°) e, no limite, com recurso ao inquérito judicial (216.°).

III. Para as sociedades por quotas de maior dimensão, a lei impõe uma fiscalização orgânica. Segundo o artigo 262.°/2[1245]:

> As sociedades que não tiverem conselho fiscal devem designar um revisor oficial de contas para proceder à revisão legal desde que, durante dois anos consecutivos, sejam ultrapassados dois dos três seguintes limites[1246]:

[1245] Na redacção dada pelo artigo 3.° do Decreto-Lei n.° 347/98, de 6 de Novembro.

[1246] Os montantes indicados podem ser modificados por portaria dos ministros das finanças e da justiça.

a) Total do balanço: 1 500 000 euros;
b) Total das vendas líquidas e outros proveitos: 3 000 000 euros;
c) Número de trabalhadores empregados em média durante o exercício: 50.

Alcançado este patamar, a designação do ROC só deixa de ser necessária (262.°/3):

– se a sociedade passar a ter conselho fiscal;
– se dois dos três requisitos fixados no artigo 262.°/2 não se verificarem durante dois anos consecutivos.

IV. Ainda quanto ao ROC, cumpre tomar nota do artigo 262.°/4 a 6:

– compete aos sócios a sua designação[1247] aplicando-se, na sua falta, os artigos 416.° a 418.° (nomeação oficiosa e nomeação judicial) (n.° 4);
– são-lhe aplicáveis as incompatibilidades estabelecidas para os membros do conselho fiscal (n.° 5);
– ao exame pelo ROC e ao relatório deste aplica-se o disposto quanto a sociedades anónimas, conforme tenham ou não conselho fiscal (n.° 6).

173. **Dever de prevenção**

I. O Decreto-Lei n.° 257/96, de 31 de Dezembro, veio adoptar uma série de medidas no domínio da fiscalização, para além de ter introduzido a matéria básica das sociedades por quotas unipessoais.

Entre as medidas fiscalizadoras tomadas conta-se a introdução do dever de prevenção, inserido no novo artigo 262.°-A. Esse dever cifra-se no seguinte:

– compete ao ROC ou a qualquer membro do conselho fiscal comunicar imediatamente, por carta registada, "... os factos que considere reveladores de graves dificuldades na prossecução do objecto da sociedade" (n.° 1);

[1247] A nomeação pode ser feita, entre duas assembleias, pelo órgão de gestão: RPt 30-Abr.-1998 (Gonçalo Silvano), CJ XXIII (1998) 2, 229-233 (231/II) e RPt 1-Jul.-1999 (João Bernardo), CJ XXIV (1999) 4, 185-188 (187/II).

– a sociedade tem 30 dias para responder (n.° 2);
– na falta de resposta ou se esta não for satisfatória, o ROC deve requerer a convocação de uma assembleia geral (n.° 3);
– ao dever de prevenção aqui em causa aplica-se o disposto sobre o dever de vigilância nas sociedades anónimas[1248], em tudo o que não estiver especificamente regulado (n.° 4).

II. A medida é importante: poderá constituir um primeiro passo para fazer transmitir, à empresa, uma mensagem tendente à tomada de medidas de reestruturação, que podem surgir impopulares.

Todavia, pergunta-se se não seria viável prever canais informais de comunicação. Numa altura em que toda a atenção dos gestores estará virada para os problemas da empresa, pergunta-se se não será mais um ónus prever tais esquemas burocráticos.

174. **Apreciação anual da situação da sociedade**

I. O Código prevê um capítulo específico – o VII da Parte I – sobre a apreciação anual da situação da sociedade. Esse capítulo contém, hoje, um único artigo – o 263.° – sobre o relatório de gestão e as contas de exercício[1249]. Tudo isto pode ser inserido numa ideia ampla de fiscalização.

II. As regras de fundo sobre a apreciação anual de situação da sociedade constam da Parte geral: artigos 65.° a 70.°-A[1250]. Essa regras são aplicáveis às sociedades por quotas, embora deva ser sempre feito o confronto, ponto por ponto.

O artigo 263.°/1 limita-se a dispor sobre o direito de informação dos sócios[1251].

Posto isso:

– não são necessárias especiais apreciação ou deliberação quando todos os sócios sejam gerentes e quando todos eles assinem, sem

---

1248 Artigo 420.°-A.

1249 *Vide*, com muitos elementos, Tobias Hüttsche/Alexander Halmburger, no *Münchener Handbuch* cit., 3, 2ª ed., § 56 (1063 ss.).

1250 *Manual*, 946 ss..

1251 Raúl Ventura, *Sociedade por quotas* cit., 3, 212.

reservas, o relatório de gestão, as contas e a proposta sobre aplicação de lucros e tratamento de perdas, salvo quanto a sociedades sujeitas a revisão legal (n.° 2);
– havendo empate na votação sobre aprovação de contas ou atribuição de lucros, pode qualquer sócio requerer uma nova assembleia presidida por um especialista indicado pelo juiz (n.° 3);
– essa pessoa pode exigir os necessários elementos (n.° 4).

III. Nas sociedades sujeitas a revisão legal, nos termos do artigo 262.°/2, os documentos de prestação de contas e o relatório de gestão devem ser submetidos a deliberação dos sócios, acompanhados de certificação legal de contas e do relatório do ROC (263.°/5).

Ao exame de contas pelo conselho fiscal e ao respectivo relatório aplica-se o disposto para as sociedades anónimas.

IV. Por fim, cumpre ter presente que, nos termos do artigo 70.°, com a redacção que lhe foi dada pelo Decreto-Lei n.° 8/2007, de 17 de Janeiro, a sociedade deve disponibilizar aos interessados, sem encargos, no respectivo sítio da Internet, quando exista e na sua sede própria: o relatório de gestão, a certificação legal das contas e, havendo-o, o parecer do órgão de fiscalização.

Esta obrigação pode ser aproximada da informação empresarial simplificada (IES), introduzida por esse mesmo diploma[1252].

[1221] *Manual*, 948 ss..

CAPÍTULO VII

ALTERAÇÕES E DISSOLUÇÃO DAS SOCIEDADES POR QUOTAS

§ 46.° ALTERAÇÕES

175. Regras especiais

I. As alterações ao contrato de sociedade envolvem diversas situações[1253]: as alterações simples, a cisão, a fusão e a transformação. O artigo 265.°/3 vem reconhecê-lo.

Encontramos, na Parte geral, uma série de regras sobre o tema. Assim, recordamos:

– o capítulo VIII – Alterações do contrato (35.° a 96.°);
– o capítulo IX – Fusão de sociedades (97.° a 117.°);
– o capítulo X – Cisão de sociedades (118.° a 129.°);
– o capítulo XI – Transformação de sociedades (130.° a 145.°).

Toda esta regulação[1254] é aplicável às sociedades por quotas, ainda que se exija, sempre, uma sindicância, norma a norma.

II. Como crítica de política legislativa: essa pormenorizada matéria foi pensada para as sociedades anónimas. Está em jogo, aliás, a transposição de diversas directrizes: também elas destinadas a reger as sociedades anónimas. Ao consignar essa matéria na parte geral, o legislador vem sobrecarregar as pequenas e médias empresas – que assumem, fundamentalmente, o tipo jurídico das sociedades por quotas – com uma série de ónus buro-

---

[1253] JOCHEN HOFFMANN, no MICHALSKI/*Kommentar* cit., 2, 1318 ss..
[1254] *Manual*, 951 ss..

cráticos que entravam a sua acção. Reagindo (finalmente) a estas críticas, o legislador introduziu algumas simplificações. Foi o que sucedeu quanto à redução do capital que, por via das alterações introduzidas pelo Decreto--Lei n.° 8/2007, de 17 de Janeiro, já não requer autorização judicial[1255].

III. Deve notar-se que não se consideram, para esta matéria, como alterações do contrato de sociedade a divisão e a cessão de quotas[1256]. Tudo funcionará, aqui, por maioria simples, quando outra coisa não resulte do pacto social.

IV. A alteração do contrato de sociedade é da exclusiva competência dos sócios[1257]. Segundo o artigo 265.°/1, as deliberações de alteração só podem ser tomadas por uma maioria de três quartos dos votos correspondentes ao capital social ou por um número ainda mais elevado, exigido eventualmente pelo contrato de sociedade.

Além disso, o artigo 265.°/2 permite que, como direito especial de um determinado sócio, se possa estipular que o contrato só possa ser alterado com o seu voto favorável, enquanto ele se mantiver na sociedade.

176. A preferência dos sócios

I. Quando a alteração se cifre num aumento de capital[1258] a realizar em dinheiro, os sócios têm um direito de preferência (266.°/1)[1259]. Nos termos seguintes:

[1255] *Manual,* 957 ss..

[1256] RLx 10-Mar.-1994 (José Nuno de Almeida Valadas), BMJ 435 (1994), 889 (o sumário).

[1257] RCb 11-Jul.-2000 (Nunes Ribeiro), Proc. 792/2000/ITIJ, visitado em 4-Mar.-2006. Assim, é nula a obrigação assumida por um gerente, numa escritura de trespasse de estabelecimento comercial de, no prazo de 30 dias, deliberar transferir a sede social: apenas os sócios o poderiam deliberar: RLx 18-Dez.-2001 (Proença Fouto), CJ XXVI (2001) 5, 126-128 (127/II).

[1258] Bernd Wegmann, no *Münchener Handbuch* cit., 3, 2ª ed., § 53 (1011 ss.).

[1259] *Vide* Raúl Ventura, *Alteração do contrato de sociedade*, 2ª ed. (1988), 179-208., Pedro de Albuquerque, *Direito de preferência dos sócios em aumentos de capital nas sociedades anónimas e por quotas* (1993), 20 ss., o nosso *Da preferência dos accionistas na subscrição de novas acções: exclusão e violação*, ROA 1990, 345-362 e Maria Ângela Coelho Bento Soares, *Aumento de capital*, em IDET, *Problemas do Direito das sociedades* (2002), 235-255 (248 ss.).

– deliberado um aumento, cada sócio tem direito a uma importância proporcional à quota de que for titular na sociedade em causa – 266.°/2, *a*);
– se o sócio interessado pretender uma importância inferior, ela ser-lhe-á concedida – *idem*;
– o sobrante será atribuído a pedidos superiores ao que competiria ao interessado, procedendo-se a um ou mais rateios, em proporção do excesso das importâncias pedidas – 266.°/2, *b*).

II. A preferência dos sócios nos aumentos de capital tem várias finalidades. Assim e designadamente:

– visa proteger a percentagem de capital que cada um detenha; de outro modo, essa percentagem desvanecer-se-ia em cada aumento que ocorresse;
– assegura a manutenção do direito às reservas e a outras mais-valias: pode suceder que o aumento nominal se quede aquém do valor percentual por ele figurado; ora ao ficar fora do aumento, o sócio visado iria perder o inerente maior-valor;
– protege a sociedade da entrada de estranhos: o capital não adquirido poderá ser aberto a terceiras pessoas que, deste modo, passarão a fazer parte da sociedade.

Estas vantagens óbvias levaram a que, no Direito anterior a 1986, as preferências dos sócios nos aumentos de capital já fossem consagradas nos estatutos ou, até, em singulares deliberações de aumento. Alguma doutrina chegou mesmo a propugná-la em geral, mau grado o silêncio da Lei de 1901[1260].

III. O problema acabaria por se pôr com maior acuidade no domínio das sociedades anónimas. No Direito alemão, o direito de preferência (*Bezugsrecht*) do accionista na subscrição de novas acções foi estabelecido

[1260] Diz SANTOS LOURENÇO, *Das sociedades por cotas* cit., 2, 121:

> A distribuição do capital novo faz-se nos termos do contrato mas, quando este é omisso, o seu rateio tem que ser unanimemente deliberado, pois é evidente que se a maioria quisesse fazê-lo à sua vontade, estabeleceria desigualdades entre os sócios. Por isso, a forma de esta se evitar é conservar a proporção de capital inicial.

pelo § 186 do *Aktiengesegtz*[1261]. A doutrina passou a reclamar a sua aplicação às sociedades por quotas, por analogia[1262]. Afinal, dada a natureza (mais) pessoal das sociedades por quotas, o direito de preferência dos sócios até faria, nelas, maior sentido do que nas anónimas[1263], estando especialmente ancorado no dever de lealdade dos sócios: esse dever não permite que se diminua a percentagem do capital detido por um deles[1264].

De todo o modo, o preceito da lei alemã das sociedades anónimas passaria para o artigo 29.° da 2ª Directriz do Direito das sociedades, relativa às garantias do capital social. Diz esse preceito[1265]:

> 1. Em todos os aumentos do capital subscrito por entradas em dinheiro, as acções devem ser oferecidas com preferência aos accionistas, proporcionalmente à parte do capital representada pelas suas acções.

O nosso legislador transpôs o preceito para os artigos 458.° a 460.°, quanto às anónimas. E fê-lo, *per abundantiam*, no artigo 266.°, para as sociedades por quotas. Desta feita, o zelo é justificado.

IV. O artigo 266.° procede, ainda, a alguns aspectos regulamentares. Assim:

– a parte do aumento que, relativamente a cada sócio, não seja bastante para formar uma nova quota acresce ao valor nominal da quota antiga (n.° 3);
– o direito de preferência só pode ser limitado e suprimido em conformidade com o disposto no artigo 460.° (n.° 4);
– os sócios interessados devem exercer a preferência até à assembleia que aprove o aumento de capital (n.° 5, 1ª parte, na redacção dada pelo Decreto-Lei n.° 76-A/2006, de 29 de Março);
– devendo, para o efeito, ser informados das condições desse aumento na convocatória de assembleia ou em comunicação efectuada pelos gerentes com, pelo menos, dez dias de antecedência relativamente à data de realização da assembleia (n.° 5, resto, também na redacção de 2006).

[1261] Uwe Hüffer, *Aktiengesetz*, 7ª ed. (2006), § 186 (946 ss.).

[1262] Zöllner, em Baumbach/Hueck, *GmbH-Gesetz* cit., 18ª ed., § 55, Nr. 20 (1691) e Karsten Schmidt, *Gesellschaftsrecht* cit., 4ª ed., 1174-1175.

[1263] Karsten Schmidt, *Gesellschaftsrecht* cit., 4ª ed., 1175.

[1264] Wegmann, no *Münchener Handbuch* cit., 2, 3ª ed., Nr. 22 (1018-1019).

[1265] *Direito europeu das sociedades*, 197.

Abre-se agora uma lacuna: *quid iuris* se a própria assembleia aprovar condições diferentes das inseridas na convocatória ou das comunicadas pelos gerentes? Por analogia, teremos de abrir um período de 10 dias *depois* da assembleia para que os sócios se pronunciem: é óbvio que não se lhes pode pedir uma resposta imediata.

Deverão efectivar o capital que tenham obtido, sob pena de exclusão, nos termos gerais[1266].

V. A limitação ou a exclusão da preferência dos sócios nos aumentos de capital serão vistas a propósito das sociedades anónimas[1267].

O direito de participar preferencialmente num aumento de capital pode ser alienado: mas com o consentimento da sociedade (267.°/1). Ao consentimento, à sua dispensa ou à recusa aplicam-se as regras relativas ao consentimento para a cessão de quotas; a deliberação de aumento pode, porém, concedê-lo em geral (267.°/2).

A reforma de 2006 introduziu um novo artigo 267.°/3, segundo o qual, havendo consentimento para alienar o direito de participar em aumento de capital, extensivo a todo ele, "... os adquirentes devem exercer a preferência na assembleia que aprove o aumento de capital". E se não forem sócios? Escapa-nos essa norma.

Sendo expressamente recusado, a sociedade deve apresentar uma proposta de aquisição do direito por sócio ou por estranho, aplicando-se, com adaptações, o artigo 231.°: tal a solução do artigo 267.°/4, na numeração de 2006.

177. **Processamento do aumento**

I. Havendo aumento de capital com ou sem admissão de novos sócios, rege o artigo 268.° em termos claros. Assim:

- os sócios que aprovaram o aumento a realizar por eles próprios ficam, sem mais, obrigados a efectuar as respectivas entradas na proporção do seu inicial direito de preferência se o tiverem (n.° 1);

1266 RLx 9-Mai.-1997 (Francisco Magueijo), Proc. 0012562/ITIJ, visitado em 4-Mar.-2006.

1267 *Infra*, 843 ss..

– sendo o aumento de capital destinado à admissão de novos sócios, estes devem declarar que aceitam associar-se nas condições do contrato vigente ao aumento de capital (n.° 2, redacção de 2006);
– a declaração prevista no artigo 88.°/2 (eficácia interna do aumento de capital) só pode ser prestada depois de todos os novos sócios terem dado cumprimento ao n.° 2 (n.° 3, preceito novo de 2006);
– efectuada a entrada em espécie ou em dinheiro, pode o interessado notificar a sociedade, por carta registada, para proceder à declaração do número anterior em prazo não inferior a 30 dias, sob pena de poder exigir a restituição da entrada efectuada e uma indemnização, que ao caso couber (n.° 4, redacção de 2006).

A deliberação de aumento do capital caduca se a sociedade não tiver emitido a declaração na hipótese do n.° 4 ou se o interessado não cumprir o disposto no n.° 2, na data que a sociedade lhes tenha marcado, por carta registada, com a antecedência mínima de 20 dias (n.° 5, na redacção de 2006).

II. O artigo 269.° veio dispor sobre a eventualidade de aumento de capital, havendo um direito de usufruto. Ele pretende distribuir os poderes em jogo pelo titular de raiz e pelo usufrutuário.

Colmata, assim, uma lacuna do artigo 1467.° do Código Civil: quanto a saber quem tem o direito de concorrer a um aumento de capital.

§ 47.° A DISSOLUÇÃO

178. **Dissolução**

I. A dissolução da sociedade vem longamente tratada na parte geral do Código das Sociedades Comerciais. Ocupa todo o capítulo XII (141.° a 145.°)[1268]. Segue-se-lhe, ainda, o capítulo XIII, relativo à liquidação (146.° a 165.°). Toda essa matéria tem natural aplicação às sociedades por quotas[1269].

II. O artigo 270.° contém apenas algumas regras relativas às sociedades por quotas. Assim:

- a deliberação de dissolução deve ser tomada por maioria de três quartos dos votos correspondentes ao capital social, a não ser que o contrato exija maioria mais elevada ou outros requisitos (n.° 1);
- a vontade de dissolver, manifestada pelo sócio ou pelos sócios, fora da deliberação, não pode constituir causa contratual de dissolução (n.° 2).

Visou, em matéria desta delicadeza, preservar a lógica das deliberações.

III. A liquidação segue as regras gerais. Todavia, se os dois únicos sócios-gerentes declararem na deliberação de dissolução que não há bens a partilhar, a liquidação não é necessária[1270].

[1268] Na literatura do GmbHG: JÖRG NERLICH, no MICHALSKI/*Kommentar* cit., 2, 1702 ss. (1706 ss.).

[1269] *Manual*, 976 ss..

[1270] RPt 30-Abr.-1998 (TEIXEIRA RIBEIRO), BMJ 476 (1998), 490-491 (490), o sumário.

IV. O Decreto-Lei n.° 76-A/2006, de 29 de Março, introduziu importantes simplificações no domínio da dissolução e da liquidação das sociedades. Além disso, ele aprovou um conjunto de regras: o Regime Jurídico dos Procedimentos Administrativos de Dissolução e de Liquidação de Entidades Comerciais, aqui aplicável.

O Regime em causa previu, nos seus artigos 27.° a 31.°, um procedimento especial de extinção imediata de entidades comerciais. Toda esta matéria deve estar bem presente, sendo aplicável, com as necessárias adaptações, às sociedades por quotas[1271].

[1271] *Manual*, 978 ss..

CAPÍTULO VIII

AS SOCIEDADES POR QUOTAS UNIPESSOAIS

§ 48.º A PROBLEMÁTICA SUBJACENTE

179. A origem da unipessoalidade

I. A sociedade tem origem no contrato de *societas* romano. Tratava-se do produto de um *bonae fidei iudicium*[1272], exigindo, por natureza, o mínimo de duas pessoas celebrantes.

Ao longo da História, a *societas* romana veio a receber aportações de outros institutos, designadamente dos agrupamentos medievais de comerciantes, base das actuais sociedades em nome colectivo. Adviria, daí, uma forte componente institucional que, reforçada pelas grandes companhias coloniais dos séculos XVII e XVIII, acabaria por permitir a personalização das sociedades.

II. Podemos assim considerar que as sociedades comerciais têm um duplo apoio histórico e dogmático: uma origem contratual, particularmente patente nas definições de contrato de sociedade que se encontram nas diversas legislações e uma estrutura institucional, própria das pessoas colectivas que assumem uma eficácia *erga omnes*.

A manutenção da vertente *societas* exigia que, para a constituição e a manutenção de uma sociedade, houvesse sempre uma pluralidade de sócios[1273]. Na sua falta, faleceria um dos elementos fundamentais do subs-

---

[1272] Cf. *Da boa fé*, 71 ss. e *Da responsabilidade civil dos administradores*, 73 ss..

[1273] Cf., com indicações, Ricardo Alberto Santos Costa, *A sociedade por quotas unipessoal no Direito português* (2002), 26-27, nota 1, *As sociedades unipessoais*, em IDET/*Problemas do Direito das sociedades* (2002), 25-63 (27 ss.) e *Algumas considerações a propósito do regime jurídico da sociedade por quotas unipessoal*, em *Estudos dedicados ao Prof. Doutor Mário Júlio de Almeida Costa* (2001), 1227-1298.

trato. Não se manifestariam os dois factores fundamentais da personalidade colectiva:

– a autonomia patrimonial;
– a limitação, mais ou menos acentuada, consoante o tipo societário, da responsabilidade por dívidas.

III. Todavia, ao longo do século XX, vieram a ser admitidas situações de unipessoalidade, ainda que transitórias. Particularmente razoável pareceria a não-extinção automática de sociedades que viessem a perder, supervenientemente, a pluralidade dos seus sócios[1274]. A sua imediata extinção, a ser admitida, desencadearia, inclusive, efeitos retroactivos: atingiria as obrigações contraídas ainda em tempo de pluripessoalidade imputando-as, parece que sem limite, ao sócio "sobrevivente".

A solução era excessiva. A Ciência do Direito, mau grado a (então) falta de apoio nos textos, veio a admitir situações transitórias de unipessoalidade superveniente.

180. O reconhecimento da unipessoalidade transitória; o alargamento da responsabilidade

I. A preparação do Código Civil de 1966 constituiu uma primeira oportunidade para verter em lei a hipótese da unipessoalidade superveniente e transitória. Assim, o artigo 1007.° do Código Civil, relativo às causas de dissolução das sociedades e justamente na base de um anteprojecto de FERRER CORREIA, veio dispor, no que agora interessa:

> A sociedade dissolve-se:
> (...)
> *d*) Por se extinguir a pluralidade dos sócios, se no prazo de seis meses não for reconstituída;

Ou seja: admitia-se que, ocorrendo a unipessoalidade superveniente,

[1274] Em especial, ANTÓNIO FERRER CORREIA, *Sociedades fictícias e unipessoais* (1948), 210 ss.; com outras indicações, RICARDO ALBERTO SANTOS COSTA, *A sociedade por quotas unipessoal* cit., 233 ss.. FERRER CORREIA voltaria ao tema, designadamente em *O problema das sociedades unipessoais*, BMJ 166 (1967), 183-217 (216-217), com um projecto legislativo.

a sociedade pudesse subsistir, como tal, durante seis meses, enquanto procurava recompor o substrato associativo.

II. Esta regra, aplicável às sociedades civis sob forma civil, foi alargada pela versão inicial do Código das Sociedades Comerciais de 1986: agora, naturalmente, com um claro alcance comercial. Assim, segundo o artigo 142.° deste Código, relativo às causas de dissolução da sociedade, prevê-se que possa ser requerida dissolução judicial:

> *a*) Quando, por período superior a um ano, o número de sócios for inferior ao mínimo exigido por lei, excepto se um dos sócios for o Estado ou entidade a ele equiparada por lei para esse efeito.

O artigo 143.°, do mesmo Código das Sociedades Comerciais, completava o dispositivo:

> 1. No caso previsto na alínea *a*) do n.° 1 do artigo anterior, o sócio ou qualquer dos sócios restantes pode requerer ao tribunal que lhe seja concedido um prazo razoável a fim de regularizar a situação, suspendendo-se entretanto a dissolução da sociedade.
>
> 2. O juiz, ouvidos os credores da sociedade e ponderadas as razões alegadas pelo sócio, decidirá, podendo ordenar as providências que se mostrarem adequadas para a conservação do património social durante aquele prazo.

III. A consideração dos preceitos transcritos do Código das Sociedades Comerciais é bastante instrutiva quanto à problemática em presença. Verifica-se, efectivamente, que o obstáculo dogmático à unipessoalidade foi pragmaticamente ultrapassado: apesar do aparente contra-senso de uma sociedade, assente num "pacto social", surgir com um sócio único, a situação foi admitida, desde que transitoriamente.

Mas outro problema se desenhava: o da efectiva fiscalização da sociedade.

Efectivamente, desde que se acentuou a liberdade de constituição das sociedades, houve que providenciar esquemas internos de fiscalização[1275]: no interesse dos próprios sócios e no interesse dos credores das sociedades e do público em geral. Tais esquemas, todavia, operavam essencialmente na base da pluripessoalidade. Quando o universo humano de uma sociedade se reduza a uma única pessoa, tudo vacila. Ninguém se fiscaliza a si

[1275] *Da responsabilidade civil dos administradores*, 83 ss..

próprio ou, pelo menos, ninguém o poderá fazer com total consciência, perante o público que actue na praça.

IV. O problema da efectiva fiscalização da sociedade reduzida à unidade de sócios ocorria no artigo 143.°/2. Aí se previam "providências adequadas", a decretar pelo juiz, para a conservação do património social, durante aquele prazo.

Na mesma linha de preocupação, dispõe o artigo 84.° do Código das Sociedades Comerciais[1276], sob a epígrafe sugestiva "responsabilidade do sócio único":

> 1. (...) se for declarada falida uma sociedade reduzida a um único sócio, este responde ilimitadamente pelas obrigações sociais contraídas no período posterior à concentração das quotas ou das acções, contanto se prove que nesse período não foram observados os preceitos da lei que estabelecem a afectação do património da sociedade ao cumprimento das respectivas obrigações.
>
> 2. O disposto no número anterior é aplicável ao período de duração da referida concentração, caso a falência ocorra depois de ter sido reconstituída a pluralidade de sócios.

O preceito parece claro. Havendo unipessoalidade – ainda que transitória – o património social deverá manter-se afecto ao cumprimento das obrigações sociais. Quando as inerentes regras não forem observadas, o sócio único passaria a responder ilimitadamente pelas dívidas da sociedade. Parece justo e adequado.

181. A unipessoalidade inicial; a responsabilidade do sócio

I. As conveniências do tráfego social levaram a um aproveitamento das estruturas organizacionais próprias das sociedades comerciais fora do quadro de colaboração inter-subjectiva oriundos do velho contrato de *societas*.

Assim, o artigo 488.°, alterado pelo Decreto-Lei n.° 76-A/2006, de 29 de Março, do Código das Sociedades Comerciais veio prever, sob o título "domínio total inicial":

[1276] Cf. ANA MARIA PERALTA, *Sociedades unipessoais*, em *Novas perspectivas do Direito comercial* (1988), 265 ss. e RICARDO ALBERTO SANTOS COSTA, *A sociedade por quotas unipessoal* cit., 68 ss..

1. Uma sociedade pode constituir uma sociedade anónima de cujas acções ela seja inicialmente a única titular.

2. Devem ser observados todos os demais requisitos da constituição de sociedades anónimas.

3. Ao grupo assim constituído aplica-se o disposto nos números 4, 5 e 6 do artigo 489.°.

II. Aos grupos constituídos por domínio total aplicam-se os artigos 501.° a 504.°, do Código das Sociedades Comerciais: assim o dispõe o artigo 491.°, do mesmo Código.

Ora o artigo 501.° (responsabilidade para com os credores da sociedade subordinada) dispõe:

1. A sociedade directora é responsável pelas obrigações da sociedade subordinada, constituídas antes ou depois da celebração do contrato de subordinação, até ao termo deste.

2. A responsabilidade da sociedade directora não pode ser exigida antes de decorridos 30 dias sobre a constituição em mora da sociedade subordinada.

3. Não pode mover-se execução contra a sociedade directora com base em título exequível contra a sociedade subordinada.

III. Pois bem: a lei admite, na verdade, uma lata constituição de sociedades anónimas, mediante acto unilateral de uma sociedade preexistente. Tal sociedade será unipessoal. Todavia, a delicadeza da situação logo é enfrentada através da responsabilização da "sócia única", equiparada à "sociedade directora", pelas dívidas da sociedade unipessoal. A lei atenua um pouco essa responsabilidade através da moratória dos trinta dias e da limitação do título executivo eficaz contra a sociedade unipessoal – 501.°/2 e 3. Mas a responsabilização da sócia única pelas dívidas da sociedade unipessoal é clara.

Podemos considerar que, dada a unipessoalidade, cessa o benefício da limitação da responsabilidade.

182. **O objectivo da limitação de responsabilidade**

I. O tema da unipessoalidade, superveniente ou inicial, veio entroncar com uma problemática diversa: a da limitação da responsabilidade patrimonial.

Uma das aspirações clássicas do Direito comercial era a de encontrar esquemas que permitissem a limitação da responsabilidade do comerciante. Certos negócios poderiam, na verdade, envolver uma responsabilidade que transcendesse a perda dos meios que nele fossem envolvidos. No limite, não só os meios da empresa poderiam ficar comprometidos como, também, a própria fortuna pessoal do comerciante. E aí, uma de duas: ou tais negócios nunca seriam tentados, com perdas para o próprio desenvolvimento económico e social da comunidade onde o problema surgisse, ou eles seriam apenas ensaiados por aventureiros ou por pessoas sem escrúpulos.

II. A limitação da responsabilidade passou, assim, a constituir um objectivo da comercialística. Avançou-se com cautela. Uma primeira hipótese de limitação foi constituída pelas sociedades em comandita[1277]: sociedades nas quais um ou mais sócios, que tomariam a iniciativa – os sócios comanditados – desenvolveriam certo projecto empresarial, respondendo com todos os seus bens, enquanto outro ou outros – os sócios comanditários – inverteriam algum capital e responderiam apenas por este.

A solução permitia atrair capitais. Mas tinha inconvenientes: os sócios comanditados – precisamente os que deteriam o *know how* empresarial – correriam riscos ilimitados. De novo se perfilava a alternativa de ou uma excessiva contenção nas iniciativas, ou uma atracção por aventureiros ou pessoas sem medidas.

A fraqueza das comanditas ditaria o êxito das sociedades anónimas, que disparariam na segunda metade do século XIX.

III. A limitação da responsabilidade conseguida pelas sociedades anónimas tinha alguns inconvenientes. E desde logo: a sociedade anónima vinha desenhada como um ente de grande porte, capaz de mobilizar muitos capitais, mas dispendioso e pouco manejável para empreendimentos mais comedidos.

A questão foi ultrapassada com a concepção de um novo tipo de sociedade comercial mais modesto, mas de responsabilidade limitada: o das sociedades por quotas, cuja origem já conhecemos[1278].

1277 *Da responsabilidade civil dos administradores*, 83 ss..

1278 *Supra*, 225 ss..

IV. As sociedades por quotas já permitiam uma limitação da responsabilidade, em empreendimentos mais modestos. Mantinham, porém, um óbice: exigiam uma fórmula societária e, portanto, uma associação entre duas ou mais pessoas. Porque não permitir uma limitação de responsabilidade a um simples comerciante individual?

O Direito civil admite que, por convenção entre as partes, a responsabilidade do devedor, no caso de incumprimento, seja limitada a alguns dos seus bens – artigo 602.°, do Código Civil. Trata-se de uma solução pouco conhecida e pouco praticada. Não sendo institucional, ela exige uma negociação caso a caso, apresentando-se como menos eficaz.

Havia que procurar novas fórmulas.

183. O estabelecimento individual de responsabilidade limitada

I. Procurando ir ao encontro do desígnio limitador da responsabilidade do comerciante, mas sem pôr em causa a segurança jurídica, o legislador português encarou a solução do estabelecimento individual de responsabilidade limitada ao EIRL. Esta figura foi aprovada e regulada pelo Decreto-Lei n.° 248/86, de 25 de Agosto e, portanto: anterior ao próprio Código das Sociedades Comerciais.

II. O Decreto-Lei n.° 248/86, de 25 de Agosto[1279], reparte-se por 36 artigos agrupados em sete capítulos:

Capítulo I – Constituição (1.° a 7.°);
Capítulo II – Administração e funcionamento (8.° a 11.°);
Capítulo III – Elaboração das contas anuais (12.° a 15.°);
Capítulo IV – Alteração do acto constitutivo (16.° a 20.°);
Capítulo V – Negociação, oneração e penhora do estabelecimento individual de responsabilidade limitada (21.° e 22.°);
Capítulo VI – Liquidação do estabelecimento individual de responsabilidade limitada (23.° a 33.°);
Capítulo VII – Disposições finais (34.° a 36.°).

A ideia é a seguinte: o interessado afecta ao EIRL parte do seu património, o qual constituirá o capital inicial do estabelecimento – artigo 1.°/2.

[1279] Alterado pelo Decreto-Lei n.° 36/2000, de 14 de Março, no sentido de uma certa desburocratização.

O EIRL constitui-se por escritura pública, com todas as especificações do artigo 2.°/2, devendo ser inscrito no registo comercial e procedendo-se à publicação no *Diário da República* – artigo 5.°: a partir daí, produz efeitos perante terceiros – artigo 6.°.

Pelas dívidas resultantes de actividades compreendidas no objecto do EIRL respondem apenas os bens a este afectados, salvo se o titular não tiver respeitado o princípio da separação dos patrimónios – artigo 11.°. O acto constitutivo pode ser alterado, designadamente através de aumentos ou de reduções do capital, com as cautelas especificadas na lei – artigos 16.° a 20.°.

Segundo o artigo 21.°/1 do Decreto-Lei n.° 248/86, de 25 de Agosto,

> O estabelecimento individual de responsabilidade limitada pode ser transmitido por acto gratuito ou oneroso, ou dado em locação. Pode ainda sobre ele constituir-se um usufruto ou um penhor, produzindo este os seus efeitos independentemente da entrega ao credor.

III. O EIRL é, de facto, um estabelecimento comercial, colocado numa situação especial que permite a responsabilidade limitada. Há traços do seu regime que reflectem bem os progressos obtidos ao longo do século XX no tratamento do tema: veja-se o artigo 21.°/1, acima transcrito.

A situação especial em que se coloca o EIRL e a necessidade de proteger terceiros e o comércio em geral levaram o legislador a formalizar alguns aspectos do estabelecimento em jogo. Designadamente: os bens que o componham não são, *ad nutum*, os que sejam afectados ao comércio mas antes aqueles que constem do título constitutivo.

Não obstante, muitos dos valores contemplados no EIRL têm directamente a ver com o estabelecimento comercial. As regras daquele podem, após verificação, funcionar como auxiliares de aplicação, para resolver problemas do estabelecimento em geral.

IV. Tal como o estabelecimento comercial, também o EIRL constitui uma esfera jurídica de afectação: no fundo, este tenderia, à partida, a ser uma modalidade daquele[1280].

[1280] De facto e como não há controlo "de mérito" sobre o que se inclua num EIRL, poderia um comerciante incluir neste ... vários estabelecimentos comerciais autónomos. Não obstante, é indubitável que o regime do EIRL está moldado, em pontos importantes e sobre o do estabelecimento.

A criação do EIRL caiu sob uma chuva de críticas[1281], desferidas, inclusive, pelo próprio legislador[1282]. Todavia, o diploma está tecnicamente bem elaborado e representa um conjunto de aspectos interessantes, mesmo para a teoria do estabelecimento.

Não pode, de facto, contrariar a progressão do Direito das sociedades comerciais, num fenómeno cuja explicação se prenderá à cultura dos nossos dias.

De todo o modo, o legislador procurou facilitar o recurso ao EIRL: o Decreto-Lei n.° 36/2000, de 14 de Março, veio alterar vários preceitos do regime aprovado pelo Decreto-Lei n.° 248/86, de 25 de Agosto, dispensando o recurso à escritura pública, em diversas circunstâncias, num movimento completado pelo Decreto-Lei n.° 76-A/2006, de 29 de Março. Este diploma também veio sujeitar o EIRL ao esquema da dissolução administrativa.

1281 Assim: OLIVEIRA ASCENSÃO, *Direito comercial*, 1.° vol. (1999), 409 ss., *O E.I.R.L. ou o falido rico*, O Direito 120 (1988), 17-33 e *Estruturas jurídicas da empresa* (1989), 13-35.

1282 Cf. o preâmbulo do Decreto-Lei n.° 257/96, de 31 de Dezembro.

§ 49.° O TIPO E O REGIME

184. A sociedade por quotas unipessoal

I. A iniciativa do estabelecimento individual de responsabilidade limitada não teve êxito. Tratava-se de uma solução que não permitia a personalização do novo ente económico, constituído precisamente pelo EIRL. Além disso, ele não se adaptava a certos dados culturais, mais propensos para valorizar as sociedades.

Há muito se anunciava uma evolução doutrinária favorável às sociedades por quotas unipessoais[1283]. Essa evolução teve um reconhecimento legal específico na Alemanha, em 1980, através da alteração da Lei sobre Sociedades por Quotas[1284]. Em França, o movimento foi mais lento, acabaria, porém, por conduzir a resultados similares, através de Leis de 1985 e de 1994[1285]. Em Itália, ele ocorreria mercê de um diploma de 1993[1286]. Por toda a Europa sopraram ventos favoráveis à unipessoalidade[1287].

1283 Para mais pormenores sobre as diversas experiências cf. RICARDO SANTOS COSTA, *A sociedade por quotas unipessoal* cit., 307 ss..

1284 Quanto à liderante experiência alemã: KARSTEN SCHMIDT, *Gesellschaftsrecht* cit., 4ª ed., 1243 ss. e GÖTZ HUECK/CHRISTINE WINDBICHLER, *Gesellschaftsrecht* cit., 20ª ed., 479 ss.; informam estes autores que cerca de 40% das sociedades por quotas alemãs são, na realidade, unipessoais: de 220 000 a 330 000, em números absolutos.

1285 A Lei francesa n.° 85-697, de 11 de Julho de 1985, alterou o Código Civil, permitindo a instituição unilateral de sociedades (artigo 1832) e abrir as portas à "empresa unipessoal de responsabilidade limitada"; a Lei de 12 de Julho de 1999 veio permitir as sociedades por acções simplificadas unipessoais; cf. MICHEL DE JUGLART/BENJAMIN IPPOLITO/JACQUES DUPICHOT, *Les sociétés commerciales*, 10ª ed. (1999), 70-71 e 649 ss. e PHILIPPE MERLE, *Sociétés commerciales*, 10ª ed. cit., 262 ss..

1286 Trata-se do Decreto Legislativo n.° 88, de 3 de Março de 1999, que alterou o Código Civil. Cf. ROBERTO ROSAPEPE, *La società a responsabilità limitata unipersonale* (1996), 1 ss., ALBERTO PERTINARI, *La società a responsabilità limitata com socio único* (1998), e FRANCISCO FERRARA JR./FRANCESCO CORSI, *Gli imprenditori e le società* cit., 13ª ed., 199 ss., 889 ss. e *passim*.

II. Na consolidação das sociedades por quotas unipessoais, teve muito relevo a Directriz n.° 89/667/CEE, do Conselho, de 21 de Dezembro de 1989 ou Décima Segunda Directriz das Sociedades Comerciais[1288]. Este diploma comunitário diz precisamente respeito às sociedades de responsabilidade com um sócio único, sendo patente a influência alemã a que obedece[1289].

A transposição desta Directriz foi levada a cabo, entre nós, pelo Decreto-Lei n.° 257/96, de 31 de Dezembro[1290]. Este diploma, antecedido por elucidativo preâmbulo, veio aditar, ao Título III do Código das Sociedades Comerciais, um Capítulo X precisamente intitulado "sociedades unipessoais por quotas"[1291].

III. As sociedades unipessoais por quotas estão dotadas de sete artigos, no Código das Sociedades Comerciais: os artigos 270.°-A a 270.°-G[1292]. Eis o seu mapa geral:

270.°-A (Constituição)
270.°-B (Firma)
270.°-C (Efeitos da unipessoalidade)
270.°-D (Pluralidade de sócios)
270.°-E (Decisões do sócio)
270.°-F (Contrato do sócio com a sociedade unipessoal)
270.°-G (Disposições subsidiárias).

Como aspectos de relevo salientamos:

– a constituição pode operar por várias formas, incluindo a transfor-

---

1287 HANS CHRISTOPH SCHIMMELPFENNIG/CHRISTOPH E. HAUSCHKA, *Die Zulassung der Ein-Personen-GmbH in Europa und die Änderungen des deutschen GmbH-Rechts*, NJW 1992, 942-945.

1288 JOCE N.° L-395, 40-42, de 30 de Dezembro de 1989. *Vide Direito europeu das sociedades*, 467 ss..

1289 Quanto à Directriz em causa: MATHIAS HABERSACK, *Europäisches Gesellschaftsrecht*, 3ª ed. (2006), 310 ss., com indicações.

1290 Com a Rectificação n.° 5-A/97, de 28 de Fevereiro. Quanto ao diploma em geral, cf. ALEXANDRE SOVERAL MARTINS, *Código das Sociedades Comerciais/Alterações introduzidas pelo Decreto-Lei n.° 253/96, de 31 de Dezembro*, em Revista Jurídica da Universidade Moderna I, 1 (1998), 305-318.

1291 O ordenamento português dedicou assim, ao tema, uma rubrica própria; noutras leis, a matéria encontra-se dispersa; cf. HEINRICH, no *Münchener Handbuch* cit., 3, 2ª ed., § 10 (123 ss.).

1292 A matéria foi alterada pelo Decreto-Lei n.° 36/2000, de 14 de Março.

mação de prévio estabelecimento individual de responsabilidade limitada[1293];

- a firma deve deixar transparecer a unipessoalidade;
- uma pessoa singular só pode ser sócia de uma única sociedade unipessoal por quotas; esta, por seu turno, não pode ser sócia única de uma sociedade unipessoal por quotas, podendo ser pedida a dissolução das sociedades que não observem estas regras;
- a sociedade unipessoal pode passar a sociedade "normal", quando alcance uma pluralidade de sócios;
- as decisões do sócio único, a registar em acta, substituem as decisões da assembleia geral;
- o contrato do sócio único com a própria sociedade deve obedecer a certos requisitos, sob pena de nulidade e de responsabilização ilimitada do sócio;
- às sociedades unipessoais por quotas aplicam-se as normas que regulam as sociedades por quotas, salvo as que pressuponham a pluralidade de sócios.

IV. O Decreto-Lei n.° 76-A/2006, de 29 de Março, veio alterar os artigos 270.°-A, 270.°-C, 270.°-D e 270.°-F. Fundamentalmente, tratou-se de expurgar do texto quaisquer referências à necessidade de escritura pública e de introduzir a referência à dissolução administrativa. As sociedades por quotas unipessoais acompanham, assim, o sentido geral do desagravamento das nossas sociedades.

185. **As cautelas legais; o contrato do sócio com a sociedade unipessoal**

I. Pelo seu papel emblemático, cabe agora fixar a atenção sobre o artigo 270.°-F do Código das Sociedades Comerciais, relativo ao contrato do sócio com a sociedade unipessoal. Tal contrato é possível uma vez que a sociedade unipessoal não se confunde com o sócio único[1294].

1293 A transformação de uma sociedade comum em sociedade unipessoal por concentração das suas quotas não implica a constituição de uma nova sociedade: RLx 5-Mai.-2004 (Ramalho Pinto), Proc. 9023/2003-4/ITIJ, visitado em 5-Mar.-2006.

1294 RGm 7-Jan.-2004 (António Magalhães), CJ XXIX (2004) 1, 273-276 (274/II).

À partida, parece claro que a presença de uma sociedade unipessoal pode representar um potencial centro de abusos da própria personalidade[1295]. Os mecanismos internos de fiscalização das sociedades repousam, em grande parte, na pluralidade dos sócios. Desde o momento em que tal pluralidade não se verifique, multiplicam-se os riscos de total instrumentalização da sociedade unipessoal e de confusão entre o património desta e o do sócio único.

O artigo 84.° do Código das Sociedades Comerciais, acima examinado, apesar de pensado antes da introdução da figura da sociedade unipessoal por quotas, tem aqui plena aplicação: havendo falência da sociedade unipessoal, o sócio único é ilimitadamente responsável pelas dívidas da sociedade, quando se mostre que "... não foram observados os preceitos da lei que estabelecem a afectação do património da sociedade ao cumprimento das respectivas obrigações". A responsabilidade limitada exige a observância das previsões legais que a permitem[1296].

II. Um dos problemas específicos postos pela unipessoalidade é o da contratação entre a sociedade unipessoal e o sócio único. Essa contratação pode ser feita em desfavor da sociedade, de tal modo que possa pôr em perigo os direitos e os interesses dos credores da própria sociedade unipessoal[1297].

Por isso, o artigo 270.°-F, do Código das Sociedades Comerciais, prescreve, para tais negócios, uma série de requisitos:

- o contrato entre a sociedade unipessoal e o sócio único deve servir a prossecução do objecto da sociedade;
- deve obedecer à forma prescrita ou, em qualquer caso, deve ser celebrado por escrito;
- os documentos que os exarem devem ser patenteados conjuntamente com o relatório de gestão e os documentos de prestação de contas, podendo ser consultados por qualquer interessado.

[1295] Cf., em geral, RICARDO SANTOS COSTA, *A sociedade por quotas unipessoal* cit., 653 ss..

[1296] PETER KINDLER, *Gemeinschaftsrechtliche Grenzen der Konzernhaftung in der Einmann-GmbH*, ZHR 157 (1993), 1-30 (4).

[1297] SANTOS COSTA, *A sociedade por quotas unipessoal* cit., 678 ss., com diversas indicações.

A versão original do artigo 270.°-F/1 exigia ainda que, dos estatutos, constasse a autorização para os contratos entre a sociedade e o sócio único. Essa exigência desapareceu com a reforma de 2006.

III. A violação destas regras tem uma dupla sanção – artigo 270.°-F/5, do Código das Sociedades Comerciais[1298]:

– a nulidade dos negócios jurídicos celebrados;
– a responsabilidade ilimitada do sócio único.

Efectivamente, a nulidade do negócio prevaricador representaria uma sanção insuficiente. Tendo providenciado para a conclusão de um contrato ilegítimo, à luz do artigo 270.°-F, o sócio único teria toda a facilidade em executá-lo, mau grado a sua invalidade. Ora é sabido que tais negócios prosseguem, em geral, o objectivo da descapitalização da sociedade ora em causa. Os credores sociais são as vítimas tendenciais desse tipo de actuação.

A sanção da ilimitação de responsabilidade – e, portanto, da cessação do privilégio da limitação da mesma – surge como o passo mais natural para estabelecer o equilíbrio perturbado.

IV. Podemos inferir que a presença de uma sociedade unipessoal, um tanto ao arrepio da velha lógica da *societas*, exige um respeito acrescido por certas regras. Quando esse respeito não seja assegurado, a própria lei impõe o levantamento da personalidade colectiva: haverá, nessa altura, que procurar, sob o manto societário, qual o verdadeiro sujeito responsável pelos actos levados a cabo.

186. **Natureza e êxito**

I. Embora moldadas sobre as sociedades por quotas, as sociedades unipessoais por quotas têm uma configuração própria muito marcada. Digamos que correspondem a um tipo próprio autónomo: basta ver que muitas das regras das sociedades por quotas, destinadas a assegurar a pluripessoalidade, não têm, aqui, qualquer aplicação.

[1298] *Idem*, 682 ss., com elementos comparatísticos.

II. As sociedades por quotas unipessoais constituíram um enorme êxito. Assim[1299]:

	número	trabalhadores	volume de negócio[1300]
2000	4.562	13.928	234.010.337
2001	14.210	24.530	542.519.268
2002	16.827	53.711	3.067.084.990
2003	26.950	74.320	3.369.068.307
2004	35.198	96.805	7.752.863.654

Significam estes números que as sociedades unipessoais por quotas se colocam, neste momento, pelo número, em segundo lugar, logo após as sociedades por quotas e ao nível do dobro das anónimas. Pela cifra de trabalhadores e pelo volume de negócios, encontram-se em terceiro lugar, após as sociedades por quotas e as anónimas e muito à frente das empresas públicas, das empresas individuais e das cooperativas.

É certo que elas têm vindo a captar múltiplas "falsas" sociedades pluripessoais. Todavia, o êxito apontado traduz mais uma faceta da extraordinária versatilidade da velha criação de 1892.

E obriga, naturalmente, a repensar as prioridades do ensino do Direito, nas nossas Faculdades.

[1299] Elementos do INE.

[1300] Em euros.

PARTE IV

SOCIEDADES ANÓNIMAS

CAPÍTULO I

TIPO GERAL, PAPEL E EVOLUÇÃO DAS SOCIEDADES ANÓNIMAS

§ 50.° TIPO GERAL E PAPEL

187. As sociedades anónimas no Código

I. O Código das Sociedades Comerciais dedica, às sociedades anónimas, o seu título IV. A matéria arruma-se em dez capítulos, nos termos seguintes:

I – Características e contrato (271.° a 284.°);
II – Obrigações e direitos dos accionistas:
Secção I – Obrigação de entrada (285.° e 286.°);
Secção II – Obrigação de prestações acessórias (287.°);
Secção III – Direito à informação (288.° a 293.°);
Secção IV – Direito aos lucros (294 a 297.°).

III – Acções:
Secção I – Generalidades (298.° a 305.°);
Secção II – Oferta pública de aquisição de acções (306.° a 315.°)[1301];
Secção III – Acções próprias (316.° a 325.°-B);
Secção IV – Transmissão de acções:
Subsecção I – Formas de transmissão (326.° e 327.°)[1302];

[1301] Os artigos 306.° e 307.° foram revogados pelo Decreto-Lei n.° 142-A/91, de 10 de Abril, que aprovou o CódMVM; os 308.° a 315.°, pelo Decreto-Lei n.° 261/95, de 3 de Outubro; o 305.°, pelo Decreto-Lei n.° 486/99, abaixo citado.

[1302] Revogados pelo Decreto-Lei n.° 486/99, de 13 de Novembro, que aprovou o CMV.

Subsecção II – Limitações à transmissão (328.° e 329.°);
Subsecção III – Regime de registo e regime de depósito (330.° a 340.°)[1303].
Secção V – Acções preferenciais sem voto (341.° a 344.°);
Secção VI – Acções preferenciais remíveis (345.°);
Secção VII – Amortização de acções (346.° e 347.°).

IV – Obrigações:
Secção I – Obrigações em geral (348.° a 359.°);
Secção II – Modalidades de obrigações (360.° a 372.°-B).

V – Deliberações dos accionistas (373.° a 389.°);
VI – Administração, fiscalização e secretário da sociedade:
Secção I – Conselho de administração (390.° a 412.°);
Secção II – Fiscalização (413.° a 423.°-A);
Secção III – Comissão de auditoria (423.°-B a 423.°-H)[1304];
Secção IV – Conselho de administração executivo (424.° a 433.°);
Secção V – Conselho geral e de supervisão (434.° a 445.°);
Secção VI – Revisor oficial de contas (446.°);
Secção VII – Secretário da sociedade (446.°-A a 447.°-F).

VII – Publicidade de participações e abuso de informações (447.° a 450.°);
VIII – Apreciação anual da situação da sociedade (451.° a 455.°);
IX – Aumento e redução do capital (456.° a 463.°);
X – Dissolução da sociedade (464.°).

II. Em termos de extensão, o título relativo às sociedades anónimas ultrapassa um terço do total dos preceitos do Código. Vai, mesmo, para além da parte geral, que se fica por (cerca de) 175 artigos.

A matéria segue, de perto, a ordenação dada ao Título III, relativo às sociedades por quotas. E acompanha, tal como o referido Título III e *grosso modo*, a orientação patente na parte geral.

III. A esta primeira leitura, podemos considerar que as sociedades anónimas ocupam o coração do Código, exprimindo, de certa forma, o seu núcleo mais característico.

[1303] *Idem.*

[1304] Matéria aditada pelo Decreto-Lei n.° 76-A/2006, de 29 de Março.

188. As acções e a (mera) responsabilidade pela subscrição respectiva

I. Procurando caracterizar o tipo legal "sociedade anónima", o artigo 271.° apenas dispõe[1305]:

> Na sociedade anónima o capital é dividido em acções e cada sócio limita a sua responsabilidade ao valor das acções que subscreveu.

Realmente, este regime contrapõe-se ao das sociedades por quotas, onde "... os sócios são solidariamente responsáveis por todas as entradas convencionadas no contrato social ..." (197.°/1) e ao das sociedades em nome colectivo, onde o sócio, além de responder pela sua entrada, "... responde pelas obrigações sociais subsidiariamente em relação à sociedade e solidariamente com os outros sócios" (175.°/1). O Código manteve-se firme na ideia de definir os diversos tipos de sociedade através do regime de responsabilidade pelas entradas e pelas dívidas sociais.

II. Todavia, este sistema presta-se a uma inversão. Tal como vimos suceder a propósito de outros tipos societários, só é possível concluirmos no campo da responsabilidade dos sócios depois de conhecer a figura típica em causa. O reconhecimento de uma sociedade anónima faz-se, fundamentalmente, por traços formais. Designadamente dois:

– a designação "acções", dada às suas participações sociais (271.°);
– a firma, que conclui sempre pela expressão "sociedade anónima" ou SA.

A referência às acções é tão impressiva que a sociedade anónima, em alemão e em italiano, se diz, precisamente, "sociedade por acções" (*Aktiengesellschaft* ou AG e *società per azioni* ou spa, respectivamente).

III. A hipótese de surgir uma sociedade anónima que, por lapso de formalização ou de comunicação, não identifique, de imediato, esses elementos é mais do que teórica. As cautelas que rodeiam o RNPC, o notariado e o registo comercial são mais do que suficientes para evitar o sur-

---

[1305] Trata-se da velha noção dada pelo artigo 1.° da Lei de 22-Jun.-1867 (COLP 1867, 173):

> Sociedades anonymas são aquellas em que os associados limitam a sua responsabilidade ao capital com que cada um subscreve.

gimento de sociedades anónimas sem a firma SA ou sem uma imediata referência às acções. E a partir daí, decorrerá todo um complexo regime.

189. Natureza e funções

I. As sociedades anónimas são (as) sociedades de capitais[1306]. Herdeiras das antigas sociedades coloniais, as sociedades anónimas permitem congregar capitais de pequenos e grandes aforradores, dando-lhes uma utilização lucrativa. Elas facultam a associação entre pessoas que não se conhecem ou, até, que mantêm entre si más relações: tudo isso é indiferente, uma vez que a comunhão nos interesses lucrativos surge como um poderoso cimento social. Desta realidade básica decorrem diversas consequências, que se reflectem na sua funcionalidade.

II. Por comodidade de exposição, podemos distinguir, nas sociedades anónimas em geral, as seguintes funções:

– função financiadora com limitação de risco;
– função organizativa;
– função mobiliária;
– função integradora;
– função reguladora.

À partida, a sociedade anónima permite recolher elevados financiamentos, sem expor os interessados a um risco maior do que o da perda da importância investida. Trata-se de um ponto importante: ele tornou possíveis empreendimentos que, de outro modo, ninguém iria arriscar.

III. Em termos organizativos, a sociedade anónima facultou quadros de colaboração privada que permitem uma gestão ilimitada de interesses humanos, seja qual for a sua dimensão. Em torno de troncos comuns resultantes da lei, as sociedades anónimas comportam, depois, as mais diversas hipóteses de desenvolvimento. O próprio Estado pode aproveitar estes esquemas, sendo ordenando os seus departamentos ou as suas iniciativas em moldes de sociedades anónimas, seja associando-se a particulares. Todas as composições são possíveis.

[1306] Karsten Schmidt, *Gesellschaftsrecht* cit., 4ª ed., 755-756. Entre nós: Manuel Nogueira Serens, *Notas sobre a sociedade anónima,* 2ª ed. (1997), 5 ss..

Podemos considerar que, através de toda uma evolução histórica que veio ditando os mais diversos aperfeiçoamentos, as sociedades anónimas surgem, hoje, como o que de mais conseguido e avançado se logrou no campo organizativo privado – e isso, naturalmente, sem entrar no domínio dos grupos de sociedades. Como decorrência desse aperfeiçoamento, as sociedades anónimas vieram contrapor, em definitivo, a função de gestão, entregue a profissionais e a da detenção do capital. A sociedade emancipou-se, assim, dos azares sucessórios: o ponto mais frágil da apropriação privada da riqueza.

IV. A acção traduz um valor: em regra, facilmente transaccionável. Permite-se, por esta via, o aparecimento de um específico mercado de acções, onde as transacções diárias ascendem a muitos milhões, de modo a permitir-se a formação de um preço: a cotação. Temos, aqui, uma primeira e simplificada apresentação do mercado mobiliário, o qual, por seu turno, permite repercutir as funções financiadora (e aforradora), organizativa e integradora que encontramos nas próprias acções.

O mercado mobiliário vai, depois, abranger outros valores para além das acções e vai ainda requerer uma especial intervenção do Estado, através de uma regulação independente assegurada pela CMVM. Surge toda uma disciplina normativa e jurídico-científica da maior relevância teórica e prática, decorrente da própria ideia de sociedade anónima. Falamos em função mobiliária.

V. As sociedades anónimas têm uma função integradora: muito relevante, em termos políticos e sociais, nos modernos Estados liberais.

As sociedades anónimas são acessíveis a todas as pessoas. A técnica da subscrição das acções e a da sua livre aquisição em bolsa facultam a qualquer particular, mesmo de escassas posses, o acesso à titularidade das mais emblemáticas realizações humanas. Isso permitiu, ao longo do século XX, democratizar o capital, dispersando-o por milhares ou dezenas de milhares de pequenos accionistas. Todos compartilham as vantagens psicológicas e materiais do capitalismo.

Além disso, as sociedades anónimas dão azo a um duplo nível de intervenção dos seus próprios trabalhadores: seja através da aquisição, por estes, de acções, seja através da designação directa de representantes seus para os órgãos de gestão: o esquema da co-gestão.

As sociedades anónimas tiveram, ao longo do século XX e, tanto quanto sabemos, tê-lo-ão no futuro, um papel pouco referido mas muito importante na descompressão social e na superação da tradicional luta de classes. A queda do muro de Berlim (1989) traduz, no fundo, a vitória das sociedades anónimas sobre o Estado perfeito.

VI. Finalmente, as sociedades anónimas, com o seu regime diversificado e apurado em paulatina evolução e com os grandes desafios que colocam no plano da integração europeia, constituem o grande motor do Direito das sociedades.

Podemos apontar, nas sociedades anónimas, a matriz do ramo do Direito aqui em estudo: nos planos dos conceitos, dos quadros mentais e das próprias soluções.

§ 51.° ORIGEM E EVOLUÇÃO NO DIREITO COMPARADO

190. Do início às codificações comerciais

I. A hipótese de sociedades de tipo anónimo no Direito romano já tem sido suscitada[1307]. Todavia, a ideia de uma participação societária com a responsabilidade limitada ao mero valor subscrito e isso de modo a congregar numerosos interessados, terá surgido em Itália, nos finais da Idade Média.

Como experiência mais antiga no domínio das sociedades anónimas, os estudiosos apontam o Banco de S. Jorge, em Génova, que funcionou entre 1407 e 1805[1308]. Esta sociedade teve antecendentes significativos[1309].

[1307] WILHELM ENDEMANN, *Das Recht der Aktiengesellschaften, der Kommanditgesellschaften auf Aktien und der Genossenschaften*, 2ª ed. (1861), 1 ss..

[1308] ACHILLES RENAUD, *Das Recht der Aktiengesellschaften*, 2ª ed. (1875), 21 ss., W. ENDEMANN, *Handbuch des deutschen Handels-, See- und Wechselrechts* I – *Die Personen des Handelsrechts* (1881), 477 ss., GOLDSCHMIDT, *Universalgeschichte*, 3ª ed. cit., 296 ss., TH. HERGENHAHH, *Das Reichsgesetz betreffend die Kommanditgesellschaften auf Aktie und die Aktiengesellschaften von 18-Juli-1884* (1891), XIII, VIKTOR RING, *Das Reichsgesetz betreffend die Kommanditgesellschaften auf Aktien und die Aktiengesellschaften vom 18-Juli-1884*, 2ª ed. (1893), 2, KARL LEHMANN, *Das Recht der Aktiengesellschaft*, 1.° vol. (1898, reimpr. 1964), 42 ss., ALBERTO VIGHI, *Notizie storiche sugli amministratori ed i sindaci delle società per azioni anteriori al codice di commercio francese (Contributo alla storia delle società per azioni)*, RSoc XIV (1969, correspondendo à reedição de um texto de 1898), 663-700 (663 ss., 667 e 669-670), E. THALLER, *Les sociétés par actions dans l'ancienne France*, ADC 1901, 185-201 (187 e 197), ALFRED SILBERNAGEL, *Die Gründung der Aktiengesellschaft, nach deutschem, schweizerischem, französischem und englischem Aktienrecht* (1907), 1, G. NOTO-SARDEGNA, *Le società anonime* (1908), 12 ss., HERMAN VEIT SIMON, *Die Bilanzen der Aktiengesellschaften und der Kommanditgesellschaften*, 4ª ed. (1910), 40 ss. e *Die Interimsscheine/Zugleich ein Beitrag zur Geschichte und Lehre der Aktien- und Anleihepapiere* (1913), 68 ss., ENRICO SOPRANO, *Della responsabilità civile e penale degli amministratori di società per azioni* (1910), 13-14, GERMAIN SICARD, *Aux origines des sociétés anonymes/Les moulins de Toulouse aux Moyen Âge*

Análises mais recentes põem em dúvida que se tivesse tratado de uma verdadeira sociedade anónima, no sentido actual[1310]; tinha, no entanto, aspectos marcantes, como os da multiplicidade de participantes e a limitação da sua responsabilidade.

II. Na evolução subsequente, seriam fundamentais as grandes sociedades coloniais, constituídas a partir do século XVII. A mais antiga foi a *East India Company*, inglesa, fundada em 1600. Seguiu-se-lhe a Companhia Holandesa das Índias Orientais (*Oost-Indische Compagnie*), fundada em 20-Mar.-1602 e que, através de várias vicissitudes, sobreviveria até 1795[1311]. Esta sociedade, graças sobretudo ao apresamento de navios portugueses, no Oriente, chegou a pagar, aos accionistas, dividendos exorbitantes. Surgiu, depois, a Companhia Holandesa das Índias Ocidentais (*West-Indische Compagnie in Holland*), de 1621. Estas entidades, apesar de representarem as forças económicas de grupos privados, dependiam, duplamente, da outorga do Estado: para o seu reconhecimento, desde logo e, ainda, para o seu funcionamento. A sua personalidade era concedida por

(1953), 333 e PAULO UNGARI, *Profilo storico del diritto delle anonime in Italia/Lezioni* (1974), 20. Na bibliografia portuguesa: ASSIS TAVARES, *As sociedades anónimas*, 1, 2ª ed. (1972), 12, J. J. VEIGA GOMES, *Sociedades anónimas (uma perspectiva de direito económico)* (1981), 11, LUÍS BRITO CORREIA, *Direito Comercial*, 2 (1986), 49-50 e *Os administradores de sociedades anónimas* (1991), 78 ss., ILÍDIO DUARTE RODRIGUES, *A administração das sociedades por quotas e anónimas/Organização e Estatuto dos Administradores* (1990), 26 e RUI MANUEL DE FIGUEIREDO MARCOS, *As companhias pombalinas/Contributo para a história das sociedades por acções em Portugal* (1995), 29 ss..

[1309] KARL LEHMANN, *Das Recht der Aktiengesellschaft* cit., 1, 19 ss. e 32 ss..

[1310] RUDOLF WIETHÖLTER, *Interessen und Organisation der Aktiengesellschaft im amerikanischen und deutschen Recht* (1961), 53-56, KLAUS BRONDICS, *Die Aktionärsklage* (1988), 24-25 e HUECK/WINDBICHLER, *Gesellschaftrecht* cit., 20ª ed., 233.

[1311] RENAUD, *Das Recht der Aktiengesellschaften* cit., 2ª ed., 25-26, HERGENHAHH, *KG/AktG* cit., XIII, K. LEHMANN, *Das Recht der Aktiengesellschaften* cit., 53 ss., VIGHI, *Notizie storiche* cit., 672, ARIBERTO MIGNOLI, *Idee e problemi nell'evoluzione della "company" inglesa*, RSoc V (1960), 633-684 (637 e 639), e UNGARI, *Profilo storico* cit., 21. Uma bibliografia sobre o tema pode ser confrontada em K. LEHMANN, ob. cit., 95-96, o qual, em *Die geschichtliche Entwicklung des Aktienrechts bis zum Code de Commerce* (1895), § 3 (29), publica uma versão alemã do *Oktroi* de 20-Mar.-1602. Com mais elementos: ELLA GEPKEN-JAGER/GERARD VAN SOLINGE/LEVINUS TIMMERMANN, *VOC 1602-2002/400 Years of Company Law* (2005). Cf., ainda, SICARD, *Aux origines des sociétés anonymes* cit., 341 ss., LORENZO MOSSA, *Trattato del nuovo diritto commerciale – IV – Società per azioni* (1957), 16 e GASTONE COTTINO, *Il diritto che cambia: dalle compagnie coloniali alla grande società per azioni*, RTDPC XLIII (1989), 493-502.

acto do Estado; além disso, elas recebiam privilégios e funções de tipo público, esperando-se, delas, também, um desenvolvimento de actividades, em prol do País[1312].

Também na Inglaterra, a exploração colonial foi levada a cabo através de companhias privadas, que prefiguravam sociedades anónimas, com relevo para a *East India Company*. As companhias inglesas distinguiam-se, das holandesas, por assumirem uma estrutura associativa mais marcada, com uma deslocação de poderes para a assembleia e por actuarem em moldes mais concorrenciais[1313].

III. No Continente, o esquema das companhias holandesas foi mais influente. COLBERT utilizou os seus estatutos, aquando da instituição das grandes companhias francesas, com relevo para a das Índias Orientais[1314]. A nível interno, as companhias holandesas tinham participantes principais e subparticipantes. Apenas, aos primeiros, assistia o direito de nomear administradores (*bewindhebbers*), encontrando-se, sempre, numa grande solidariedade pessoal e de interesses com eles: o esquema funcionava, pois, como projecção de um restrito grupo de grandes comerciantes. Transposta para as companhias coloniais francesas, esta estrutura redundaria num instrumento poderoso do rei que, de facto, determinava as escolhas[1315].

[1312] BERNHARD GROSSFELD, *Aktiengesellschaft, Unternehmenskonzentration und Kleinaktionär* (1968), 115 ss..

[1313] MIGNOLI, *Idee e problemi nell' evoluzione della "company" inglese*, cit., 637 ss. e VINCENZO ALLEGRI, *Contributo allo studio della responsabilità civile degli amministratori* (1979), 19; em geral, KARL GÜTERBOCK, *Zur Geschichte des Handelsrechts in England*, ZHR 4 (1861), 13-29. Assim, a *charter* de incorporação da *East India Company* permitia-lhe "to make reasonable laws by the greatest part of a general assembly" tendo, cada sócio, um voto.

[1314] ALLEGRI, *Contributo* cit., 19, onde se podem confrontar outras indicações. As companhias francesas pioneiras foram a *Compagnie des Iles d'Amérique* (1626), a *Compagnie de la Nouvelle France* (1628), a *Société française des Indes Orientales* e a *Compagnie des Indes Occidentales* (ambas de 1664). Cf. MALEPEYRE/JOURDAIN, *Traité des Sociétés Commerciales/Accompagné d'un précis sur l'arbitrage forcé* (1835), 172, TROPLONG, *Commentaire du contrat de société en matière civile et commerciale* (1843), n.° 420 (545) e n.° 459 (556), THALLER, *Les sociétés par actions dans l'ancienne France* cit., 188 ss. (194), PAUL BARBRY, *Le régime actuel de l'administration des sociétés anonymes* (1943), 13 ss. e SICARD, *Aux origines des sociétés anonymes* cit., 344.

[1315] ALLEGRI, *Contributo* cit., 23-24. Na experiência holandesa, os administradores resultaram dos directores de antigas pequenas companhias que, pelo *octrooi* dos Estados Gerais da Holanda, de 1602, foram elevados a administradores; cf. MIGNOLI, *Idee e problemi* cit., 639.

IV. Os esquemas do poder, nas sociedades anónimas, são os que, mais directamente, prendem a atenção. Mas é fundamental o dia-a-dia do comércio societário. Aí, há que jogar com regras técnicas que, embora menos visíveis, têm uma importância decisiva no moldar de uma cultura jurídica. A esse propósito, os Autores sublinham, desde TROPLONG, a importância directa que os estatutos da *Compagnie des Indes Orientales* assumiram, na redacção de certos preceitos do *Code de Commerce*, em matéria de sociedades anónimas[1316]. Está-se, pois, na presença de uma linha contínua, até aos nossos dias. De todo o modo, tem sido feita uma contraposição interessante entre as experiências inglesa, holandesa e francesa, todas importantes para o futuro das sociedades anónimas: a experiência inglesa assentava na iniciativa particular; a holandesa visou acabar com a concorrência, dentro das próprias entidades que, nos Países Baixos, antecederam a experiência de 1602; a francesa derivou de iniciativas do Estado[1317].

V. As companhias coloniais, do século XVII, dependiam da outorga do rei ou do governo[1318]. Visando sedimentar essas sociedades como entidades autónomas e, juridicamente, diferenciadas, a preocupação reinante, no tocante aos administradores, era a de os liberar de adstrições. Segundo o artigo II da Carta da Companhia das Índias Orientais francesa, "... nem os directores nem os particulares interessados (portanto, os sócios) poderão ficar adstritos, seja qual for a causa ou pretexto, a fornecer qualquer garantia, para além daquela pela qual se obrigaram no primeiro estabelecimento da Companhia (portanto, a subscrição), ou através de suprimento ou de outra forma"[1319]. Esta medida, em si compreensível, veio somar-se ao facto de os administradores dependerem do conselho do rei. Os interesses dos accionistas privados não estavam acautelados o que, na época, causou vários protestos[1320]. Se não fosse a inversão provocada pela Revolução Francesa e

---

1316 ALLEGRI, *Contributo* cit., 25.

1317 MIGNOLI, *Idee e problemi* cit., 644.

1318 ANTONIO BRUNETTI, *Trattato del diritto delle società* II – *Società per azioni* (1948), 12 ss., além da bibliografia que tem vindo a ser referida.

1319 BORNIER, *Ordonnance de Louis XIV sur le commerce enrichie d'annotations et de décisions importantes* (1749), 79, *apud* VIGHI, *Notizie storiche sugli amministratori* cit., 676.

1320 Cf. os elementos coligidos em ALLEGRI, *Contributo* cit., 23-24 e em MIGNOLI, *Idee e problemi* cit., 642. Como aí se explica, também na Holanda houve problemas. Durante o longo período de guerra com a Espanha, os administradores negavam-se a prestar informações aos sócios, alegando a necessidade de segredo militar. Posteriormente, o próprio dever estatutário de prestar informações acabaria por ser suprimido.

pela subsequente revitalização do privatismo, as "companhias" teriam basculado para o Direito público, comprometendo o futuro das sociedades anónimas, tal como as conhecemos.

No século XVIII, sucederam-se as tentativas de lançar sociedades de capitais desligadas do Estado e dos seus privilégios; chegou-se, mesmo, a falar na sua democratização[1321]. Tais tentativas foram, porém, minadas por escândalos financeiros, de que o Banco de LAW foi o mais conhecido exemplo. A memória desses episódios impressionou vivamente os espíritos, de tal modo que, na Revolução Francesa, uma legislação radical veio proibir as sociedades de capitais, designadamente quando tivessem objectivos financeiros[1322].

191. **As reformas do século XIX**

I. Na sequência de toda a evolução retratada, o *Code de Commerce*, de 1807, veio tratar, em geral, das sociedades anónimas. Foi o primeiro diploma a fazê-lo.

A matéria das sociedades surgia no Livro I, Título III, repartida em duas secções:

I – Das diversas sociedades e das suas regras;
II – Das contestações entre associados e da forma de as decidir.

O próprio *Code* só conhecia – artigo 19 – três tipos de sociedades comerciais: sociedade em nome colectivo, sociedade em comandita e sociedade anónima. Quanto à sociedade anónima, vale a pena, pelas exemplares concisão e precisão, reter, aqui, o articulado do Code[1323]:

1321 BERNHARD GROSSFELD, *Aktiengesellschaft* cit., 119.

1322 Um decreto de 24 de Agosto de 1793 veio suprimir todas as associações cujo capital assentasse em acções ao portador ou similares, permitindo-as, para o futuro, apenas sob licença dos corpos administrativos; mais tarde, um decreto de 17 Vendimnal do ano II suprimiu todas as sociedades financeiras; finalmente, o Decreto de 26-29 Germinal do ano II veio mandar, no seu artigo 1.°: "as companhias financeiras estão e permanecem suprimidas. É proibido a todos os banqueiros, negociantes ou a quaisquer outras pessoas, formar qualquer estabelecimento desse tipo, seja qual for o pretexto ou a denominação". Cf. ALLEGRI, *Contributo* cit., 13, 13 (nota 19) e 39. Quanto às flutuações da legislação revolucionária francesa, cf. E. THALLER/J. PERCEROU, *Traité Élémentaire de Droit commercial*, 7ª ed. (1925), n.° 266 (203).

1323 *Les Cinq Codes, Napoléon, de Procedure Civile, de Commerce, d'Instruction criminelle, et Pénal* (1811), 394.

29. A sociedade anónima não existe sob qualquer designação social; ela não é designada pelo nome de nenhum dos associados.
30. Ela é qualificada pela designação do objecto da sua empresa.
31. Ela é administrada por mandatários a termo, revogáveis, sócios ou não-sócios, assalariados ou gratuitos.
32. Os administradores não são responsáveis a não ser pela execução do mandato que receberam. Por via da sua gestão, eles não contratam nenhuma obrigação pessoal nem solidária, relativamente às vinculações da sociedade.
33. Os associados são passíveis apenas da perda do montante da sua participação na sociedade.
34. O capital da sociedade anónima divide-se em acções e, mesmo, em cupões de acção, de valor igual.
35. A acção pode ser estabelecida sob a forma de um título ao portador. Nesse caso, a cessão opera pela tradição do título.
36. A propriedade das acções pode ser determinada por uma inscrição em registo da sociedade. Nesse caso, a cessão opera por uma declaração de transferência inscrita sobre os registos e assinada pelo cedente ou por um representante.
37. A sociedade anónima só pode existir com autorização do Governo, e com a sua aprovação para o acto que a constitua; essa autorização deve ser dada sob a forma prescrita pelos regulamentos da Administração Pública.

Apesar de universalmente saudado pela codificação do Direito Comercial, que veio realizar e, particularmente, pelo seu papel nas sociedades anónimas, o *Code de Commerce* é considerado, pela doutrina francesa e nesse ponto, como muito insuficiente[1324]. Foi bastante, todavia, para constituir a certidão de baptismo das sociedades anónimas, no palco contemporâneo[1325].

II. Por razões históricas já conhecidas, o sistema napoleónico era muito restritivo. Poucas sociedades anónimas foram constituídas: a necessidade de autorização prévia para a sua formação e, sobretudo, a permanente

[1324] Cf. JEAN ESCARRA, *Cours de Droit Commercial* (1952), n.° 447 (278-279) e n.° 461 (287).

[1325] Sobre todo o período oitocentista das sociedades anónimas, é básico o escrito de WOLFGANG WAGNER, *Gesellschaftsrecht* no monumental *Handbuch der Quellen und Literatur der neuen europäischen Privatrechtsgeschichte*, publ. por HELMUT COING, III, *Das 19. Jahrhundert*, tomo 3 (1986), 2969-3151 (2969 ss.).

vigilância que, sobre elas, a lei previa, vigilância essa que poderia conduzir ao retirar de autorização e, daí, à imediata dissolução e liquidação da sociedade, eram fortemente dissuasoras[1326].

As iniciativas comerciais e industriais acantonaram-se, assim, intensamente, nas sociedades em comandita: era a *fièvre des commandites*[1327]. Os inconvenientes foram sérios: os sócios comanditados respondiam, na verdade, com todo o seu património, pelos débitos da sociedade; simplesmente, essa responsabilidade de pouco valeria, em empreendimentos de grande vulto, onde qualquer fortuna pessoal seria, de imediato, tragada, sem vantagens aparentes para credores ou accionistas; além disso, a perspectiva de uma responsabilidade ilimitada assustava os empresários comanditados interessados, fazendo pesar, permanentemente, sobre eles e suas famílias, sem limites, os riscos da lide comercial. Em breve se verificou um afluxo de aventureiros ou de pessoas sem escrúpulos, aos lugares de sócios comanditados, numa sucessão de escândalos que, fortemente publicitados, assustavam os investidores. Uma Lei de 1856 tentou uma reforma das sociedades em comandita por acções. Sem êxito[1328].

A fraqueza estrutural das sociedades francesas – anónimas e em comandita – tornou-se ainda mais flagrante, na época, pelo cotejo com as sociedades comerciais de Além-Mancha. Em Inglaterra, as correspondentes às sociedades anónimas – *joint stock companies*, regidas pelas leis de 1826 e 1844 – começaram por estar submetidas a um regime de responsabilidade absoluta, de todos os seus membros[1329]. Em 8-Mai.-1845, uma Lei veio permitir a responsabilidade limitada de certas sociedades, desde que tivessem um fim de utilidade pública. Esse sistema de limitação foi alargado, em 1857, às companhias de interesse privado e confirmado, em 1862 e 1867, desde que o termo *limited* figurasse na designação social[1330]. Quando, em

---

[1326] Uma circular ministerial de 9-Abr.-1819, que pode ser confrontada em ROYER COPPER, *Traité theorique et pratique des sociétés anonymes,* 1, 3ª ed. (1925), no início e em ALLEGRI, *Contributo* cit., 45, nota 102, recomendava, aos prefeitos e aos tribunais, uma aplicação rigorosa do princípio da nulidade das sociedades comerciais, quando faltasse a autorização governativa. Uma recolha de textos pode, também, ser vista em A. VAVASSEUR, *Traité des sociétés civiles et commerciales*, 2, 6ª ed. (1910), 455.

[1327] GEORGES GODDE, *De la responsabilité des administrateurs de sociétés anonymes en droit français et en droit étranger* (1912), 2-3 e 6-7, THALLER/PERCEROU, *Traité Élementaire* cit., 7ª ed., n.° 268 (203) e UNGARI, *Profilo storico* cit., 44 ss..

[1328] THALLER/PERCEROU, *Traité Élémentaire* cit., 7ª ed., n.° 269 ss. (204).

[1329] Era o esquema inglês tradicional, assim contraposto ao holandês ou, mais latamente ao continental; cf. HERGENHAHH, *KGaA/AktG 1884* cit., XIV. Também em Inglaterra, as sociedades anónimas atravessariam períodos de desfavor; cf. MIGNOLI, *Idee e problemi* cit., 657 ss..

[1330] GODDE, *De la responsabilité des administrateurs* cit., 4-5.

30-Abr.-1862, um Tratado de Comércio veio permitir às *limited companies* actuar em França, todos poderam constatar as vantagens do novo sistema[1331].

Estavam criadas as condições para uma reforma, que viria a surgir em 1863.

III. A Lei francesa, de 23-29 de Maio de 1863, regulou, de novo, as sociedades anónimas[1332], em termos que, depois, a Lei de 24 de Julho de 1867[1333] veio desenvolver.

Como especial novidade, este diploma aboliu a necessidade de autorização administrativa, para a constituição lícita de sociedades anónimas[1334]. Em traços largos, pode dizer-se que o sistema de controlos administrativos foi substituído por esquemas internos, à disposição dos sócios. Aparecem, então, figuras como a dos *commissaires aux comptes* e institutos como o da acção social, contra os administradores.

A passagem do sistema do *Code de Commerce*, ao da livre constituição, operou em três fases[1335]. Em primeiro lugar, surgiu a Lei de 18-Jul.-1856, que veio tentar acudir aos diversos abusos potenciados pelas sociedades em comandita. Foram introduzidas medidas que perdurariam, tais como o controlo pela assembleia dos accionistas e a presença de um conselho de vigilância. Interveio, depois, a segunda fase, constituída pela Lei de 23-Mai.-1863, consequência, como se disse, da convenção franco-britânica, de 30-Abr.-1862. A Lei de 1863 admitia, sem autorização, a constituição de sociedades de capital inferior a 20 milhões de francos, designando-as

---

1331 ALLEGRI, *Contributo* cit., 46.

1332 Chamava-lhes, aliás, "sociedades de responsabilidade limitada", seja por influência das *limited companies* britânicas, seja pela evolução que elas representavam em relação às sociedades em comandita, que pressupunham, também, uma responsabilidade ilimitada.

1333 SILBERNAGEL, *Die Gründung* cit., 4 ss.. Cf. VAVASSEUR, *Traité des sociétés*, 1.° vol., 6ª ed. (1910), 315 ss..

1334 ALLEGRI, *Contributo* cit. 46. A solução do *Code de Commerce*, de exigir a autorização governamental prévia, foi considerada, no início da sua vigência, como cheia de "... sagesse ...", para prevenir abusos: DAGEVILLE, *Code de Commerce expliqué* cit., 125. Por seu turno, DELVINCOURT, *Institutes de Droit Commercial Français*, 2.° vol. (1825, reimp. 1834), 55, explicava: "*trop souvent, des entreprises pareilles, a-t-on dit dans le Conseil d'État, n'ont été qu'un piège tendu à la crédulité des citoyens*". A evolução posterior veio, contudo, justificar a liberalização, com as apontadas cautelas.

1335 JEAN ESCARRA, *Cours de Droit Commercial* cit., 288 ss..

"sociedades de responsabilidade limitada"[1336]. Submetia-as, porém, aos esquemas internos de fiscalização, fixados, em 1856, para as sociedades em comandita por acções.

Resultava, daqui, um regime complicado, que veio a ser aclarado pela Lei de 24-Jul.-1867, que vigoraria por quase 100 anos, constituindo a terceira e última fase desta evolução[1337]. Este diploma fixou dois tipos de sociedades por acções: comanditas e anónimas. Quanto a estas, é essencial o artigo 21.°:

> Para o futuro, as sociedades anónimas poderão constituir-se sem autorização do governo.

Esta liberdade era compensada por todo um esquema de controlos internos[1338], entre os quais o de responsabilidade dos administradores.

IV. Pela grande influência dogmática que exerceria no Continente, designadamente ao longo do século XX, através de fenómenos contínuos de recepção e de transposição cultural, tem o maior interesse referir a evolução alemã no século XIX.

Na primeira parte do século XIX, as sociedades anónimas surgiam, no espaço alemão, mediante o sistema da especial outorga do Estado. Havia, pois, um retrocesso, mesmo perante o *Code de Commerce*, que estabelecia já uma lei-quadro do reconhecimento. Dificuldades de tipo político explicarão essas hesitações iniciais.

As sociedades anónimas primitivas aparecem, no espaço alemão, apenas nos finais do século XVII[1339] e portanto: com um atraso relativo em relação a outras experiências europeias. Seguem o modelo holandês. Nessa linha, em 7 e 17 de Março de 1682, o Eleitor de Brandeburgo fundou a "Com-

---

[1336] A não confundir com as sociedades de responsabilidade limitada, facultadas pela Lei de 7-Mar.-1925 e correspondentes às nossas sociedades por quotas.

[1337] A Lei de 24-Jul.-1867 repartia-se por 5 títulos: I – Das sociedades em comandita por acções; II – Das sociedades anónimas; III – Disposições relativas às sociedades de capital variável; IV – Disposições relativas à publicação dos actos de sociedade; V – Das mutualidades e das sociedades de seguros. Quanto ao *Code de Commerce*, após as revogações parciais introduzidas por essa Lei, refira-se EM. COHENDY/ALCIDE DARRAS, *Code de Commerce Annoté*, tomo I (1903), 73 ss..

[1338] JEAN ESCARRA, *Cours de Droit Commercial* cit., n.° 465 (289-290).

[1339] Com indicações: MARKUS SÖHNCHEN, *Die historische Entwicklung der rechtlichen Gründungsvoraussetzungen von Handels- und Aktiengesellschaften* (2005), 109 ss..

panhia Comercial das Costas da Guiné". Em 1719, o Imperador instituiria a Companhia Austro-Oriental. Mas apenas a partir de 1765, se assistiria, ainda que lentamente, a um desenvolvimento progressivo das sociedades anónimas, sobretudo na Prússia[1340]. Esta perdeu, contudo, a oportunidade histórica de inserir a matéria, com generalidade, no *ALR* de 1794, deixando-se ultrapassar pelo *Code de Commerce*, de NAPOLEÃO[1341].

O sistema em vigor era, então, o da outorga. Com vários reflexos: a concessão da personalidade jurídica surgia como privilégio recebido do poder estadual; mas os próprios estatutos eram aprovados regulamentarmente, atribuindo-se, ao ente novo, direitos e deveres de excepção, irredutíveis ao Direito comum[1342].

A industrialização do século XIX origina um quadro mais permissivo e mais claro. A Prússia foi pioneira: em 3-Nov.-1838, surgiu uma Lei sobre Sociedades Anónimas de Caminhos de Ferro[1343] e, em 9-Nov.-1843, uma Lei Geral das Sociedades Anónimas[1344]. Um tanto surpreendentemente, esta lei, embora pondo cobro ao esquema da outorga paralegislativa, veio receber o sistema da concessão.

[1340] KARL LEHMANN, *Das Recht der AkG* cit., 1, 75 ss., HERGENHAHH, *KGaA/AktG 1884* cit., XIV e HELGE PROSS, *Manager und Aktionäre in Deutschland/Untersuchung zum Verhältnis von Eingentum und Verfügungsrecht* (1965), 44 ss.. Cf. RUDOLF GMÜR, *Die Emder Handelscompagnien des 17. und 18. Jahrhunderts*, FS Westermann (1974), 167-197.

[1341] BRONDICS, *Aktionärsklage* cit., 26-27. Em geral, *vide* NORBERT REICH, *Die Entwicklung des deutschen Aktienrechtes im neunzehnten Jahrhundert*, IC 2 (1969), 239-276 (239), que sublinha, aliás, a vigência, na Renânia, do *Code de Commerce* francês. No tocante à análise jurídico científica das sociedades anónimas, é pioneiro o escrito de JULIUS JOLLY, *Das Recht der Actiengesellschaften*, ZdR 11 (1847), 317-449.

[1342] MENO PÖHLS, *Das Recht der Aktiengesellschaften mit besonderer Rücksicht auf Eisenbahnergesellschaften* (1842), 25 ss.. Cf. VIKTOR RING, *KGaA/AktG*, 2ª ed. cit., 3.

[1343] REICH, *Die Entwicklung des deutschen Aktienrechts* cit., 249, PÖHLS, *Aktiengesellschaften* cit. , 78 ss. e BRONDICS, *Aktionärsklage* cit., 27.

[1344] THEODOR BAUMS (publ. e intr.), *Gesetz über die Aktiengesellschaften für die Königlich Preussischen Staaten vom 9.November 1843/Text und Materialien* (1981), onde pode ser conferida a evolução anterior a essa lei. O projecto, de 13-Jan.-1842, pode também, ser aí confrontado – 47 ss. – bem como o próprio texto da lei – *idem*, 211 ss.. Cf., ainda, K. LEHMANN, *Das Recht der AG* cit., 77, e WOLFGANG SCHMALZ, *Die Verfassung der Aktiengesellschaft in geschichtlicher vergleichender und rechtspolitischer Betrachtung* (1950), 17. Fora do Estado prussiano, a inexistência de leis explícitas permitia, a certa doutrina – p. ex., JOLLY, *Das Recht der Actiengesellschaften*, ZdR 11 (1847), 317-449 (344) – defender a desnecessidade de reconhecimento estadual.

Seguiu-se o *ADHGB*, de 1861[1345]. Como mera codificação – aliás excelente – que foi, o *ADHGB* manteve os esquemas restritivos anteriores. A constituição de sociedades anónimas continuou dependente de autorização estadual, outro tanto sucedendo com a sua prorrogação, a modificação dos seus estatutos, a sua fusão e a restituição parcial do seu capital, aos accionistas[1346]. Este diploma admitia, contudo, que os diversos estados alemães onde ele se iria, depois, aplicar, pudessem dispensar o mecanismo da concessão. O uso desta possibilidade foi limitado; não obstante, ela traduziu um primeiro e significativo passo no sentido do acesso a um estádio subsequente, mais avançado[1347].

De todo o modo e em termos práticos, o sistema inicial do *ADHGB* desviava grandes empreendimentos para outras figuras jurídicas, menos apropriadas do que as sociedades anónimas, e deixava as sociedades existentes sujeitas ao arbítrio da Administração Pública[1348]. Desenhou-se, por isso, um movimento tendente a libertar de peias as sociedades anónimas alemãs[1349], movimento esse que atingiria o êxito com a novela de 11-Jun.-1870.

[1345] Cf. K. LEHMANN, *Das Recht der AG* cit., 1, 82 e REICH, *Die Entwicklung des deutschen Aktienrechts* cit., 261 ss.; o texto original do ADHGB pode ser confrontado em H. MAKOWER, *Das allgemeine deutsche Handelsgesetzbuch* (1864) e em A. WENGLER, *Das allgemeine deutsche Handelsgesetzbuch* (1867); cf., aí, os artigos 207 ss. (178 ss.). Quanto às dificuldades políticas que, na Alemanha, retardaram as codificações – e, em especial, a das sociedades comerciais –, cf. FRIEDRICH KÜBLER, *Gesellschaftsrecht* cit., 4ª ed., 10 e *Kodifikation und Demokratie*, JZ 1969, 645-651 (645 ss.).

[1346] Assim os artigos 208/1, 211, 214, 247/1 e 248, todos do ADHGB; segundo o artigo 208/1, por exemplo, *Aktiengesellschaften können nur mit staatlicher Genehmigung errichtet werden*; cf. A. WENGLER, *ADHGB* cit., 179 e RING, *KGaA/AktG 1884* cit., 5-6.

[1347] GROSSFELD, *Aktiengesellschaft* cit., 135.

[1348] JULIUS PETERSON/WILHELM FREIHERR VON PECHMANN, *Gesetz betreffend die Kommanditgesellschaften auf Aktien und die Aktiengesellschaften vom 18-Juli-1884* (1890), XI. Cabe recordar que, nessa altura, o Direito administrativo não tinha, ainda, desenvolvido esquemas eficazes de controlo da Administração, designadamente no tocante ao exercício de poderes discricionários.

[1349] Quanto aos parâmetros políticos implicados, cf. GROSSFELD, *Aktiengesellschaft* cit., 136 ss.. Com uma série de elementos importantes para a reconstituição histórica desta temática, cf. WERNER SCHUBERT/PETER HOMMELHOFF, *Hundert Jahre modernes Aktienrecht/Eine Sammlung von Texten und Quellen zur Aktienrechtsreform 1884 mit zwei Einführungen* (1985) e, aí, SCHUBERT, *Die Entstehung des Aktiengesetzes*, loc. cit., 1-52 (31 ss.).

V. A novela de 1870 – formalmente uma alteração ao *ADHGB* – veio pôr termo à intervenção do Estado, na formação de sociedades anónimas; além disso, fez desaparecer a diferença anterior entre sociedades anónimas civis e comerciais, procurando uma certa protecção do público, através de normas semelhantes às comerciais comuns[1350]. O Direito das sociedades anónimas assumiu uma orientação liberal típica[1351].

A vitória sobre a França, em 1871, que foi seguida do pagamento, por esta, de quantias muito avultadas a título de indemnizações de guerra, veio provocar um surto artificial de sociedades anónimas. Esse movimento desembocou numa explosão de falências[1352]. Foi requerida, de imediato, uma reforma. O *Bundesrath*, porém, não acolheu a ideia, remetendo-a para uma reforma geral do *HGB*, já em estudo, e que se destinaria a entrar em vigor com o futuro *BGB*. O protelar da situação levou à conhecida representação de 29-Mar.-1876[1353]. Nos debates subsequentes, acabaria por se concluir

[1350] PETERSON/VON PECHMANN, *KGaA/AktG 1884* cit., XI, TH. HERGENHAHH, *KGaA/AktG 1884* cit., XVII-XVIII, RING, *KGaA/AktG 1884* cit., 8 e GROSSFELD, *Aktiengesellschaft* cit., 139 ss.. Em parte, pode-se dizer que esta reforma procurou substituir o controlo estadual exterior pelos próprios controlos internos das sociedades, num equilíbrio sempre procurado, até hoje; cf. PETER HOMMELHOFF, *Eigenkontrolle statt Stattskontrolle/ /Rechtsdogmatischer Überblick zur Aktienrechtsreform 1884*, em SCHUBERT/HOMMELHOFF, *Hundert Jahre modernes Aktienrecht* cit., 53-125 (55 ss.) e INGE SEHER, *Die aktienrechtliche Untreue in rechtsvergleichender Darstellung* (1965), 12.

[1351] REICH, *Die Entwicklung des deutschen Aktienrechts* cit., 264 ss. e ainda, FRIEDRICH KLAUSING, *Gesetz über Aktiengesellschaften und Kommanditgesellschaften auf Aktien (Aktien-Gesetz)* (1937), 10-11.

[1352] PAUL KAYSER, *Gesetz betreffend die Kommanditgesellschaften auf Aktien und die Aktiengesellschaften vom 18-Juli-1884* (1884), 1 e AUGUST RICKEL, *Der Einfluss wirtschaftlicher Vorgänge auf die Ausgestaltung des deutschen Aktienrechts* (1935), 6 ss.. O problema foi despoletado pelo célebre *crash* da bolsa de Viena, de Maio de 1873; nos meses seguintes, multiplicaram-se as falências, que atingiram nada menos do que 73 bancos – mais de metade dos existentes no território do *Reich*. O próprio JHERING, *Der Zweck im Recht*, 1, 4ª ed. (1904), 173, se refere a essa crise em termos muito impressivos, verberando as sociedades anónimas: textualmente: *Die Aktiengesellschaft in ihrer jetzigen Gestalt ist eine der unvollkommensten und verhängnisvollsten Einrichtungen unseres ganzen Rechts* (...) [portanto: "a sociedade anónima, na sua forma actual é uma das instituições mais defeituosas e mais funestas de todo o nosso Direito"]. Assinale-se ainda que, nesta época, surgiu, forte, a ideia de unidade do Direito privado. Deve-se à influência de GOLDSCHMIDT o facto de, na preparação dos grandes Códigos, ter prevalecido a ideia de um *HGB*, separado do *BGB*. Cf. PETER RAISCH, *Geschichtliche Voraussetzungen, dogmatische Grundlagen und Sinnawndlung des Handelrechts* (1965), 59.

[1353] Essa representação foi elaborada pela Prússia. Solicitava quatro pontos: uma melhor protecção de todos os envolvidos, em nome do interesse público; uma mais forte responsabilidade na constituição, na direcção e na fiscalização das empresas implicadas;

que, afinal, a reforma das sociedades anónimas era urgente e não tinha de esperar pelo futuro *HGB*. E assim foi aprovada a novela de 18-Jul.-1884[1354].

A reforma de 1884 operou, formalmente, como uma alteração introduzida nos artigos 173 a 249-a do *ADHGB*. No essencial, ela conservou a liberdade de constituição das sociedades anónimas; tomou, no entanto, várias medidas para assegurar a sua solidez e seriedade. O recurso a testas de ferro foi limitado e passou a requerer-se a realização efectiva de parte do capital subscrito; os fundadores foram responsabilizados. O controlo interno foi intensificado, com uma melhor definição dos deveres e poderes dos diversos órgãos societários[1355].

VI. Todo este período ficou concluído com o *HGB* de 10-Mai.-1897, preparado para entrar em vigor na data do *BGB*. O grande objectivo da reforma foi, desta feita, apenas o de conciliar o *HGB* com o *BGB*. A matéria das sociedades anónimas ficou aí inserida – §§ 178 a 319 – mas sem alterações de base, em relação ao Direito anterior[156]; de todo o modo, o relevo dado à matéria é patente: recebeu dois terços dos artigos reservados às sociedades comerciais[1357].

---

um controlo, permanente e eficaz, sobre a direcção; uma melhor ponderação das normas de interesse público presentes, com meios de efectivação; cf. RING, *KGaA/AktG 1884* cit., 10-11.

[1354] Quanto ao projecto que viria a dar lugar à lei, cf. HERMANN VEIT SIMON, *Der Entwurf eines Gesetzes, betreffend die Kommanditgesellschaften auf Aktien und die Aktiengesellschaften*, ZHR 29 (1883), 445-489; o próprio projecto está publicado sob o título *Entwurf eines Gesetzes betreffend die Kommanditgesellschaften auf Aktien und die Aktiengesellschaften nebst Begründung und Anlage* (1883), Berlin. Sobre esta reforma, cumpre, ainda, referir REICH, *Die Entwicklung des deutschen Aktienrechts* cit., 270 ss..

[1355] KAYSER, *KGaA/AktG 1884* cit., 1-2, PETERSON/VON PECHMANN, *KGaA/AktG* cit., XIV ss., HERGENHAHH, *KGaA/AktG 1884* cit., XVIII ss., RING, *KGaA/AktG 1884* 2 cit., 12 ss., KLAUSING, *AktG 1937* cit., 11-12 e GROSSFELD, *Aktiengesellschaft* cit., 147 ss.. Note-se, no entanto, que este controlo já era doutrinariamente requerido, ao abrigo do Direito anterior; cf. E. J. BEKKER, *Beiträge zum Aktienrecht*, ZHR 17 (1872), 379-465 (418).

[1356] ALBERT PINNER, *Das Deutsche Aktienrecht/Kommentar zu Buch 2, Abschnitt 3 und 4 des Handelsgesetzbuchs vom 10. Mai 1897* (1899), III-IV e HUGO ALEXANDER-KATZ/RICHARD DYHRENFURTH, *Die Aktiengesellschaft unter dem neuen Aktiengesetz* (1899), 8 ss.. O projecto foi, oficialmente, publicado sob o título *Entwurf eines Handelsgesetzbuchs/ /Amtliche Ausgabe* (1896).

[1357] ROBERT ESSER/FERDINAND ESSER, *Die Aktiengesellschaft*, 3ª ed. (1907) = 1ª ed. (1899), introdução, sublinham a inserção de várias melhorias técnicas. Cf., ainda, HERMANN HAUSSMANN, *Die Gründung der Aktiengesellschaft/Zugleich ein Beitrag zur Lehre von der juristischen Konstruktion und zur Lehre von den juristischen Personen* (1911), 16 ss.; entre os comentaristas, cabe referir: A. DÜRINGER/M. HACHENBURG, *Das Handelsge-*

A evolução pode ser sintetizada através da ideia da procura de um modelo aberto, em que as sociedades anónimas, funcionando na base do Direito privado, conseguissem, através do jogo dos interesses diferenciados dos seus sócios, um autocontrolo eficaz. Uma ideia que seria desenvolvida e aprofundada através do século XX.

VII. Em Itália, a evolução geral das sociedades anónimas seguiu esquemas bastante paralelos aos da França e da Alemanha. Na base de transferências napoleónicas e, mais tarde, germânicas, sucederam-se fases restritivas e permissivas, procurando obter-se um equilíbrio.

As codificações pré-unitárias perderam os nexos mais directos com as antigas e pioneiras experiências italianas, ligando-se, antes, ao modelo do *Code de Commerce*. O Código de Comércio Albertino, de 1842, antecedente directo do primeiro Código Comercial da Itália unificada, de 1865, seguia vias similares[1358].

No entanto, o Código de Comércio de 1865, como tantas vezes sucede no domínio das recepções, assumiu um avanço considerável, em relação aos diplomas que lhe serviram de modelo. Beneficiando da discussão entretanto havida em França, o legislador dispensou a autorização administrativa e deu corpo a especiais estruturas de controlo interno[1359].

Quando o Código de Comércio de 1882 apareceu, pouco mais havia, na época, a acrescentar[1360]. Este diploma é relevante, entre nós, também pela influência que exerceu na preparação do Código Veiga Beirão.

---

setzbuch (1899), Samuel Goldmann, *Das Handelsgesetzbuch vom 10. Mai 1897* (1905), Robert Esser/Ferdinand Esser, *Die Aktiengesellschaft nach den Vorschriften des Handelsgesetzbuchs vom 10. Mai 1897* (1907), Heinrich Frankenburger, *Handelsgesetzbuch für das Deutsche Reich,* 4ª ed. (1914), Friedrich Goldschmidt, *Die Aktiengesellschaft/ /Handelsgesetzbuch § 178 bis § 319* (1927), Erich Brodmann, *Aktienrecht Kommentar* (1928), Heinrich Koenige/Robert Teichmann/Walter Koehler, *Handausgabe des Handelsgesetzbuchs vom 10. Mai 1897* (1929) e Hans Reufeld/Otto Schwarz, *Handelsgesetzbuch ohne Seerecht* (1931).

1358 Ungari, *Profilo storico* cit., 51 ss., Allegri, *Contributo* cit., 50 ss.. Quanto à literatura jurídica italiana da época do Código de Comércio Albertino, refira-se Cesare Aproli, *Lezioni di diritto commerciale*, 2.° vol. (1855), 81 ss... Em geral, Mittermaier, *Die Leistungen der Gesetzgebung, Rechtsprechung und Wissenschaft in Italien auf dem Gebiete des Handelsrechts*, ZHR 4 (1861), 327-340.

1359 Allegri, *Contributo* cit., 51.

1360 Ungari, *Profilo storico* cit., 51 ss. e Allegri, *Contributo* cit., 53. Quanto ao *Codice di commercio* de 1882, cf. Alberto Marghieri, *Manuale del diritto commerciale italiano*, 2ª ed. (1902), 7 ss.. Os preparatórios do *Codice* encontram-se publicados: *Lavori preparatorii del codice di commercio del Regno d'Italia*, 2 volumes (1883). Quanto às sociedades anónimas, cf., aí, 1, 208 ss..

192. **A evolução no século XX**

I. Na viragem do século XIX para o século XX, a dogmática das sociedades anónimas estava estabilizada[1361]. De então para cá, houve reformas importantes: mas não já modificações de concepção ou de raiz. De um modo geral, pode-se dizer que as alterações registadas visaram acompanhar a evolução sócio-económica, assegurando o que se poderá chamar democratização do capital. Este movimento não foi linear: é, apenas, uma tendência geral que, com retrocessos, resulta clara à medida que as experiências se multiplicam.

A perspectiva histórica hoje possível permite apontar, como a grande reforma do século, a Lei alemã de 1937, sobre sociedades anónimas. Curiosamente, ela não pareceria jogar no sentido de uma democratização do capital. Mas teve esse efeito, no médio e no longo prazo.

II. O período subsequente à reforma de 1884 foi muito conturbado. Ainda antes da Grande Guerra, manifestaram-se, claras, as primeiras tendências para a concentração das sociedades[1362]. Mais tarde, seguiram-se a devastação da Guerra, a Revolução comunista e a grande inflação[1363]. O fim do sistema liberal pareceu, várias vezes e a muitos, iminente e evidente. Compreende-se que as sociedades anónimas, verdadeiros pontos nucleares da economia do Ocidente, tenham sido submetidas a grande pressão. O legislador manteve-se, de um modo geral e nos momentos de grande crise, silencioso. A situação foi sendo resolvida pelo aparecimento de práticas que, de certo modo, substituiram o Direito legislado, por um Direito vivo[1364].

1361 Pode dizer-se que este mesmo fenómeno se manifesta, em geral, no Direito privado: as grandes conquistas dogmáticas que permitiram, ao substrato romanista, adaptar-se ao liberalismo industrial, foram obra de oitocentos. Mesmo no plano metodológico: o cenário das opções possíveis estava montado, no final do século XIX. O século XX foi, no essencial e no plano jurídico, um tempo de releituras e não de novas escritas. Apenas no termo desse século parecem ter surgido propostas novas; não há, porém, ainda uma distanciação histórica que permita precisões definitivas; cf. MENEZES CORDEIRO, *Ciência do Direito e metodologia jurídica nos finais do século XX* (1989), *passim.*

1362 Cf. GROSSFELD, *Aktiengesellschaft* cit., 150 ss.. Logo no princípio do século cabe referir OTTO WARSCHAUER, *Die monographische Darstellung der Aktiengesellschaften* (1910), 6 ss..

1363 RICKEL, *Der Einfluss wirtschaftlicher Vorgänge* cit., 12 ss., 23 ss. e 37.

1364 KLAUSING, *AktG 1937* cit., 14 ss.. Cf. MÜLLER-ERZBACH, *Das deutsche Aktien wesen seit der Inflationszeit* (1926), bem como *Umgestaltung der Aktiensgesellschaft zur*

Entre as novidades, paulatinamente introduzidas, logo nas primeiras décadas, contam-se o ingresso de representantes dos trabalhadores no conselho de vigilância e o aparecimento de sociedades mistas[1365]. Mas conta-se, também, o aparecimento de esquemas engendrados a favor de quem detivesse a direcção societária e em detrimento dos accionistas[1366].

Kerngesellschaft verantwortungsvoller Grossaktionäre/Entwicklung des Aktienrechts aus dem mitgliedschaftlichen Interesse/Zur Reform der Aktiengesellschaft und der Gesellschaft m. b. H. (1929), OSKAR NETTER, *Probleme des lebenden Aktienrechts* (1929), VIKTOR RING/ /HERBERT SCHACHIAN, *Die Praxis der Aktiengesellschaft* (1929) e MARTIN HÖPPNER, *Praxis des Aktienrechts/Rechte, Pflichten und Verantwortlichkeiten der Beteiligten* (1935).

1365 Cf. PAUL GIEZENDANNER, *Die Vertretung der Arbeitnehmer in den Organen der Aktiengesellschaft* (1925), ARTHUR NUSSBAUM, *Aktionäre und Verwaltung* (1928) e ARTHUR BERGMANN, *Die Einflussnahme öffentlicher Körperschaften auf dem Aufsichtsrat/ /Ein Beitrag zur Frage der gemischtwirtschaftlichen Unternehmung* (1929). Na sua aparente simplicidade, estas medidas, surgidas após 1919, correspondem a uma evolução da maior importância, impensável perante esquemas liberais rígidos. A presença de trabalhadores no conselho de vigilância denota o aparecimento de uma legitimidade societária retirada do trabalho e não – como seria lógico – da titularidade do capital: os trabalhadores eram representados enquanto tais e não, como se tentaria mais tarde, como accionistas. Por seu turno, o aparecimento de empresas mistas documenta, da melhor forma, uma tendência do Estado para intervir na sociedade, através do Direito privado e não nas vestes do *ius imperii*. Esta via seria percorrida, até ao fim, através da figura das empresas públicas.

1366 Um dos esquemas que permitiu mais abusos foi o do voto plural. Certas acções podiam ser privilegiadas, por forma a fazer-lhes corresponder um número de votos superior ao que resultaria da parte de capital, por elas representado. Tratava-se de um esquema admitido no *HGB*, com vista a facilitar o saneamento financeiro das empresas; teve, contudo e com esse objectivo, uma aplicação modesta. No período de inflação, esse esquema foi usado para permitir controlar sociedades, sem (sequer) se ser detentor de capital significativo: o titular da maioria accionista aprontava, a seu favor, o esquema das acções plurais e alienava as restantes; conservava, assim, o controlo da sociedade, num esquema que, separando o poder da titularidade do capital, punha em crise um dos princípios básicos do Direito das sociedades anónimas. O sistema do voto plural aumentou, aliás, de proporções, uma vez que se passou de uns quantos votos, por acção, a centenas ou, até, milhares de votos; cf. ALFRED HUECK, *Vorzugsaktien und mehrfachen Stimmrecht* (1922), GUENTHER FRANK-FAHLE, *Die Stimmrechtsaktie* (1923), HANS FRANZ BUMBACHER, *Die Aktie als Grundlage des Stimmrechts* (s/d, mas 1925) e BRONDICS, *Die Aktionärsklage* cit., 39. Outra fonte de abusos era constituída pelas acções de administração, no sentido de acções que pertencem, directa ou indirectamente, à própria sociedade. A presença de tais acções permitia, à administração, usar os correspondentes poderes, falseando as regras da representatividade do capital; cf., na época, MAXIMILIAN SCHMULEWITZ, *Die Verwaltungsaktie/Herrschafts- und Vorratsaktie – ihre Rechtlichen und Wirtschaftlichen Grundlagen* (1927), RUDOLF RUTH, *Eigene Aktien und Verwaltungsaktien* (1928) e, com uma série de elementos históricos e dogmáticos, SIEGFRIED SCHÖN, *Geschichte und Wesen der eigene*

Em 1931, foi levada a cabo a denominada "pequena reforma" das sociedades anónimas[1367]. Ainda pela via de alterações inseridas no *HGB*, foram introduzidas modificações na sua regulação. O objectivo foi o de coarctar abusos, conferindo maior solidez às sociedades. Restringiu-se a aquisição de acções próprias, bem como a aquisição, dessas acções, através de empresas dependentes[1368]. Regulou-se, de novo, a amortização de acções. Os deveres dos administradores foram alargados e procedeu-se à sua responsabilização, civil e penal, num esquema que abrangeu, também, os membros do conselho de vigilância. Introduziram-se normas no domínio das contas, balanços e fiscalizações. Finalmente, as minorias foram objecto das primeiras regras de protecção[1369].

A grande depressão dos anos trinta alongou-se, envolvendo um proteccionismo e um nacionalismo acrescidos, que exigiam novas medidas[1370]. Entretanto, a doutrina jurídica alemã conheceu uma grande expansão, que permitiria uma revisão cuidada e global do Direito das sociedades anónimas: a reforma era, aliás, vivamente reclamada[1371]. Houve, um alongado

---

Aktie (1937), 1 ss. e 25 ss.. Outras particularidades existiam, podendo interferir na matéria; assim, por exemplo, HEINRICH TRIEPEL, *Goldbilanzenverordnung und Vorzugsaktien* (1924), MANFRED WEIDER, *Der Niessbrauch an Aktien* (1925), WALTHER NORD, *Das Recht der Aktionäre auf Mitverwaltung* (1927), FRITZ KARGER, *Emission von Aktien und Anleihen* (1927) e GÜNTHER FROHNER, *Aktiensonderdepot und Legitimationsübertratung* (1929); em geral, *vide* os já referidos GÖTZ HUECK/CHRISTINE WINDBICHLER, *Gesellschaftsrecht* cit., 20ª ed., 236-237 e BRONDICS, *Die Aktionärsklage* cit., 40.

[1367] Cf. FRANZ SCHLEGELBERGER/LEO QUASSOWSKI/KARL SCHMÖLDER, *Verordnung über Aktienrecht vom 19. September 1931 nebst den Durchführungs-bestimmungen* (1932), 1 ss. e FRIEDRICH GOLDSCHMIDT, *Das neue Aktienrecht* (1932), 33 ss..

[1368] Tratava-se, também, de contrariar os fenómenos de concentração; cf. RICKEL, *Der Einfluss wirtschaftlicher Vorgänge* cit., 59, bem como o clássico KONRAD COSACK, *Eingene Aktien als Bestandteile des Vermögens einer Aktiengesellschaft* (1907).

[1369] KLAUSING, *AktG* cit., 18.

[1370] Cf. as considerações tecidas por KURT BÖSSELMANN, *Die Entwicklung des deutschen Aktienwesens im 19. Jahrhundert/Ein Beitrag zur Frage der Finanzierung gemeinschaftlichen Unternehmungen und zu den Reformen des Aktienrechts* (1939), 1 ss..

[1371] Entre as muitas publicações surgidas, a esse propósito, foram compulsadas as seguintes: KARL GEILER, *Die wirtschaftlichen Strukturwandlungen und die Reform Aktienrechts* (1927), ERICH WELTER, *Erneuerung des Aktienrechts! Ein Appell und ein Program* (1929), HELLMUT GOTTSCHALK, *Die Lehren aus den Aktienskandalen der Nachkriegszeit* (1934), JOHANNES C. D. ZAHN, *Wirtschaftsführertum und Vertragsethik im neuen Aktienrecht* (1934) e FRANZ SCHLEGELBERGER, *Die Erneuerung des deutschen Aktienrechts* (1935). Tem ainda interesse o *Bericht der durch den 34. Juristentag zur Prüfung einer Reform des Aktienrechts eingesetzen Kommission* (1928), bem como os elementos coligidos em KLAU-

processo de preparação, processo esse que, já no seu final, foi formalmente recuperado pelos nacionais-socialistas. Assim, foi aprovada a Lei sobre sociedades anónimas e sociedades em comandita por acções, de 30-Jan.-1937[1372].

III. O *AktG* de 1937, de acordo com a literatura nacional-socialista da época[1373], veio procurar regulamentar as sociedades anónimas, enquanto empresas[1374]. Na orgânica tradicional, a administração dessas sociedades era uma emanação das respectivas assembleias gerais, das quais aceitariam directrizes. Ora, muitos dos participantes em assembleias gerais não estariam em condições mínimas para assegurar uma boa gestão social. A reforma veio, assim, reforçar os poderes da direcção, responsável, por direito próprio, pela condução da sociedade[1375]. A direcção passou a ser designada pelo conselho de vigilância, embora sem se subordinar às indicações deste. Havendo pluralidade de administradores, o conselho de vigilância designaria o presidente.

A administração deixou de ser um mero conjunto de mandatários da sociedade, para passar a ser um verdadeiro órgão desta. Paralelamente, foram precisados os deveres a seu cargo, sublinhando-se a sua responsabilidade. A bitola do administrador ordenado e consciencioso fez a sua aparição[1376].

SING, *AktG* cit., 22 ss.. Também na Áustria se levantaram vozes a pedir uma reforma das sociedades anónimas e, ainda, uma aproximação com a Alemanha; cf. ARTHUR BIONDI, *Neue Wege des Aktienrechts* (1933), 52.

[1372] *Gesetz über Aktiengesellschaften und Kommanditgesellschaften auf Aktien*, conhecido pela sigla *AktG* ou *AktG 1937*, para se distinguir do *AktG 1965*.

[1373] P. ex., GOTTFRIED MATTHES, *Aktienrecht/Gesetz über Aktiengesellschaft und Kommanditgesellschaften auf Aktien vom 30. Januar 1937* (1937), XI ss, e HANS PETER DANIELCIK, *Aktiengesetz/Gesetz über Aktiengesellschaften und Kommanditgesellschaften auf Aktien* (1937), VI.

[1374] FRITZ HAUSSMANN, *Vom Aktienwesen und vom Aktienrecht* (1928), 27 ss..

[1375] A linguagem da época viu, aqui, uma consagração do *Führerprinzip* nacional-socialista; cf. KLAUSING, *AktG* cit., 21 e 41.

[1376] Como se referiu, esta matéria sofreu cuidadosa preparação. A reforma foi tornada possível por todo um desenvolvimento doutrinário anterior; além da bibliografia já mencionada, cf. RICHARD KIESSLER, *Die Verantwortlichkeit der in dem Aufsichtsrat einer Aktiengesellschaft entsandten Betriebsratmitglieder* (1928), 80 ss. e EDGAR BODENHEIMER, *Das Gleichheitsprinzip im Aktienrecht* (1933), 15. Em geral, ERNST SONTAG, *Die Aktiengesellschaften im Kampfe zwischen Macht und Recht* (1918), 11.

O conselho de vigilância viu reduzir o número dos seus membros: tratou-se de uma solução encarada como um reforço da posição do próprio conselho, sem onerar, excessivamente, a sociedade.

Numerosos outros aspectos foram objecto de tratamento, com exemplos na invalidade das deliberações e em questões conexas, ligadas aos grupos de sociedades[1377]. A doutrina completaria o quadro, com apelos a uma função social e aos deveres de lealdade dos próprios accionistas[1378].

Apesar de historicamente ligada ao regime nacional-socialista, ligação essa que foi, desnecessária e excessivamente enfatizada pelos juristas da época, o *AktG 1937* constitui uma obra legislativa de alto nível técnico[1379]. Fortemente ancorada numa doutrina aprofundada e numa jurisprudência experiente, o *AktG 1937* tinha qualidades para sobreviver – como sobreviveu – ao regime alemão de 1933-1945[1380].

IV. Após o grave conflito mundial de 1939-1945, a reforma das sociedades anónimas voltou à ordem do dia[1381]. Não se tratava, desta feita, de responder a crises ou a abusos, como sucedera com reformas anteriores. Tão-pouco havia necessidade de expurgar o texto do *AktG 1937*, de soluções nacionais-socialistas: estas eram poucas e tinham, sobretudo, um nível puramente linguístico[1382]. Jogavam-se, antes, finalidades políticas e sociais de ordem mais geral, que tinham a ver com a evolução pós-liberal do Ocidente.

Depois de cuidados preparatórios, foi publicado, em 6-Set.-1965, o novo *Aktiengesetz* – o *AktG 1965* – para vigorar a partir de 1-Jan.-1966[1383].

1377 KLAUSING, *AktG 1937* cit., 71.

1378 Uma localização rápida das múltiplas inovações, introduzidas pelo *AktG 1937*, pode conseguir-se com recurso a M. SCHÖNWANDT, *Neues und altes Aktienrecht* (1937).

1379 SCHMIDT/MEYER-LANDRUT, *Aktiengesetz/Grosskommentar*, 1.° vol., 1ª ed. (1961), 4.

1380 BRONDICS, *Die Aktionärsklage* cit., 42-43.

1381 Houve, entretanto, "pequenas reformas" das sociedades anónimas, como as introduzidas pelas leis de 23-Dez.-1959 e 30-Dez.-1959, sobre a elevação do capital e o cômputo dos lucros; cf. HERBERT BRÖNNER, *Kapitalerhöhung am Gesellschaftsmitteln/Die kleine Aktienrechtsreform* (1961) e, ainda, HEINRICH KRONSTEIN/CARSTEN PETER CLAUSSEN, *Publizität und Gewinnverteilung im neuen Aktienrecht* (1960), com elementos comparatísticos.

1382 Cf. HUECK/WINDBICHLER, *Gesellschaftsrecht* cit., 20ª ed., 237.

1383 De entre a vasta bibliografia preparatória, foram compulsados: HAROLD RASCH, *Richtige und falsche Wege der Aktienrechtsreform/Der Regierungsentwurf eines neuen*

O *AktG 1965* procurou facilitar uma maior dispersão das acções, de modo a beneficiar as diversas camadas da população, incluindo os trabalhadores: uma fórmula para contrariar a concentração do capital, e para atenuar o fosso psicológico entre as camadas sociais[1384]. Esse objectivo implicava uma melhor tutela do pequeno accionista, dispensando-se, ainda, uma protecção mais cuidada às minorias. A assembleia geral foi reforçada; a publicidade, aumentada; o direito de informação do accionista, melhorado; o controlo da direcção, através do conselho de vigilância, foi afinado e assegurado. O aspecto sempre sensível, dos grupos de sociedades, pelo duplo prisma da tutela dos accionistas e da defesa da concorrência, mereceu, por fim, um cuidado especial[1385].

Na evolução subsequente, o Direito alemão das sociedades anónimas acolheu: diplomas relativos à co-gestão[1386], algumas alterações ao *AktG*, a reforma do Direito de transformação das sociedades e a legislação uniformizadora europeia. Iremos, ao longo da exposição subsequente, encontrar diversos reflexos desta evolução.

Aktiengesetzes (1960), *Zur grossen Aktienrechtsreform (Referate und Diskussion einer Fachtagung der Forschungsstelle)* (1962), organizado pela Friedrich-Ebert-Stiftung, Eberhard Dülfer, *Die Aktienunternehmung/Eine betriebswirtschaftlich-morphologische Betrachtung der Aktiengesellschaft und ihrer Ordnungsprobleme in Hinblick auf eine Reform des Aktienrechts* (1962), Alfred Hueck, *Gedanken zur Reform des Aktienrechts und des GmbH-Rechts* (1963) e Karl Heinz Lehmann, *Aktienrechtsreform 1965* (1965), 5 ss.. Assinale-se a existência de uma tradução portuguesa, de Alberto Pimenta, *A nova lei alemã das sociedades por acções*, BMJ 175 (1968), 303-383, 176 (1968), 207-330 e 177 (1968), 269-393, com índice, 394-397.

1384 Cf. Ernst-Joachim Mestmäcker, *Verwaltung, Konzerngewalt und Rechte der Aktionäre/Eine Rechtsvergleichende Untersuchung nach deutschen Aktienrecht und dem Recht der Corporations in den Vereinigten Staaten* (1958), 20 e Pross, *Manager und Aktionäre* cit., 102 ss., onde, sucessivamente, se analisam empresas de família, empresas de um grande accionista, empresas controladas por várias minorias e empresas controladas por gestores. Na verdade, alguma literatura chama a atenção para o aspecto emblemático que assume a qualidade de accionista, um tanto como outrora sucedera com a propriedade da terra. Cf. Dieter Suhr, *Eigentumsinstitut und Aktieneigentum/Eine verfassungsrechtliche Analyse der Grundstruktur des aktienrechtlich organisierten Eingentums* (1966), 83 ss..

1385 Heinrich Balser, *Die Aktiengesellschaft nach dem neuen Aktiengesetz insbesondere im Handelsregisterverkehr,* I (1966), 61 ss. e Balser/Bokelmann/Piorreck, *Die Aktiengesellschaft* (1984), 64 ss., 69 ss. e *passim.*

1386 Quanto à co-gestão: *Manual*, 67 ss..

V. O Direito francês das sociedades anónimas, numa manifestação de riqueza das culturas jurídicas do Velho Continente, não seguiu os esquemas evolutivos do alemão. Não obstante, ambos confluíram nas grandes soluções finais e no seu aperfeiçoamento. De um modo geral, pode dizer-se que faltou, em França, uma doutrina analítica capaz de impulsionar reformas do tipo da que, em 1937, transformou o Direito das sociedades de Além-Reno. Para tanto, terá contribuído a estagnação metodológica geral que, subsequente à exegese dos grandes códigos, se radicou no espaço cultural francês[1387].

A Lei francesa de 24-Jul.-1867 vigorou durante quase um século. Sofreu alterações. Era inevitável: o esquema de 1867, pouco avançado aquando da sua aprovação, não tinha uma dimensão mínima capaz de enfrentar a industrialização. Assim, a Lei de 26-Abr.-1917 veio introduzir, na de 1867, e apenas nalguns casos, o conselho de administração enquanto órgão institucionalizado; até lá, a lei apenas falava em administradores[1388]. O desenvolvimento geral do Direito das sociedades anónimas processou-se através da jurisprudência.

A reforma legislativa mais relevante, ocorrida até 1966, adveio da influência alemã: tratou-se da Lei de 16-Nov.-1940, que alterou o perfil funcional do conselho de administração e do seu presidente[1389]. Na base, surgem várias considerações bastante simples: explica-se que a assembleia geral já não exerce um poder soberano, que se torna necessária uma cooperação entre a maioria e a minoria e que os administradores são mais do que

---

[1387] *Da boa fé*, 249 ss.. Com referência ao tema em estudo, cumpre relevar a opinião de René David, *La protection des minorités dans les sociétés par actions* (1929), 15 ss., o qual, já então na base de uma análise comparatística, conclui que a protecção em causa, em França, era assaz decepcionante.

[1388] Pierre-Gilles Gourlay, *Le conseil d'administration de la société anonyme/ /Organisation et fonctionnement* (1971), 2.

[1389] A Lei de 16-Nov.-1940 veio provocar um afluxo de monografias, sobre a administração das sociedades comerciais. Houve a oportunidade de compulsar as seguintes: Gilles Gozard, *La responsabilité du président du Conseil d'Administration des Sociétés par Actions depuis la loi du 16 Novembre 1940* (1941), Jean Lefebvre, *Le président--directeur-général/Loi du 16 Novembre 1940* (1941), Charles Gouget, *La responsabilité civile des administrateurs de Sociétés Anonymes après la loi du 16 Novembre 1940* (1943), Jean Mazet, *Évolution de la société anonyme, ses conséquences et la réforme du 16 Novembre 1940* (1943) e Paul Barbry, *Le régime actuel de l'administration des sociétés anonymes* (1943).

simples mandatários da sociedade[1390]. A nova lei deu uma base legal geral ao conselho de administração como órgão[1391], isolando a figura do seu presidente[1392]. Este veio a ser investido em deveres legais[1393], com a correspondente ampliação da sua responsabilidade[1394]. Como se referiu, esta reforma adveio do fascínio provocado pelo *AktG 1937*[1395], a que não foram estranhas causas políticas[1396].

Na sequência de uma preparação adequada, a matéria das sociedades anónimas foi globalmente reformulada, pelo *Code des Sociétés*, aprovado pela Lei de 24-Jul.-1966[1397]. A doutrina logo explicou que este novo diploma traduzia mais uma *reprise* do que uma modificação de fundo[1398]. Na verdade, o legislador teve o cuidado de não alterar textos, já jurisprudencialmente experimentados. De todo o modo, a reforma saldou-se por um enriquecimento da matéria[1399], por uma mais perfeita articula-

1390 F. DAVID, *La réforme de la législation des sociétés par actions d'après les enseignements du droit comparé*, RGDComm 3 (1940), 496, 501 e 506.

1391 GOZARD, *La responsabilité* cit., 3 e PIERRE-GILLES GOURLAY, *Le conseil d'administration de la société anonyme/Organisation et fonctionnement* (1971), 3.

1392 GOUGET, *La responsabilité civile des administrateurs* cit., 17 e MAZET, *Évolution de la société anonyme* cit., 111 ss..

1393 GOZARD, *La responsabilité* cit., 102 e LEFEBVRE, *Le président-directeur-général* cit., 31 ss..

1394 GOUGET, *La responsabilité* cit., 37 ss..

1395 LEFEBVRE, *Le président-directeur-général* cit., 145 e MICHEL JUGLART/BENJAMIN IPPOLITO, *Traité de Droit Commercial*, II vol. – *Les sociétés*, 2.° vol., 3ª ed., por EMMANUEL DU PONTAVICE/JACQUES DUPICHOT (1982), 394 (n.° 703).

1396 Uma Lei de 2-Jun.-1941 – artigo 2.°, § 6.° – veio estabelecer condições rácicas para o desempenho de funções de administrador; cf. BARBRY, *Le régime actuel de l'administration* cit., 81.

1397 Ou *Loi n.° 66-537 du 24 juillet 1966 sur les Sociétés Commerciales*, cujo texto, no francês original, foi publicado, entre nós, no BMJ 169 (1967), 229-350 e 170 (1967), 287-359.

1398 MARCEL HAMIAUT, *La réforme des sociétés commerciales/Loi n.° 66-537, du 24-Jul.-1966* II – *Les sociétés par actions* (1966), 226. Quanto ao projecto: A. DALSACE, *L'administration et la direction des sociétés anonymes et le projet de loi sur les sociétés commerciales*, RTDComm XVIII (1965), 13-22.

1399 Por exemplo, vieram a admitir-se, expressamente, dois tipos de sociedades anónimas – e tal como hoje faz o nosso actual Código das Sociedades: o tradicional e o de tipo alemão, com conselho geral e direcção; cf. JUGLART/IPPOLITO, *Traité* cit., 2.° vol., 3ª ed. cit., 393 (n.° 707), PAUL DIDIER, *Droit commercial* – Tomo 2 – *Les entreprises en société* (1993), 307 ss., YVES CHAPUT, *Droit des sociétés* (1993), 133 ss. e PHILIPPE MERLE, *Droit commercial/Sociétés commerciales*, 10ª ed. cit., 417 (n.° 371).

ção dos preceitos e por um melhor tratamento das minorias[1400]. Registaram--se, ainda, alterações menores, embora a jurisprudência mantenha o seu papel liderante[1401].

De todo o modo, o esquema das sociedades anónimas tinha em vista a grande empresa. Assim, a regulamentação aplicável era pesada e minuciosa. Sentia-se a conveniência em facultar o tipo societário "sociedade anónima" a entes mais simples e flexíveis. Tal foi o sentido da reforma de 1994, que introduziu a *Société par Actions Simplifiée* (SAS) caracterizada, designadamente, por uma especial liberdade de configuração interna[1402].

A matéria do Código das Sociedades transitou para o Código de Comércio de 2000. Este diploma foi meramente compilatório. As sociedades anónimas surgem, aí, nos artigos L. 225.1 a L. 225-270: uma regulação minuciosa e complexa[1403]. Contraponto é a referida SAS: artigos 227-1 a 227-20.

Em paralelo, sucedem-se as reformas de exigência comunitária, bem como as alterações destinadas a aperfeiçoar a transparência das sociedades e o seu adequado governo.

VI. Em Itália, o Direito das sociedades anónimas veio encontrar guarida no Código Civil de 1942, que, pelo menos formalmente, unificou o Direito privado.

Depois das reformas representadas pelos Códigos de Comércio de 1865 e de 1882, as sociedades anónimas entraram, na lei italiana, numa certa estagnação[1404]. Houve, no primeiro pós-guerra, um movimento reformador, que daria lugar ao projecto VIVANTE do Código de Comércio, de 1922[1405], que moldaria o projecto de 1925, muito criticado na época.

Os movimentos sociais então ocorridos reclamavam uma participação de operários na gestão social, enquanto a defesa dos interesses subjacentes

---

1400 Também em França se faz sentir a pressão niveladora do Direito comunitário; cf., por último, CLAUDE DUCOULOUX-FAVARD, *Trente années d'influence du droit communautaire sur le droit français des sociétés*, RS 1995, 649-658.

1401 Cf. CLAUDE DUCOULOUX-FAVARD, *Évolution du droit des sociétés et de l'entreprise en France au cours des cinq dernières années*, RS 34 (1989), 817-855 (818) ss.), onde se referem 60 alterações já introduzidas, nessa altura, no *Code des Sociétés*.

1402 Cf. YVES GUYON, *Die Société par Actions Simplifiée (SAS) – eine neue Gesellschaftsform in Frankreich*, ZGR 1994, 551-569 (552 ss.).

1403 Vide *Code de Commerce*, 102ª ed. cit., 266-332.

1404 Cf. LORENZO MOSSA, *Società per azioni* cit., 32 ss..

1405 A parte relativa às sociedades ficou a dever-se a A. SCIALOJA.

exigia a nominatividade das acções[1406]. Não foi, porém, possível seguir essa via: as vicissitudes políticas italianas bloquearam-na.

A multiplicação de abusos, no tocante ao recurso a sociedades anónimas[1407], como modo de conseguir vantagens fiscais, incluindo sucessórias, e de beneficiar da irresponsabilidade, levaram à publicação da lei de 1931[1408]: sem grande êxito.

A reforma finalmente corporizada no *Codice Civile* de 1942, teve, neste ponto, mais uma preocupação de deixar obra nominalmente feita do que introduzir modificações de fundo[1409]. De todo o modo, sempre se poderá apontar a preocupação produtivista e materialista, ligada à reforma de 1942 e que deixou sequelas no texto ainda vigente[1410].

O texto italiano sobre as sociedades anónimas mantinha-se, curiosamente, um dos mais antigos em vigor. A sua inadequação, pelo prisma da rigidez e da complicação, foi sendo enfatizada, tendo mesmo surgido um projecto de reforma, em 1965, sem sequência. As modificações ulteriores têm sido ditadas pelas directrizes comunitárias e pela sua recepção, no Direito italiano[1411].

VII. Em 2001, foi aprovada uma lei que autorizou o Governo a adoptar uma reforma profunda do Direito das sociedades[1412]. A Lei de Delega-

---

[1406] Cf. CESARE VIVANTE, *La difesa nazionale delle società per azioni*, RDComm 1916, 1, 637-647 e *Sul risanamento delle società anonime*, RDComm 1917, 1, 59-70.

[1407] De acordo com números fornecidos por MOSSA, *Società per azioni* cit., 35, havia, em 1940, em Itália, 25.000 sociedades anónimas, contra 5.000 em França e na Alemanha e isso sem que qualquer surto económico o justificasse. Cf., ainda, LORENZO MOSSA, *Per la società anonime italiana*, RDComm 1939, 1, 509-522. Esclareça-se, no entanto, que a discrepância apontada se poderá explicar, em parte, pelo facto de não haver, então e ainda, em Itália, sociedades por quotas, introduzidas apenas pelo Código Civil de 1942.

[1408] Cf. GIACOMO DELITALA, *I reati concernenti le società di commercio e la legge Rocco del 1930,* RDComm 1931, 1, 176-185.

[1409] Assim, vejam-se os protestos de MOSSA, *Società per azioni* cit., 30.

[1410] Cf. FRANCESCO FERRARA JR./FRANCESCO CORSI, *Gli imprenditori e le società* cit., 13ª ed., 183-184.

[1411] Em FERRARA/CORSI, *Gli imprenditori e le società* cit., 12ª ed., 359 ss., constam as alterações em causa. A matéria pode, ainda, ser confrontada em PIER GIUSTO JAEGER/ /FRANCESCO DENOZZA, *Appunti di diritto commerciale* – I – *Impresa e società* 2ª ed. (1992), 217 ss., em GIUSEPPE AULETA/NICCOLÒ SALANITRO, *Diritto commerciale*, 8ª ed. (1993), 139 ss. e em MARIA ELENA GALLESIO-PIUMA/VITTORIO POLLERI, *Elementi di diritto commerciale*, 2ª ed. (1996), 8 ss. e *passim.*

[1412] Trata-se da Lei de Delegação n..° 366/2001, de 8 de Outubro.

ção fixou os princípios a que deveria obedecer a modernização do Direito das Sociedades italiano[1413].

Entre outros aspectos, a reforma assumiu, fundamentalmente, a necessidade de favorecer o surgimento, o desenvolvimento e a competitividade das empresas, através do seu acesso ao mercado interno e externo de capitais. Nessa base, ela adoptou os princípios da transparência, da flexibilidade organizativa e da simplificação.

No tocante às acções, procurou facilitar-se a sua livre circulação, responsabilizando o sócio único. Quanto às sociedades por quotas: tratar-se-ia de dar mais relevância à prova do sócio e à dimensão contratual presente[1414]. Foram revistos os aspectos atinentes à prestação de contas, à transformação, fusão e cisão, à dissolução e liquidação, aos grupos de sociedades e ao Direito processual societário.

Em execução da Lei de Autorização, foram aprovados os Decretos-Leis n.° 5 e n.° 6, de 17 de Janeiro de 2003, que introduziram profundas modificações no Código Civil[1415].

A nova reforma entrou em vigor em 1-Jan.-2004[1416].

193. As perspectivas no século XXI

I. No século XXI, as perspectivas das sociedades anónimas obedecem a diversos vectores nem sempre harmónicos.

Como pano de fundo, cabe afirmar que não se desenham, neste momento, quaisquer hipóteses de abandono do modelo económico e organizativo por elas protagonizado. Independentemente de saber se, com o

---

1413 Cf. DANIELE U. SANTOSUOSSO, *La riforma del diritto societario* (2003), 1 ss..

1414 SANTOSUOSSO, *La riforma del diritto societario* cit., 5. ss. e 9 ss.. *Vide supra*,

1415 A matéria pode ser comodamente seguida em PAOLO COSTANZO/MASSIMO GAZZANI/FRANCESCA NOVATI, *Le società/Commento al D. lgs. 6/2003* (2003), onde são confrontados com anotações, os preceitos velhos e os novos. Um importante conjunto de estudos sobre a reforma consta de AAVV, *La riforma del diritto societario/Atti del Convegno* (2003), de entre os quais desde já destacamos GUIDO ROSSI, *La riforma del diritto societario nel quadro comunitario e internazionale*, 13-24.

1416 Sobre o novo Direito italiano das sociedades anónimas foi publicado, sob a organização de GIOVANNI LO CASCIO e a partir de 2003, *La riforma del diritto societario*, obra colectiva da qual seis volumes são dedicados às sociedades anónimas, na versão resultante da reforma. *Vide*, ainda, ANGELO BRACCIODETA, *La nuova società per azioni* (2006), XVI + 527 pp..

pós-liberalismo, se atingiu o "fim da História"[1417], parece claro que não se perfilam alternativas para a democracia política e para a economia do mercado. As sociedades anónimas mantêm-se firmes, sendo de lhes prever um lato futuro.

II. Tentando ordenar os vectores evolutivos das sociedades anónimas, podemos apontar:

– a simplificação;
– a transparência e a fiscalização;
– a mobilização;
– a comunitarização.

A simplificação das sociedades anónimas é uma aspiração antiga. Ela já deu, de resto, origem a um novo tipo societário: o das já estudadas sociedades por quotas. Mas mantém-se ainda actuante. De facto, os perfis mais característicos das sociedades anónimas são o do grande empreendimento ou o da grande empresa, que congrega milhares de interessados e cujas acções estão cotadas na bolsa. Mas há muitas situações de médias iniciativas, que pressupõem uma certa personalização e que, a acolherem-se ao tipo "sociedade anónima", são prejudicadas, em termos de custos marginais, pela complicação inerente às sociedades anónimas.

Nos diversos países procuram-se sistemas simplificados, para preencher o espaço (lato) entre as sociedades por quotas e as sociedades anónimas. A fronteira passará entre as sociedades abertas (cotadas em bolsa) e as restantes.

III. A transparência e a fiscalização são especialmente exigidas pelas sociedades abertas. A possibilidade de recolha de milhares de pequenas poupanças desvanece-se se não houver confiança no mercado e nos actores que neles intervêm. Graves escândalos registados nos Estados Unidos, no Oriente e na Europa levaram os Estados a intervir, reforçando a transparência – designadamente a informação, nas vertentes da fidedignidade, da completude e da extensão – e a fiscalização, particularmente a interna.

[1417] *Tratado* I/1, 3ª ed., 138-139. Elucidativo: J. M. COUTINHO DE ABREU, *Sociedade anónima, a sedutora* em IDET/Miscelâneas 1 (2003) 11-37.

O desenvolvimento deste vector conduz a novas e mais pesadas regulamentações, com custos marginais e, daí: com nítida vantagem competitiva para os Países menos exigentes. Temos um desafio complexo. Parece-nos conveniente evitar generalizações: limitando a certas sociedades – as de grande porte – as exigências mais pronunciadas.

IV. A mobiliarização é um fenómeno comum ao Direito das sociedades do Século XX. Ele vem mantendo o seu peso nas reformas que se avizinham. O Direito das sociedades anónimas tende a ser gizado pelo prisma do mercado de valores mobiliários, aperfeiçoando-se os esquemas da circulação livre e esclarecida das acções. Cuidado: se esse aspecto é importante, ele não pode ser absolutizado ao ponto de esquecermos o papel fundamental das sociedades na criação de riqueza. Submergir as sociedades com exigências mobiliárias – sobretudo as que não forem cotadas! – pode comprometer o seu papel económico e social. Uma sociedade não é, apenas, finança e valor de mercado.

V. Por fim, temos a integração europeia. Esta, que já modelou profundamente o Direito das sociedades anónimas nos finais do século XX – e, através dele, o das sociedades em geral – mantém-se actuante, com novas directrizes e regulamentos.

Trata-se de um fenómeno que não irá – pelo menos enquanto se mantiver a diversidade linguística – originar um Direito uniforme europeu. Mas ele está omnipresente.

§ 52.º NOTA HISTÓRICA SOBRE A EXPERIÊNCIA PORTUGUESA

194. As companhias do Marquês de Pombal

I. O Direito português das sociedades foi marcado pela tradição romana da *societas* e pelas companhias reguladas nas Ordenações[1418]. No que toca aos grandes empreendimentos: eles foram, no fundamental, levados a cabo pela Coroa, isto é: pelo Estado.

Mesmo no plano ultramarino, a figura das sociedades anónimas acabaria por surgir, no nosso palco e no fundamental, através das companhias do Marquês de Pombal[1419].

II. Embora inspiradas em modelos estrangeiros, as companhias lançadas pelo Marquês visaram o desenvolvimento económico e, ainda, a dignificação social do comércio.

Exemplo interessante e que temos vindo a reter é o da Companhia Geral do Grão-Pará e Maranhão, autêntica sociedade anónima, adoptada pelo alvará de 7-Jun.-1755[1420]. Os seus estatutos abrangem 55 artigos, precedidos por um pequeno preâmbulo. Diz este:

> Os homens de negócio da Praça de Lisboa, abaixo assinados, em seu nome, e dos mais Vassallos de V. Magestade, moradores neste Reino, sendo

---

1418 *Manual*, 105 ss..

1419 *Manual*, 106-107, quanto a experiêncas anteriores.

1420 *Instituiçaõ da Companhia Geral do Graõ Pará, e Maranhaõ* (1755), 18 pp., incluído na *Collecçaõ das Leys, Decretos, e Alvarás, que comprehende o feliz reinado del Rey fidelíssimo D. José o I. nosso Senhor/Desde o anno de 1750 até o de 1760, e a Pragmatica do Senhor Rey D. Joaõ o V. do anno de 1749*, tomo I (1790).

Algumas considerações sobre a Companhia Geral podem ser confrontadas em Rui Manuel de Figueiredo Marcos, *A legislação pombalina*, BFD/Supl. XXXIII (1990), 1-314 (213 ss., nota 347).

dirigidos pela representaçaõ, que a V. Magestade fizeraõ os habitantes da Capitanía do Graõ Pará (...) e animados pela esperança de fazerem hum grande serviço a Deus, a V. Magestade, ao bem commum, e á conservaçaõ daquelle Estado: tem convindo em formarem para elle huma nova Companhia, que, cultivando o seu commercio, fertilize ao mesmo tempo por este próprio meio a agricultura, e a povoaçaõ que nelle se achaõ em tanta decadencia: Havendo V. Magestade por bem sustentar a dita Companhia com a confirmaçaõ, e concessaõ dos estabelecimentos, e privilegios seguintes.

Os estatutos ocupavam-se, desde logo, da "administração". Assim:

1. A dita Companhia constituirá hum corpo político composto de hum Provedor, de oito Deputados, e de hum Secretario: A saber oito Homens de Negocio da Praça de Lisboa, e hum Artifice da Casa dos Vinte e quatro (...)

2. O sobredito Provedor, e Deputados seraõ commerciantes Vassallos de V. Magestade, naturaes ou naturalizados; e moradores nesta Corte, que tenhaõ dez milcruzados de interesse na dita Companhia (...)

3. As eleiçoens do sobredito Provedor, Deputados e Conselheiros, se faraõ sempre na Casa do despacho da Companhia pela pluralidade de votos dos interessados, que nella tiverem cinco mil cruzados de acçoens, ou dahi para cima. Aqueles, que menos tiverem, se poderáõ com tudo unir entre si para que, prefazendo a dita quantia, constituaõ em nome de todos hum só voto; que poderáõ nomear como bem lhes parecer (...)

Sublinhamos, de seguida, o privilégio de autonomia, acompanhado por diversas isenções:

4. Sendo a dita Companhia formada do Cabedal, e substancia propria dos interessados nela; sem entrarem cabedaes da Fazenda Real: E sendo livre a cada hum dispor dos seus proprios bens como lhe parecer, que mais lhe póde ser conveniente: Seraõ a dita Companhia, e governo della immediatos á Real Pessoa de V. Magestade, e independentes de todos os Tribunaes maiores, e menores; de tal sorte, que por nenhum caso, ou accidente se intrometta nella, nem nas suas dependencias, Ministro ou Tribunal algum de V. Magestade, nem lhe possaõ impedir, ou encontrar a administraçaõ de tudo o que ella tocar; nem pedirem-se-lhe contas do que obrarem; porque essas devem dar os Deputados, que sahirem aos que entrarem, na fórma do seu regimento (...)

A Meza funcionava por pluralidade de votos – 6.° – tendo um Juiz Conservador, com jurisdição privativa – 7.°. O Rei emprestava, à Companhia, casas e armazéns – 9.°. Podia a Companhia fabricar navios, de comércio ou de guerra, cortando as madeiras necessárias – 10.°. A Companhia podia recrutar pessoal, em termos militares:

> 11. Poderá a sobredita Companhia, mediante a licença de V. Magestade, mandar tocar caixa, e levantar a gente do mar, e guerra, que lhe for necessaria para guarnição das suas Frotas, e Náos, assim nesta Cidade, Reino, e Ilhas, como no Graõ Pará, e Maranhaõ, a todo o tempo que lhe convier (...)

O Rei doava, à Companhia, duas Fragatas de Guerra (14.°) pertencendo, àquela, todas as prezas que as ditas fragatas fizessem (15.°). O Rei não poderia, nunca, requisitar os navios da Companhia salvo (16.°:

> (...) – o que Deos naõ permitta – que esta Coroa tenha inimigos, que com poderosa Armada venhaõ infestar as costa deste Reino (...)

altura em que isso seria possível, mediante compensações (16.°). Os Estatutos regulavam a saída dos navios (17.° a 21.°).

O cerne económico da Companhia era constituído pelo monopólio comercial:

> 22. Para esta Companhia se poder sustentar, e ter algum lucro compensativo naõ só das dispezas, que ha de fazer com os Navios de guerra, e suas guarniçoens, (...) He V. Magestade servido conceder-lhe nellas o referido commercio exclusivo, para que nenhuma pessoa possa mandar, ou levar ás sobreditas duas Capitanías, e seus portos, nem delles extrair mercadorias, generos, ou fructos alguns, mais do que a mesma Companhia, que usará do dito privilegio exclusivo na maneira seguinte.

A Companhia recebia, ainda, o exclusivo do comércio de escravos, nas duas capitanias (30.°). A Coroa tinha determinados direitos de tipo aduaneiro (31.° e 32.°). Havia vantagens fiscais (33.° e 34.°) facilidades de armazenamento (35.°) e o privilégio, importante na época, de fabricar a sua própria pólvora (36.°). A Companhia podia cobrar os seus créditos como se fossem créditos da Coroa (37.°) podendo convocar pessoas (38.°). Quem entrasse para a Companhia com 10.000 cruzados tinha vários privilégios (39.°), o qual prosseguia:

> E o commercio, que nella se fizer na sobredita fórma, não só naõ prejudicará á nobreza das pessoas que o fizerem, no caso em que a tenhaõ herdada, mas antes pelo contrario será meio proprio para se alcançar a nobreza adquirida (...),

Seguindo-se outros privilégios (40.° e seguintes). A matéria do capital da Companhia tinha o seguinte tratamento:

> 48. O fundo, e capital da Companhia será de hum milhaõ e duzentos mil cruzados repartidos em mil e duzentas acçoens de quatrocentos mil réis cada huma dellas (...) E podendo tambem differentes pessoas unirem-se para constituírem huma acção (...)

O capital ficava aberto à subscrição por cinco meses, no Continente, sete, nas Ilhas e um ano, na América Portuguesa, devendo ser realizada metade, logo, e o resto, nos oito meses subsequentes, em duas pagas de quatro em quatro (49.°). As pessoas poderiam estipular e dispor sobre o capital (50.° e 51.°) ficando a Companhia com uma duração de 20 anos. Os lucros da Companhia seriam distribuídos em Julho (52.°) regulando-se a distribuição dos bens, findos os 20 anos (53.°).

Tudo isto se estenderia a estrangeiros e pessoas que vivessem fora do Reino, de qualquer qualidade e condição que sejam.

Prosseguia o artigo 54.°:

> E sendo caso, que, durante o referido prazo de vínte annos, ou da prorogação delles, tendo esta Coroa Guerra (o que Deos naõ permitta) com qualquer outra Potencia, cujos Vassallos tenhaõ mettido nesta Companhia os seus cabedaes, nem por isso se fará nelles, e nos seus avanços, arrésto, embargo, sequestros, ou reprezalia, antes ficaráõ de tal modo livres, izentos, e seguros, como se cada hum os tivera em sua casa (...).

O texto vinha referendado por SEBASTIÃO JOSÉ DE CARVALHO E MELLO, seguindo-se dez outras assinaturas, de homens de negócios.

III. A Companhia Geral do Grão Pará e Maranhão tinha, além dos do fomento do comércio e da defesa, ainda um duplo fim: o de retirar o comércio aos ingleses e o de enfraquecer o papel dos jesuítas no Brasil[1421]. Em 1760, ela contava com 150 accionistas[1422], tendo, efectivamente,

---

[1421] TITO AUGUSTO CARVALHO, *As companhias portuguesas de colonização* (1902), 49 ss., ARTUR DE MORAES CARVALHO, *Companhias de colonização* (1903), 159 ss., FRANCISCO ANTÓNIO CORREIA, *Historia económica de Portugal*, 2 (1930), 101 ss., JOSÉ MENDES DA CUNHA SARAIVA, *Companhias gerais de comércio e navegação para o Brasil*, vol. I (1938), 14 ss. e J. LÚCIO DE AZEVEDO, *Épocas de Portugal Económico*, 2ª ed. (1947), 436; a 1ª ed. é de 1929.

[1422] Informação de CUNHA SARAIVA, *Companhias gerais* cit., 17.

proporcionado feitos militares de relevo[1423]. A Companhia foi abolida em 5 de Janeiro de 1778, dentro do movimento geral tendente à destruição da obra do MARQUÊS[1424].

IV. Houve outras companhias, do mesmo tipo. Assim, a Companhia Geral de Pernambuco e Paraíba, cujos estatutos, articulados em 63 parágrafos, foram aprovados no dia 13 de Agosto de 1759[1425]. Esta Companhia, que gerou mau estar, dos dois lados do Atlântico, pelo monopólio que veio exercer[1426], floresceu, vindo a ser liquidada, no pós-pombalismo[1427].

A experiência colonial levaria ao aparecimento de companhias metropolitanas, com relevo para a Companhia Geral dos Agricultores dos Vinhos do Alto Douro (10-Set.-1756) e para a Companhia Geral das Reaes Pescarias do Algarve (15-Jan.-1773)[1428]. Todas elas suscitaram reacções, aquando do seu aparecimento, as quais foram reprimidas, pelas forças do iluminismo. Tiveram muitas dificuldades em sobreviver ao Marquês.

Já no século XIX, surgiriam, ainda, outras companhias ligadas à colonização. Referimos, como exemplos, a Companhia Commercial de Lourenço Marques, criada por Carta Régia de 13 de Novembro de 1824 e, em 1851, a Companhia de Dilly, "... para levantar o Commercio de Timor, que o Governador LOPES DE LIMA encontrou na maior decadencia"[1429].

1423 Além de diversos êxitos no combate ao corso e à pirataria, a Companhia levou a cabo obras de defesa, com relevo para a reconstrução da fortaleza de Bissau, peça importante no tráfego do chamado marfim negro; anote-se que, nessa reconstrução, a Companhia dispendeu 147.690$763 Réis, soma muito elevada, na época. Cf. JOSÉ MENDES DA CUNHA SARAIVA, *A fortaleza de Bissau e a Companhia do Grão Pará e Maranhão*, em *Congresso Comemorativo do Quinto Centenário do Descobrimento da Guiné*, vol. I (1946), 157-191.

1424 FRANCISCO ANTÓNIO CORREIA, *História Económica de Portugal* cit., 1, 161.

1425 JOSÉ MENDES DA CUNHA SARAIVA, *Companhia Geral de Pernambuco e Paraíba* (1941), 7 ss.; cf. TITO AUGUSTO CARVALHO, *As companhias portuguesas de colonização* cit., 65 ss..

1426 LÚCIO DE AZEVEDO, *Épocas de Portugal Económico* cit., 2ª ed., 437 ss..

1427 CUNHA SARAIVA, *Companhia Geral de Pernambuco e Paraíba* cit., 15.

1428 Tem interesse referir o escrito de VICENTE JOAQUIM DE ANDRADE, *Memorias sobre as Pescarias Reaes do Reino do Algarve* (1813), elaborado pelo secretário e guarda-livros da Companhia, onde esta é defendida, contra críticas surgidas na época. Registe-se que este escrito cita, a p. 15, ADAM SMITH.

1429 TITO AUGUSTO CARVALHO, *As companhias portuguesa* cit., 72 ss. (78).

V. A pequenez da Metrópole europeia e o seu escasso povoamento não permitiram uma formação privada de grandes companhias. Estas, quando surgiram, fizeram-no pela mão do Estado. Foi assim patente uma certa publicização das companhias, no sentido de, delas, fazer instrumentos da soberania do Estado[1430]. No entanto, reconhecia-se, aos accionistas, um espaço de livre disposição, isento de intervenções estaduais. Trata-se de um ponto a reter, que daria os seus frutos.

195. O Código Ferreira Borges

I. O Código Comercial de 1833, de Ferreira Borges[1431], veio dotar a nossa ordem jurídica de um esquema moderno de sociedades. No tocante às sociedades anónimas, passamos a divulgar os preceitos relevantes:

Secção I
Das companhias de commercio

538. Companhia é uma associação d'accionistas sem firma social, qualificada pela designação do objecto da sua empresa, e administrada por mandatarios temporarios, revogaveis, accionistas ou não accionistas, assalariados ou gratuitos.

539. As companhias só podem ser formadas por escripturas públicas.

540. O instrumento do contracto d'uma companhia só póde ser transcripto de teor, e não por extracto, no registro público do commercio.

541. Os administradores ou directores d'uma companhia serão obrigados pessoal e solidariamente para com terceiros, que tractem com a companhia até o momento, em que tiver logar a inscripção do contracto d'ella no registro público do commercio.

542. Os mandatarios administradores d'uma companhia só respondem pela execução do mandato recebido e acceito. Elles não contrahem

[1430] Cf. Maria de Lourdes Correia e Vale, *Evolução da sociedade anónima*, ESC II (1963) 6, 79-104 (85), que, ponderando as prerrogativas das companhias, acaba por considerá-las "... verdadeiras empresas públicas, embora formadas, em grande parte pelo menos, por capitais privados".

[1431] *Manual*, 93 ss..

obrigação alguma, nem solidaria, nem pessoal, relativamente ás convenções da companhia.

543. Os accionistas d'uma companhia não respondem por perdas além do montante do seu interesse n'ella.

544. O fundo da companhia é dividido em acções; e póde ser dividido em fracções d'acção d'um valor egual. A acção póde ser exarada em fórma de titulo ao portador. N'este caso opera-se a cessão pela simples tradição do titulo.

545. Sendo a propriedade de acção restricta a individuo, ella será inscripta n'um livro da companhia: e a transferencia, que tiver logar, será lançada no mesmo livro, e assignada pelo cedente, ou por seu procurador bastante: pena de ficar sem effeito a cessão.

546. As companhias só podem ser estabelecidas por auctorização especial do governo, e approvação da sua instituição.

II. Como se vê, prevalecia a designação "companhia de comércio". Do artigo 542.° inferia-se a personalidade colectiva: noção que, em 1833, ainda não havia sido teorizada.

O artigo 546.° sujeitava as companhias à "auctorização especial do Governo". Era o sistema de concessão, que dominaria na primeira parte do século XIX.

196. **A Lei de 22 de Junho de 1867**

I. As sociedades anónimas ou "companhias" do Código FERREIRA BORGES não conheceram uma grande concretização prática[1432]. O atraso na industrialização do País terá contribuído para essa incipiência. Mas ele foi reforçado pela escassez de capitais, subsequente à guerra civil e pelas dificuldades de auto-organização das forças produtivas[1433].

[1432] Segundo informa ARMANDO DE CASTRO, *Sociedades anónimas*, DHP VI (1979), 51-53 (52), em 1849, só havia 8 sociedades anónimas no País, das quais apenas uma era industrial.

[1433] A legislação subsequente ao Código FERREIRA BORGES abolira o essencial da antiga organização comercial: assim, os Decretos de 14-Fev.-1834, de 8-Mai.-1834 e de

A Regeneração tentou melhorar o quadro existente, tanto mais que surgiam tentativas de industrialização. A revisão, do Código de 1833, agudizou-se: aspiração datada do período imediatamente subsequente ao da sua aprovação, ela veio a intensificar-se à medida que a evolução económico-social tornava desadaptados os seus textos. Sucederam-se algumas tentativas, sempre goradas por incipiência jurídico-científica ou por falta de continuidade nos impulsos políticos[1434]. Finalmente – e numa situação reforçada por diversas experiências estrangeiras, com relevo para a francesa, onde essa via fora seguida – optou-se por avançar com uma extravagante sobre sociedades anónimas. Assim foi aprovada a *Lei das Sociedades Anonymas*, de 22 de Junho de 1867.

II. A Lei derivou de uma proposta apresentada, em 19-Jan.-1867, por JOÃO DE ANDRADE CORVO, Ministro das Obras Públicas[1435]. Com 59 artigos, a Lei tinha o conteúdo seguinte:

Secção I	– Da natureza e designação das sociedades anónimas – artigo 1.°;
Secção II	– Da constituição das sociedades anónimas – artigos 2.° a 6.°;
Secção III	– Das acções e da sua transmissão – artigos 7.° a 12.°;
Secção IV	– Da administração e do conselho fiscal – artigos 13.° a 25.°;
Secção V	– Das assembleias gerais – artigos 26.° a 29.°;
Secção VI	– Dos inventários, balanços e contas, fundos de reserva e dividendos – artigos 30.° a 34.°;

30-Jun.-1834, que extinguiram, respectivamente, o exclusivo das classes mercadoras e a Mesa do Bem Comum, o juiz e procurador do povo, os mesteres, a Casa dos Vinte e Quatro e os grémios dos diferentes ofícios e a Junta do Comércio. Trata-se de matéria que pode ser confrontada em J. F. AZEVEDO E SILVA, *Commentario ao Novo Codigo Commercial Portuguez*, Fasc. 1.°, *Introdução* (1888), 91 ss.. A partir daí, caberia, ao empresário, tomar iniciativas e promover um novo tecido comercial.

1434 AZEVEDO E SILVA, *Commentario ao Novo Codigo Commercial Portuguez* cit., 95 ss..

1435 E assinada, também, pelo Presidente do Gabinete, AUGUSTO CESAR BARJONA DE FREITAS. A proposta vinha antecedida de um interessante relatório, que traça as origens históricas das sociedades anónimas, referindo, por exemplo, o Banco de S. Jorge e as Companhias Coloniais. Ocupa-se, ainda, particularmente, do Direito comparado. Cf. DLx 24-Jan.-1867 (n.° 19), 193 (3ª col.), e ss..

Secção VII – Publicações obrigatórias e declarações que devem conter os documentos que emanarem das sociedades anónimas – artigos 35.° a 37.°;
Secção VIII – Emissão de obrigações – artigos 38.° e 39.°;
Secção IX – Da dissolução das sociedades anónimas – artigos 40.° a 43.°;
Secção X – Liquidação – artigos 44.° a 46.°;
Secção XI – Acções e prescrição – artigos 47.° e 48.°;
Secção XII – Nulidade e disposições gerais – artigos 49.° a 52.°;
Secção XIII – Das sociedades anónimas estrangeiras – artigos 53.° a 56.°;
Secção XIV – Disposições especiais – artigos 57.° a 59.°.

A Lei de 22-Jun.-1867 sobre sociedades anónimas apresentou-se desenvolvida e equilibrada, beneficiando das experiências nacional e estrangeira. As leis francesas de 18-Jul.-1856 e de 23-Mai.-1863 tiveram o seu peso, embora seja de sublinhar que, a de 1867, data de 24-Jul.: um mês depois da nossa.

Apesar de teórica e praticamente incitante, a Lei de 22-Jun.-1867 apenas conheceu, nos seus mais de 20 anos de vigência, um estudo doutrinário de relevo, surgido, aliás, nas vésperas da sua revogação: o *Commentario*, de TAVARES DE MEDEIROS[1436]. E no entanto, ela veio colocar o Direito nacional das sociedades anónimas, na sua época contemporânea[1437], integrando-o, para mais, na vanguarda das experiências europeias.

A inclusão, no seu articulado, de disposições de ordem geral e, por vezes, de preceitos que descem a minúcias regulativas, explica-se pela falta de normas societárias gerais e de regras contabilísticas ou similares.

III. Passando ao teor da Lei, verifica-se a adopção definitiva da designação "sociedade anónima". Temos uma aproximação à terminologia francesa, em detrimento da italo-germânica: sociedade por acções. A definição de sociedade anónima, no artigo 1.° da Lei, passa a fazer-se por

[1436] JOÃO JACINTO TAVARES DE MEDEIROS, *Commentario da Lei das Sociedades Anonymas de 22 de Junho de 1867* (1886), 265 pp.; cf., aí, V e VI. O texto da lei, sem comentários, consta de FORJAZ DE SAMPAIO, *Annotações ou synthese annotada do Codigo de Commercio*, II (1875), 16 ss. e de INNOCENCIO DE SOUSA DUARTE, *Diccionario de Direito Commercial* (1880), 455-467.

[1437] MARIA DE LOURDES CORREIA E VALE, *Evolução da sociedade anónima* cit., 91, fala no "... primeiro estatuto jurídico do anonimato português".

referência ao tipo de responsabilidade patrimonial, ao estilo germânico, e não, já, à sua designação[1438]. Segundo esse preceito:

> Sociedades anonymas são aquellas em que os associados limitam a sua responsabilidade ao capital com que cada um subscreve.

Segue-se a grande novidade da Lei de 22-Jun.-1867: o abandono do esquema do reconhecimento administrativo prévio, a favor do automático[1439]. Segundo o seu artigo 2.°,

> As sociedades anonymas constituem-se pela simples vontade dos associados, sem dependencia de previa autorisação administrativa e approvação dos seus estatutos, e regulam-se pelos preceitos d'esta lei.

O § único exceptuava, depois, determinados sectores, com exemplo na banca. Como fonte desta medida, do maior alcance, é apontada a Lei

---

1438 TAVARES DE MEDEIROS, *Commentario* cit., 9, referindo, inclusive, a influência do artigo 207.° do AHGB.

1439 O Relatório, que antecedeu a publicação do diploma, considerou esta regra, da Lei de 1867, como "... o princípio mais importante n'ella consignado". Explicita, ainda, a esse propósito, o Relatório em causa – DLx cit., 1867, 194, 1ª col.:

> (...) em toda a parte começa a reconhecer-se que a intervenção administrativa na fundação das sociedades anónimas é perigosa, e quasi inutil; e que a tutela do estado dá aos associados uma segurança enganadora, fazendo adormecer a vigilancia que é de rasão elles exerçam sobre os negocios sociaes, para defeza dos seus interesses. É portanto justo entregar à iniciativa particular a formação d'estas associações, sem que a sua instituição dependa de approvação previa, e sem que os seus estatutos estejam sujeitos a homologação.

O critério da total liberdade de constituição das sociedades anónimas, à margem de qualquer intervenção administrativa, foi proposta pelo Governo e totalmente aceite pela Câmara dos Deputados. A Câmara dos Pares introduziu, no entanto, um correctivo que a doutrina subsequente consideraria adequado: o que, surgindo no artigo 58.° da Lei, permitia ao Governo, através do Ministério Público, promover, no foro comercial, a dissolução das sociedades estabelecidas ou funcionando em violação às disposições legais. Cf. VISCONDE DE CARNAXIDE, *Sociedades anonymas/Estudo theorico e pratico de direito interno e comparado* (1913), 14-15. Trata-se de uma obra, devida e justamente assinalada, no seu tempo; J. M. VILHENA BARBOSA DE MAGALHÃES, *Sociedades anónimas*, GRLx 27 (1913), 225-226, noticiou o seu próximo aparecimento, recensionando-a, quando surgiu: GRLx 27 (1913), 636-637; por seu turno, a revista *O Direito* dispensou-lhe uma longa e entusiástica rec., pela pena de ARMELIN JUNIOR; cf. O Direito 46 (1914), 22-24, 50-52 e 47 (1915), 357-359 e *passim*. Quanto à Câmara dos Pares, cf. DLx 7-Mai.-1867 (n.° 102), 1585 ss..

inglesa de 16 de Julho de 1856[1440]. Em França, a livre constituição de sociedades anónimas só foi parcialmente permitida, pela Lei de 23-Mai.--1863, sendo generalizada pela Lei de 24-Jul.-1867, enquanto, em Espanha e na Alemanha, isso só sucederia, respectivamente, em 1869 e 1870. A lei portuguesa foi pioneira. Tratou-se de uma medida de liberdade económica mas, também, de liberdade política[1441].

A liberalização resultou. O número de sociedades anónimas existentes no País multiplicou-se rapidamente[1442]. O próprio Direito comercial conheceu, por contágio e neste período, um desenvolvimento considerável.

Para além deste aspecto, o número mínimo de associados era de 10 (3.°/1.°), devendo o capital estar integralmente subscrito (3.°/2.°) e realizado, pelo menos, a 5% (3.°/3.°). Os estatutos deveriam ser outorgados por escritura pública (4.°) devendo ser publicados (35.°). Quando à "denominação ou designação social": ela deveria conter as palavras "sociedade anónima, responsabilidade limitada" (6.°/1.°).

IV. Às acções era dedicada a secção III dos estatutos. Tem interesse consignar os artigos 7.° a 9.°:

> Artigo 7.° O capital das sociedades anonymas, constituido em dinheiro ou em valores de qualquer natureza, é sempre representado e dividido em acções de um valor igual, podendo comtudo o mesmo titulo representar mais de uma acção.
>
> § 1.° As acções são sempre nominativas enquanto o seu valor nominal não estiver integralmente pago.
>
> § 2.° Depois do integral pagamento das acções, os interessados podem exigir que se lhes passem titulos ao portador, quando nos estatutos não houver expressa estipulação em contrario.

1440 Tavares de Medeiros, *Commentario* cit., 27; até 1837, as sociedades "anónimas" inglesas careciam de reconhecimento parlamentar e, até 1856, de reconhecimento do Governo.

1441 A livre constituição de sociedades comerciais foi aproximada do direito originário de associação, referido no artigo 359.° do Código de Seabra. Cf. Visconde de Carnaxide, *Sociedades Anonymas* cit., 33-34. Quanto ao pioneirismo da lei portuguesa, cf. Caetano Maria Beirão da Veiga, *O valor da técnica na administração das sociedades anónimas*, EF/Anais 15 (1946), 59-86 (80).

1442 Segundo Armando de Castro, *Sociedades anónimas* cit., 52, o número de sociedades anónimas, que era de 8, em 1849, passou, graças à Lei de 22-Jun.-1867, para 136, em 1875.

Artigo 8.° Os accionistas de uma sociedade anonyma não respondem por perdas além da importancia nominal das suas acções, mas são responsaveis pelo pagamento integral das que subscreveram ou possuirem, e é nulla toda a clausula ou estipulação contraria.

§ único. O facto de subscripção importa aceitação plena do contrato social.

Artigo 9.° A propriedade das acções nominativas transmite-se por todos os modos de cessão admitidos em direito, com sujeição às cláusulas especiaes, que os interessados estipularem nos estatutos. A propriedade das acções ao portador transmitte-se pela simples tradição do titulo.

§ único. Quando as acções, antes do seu integral pagamento, forem transmitidas sem previa approvação da administração da sociedade, e o novo possuidor do titulo deixar de effectuar os respectivos pagamentos, fica subsistindo a responsabilidade do accionista que assim as tiver transmittido, com recurso contra qualquer cessionario que tiver deixado de effectuar os pagamentos a que era obrigado.

V. Passando à administração, a Lei dispunha (13.°):

As sociedades anonymas são administradas por mandatarios temporarios, revogaveis, retribuidos ou gratuitos, escolhidos d'entre os associados.

§ 1.° Estes mandatarios representam a sociedade em todos os actos judiciaes e extrajudiciaes.

§ 2.° As attribuições dos mandatarios, qualquer que seja a sua denominação, são sempre indicadas nos estatutos e regulamentos especiaes.

O sistema da Lei de 1867 era, assim, puramente contratual, filiando-se no mandato, cujas normas regulavam a sua actuação[1443]. Referindo a responsabilidade dos administradores, o diploma em causa procedia, porém, já a um alargamento, como se infere do seu artigo 16.°:

Os mandatarios das sociedades anonymas só respondem pela execução do mandato conferido e acceito, e não contrahem obrigação alguma pessoal e solidaria em relação às operações da sociedade.

1443 TAVARES DE MEDEIROS, *Commentario* cit., 112.

> São porém pessoal e solidariamente responsaveis, conforme as regras do direito commum, para com a sociedade e para com terceiros, pela falta de execução do seu mandato, violação dos estatutos e preceitos d'esta lei.

Na época, este preceito foi tomado sem sobressaltos[1444]. No entanto ele poderia ter constituído o ponto de partida para uma emancipação do mandato. Este seria insuficiente para enquadrar a posição do administrador, uma vez que lhe incumbe, também, respeitar os estatutos e – especificamente – a lei.

Também o tema das acções judiciais poderia ter sido despoletado. A segunda parte do artigo 16.° refere uma responsabilidade para com a sociedade e terceiros. Atente-se, agora, no artigo 47.°[1445]:

> Todo o accionista pode individual ou collectivamente intentar qualquer acção contra e gerência da sociedade pelos factos de que a julgar responsável.

Há, pois, uma responsabilidade, perante os accionistas, os quais recebem uma legitimidade genérica para agir.

Não houve, porém, uma concretização, jurisprudencial ou doutrinária, das potencialidades representadas por estes preceitos.

VI. A fiscalização cabia ao conselho fiscal, com vários poderes (22.°): de examinar a escrita, de convocar a assembleia, de assistir às reuniões da direcção, de fiscalizar a administração e de dar parecer sobre o balanço.

As "assembleias gerais" tinham uma regulação minuciosa (26.° a 29.°).

Um apanhado do restante conteúdo da Lei resulta do seu sumário, acima explanado[1446].

VII. A Lei de 22-Jun.-1867 representa um primeiro diploma moderno sobre o Direito das sociedades, precisamente no seu cerne mais sensível: as sociedades anónimas.

As suas potencialidades nunca chegaram a ser exploradas. Mas elas não foram perdidas, transitando para a legislação subsequente.

1444 Tavares de Medeiros, *Commentario* cit., 123 ss..

1445 Cf. DLx 1867, 1588, 2ª col., a simplificação introduzida, pela Câmara dos Pares.

1446 *Supra*, 520-521.

197. O Código Veiga Beirão

I. Após longos preparativos, seguiu-se o Código Comercial de Veiga Beirão, promulgado em 1888[1447]. Para ele transitaria a matéria das sociedades anónimas. Recordamos, tendo em vista a boa ordenação da matéria, que as sociedades ocupavam, no Código de 1888, o título II do Livro II, num total de 119 artigos. Obtiveram, aí e ainda, cinco capítulos, com o seguinte teor:

Capítulo I – Disposições gerais
- Secção I – Da natureza e espécies de sociedades (104.° a 112.°);
- Secção II – Da forma do contrato de sociedade (113.° a 117.°);
- Secção III – Das obrigações e direitos dos sócios (118.° e 119.°);
- Secção IV – Da dissolução (120.° a 123.°);
- Secção V – Da fusão (124.° a 127.°);
- Secção VI – Da prorrogação (128.° e 129.°);
- Secção VII – Da liquidação e partilha (130.° a 144.°);
- Secção VIII – Das publicações (145.°);
- Secção IX – Das acções (146.° a 149.°);
- Secção X – Das prescrições (150.°).

Capítulo II – Das sociedades em nome colectivo (151.° a 161.°).
Capitulo III – Das sociedades anónimas (162.° a 165.°).
Capítulo IV – Das sociedades em comandita (199.° a 206.°).
Capítulo V – Disposições especiais às sociedades cooperativas (207.° a 223.°).

II. No campo das sociedades anónimas, era a seguinte a distribuição da matéria:

- Secção I – Da constituição das sociedades anónimas (162.° a 165.°);
- Secção II – Das acções (166.° a 170.°);
- Secção III – Da administração e fiscalização (171.° a 178.°);
- Secção IV – Das assembleias gerais (179.° a 187.°);
- Secção V – Dos inventários, balanços, contas, fundos de reserva e dividendos (188.° a 192.°);
- Secção VI – Das publicações obrigatórias (193.° e 194.°);
- Secção VII – Da emissão de obrigações (195.° a 198.°);

[1447] *Manual de Direito comercial*, 2ª ed., 94 ss..

III. Quanto à regulação fixada: iremos encontrá-la repetidamente no desenvolvimento subsequente, por contraposição com as regras do vigente Código das Sociedades Comerciais. Chamaremos a atenção apenas para alguns pontos.

O artigo 105.°, § 2.°, apresentava a sociedade anónima como:

> (...) aquela em que os associados limitam a sua responsabilidade ao valor das acções com que subscreveram para o capital social.

No tocante à constituição, prescrevia o artigo 162.° determinadas condições. Eram elas:

> 1.° Ser de dez, pelo menos, o número dos associados;
> 2.° Estar o capital social inteiramente subscrito;
> 3.° Terem os subscritores pago dez por cento em dinheiro do capital por eles subscrito (...)
> (...)

Era necessária escritura pública (163.°) achando-se tratada a constituição com recurso a subscrição pública (164.°).

IV. A matéria das acções manteve o desenvolvimento que vinha da Lei de 22-Jun.-1867. Retemos o seu artigo 166.°:

> O capital das sociedades anónimas constituído em dinheiro ou em valores de qualquer natureza é sempre representado e dividido em acções de valor igual, podendo contudo o mesmo título representar mais de uma acção.
>
> § 1.° As acções são sempre nominativas, emquanto o seu valor nominal não estiver integralmente pago.
>
> § 2.° Depois do integral pagamento das acções os interessados podem exigir que se lhes passem títulos ao portador, quando nos estatutos não houver expressa estipulação em contrário.
>
> § 3.° Antes da entrega das acções aos subscritores, as sociedades poderão passar-lhes títulos provisórios representativos das subscrições, os quais ficarão, para todos os efeitos, equiparados às acções.

V. O Código Veiga Beirão desenvolveu depois o regime de administração das sociedades anónimas: aflora, de novo, o papel primordial desempenhado por esse tipo societário, reforçado, agora, pela experiência da Lei de 22-Jun.-1867.

O artigo 171.° confiava a administração das sociedades anónimas, a uma direcção, e a fiscalização, a um conselho fiscal, uma e outro eleitos pela assembleia geral. O artigo 172.° predispunha, já, uma certa concepção da posição dos administradores:

> A eleição dos directores será feita de entre os sócios por tempo certo e determinado não excedente a três anos e sem prejuízo da revogabilidade do mandato, sempre que qualquer assembleia geral o julgue conveniente.

A maior atenção é devida ao artigo 173.° que, sob uma aparente simplicidade, sintetizava os conhecimentos disponíveis, em 1888, sobre a responsabilidade dos administradores:

> Os directores das sociedades anónimas não contraem obrigação alguma pessoal ou solidária pelas operações da sociedade; respondem, porém, pessoal e solidariamente, para com ela ou para com terceiros, pela inexecução do mandato e pela violação dos estatutos e preceitos da lei.

Seguiam-se 4 parágrafos que, na técnica legislativa da época, comportavam precisões importantes:

> § 1.° Desta responsabilidade são isentos os directores que não tiverem tomado parte na respectiva resolução, ou tivessem protestado contra as deliberações da maioria antes de lhes ser exigida a competente responsabilidade.
>
> § 2.° Os directores de qualquer sociedade anónima não podem fazer por conta da sociedade operações alheias ao seu objecto ou fim, sendo os factos contrários a este preceito considerados violação expressa do mandato.
>
> § 3.° É expressamente proibido aos directores destas sociedades negociar por conta própria, directa ou indirectamente, com a sociedade, cuja gerência lhes estiver confiada.
>
> § 4.° Os directores de qualquer sociedade anónima não poderão exercer pessoalmente comércio ou indústria iguais aos da sociedade, salvo os casos de especial autorização concedida expressamente em assembleia geral.

O artigo 174.° obrigava os directores a caucionar a sua gerência nos termos previstos nos estatutos ou determinados em assembleia geral.

O Código VEIGA BEIRÃO foi cauteloso, no tocante à responsabilização dos administradores[1448]. O espírito do diploma é, ainda, ilustrado com

[1448] ANTÓNIO MACIEIRA, *Do problema jurídico nacional/Sociedades anonymas/*

o entendimento, dele havido, na época, no sentido de deixar incólumes os direitos adquiridos, ao abrigo de leis anteriores[1449].

VI. O conselho fiscal via ampliar a sua missão. Com efeito, segundo o artigo 176.°:

São atribuições do conselho fiscal:

1.° Examinar, sempre que o julgue conveniente, e pelo menos de três em três meses, a escrituração da sociedade;

2.° Convocar a assemblea geral extraordináriamente, quando o julgar necessário, exigindo-se neste caso o voto unânime do conselho, quando fôr composto só de três membros, e de dois têrços dos vogais, quando fôr composto de maior número;

3.° Assistir às sessões da direcção, sempre que o entenda conveniente;

4.° Fiscalizar a administração da sociedade, verificando freqüentemente o estado da caixa, e a existência dos títulos ou valores de qualquer espécie confiados à guarda da sociedade;

5.° Verificar o cumprimento dos estatutos relativamente às condições estabelecidas para a intervenção dos sócios nas assembleas;

6.° Vigiar pelas operações da liquidação da sociedade;

7.° Dar parecer sôbre o balanço, inventário e relatório apresentados pela direcção;

8.° E, geralmente, vigiar por que as disposições da lei e dos estatutos sejam observadas pela direcção.

§ único. Cada um dos membros do conselho fiscal pode exercer separadamente a atribuïção designada no n.° 3.° dêste artigo.

VII. A assembleia geral acolhia, aprofundando, diversas regras provenientes da Lei de 1867. Eram tratadas questões que iam desde a sua

---

/Inquilinato commercial/Direito marítimo, GRLx 24 (1910), 153-154 (153), sublinhava a insuficiência das garantias dos accionistas e dos obrigacionistas e a necessidade, estatutariamente consignada, de passar pela assembleia geral, antes de ir a juízo; o Código Comercial teria poucas regras e estas, na maioria dos casos, seriam facultativas.

[1449] Assim sucedeu no caso da Companhia das Lezírias, decidida por RLx 30-Mai.-1923 (CARVALHO MÈGRE), GRLx 37 (1923), 100-107: a Companhia das Lezírias do Tejo e Sado fora instituída por Decreto de 1858, portanto ao abrigo do Código FERREIRA BORGES; os seus estatutos, entre outras particularidades, limitavam a assembleia geral aos 100 maiores accionistas e proibiam representações; entendeu o Tribunal de Lisboa, aliás apoiado em excelente parecer de ABEL DE ANDRADE e outros, *Companhia das Lezírias/Parecer*, GRLx 37 (1923), 81-100, que esses dispositivos sobreviveram à Lei de 1867 e ao Código VEIGA BEIRÃO, cujas normas imperativas respeitavam.

competência ao seu funcionamento, incluindo no caso especial de sociedades com accionistas no estrangeiro e que representassem, pelo menos, vinte e cinco por cento do capital subscrito (179.° a 185.°).

Inventários e balanços (188.° a 192.°), publicações obrigatórias (193.° e 194.°) e emissão de obrigações (195.° a 198.°) completavam a matéria.

O Código continha normas dirigidas a certos tipos de sociedades anónimas (162.°, §§ 1 a 4 e 178.°). Por seu lado, foram florescendo regimes especiais, dedicados, por exemplo, a instituições de crédito e a companhias seguradoras.

VIII. O Código Veiga Beirão regeu a matéria das sociedades anónimas durante quase cem anos (1888 a 1986). Nesse período dilatado, todo o Mundo oscilou: as sociedades anónimas mantiveram-se. À sua sombra desenvolveu-se o essencial do Direito das sociedades e da sua Ciência. É justo recordá-lo.

§ 53.º DIREITO EUROPEU DAS SOCIEDADES ANÓNIMAS

198. As directrizes

O Direito das sociedades anónimas comporta um desenvolvimento de nível europeu[1450]. Designadamente, há que contar com diversas directrizes[1451], cuja transposição, para o Direito interno, tem pautado boa parte da evolução recente.

Iremos, ao longo da exposição subsequente, encontrar alguns dos mais relevantes aspectos envolvidos. Com uma precisão: boa parte dos instrumentos comunitários dirige-se, precisamente, às sociedades anónimas. Todavia, eles foram transpostos para a parte geral do Código de 1986, acabando por atingir os diversos tipos societários. A esse título, os competentes instrumentos foram já referidos, na parte geral.

199. O regulamento n.º 2157/2001

Também no plano dos regulamentos, há a apontar o Regulamento n.º 2157/2001, relativo à sociedade anónima europeia ou *societas europaea*[1452]. No termo de preparatórios que se prolongaram por quarenta anos[1453], o Regulamento em causa veio predispor um tipo de sociedades anónimas, disponível em todo o espaço da União. Todavia, não é um tipo universal: ele sofre adaptações em função do Estado da sede. No caso português, há que lidar com o Decreto-Lei n.º 2/2005, de 4 de Janeiro.

1450 *Direito europeu das sociedades*, 13 ss..

1451 *Manual*, 172-176.

1452 *Direito europeu das sociedades*, 855-886.

1453 *Idem*, 905 ss..

A sociedade anónima europeia dá um interessante lote de soluções. Por vezes, elas traduzem a bissetriz possível entre os diversos ordenamentos europeus. O seu confronto tem sempre interesse.

200. **Influxo no Direito português**

I. O influxo do Direito europeu das sociedades anónimas é, no Direito português como na generalidade dos congéneres europeus, muito significativo: seja na parte geral, seja na área específica das sociedades anónimas e seja, finalmente, no Direito mobiliário. Este estado de coisas obriga, para um estudo consciencioso, a acompanhar em permanência as ordens jurídicas dadoras, com relevo para o Direito alemão.

II. Ainda nesse domínio, torna-se importante sublinhar que esse influxo só não é maior porque o Direito português, numa tradição que remonta à Lei da Boa Razão (18-Ago.-1769), sempre esteve especialmente aberto a influências jurídico-científicas exteriores. Pode, assim, desenvolver uma tradição própria que, em sínteses construtivas, foi escolhendo, sobre a sua cepa tradicional, elementos de elite retirados de outros ordenamentos. Bastará, a tal propósito, recordar o êxito representado pelas sociedades por quotas[1454].

1454 Para maiores desenvolvimentos *vide* o nosso *Evolução do Direito europeu das sociedades*, ROA 2006, 87-118.

§ 54.° AS FONTES E A SUA PREPARAÇÃO

201. A preparação do Código de 1986

I. Na preparação do Código das Sociedades Comerciais[1455], o tema das sociedades anónimas acabaria, paradoxalmente, por suscitar pouco interesse. Eis a explicação: temas fortes, como a responsabilidade dos administradores, a cisão e a fusão, a transformação das sociedades e a prestação de contas foram tratados a propósito da parte geral; projectos abrangentes mereceram a atenção da fina nata da nossa comercialística a propósito das sociedades por quotas. E os próprios grupos de sociedades acabariam em título próprio, distinto do das sociedades anónimas.

II. Com reflexos nas sociedades anónimas, temos a apontar os estudos de VAZ SERRA sobre as acções[1456] e a assembleia geral[1457].

Fica, não obstante, claro que toda a preparação do Código das Sociedades Comerciais orbitrou em torno das sociedades anónimas. Muitos estudos efectuados em termos gerais ou centrados na transposição de instrumentos comunitários acabaram por, em última instância, enformar o Direito das sociedades anónimas.

202. O projecto

I. Um articulado alargado sobre sociedades anónimas surgiu apenas no projecto de 1983[1458]. Recordamos que este documento não foi acompanhado por uma justificação de motivos.

1455 *Manual*, 143 ss., com os elementos gerais.

1456 ADRIANO VAZ SERRA, *Acções nominativas e acções ao portador*, BMJ 175 (1968), 5-43, 176 (1968), 11-82, 177 (1968), 5-94 e 178 (1968), 17-85.

1457 ADRIANO VAZ SERRA, *Assembleia geral*, BMJ 197 (1970), 23-176.

1458 *Vide* BMJ 327 (1983), 203-310.

O tratamento aí dado às sociedades anónimas foi, sumariamente, o seguinte:

Capítulo I – Características e contrato (272.° a 285.°);
Capítulo II – Acções (286.° a 330.°);
Capítulo III – Obrigações (331.° a 355.°);
Capítulo IV – Obrigações e direitos dos accionistas (356.° a 365.°);
Capítulo V – Aumento e redução do capital (366.° a 373.°);
Capítulo VI – Deliberações dos accionistas (374.° a 390.°);
Capítulo VII – Administração e fiscalização (391.° a 444.°);
Capítulo VIII – Publicidade de participações e abuso de informações (445.° a 448.°);
Capítulo IX – Apreciação anual da situação da sociedade (449.° a 453.°);
Capítulo X – Dissolução (464.°).

II. Feito o confronto com a versão final aprovada em 1986, verifica-se, para além de modificações nalguns preceitos, uma redistribuição da matéria: o capítulo IV do projecto (obrigações e direitos dos accionistas) passou a II; o V (aumento e redução do capital) passou a IX; os diversos capítulos adaptaram-se a essas alterações.

No fundo, a matéria acabaria por receber uma ordenação semelhante à das sociedades por quotas.

203. **As alterações; a reforma de 2006**

I. Uma vez aprovado, o Código das Sociedades Comerciais conheceu diversas alterações, particularmente significativas no domínio das sociedades anónimas. Assim[1459]:

- Decreto-Lei n.° 280/87, de 8 de Julho: alterou os artigos 277.°, 285.°, 288.°, 289.°, 294.°, 297.°, 304.°, 305.°, 317.°, 322.°, 328.°, 348.°, 350.°, 352.°, 358.°, 360.°, 370.°, 371.°, 375.°, 384.°, 387.°, 405.°, 409.°, 414.°, 415.°, 416.°, 425.° e 464.°;
- Decreto-Lei n.° 229-B/88, de 4 de Julho: alterou os artigos 295.°, 314.°, 315.° e 360.°;

[1459] O apontamento subsequente, cuja exaustividade não garantimos, diz apenas respeito às sociedades anónimas. Haverá ainda que lidar com alterações de ordem geral, que se aplicam primacialmente a esse tipo de sociedades.

– Decreto-Lei n.° 142-A/91, de 10 de Abril: revogou o artigo 307.°;
– Decreto-Lei n.° 238/91, de 2 de Julho: alterou o artigo 414.°;
– Decreto-Lei n.° 261/95, de 3 de Outubro: alterou os artigos 306.° e 308.° a 315.°;
– Decreto-Lei n.° 328/95, de 9 de Dezembro: alterou os artigos 289.°, 376.° e 451.° a 455.° e aditou os artigos 325.°-A e 325.°-B;
– Decreto-Lei n.° 257/96, de 31 de Dezembro: alterou os artigos 390.°, 413.°, 414.°, 416.°, 420.°, 421.° a 423.° e 452.°; aditou os artigos 446.°-A a 446.°-F, 420.°-A e 423.°-A;
– Decreto-Lei n.° 343/98, de 6 de Novembro: alterou os artigos 276.°, 295.°, 352.°, 384.°, 390.°, 396.° e 424.°:
– Decreto-Lei n.° 486/99, de 13 de Novembro: alterou os artigos 328.°, 346.° e 371.° e revogou os artigos 279.°/9, 284.°, 300.°, 305.°, 326.°, 327.° e 330.° a 340.°;
– Decreto-Lei n.° 237/2001, de 30 de Agosto: alterou o artigo 277.°;
– Decreto-Lei n.° 107/2003, de 4 de Junho: alterou o artigo 351.°;
– Decreto-Lei n.° 35/2005, de 17 de Fevereiro: alterou os artigos 451.° e 453.°;
– Decreto-Lei n.° 52/2006, de 15 de Março: alterou os artigos 348.°, 349.° e 351.°;
– Decreto-Lei n.° 76-A/2006, de 29 de Março: alterou os artigos 274.°, 275.°, 277.°, 278.°, 281.°, 283.°, 285.°, 288.°, 289.°, 291.°, 292.°, 294.°, 297.°, 316.°, 319.°, 320.°, 323.°, 324.°, 325.°, 345.°, 347.°, 352.°, 355.°, 358.°, 362.°, 365.°, 368.°, 370.°, 371.°, 372.°-A, 374.°, 375.°, 376.°, 377.°, 379.°, 380.°, 381.°, 384.°, 390.°, 392.°, 393.°, 395.°, 396.°, 397.°, 398.°, 399.°, 400.°, 401.°, 403.°, 404.°, 405.°, 407.°, 408.°, 410.°, 412.°, 413.°, 414.°, 415.°, 416.°, 417.°, 418.°, 419.°, 420.°, 420.°-A, 421.°, 422.°, 423.°, 423.°-A, 424.°, 425.°, 426.°, 427.°, 428.°, 429.°, 430.°, 431.°, 432.°, 433.°, 434.°, 435.°, 436.°, 437.°, 438.°, 439.°, 440.°, 441.°, 442.° 443.°, 444.°, 445.°, 446.°, 446.°-A, 446.°-B, 446.°-E, 450.°, 451.°, 452.°, 453.°, 455.°, 456.°, 464.° e aditou os artigos 374.°-A, 414.°-A, 414.°-B, 418.°-A, 422.°-A, 423.°-B, 423.°-C, 423.°-D, 423.°-E, 423.°-F, 423.°-G, 423.°-H e 441.°-A.

II. Como se vê, foram atingidas dezenas de preceitos relativos a sociedades anónimas. Perante qualquer problema concreto que deva enquadrar ou solucionar, o intérprete-aplicador terá o maior cuidado em assegurar-se de que trabalha efectivamente com textos em vigor.

Muitas das alterações verificadas têm a ver com o Direito mobiliário. A versão original do Código de 1986 continha diversos preceitos relevantes desse domínio. Tais preceitos vieram a ser deslocados sucessivamente, para o Código do Mercado de Valores Mobiliários de 1991 e para o Código dos Valores Mobiliários de 1999.

III. Devemos dispensar algumas linhas à reforma de 2006[1460]: Decreto-Lei n.° 76-A/2006, de 29 de Março.

Aparentemente, a reforma é de grande vulto. Com efeito:

– são modificados trinta e um diplomas;
– entre eles, o Código das Sociedades Comerciais, que vê alterar 207 artigos e acrescentar mais 26;
– são republicados em anexo o Código das Sociedades Comerciais e o Código do Registo Comercial;
– é aprovado um novo regime jurídico de dissolução e de liquidação de entidades comerciais.

IV. O preâmbulo faz um profuso apelo à legislação europeia: mas com pouca consistência, uma vez que refere recomendações, uma directriz ainda não aprovada e uma directriz não-transposta – e que não se propõe transpor. O estudo da reforma exigirá algum tempo. Para já, chamamos a atenção para os seguintes vectores:

– empolamento vocabular de fórmulas gerais;
– simplificação de certos procedimentos;
– reformulações linguísticas;
– alterações na estrutura das sociedades anónimas.

O empolamento vocabular denota-se no preâmbulo do diploma: surge uma multiplicação de referências políticas e autoproclama-se uma "revisão aprofundada" do Código de 1986. As primeiras não têm lugar num texto de Estado e não houve nenhuma "revisão aprofundada" do novo Direito das sociedades anónimas.

Esse mesmo empolamento surge em alterações introduzidas, p. ex., nos artigos 64.° e 72.°, que tocam, sem vantagem, em textos que se pretendem estáveis. Há preceitos (como o artigo 334.°, do Código Civil, sobre abuso do direito ou o § 242 do BGB, sobre a boa fé), onde a *sagesse* e o

[1460] A preparação desta reforma originou diversos textos da CMVM, publicados na Net.

respeito mandam que não se mexa, ainda que qualquer jurista bem saiba que existem, para além deles, grandes desenvolvimentos. Seria óptimo que o Código das Sociedades Comerciais também criasse tais preceitos: o que é de todo impossível perante a volatilidade do nosso legislador.

V. A simplificação dos procedimentos tem a ver com a supressão da escritura pública, com a introdução de instrumentação informática e com o esquema das dissoluções "administrativas". São alterações inteiramente louváveis e que, esperamos, venham a ser bem acolhidas pela prática. A tanto se deveria ter atido a reforma: e era muito!

VI. As reformulações linguísticas têm a ver com a supressão dos "directores" das sociedades de tipo germânico e com a redenominação do conselho geral, promovido a "conselho geral e de vigilância". Só por isso foram modificadas muitas dezenas de preceitos.

VII. A alteração da estrutura das sociedades consistiu em inserir, em vez do clássico dualismo (consagrado no Regulamento n.° 2157/2001, de 8 de Outubro, citado no preâmbulo do Decreto-Lei n.° 76-A/2006, de 29 de Março) por uma tripartição:

- modelo latino (conselho de administração e conselho fiscal);
- modelo germânico (direcção – agora "conselho de administração executivo" – e conselho geral – agora: "conselho geral e de supervisão");
- modelo anglo-saxónico (conselho de administração, compreendendo uma comissão de auditoria) e revisor oficial de contas.

Veremos os ganhos de produtividade daí derivados.

204. **O Código de Valores Mobiliários**

I. Como fonte relevante para o Direito das sociedades anónimas, cumpre referir o Código dos Valores Mobiliários. Ele foi aprovado pelo Decreto-Lei n.° 486/99, de 13 de Novembro, tendo conhecido as alterações seguintes:

- Decreto-Lei n.° 61/2002, de 20 de Março: altera os artigos 16.° e 17.°;

– Decreto-Lei n.° 38/2003, de 8 de Março: altera o artigo 82.°;
– Decreto-Lei n.° 107/2003, de 4 de Julho: altera os artigos 116.°, 118.°, 227.° e 229.°;
– Decreto-Lei n.° 66/2004, de 24 de Março: altera numerosos artigos;
– Decreto-Lei n.° 52/2006, de 15 de Março: altera numerosos artigos;
– Decreto-Lei n.° 219/2006, de 2 de Novembro: visou transpor a Directriz relativa a ofertas públicas de aquisição, operando ainda diversas melhorias; alterou vários artigos.

Da própria CMVM existe, neste momento, uma versão actualizada do CVM[1461].

II. O CVM começa, no seu artigo 1.°/1, por definir valores mobiliários. Além de outros que a lei como tal qualifique, temos[1462]:

a) As acções;
b) As obrigações;
c) Os títulos de participação;
d) As unidades de participação em instituições de investimento colectivo;
e) Os *warrants* autónomos;
f) Os direitos à subscrição, à aquisição ou à alienação de valores mobiliários referidos nas alíneas anteriores, que tenham sido emitidos de modo autónomo;
g) Os direitos destacados dos valores mobiliários referidos nas alíneas anteriores *a*) a *d*), desde que o destaque abranja toda a emissão ou série ou esteja previsto no acto de emissão.

Como se vê, o essencial desta matéria tem a ver com sociedades anónimas. Daí resulta que as regras dirigidas a valores mobiliários acabam, em última análise, por visar essas mesmas sociedades.

III. O CVM tem o seguinte conteúdo geral:

Título I – Disposições gerais:
Capítulo I – Âmbito de aplicação (1.° a 3.°);
Capítulo II – Forma (4.° a 6.°);
Capítulo III – Informação (7.° a 12.°);

1461 Código dos Valores Mobiliários, 3ª ed. (2007).
1462 Na redacção dada pelo artigo 1.° do Decreto-Lei n.° 66/2004, de 24 de Março.

Capítulo IV – Sociedades abertas (13.° a 29.°);
Capítulo V – Investidores (30.° a 38.°).
Título II – Valores mobiliários:
Capítulo I – Disposições gerais (39.° a 60.°);
Capítulo II – Valores mobiliários escriturais (61.° a 94.°);
Capítulo III – Valores mobiliários titulados (95.° a 107.°).
Título III – Ofertas públicas:
Capítulo I – Disposições comuns (108.° a 155.°);
Capítulo II – Ofertas públicas de distribuição (156.° a 172.°);
Capítulo III – Ofertas públicas de aquisição (173.° a 197.°).
Título IV – Mercados:
Capítulo I – Disposições gerais (198.° a 212.°);
Capítulo II – Bolsas (213.° a 265.°).
Título V – Sistemas de liquidação:
Capítulo I – Disposições gerais (266.° a 273.°);
Capítulo II – Operações (274.° a 282.°);
Capítulo III – Insolvência dos participantes (283.° a 286.°);
Capítulo IV – Gestão (287.° e 288.°).
Título VI – Intermediação:
Capítulo I – Disposições gerais (289.° a 320.°);
Capítulo II – Contratos de intermediação (321.° a 345.°);
Capítulo III – Negociação por conta própria (346.° a 351.°).
Título VII – Supervisão e regulação:
Capítulo I – Disposições gerais (352.° a 357.°);
Capítulo II – Supervisão (358.° a 368.°);
Capítulo III – Regulação (369.° a 372.°);
Capítulo IV – Cooperação (373.° a 377.°).
Título VIII – Crimes e ilícitos de mera ordenação social:
Capítulo I – Crimes (378.° a 387.°);
Capítulo II – Ilícitos de mera ordenação social (388.° a 418.°);
Capítulo III – Disposições comuns aos crimes e aos ilícitos de mera ordenação social (419.° a 421.°).

IV. Encontramos, no CVM, numerosos preceitos que têm directamente a ver com as sociedades anónimas. Assim sucede, fundamentalmente, nos seus três primeiros títulos.

Uma grande disciplina sobre sociedades anónimas não poderia deixar de integrar o Direito mobiliário. Na presente edição da parte especial do *Manual*, limitar-nos-emos a uma rubrica geral sobre sociedades abertas e a algumas referências, à medida que surjam as competentes rubricas.

Todos os juristas, técnicos ou práticos das sociedades comerciais, devem ter em conta a presença, muito próxima, do continente "valores mobiliários". Há que estabelecer diversas interacções. E na resolução dos problemas, convém aceder a profissionais conhecedores e experientes. A CMVM presta, ainda, úteis informações.

§ 55.° APLICAÇÃO E BIBLIOGRAFIA

205. Apreciação geral; necessidade de reforma

I. O Direito das sociedades anónimas apresenta-se, hoje, como uma matéria complexa. Apesar do papel liderante do Código das Sociedades Comerciais, verifica-se que muitas regras, incluindo algumas de aplicação geral, encontram guarida no Código dos Valores Mobiliários. A conjugação da parte geral com a parte IV do Código é delicada, havendo ainda que proceder a diversas interpretações conformes com directrizes comunitárias.

II. De acordo, aliás, com indicações que vêm de diversos países e que têm guarida nas próprias instâncias comunitárias, cabe ajustar uma reforma simplificadora[1463]. Devem ser contemplados os seguintes pontos:

- tornar mais claro, seguro e acessível o regime aplicável às sociedades abertas;
- permitir a constituição de sociedades anónimas simplificadas.

Cabe ao Ministério da Justiça chamar a si as inerentes responsabilidades. Elas foram enfrentadas, na vertente formal, pelas reformas introduzidas pelos Decretos-Leis n.° 111/2005, de 8 de Julho, n.° 76-A/2006, de 29 de Março e n.° 8/2007, de 17 de Janeiro.

III. Como temas candentes temos os da fiscalização das sociedades e o do seu governo. Como vimos, eles dominaram a reforma de 2006, ainda que sob o signo da redenominação. Há que estudar as novidades, tendo em vista a preservação das suas vantagens, mas num cenário de simplificação.

[1463] *Direito europeu das sociedades*, 94 ss..

206. A aplicação

I. A matéria relativa às sociedades anónimas conhece uma aplicação intensiva.

Vale a pena atinar nos números a elas relativas. Temos[1463]:

ano	número	trabalhadores	volume de negócios[1464]
2000	11.960	734.692	23.087
2001	13.358	757.596	26.549
2002	13.694	778.862	137.860
2003	15.562	841.783	143.558
2004	18.312	868.281	138.628

Em número absoluto e no campo do emprego, as sociedades anónimas ficam aquém das por quotas[1465]. Mas lideram quanto ao volume de negócios: asseguram quase metade da cifra correspondente a todas as pessoas colectivas. Boa parte da riqueza do País passa, assim, pelas sociedades anónimas, incluindo toda as empresas de grande porte.

II. Em termos de jurisprudência: as sociedades anónimas, embora representem, em número, cerca de 6% do das quotas, apresentam, no âmbito do Código de 1986, cerca de 120 acórdãos publicados – 500, com recurso a outras fontes, isto é: 50% da jurisprudência assegurada pelas sociedades por quotas. Têm grande relevância forense.

Mas além disso, devemos contar:

– com toda uma série de relações complexas com os reguladores, sejam gerais (autoridade da concorrência e CMVM), sejam especiais (Banco de Portugal, Instituto de Seguros de Portugal e outros); tais relações evoluem, em regra, consensualmente, não originando jurisprudência;

– com contactos diversos e permanentes com o Estado e as autarquias;

[1463] Segundo números fornecidos pelo INE.

[1464] Em milhões de contos até 2001 e em milhões de euros, de 2002 em diante. Recordamos que o conto equivale a pouco mais de 5 euros.

[1465] *Vide supra*, 246.

– com importantes litígios dirimidos por arbitragem;
– com toda a casta de relações internacionais;
– com contenciosos internos por vezes complexos, designadamente no campo laboral;
– com a temática dos grupos de sociedades.

III. As sociedades anónimas oferecem um campo muito grande à especialização dos juristas. Cabe às Universidades acompanhar essa realidade insofismável.

207. Bibliografia

I. A bibliografia nacional relativa às sociedades anónimas é heterogénea. Em primeiro lugar, cumpre dizer que não existe, neste momento, nenhuma exposição completa sobre o Direito das sociedades anónimas[1466]: uma situação que o presente *Manual* pretende quebrar. Também não dispomos de nenhuma obra completa e actualizada de Direito mobiliário português. Deve aliás dizer-se que a instabilidade legislativa desincentiva a elaboração de compêndios ou manuais envolventes.

II. Os trabalhos preparatórios têm a sua utilidade. Como vimos, porém, eles são escassos, no campo das sociedades anónimas.

Os comentários do Prof. Raúl Ventura limitam-se, nas sociedades em estudo, a algumas rubricas[1467].

[1466] Descontando os escritos gerais de António Pereira de Almeida, *Sociedades comerciais*, 4ª ed. (2006) e de Paulo Olavo Cunha, *Direito das Sociedades comerciais*, 2ª ed. (2006).

[1467] Raúl Ventura, *Estudos vários sobre sociedades anónimas* (1992), que incluem: I – Acordos de voto (17.°); II – Ofertas públicas de aquisição e de venda de valores mobiliários (306.° a 314.°); III – Acções próprias (316.° a 325.°); IV – Acções preferenciais sem voto; acções preferenciais remíveis; amortização de acções/acções de fruição (341.° a 347.°); V – Regras especiais de eleição de administradores de sociedades anónimas (392.°); VI – Reuniões e deliberações do conselho de administração (410.° a 412.°) e *Novos estudos sobre sociedades anónimas e sociedades em nome colectivo* (1994, reimp., 2003), que, no tocante às sociedades anónimas, incluem: I – Sociedades anónimas com direcção e conselho geral (424.° a 446.°); II – Publicidade de participações e abuso de informações (447.° a 450.°); III – Contrato de subordinação entre sociedades (493.° a 508.°); IV – Direito do accionista à informação (288.° a 292.°); V – Nota sobre a substituição de membros de órgãos de sociedades anónimas; VI – Nota sobre a pessoa colectiva

Em compensação, a literatura jurídica portuguesa dispõe, hoje, de muitas dezenas de monografias aprofundadas, em regra de bom nível, sobre diversos temas próprios das sociedades anónimas ou, ainda, das sociedades em geral, mas com uma especial incidência no domínio das sociedades anónimas[1468].

Cabe, agora, estabelecer a interligação dogmática entre os vastos pólos jurídico-científicos disponíveis.

III. A literatura jurídica estrangeira é muito abundante, sendo a liderança assegurada, a longa distância, pela alemã[1469]. Todavia, torna-se importante ter sempre em conta as diversidades existentes, a nível de sistema. Nunca pode haver transposições de normas ou de institutos sem um prévio crivo de Direito comparado.

designada administrador de sociedade anónima; VII – Nota sobre o desempenho de outras actividades por administradores de sociedade anónima (398.°); VIII – Nota sobre a caução de responsabilidade dos administradores.

1468 *Vide infra* a bibliografia geral.

1469 Como obra envolvente: BRUNO KPOPFF/JOHANNES SEMLER, *Münchener Kommentar zum Aktienrecht*, 2ª ed. (2003-2005), em seis volumes. Outros títulos podem ser vistos na bibliografia final.

CAPÍTULO II

O CONTRATO DE SOCIEDADE ANÓNIMA

§ 56.° CELEBRAÇÃO, MODALIDADES E CONTEÚDO

208. As partes; unipessoalidade e constituição não-negocial

I. Segundo o artigo 273.°/1, a sociedade anónima não pode ser constituída por um número de sócios inferior a cinco, salvo quando a lei o dispense. Houve uma facilitação: o Código VEIGA BEIRÃO exigia um mínimo de dez sócios (162.°, 1.°)[1470], cifra essa que já advinha da Lei de 22-Jun.-1867 (3.°, 1.°).

A tendência geral vai no sentido de diminuir o número de pessoas necessário para a constituição de sociedades anónimas. Segundo o § 2 do AktG alemão, basta uma pessoa: desde a reforma de 1994, admite-se a constituição unipessoal corrente[1471]. Anteriormente, o número mínimo era de dois. Em Itália, o artigo 2328.°, resultante da reforma de 17-Jan.-2003, admite a constituição de sociedades anónimas por contrato ou por acto unilateral[1472]. Em França, o artigo L. 225-1 do Código de Comércio exige um mínimo de sete pessoas.

As sociedades anónimas europeias também podem seguir a via da constituição unipessoal, ainda que em certas condições (3.°/1 do Regulamento n.° 2157/2001, de 8 de Outubro).

1470 PINTO FURTADO, *Código Comercial Anotado* cit., II/1, 122.

1471 HÜFFER, *Aktiengesetz* cit., 7ª ed., § 2, 1, (18).

1472 ROBERTO TRIOLA, *Codice Civile annotato*, 3ª ed. (2003), 2142/II e 2886/I e, com diversos elementos, na obra colectiva org, GIOVANNI LO CASCIO, *La reforma del diritto societario*, vol. 3: MARIO BERTUZZI/TOMMASO MANFEROCE/FERNANDO PLATANIA, *Società per azioni/Costituzionem patti parasociali, conferimenti (artt. 2325-2345 c.c.)* (2003), 36 ss. e 39 ss..

II. O artigo 273.°/2 exige apenas dois sócios para as sociedades em que o Estado, directamente "... por meio de empresas públicas ou outras entidades equiparadas por lei para este efeito ..." detenha a maioria do capital. A exigência de dois sócios é muito teórica: o Estado, quando pretende constituir sociedades anónimas recorre, em regra, a um Decreto-Lei[1473]: automaticamente, pode proceder a constituições unipessoais.

III. O regime aparentemente arcaico do Código de 1986 é compensado pela possibilidade de constituição unipessoal de uma sociedade anónima, desde que por outra sociedade, dando azo a um domínio total inicial (488.°/1[1474]). Além disso, também se admite o domínio total superveniente (489.°/1, 2 e 3), sem limite de tempo, desde que numa relação de grupo.

Fora desse circunstancialismo, a constituição unipessoal não é possível. E se ocorrer supervenientemente, seguir-se-ão as regras gerais dos artigos 84.°/1 e 142.°/1, *a*). Este último preceito aplica-se, aliás, também nas sociedades entre particulares, quando o número de sócios baixe aquém dos 5: um dispositivo retomado pelo artigo 464.°/3[1475].

Este regime não é conveniente. Desde logo a exigência-padrão dos 5 sócios não faz sentido; bastará arranjar quatro sócios simbólicos. Depois não se entende porque poderá uma sociedade constituir outra por domínio total inicial, numa acepção vedada às pessoas singulares. Por fim: todo o esquema da reconstituição do número mínimo de sócios traduz meras operações burocráticas sem conteúdo material. Na primeira ocasião haveria que permitir a constituição unilateral de sociedades anónimas, regulando a unipessoalidade permanente: já prevista e tratada, de resto, a propósito dos grupos de sociedades. Foi pena que este tema não tivesse interessado o legislador de 2006.

1473 Recorde-se, como exemplo, o Decreto-Lei n.° 287/93, de 20 de Agosto, relativo à Caixa Geral de Depósitos, SA.

1474 Na redacção dada pelo Decreto-Lei n.° 76-A/2006, de 29 de Março, que suprimiu a referência a "escritura pública".

1475 O artigo 142.° foi alterado pelo Decreto-Lei n.° 76-A/2006, de 29 de Março, de modo a obrigar à "dissolução administrativa". Anteriormente, era judicial. O artigo 143.°, que anteriormente permitia ao Tribunal fixar um prazo razoável para a recomposição da pluralidade ou do número mínimo de sócios, foi suprimido: substituído pela indicação das causas de dissolução oficiosa das sociedades. O "prazo razoável" aparece agora no artigo 9.°/1, *b*) e 9.°/2 do Regime jurídico dos procedimentos administrativos de dissolução e liquidação da entidades comerciais, aprovado pelo Decreto-Lei n.° 76-A/2006: uma solução menos flexível.

IV. Finalmente, temos a hipótese de constituições não negociais:

– na cisão, que origine uma nova sociedade, de tipo anónimo;
– na transformação, que dê lugar a uma anónima;
– na constituição por diploma legal do Governo.

Esta última saída foi muito frequente aquando da transformação das antigas empresas públicas em sociedades anónimas, como primeiro passo para a reprivatização.

209. Constituição comum, constituição imediata e constituição *on line* (reformas de 2005 e de 2006)

I. A constituição de sociedades anónimas operava, em regra, de acordo com o esquema comum: certificado de admissibilidade da firma, a obter junto do RNPC (45.°/1 e 54.°/1 e 2 do RNPC), escritura pública (7.°/1 e 80.°/2, *e*), do CNot) e registo comercial – 5.° e 3.°, *a*), do CRegCom. Seguiam-se outras diligências junto das repartições de finanças e da segurança social. Com a reforma de 2006, a escritura pública é suprimida, sendo substituída pela forma escrita com as assinaturas dos subscritores reconhecidas presencialmente, salvo se forma mais solene for exigida para a transmissão de bens com que os sócios entrem para a sociedade.

II. O Decreto-Lei n.° 111/2005, de 8 de Julho, já analisado a propósito das sociedades por quotas[1476], veio estabelecer um regime especial de constituição imediata de sociedades, também aplicável às anónimas (1.°). Por seu turno, o Decreto-Lei n.° 125/2006, de 29 de Junho, permitiu a criação *on line* de sociedades, incluindo as anónimas: também foi referido quanto às sociedades por quotas.

Valem, quanto a ambos os diplomas, com as devidas adaptações, as considerações então feitas.

210. Modalidades

I. Por forma a melhor ordenar a exposição subsequente, cumpre desde já traçar as diversas modalidades de sociedades anónimas. Os inerentes

[1476] *Supra*, 252 ss..

elementos resultam (em regra) dos estatutos. Elas obedecem aos seguintes critérios:

- o modo de constituição;
- o tipo de subscrição ou de dispersão das acções;
- a titularidade das acções;
- o número de titulares;
- a estrutura;
- o regime.

II. De acordo com o modo de constituição, podemos distinguir, segundo, aliás, elementos da rubrica precedente:

- sociedades pluripessoais e unipessoais;
- sociedades constituídas sem e com a participação do Estado;
- sociedades de constituição comum e de constituição especial (reforma de 2005);
- sociedades negociais e sociedades constituídas por diploma legal.

III. O tipo de subscrição ou de dispersão das acções dá-nos a importante contraposição entre as sociedades abertas (de "sociedades abertas ao investimento público") e as sociedades fechadas: as primeiras são, genericamente, aquelas que se tenham constituído com apelo a subscrição pública (279.°) ou cujo capital tenha, depois, vindo a dispersar-se pelo público.

A importância da qualificação de uma sociedade como "aberta" levou o Código dos Valores Mobiliários, no seu artigo 13.°/1, a dar uma noção técnica precisa: um ponto a que regressaremos[1477].

IV. A titularidade das acções permite distinguir entre sociedades de capitais públicos – totalmente públicos ou maioritariamente públicos –, sociedades privadas e sociedades mistas. A natureza pública pode, por seu turno, ser directa ou indirecta, sendo ainda possível distinguir sociedades centrais, regionais e autárquicas.

O número de sócios permite a já referida contraposição entre sociedades unipessoais e pluripessoais.

[1477] *Infra*, 611 ss..

V. A natureza viabiliza distinguir (278.°, na reforma de 2006):

– as sociedades monistas de tipo latino, dotadas de conselho de administração e de conselho fiscal;
– as sociedades monistas de tipo anglo-saxónico, dotadas de conselho de administração com comissão de auditoria e revisor oficial de contas;
– as sociedades dualistas ou de tipo germânico, com direcção, conselho geral e revisor oficial de contas.

Poder-se-á discutir se, efectivamente, estamos perante três distintas estruturas.

VI. Finalmente, o regime permite distinguir:

– sociedades comuns;
– sociedades sujeitas a regime especial.

Nestas últimas, avultam as instituições de crédito, tratadas no RGIC, as companhias seguradoras, a que se aplica o RGES e diversas outras.

211. **O conteúdo**

I. O conteúdo obrigatório do contrato de sociedade anónima vem prescrito no artigo 272.°. A matéria compreende sete alíneas, que podemos ordenar e agrupar como segue:

– o capital;
– as acções;
– as obrigações;
– a estrutura.

Quanto ao capital, há que indicar: a sua cifra – *a*), implicitamente – o montante realizado e os prazos para a realização do apenas subscrito – *e*).

II. No tocante às acções, devem constar do contrato:

– os seus valores nominal e número – *a*);
– as condições particulares a que fique sujeita a sua transmissão – *b*);
– as categorias porventura criadas, o seu número e os direitos atribuídos a cada uma – *c*);

– a sua natureza nominativa ou ao portador e as regras para as eventuais conversões – *d*).

Quanto a obrigações: o contrato compreenderá – sendo essa a vontade das partes – a autorização para a sua emissão – *f*).

III. O contrato fixa, por fim e segundo a enumeração do artigo 272.°, a estrutura monista ou dualista da sociedade – *g*).

IV. O artigo 272.° consigna o conteúdo obrigatório específico do pacto social das sociedades anónimas. Ele não explicita – nem isso seria possível – as regras, por vezes muito complexas, relativas aos elementos que o preenchem.

Esse conteúdo obrigatório específico deve ser conjugado com o conteúdo obrigatório geral constante do artigo 9.°, com as devidas adaptações e cujo teor damos por reproduzido[1478].

Além disso, encontramos, disseminados pelo Código, diversos outros elementos que podem constar do pacto social. Será o seu conteúdo eventual, que iremos relevar de seguida.

V. O pacto social das sociedades anónimas pode ainda conter:

– a autorização dada aos administradores para efectuarem, depois da escritura, levantamentos da conta aberta em nome da sociedade, para fins determinados – 277.°/5, *b*);
– a estrutura da sociedade – 278.°;
– a perfeita especificação das actividades que integrem o objecto social, nos casos de constituição com apelo à subscrição pública – 279.°/5;
– o diferimento das entradas até cinco anos – 285.°/1;
– as medidas relativamente às acções em mora – 286.°/6;
– a obrigação de prestações acessórias – 287.°/1;
– a distribuição de lucros – 294.°/1;
– a atribuição, aos membros dos órgãos da sociedade, do direito de participação nos lucros – 294.°/3;
– a percentagem e o montante das reservas legais, em margem superior à dos limites mínimos fixados na lei – 295.°/1;

1478 *Manual*, 445 ss..

– a possibilidade de adiantamentos, aos accionistas, sobre os lucros – 297.°/1;
– regras sobre as acções nominativas ou ao portador – 299.°/1;
– a proibição de aquisição de acções próprias – 317.°/1;
– o processo a aplicar na falta de liberação das acções pelos subscritores, o qual pode envolver a aquisição de acções próprias – 317.°/3, *f*);
– limitações, dentro das margens da lei, à transmissibilidade das acções – 328.°/1 e 2;
– a atribuição, a outro órgão que não à assembleia geral, da competência para conceder ou recusar o consentimento da sociedade para a transmissão de acções nominativas – 329.°/1;
– uma série de elementos necessários, quando se exija o consentimento da sociedade para a transmissão de acções – 329.°/3;
– a autorização para a emissão de acções preferenciais sem voto, até certo limite – 341.°/1;
– a não-permissão para que os accionistas sem voto participem na assembleia geral – 343.°/1;
– a possibilidade de remição de acções que beneficiem de algum privilégio patrimonial – 345.°/1;
– a imposição ou a possibilidade de, em certos casos e sem consentimento dos seus titulares, serem amortizadas acções – 347.°/1;
– a fixação de todas as condições essenciais para a amortização, quando a mesma seja imposta pelo contrato – 347.°/4;
– *idem* quanto às condições necessárias, na hipótese de amortização permitida pelo contrato – 347.°/5;
– a autorização para que a emissão de obrigações seja deliberada pelo conselho de administração – 350.°/1;
– a fixação da maioria necessária para a emissão de obrigações convertíveis em acções – 366.°/1;
– a atribuição de matérias à deliberação dos accionistas – 373.°/2;
– a determinação de que o presidente, o vice-presidente e os secretários da mesa da assembleia geral sejam eleitos por esta – 374.°/2;
– a fixação do modo de convocar a assembleia geral – 377.°/3;
– a exigência da "posse" de um certo número de acções para conferir voto em assembleia geral – 379.°/5;
– a representação dos accionistas em assembleia geral, com limites – 380.°/1;

– regras de quorum, em primeira convocação da assembleia geral – 383.°/1;
– o número de votos correspondentes a cada acção – 384.°/1 e 2;
– as regras de maioria a observar pela assembleia geral – 386.°/1;
– as regras das assembleias especiais de accionistas – 389.°/1;
– o número de administradores do conselho de administração – 390.°/1;
– a hipótese do administrador único, se o capital não exceder os 200.000 euros;
– a possibilidade de eleição de administradores suplentes – 390.°/5;
– a designação dos administradores – 391.°/1;
– regras sobre a eleição dos administradores – 391.°/2;
– regras sobre a eleição dos administradores por minorias – 392.°;
– o número de faltas, seguidas ou interpoladas, sem justificação, que conduzam à "falta" definitiva do administrador – 393.°/1;
– a eleição, pela assembleia, do presidente do conselho de administração – 395.°/1: uma regra aplicável ao presidente do conselho geral e de supervisão – 436.°;
– a fixação de caução pela responsabilidade dos administradores – 396.°/1 – aplicável aos membros do conselho fiscal – 418.°-A;
– a autorização relativa à percentagem global dos lucros destinada aos administradores – 399.°/2;
– a situação dos administradores suspensos – 400.°/2;
– a reforma dos administradores – 402.°/1;
– a proibição de delegação de poderes de gestão relativos a certas matérias – 407.°/1;
– *idem*, quanto à gestão – 407.°/3;
– a representação da sociedade por um ou mais administradores delegados – 408.°/2;
– a representação de um administrador por outro, no conselho de administração – 410.°/5;
– a fixação do número de membros do conselho fiscal – 413.°/4;
– a duração do mandato dos membros efectivos do conselho fiscal, dos suplentes, do fiscal único e do ROC – 415.°/1;
– a indicação do presidente do conselho fiscal – 415.°/2;
– a indicação, para além do fixado na lei, de competências do fiscal único ou do conselho fiscal – 420.°/1, *m*);
– a fixação do número de membros da comissão de auditoria – 423.°-B/2;

– a indicação, para além do fixado na lei, de competências do conselho de auditoria – 423.°, *q*);
– a fixação do número de membros do conselho de administração executiva – 424.°/1 – ou de um administrador executivo único, se o capital social não exceder os 200.000 euros – *idem*;
– a designação dos administradores executivos – 425.°/1 – e a fixação da duração do seu mandato – 425.°/2;
– a fixação do número de membros do conselho geral e de supervisão – 434.°/1;
– a sua eventual designação – 435.°/1;
– a indicação, para além do disposto na lei, da competência do conselho geral e de supervisão – 441.°, *t*);
– o estabelecimento de actos para cuja prática o conselho de administração executivo deve obter prévio consentimento do conselho geral e de supervisão – 442.°/1;
– a fixação da maioria pela qual a assembleia geral possa suprir a falta de autorização do conselho geral e de supervisão, bem como a indicação de outros requisitos para tal necessária – 442.°/2;
– a designação do secretário da sociedade – 446.°-A;
– a autorização, ao órgão de administração, para aumentar o capital social, uma ou mais vezes, por entradas em dinheiro e as suas condições – 456.°/1 e 2;
– a fixação de maiorias qualificadas ou de especiais requisitos para a deliberação de dissolução da sociedade – 464.°/1.

A matéria é complexa. A formação de uma sociedade anónima e a redacção dos seus estatutos devem ser acompanhadas por juristas conhecedores e experientes.

212. **A firma**

I. A firma das sociedades anónimas tem uma história cujos episódios já foram referidos, ainda que separadamente.

Segundo o artigo 538.° do Código Ferreira Borges:

> Companhia é uma associação d'accionistas sem firma social, qualificada pela designação do objecto da sua empresa (...)

Justamente por não ter firma (nome), a sociedade era ... anónima.

Na Lei de 22-Jun.-1867, desaparece a referência expressa à falta de firma, embora as "companhias" passem a ser referidas como "sociedades anónimas".

Dispunha o artigo 1.°, §§ 1.° e 2.°:

> § 1.° Estas sociedades são classificadas por uma denominação particular ou pela indicação clara do seu objecto e fim.
>
> § 2.° A designação d'estas sociedades deve ser formulada por modo que ellas inteiramente se distingam uma das outras.

II. A denominação particular equivaleria, assim, a uma indicação relativa ao objecto ou ao fim da sociedade. Contrapunha-se à firma, que equivalia ao nome de um ou mais sócios. Esta orientação foi acolhida no artigo 19.° do Código VEIGA BEIRÃO, cujo artigo 19.°, versão original, dispunha:

> Todo o comerciante exercerá o comércio e assinará quaisquer documentos a ele respectivos sob um nome que constituirá a sua firma.
>
> § único. As sociedades anónimas existirão, porém, independentemente de firma, e designar-se-ão apenas por uma denominação particular, sendo contudo aplicáveis a esta as disposições do presente Código relativas à firma.

O esquema era rematado pelo artigo 23.° do mesmo Código:

> A denominação das sociedades anónimas deve, quanto possível, dar a conhecer o seu objecto, não podendo em caso algum conter nomes de sócios ou de outras pessoas, e será sempre precedida ou seguida das palavras "sociedade anónima, responsabilidade limitada".

A denominação distinguia-se da firma pela sua composição, que não incluía o nome de pessoas. Além disso, ela sujeitava-se a um registo especial criado no Ministério das Obras Públicas, Comércio e Indústria, nos termos do artigo 1.°, § 3.°, da Lei de 22-Jun.-1867.

III. O legislador estava então muito preocupado com a confiança do público na (i)limitação da responsabilidade: a presença de um nome na firma poderia enganar o mercado, convencendo-o de que essa pessoa seria responsável pelas dívidas. Evidentemente: o problema seria debelado pela referência expressa à responsabilidade limitada. Num primeiro tempo, isso não foi julgado suficiente.

As restrições legais levantaram, todavia, na primeira parte do século XX, um problema delicado: muitas sociedades em nome colectivo, designadamente na banca, conheceram êxito; desejavam passar a sociedades anónimas, para prosseguir o seu crescimento; porém, fazendo-o, tinham de abandonar a sua firma de origem, ligada ao nome dos sócios fundadores, e sob a qual eram conhecidas. Para resolver o problema, surgiu o Decreto n.° 19:638, de 21 de Abril de 1931[1479], o qual:

– revogou o § único do artigo 19.° do Código Comercial;
– substituiu, no seu artigo 23.°, "denominação" por firma, nos termos seguintes:

> A firma das sociedades anónimas consistirá numa denominação que deverá quanto possível dar a conhecer o seu objecto, podendo todavia conter o nome de quaisquer pessoas, quando obtida a autorização destas ou de seus representantes; esta denominação será sempre precedida ou seguida das palavras "sociedade anónima de responsabilidade limitada" ou das iniciais "S.A.R.L.".

– acrescentou, a esse mesmo artigo, um § único:

> Sempre que na lei se fale em "denominação particular" de uma sociedade anónima, deverá esta expressão considerar-se equivalente à palavra "firma".

IV. O Decreto n.° 19:638, de 21 de Abril de 1931, não procedeu a equivalente expurgo na Lei de 11 de Abril de 1901, relativa às sociedades por quotas. Daí resultou um problema (que se mantém) e que parece assentar numa (certa) distinção entre firma e denominação particular[1480].

No que toca, porém, às sociedades anónimas, a questão ficou resolvida. Elas passaram a ter firma[1481], firma essa que poderia equivaler ou ao nome de alguma pessoa que, para tanto, desse autorização, ou a uma designação mais ou menos indiciadora do objecto da sociedade. O essencial seria, sempre a referência S.A.R.L., abreviada ou por extenso.

[1479] DG n.° 95, de 24-Abr.-1931, 686.

[1480] *Manual de Direito comercial*, 2ª ed., 323-324 e *supra*, 259 ss..

[1481] Deixando, em rigor, de ser "anónimas" ... Hoje, o "anonimato" vem a ser aproximado do desconhecimento dos concretos sócios: só possível relativamente a sociedades com acções ao portador. Cf. ANTÓNIO PEREIRA DE ALMEIDA, *Sociedades comerciais*, 3ª ed. (2003), 332.

V. Chegamos, assim, ao artigo 275.° do Código das Sociedades Comerciais. Este preceito, que volta a manter a contraposição entre firma e denominação particular[1482], dispõe, no seu n.° 1:

> A firma destas sociedades será formada, com ou sem sigla, pelo nome ou firma de um ou alguns dos sócios ou por uma denominação particular, ou pela reunião de ambos esses elementos, mas em qualquer caso concluirá pela expressão "sociedade anónima" ou pela abreviatura "S.A.".

É o ponto essencial: qualquer sociedade anónima é imediatamente detectável pela presença da sigla "S.A.". Simplificou-se em relação ao Direito anterior, que exigia "S.A.R.L.": de facto "R.L." era dispensável, uma vez que todas as sociedades anónimas são, *ipso iure*, sociedades de responsabilidade limitada.

VI. O artigo 275.°/2 e 3 veio recordar aspectos gerais básicos do Direito das firmas, fazendo aplicação (desnecessária) às sociedades anónimas. Segundo o n.° 2,

> Na firma não podem ser incluídas ou mantidas expressões indicativas de um objecto social que não esteja especificamente previsto na respectiva cláusula de contrato de sociedade.

Trata-se de uma manifestação do princípio da verdade da firma – artigo 32.°/1 do RNPC[1483]. Algo ténue: o contrato pode prever um objecto social alargado, abrangendo actividades de todo estranhas à efectiva actuação da sociedade.

Em RCb 23-Fev.-1994 discutiu-se e decidiu-se o seguinte: a sociedade IOFIL – Produtora de Iogurtes, SA requereu a alteração da sua firma para Danone Portugal, SA; o Director-Geral do Registo de Pessoas Colectivas opôs-se; a interessada recorreu para o Tribunal, que lhe deu razão; o referido Director-Geral recorreu para a Relação de Coimbra; a dúvida residia no facto de o artigo 10.°/5 exigir que a firma dê a conhecer, quanto possível, o objecto da sociedade; a Relação entendeu que se estava no âmbito do artigo

[1482] Ainda que, aparentemente, apenas com fitos descritivos; recordamos, todavia, que segundo o RNPC, as firmas cabem às sociedades comerciais e as denominações às restantes pessoas colectivas.

[1483] *Manual de Direito comercial*, 2ª ed., 340 ss..

10.°/4: firma com a de alguns dos sócios; confirmou (e bem) a decisão da 1ª Instância[1484].

O Direito das firmas deve ser flexibilizado.

VII. O artigo 275.°/3 obriga, no caso de alteração do objecto da sociedade de forma a que deixe de incluir a actividade especificada na firma, à correspondente modificação desta. Trata-se de mais uma manifestação do princípio da verdade da firma.

[1484] RCb 23-Fev.-1994 (MANUEL DA SILVA FREITAS), CJ XIX (1994) 1, 43-46 (45/II).

§ 57.° SOCIEDADES ANÓNIMAS IRREGULARES

213. Aspectos gerais; remissão

Nas sociedades anónimas é possível a ocorrência de situações de irregularidade: por incompleitude do processo de formação ou por vício ocorrido no contrato de sociedade ou em actos subsequentes.

Têm aplicação diversas regras de ordem geral, tal como sucede em relação às sociedades em nome colectivo e às sociedades por quotas[1485]. Cumpre, contudo, referenciar soluções especificamente dirigidas às sociedades anónimas: soluções incluídas, aliás, na parte I do Código[1486].

214. A sociedade não-registada

I. Pode ocorrer que uma sociedade anónima, já formalizada por escrito, mas ainda não registada, venha a concluir algum negócio[1487]. Nessa eventualidade, respondem (artigo 40.°/1) ilimitada e solidariamente todas as pessoas que intervierem no negócio em representação dela e, ainda, os sócios que autorizarem tais negócios[1488]. Não se aplica, mercê da falta do

---

[1485] *Manual*, 473 ss., 490 ss. e 515 ss. e *supra*, 157 ss. e 263 ss.. Sobre a matéria, cumpre ainda referir MANUEL ANTÓNIO PITA, *O regime da sociedade irregular e a integridade do capital social* (2004), 634 pp. (especialmente, 267 ss.).

[1486] HÜFFER, *Aktiengesetz* cit., 7ª ed., § 41, Nr. 2 ss. (203 ss.), quanto à "pré-sociedade". No tocante a "pré-sociedades não-autênticas" – portanto: aquelas cuja natureza "prévia" não tenha apenas a ver com a falta de formalização ou de registo: MAXIMILIAN MURAWO, *Die unrechte Vorgesellschaft im GmbH- und Aktienrecht* (2006), 38 ss..

[1487] MICHAEL HOFFMANN-BECKING, no *Münchener Handbuch des Gesellschaftsrechts*, 4 – *Aktiengesellschaft*, 2ª ed. (1999), § 3, Nr. 27 ss. (19 ss.). Recorde-se que o Direito alemão influenciou a 2ª Directriz das sociedades, a qual foi transposta, por seu turno, para o Código das Sociedades Comerciais de 1986.

[1488] Este preceito equivale, aqui, ao § 41/I do AktG alemão.

registo, o privilégio da limitação de responsabilidade. Realizada a competente interpretação sistemática, a situação não é, contudo, assim tão grave. Com efeito, a responsabilização pessoal dos representantes só pode operar a título subsidiário. E isso por duas razões:

– a assim não ser, a sua situação ficaria pior do que na "sociedade anónima" que ainda nem tivesse sido objecto de contrato definitivo; nessa eventualidade e visto o artigo 36.°/2, aplicar-se-ia o regime das sociedades civis puras, o qual prevê que os sócios demandados por dívidas da sociedade possam requerer a excussão prévia do património social (997.°/2, do Código Civil);
– o próprio artigo 40.°/2, *in fine*, pressupõe um fundo social comum; obviamente: para pagar as dívidas da sociedade em formação.

II. Quanto aos sócios da anónima ainda não registada, em cujo nome sejam celebrados negócios: manda o artigo 40.°/2, *in fine*, que eles respondam até às importâncias das entradas a que se obrigaram, acrescidas das importâncias que tenham recebido a título de lucros ou de distribuição de reservas.

No fundo: o património social responde pelas dívidas.

215. A sociedade inválida

I. Pode suceder que, depois da inscrição de uma sociedade anónima, se venham a constatar factos que impliquem a sua anulação ou a sua declaração de nulidade. Quando isso suceda, fica em causa a confiança de terceiros e a própria credibilidade que, no espaço económico, devem assumir as formas societárias. O legislador europeu interveio: o artigo 11.° da 1ª Directriz das sociedades restringe as situações nas quais a invalidação pode ser proferida[1489].

O dispositivo comunitário foi transposto para o artigo 42.°/1. Como temos repetido, esse preceito só refere a nulidade; todavia e por maioria de razão, há que alargá-lo à anulação. Ele elenca os casos em que a invalidação é possível[1490], providenciando o artigo 44.° quanto à acção de declaração de nulidade[1491].

[1489] *Direito europeu das sociedades*, 127 ss. (123).
[1490] *Supra*, 265, quanto às sociedades por quotas.

II. A preocupação de ressalvar o valor económico-social traduzido pela sociedade leva o artigo 42.°/2 a permitir a sanação dos vícios decorrentes da falta ou nulidade da firma, da sede, do valor da entrada de algum sócio e das prestações realizadas por conta desta. Para tanto, exige-se uma deliberação dos sócios, tomada nos termos estabelecidos para as deliberações sobre alteração do contrato.

III. Tal como nas sociedades por quotas: também aqui os vícios da vontade (erro, dolo, coacção e usura) podem ser invocados como justa causa de exoneração pelo sócio atingido ou prejudicado. Exige-se ainda, para tanto, que se verifiquem as circunstâncias, incluindo as de tempo, que permitiriam a anulação civil (45.°/1). Temos, aqui, um caso de "exoneração" de sócio de sociedade anónima: um tema discutível.

O contrato é, ainda, anulável em relação ao incapaz que o tenha celebrado (45.°/2). Aplicar-se-ão, necessariamente, as restrições civis quanto à invocação desse tipo de anulabilidade (126.° do Código Civil, por exemplo).

IV. Resta chamar de novo a atenção para a forma deficiente por que foi transposta a 1ª Directriz. O artigo 42.° limita a protecção dos terceiros e da comunidade aos casos em que já tenha havido registo definitivo. A 1ª Directriz não põe tal exigência, indo mais longe na tutela.

Os prejudicados pela hipotética invalidação de uma sociedade anónima fora do previsto na Directriz em causa por ela não se mostrar registada, podem demandar o Estado pelos danos[1492].

[1491] Dispõe, sobre o tema, o § 275 do AktG alemão. Cf. HÜFFER, *Aktiengesetz* cit., 7ª ed., 1380 ss., com indicações.

[1492] *Manual*, 516-517.

§ 58.° O CAPITAL E AS ENTRADAS

216. O capital; valor nominal e acções

I. As sociedades anónimas devem, como sucede na generalidade dos casos – 9.°/1, *f*) – ter um capital social[1493]. Este corresponde à soma das participações sociais: *in casu*, acções. O capital social deve ter um valor nominal, isto é: um valor expresso numa cifra monetária. O Direito português vigente não admite anónimas de capital nominal.

O artigo 276.°/3 fixa o capital nominal mínimo em 50.000 euros.

Tem interesse considerar a evolução do capital mínimo das sociedades anónimas, no Direito português.

A Lei de 22-Jun.-1867 obrigava os estatutos a indicar o capital social (5.°/6.°): não fixava, porém, qualquer capital mínimo. Idêntica posição foi tomada pelo Código Comercial de 1888. O contraste com a Lei de 11-Abr.-1901 que, para as sociedades por quotas, exigia um capital social elevado[1494] levou a doutrina a pensar se, para as anónimas, não deveria ser exigida, pelo menos, essa mesma importância[1495]. Não havia, porém, qualquer base legal e isso mau grado, nos restantes países, as leis fixarem, em regra, capitais mínimos também para as sociedades anónimas.

O capital mínimo para as sociedades anónimas foi introduzido pelo Código das Sociedades Comerciais, em 1986: 5.000 contos (276.°/3)[1496].

O Decreto-Lei n.° 343/98, de 6 de Novembro, que faz a transposição para o euro, aproveitou para actualizar a cifra, já muito depauperada pela depreciação da moeda: fixou-a em 50.000 euros (3.°)[1497].

1493 *Manual*, 605 ss..

1494 *Supra*, 267.

1495 Pinto Furtado, *Código Comercial Anotado* cit., II/1, 176, nota.

1496 DR I Série, n.° 201, de 2-Set.-1986, 2342/II. Cinco mil contos equivalem a pouco menos de 25.000 euros.

1497 DR I Série-A, n.° 257, de 6 de Nov.-1998, 5941/II.

Quanto a outros países europeus: temos 120.000 euros em Itália[1498], onde se pretende lutar contra a falta de seriedade de algumas iniciativas; 50.000 euros na Alemanha[1499]; 225.000 euros em França, quando haja apelo a subscrição pública e 37.500 euros, quando não seja esse o caso.

A cifra tem o seu quê de demagógico: não vemos como lançar, com seriedade e hoje em dia, uma sociedade anónima, na base de 50.000 euros. Tal esquema presta-se, antes a, de imediato, se angariarem outras formas de financiamento.

II. Para além do capital social, também as acções devem ser expressas num valor nominal (276.°/1) o qual deve ter o valor mínimo de um centavo[1500] (276.°/2)[1501].

O Direito português não admite, assim, as "acções parcelares" (*Stückaktien*) ou acções sem valor nominal, expressas apenas pelo número de acções correspondentes ao capital social da sociedade em causa.

As "acções parcelares" são discutidas desde os anos vinte do século XX[1502], tendo sido agitados diversos argumentos, contra e a favor[1503]. Contra foi dito, designadamente, que elas prejudicariam a confiança do credor; a favor: que elas permitiriam a apreensão mais imediata do seu peso relativo na sociedade.

A ideia foi acolhida no § 8 do AktG alemã, precisamente aquando da transposição para o *euro*[1504].

1498 Artigo 2327.°, do Código Civil; cf. RESCIGNO, *Codice civile*, 6ª ed. cit., 3083 e TRIOLA, *Codice civile annotato* cit., 3ª ed., 2142/II; antes de 2004, bastavam 100.000 euros; cf. BRACCIODIETA, *La nuova società per azioni* cit., 40.

1499 *AktG*, § 7; cf. HÜFFER, *Aktiengesetz* cit., 7ª ed., 36.

1500 A lei diz "cêntimo". Centavo é preferível; cf. o nosso *Vernáculo jurídico: directrizes ou directivas*, ROA 2004, 609-614.

1501 Redacção dada pelo artigo 3.° do Decreto-Lei n.° 343/98, de 6 de Novembro; anteriormente, o valor nominal não podia ser inferior a 1.000$00. Na Alemanha, o valor nominal mínimo das acções é de um euro. Cf. JOCHEN VETTER, *Verpflichtung zur Schaffung von 1 Euro-Aktien?*, AG 2000, 193-208.

1502 Cf. KARSTEN HEIDER, *Einführung der nennwertlosen Aktie in Deutschland anlässlich der Umstellung des Gesellschaftsrechts auf den Euro*, AG 1998, 1-10 (1/II) e BARBARA TREEGER-HUBER, *Rechtliche Probleme der Stückaktien* (2004), 17 ss..

1503 KARSTEN HEIDER, *Einführung der nennwertlosen Aktie* cit., 3-4.

1504 HÜFFER, *Aktiengesetz* cit., 7ª ed., § 8, Nr. 20 ss. (45 ss.) e GEORG WIESNER, no *Münchener Handbuch* cit., 4, 2ª ed., § 11, Nr. 8-9 (71). BARBARA TREEGER-HUBER, *Rechtliche Probleme* cit., 17, chama a atenção para a surpreendente facilidade com que as acções parcelares foram introduzidas, sem discussão e a propósito do euro.

III. O artigo 276.°/4 fixa o princípio da indivisibilidade das acções[1505]. Este princípio analisa-se em várias vertentes. Assim[1506]:

- não é possível construir uma acção em várias "subacções"; há uma incindibilidade quantitativa;
- tão-pouco é viável uma separação das várias faculdades inerentes à detenção de uma acção: por exemplo, o direito de voto e o de impugnação[1507].

Nem pelos estatutos (ou pela sua alteração), nem por deliberação social nem, por maioria de razão, por acordo entre os interessados, é possível proceder à divisão, quantitativa ou qualitativa, do seu conteúdo[1508].

217. As entradas

I. A matéria das entradas, nas sociedades anónimas, consta do artigo 277.°.

Este preceito vai na quarta redacção. Originalmente, tinha apenas três números: o n.° 2 proibia o diferimento de mais de metade do ágio e o n.° 3 obrigava ao depósito prévio e regulava as condições do seu levantamento[1509]. O Decreto-Lei n.° 280/87, de 8 de Julho, substituiu "ágio" por "prémio de emissão, quando previsto" e proibiu quaisquer diferimentos, a seu propósito; além disso, desdobrou o n.° 3, introduzindo um n.° 4, com quatro alíneas[1510]. O Decreto-Lei n.° 237/2001, de 30 de Agosto, introduziu um novo n.° 4: permitindo que o depósito obrigatório possa ser comprovado por declaração dos sócios, de sua responsabilidade[1511]. Finalmente, o Decreto-Lei

1505 MARGARIDA COSTA ANDRADE, *A incindibilidade da participação social nas sociedades anónimas*, em *Estudos em Comemoração do Décimo Aniversário da Licenciatura em Direito da Universidade do Minho* (2004), 495-528 (498 ss.). A Autora defende que princípio deveria ser revisto, permitindo mais flexibilidade aos sócios e à própria sociedade (*maxime*, 528).

1506 HÜFFER, *Aktiengesetz* cit., 7ª ed., § 9, VI, Nr. 30 (47-48).

1507 BGH 17-Nov.-1986, NJW 1987, 780-781 (781/I).

1508 WIESNER, no *Münchener Handbuch* cit., 4, 2ª ed., § 12, Nr. 18 (78).

1509 DR I Série, n.° 201, de 2-Set.-1986, 2342-2343.

1510 DR I Série, n.° 154, de 8-Jul.-1987, 2662/I.

1511 DR I Série-A, n.° 201, de 30-Ago.-2001, 5560/I.

n.° 76-A/2006, de 29 de Março, reformulou o preceito, de modo a retirar, dele, quaisquer referências à escritura pública[1512].

II. O preceito (n.° 1) começa por proibir as contribuições em indústria. Trata-se de um preceito paralelo ao artigo 202.°/1, relativo a sociedades por quotas, e oposto ao artigo 178.°, quanto às sociedades em nome colectivo. Em compensação, são permitidas entradas em espécie, com as especiais cautelas do artigo 28.°[1513]: este preceito foi, de resto, nuclearmente pensado para as sociedades anónimas.

218. O ágio (prémio de emissão)

I. A acção tem um determinado valor nominal. A entrada pode ser equivalente a esse valor: teremos uma emissão ao par. Ela não pode ser inferior ao valor nominal (abaixo do par), por via da regra geral do artigo 25.°. Pode, porém, ser superior (acima do par). Nessa altura, a diferença diz-se "ágio" ou "prémio de emissão". Quer isso dizer que o subscritor de tais acções se obriga a pagar (a entrar) por elas uma quantia mais elevada do que o montante do seu valor nominal.

II. O prémio de emissão pode ter várias justificações. Todas elas assentarão na ideia de que o valor real da sociedade é superior à cifra expressa pelo seu capital nominal, de tal modo que o valor real das suas acções seja, igualmente, superior ao valor nominal respectivo.

Tal poderá suceder, designadamente:

– pelo valor acrescentado que representa a própria ideia organizatória subjacente à sociedade;
– pelo *plus* representado pela organização da sociedade;
– pela mais-valia traduzida pelo património da sociedade.

O prémio de emissão fica sujeito ao regime da reserva legal – 295.°/3, *a*): *in totum*, incluindo o seu limite.

[1512] DR I Série-A, n.° 63 (Supl.), de 29-Mar.-2006, 2328(114)-2328(115).

[1513] *Manual*, 527-528.

III. O contrato de sociedade pode diferir, pelo máximo de cinco anos (285.°/1), até 70% das entradas em dinheiro. Já o pagamento do prémio de emissão, quando previsto, não é susceptível de qualquer diferimento: de outro modo, enfraquecer-se-iam os capitais próprios da sociedade, aumentando a potencial litigiosidade.

CAPÍTULO III

OS ACCIONISTAS

§ 59.° QUALIDADE DE SÓCIO; LEALDADE E IGUAL TRATAMENTO

219. Generalidades; a qualidade de sócio

I. O sócio de uma sociedade anónima diz-se accionista: ele é titular de acções que dão corpo às inerentes participações sociais. Trata-se de um *status* complexo mas que, em geral, apresenta uma tipificação legal dos seus contornos mais desenvolvida do que ocorre nas outras sociedades. Compreende-se: nas sociedades anónimas mais características lidamos com a lógica dos grandes números: ela obriga a uma clara predefinição das posições em presença.

II. Segundo o artigo 274.°:

> A qualidade de sócio surge com a celebração do contrato de sociedade ou com o aumento do capital, não dependendo da emissão e entrega do título da acção ou, tratando-se de acções escriturais, da inscrição, na conta de registo individualizado.

Este preceito reporta-se à "qualidade originária" de sócio. O interessado que adquira acções (em bolsa ou fora dela) torna-se sócio e isso independentemente da celebração do contrato ou de qualquer ocorrência do aumento de capital. O preceito transcrito vale, pois, pela negativa: dispensa as tais emissão e entrega do título da acção.

III. No Direito das sociedades anónimas, os regimes aplicáveis são, muitas vezes, reportados a acções e não a sócios. A especial natureza destas sociedades conduz a essa objectivação. Devemos, porém, estar conscientes de que, em última análise, lidamos sempre com pessoas.

Quanto ao *status* do sócio da sociedade anónima, de acordo com a enumeração legal, cumpre analisar as seguintes obrigações e direitos:

– obrigação de entrada (285.° e 286.°);
– obrigação de prestação acessória (287.°);
– direito à informação (288.° a 293.°);
– direito aos lucros (294.° a 297.°).

Apesar do desenvolvimento específico que, por vezes, esta matéria alcança, devemos ter presente que ela se articula com as regras gerais inseridas na Parte I do Código das Sociedades Comerciais[1514].

IV. As posições enumeradas na lei são acompanhadas por elementos de ordem geral directamente filiados na harmonia substancial do sistema: o dever de lealdade e o direito ao igual tratamento.

Vamos referi-los preliminarmente.

220. Sociedades *intuitu personae*; participações económicas e financeiras

I. As sociedades anónimas, pela sua origem, pela sua evolução e pelo desenho legal do seu tipo, são marcadas pela impessoalidade. As relações que se estabeleçam entre os sócios assentam na coesão económica da junção de capitais com escopos lucrativos. Num confronto com os diversos tipos societários, as sociedades anónimas ocuparão o extremo da objectivação, facilmente denotável na livre circulação das suas participações: as acções.

Todavia, há que introduzir uma distinção entre as sociedades abertas ou com o capital aberto ao investimento público (13.° do CVM) e as restantes, a que poderemos chamar fechadas. Nas sociedades abertas, a livre circulação das suas acções é uma evidência; impõe-se, na sua plenitude, a impessoalidade das anónimas. Nas fechadas, o público não tem acesso ao capital; a própria transmissão de acções pode, pelo pacto social,

1514 *Manual*, 559 ss..

ser subordinada ao prévio consentimento da sociedade – 328.°/2, *a*). Nessa eventualidade, os sócios poderão conhecer-se todos uns aos outros e seleccionar-se, mutuamente, pelas suas qualidades pessoais. Poderá, em suma, haver uma sociedade anónima *intuitu personae*.

II. O tipo "sociedade anónima" não está adaptado a realidades *intuitu personae*. É certo que a lei permite fazer depender a transmissão de acções do consentimento da sociedade. Mas pouco mais. A partir daí, a utilização de sociedades anónimas como sociedades de pessoas vai implicar o recurso a acordos parassociais e a negócios fiduciários: uns e outros não oponíveis a terceiros. De todo o modo, é possível montar esquemas desse tipo. Parece-nos, todavia, que com limites: por exemplo, no tocante à exclusão dos sócios, torna-se inviável generalizar, sem mais, esquemas pensados para sociedades de pessoas, às anónimas[1515].

Todavia, a natureza *intuitu personae* de certas sociedades anónimas, a retirar, pela interpretação objectiva, dos seus estatutos, pode ter diversas influências na aplicação dos institutos societários.

III. Para além da natureza mais marcadamente pessoal que possam assumir certas anónimas, temos uma relevante contraposição entre participações económicas e participações financeiras.

Nas participações económicas, o seu detentor tem efectivos escopos empresariais. Ele embrenha-se na actividade económica desenvolvida pela sociedade em causa. Tendencialmente, ele irá intervir ou participar na sua administração, recebendo os seus benefícios através dos dividendos.

Nas participações financeiras, o detentor move-se, simplesmente, no mercado de capitais. A actividade económica da sociedade é-lhe, concretamente, indiferente: apenas se interessará pela perspectiva dos lucros. O seu papel interno focar-se-á, provavelmente, no plano da fiscalização. Quanto aos lucros esperados: eles advirão, sobretudo, através das mais-valias correspondentes à subida de cotações.

A natureza económica ou financeira das participações reflecte-se na interpretação dos contratos a elas relativas. No tocante à própria sociedade, não é possível introduzir matizes nessa base. Acentue-se, aliás, que existem participações ambivalentes e numerosas graduações intermédias.

1515 *Infra*, 712.

221. Dever de lealdade

I. O dever de lealdade, em sentido amplo, manda, em geral[1516]:

– que se mantenha uma postura coerente, evitando condutas sinuosas, que prejudiquem a outra parte;
– que se atente na materialidade das condutas, prevenindo actuações que, embora formalmente correctas, o não sejam, em última instância;
– que não se levem a cabo actuações laterais que prejudiquem o núcleo da situação (v.g.: concorrência);
– que se mantenha a outra parte informada de tudo quanto possa relevar para a situação nuclear.

Em sentido estrito, a lealdade reporta-se apenas a condutas: a informação constituiria, a seu lado, um dever autónomo.

II. A lealdade tem um papel especial a nível da administração[1517]. Todavia, interessa-nos agora a sua eventual aplicação no campo dos accionistas.

Na origem temos o clássico de FECHNER: os vínculos de lealdade do accionista[1518]. A lealdade nasceria directamente do povo, sendo, então, objecto da Moral e da Filosofia e, ainda, da clarificação jurídica[1519]. A lealdade está enraizada na consciência de cada um, dirigindo-se ao outro[1520]. Sem ela, aliás, a vida em comunidade nem seria possível: ela dá firmeza às relações jurídicas[1521]. Estas considerações teriam aplicação no Direito das sociedades anónimas, tendo para mais em conta o pensamento comunitário[1522].

1516 O desfibrar da lealdade foi tarefa dos estudiosos da boa fé. *Vide Da boa fé*, 551 ss., 606 ss. e 648 ss..

1517 Veja-se a redacção introduzida no artigo 64.° pelo Decreto-Lei n.° 76-A/2006, de 29 de Março.

1518 ERICH FECHNER, *Die Treubindungen des Aktionärs/Zugleich eine Untersuchung über das Verhältnis von Sittlichkeit, Recht und Treue* (1942).

1519 *Idem*, 12.

1520 *Idem*, 21 e 22.

1521 *Idem*, 24 a 28.

1522 *Idem*, 34 ss.: a segunda parte da obra de FECHNER.

O tema foi, depois, muito glosado, tendo originado vasta literatura, que se expandiu nos finais do século XX[1523]. Tenha-se todavia presente que, sob a lealdade, são versadas, também, questões gerais que, na nossa tradição, surgem a propósito dos votos abusivos – 58.°/1, *b*).

Ora justamente: já se entendeu que, da mera relação de participação numa sociedade anónima, não seria possível derivar deveres de lealdade: faltariam, aí, as relações pessoais exigíveis para o efeito[1524], ao contrário do que ocorreria nas sociedades em nome colectivo[1525].

III. A lealdade voltaria, porém, a penetrar na dogmática das sociedades anónimas através da boa fé e dos votos abusivos[1526]. Foi usada, num primeiro momento, para controlar os excessos da maioria e para tutelar as minorias[1527], havendo jurisprudência nesse sentido[1528]. Verificou-se, porém, que também as minorias poderiam proceder de modo desleal, bloqueando, por exemplo, medidas de saneamento necessárias, para procurar obter van-

---

[1523] Marcus Lutter, *Zur Treupflicht des Grossaktionärs*, JZ 1976, 225-233 e *Treupflichten und ihre Anwendungsprobleme*, ZHR 162 (1998), 164-185 (168 ss., com casos típicos e os limites), Meinrad Dreher, *Treupflichten zwischen Aktionärs und Verhaltenspflichten bei Stimmrechtsbündelung*, ZHR 157 (1993), 150-171, Joaquim Hennrichs, *Treupflichten im Aktienrecht/zugleich Überlegungen zur Konkretisierung der Generalklausel des § 1242 BGB sowie zur Eigenhaftung des Stimmrechtsvertreters*, AcP 195 (1995), 221-273 (271 ss., as teses), Hartwig Henze, *Die Treupflicht im Aktienrecht*, BB 1996, 489-499 e *Treupflichten der Gesellschafter im Kapitalgesellschaftrecht*, ZHR 162 (1998), 186-196, Thomas Jilg, *Die Treupflichten des Aktionärs* (1996), Michael Kort, *Zur Treupflicht des Aktionärs*, ZIP 1990, 294-297 e Wolfgang Zöllner, *Treupflichtgesteuertes Aktienkonzernrecht*, ZHR 162 (1998), 235-248.

[1524] Alfred Hueck, *Der Treugedanke im modernen Privatrecht* (1947), 14.

[1525] Alfred Hueck, *Der Treugedanke im Recht der offenen Handelsgesellschaft*, FS Hübner (1935), 72-91 (80), acentuando, todavia, estar em causa, antes de mais, a lealdade ao contrato.

[1526] Sendo de referir, como veículo, também o princípio do igual tratamento; cf. Hüffer, *Aktiengesetz* cit., 7ª ed., § 53a, Nr. 13 ss. (264 ss.).

[1527] Herbert Wiedemann, *Minderheitenschutz und Aktienhandel* (1968), 73 ss., com elementos comparatísticos norte-americanos e *Gesellschaftsrecht/Ein Lehrbuch des Unternehmens- und Verbandsrechts* 1 – *Grundlagen* (1980), § 8 (412 ss. e *passim*) e Frank Roitzsch, *Der Minderheitenschutz im Verbandsrecht* (1981), 36 ss..

[1528] BGH 1-Fev.-1988, BGHZ 103 (1988), 184-193 (o caso Linotype); cf. outros elementos no nosso *O levantamento da personalidade colectiva* (2004), 131 ss. (134 ss.). Nas origens deste entendimento: BGH 9-Jun.-1954, NJW 1954, 1401-1402, num caso relativo, aliás, a uma GmbH.

tagens laterais[1529]. A doutrina generalizou o dever de lealdade também às minorias[1530].

Na doutrina alemã, toda esta matéria vem sendo cinzelada, com particular atenção aos valores comunicados através da boa fé, falando-se hoje em Direito consuetudinário[1531].

IV. Passemos ao Direito português[1532]. Neste momento, a instabilidade legislativa e a relativa fraqueza do tecido empresarial, a nível das grandes anónimas, aconselharia mais à sedimentação dogmática das regras legais existentes – bastante mais densas do que as alemãs, sobretudo se tivermos em conta o CVM – do que à introdução de novos conceitos indeterminados.

Para reduzir os casos de manifesta contrariedade à harmonia do sistema, dispomos da boa fé e do abuso do direito. Além disso, há sempre a disponibilidade do artigo 58.°/1, *b*), que boa conta tem dado de si[1533]. Todavia, alguns parâmetros úteis podem ser adiantados[1534]:

– a lealdade é aferida em concreto; nesse plano, o tipo societário em jogo poderá nem ser relevante: antes o tipo de relações que se hajam estabelecido entre os intervenientes;
– tendencialmente, os vínculos de lealdade variam na razão inversa da dimensão da sociedade: uma grande anónima aberta é mais lassa do que a sociedade formada entre pessoas que há muito se conheçam;
– na sua aplicação, a lealdade, enquanto manifestação da boa fé, opera na base da tutela da confiança e da primazia da materialidade subjacente.

V. As manifestações de deslealdade terão a ver:
– com falta de informações;
– com actuações concorrenciais;

1529 Assim sucedeu no caso Girmes, através de um jogo de representações de minoritários: BGH 20-Mar.-1995, NJW 1995, 1739-1749 (1741/II ss., uma decisão muito documentada), anot. HOLGER ALTMEPPEN, *idem*, 1749-1750.

1530 MARCUS LUTTER, *Das Girmes-Urteil*, JZ 1995, 1053-1056 (1054 ss.).

1531 WIESNER, *Münchener Handbuch* cit., 3, 2ª ed., § 17, III, Nr. 14 (150).

1532 *Vide* os nossos *A lealdade no Direito das Sociedades*, ROA 2006, 1033-1065 e *Manual*, 405 ss..

1533 *Manual*, 739 ss..

1534 Em especial, KARSTEN SCHMIDT, *Gesellschaftsrecht* cit., 4ª ed., 587 ss., com indicações.

– com quebras de sigilo;
– com actuações contraditórias.

A tutela da confiança exigirá um relacionamento-fonte. Na falta dele, não conseguimos construir vínculos que justifiquem deveres *praeter legem*. Por exemplo: ao investidor que compre acções em bolsa, não vemos que mais exigir, no plano da confiança, do que o cumprimento da lei. A primazia da materialidade subjacente pode ir mais longe: ela deverá ser respeitada por quem aflua a uma sociedade anónima.

222. **O tratamento igualitário**

I. O princípio do tratamento igualitário é, à partida, uma regra importante a observar pelo Estado e que encontramos no artigo 13.° da Constituição[1535]. Ele corresponde, todavia, a uma exigência imediata da concretização da Justiça: surge, nessa dimensão, também no Direito privado[1536]. Aí, ele pode exprimir-se num primeiro plano, que é o do igual tratamento perante a lei. Nesse domínio, exigir-se-á, simplesmente, que a lei se aplique a todos, logo que verificadas as respectivas previsões.

Num segundo plano, a igualdade exigiria que a todos os accionistas, na proporção do capital detido, fossem reconhecidos idênticos direitos e deveres. Aqui surgem muitas dúvidas: as sociedades são dominadas pela autonomia privada; além disso, ninguém é obrigado a ser sócio contra vontade. Não poderão os interessados, dentro dos limites legais, criar situações diferenciadas? A própria lei dá resposta positiva quando, no artigo 24.°, admite direitos especiais. Estes, nas sociedades anónimas, correspondem a categorias especiais de acções (24.°/5).

II. Para além dos aspectos apontados, ainda haverá margem para um princípio do igual tratamento nas sociedades anónimas?

O artigo 42.° da 2ª Directriz do Direito das sociedades[1537], primordialmente aplicável às anónimas, veio dispor:

1535 Jorge Miranda/Rui Medeiros, *Constituição Portuguesa Anotada*, (2005), 115 ss..

1536 Recordamos o clássico: Götz Hueck, *Der Grundsatz der gleichmässigen Behandlung im Privatrecht* (1958), 3-4, 7 ss., 23 ss. e *passim*.

1537 Directriz n.° 77/91/CEE, de 13-Dez.-1976, relativa às garantias do capital social; cf. *Direito europeu das sociedades*, 181-203 (203).

> Para a aplicação da presente directiva, as legislações dos Estados-Membros garantirão um tratamento igual aos accionistas que se encontrem em condições idênticas.

O legislador alemão, apesar de a transcrita norma se dirigir, manifestamente, aos Estados, procedeu à sua "transposição" para o AktG[1538], assim surgindo o seu § 53a:

> Sob pressupostos idênticos, os accionistas devem ser tratados da mesma forma.

Todavia, posto nestes termos, há muito o igual tratamento era acolhido no Direito das sociedades anónimas[1539]. Não houve grande novidade. Curiosamente, a sua nova consagração tem sido utilizada para basear os deveres de lealdade[1540].

III. No Direito português, o princípio do igual tratamento surge expressamente a propósito das acções próprias. Segundo o artigo 321.°,

> As aquisições e as alienações das acções próprias devem respeitar o princípio do igual tratamento dos accionistas, salvo se a tanto obstar a própria natureza do caso.

Esse princípio surge referido noutros preceitos, como os artigos 344.°/2 e 346.°/3[1541]. Na base deles, já se tem ensaiado um princípio geral[1542]. O efeito prático seria a invalidação das deliberações que atentassem contra ele. Mas isso levar-nos-ia, com probabilidade, às deliberações abusivas.

IV. O igual tratamento está subjacente a diversos institutos e regras. Assim[1543]:

1538 Lei de 13-Dez.-1978.

1539 Karsten Schmidt, *Gesellschaftsrecht* cit., 4ª ed., 462 e Wiesner, no *Münchener Handbuch* cit., 3, 2ª ed., § 17, II (149-150).

1540 Hüffer, *Aktiengesetz* cit., 7ª ed., § 53a, Nr. 13 ss. (264 ss.).

1541 Surgia, ainda, no revogado artigo 306.°/1 e ocorre em diversos preceitos mobiliários: artigo 15.°, quanto a sociedades abertas, artigo 112.°, quanto a ofertas públicas e artigo 197.°, todos do CVM, quanto a processos de aquisição tendente ao domínio total.

1542 João Labareda, *Das acções das sociedades anónimas* (1988), 215 ss..

1543 Karsten Schmidt, *Gesellschaftsrecht* cit., 4ª ed., 465.

– pela positiva: dá lugar a institutos como o direito de preferência dos accionistas na subscrição de novas acções (458.°): visa-se evitar que algum deles deva ver diminuído o seu peso relativo na sociedade;
– pela negativa: veda a atribuição de direitos especiais ou a constituição de deveres selectivos.

Trabalhamos, todavia, com posições patrimoniais privadas. Logo: disponíveis. Anote-se, por fim, que o igual tratamento é, pelo legislador, considerado compatível com medidas especiais de tutela das minorias.

§ 60.° AS ENTRADAS E OUTRAS FORMAS DE CAPITALIZAÇÃO

223. A subscrição e a realização de acções

I. Na linguagem habitual do Direito das sociedades anónimas, a subscrição de acções pode corresponder:

– ao acto jurídico pelo qual a pessoa manifesta a intenção definitiva de aceitar a titularidade das acções em jogo; neste plano, a subscrição não acarreta, em si, a qualidade de sócio: esta apenas ocorre com a outorga do contrato de sociedade ou com a formalização do aumento de capital (274.°);
– ao acto jurídico pelo qual o interessado se torna titular da posição jurídica correspondente à acção em jogo, assumindo os direitos e os deveres inerentes.

A constituição da sociedade depende de todas as suas acções se encontrarem subscritas[1544].

II. Importa manter a subscrição distinta de outras realidades que lhe podem estar próximas. Assim:

– da aquisição de acções: na subscrição, há uma "aquisição originária", enquanto a aquisição de acções é puramente derivada: ela incide sobre acções que já se encontravam subscritas;
– da realização de acções: a subscrição envolve os deveres de sócio e, designadamente o de concretizar as entradas; esta concretização é a realização;
– da liberação de acções: a liberação é a realização integral do capital correspondente às entradas respectivas.

[1544] João Labareda, *Das acções* cit., 16.

III. O tema da subscrição fica ainda mais claro se anteciparmos as suas modalidades[1545]. Temos, em obediência a vários critérios:

– a subscrição inicial;
– a subscrição de aumentos de capital,

consoante esteja em causa a constituição da própria sociedade ou, tão-só, a adesão a subsequentes aumentos de capital por emissão de novas acções. Depois:

– a subscrição pública;
– a subscrição particular,

conforme a subscrição equivalha à aceitação de uma proposta feita ao público – isto é: a pessoas indeterminadas – ou, pelo contrário, ela apenas vise determinadas pessoas. Segue-se, dentro da subscrição particular:

– a subscrição simples;
– a subscrição reservada a sócios;
– a subscrição reservada a certas categorias de interessados,

em função de ela ser dirigida a certa pessoa, apenas aos sócios ou a outras categorias: determinados tipos de sócios, obrigacionistas, detentores de acções privilegiadas ou outros.

224. O accionista em mora e a perda das acções

I. A realização equivale, como foi dito, ao cumprimento do dever de executar a entrada, entrada essa à qual o sócio ficou obrigado pela subscrição. A responsabilidade do sócio limita-se à realização das acções que tenha subscrito (271.°). Tal realização pode ser diferida, até ao máximo de 70%, pelo contrato de sociedade. Os artigos 285.° e 286.° regulam, com mais pormenor, essa matéria, prevendo ainda a hipótese de mora do sócio na realização das suas acções. Assim[1546]:

1545 Cf. o nosso *Das publicações obrigatórias nos boletins de cotações das bolsas de valores: aspectos do regime do aumento de capital das sociedades anónimas por subscrição de novas acções*, O Direito 120 (1988), 341-370 = *Banca, bolsa e crédito/Estudos de Direito comercial e de Direito da economia*, 1 (1990), 103-133 (104-105).

1546 João Labareda, *Das acções* cit., 19 ss..

– o contrato de sociedade não pode diferir as entradas em dinheiro por mais de 5 anos (285.°/1); recordemos que as entradas em espécie não são diferíveis;
– ainda que o contrato preveja prazos, o accionista só entra em mora depois de interpelado para o pagamento (285.°/2): trata-se de uma norma paralela à do artigo 203.°/3, para as sociedades por quotas;
– a interpelação pode ser feita por anúncio e fixará um prazo entre 30 e 60 dias para o pagamento; a partir daí, se este não se realizar, inicia-se a mora (285.°/3).

II. Iniciada a mora, prevê a lei ainda a fixação de um novo prazo, de natureza admonitória: trata-se de uma cautela justificada pelo regime expedito depois fixado (o da perda das acções) o qual se processa à margem de qualquer acção executiva. Mais concretamente:

– os administradores podem avisar, por carta registada, os accionistas em mora (285.°/4):
  – de que lhes é concedido novo prazo não inferior a 90 dias, para efectuarem o pagamento da importância em dívida, com os juros;
  – sob pena de perderem a favor da sociedade as acções em causa na mora;
  – e, ainda os pagamentos já efectuados quanto a elas,
– sendo o aviso repetido durante o segundo mês;
– verificada a perda das acções, deve a mesma ser comunicada aos interessados, por carta registada (285.°/5, 1ª parte);
– devendo ainda ser publicado um anúncio donde constem, sem referência aos titulares, os números das acções perdidas a favor da sociedade e a data da perda (285.°/5, 2ª parte);
– o ex-accionista mantém-se responsável pelas importâncias em dívida, como melhor e veremos.

III. Pode ainda acontecer que a acção não realizada seja transferida. Dispõe o artigo 286.°:

– todos os anteriores titulares são responsáveis entre si e com o accionista em mora, pelas importâncias em dívida e respectivos juros, à data da perda da acção a favor da sociedade (286.°/1);
– anunciada a perda, os antecessores são notificados, por carta registada, de que podem adquirir a acção mediante o pagamento das

quantias em dívida e dos juros, num prazo não inferior a três meses (286.°/2);

– sendo a notificação repetida no segundo mês (*idem*, *in fine*);

– apresentando-se mais de um antecessor, vale a ordem da sua proximidade relativamente ao último titular (286.°/3).

IV. Se, mau grado todo este caminho, a importância em dívida e os juros não forem pagos, temos o seguinte procedimento:

– a sociedade deve proceder, com a maior urgência, à venda das acções, por intermédio de corretor, em bolsa ou em hasta pública (286.°/4);

– não bastando o preço, ela deve exigir ao último titular e a cada um dos antecessores; excedendo o preço, o excesso pertence ao último titular (286.°/5).

A sociedade deve tomar cada uma das providências permitidas por lei ou pelo contrato simultaneamente para todas as acções do mesmo accionista em relação às quais a mora se verifique (286.°/6). Este preceito perdeu em parte o seu alcance, mercê da revogação, pelo Decreto-Lei n.° 280/87, de 8 de Julho, do artigo 285.°/6, segundo o qual:

> O contrato de sociedade pode estabelecer outras penalidades para o caso de mora do accionista.

225. Obrigações de prestações acessórias

I. O Código das Sociedades Comerciais prevê, no seu artigo 287.°, a obrigação de prestações acessórias. Repete à letra, salvo pequenos pormenores, o artigo 209.° relativo às sociedades por quotas. Fica pois claro que a inerente matéria se aplica às anónimas[1547], embora permaneça a questão: porque não foi tudo isso inserido na parte geral?

II. Recordamos que tais obrigações de prestações acessórias têm o seguinte perfil:

– constam do pacto social;

[1547] *Supra*, 285 ss.. No AktG alemão, cumpre referir os §§ 55 e 180 (Hüffer, *Aktiengesetz* cit., 6ª ed., 276 ss. e 868 ss.), embora com algumas regras diferenciadas.

– adstringem todos ou alguns sócios;
– consistem no dever de efectuar, à sociedade, prestações determinadas, para além das entradas.

O contrato de sociedade deve ainda definir os elementos essenciais da obrigação e especificar se as prestações devem ser efectuadas onerosa ou gratuitamente. Quanto ao resto, remete-se para o desenvolvimento operado a propósito das sociedades por quotas[1548].

226. **Prestações suplementares?**

I. A matéria das prestações suplementares foi fixada para as sociedades por quotas pelos artigos 210.° a 213.°[1549]. Recordamos que elas se distinguem das prestações acessórias em dois pontos:

– devem ter sempre conteúdo pecuniário (210.°/2);
– têm uma dupla fonte: são permitidas pelo pacto social e deliberadas pelos sócios (210.°/1).

II. O Código nada diz quanto às sociedades anónimas. A doutrina alemã admite os deveres acessórios, quanto às anónimas, para as quais há base legal, como vimos: mas não admite o equivalente às nossas prestações suplementares[1550].

No nosso Direito, as prestações suplementares também não devem ser admitidas quanto às sociedades anónimas[1551]. Pelo seguinte: de acordo com o tipo societário "sociedade anónima", o sócio pode apenas responder pelas acções que subscreva (271.°). Sem base legal, não é possível enquadrar novas responsabilidades. Além disso: a possibilidade de a maioria dos sócios vir exigir novo esforço financeiro aos accionistas iria desequilibrar o funcionamento da sociedade.

[1548] *Supra*, 286 ss..

[1549] *Supra*, 288 ss..

[1550] WIESNER, *Münchener Handbuch* cit., § 17, Nr. 8 (148).

[1551] RUI PINTO DUARTE, *Suprimentos, prestações acessórias e prestações suplementares* cit., *maxime* 277-278, não chega a tomar posição sobre este ponto preciso.

227. Suprimentos

I. Também o contrato de suprimento só obteve consagração legal expressa no tocante às sociedades por quotas (243.° a 245.°). Ao contrário das prestações acessórias e das suplementares, no suprimento há um contrato. Compete a cada sócio decidir se empresta, ou não, dinheiro ou outro bem móvel, à sociedade. Quanto ao perfil da figura e ao seu regime, remetemos para quanto se disse, no campo das sociedades por quotas[1552].

II. Pelas razões então apontadas[1553], a matéria dos suprimentos é aplicável, por analogia, às sociedades anónimas[1554]. Trata-se de um ponto que se tem vindo a tornar pacífico nas nossas doutrina e jurisprudência[1555].

1552 *Supra*, § 32.°.

1553 *Supra*, 298 ss..

1554 Além da literatura então referida: KARSTEN SCHMIDT, *Gesellschaftsrecht* cit., 4ª ed., 878-880, com indicações.

1555 *Supra*, 299; RUI PINTO DUARTE, *Suprimentos, prestações acessórias e prestações suplementares* cit., 266-269.

§ 61.° DIREITO À INFORMAÇÃO

228. Generalidades

I. O Código das Sociedades Comerciais regulou, com algum pormenor, o direito à informação dos accionistas. Trata-se de matéria genericamente prevista no artigo 21.°/1, *a*), e que surge, de modo repetido, em relação a diversos institutos societários[1556]. Iremos referir, agora, apenas os aspectos relativos às sociedades anónimas: artigos 288.° a 293.°[1557].

De notar que os artigos 288.°, 289.°, 291.° e 292.° foram alterados pelo Decreto-Lei n.° 76-A/2006, de 29 de Março[1558]. No fundamental, tratou-se de adaptar os preceitos ao novo figurino organizatório e à redenominação no tocante à possibilidade da remessa electrónica de informações e de divulgação em sítio da *Internet* – artigos 288.°/4 e 289.°/3, *b*), novas versões.

II. A titularidade do direito à informação é atribuída aos sócios, ainda que se requeira, em certos casos, um mínimo de capital social para o seu exercício. De facto, particularmente nas sociedades anónimas que podem compreender dezenas de milhares de sócios, é necessário compatibilizar o direito à informação com as hipóteses que a sociedade tenha, sem grandes perturbações, de a prestar[1559].

III. O artigo 293.° atribui ainda o direito à informação:

– ao representante comum dos obrigacionistas;
– ao usufrutuário de acções;
– ao credor pignoratício de acções,

1556 *Manual*, 595. Em geral, Armando Manuel Triunfante, *A tutela das minorias nas sociedades anónimas/Direitos individuais* (2004), 111 ss..

1557 *Vide* o nosso *SA: assembleia geral* cit., 213 ss..

1558 DR I Série n.° 63, de 29-Mar.-2006, 2328-(17)-2328-(18).

1559 Raúl Ventura, *Novos estudos* cit., 133.

nestes dois últimos casos quando, por lei ou convenção, lhes caiba exercer o direito de voto. A informação não serve, todavia e apenas, o direito de voto. Temos de ir mais longe: o direito de informação cabe sempre ao titular cujo direito esteja envolvido no ponto a esclarecer.

IV. Ao contrário do que sucede com as sociedades por quotas, através do artigo 214.°/2, o Código não explicita que, também nas anónimas, o direito à informação pode ser regulamentado no contrato de sociedade, contanto que não seja impedido ou limitado injustificadamente o seu direito. Supomos que não há nenhuma dificuldade em estender essa possibilidade às sociedades anónimas: o próprio artigo 21.°/1, *c*), ao referir genericamente os "termos do contrato" dá, para tanto, mais um apoio.

229. A informação indirecta

I. Para além da informação a prestar aos sócios (a informação directa), que agora nos irá ocupar, temos ainda a informação indirecta, isto é: a informação que a sociedade se encontra obrigada a prestar genericamente ao público e que acaba por poder aproveitar, também, aos sócios[1560]. Ficam essencialmente em causa:

– o registo comercial;
– as publicações obrigatórias;
– as menções obrigatórias em actos externos.

Quanto ao registo comercial, cumpre atentar na enumeração de actos elencados no artigo 3.° do Código do Registo Comercial[1561]:

> 1. Estão sujeitos a registo os seguintes factos relativos às sociedades comerciais e sociedades civis sob forma comercial:
>
> *a*) A constituição;
> *b*) A deliberação da assembleia geral, nos casos em que a lei a exige, para aquisição de bens pela sociedade;

[1560] Carlos Pinheiro Torres, *O direito à informação nas sociedades comerciais* cit., 131 ss..

[1561] Na redacção dada pelo artigo 5.° do Decreto-Lei n.° 76-A/2006, de 29 de Março e pelo artigo 12.° do Decreto-Lei n.° 8/2007, de 17 de Janeiro.

c) A unificação, divisão e transmissão de quotas de sociedades por quotas, bem como de partes sociais de sócios comanditários de sociedades em comandita simples;

d) A promessa de alienação ou de oneração de partes de capital de sociedades em nome colectivo e de sociedades em comandita simples e de quotas de sociedades por quotas, bem como os pactos de preferência, se tiver sido convencionado atribuir-lhes eficácia real, e a obrigação de preferência a que, em disposição de última vontade, o testador tenha atribuído igual eficácia;

e) A transmissão de partes sociais de sociedades em nome colectivo, de partes sociais de sócios comanditados de sociedades em comandita simples, a constituição de direitos reais de gozo ou de garantia sobre elas e a sua transmissão, modificação e extinção, bem como a penhora dos direitos aos lucros e à quota de liquidação;

f) A constituição e a transmissão de usufruto, o penhor, arresto, arrolamento e penhora de quotas ou direitos sobre elas e ainda quaisquer outros actos ou providências que afectem a sua livre disposição;

g) A exoneração e exclusão de sócios de sociedades em nome colectivo e de sociedades em comandita, bem como a extinção de parte social por falecimento do sócio e a admissão de novos sócios de responsabilidade ilimitada;

h) (*Revogada.*)

i) A amortização de quotas e a exclusão e exoneração de sócios de sociedades por quotas;

j) A deliberação de amortização, conversão e remissão de acções;

l) A emissão de obrigações, quando realizada através de oferta particular, excepto se tiver ocorrido, dentro do prazo para requerer o registo, a admissão das mesmas à negociação em mercado regulamentado de valores mobiliários;

m) A designação e cessação de funções, por qualquer causa que não seja o decurso do tempo, dos membros dos órgãos de administração e de fiscalização das sociedades, bem como do secretário da sociedade;

n) A prestação de contas das sociedades anónimas, por quotas e em comandita por acções, bem como das sociedades em nome colectivo e em comandita simples quando houver lugar a depósito, e de contas consolidadas de sociedades obrigadas a prestá-las;

o) A mudança da sede da sociedade e a transferência de sede para o estrangeiro;

p) O projecto de fusão e de cisão de sociedades;

q) O projecto de constituição de uma sociedade anónima europeia por meio de fusão, o projecto de constituição de uma sociedade anónima europeia por meio de transformação de sociedade anónima de direito interno e o projecto de constituição de uma sociedade anónima europeia gestora de participações sociais, bem como a verificação das condições de que depende esta última constituição;

r) A prorrogação, fusão, cisão, transformação e dissolução das sociedades, bem como o aumento, redução ou reintegração do capital social e qualquer outra alteração ao contrato de sociedade;

s) A designação e cessação de funções, anterior ao encerramento da liquidação, dos liquidatários das sociedades, bem como os actos de modificação dos poderes legais ou contratuais dos liquidatários;

t) O encerramento da liquidação ou o regresso à actividade da sociedade;

u) A deliberação de manutenção do domínio total de uma sociedade por outra, em relação de grupo, bem como o termo dessa situação;

v) O contrato de subordinação, suas modificações e seu termo;

x) (Revogada.)

z) A emissão de *warrants* sobre valores mobiliários próprios, quando realizada através de oferta particular por entidade que não tenha valores mobiliários admitidos à negociação em mercado regulamentado nacional, excepto se tiver ocorrido, dentro do prazo para requerer o registo, a admissão dos mesmos à negociação em mercado regulamentado de valores mobiliários.

II. Quanto às publicações obrigatórias, temos a considerar, em primeira linha, o artigo 70.° do mesmo Código do Registo Comercial:

1. É obrigatória a publicação dos seguintes actos de registo:

a) Os previstos no artigo 3.°, quando respeitem a sociedades por quotas, anónimas ou em comandita por acções, desde que sujeitas a registo obrigatório, salvo os das alíneas *c*), *e*), *f*) e *i*) do n.° 1;

b) Os previstos nos artigos 4.°, 6.°, 7.° e 8.°;

c) (Revogada.)

d) Os previstos nas alíneas *c*), *d*) e *h*) do artigo 9.°;

e) Os previstos nas alíneas *c*) e *d*) do artigo 10.°;

f) O averbamento de cancelamento a que se refere o n.° 2 do artigo 27.°.

2. As publicações referidas no número anterior devem ser feitas em sítio na Internet de acesso público, regulado por portaria do Ministro da Justiça, no qual a informação objecto de publicidade possa ser acedida, designadamente por ordem cronológica.

3. Pelas publicações é devida uma taxa que constitui receita do serviço incumbido da manutenção do sítio referido no número anterior.

4. A constituição e o encerramento da liquidação de um agrupamento europeu de interesse económico, bem como os factos cujo registo determina a abertura ou o cancelamento da matrícula de uma sociedade anónima europeia, são publicados no Jornal Oficial da União Europeia após a publicação referida no n.° 2.

5. (*Revogado.*)

Note-se, ainda, o artigo 71.°, versão de 2006:

1. Efectuado o registo, a conservatória deve promover, imediatamente e a expensas do interessado, as respectivas publicações.

2. As publicações a que se refere o n.° 4 do artigo anterior são promovidas no prazo de cinco dias a contar do registo.

3. As publicações efectuam-se com base nos dados transmitidos por via electrónica entre a conservatória e a Direcção-Geral dos Registos e do Notariado e, apenas nos casos em que este meio não esteja disponível, com base em certidões passadas na conservatória ou com base em certidões passadas em cartório notarial ou tribunal judicial e juntas ao pedido de registo, as quais devem ser remetidas à Direcção-Geral dos Registos e do Notariado, no prazo previsto no n.° 1, por via postal ou ainda por telecópia ou por correio electrónico, nos termos do n.° 1 do artigo 2.° e do artigo 4.° do Decreto-Lei n.° 66/2005, de 15 de Março, aplicáveis com as necessárias adaptações.

4. As certidões emitidas pelas conservatórias para efeitos das publicações referidas no n.° 4 do artigo anterior devem conter as indicações cuja publicitação é exigida pela legislação comunitária aplicável.

5. As publicações devem ser anotadas na ficha de registo, sendo competentes para a sua assinatura o conservador e qualquer oficial dos registos.

III. As menções em actos externos surgem no artigo 171.°, na redacção dada pelo Decreto-Lei n.° 76.°-A/2006, de 29 de Março:

1. Sem prejuízo de outras menções exigidas por leis especiais, em todos os contratos, correspondência, publicações, anúncios, sítios na Internet e de um modo geral em toda a actividade externa, as sociedades devem indicar claramente, além da firma, o tipo, a sede, a conservatória do registo onde se encontrem matriculadas, o seu número de matrícula e de identificação de pessoa colectiva e, sendo caso disso, a menção de que a sociedade se encontra em liquidação.

2. As sociedades por quotas, anónimas e em comandita por acções devem ainda indicar o capital social, o montante do capital realizado, se for

diverso, e o montante do capital próprio segundo o último balanço aprovado, sempre que este for igual ou inferior a metade do capital social.

3. O disposto no n.° 1 é aplicável às sucursais de sociedades com sede no estrangeiro, devendo estas, para além dos elementos aí referidos, indicar ainda a conservatória do registo onde se encontram matriculadas e o respectivo número de matrícula nessa conservatória.

Temos, por fim, a considerar publicações obrigatórias no âmbito dos valores mobiliários. Atente-se no artigo 5.° do CVM.

IV. As informações indirectas têm determinados efeitos, a aferir caso a caso. De todo o modo, elas devem ser articuladas com as informações específicas (ou directas), a que os sócios têm direito.

230. O Direito mínimo à informação

I. O artigo 288.° confere um direito mínimo à informação ao accionista que possua acções correspondentes a, pelo menos, 1% do capital social. De acordo com RAÚL VENTURA, admitimos que accionistas que não alcancem essa percentagem possam agrupar-se para efeitos de alcançar a cifra indicada, podendo, em conjunto, exercer esse direito[1562].

Esse direito mínimo à informação permite ao interessado consultar os seguintes elementos:

a) Os relatórios de gestão e os documentos de prestação de contas previstos na lei, relativos aos três últimos exercícios, incluindo os pareceres do conselho fiscal, da comissão de auditoria, do conselho geral e de supervisão ou da comissão para as matérias financeiras, bem como os relatórios do revisor oficial de contas sujeitos a publicidade, nos termos da lei;

b) As convocatórias, as actas e as listas de presença das reuniões das assembleias gerais e especiais de accionistas e das assembleias de obrigacionistas realizadas nos últimos três anos;

c) Os montantes globais das remunerações pagas, relativamente a cada um dos últimos três anos, aos membros dos órgãos sociais;

[1562] RAÚL VENTURA, *Novos estudos* cit., 134-135.

d) Os montantes globais das quantias pagas, relativamente a cada um dos últimos três anos, aos 10 ou aos 5 empregados da sociedade que recebam as remunerações mais elevadas, consoante os efectivos do pessoal excedam ou não o número de 200;
e) O documento de registo de acções.

O artigo 288.°/1, para além da exigência referida da titularidade de 1% do capital social, requer ainda:

– a alegação de motivo justificado;
– e que a consulta ocorra na sede da sociedade.

A alegação de "motivo justificado" suscita dúvidas: afinal, havendo um motivo justificado, até o titular de uma única acção poderá pedir informações, valendo-se do artigo 573.° do Código Civil[1563]. Trata-se, assim, de um ponto que visa tornar séria a consulta pretendida: ela não será consentida quando os elementos solicitados estejam já disponíveis de modo directamente acessível ou no caso de o interessado ter exercido, recentemente, esse mesmo direito.

II. A consulta pode ser feita pelo próprio accionista, pessoalmente ou por alguém que possa representá-lo na assembleia geral; ele pode fazer-se acompanhar por revisor oficial de contas ou outro perito e usar da faculdade reconhecida pelo artigo 576.° do Código Civil (reprodução de coisas ou documentos) – 288.°/3, num certo paralelo com o artigo 214.°/4, sobre sociedades por quotas.

A exactidão dos elementos referidos no artigo 288.°/1, *c*) e *d*) deve ser certificada por revisor oficial de contas, se o accionista o requerer (288.°/2).

III. A reforma de 2006 introduziu, no artigo 288.°, um preceito da maior importância prática, para todos os envolvidos:

> 4. Se não for proibido pelos estatutos, os elementos referidos nas alíneas *a*) e *d*) do n.° 1 são enviados, por correio electrónico, aos accionistas nas condições ali previstas que o requeiram ou, se a sociedade tiver sítio na Internet, divulgados no respectivo sítio na Internet.

[1563] Este preceito não é afastado pelo artigo 288.°/1: STJ 16-Dez.-1993 (Roger Lopes), BMJ 432 (1994), 375-382 (381).

Ficam excluídos dessa via de comunicação os elementos que requerem um certa discrição.

IV. Finalmente, assinale-se que o artigo 288.°, ao concretizar o direito de informação dos accionistas, fixa também, *a contrario*, os elementos sobre que ele não incide e o modo por que não pode ser exercido[1564]. *Ab initio*, o artigo 21.°/1, *c*), estabeleceu um direito à informação "... nos termos da lei e do contrato ...".

231. **Informações preparatórias de assembleia geral**

I. O artigo 289.°/1 prevê que, nos 15 dias anteriores à data da assembleia geral de sociedades anónimas, devam ser facultados à consulta dos accionistas, na sede da sociedade:

a) Os nomes completos dos membros dos órgãos de administração e de fiscalização, bem como da mesa da assembleia geral;
b) A indicação de outras sociedades em que os membros dos órgãos sociais exerçam cargos sociais, com excepção das sociedades de profissionais;
c) As propostas de deliberação a apresentar à assembleia pelo órgão de administração, bem como os relatórios ou justificação que as devam acompanhar;
d) Quando estiver incluída na ordem do dia a eleição de membros dos órgãos sociais, os nomes das pessoas a propor, as suas qualificações profissionais, a indicação das actividades profissionais exercidas nos últimos cinco anos, designadamente no que respeita a funções exercidas noutras empresas ou na própria sociedade, e do número de acções da sociedade de que são titulares;
e) Quando se trate da assembleia geral anual prevista no n.° 1 do artigo 376.°, o relatório de gestão, as contas do exercício, demais documentos de prestação de contas, incluindo a certificação legal das contas e o parecer do conselho fiscal, da comissão de auditoria, do conselho geral e de supervisão ou da comissão para as matérias financeiras, conforme o caso, e ainda o relatório anual do conselho fiscal, da comissão de auditoria, do conselho geral e de supervisão e da comissão para as matérias financeiras.

[1564] Assim, RLx 25-Out.-2001 (Santos Geraldes), CJ XXVI (2001) 4, 128-130 (130/I): não é possível, através de um procedimento cautelar, obter da sociedade elementos que não se enquadrem no elenco do artigo 288.°/1.

Além disso (282.°/2) devem ser facultados à consulta dos accionistas, na sede da sociedade, os requerimentos de inclusão de assuntos na ordem do dia, previstos no artigo 378.°. Assinale-se que os *curricula* referidos na alínea *d*) não têm de ser afixados, nem remetidos[1565].

II. O artigo 289.°/3 e 4, fruto do Decreto-Lei n.° 76-A/2006, de 29 de Março, veio alargar o círculo das pessoas a informar, facilitando ainda o acesso à informação. Melhor do que explicações será atentar no seu teor:

> 3. Os documentos previstos nos números anteriores devem ser enviados, no prazo de oito dias:
>
> *a*) Através de carta, aos titulares de acções correspondentes a, pelo menos, 1% do capital social, que o requeiram;
> *b*) Através de correio electrónico, aos titulares de acções que o requeiram, se a sociedade não os divulgar no respectivo sítio na Internet.
>
> 4. Se a sociedade tiver sítio na Internet, os documentos previstos nos n.°s 1 e 2 devem também aí estar disponíveis, a partir da mesma data e durante um ano, no caso do previsto nas alíneas *c*), *d*) e *e*) do n.° 1 e no n.° 2, e permanentemente, nos demais casos, salvo se tal for proibido pelos estatutos.

O envio por carta depende da solicitação dos interessados[1566].

III. Devemos ter presente que o artigo 289.° tem uma dupla finalidade:

– visa permitir, por parte dos accionistas interessados, o exercício esclarecido do direito de voto na assembleia;
– promove, junto da própria sociedade, o cuidado e o rigor na gestão dos seus valores, habilitando-a, no seio da administração, com os necessários elementos.

[1565] STJ 9-Jul.-1998 (Sousa Inês), BMJ 479 (1998), 627-629 (629). Essa alínea *d*) foi alargada pelo Decreto-Lei n.° 76-A/2006, de 29 de Março; exteriormente, ela apenas se reportava aos membros do órgão de administração: RPt 8-Nov.-2001 (Pires Condesso), Proc. 0131560/ITIJ, visitado em 2-Abr.-2006.

[1566] RLx 6-Out.-1992 (Reis Figueira), Proc. 0057891/ITIJ, visitado em 2-Abr.-2006.

IV. O desrespeito pelo artigo 289.° torna anuláveis as deliberações subsequentemente tomadas[1567]. Verificados os devidos pressupostos, ele pode ainda dar azo a inquérito judicial[1568].

232. **Informações em assembleia geral**

I. Além dos elementos já referidos, o artigo 290.°/1 confere, aos accionistas, um direito de informação *stricto sensu*: exerce-se por pedido verbal e tem resposta também verbal[1569]. Eis o teor do preceito:

> 1. Na assembleia geral, o accionista pode requerer que lhe sejam prestadas informações verdadeiras, completas e elucidativas que lhe permitam formar opinião fundamentada sobre os assuntos sujeitos a deliberação. O dever de informação abrange as relações entre a sociedade e outras sociedades com ela coligadas.

O n.° 2 especifica que as informações devem ser prestadas pelo órgão habilitado a dá-las. Só podem ser recusadas:

– quando a sua prestação possa causar grave prejuízo à própria sociedade ou a outra que, com ela, esteja coligada;
– quando implique violação de segredo imposto por lei.

Além disso, as informações podem ser sempre negadas quando a sua exigência constitua abuso do direito.

II. A jurisprudência permite-nos dar uma ideia mais clara sobre a concretização do direito às informações em assembleia geral. Assim:

– a sociedade não tem de prestar informações a quem não seja sócio nem apresente instrumentos de representação[1570];

[1567] STJ 27-Set.-1994 (COSTA RAPOSO), Proc. 085815/ITIJ, visitado em 2-Abr.-2006.

[1568] RGm 18-Fev.-2004 (ROSA TCHING), Proc. 119/04/ITIJ, visitado em 2-Abr.-2006.

[1569] RAÚL VENTURA, *Novos estudos* cit., 144.

[1570] RLx 6-Out.-1992 (REIS FIGUEIRA), Proc. 0057891/ITIJ, visitado em 2-Abr.-2006.

– as informações pedidas devem ter uma relação com os assuntos debatidos na assembleia, sendo a sua utilidade de aferir de acordo com a experiência comum[1571];
– não têm de ser dados elementos que podiam ter sido antecipadamente consultados[1572];
– cabe ao sócio, havendo vários assuntos a tratar, indicar aquele sobre o qual deseja ser informado[1573].

III. Não tendo sido prestadas as informações devidas, a deliberação com ela relacionada é anulável[1574]. Cabe ao sócio interessado o ónus da prova da carência da informação alegadamente em falta[1575].

233. **Direito colectivo à informação**

I. O artigo 291.° estabelece e regula o direito colectivo à informação. Esse direito, à partida, caracteriza-se (291.°/1):
– por ser solicitado por accionistas cujas acções atinjam 10% do capital social[1576];
– por escrito, ao conselho de administração ou ao conselho de administração executivo (ex-direcção);
– para que, também por escrito, lhe sejam prestadas informações sobre assuntos sociais.

Tais informações devem ser prestadas, a menos que se verifique um dos casos referidos no artigo 291.°/4:

a) Quando for de recear que o accionista a utilize para fins estranhos à sociedade e com prejuízo desta ou de algum accionista;

1571 RLx 3-Mar.-1994 (Nascimento Gomes), Proc. 0061506/ITIJ, visitado em 2-Abr.-2006.

1572 STJ 30-Nov.-1994 (Araújo Ribeiro), CJ/Supremo II (1994) 3, 162-164.

1573 RPt 10-Jan.-1995 (Gonçalves Vilar), Proc. 9410078/ITIJ, visitado em 2-Abr.-2006.

1574 RCb 22-Set.-1998 (Garcia Calejo), BMJ 479 (1998), 729 (o sumário).

1575 STJ 17-Fev.-1998 (Cardona Ferreira), CJ/Supremo VI (1998) 1, 88-90.

1576 O uso do plural "accionistas" mais confirma que, para efeitos de exercício deste direito, os accionistas podem agrupar-se de modo a alcançar os exigidos 10%.

b) Quando a divulgação, embora sem os fins referidos na alínea anterior, seja susceptível de prejudicar relevantemente a sociedade ou os accionistas;

c) Quando ocasione violação de segredo imposto por lei.

II. Todavia, se no requerimento for mencionado que as informações pedidas se destinam a apurar responsabilidades de membros ou órgãos de administração, do conselho fiscal ou do conselho geral e de supervisão, as informações não podem ser recusadas, a não ser que pelo seu conteúdo ou por outras circunstâncias, seja patente não ser esse o fim visado pelo pedido – 291.°/2, *in fine*.

Evidentemente: mesmo no âmbito do n.° 2, não poderá ser prestada a informação se ela estiver coberta por segredo profissional. Haveria, aí, que lançar mão de meios legais para conseguir o levantamento do segredo.

III. Este regime é completado pelo artigo 291.°/5 a 7. Nos seguintes e precisos termos:

5. As informações consideram-se recusadas se não forem prestadas nos 15 dias seguintes à recepção do pedido.

6. O accionista que utilize as informações obtidas de modo a causar à sociedade ou a outros accionistas um dano injusto é responsável, nos termos gerais.

7. As informações prestadas, voluntariamente ou por decisão judicial, ficarão à disposição de todos os outros accionistas, na sede da sociedade.

A presunção resultante do transcrito n.° 5 – a de que as informações se consideram recusadas se não forem prestadas no prazo de 15 dias – é qualificada como absoluta: no entanto, a sociedade ainda pode vir provar que a sua prestação era impossível[1577].

234. As sanções; o inquérito judicial

I. O legislador trata com severidade as violações relativas ao dever de informar. Assim:

– o artigo 518.° incrimina a recusa ilícita de informações;
– o artigo 519.° faz outro tanto no tocante a informações falsas.

[1577] RLx 4-Out.-2005 (Azadinho Loureiro), CJ XXX (2005) 4, 117-118 (118/I).

São, aí, previstas diversas hipóteses, em termos que, num retorno hermenêutico, permitem melhor conhecer as normas substantivas em jogo.

II. O artigo 292.°/1 distingue:
– a recusa de informação;
– a informação presumivelmente falsa, incompleta ou não elucidativa.

Em qualquer dos casos, o accionista atingido pode requerer, ao tribunal, inquérito à sociedade. Naturalmente: a legitimidade para o inquérito alarga-se ao usufrutuário e ao credor pignoratício, quando estes tenham o direito à informação. Na mesma linha, ela caberá aos accionistas agrupados, quando o seu agrupamento seja necessário para o direito à informação.

III. O inquérito judicial é regulado no artigo 292.°/2 e seguintes. O artigo 216.°, relativo ao inquérito judicial no âmbito das sociedades por quotas[1578], remete, também, para esses preceitos. A matéria vem tratada, nas vertentes processuais, nos artigos 1479.° e seguintes do Código de Processo Civil.

O juiz, conforme o que lhe tenha sido pedido, poderá:
– determinar que a informação pedida seja prestada;
– ordenar:

> *a*) A destituição de pessoas cuja responsabilidade por actos praticados no exercício de cargos sociais tenha sido apurada;
> *b*) A nomeação de um administrador;
> *c*) A dissolução da sociedade, se forem apurados factos que constituam causa de dissolução, nos termos da lei ou do contrato, e ela tenha sido requerida.

As medidas de destituição de responsáveis e de nomeação de um administrador pelo tribunal compreendem-se: havendo recusa de informação ou informações erróneas, será problemático esperar que os responsáveis por tais eventualidades voltem, com credibilidade, ao bom caminho. O legislador põe uma especial expectativa no administrador nomeado pelo tribunal. Segundo o artigo 292.°/3 cabe a esse administrador, conforme for determinado pelo tribunal:

[1578] *Supra*, 308 ss..

a) Propor e seguir, em nome da sociedade, acções de responsabilidade, baseadas em factos apurados no processo;
b) Assegurar a gestão da sociedade se, por causa de destituições fundadas na alínea *a*) do número anterior, for caso disso;
c) Praticar os actos indispensáveis para reposição da legalidade.

Nesta última hipótese, o juiz pode suspender os administradores que se mantenham em funções ou proibi-los de interferir nas tarefas do nomeado (292.°/4). O n.° 5 do mesmo preceito, o artigo 292.°, dispõe sobre a cessão de funções do administrador indicado, em termos que não suscitam dúvidas.

IV. O artigo 292.° admite, no seu n.° 6, que o inquérito possa ser requerido sem precedência de pedido de informações à sociedade se as circunstâncias do caso levarem a presumir que a informação não será prestada ao accionista, nos termos da lei e caso fosse solicitada.

V. Apesar da designação inóqua "inquérito", o artigo 292.° prevê uma profunda intervenção judicial, intervenção essa que pode envolver a destituição dos administradores e a própria dissolução da sociedade. Os aspectos processuais devem, também por isso, ser cuidados. Assim, segundo o artigo 1479.°/1, do Código de Processo Civil:

– o interessado alega os fundamentos do pedido do inquérito;
– indica os pontos que interesse averiguar;
– e requererá as providências que repute convenientes, dentro, naturalmente, das hipóteses contidas no artigo 292.°/2.

São citados, para contestar, a própria sociedade e os titulares dos órgãos sociais a quem sejam imputadas irregularidades (1479.°/2).

VI. O juiz decidirá – havendo ou não resposta dos requeridos – se há motivos para proceder ao inquérito. Pode:

– determinar logo que a informação pretendida seja prestada (1480.°/1, do CPC);
– ou fixar prazo para a apresentação de contas (*idem*, no caso do artigo 67.°).

Sendo ordenado o inquérito, o juiz fixará (1480.°/2, do CPC):

– os pontos que a diligência deve abranger;

– nomeando o perito ou peritos que devem conduzir a investigação, aplicando-se o previsto quanto à prova pericial.

Por seu turno, o investigador nomeado deve realizar, para além de outros que lhe sejam cometidos, os seguintes actos (1480.°/3, do CPC):

a) Inspeccionar os bens, livros e documentos da sociedade, ainda que estejam na posse de terceiros;
b) Recolher, por escrito, as informações prestadas por titulares de órgãos da sociedade, pessoas ao serviço desta ou quaisquer outras entidades ou pessoas;
c) Solicitar ao juiz que, em tribunal, prestem depoimento as pessoas que se recusem a fornecer os elementos pedidos, ou que sejam requisitados documentos em poder de terceiros.

Pode-se, por decisão judicial:

– ampliar o objecto do inquérito (1480.°/4);
– tomar as medidas cautelares convenientes "... para garantia dos interesses da sociedade, dos sócios ou dos credores sociais ...", aplicando-se, com adaptações, o previsto quanto às providências cautelares.

A decisão observará o disposto no artigo 1482.° do Código de Processo Civil.

VII. Quanto à casuística, salientamos as seguintes linhas de força:

– o rigor das medidas em jogo leva a que os tribunais atentem, com cuidado, na verificação dos pressupostos legais do inquérito[1579];
– a consulta de livros da sociedade não pode ser pedida através de inquérito judicial[1580];
– os exames ordenados pelo juiz são-no no âmbito de um poder vinculado; não podem ser discricionariamente cometidos aos pedidos pontos não solicitados nem fixados no despacho que ordenou o inquérito[1581];

[1579] RPt 7-Mar.-1989 (Almeida e Silva), BMJ 385 (1989), 613 e STJ 27-Abr.-1993 (Carlos Caldas), Proc. 083080/ITIJ, visitado a 9-Abril.-2006.

[1580] REv 13-Out.-1994 (Pita de Vasconcelos), CJ XIX (1994) 4, 276-277 (277/II).

[1581] RPt 7-Nov.-1994 (Simões Freire), CJ XIX (1994) 5, 204-206.

– o direito de pedir inquérito depende de prova de recusa ilícita de informações ou da sua prestação falsa, incompleta ou não elucidativa, cujo ónus cabe ao requerente[1582].

Também se entende que o inquérito, quando admissível, deve avançar sem delongas. Assim, a acção relativa à exclusão do sócio que tenha pedido o inquérito não é questão prejudicial que permita diferir no tempo o inquérito pedido[1583].

1582 RPt 22-Jan.-2001 (Amélia Ribeiro), Proc. 0050849/ITIJ, visitado em 2-Abr.-2006.

1583 RPt 29-Abr.-1999 (Teles de Menezes), Proc. 9930428/ITIJ, visitado em 2-Abr.-2006.

§ 62.° DIREITO AOS LUCROS

235. Generalidades; os lucros do exercício

I. De acordo com as regras básicas dos artigos 20.°, *b*) e 21.°/1, *a*), os sócios devem quinhoar nas perdas e têm o direito de quinhoar nos lucros[1584]. Tratando-se de sociedades anónimas, o quinhoar nas perdas fica limitado ao valor das acções subscritas (271.°): na pior das hipóteses, tais acções ficarão sem nenhum valor, perdendo o sócio o montante da sua subscrição. Fica, agora, um especial papel aos lucros.

O Código consagra ao tema a secção IV do capítulo II sobre as obrigações e os direitos dos accionistas:

artigo 294.° Direito aos lucros do exercício;
artigo 295.° Reserva legal;
artigo 296.° Utilização da reserva legal;
artigo 297.° Adiantamentos sobre lucros no decurso do exercício.

De notar que, pelo Decreto-Lei n.° 76-A/2006, de 29 de Março, foram alterados os artigos 294.° e 297.°: ambos por questões de redenominação. O artigo 294.°/2 deixou de referir "acções cotadas em bolsa" a favor de "acções admitidas à negociação em mercado regulamentado"; o artigo 297.° veio adoptar a nova orgânica das sociedades anónimas.

II. O artigo 294.° fixa o denominado direito aos lucros do exercício. Lucros do exercício corresponde a uma noção contabilística elementar: equivalem à cifra que, no período de exercício (em regra, anual[1585]), figure como lucro no balanço e nos demais instrumentos de prestação de contas.

1584 *Manual*, 595.

1585 Cf. artigo 65.°-A.

Ainda desses lucros de exercício interessa reter a parte "distribuível"[1586]. Para tanto, teremos de recorrer ao artigo 33.°. Não podem ser distribuídos os lucros de exercício:

- necessários para cobrir prejuízos transitórios (33.°/1, 1ª parte);
- necessários para formar ou reconstituir reservas impostas por lei ou pelo contrato de sociedade (*idem*, 2ª parte);
- necessários para amortizar as despesas de constituição, de investimento e de desenvolvimento (33.°/2, ambos com uma redacção que deve ser examinada).

Chega-se a uma noção formal de "lucro de exercício distribuível"[1587]. A formalização é inevitável, de modo a assegurar a segurança jurídica. Ela obriga, no entanto, a que as contas sejam elaboradas de acordo com rigorosos princípios materiais: um dos desafios do nosso tempo.

III. A distribuição de lucros fica dependente da inexistência de "diferente cláusula contratual ou deliberação tomada por maioria de três quartos dos votos" (294.°/1, aliás semelhante ao artigo 217.°/1). Toda esta matéria é supletiva[1588], embora fique marginada por normas imperativas, com exemplo nas que fixam os "lucros não distribuíveis". Supletivamente, deve ser distribuído aos accionistas metade do lucro de exercício distribuível. Trata-se de matéria que compete à assembleia geral anual: 376.°/1, *b*).

[1586] MANUEL ANTÓNIO PITA, *Direito aos lucros* cit., 55 ss.. *Vide* CASSIANO DOS SANTOS, *A posição do accionista face aos lucros do balanço/O direito do accionista ao dividendo no Código das Sociedades Comerciais* (1996), 39 ss., com elementos comparatísticos e 61 ss. e EVARISTO MENDES, *Lucros de exercício*, RDES 38 (1996), 283-364 (302 ss., também com elementos comparatísticos).

[1587] EVARISTO MENDES, *Direito ao lucro de exercício no CSC (Arts. 217/294)*, em *Estudos dedicados ao Prof. Doutor Mário Júlio de Almeida Costa* (2002), 487-543 (508 ss.) e VASCO LOBO XAVIER/MARIA ÂNGELA COELHO, *Lucro obtido no exercício, lucro do balanço e lucro distribuível*, RDE 8 (1982), 259-275, especialmente interessante quanto à fixação de conceitos.

[1588] *Vide*, em especial, o desenvolvimento de EVARISTO MENDES, *Direito ao lucro de exercício no CSC* cit., 488 ss.. Quanto à jurisprudência: RCb 26-Set.-2000 (CARDOSO ALBUQUERQUE), CJ (2000) 4, 24-27 (26/II) e STJ 18-Mai.-2004 (LOPES PINTO), Proc. 04A1663/ITIJ, visitado em 8-Abr.-2006.

IV. Com a deliberação social de atribuição, surge um direito de crédito dos accionistas. Com base no artigo 294.°/1 e 2, podemos estabelecer as seguintes distinções:

– direito abstracto aos lucros: inerente à qualidade de sócio;
– direito potestativo aos lucros: ocorre sempre que haja lucros distribuíveis; traduz-se em poder exigir, da sociedade, a concreta deliberação de distribuição de lucros;
– direito de crédito a determinado lucro: surge com a deliberação de distribuição de certos lucros.

O direito de crédito ao lucro – dividendo – constitui-se como uma obrigação pecuniária com as regras seguintes:

– prevalecem as disposições legais que impeçam o pagamento antes de certas formalidades;
– vence-se no prazo de 30 dias contados da deliberação de distribuição de lucros;
– pode vencer-se mais tarde, com o consentimento individual do sócio;
– pode vencer-se mais tarde, até mais 60 dias, por deliberação fundada em excepcional situação da sociedade, mas apenas se as acções não estiverem admitidas à negociação em mercado regulamentado.

O sócio não pode abdicar previamente do seu direito aos lucros (809.° do Código Civil). Todavia, depois dele ter surgido, são possíveis todas as operações conhecidas pelo Direito.

V. O artigo 294.°/3 prevê que, pelo contrato de sociedade, os membros dos respectivos órgãos tenham direito a participação nos lucros. Nessa altura: tal participação só pode ser paga depois de postos a pagamento os lucros dos accionistas.

236. Adiantamentos sobre os lucros

I. Por razões de segurança contabilística, os lucros são, à partida, distribuídos anualmente: aquando da prestação de contas que permita apurar lucros distribuíveis e na sequência da assembleia ordinária que aprove a distribuição. Pode, todavia, a situação da sociedade ser de modo a permitir uma distribuição antecipada de parte dos lucros. Estão em jogo os interesses dos sócios, dos credores sociais, dos trabalhadores e da própria comunidade. A lei dispensa, assim, um tratamento cautelar a essa matéria.

II. Segundo o artigo 297.°/1, os adiantamentos sobre os lucros do exercício dependem, cumulativamente[1589]:

- de cláusula permissiva no pacto social;
- de uma decisão do órgão de administração, com o consentimento do órgão de fiscalização – *a*);
- de um balanço intercalar elaborado com a antecedência máxima de 30 dias, certificado pelo ROC e que demonstre a existência das importâncias disponíveis para os adiantamentos – *b*);
- de ser efectuado um só adiantamento no decurso de cada exercício – *c*), 1ª parte;
- sempre na segunda metade do exercício em causa – *c*), 2ª parte;
- de as importâncias a adiantar não excederem metade das que seriam distribuíveis – *d*).

III. De modo a evitar precipitações ou deliberações pouco distanciadas dos interesses imediatos dos sócios, o artigo 297.°/2 dispõe que, se o contrato for alterado para nele se autorizarem adiantamentos sobre os lucros, o primeiro adiantamento só possa ser efectuado no exercício seguinte àquele em que ocorrer a alteração contratual.

237. **A reserva legal**

I. A reserva legal surge no artigo 295.°, Dispõe o seu n.° 1[1590]:

> Uma percentagem não inferior à vigésima parte dos lucros da sociedade é destinada à constituição da reserva legal e, sendo caso disso, à sua reintegração, até que aquela represente a quinta parte do capital social. No contrato de sociedade podem fixar-se percentagem e montante mínimo mais elevados para a reserva legal.

1589 Redacção dada pelo Decreto-Lei n.° 76-A/2006, de 29 de Março; anteriormente, este preceito já havia sido alterado pelo Decreto-Lei n.° 280/87, de 8 de Julho.

1590 Para aspectos comparatísticos: *Manual*, 606 ss..

O regime da reserva legal é, depois, completado pelo artigo 296.°:
A reserva legal só pode ser utilizada:

a) Para cobrir a parte do prejuízo acusado no balanço do exercício que não possa ser coberto pela utilização de outras reservas;
b) Para cobrir a parte dos prejuízos transitados do exercício anterior que não possa ser coberto pelo lucro do exercício nem pela utilização de outras reservas;
c) Para incorporação no capital.

O quadro do regime da reserva legal é claro e preciso:
– advém de, pelo menos, 1/20 dos lucros anuais;
– até atingir 1/5 do capital social;
– e só podendo ser usada para os fins do artigo 296.°, acima transcrito.

As cifras podem ser majoradas pelo pacto social: não diminuídas.

II. O artigo 295.° do Código das Sociedades Comerciais dispõe, de seguida:

Ficam sujeitas ao regime da reserva legal as reservas constituídas pelos seguintes valores:

a) Ágios obtidos na emissão de acções ou obrigações convertíveis em acções, em troca destas por acções e em entradas em espécie;
b) Saldos positivos de reavaliações monetárias que forem consentidas por lei, na medida em que não forem necessários para cobrir prejuízos já acusados no balanço;
c) Importâncias correspondentes a bens obtidos a título gratuito, quando não lhes tenha sido imposto destino diferente, bem como acessões e prémios que venham a ser atribuídos a títulos pertencentes à sociedade.

O artigo 295.°/3 explica, com diversos pontos, em que consistem os ágios referidos na alínea *a*), acima transcrita: englobam, designadamente, o chamado prémio de emissão das acções. Pergunta-se: as reservas em causa ficam sujeitas a *todo o regime legal* ou apenas a *parte dele*? Com a seguinte consequência prática:

– se for a *todo o regime legal*, as reservas facultativas elencadas no artigo 295.°/2 só ficariam "congeladas" até à concorrência de 1/5 do capital social;

– se for *parte do regime* – e sendo a "parte" o artigo 296.° –, ficariam "congeladas" sem limite de montante.

A questão nem deveria pôr-se: se a lei remete para o "regime legal", é obviamente todo. Fazer amputações apenas poderá conduzir a distorções em absoluto inimputáveis a qualquer legislador razoável, como adiante melhor se verá.

III. O problema ocorreu por via dos trabalhos preparatórios do Código. No anteprojecto do que viria a ser o artigo 33.°, de ALBERTO PIMENTA[1591], dispunha-se, num artigo 4.°, quanto à constituição da reserva legal, nestes termos:

> 1. É obrigatória a constituição de uma reserva legal.
>
> 2. A reserva legal só poderá atingir a décima parte do capital subscrito, sendo ilícita qualquer alteração estatutária ou qualquer deliberação da assembleia geral, mesmo tomada por unanimidade, que altere, por qualquer forma, esse limite.
>
> 3. A reserva legal será constituída ou reintegrada, até ao limite estabelecido na alínea anterior, pelos seguintes valores:
>
> *a*) A vigésima parte, pelo menos, do saldo positivo anual, indicado no balanço, deduzidos dos prejuízos transportados do ano anterior;
>
> *b*) Os ágios obtidos na emissão de qualquer tipo de acções, na emissão de obrigações convertíveis, na troca destas acções e nas entradas em espécie;
>
> (...)

O texto do anteprojecto, quando recorria a reservas livres para integrar a reserva legal, dizia, de modo expresso, que isso sucedia *até ao limite desta*. Ora o Código de 1986, que adoptou uma diferente distribuição da matéria, deixou de o dizer. Terá querido afectar, sem limites, determinadas reservas livres, à reserva legal?

[1591] ALBERTO PIMENTA, *A prestação das contas do exercício nas sociedades comerciais*, BMJ 200 (1970), 11-106, 201 (1970), 5-71, 202 (1971), 5-57, 203 (1971), 5-53, 204 (1971), 5-48, 205 (1971), 5-58, 207 (1971), 5-46 e 209 (1971), 5-36.

Pronunciando-se sobre o tema, CASSIANO DOS SANTOS considera que o artigo 33.° do Código das Sociedades Comerciais determina o "lucro de exercício distribuível", mas nada diz sobre o que seja "lucro". E para fixar este, esse Autor recorre ao artigo 295.°/2 do mesmo Código, escrevendo que as "reservas" nele referidas ficam sujeitas ao artigo 296.°, não podendo ser distribuídas. Invoca – conquanto que sem explicar – os elementos sistemático e gramatical[1592].

Anteriormente, RAÚL VENTURA, baseado na evolução dos trabalhos preparatórios, veio dar uma interpretação paralela ao artigo 295.°, aqui em causa; não deixa, aliás, de formular algumas críticas ao esquema finalmente estabelecido na lei[1593].

Posição contrária é a de PINTO FURTADO. Este Autor, a propósito da reserva legal, opina que apenas ficará em indisponibilidade a parcela correspondente à exigência legal; uma vez ultrapassado, a parcela excedentária será reserva livre, podendo ser desafectada[1594] e, logo, distribuída. Assim é.

IV. O artigo 295.°/4 permite que os Ministros das Finanças e da Justiça, por portaria, dispensem do regime estabelecido no n.° 2 desse preceito, os ágios das acções. Precisamente por força das dúvidas interpretativas de que acima demos conta, o Governo decidiu usar esta faculdade para esclarecer a matéria: determinou, pela Portaria n.° 160/2003, de 19 de Fevereiro, às sociedades submetidas à supervisão da CMVM, uma dispensa geral de observância do artigo 295.°/2, relativamente às reservas referidas na alínea *a*), daquele número[1595].

[1592] FILIPE CASSIANO DOS SANTOS, *A posição do accionista face aos lucros de balanço* cit., 29-31; a p. 31, nota 33, o Autor refere alguma doutrina italiana, explicando que a matéria é, aí, debatida.

[1593] RAÚL VENTURA, *Sociedades por quotas* cit., 2ª ed., 345 ss. (355-356).

[1594] PINTO FURTADO, *Curso de Direito das sociedades* cit., 5ª ed., 326.

[1595] DR I Série-B, n.° 42, de 19-Fev.-2003, 1140/I.

CAPÍTULO IV

SOCIEDADES ABERTAS E VALORES MOBILIÁRIOS

§ 63.° A INTERACÇÃO DO DIREITO MOBILIÁRIO

238. O tema e suas consequências

I. As sociedades abertas são, essencialmente, sociedades anónimas cujo capital se encontra disperso pelo público. Trata-se de uma terminologia introduzida pelo Código de Valores Mobiliários de 1999[1596] e que visou substituir a antiga categoria das sociedades "de subscrição pública" ou "com subscrição pública", ainda presente no artigo 279.° do Código das Sociedades Comerciais.

II. As sociedades abertas constituem uma categoria de sociedades anónimas, bastante característica e cujo tratamento jurídico cabe ao Direito das sociedades. Todavia, a especificidade da matéria levou ao surgimento de regras específicas[1597] e de uma entidade reguladora para o sector. Trata-se do Direito mobiliário, nas suas vertentes material e institucional. As sociedades abertas vêm, assim, a ser reguladas, de modo paralelo, pelo Direito das sociedades e pelo Direito mobiliário.

III. Em princípio, a matéria deveria ser escalonada em função das relações geral/especial: o Direito mobiliário, especialmente adaptado às realidades que veio tratar, prevaleceria, no seu âmbito de aplicação, sobre o Direito das sociedades. Na realidade, ele vai mais longe, acabando por abordar matéria que não se prende com sociedades abertas nem com um

---

1596 *Vide* o artigo 7.° do Decreto-Lei n.° 486/99, de 13 de Novembro, que aprovou o CVM.

1597 Cf. algumas diferenciações em VINCENZO BUONOCORE (org,), *Manuale di diritto commerciale*, 6ª ed. (2005), 372 ss. e 679 ss..

verdadeiro "mercado". Bastará ver que a noção de valores mobiliários, tal como resulta do artigo 1.° do CVM, é obtida independentemente da sua presença em qualquer mercado. Isto dito, e pelo artigo 2.° do CVM:

> O presente código regula os valores mobiliários, as ofertas públicas a ele relativas, os mercados onde os valores mobiliários são negociados, a liquidação e a intermediação de operações sobre valores mobiliários, bem como o respectivo regime de supervisão e sancionatório.

O Direito mobiliário alargou o seu âmbito: não se limita a versar aspectos ligados ao mercado de valores[1598] mas, antes, aos próprios valores em si – *maxime*, às acções – que deveriam ser apenas tratadas pelo Direito das sociedades. Gera-se uma área de sobreposição delicada.

IV. O fenómeno da interacção do Direito mobiliário no Direito das sociedades ocorre nos outros países[1599]. Mas de modo menos marcado. Não é possível, perante o estado actual das nossas fontes, limitar uma exposição de Direito das sociedades ao que resulte do Código das Sociedades Comerciais: basta atentar nas lacunas deixadas pela pura e simples revogação dos artigos 300.°, 306.° a 315.°, 326.°, 327.° e 330.° a 340.°, operada por sucessivos diplomas mobiliários. O vigoroso desenvolvimento do Direito mobiliário e o seu afinamento técnico atraíram para a sua órbita matéria comercial[1600].

V. Como foi exposto aquando da referência às fontes das sociedades anónimas, na presente edição do *Manual* não é nosso objectivo proceder a uma exposição do Direito mobiliário. Contentar-nos-emos, nesse campo, com as breves considerações então feitas[1601].

No entanto, sob pena de deixar inexplicável lacuna no seio das sociedades anónimas, faremos uma breve exposição sobre sociedades abertas, sobre valores mobiliários e sobre ofertas públicas.

[1598] Direito mobiliário diz-se, em alemão, *Kapitalmarktsrecht*: Direito do mercado de capitais.

[1599] Cf., com indicações, KARSTEN SCHMIDT, *Gesellschaftsrecht* cit., 4ª ed., 13 ss. e 777-778.

[1600] Quanto ao desenvolvimento do Direito mobiliário entre nós cf. PAULA COSTA E SILVA, *Direito dos valores mobiliários/Relatório* (2004). Completando os elementos aí exarados: o ensino do (então) Direito da bolsa iniciou-se, na Faculdade de Direito de Lisboa, nos cursos de mestrado de 1988/89 e 1989/90, de Direito comercial/Contratos, sob a nossa regência.

[1601] *Supra*, 537 ss..

§ 64.° AQUISIÇÃO E PERDA DA QUALIDADE "SOCIEDADE ABERTA"

239. Generalidades; critérios; a constituição com apelo à subscrição pública

I. A sociedade anónima diz-se aberta, tendencialmente, quando as suas acções se encontrem dispersas pelo público. Antes do CVM, tais sociedades eram ditas "de subscrição pública" ou "com subscrição pública" (7.° do Decreto-Lei n.° 486/99, de 13 de Novembro). A redenominação deu-se por confluência anglo-saxónica.

À partida, parece claro que a sociedade aberta assenta na especial confiança que o público interessado tenha na justeza e na adequação do funcionamento das sociedades e no conhecimento seguro que tenha do valor por elas representado. Por isso, as sociedades abertas:

– sujeitam-se à supervisão de um organismo independente e adequado: a CMVM;
– regem-se por normas especialmente adaptadas e que visem preservar os valores em jogo.

As regras específicas relativas às sociedades abertas constam, hoje, do CVM.

II. A natureza "aberta" de uma sociedade resulta da verificação de algum dos cinco critérios constantes do artigo 13.° do CVM. E o primeiro critério é:

> *a*) A sociedade que se tenha constituído através de oferta pública de subscrição dirigida especificamente a pessoas com residência ou estabelecimento em Portugal.

A constituição com apelo à subscrição pública mantém-se parcialmente no Código das Sociedades Comerciais: artigos 279.° a 283.°[1602]. O processo de constituição é, sucessivamente, o seguinte (279.°):

- a constituição deve ser promovida por uma ou mais pessoas que assumam os deveres previstos na lei: são os promotores (n.° 1);
- os promotores devem subscrever e realizar integralmente acções cujos valores nominais somem, pelo menos, o capital prescrito no artigo 276.°/3: 50.000 euros (n.° 2, 1ª parte)[1603];
- essas acções são inalienáveis durante dois anos a contar do registo definitivo da sociedade, sendo nulos os negócios de alienação ou de oneração celebrados antes desse prazo (n.° 2, 2ª parte);
- os promotores devem elaborar um projecto completo de estatutos e requerer o seu registo provisório (n.° 3).

O registo provisório[1604] em causa rege-se pelo artigo 35.°/4 do Código do Registo Comercial: é lavrado em face do projecto completo do contrato, com reconhecimento das assinaturas de todos os interessados, de documento comprovativo da deliberação das acções por eles subscritas e, quando necessário, da autorização para a subscrição pública ou emissão de acções.

III. Quanto ao projecto completo de estatutos, ele deve (279.°):

- especificar o número de acções ainda não subscritas destinadas, respectivamente, a subscrição particular e a subscrição pública (n.° 4);
- devendo o objecto da sociedade consistir numa ou mais actividades perfeitamente especificadas (n.° 5).

IV. Além do registo comercial acima referido, a constituição com apelo à subscrição pública deve ser previamente registada na CMVM (114.° do CVM). Esse pedido é instruído com os elementos seguintes (168.° do CVM):

[1602] O artigo 284.° foi revogado pelo Decreto-Lei n.° 486/99, de 13 de Novembro.

[1603] Essa subscrição poderá, segundo ALBINO MATOS, *Constituição de sociedades* cit., 5ª ed., 145, nota 271, ser em dinheiro ou em espécie.

[1604] O artigo 64.°/1, *c*), do CRegCom especifica que se trata de um registo provisório por natureza; tem a validade de um ano, segundo o artigo 65.°/1.

– cópia do contrato celebrado com o intermediário financeiro encarregado da assistência – 115.°/1, *j*);
– cópia do contrato de locação e do consórcio de colocação se existir – 115.°/1, *l*);
– cópia do contrato de fomento de mercado, do contrato de estabilização e do contrato de opção de distribuição de lote suplementar, se existirem – 115.°/1, *m*);
– projecto de anúncio de lançamento – 115.°/1, *n*);
– projecto de prospecto – 115.°/1, *o*);
– estudo de viabilidade económica e financeira do emitente – 156.°;
– identificação dos promotores – 168.°, *a*);
– documento comprovativo da subscrição do capital social mínimo pelos promotores – 168.°, *b*);
– cópia do projecto do contrato de sociedade – 168.°, *c*);
– certidão comprovativa do registo comercial provisório – 168.°, *d*), todos do CVM.

V. Feito o registo provisório, os promotores colocarão as acções destinadas à subscrição particular (portanto: as que se destinem a ser subscritas por pessoas determinadas) e elaborarão a oferta pública, propriamente dita, com os elementos seguintes (279.°/6):

a) O projecto do contrato provisoriamente registado;
b) Qualquer vantagem que, nos limites da lei, seja atribuída aos promotores;
c) O prazo, lugar e formalidades de subscrição;
d) O prazo dentro do qual se reunirá a assembleia constitutiva;
e) Um relatório técnico, económico e financeiro sobre as perspectivas da sociedade, organizado com base em dados verdadeiros e completos e em previsões justificadas pelas circunstâncias conhecidas nessa data, contendo as informações necessárias para cabal esclarecimento dos eventuais interessados na subscrição;
f) As regras a que obedecerá o rateio da subscrição, se este for necessário;
g) A indicação de que a constituição definitiva da sociedade ficará dependente da subscrição total das acções ou das condições em que é admitida aquela constituição, se a subscrição não for completa;
h) O montante da entrada a efectuar na altura da subscrição, o prazo e o modo da restituição dessa importância, no caso de não chegar a constituir-se a sociedade.

As entradas em dinheiro efectuadas por todos os subscritores (particulares ou públicos) são depositadas em conta aberta no nome da futura sociedade (279.°/7). Os promotores apenas podem, como vantagem, reservar-se uma cifra não superior a um décimo dos lucros líquidos da sociedade, por tempo não excedente a um terço da duração desta e nunca superior a cinco anos: só pagável depois de aprovadas as contas anuais (279.°/8).

VI. Pode a subscrição ficar incompleta. Nessa altura (280.°):

– os promotores devem requerer o cancelamento do registo provisório e publicar um anúncio em que informem os subscritores de que podem levantar as suas entradas; novo anúncio deve ser publicado decorrido um mês, se não tiverem sido levantadas todas as entradas (n.° 1);
– a instituição de crédito só restitui as entradas depois de o registo ter sido cancelado ou ter caducado e mediante a apresentação do documento de subscrição (n.° 2).

Pode, todavia, o programa de oferta especificar que, no caso de subscrição incompleta, seja facultado à assembleia constitutiva deliberar a constituição da sociedade, desde que tenham sido subscritas 3/4 das acções destinadas ao público (280.°/3).

Não chegando a sociedade a constituir-se: todas as despesas são suportadas pelos promotores (280.°/4). É justo.

VII. Segue-se, no processo de formação da sociedade com subscrição pública, a assembleia constitutiva (281.°). Fazendo a síntese do dispositivo aplicável:

– a assembleia é convocada pelos promotores nos termos aplicáveis às assembleias gerais das sociedades anónimas e é presidida por um deles (n.° 1 e n.° 2);
– todos os documentos devem estar disponíveis para os subscritores (n.° 3);
– na assembleia, cada promotor e cada subscritor têm um voto, independentemente do número de acções subscritas (n.° 4);
– na primeira data, a assembleia só delibera estando presente metade dos subscritores, não incluindo os promotores; as deliberações são tomadas por maioria, incluindo os votos dos promotores (n.° 5);

- na segunda data, não estando presente a maioria dos subscritores, a assembleia delibera por 2/3 (n.° 6);
- a assembleia delibera sobre a constituição da sociedade, nos precisos termos do projecto registado e sobre as designações para os órgãos sociais (n.° 7);
- com voto unânime, podem ser introduzidas alterações no projecto de contrato (n.° 8);
- havendo subscrição particular em espécie, a eficácia da deliberação da sociedade depende da efectivação das entradas (n.° 9);
- no caso de subscrição incompleta, a assembleia fixa o capital social e o número de acções, em conformidade com as subscrições efectuadas (n.° 10);
- a acta deve ser assinada pelos promotores e por todos os subscritores que tiverem aprovado a sociedade (n.° 11).

O artigo 282.° fixa algumas regras quanto à invalidade da deliberação de constituição.

Finalmente: o contrato de sociedade é celebrado por dois promotores e pelos subscritores que entrem com espécie (283.°/1). Toda a documentação fica arquivada na conservatória do registo competente (283.°/2).

VIII. Como se vê, o Código desce a minúcias regulamentares: úteis, contudo.

Segundo o final do artigo 13.°/1, *a*), a natureza aberta dependeria ainda de a subscrição se dirigir especificamente a pessoas com residência ou estabelecimento em Portugal. O legislador terá pretendido dizer que a lei portuguesa se aplica, apenas, a tais sociedades. Havendo subscrição pública, a sociedade será aberta, mesmo perante subscritores estrangeiros.

O lançamento de uma sociedade anónima com subscrição pública torna-se, de todo o modo, numa operação complexa, que requer a intervenção de juristas especializados.

240. **Outros critérios**

I. O critério mais imediato e natural para a determinação de uma sociedade aberta é, efectivamente, a acima examinada constituição com apelo à subscrição pública. Mas o artigo 13.° do CVM oferece-nos quatro outros critérios[1605]:

– a sociedade emitente de acções ou de outros valores mobiliários que confiram direito à subscrição ou à aquisição de acções que tenham sido objecto de oferta pública de subscrição – *b*) – ou que estejam ou tenham estado admitidas à negociação em mercado regulamentado situado ou a funcionar em Portugal – *c*);
– a sociedade emitente de acções que tenham sido alienadas em oferta pública de venda ou de troca em quantidade superior a 10% do capital social, dirigida especificamente a pessoas com residência ou estabelecimento em Portugal – *d*);
– a sociedade resultante de cisão de uma sociedade aberta ou que incorpore, por fusão, a totalidade ou parte do seu património – *e*).

II. O lançamento de oferta pública de venda ou de troca de acções nominativas de que resulte a abertura do capital social nos termos do artigo 13.°/1, *d*), pode depender, por disposição estatutária, de deliberação da assembleia geral (13.°/2).

III. O artigo 204.° do CIRE veio acrescentar um sexto critério:

> É considerada sociedade com o capital aberto ao investimento do público a sociedade emitente de acções em que sejam convertidos créditos sobre a insolvência independentemente do consentimento dos respectivos titulares.

Deve, todavia, atentar-se no artigo 205.° do mesmo CIRE: ele efectua determinadas exclusões de preceitos do CVM.

241. **Perda da qualidade de sociedade aberta**

I. Segundo o artigo 27.°/1 do CVM, a sociedade aberta pode perder essa qualidade, por decisão da CMVM:

1605 *Vide* PAULA COSTA E SILVA, *Domínio de sociedade aberta e respectivos efeitos*, em IVM/*Direito dos valores mobiliários* V (2004), 325-342 (326) e ANTÓNIO PEREIRA DE ALMEIDA, *Sociedades abertas*, *idem* VI (2006), 9-49 (11 ss.).

– quando um accionista, na sequência de uma oferta pública de aquisição (OPA) passe a deter mais de 90% dos direitos de voto calculados nos termos do artigo 20.°/1 – *a*);
– caso essa perda seja deliberada em assembleia geral por uma maioria não inferior a 90% do capital social e em assembleia de titulares de acções especiais ou equivalente por idêntica maioria – *b*);
– na hipótese de decorrer um ano sobe a exclusão da negociação das acções em mercado regulamentado, fundada na falta de dispersão pelo público – *c*).

II. No caso do accionista que passe a deter, por OPA, mais de 90% dos direitos de voto, a perda da qualidade de sociedade aberta pode ser requerida à CMVM pela sociedade ou pelo oferente (27.°/2).

No da deliberação por 90%: a sociedade deve indicar um accionista que se obrigue a adquirir, no prazo de três meses, as acções das pessoas que tenham votado contra a deliberação, caucionando ainda a obrigação em causa (27.°/3); a contrapartida segue o disposto no artigo 188.° (27.°/4, todos do CVM).

III. A decisão da CMVM é publicada (28.°), produzindo efeitos após essa publicação (29.°/1). A perda implica (29.°/2):

– a imediata exclusão de negociação das acções da sociedade e outros valores, em mercado regulamentado;
– a não readmissão no prazo de um ano.

Naturalmente e sobretudo: deixarão de se aplicar as regras específicas relativas a sociedades abertas, de que daremos conta de seguida.

§ 65.° ASPECTOS GERAIS

242. **Publicidade e igual tratamento**

I. A qualidade "sociedade aberta" determina, como temos afirmado, a aplicação de um regime diferenciado. Desse regime sobressaem, como pontos gerais, dois princípios:

– a publicidade;
– o igual tratamento.

II. A publicidade manda (artigo 14.° do CVM) que a qualidade "aberta" de uma sociedade seja mencionada nos actos qualificados como externos pelo artigo 171.° do Código das Sociedades Comerciais. Esse preceito, na redacção do Decreto-Lei n.° 76-A/2006, de 29 de Março, abrange (n.° 1):

> (...) todos os contratos, correspondência, publicações, anúncios, sítios na Internet e de um modo geral em toda a actividade externa (...)

III. O igual tratamento é um princípio cuja vigência geral nas sociedades anónimas levanta dúvidas[1606]. Tratando-se de sociedades abertas, ele vem solenemente consagrado no artigo 15.° do CVM; ela deve:

> (...) assegurar tratamento igual aos titulares dos valores mobiliários por ela emitidos que pertençam à mesma categoria.

Estamos perante um preceito que tem, ainda, um papel na interpretação e na aplicação das diversas normas.

[1606] *Supra*, 575 ss..

243. **Os mercados**

I. As sociedades abertas têm, como especial apetência, a presença das suas acções e de outros valores mobiliários que emitam em mercados especializados. Cumpre, com meras finalidades descritivas e de apresentação, adiantar algumas noções.

Para efeitos legais, diz-se mercado de valores mobiliários qualquer espaço ou organização em que se admita a negociação de valores mobiliários por um conjunto indeterminado de pessoas actuando por conta própria ou através de mandatários (198.°/1, do CVM). Como se vê, domina a ideia da indeterminação prévia dos intervenientes, factor expresso, em geral, como "acesso público".

II. No universo "mercado" avultam os mercados regulamentados. São aqueles que (220.°/1 do CVM):

– funcionam regularmente;
– obedecem a normas do CVM;
– sejam autorizados pelo Ministro das Finanças, ouvida a CMVM.

Em Portugal, são permitidos os seguintes mercados de valores mobiliários (199.°/1):

– mercados de bolsa;
– outros mercados regulamentados;
– mercados organizados de acordo com regras livremente estabelecidas pela respectiva entidade gestora.

Os mercados de bolsa são os mais significativos. Segundo o artigo 213.° do CVM:

> São havidos como mercados de bolsa os mercados regulamentados em que a emissão das ofertas e a conclusão das operações são centralizadas num só espaço ou sistema de negociação.

As operações de bolsa realizam-se através de sistemas de negociação (220.°/1) nos quais são admitidos certos valores mobiliários (227.° a 232.°). Das ofertas e procuras de valores resulta um preço (222.°), habitualmente dito cotação (225.°, todos do CVM).

Tudo isto assenta na confiança do público: uma relação frágil mas consistente de entrega ao sistema, que o Estado assegura e garante através da supervisão confiada a uma entidade independente: a CMVM.

Explica-se, assim, boa parte da autonomia das sociedades abertas.

III. Temos, ainda, os seguintes postulados:

– os mercados mobiliários estão sob a supervisão da CMVM (208.° e 353.°/1);
– para cada mercado há uma entidade gestora que elabora e publica as regras necessárias (201.°/1);
– a entidade gestora presta informações ao público (202.°);
– a admissão de valores mobiliários à negociação num mercado depende de decisão da entidade gestora (205.°) a qual pode suspender a sua negociação (206.°) ou excluí-la (207.°);
– podem ser realizadas operações fora do mercado (210.°, todos do CVM).

§ 66.º PARTICIPAÇÕES QUALIFICADAS

244. Noção; modalidades

I. Uma participação social diz-se qualificada quando ela contenha um predicado que lhe acarrete a aplicação de um regime diferenciado, regime esse que se venha a aditar ao que resultaria de uma participação comum.

No domínio das sociedades abertas surgem certas qualificações de participações que traduzem pontos relevantes para a sua especificidade.

II. A qualificação de certas participações pode surgir:

– objectiva: advém de factores que se reportem apenas às participações;
– subjectiva: deriva da natureza do seu titular;
– relacional: depende de relações que se estabeleçam entre os seus titulares.

Na qualificação objectiva podemos distinguir:

– uma diferenciação quantitativa: é qualificada a participação que ultrapasse determinado patamar: 10% ou 20% de determinado capital social, como exemplo;
– uma diferenciação qualitativa: a qualificação advém do regime especial aplicável às acções em jogo.

Qualificações subjectivas típicas são as que resultam da sua titularidade pelo Estado. A lei associa-lhes, só por isso, regimes diferenciados: recorde-se, logo, o artigo 273.º/3: dispensa de pluralidade de sócios.

Qualificações relacionais ocorrem mercê da imputação conjunta de participações de sócios próximos.

III. As participações qualificadas podem ainda distinguir-se mercê das fontes que originem a diferenciação de regimes. Temos, como exemplos:

– qualificações mobiliárias: impostas pelo CVM, para efeitos de regulação de sociedades abertas (16.° e seguintes do CVM);
– qualificações bancárias: adoptadas pelo RGIC, tendo em vista a supervisão das instituições de crédito (13.°, 7.°, do RGIC)[1607];
– qualificação de seguros: adoptada pelo RGES, de modo a regular a supervisão das companhias de seguros (3.°/2 do RGES).

Não há identidade entre as "qualificações" em jogo: uma participação poderá sê-lo para uns efeitos e não o ser, para outros. Impõe-se, sempre, uma ponderação caso a caso.

245. Qualificações mobiliárias; imputação de voto

I. O CVM define diversos tipos de participações qualificadas. À partida, a cada patamar quantitativo faz corresponder determinados deveres (p. ex., artigo 16.°/1). Para esse efeito, releva o número percentual de votos do visado: não, propriamente, a percentagem do capital social que detenha. Assim, na hipótese, por exemplo, de a sociedade deter acções próprias, cifras menores de capital podem originar maiores percentagens de votos.

II. Procurando atingir as realidades materiais, o artigo 20.°/1 fixa imputações de votos, isto é: determina situações nas quais os votos do visado e os de pessoas que, com ele, tenham determinada relação, devem ser contados em conjunto, para efeitos de qualificação.

À partida, vale a titularidade ou o usufruto das acções. A isso somam-se os seguintes direitos de voto:

a) Detidos por terceiros em nome próprio, mas por conta do participante;
b) Detidos por sociedade que com o participante se encontre em relação de domínio ou de grupo;

[1607] *Vide* o *Manual de Direito bancário*, 3ª ed., 773 ss..

c) Detidos por titulares do direito de voto com os quais o participante tenha celebrado acordo para o seu exercício, salvo se, pelo mesmo acordo, estiver vinculado a seguir instruções de terceiro;
d) Detidos, se o participante for uma sociedade, pelos membros dos seus órgãos de administração e de fiscalização;
e) Que o participante possa adquirir em virtude de acordo celebrado com os respectivos titulares;
f) Inerentes a acções dadas em garantia ao participante ou por este administradas ou depositadas junto dele, se os direitos de voto lhe tiverem sido atribuídos ou se lhe tiverem sido conferidos poderes discricionários para o seu exercício;
g) Imputáveis a qualquer das pessoas referidas numa das alíneas anteriores por aplicação, com as devidas adaptações, de critério constante de alguma das outras alíneas.

A lei usa estas categorias jurídicas, embora seja clara a sua intenção de surpreender uma realidade económico-social.

III. O artigo 20.°/1, *b*), acima citado, reporta-se a entidades[1608] que se encontrem em relação de domínio e de grupo. Sucede, porém, que essa relação, para efeitos mobiliários, não corresponde à do artigo 447.°/2 do Código das Sociedades Comerciais. Veja-se, com efeito, o artigo 21.° do CVM, precisamente epigrafado "relações de domínio e de grupo":

1. Para efeitos deste Código, considera-se relação de domínio a relação existente entre uma pessoa singular ou colectiva e uma sociedade quando, independentemente de o domicílio ou a sede se situar em Portugal ou no estrangeiro, aquela possa exercer sobre esta, directa ou indirectamente, uma influência dominante.

2. Existe, em qualquer caso, relação de domínio quando uma pessoa singular ou colectiva:
a) Disponha da maioria dos direitos de voto;
b) Possa exercer a maioria dos direitos de voto, nos termos de acordo parassocial;
c) Possa nomear ou destituir a maioria dos titulares dos órgãos de administração ou de fiscalização.

1608 Pode tratar-se de uma pessoa singular, como resulta do artigo 21.°/1, abaixo transcrito.

3. Para efeitos deste Código consideram-se em relação de grupo as sociedades como tal qualificadas pelo Código das Sociedades Comerciais, independentemente de as respectivas sedes se situarem em Portugal ou no estrangeiro.

Neste campo como noutros há, sempre, que proceder a uma interpretação selectiva e muito cuidada das fontes em presença.

246. Deveres de comunicação, de divulgação e de informação

I. O artigo 16.°/1 fixa deveres de comunicação para as participações qualificadas em sociedades abertas. Assim:

> Quem atinja ou ultrapasse participação de 10%, 20%, um terço, metade, dois terços e 90% dos direitos de voto correspondentes ao capital social de uma sociedade aberta e quem reduza a sua participação para valor inferior a qualquer daqueles limites deve, no prazo de três dias após a ocorrência do facto:
>
> *a*) Informar a CMVM, a sociedade participada e as entidades gestoras de mercados regulamentados em que estejam admitidos à negociação valores mobiliários emitidos por essa sociedade;
> *b*) Dar conhecimento às entidades referidas na alínea anterior das situações que determinam a imputação ao participante de direitos de voto inerentes a valores mobiliários pertencentes a terceiros, nos termos do n.° 1 do artigo 20.°.

O artigo 16.°/2 fixa valores de comunicação mais estritos para participações relativas a valores admitidos à negociação em mercado regulamentado ("cotados"). Além da delicadeza da matéria, percebe-se que, perante sociedades com dispersão do capital, pequenas percentagens possam ocasionar posições de grande peso.

II. O artigo 16.° do CVM foi complementado pelo Decreto-Lei n.° 61/2002, de 20 de Março, que lhe acrescentou nada menos do que sete novos números. No essencial:

– a comunicação deve identificar toda a cadeia de imputações (n.° 3);
– na ausência de comunicação ou mantendo-se fundadas dúvidas, a CMVM procede a determinadas notificações (n.° 4);

– os interessados dispõem de 30 dias para apresentar prova ou para tomar medidas que assegurem a transparência (n.° 5);
– se não o fizerem ou não for suficiente, a CMVM informa o mercado da falta de transparência (n.° 6);
– a partir dessa comunicação, ficam suspensos o direito de voto e certos direitos patrimoniais inerentes à participação qualificada em causa (n.° 7);
– os direitos patrimoniais relativos à participação afectada são depositados em conta bancária especial (n.° 8);
– antes de tomar as medidas em causa, a CMVM informará o Banco de Portugal e o Instituto de Seguros de Portugal, quando estejam em jogo participações de entidades sujeitas à respectiva supervisão (n.° 9).

III. A comunicação relativa a participações qualificadas deve ser divulgada pela sociedade, através de publicação imediata (17.°/1). Havendo indícios de incumprimento, a CMVM deve ser informada (17.°/2, na redacção dada pelo Decreto-Lei n.° 61/2002, de 20 de Março). A CMVM pode dispensar a publicação, em certos casos (18.°, todos do CVM).

IV. Além das comunicações e da sua divulgação, as sociedades abertas ficam ainda obrigadas a prestar informações ao mercado. Tais informações devem ser completas, verdadeiras, actuais, claras, objectivas e lícitas (7.°/1), sendo normalizadas em função de regulamento da CMVM (11.°/1).

Dispõe, no essencial, o Regulamento da CMVM n.° 4/2004, de 27 de Maio[1609]. Esse Regulamento prevê informações cada vez mais minuciosas, consoante se trate[1610]:

– de (simples) sociedades abertas;
– de sociedades admitidas à negociação em mercado regulamentado;
– de sociedades cujos valores mobiliários estejam admitidos à negociação em bolsa.

1609 Com alterações introduzidas pelo Regulamento n.° 10/2005: confrontável, em versão consolidada, em www.cmvm.pt.. Outros Regulamentos relevantes surgem citados em António Pereira de Almeida, *Sociedades abertas* cit., 24 ss..

1610 *Idem*, loc. cit., para um apanhado das informações a prestar por cada uma dessas três categorias.

247. **Acordos parassociais**

I. Os acordos parassociais, genericamente tratados no artigo 17.°[1611], relevam, em princípio, apenas entre os intervenientes (17.°/1):

> (...) têm efeito entre os intervenientes, mas com base neles não podem ser impugnados actos da sociedade ou dos sócios para com a sociedade.

Tratando-se de sociedades abertas, temos novas dimensões a considerar. Na verdade, um acordo parassocial pode interferir no mercado, originando linhas de força, que todos devem conhecer, para melhor gerir os seus interesses próprios.

II. Nesta base deve ser interpretado o artigo 19.°, relativo a acordos parassociais em sociedades abertas:

> 1. Os acordos parassociais que visem adquirir, manter ou reforçar uma participação qualificada em sociedade aberta ou assegurar ou frustrar o êxito de oferta pública de aquisição devem ser comunicados à CMVM por qualquer dos contraentes no prazo de três dias após a sua celebração.
> 2. A CMVM determina a publicação, integral ou parcial, do acordo, na medida em que este seja relevante para o domínio sobre a sociedade.
> 3. São anuláveis as deliberações sociais tomadas com base em votos expressos em execução dos acordos não comunicados ou não publicados nos termos dos números anteriores, salvo se se provar que a deliberação teria sido adoptada sem aqueles votos.

[1611] *Manual*, 637 ss..

§ 67.° DELIBERAÇÕES SOCIAIS

248. **Voto por correspondência e solicitação de procuração**

I. As sociedades abertas têm, ainda, especificidades no tocante ao voto por correspondência e à solicitação de procuração para representação em assembleia geral[1612].

Quanto ao voto por correspondência, o artigo 22.°/1 do CVM dispõe que ele seja admitido, no tocante a matérias que constem da convocatória. O n.° 2 desse preceito admite que esse dispositivo possa ser afastado pelo pacto social, salvo:

- quanto à alteração do próprio pacto;
- quanto à eleição dos titulares dos órgãos sociais.

II. Para tornar o sistema exequível, dispõe o artigo 22.°/3:

- que a convocatória da assembleia geral indique que o voto pode ser exercido por correspondência;
- que ela descreva o modo por que se processa esse voto, incluindo o endereço e o prazo para a recepção das declarações de voto.

A sociedade deve verificar a autenticidade do voto e assegurar a sua confidencialidade até ao momento da votação (22.°/4). Toda esta matéria deve ser articulada com o artigo 384.°/9 do Código das Sociedades Comerciais que, na sequência da reforma de 2006, faculta o voto por correspondência às sociedades anónimas em geral.

III. Quanto à solicitação de procuração: o inerente pedido para representação em assembleia geral dirigido a mais de cinco accionistas,

---

1612 Vide o nosso *SA: assembleia geral* cit., 116 ss. e 105 ss..

que utilize um documento tipo ou que seja acompanhado de prospecção deve conter:

- os elementos do artigo 381.°/1, *c*), do Código das Sociedades Comerciais;
- os direitos de voto imputáveis ao solicitante;
- o fundamento do sentido de voto a exercer por ele.

O documento tipo de solicitação deve ser enviado à CMVM e à entidade gestora do mercado até cinco dias úteis antes do envio aos titulares do documento relativo ao direito de voto (23.°/2). Além disso, o solicitante deve prestar aos titulares do direito de voto toda a informação relevante por eles pedida. Tenha-se ainda em conta o artigo 381.° do Código das Sociedades Comerciais, alterado pelo Decreto-Lei n.° 76-A/2006, de 29 de Março.

249. Suspensão de deliberação social

I. A suspensão de deliberações sociais constitui um procedimento cautelar especial regulado nos artigos 396.° a 398.° do Código de Processo Civil[1613]. Tem um regime previsto para a generalidade das deliberações[1614].

Tratando-se de uma sociedade aberta, perfilam-se valores que levaram o legislador a prever um regime especialmente adaptado. Tal o papel do artigo 24.° do CVM.

II. Desde logo verifica-se que, segundo o artigo 24.°/1, a suspensão de uma deliberação social tomada por sociedade aberta só pode ser requerida por sócios que, isolada ou conjuntamente, possuam acções correspondentes, pelo menos, a 0,5% do capital social.

Para acautelar a posição dos accionistas que não alcancem essa cifra, a lei prevê:

- que qualquer accionista possa instar, por escrito, o órgão de administração a abster-se de executar a deliberação social que considere inválida, explicitando os respectivos vícios (24.°/2);

[1613] *Manual*, 783 ss..

[1614] Vide o nosso *SA: assembleia geral* cit., 239 ss..

– que se tal deliberação vier a ser declarada nula ou anulada, os titulares que procedam à sua execução sem tomar em consideração esse requerimento sejam responsáveis pelos danos, sem que essa responsabilidade seja excluída por assentar em deliberação dos sócios, segundo o artigo 72.°/4, do Código das Sociedades Comerciais (24.°/3).

III. Ou seja: por um lado, dificulta-se suspensão das deliberações, restringindo a legitimidade para lançar mão da providência. Por outro, aumenta-se a responsabilização dos administradores.

Temos todo um sistema dedicado às sociedades abertas e que dobra o regime geral do Código.

250. **Aumento do capital social**

I. O aumento do capital social das sociedades abertas pode ser impugnado. Causar-se-ão, assim, delicados problemas, sobretudo quando estejam em jogo acções admitidas à negociação em mercado regulamentado. O legislador mobiliário previu diversos dispositivos destinados a compatibilizar os interesses em presença.

II. Em primeiro lugar, trata-se de circunscrever as acções "impugnáveis". Segundo o artigo 25.°, as acções emitidas por uma sociedade aberta constituem uma categoria autónoma:

– pelo prazo de 30 dias contados da deliberação de aumento de capital;
– até ao trânsito em julgado de decisão judicial sobre a acção de anulação ou de declaração de nulidade de deliberação social proposta dentro daquele prazo.

III. A anulação de uma deliberação de aumento do capital social de sociedade aberta determina a amortização das novas acções, se estas tiverem sido admitidas à negociação em mercado regulamentado (26.°/1).

Como contrapartida da amortização: o valor real das acções determinado, a expensas da sociedade, por um perito independente e qualificado designado pela CMVM (26.°/2).

O artigo 26.°/3 e 4 toma medidas de protecção aos credores.

§ 68.° VALORES MOBILIÁRIOS

251. Elenco e Direito aplicável

I. Os valores mobiliários são enumerados no artigo 1.° do CVM, com a redacção que lhe foi dada pelo Decreto-Lei n.° 66/2004, de 24 de Março[1615]. Nessa ocasião, procurou-se evitar o recurso a decisões de tipo administrativo, remetendo o critério último para o próprio mercado.

Recordemos esse preceito:

> São valores mobiliários, além de outros que a lei como tal qualifique:
>
> *a*) As acções;
>
> *b*) As obrigações;
>
> *c*) Os títulos de participação;
>
> *d*) As unidades de participação em instituições de investimento colectivo;
>
> *e*) Os *warrants* autónomos;
>
> *f*) Os direitos destacados dos valores mobiliários referidos nas alíneas anteriores *a*) a *d*), desde que o destaque abranja toda a emissão ou série ou esteja previsto no acto de emissão.
>
> *g*) Outros documentos representativos de situações jurídicas homogéneas, desde que sejam susceptíveis de transmissão em mercado.

Pois bem: desta última alínea resulta que, afinal, o valor mobiliário é marcado, conceptualmente, pelos traços seguintes:

– é um título representativo (em regra: de crédito) ou um seu equivalente escritural;

[1615] OLIVEIRA ASCENSÃO, *O novíssimo conceito de valor mobiliário*, em IVM/*Direito dos valores mobiliários* VI (2006), 139-162 (141 ss.).

– homogéneo, i. é, susceptível de ser designado pelo género e por uma quantidade;
– capaz de integrar o mercado.

Como tem sido focado: no essencial, os valores mobiliários prendem-se às sociedades anónimas, designadamente às abertas: é neste último caso que deparamos com acções em mercado.

II. O CVM, nos seus artigos 39.° a 42.°, fixa a lei aplicável aos valores mobiliários. Fundamentalmente, temos de manter em conta:

– a lei pessoal do emitente, que se aplica à capacidade para a emissão, à forma de representação dos valores e, em princípio, ao seu conteúdo (39.° e 40.°);
– a lei do Estado da entidade gestora do sistema, quanto à transmissão de direitos e à constituição de garantias sobre valores mobiliários (41.°).

A designação de um Direito estrangeiro deve ser tomada em termos materiais (42.°).

252. **Emissão, registo e representação**

I. A emissão de valores mobiliários – com exemplo acabado nas acções das sociedades anónimas – é regulada pelo Direito material das sociedades. Eventualmente temos, já nesse nível, algumas regras mobiliárias a observar.

II. A emissão está sujeita a registo junto do emitente (43.°/1, do CVM)[1616].

O registo da emissão deve compreender (44.°/1):

a) A identificação do emitente, nomeadamente a firma ou denominação, a sede, o número de identificação de pessoa colectiva, a conservatória do registo comercial onde se encontra matriculada e o número de matrícula;

[1616] Cf., em especial e com ricas indicações: Carlos Ferreira de Almeida, *Registo de valores mobiliários*, em IVM/*Direito dos valores mobiliários* VI (2006), 51-138 (71 ss.).

b) As características completas do valor mobiliário, designadamente o tipo, os direitos que, em relação ao tipo, estão especialmente incluídos ou excluídos, a forma de representação e o valor nominal ou percentual;
c) A quantidade de valores mobiliários que integram a emissão e a série a que respeitam e, tratando-se de emissão contínua, a quantidade actualizada dos valores mobiliários emitidos;
d) O montante e a data dos pagamentos para liberação previstos e efectuados;
e) As alterações que se verifiquem em qualquer das menções referidas nas alíneas anteriores;
f) A data da primeira inscrição registral de titularidade ou da entrega dos títulos e a identificação do primeiro titular, bem como, se for o caso, do intermediário financeiro com quem o titular celebrou contrato para registo dos valores mobiliários;
g) O número de ordem dos valores mobiliários titulados.

Os elementos referidos nas alíneas *a*), *b*) e *c*) são reproduzidos (44.°/3):

a) Em conta aberta pelo emitente junto da entidade gestora do sistema centralizado, quando os valores mobiliários sejam integrados nesse sistema;
b) Em conta aberta pelo emitente no intermediário financeiro que presta o serviço de registo dos valores mobiliários escriturais nos termos do artigo 63.°.

Temos, assim, uma sucessão de registos que permitem, por articulação, conhecer os valores em jogo.

III. O artigo 63.° tem a ver com o registo num único intermediário financeiro. Prende-se essa matéria com os valores mobiliários escriturais: aqueles que resultam de meras contas (61.°, todos do CVM). O processo de registo vem tratado nos artigos 65.° e seguintes.

IV. Quanto à representação dos valores mobiliários, eles podem ser (46.°/1):

– escriturais, quando representados por registos em conta;
– titulados, sempre que representados por documento de papel; dizem-se, então, títulos.

A representação dos valores exige o prévio cumprimento das formalidades próprias, para a emissão de cada tipo de valores mobiliários, incluindo o registo comercial (47.°).

Salvo a proibição legal ou estatutária, o emitente pode decidir a conversão dos valores mobiliários quanto à sua forma de representação (48.°/1; cf. 49.° e 50.°). Em caso de destruição ou perda, os valores mobiliários escriturais ou titulados podem ser reconstituídos a partir dos documentos e registos de segurança disponíveis (51.°/1).

253. **Modalidades e legitimação; tutela da boa fé**

I. Demos acima conta da contraposição dos valores mobiliários em escriturais e titulados, consoante sejam representados por registos em conta ou por documentos de papel.

Segundo o artigo 52.°/1 do CVM, temos a distinguir:

– valores nominativos, conforme o emitente tenha a todo o tempo a faculdade de conhecer a identidade dos titulares;
– valores ao portador, na hipótese inversa.

Na falta de cláusulas estatutárias ou decisão do emitente em contrário, os valores mobiliários consideram-se nominativos (52.°/2). Tradicionalmente, os valores nominativos tinham inscrito o titular; os ao portador cabiam a quem, deles, tivesse a posse. Com a evolução para os valores escriturais, tudo assenta na cognoscibilidade do titular.

II. Supletivamente, os valores ao portador podem, a expensas do titular, converter-se em nominativos e inversamente (53.°). A conversão efectua-se nos termos do artigo 54.°.

III. O título ou o registo relativos aos títulos dão-nos a legitimidade para o exercício dos direitos: ela assiste a quem, pelo título ou pelo registo, couberem os direitos relativos ao valor mobiliário considerado (55.°/1). São direitos inerentes aos valores mobiliários, designadamente (55.°/3):

a) Os dividendos, os juros e outros rendimentos;
b) Os direitos de voto;
c) Os direitos à subscrição ou aquisição de valores mobiliários do mesmo ou de diferente tipo.

IV. A confiança das pessoas na aparência resultante da legitimação pelo título é duplamente protegida:

- o emitente que, de boa fé, realize qualquer prestação a favor do título legitimado pelo registo ou lhe reconheça qualquer direito fica liberado e isento de responsabilidade (56.°);
- ao adquirente de um valor mobiliário, que tenha procedido de boa fé, não é oponível a falta de legitimidade do alienante, desde que a aquisição tenha sido efectuada de acordo com as regras de transmissão aplicáveis (58.°/1).

§ 69.° OFERTAS PÚBLICAS EM GERAL

254. Noções gerais

I. As sociedades abertas, particularmente aquelas que emitam valores admitidos à negociação em mercado regulamentado ou, *a fortiori*, em bolsa, procuram colocá-los junto do público. Em qualquer dessas hipóteses lidamos com "ofertas públicas" isto é: propostas de contrato dirigidas a destinatários indeterminados[1617].

II. O recurso a ofertas públicas torna-se necessário para quem pretenda colocar no mercado certos valores ou adquiri-los, no mesmo mercado. Mas ele pode ser imposto pelo legislador: tratar-se-á de uma forma de conseguir que todos os titulares de determinados valores mobiliários sejam tratados de igual forma.

Por exemplo: um interessado poderia controlar uma sociedade adquirindo apenas uma percentagem do capital: tanto menor quanto maior fosse a dispersão das suas acções; nessa ocasião, essa percentagem valeria proporcionalmente muito mais do que as acções que, para ela, não contribuíssem; a injustiça seria grande e reverteria contra o próprio mercado. Assim, o artigo 187.°/1[1618] determina a obrigatoriedade de lançar uma OPA, de modo que todos disfrutem da mais-valia representada pela maioria de controlo.

III. O CVM começou por enquadrar a matéria, nos seus artigos 108.° e seguintes[1619]. Com determinadas excepções, o CVM é aplicável a ofertas

[1617] *Tratado* I/1, 3ª ed., 557 ss..

[1618] De ora em diante, os artigos sem indicação de fonte pertencem ao CVM.

[1619] Os preceitos devem ser verificados, ponto por ponto, perante as alterações introduzidas no CVM pelo Decreto-Lei n.° 66/2004, de 24 de Março e pelo Decreto-Lei n.° 52/2006, de 15 de Março.

públicas dirigidas especificamente a pessoas com residência ou estabelecimento em Portugal, seja qual for a lei pessoal do oferente ou do emitente e o Direito aplicável aos valores mobiliários objecto de oferta (108.°/1).

À partida, é oferta pública aquela que, sendo relativa a valores mobiliários, se dirija, no todo ou em parte, a destinatários indeterminados (109.°/1); a indeterminação mantém-se ainda que surjam comunicações padronizadas, individualmente endereçadas (109.°/2). E são ainda ofertas públicas (109.°/3[1620]):

a) A oferta dirigida à generalidade dos accionistas de sociedade aberta, ainda que o seu capital social esteja representado por acções nominativas;
b) A oferta precedida ou acompanhada de prospecção;
c) A oferta dirigida, pelo menos, a 100 pessoas que sejam investidores não qualificados, com residência ou estabelecimento em Portugal.

São particulares (110.°[1621]):

a) As ofertas relativas a valores mobiliários dirigidas apenas a investidores qualificados;
b) As ofertas de subscrição dirigidas por sociedades com o capital fechado ao investimento público à generalidade dos seus accionistas, fora da hipótese de prospecção.

O artigo 111.°[1622] contém numerosas exclusões do universo das ofertas públicas.

IV. O artigo 112.°[1623] contempla o princípio do igual tratamento nas ofertas públicas. Aliás e por definição, a oferta pública pressupõe que a mesma proposta seja dirigida a destinatários indeterminados. O artigo 113.°[1624] impõe que, havendo prospecto, a intermediação seja obrigatória, devendo o intermediário financeiro assegurar os seguintes serviços (113.°/1):

a) Assistência e colocação, nas ofertas públicas de distribuição;

[1620] Na redacção do Decreto-Lei n.° 52/2006, de 15 de Março.
[1621] *Idem.*
[1622] *Idem.*
[1623] *Idem.*
[1624] *Idem.*

b) Assistência a partir do anúncio preliminar e recepção das declarações de aceitação, nas ofertas públicas de aquisição.

O próprio oferente, sendo intermediário financeiro autorizado, pode desempenhar essas funções.

255. **Registo prévio e publicidade**

I. A realização de qualquer oferta pública está sujeita a registo prévio na CMVM (114.°/2)[1625]. O registo poderá ser recusado, nos casos previstos no artigo 119.°. É a lógica da regulação: a CMVM assegura a legalidade da iniciativa, assim acautelando a confiança do mercado.

O pedido de registo deve ser instruído com os numerosos dados elencados no artigo 115.°, complementados com as alterações introduzidas pelo Decreto-Lei n.° 52/2006: quinze elementos. Eventualmente, haverá que apresentar relatórios e contas especiais (116.°). E o oferente assegura a legalidade da oferta (117.°[1626]). A decisão relativa ao registo deve ser tomada tempestivamente (118.°[1627]).

O registo prévio caduca se o anúncio de lançamento e o prospecto não forem divulgados em certos prazos estritos (120.°).

II. A publicidade é aprovada previamente pela CMVM (121.°/2). Ela deve observar princípios explícitos (121.°/1[1628]), originando responsabilidade (121.°/3).

A CMVM pode autorizar publicidade anterior à concessão do registo (122.°[1629]).

[1625] O Decreto-Lei n.° 52/2006, de 15 de Março, introduziu um n.° 1, segundo o qual "os prospectos de oferta pública de distribuição estão sujeitos a aprovação pela CMVM"; relegou para n.° 2 o anterior corpo do artigo, onde figura o princípio básico inserido no texto. Do ponto de vista da boa sistemática legislativa, não foi boa inovação.

[1626] Na redacção dada pelo Decreto-Lei n.° 52/2006, de 15 de Março. Anteriormente, esse preceito reportava-se à conformidade com o Direito estrangeiro.

[1627] Na redacção dada pelo Decreto-Lei n.° 52/2006, de 15 de Março.

[1628] *Idem.*

[1629] *Idem.*

256. **Lançamento e execução**

I. Segue-se o anúncio de lançamento da oferta. Ele deve descrever os elementos necessários para a formação dos contratos a que se refira, incluindo designadamente os seguintes (123.°/1):

a) Identificação e sede social do oferente, do emitente e dos intermediários financeiros encarregados da assistência e da colocação da oferta;
b) Características e quantidade dos valores mobiliários que são objecto da oferta;
c) Tipo de oferta;
d) Qualidade em que os intermediários financeiros intervêm na oferta;
e) Preço e montante global da oferta, ou intervalo entre o preço máximo e o preço mínimo, natureza e condições de pagamento;
f) Prazo da oferta;
g) Critério de rateio;
h) Condições de eficácia a que a oferta fica sujeita;
i) Locais da publicação e distribuição do prospecto;
j) Entidade responsável pelo apuramento e pela divulgação do resultado da oferta.

Como se vê, o elenco legal vai para além dos elementos que devem constar de uma proposta: antes visam um suplemento de informação. O prazo da oferta deve ser fixado em conformidade com as suas características, com a defesa dos destinatários e com as exigências do mercado (125.°[1630]). A oferta pode ser condicionada – 123.°/1, *h*)[1631]: mas desde que a condição não dependa, na sua verificação, do próprio oferente (124.°/4): seria então, aliás, uma oferta imprópria.

II. O anúncio de lançamento deve ser publicado, em simultâneo com a divulgação do prospecto, em meio de comunicação de grande difusão no País e no boletim do mercado regulamentado em causa (123.°/3): prossegue-se, assim, o princípio da igualdade, que depende do acesso de todos à informação.

[1630] *Idem*.

[1631] A expressão "condições de eficácia" não é dogmaticamente correcta: a condição é-o de declaração e não de "eficácia".

III. Aos destinatários cabe aceitar, recusar ou nada fazer: uma posição comum a quem recebe qualquer proposta contratual.

A aceitação consta de ordem dirigida ao intermediário financeiro (126.°/1). Uma vez formulada, ela pode ser revogada até cinco dias antes de findar o prazo de oferta ou em prazo inferior, constantes dos documentos de oferta (126.°/2): temos, aqui, um desvio em relação às regras comuns, que tornam a aceitação irrevogável, desde que chegue ao proponente e salvo o artigo 235.° do Código Civil.

A recusa é teoricamente possível, embora pareça pouco prática e útil. Nada fazendo, o destinatário deixará expirar o prazo, rejeitando, na prática, o que lhe seja proposto.

IV. Terminado o prazo da oferta, o resultado é imediatamente apurado e publicado (127.°/1[1632]):

a) Por um intermediário financeiro que concentre as declarações de aceitação; ou

b) Em sessão especial do mercado regulamentado.

Tratando-se de oferta pública de distribuição, deve ainda informar-se se foi requerida a admissão à negociação dos valores mobiliários que dela sejam objecto (127.°/2[1633]).

257. O prospecto

I. Um elemento característico das ofertas públicas é o prospecto[1634]. O prospecto é, *grosso modo*, um documento cuja divulgação deve preceder a realização da oferta (134.°/1) e que contém informações adequadas para uma tomada de decisão por parte dos destinatários. Nos casos especificados no artigo 134.°/2[1635], o prospecto é dispensável.

Como cláusula geral, o prospecto deve (135.°/1[1636]):

1632 Na redacção dada pelo Decreto-Lei n.° 52/2006, de 15 de Março.

1633 *Idem.*

1634 Cf. CARLOS COSTA PINA, *Dever de informação e responsabilidade pelo prospecto no mercado primário de valores mobiliários* (1999), 282 pp..

1635 Na redacção dada pelo Decreto-Lei n.° 52/2006, de 15 de Março.

1636 *Idem.*

(...) conter informação completa, verdadeira, actual, clara, objectiva e lícita, que permita aos destinatários formar juízos fundados sobre a oferta, os valores mobiliários que dela são objecto e os direitos que lhe são inerentes, sobre as características específicas, a situação patrimonial, económica e financeira e as previsões relativas à evolução da actividade e dos resultados do emitente e de um eventual garante.

II. O prospecto deve ter um conteúdo comum aos diversos casos. É ele (136.°[1637]):

a) As pessoas que, nos termos do artigo 149.°, são responsáveis pelo seu conteúdo;
b) Os objectivos da oferta;
c) O emitente e a actividade por este desenvolvida;
d) O oferente e a actividade por este desenvolvida;
e) A estrutura de administração e fiscalização do emitente;
f) A composição dos órgãos do emitente e do oferente;
g) Os intermediários financeiros que integram o consórcio de colocação, quando exista.

Posto isso, temos conteúdos específicos:

– para a oferta pública de distribuição (137.°);
– para a oferta pública de aquisição (138.°);
– adaptações, para casos especiais (139.°).

III. O prospecto só pode ser divulgado depois de aprovado pela CMVM: quer quanto ao texto, quer quanto ao formato (140.°/1[1638]). Deve, depois, ser colocado à disposição do público com uma antecedência adequada, em termos explicitados para os diversos casos (140.°/2 e 3[1639]). Toda esta matéria recebe uma regulação pormenorizada, fixada em 2006, através dos dez números do actual artigo 140.°.

Estão ainda previstas adendas e rectificações do prospecto (142.°), a validade do prospecto (143.°) e um prospecto anual de referência (144.°). Também o prospecto de oferta internacional mereceu a atenção do Código (145.° a 148.°).

1637 *Idem.*

1638 *Idem.*

1639 *Idem.*

IV. O prospecto corresponde a uma forma cristalizada do dever de informação pré-contratual. A responsabilidade que dele emerja é uma concretização da *culpa in contrahendo*: esta está na origem histórica do próprio prospecto. Hoje, a matéria dispõe de espaço próprio no CVM: artigos 149.° a 154.°, de natureza injuntiva, como resulta deste último preceito.

A responsabilidade, com presunção de culpa[1640], atinge os seguintes intervenientes (149.°/1):

a) O oferente;
b) Os titulares do órgão de administração do oferente;
c) O emitente;
d) Os titulares do órgão de administração do emitente;
e) Os promotores, no caso de oferta de subscrição para a constituição de sociedade;
f) Os titulares do órgão de fiscalização, as sociedades de revisores oficiais de contas, os revisores oficiais de contas e outras pessoas que tenham certificado ou, de qualquer outro modo, apreciado os documentos de prestação de contas em que o prospecto se baseia;
g) Os intermediários financeiros encarregados da assistência à oferta;
h) As demais pessoas que aceitem ser nomeadas no prospecto como responsáveis por qualquer informação, previsão ou estudo que nele se inclua.

O artigo 150.° fixa situações de responsabilidade objectiva: do oferente, do emitente e do chefe de consórcio, quando sejam responsáveis entidades a eles ligadas. Havendo responsabilidade plural, há solidariedade (151.°). Quanto à indemnização: o artigo 152.°/1, na linha da boa doutrina, manda ter em conta, indistintamente, os denominados "interesses" positivo e negativo. Assim:

> A indemnização deve colocar o lesado na exacta situação em que estaria se, no momento da aquisição ou da alienação dos valores mobiliários, o conteúdo do prospecto estivesse conforme com o disposto no artigo 135.° [informação completa, verdadeira, actual, clara, etc.].

V. Razões imperiosas de segurança levam a que o direito à indemnização (153.°):

[1640] Culpa essa que, segundo o artigo 149.°/2, é apreciada:
(...) de acordo com elevados padrões de diligência profissional.

– deva ser exercido no prazo de seis meses após o conhecimento da deficiência do conteúdo do prospecto;
– cessando dois anos após a divulgação do resultado da oferta.

258. **Vicissitudes**

I. Lançada uma oferta pública, apenas circunstâncias especiais poderão levar a que ela não se mantenha firme até ao seu êxito ou à sua rejeição, em função da reacção dos destinatários. O CVM trata a matéria sob o título "vicissitudes" (128.° a 133.°). Distingue:

– a modificação da oferta;
– a revogação da oferta;
– a retirada da oferta;
– a suspensão da oferta.

II. Na base da modificação ou da revogação da oferta está a alteração das circunstâncias. Segundo o artigo 128.°:

> Em caso de alteração imprevisível e substancial das circunstâncias que, de modo cognoscível pelos destinatários, hajam fundado a decisão de lançamento da oferta, excedendo os riscos a estes inerentes, pode o oferente, em prazo razoável e mediante autorização da CMVM, modificar a oferta ou revogá-la.

Verifica-se um certo afrouxamento em relação ao que resultaria do artigo 437.°/1, do Código Civil. De todo o modo, recomendar-se-ia aos oferentes uma redacção cuidada do anúncio de oferta, de modo a enunciar com precisão os elementos de cuja manutenção irá depender a subsistência da oferta.

A modificação constitui fundamento para a prorrogação do prazo, a decidir pela CMVM (129.°/1). As aceitações anteriores consideram-se eficazes para a oferta modificada (129.°/2). Ela deve ser divulgada (129.°/3). Quanto à revogação: só mesmo por alteração das circunstâncias (130.°/1), devendo ser logo anunciada (130.°/2).

III. A CMVM deve ordenar a retirada da oferta se verificar que ela enferma de alguma ilegalidade ou violação de regulamento insanáveis

(131.°/1)[1641]. Tal decisão é publicada pela CMVM, a expensas do oferente (131.°/2).

Quer a revogação, quer a retirada determinam a ineficácia da oferta e dos actos de aceitação anteriores ou posteriores: deve ser restituído tudo o que tenha sido entregue (132.°).

IV. Verificando-se ilegalidades ou violações de regulamentos que sejam sanáveis, deve a CMVM proceder à suspensão da oferta, com os pontos regulativos fixados no artigo 133.°[1642].

[1641] O Decreto-Lei n.° 52/2006, de 15 de Março, veio alterar este preceito, aditando-lhe a proibição de lançamento da oferta. De novo temos um erro sistemático: se há proibição de lançamento, não chega a haver oferta; e se não há oferta, não cabe falar nas suas vicissitudes.

[1642] Na redacção dada pelo Decreto-Lei n.° 52/2006, de 15 de Março.

§ 70.° OFERTAS PÚBLICAS DE DISTRIBUIÇÃO

259. Regras gerais, registo e vicissitudes

Tendo fixado as regras gerais sobre ofertas públicas, o legislador passou a contemplar os grandes grupos de ofertas. E desde logo, as ofertas públicas de distribuição, isto é: aquelas em que o oferente propõe aos destinatários a subscrição ou a aquisição de valores mobiliários: com natural predomínio das acções de sociedades abertas.

Logo à partida, o artigo 156.° exige um estudo de viabilidade económica e financeira do emitente quando:

a) A oferta tenha por objecto a constituição de sociedade por apelo à subscrição pública;
b) O emitente exerça a sua actividade há menos de dois anos;
c) O emitente tenha tido prejuízos, revelados nas contas individuais ou consolidadas, em pelo menos dois dos três últimos exercícios;
d) A fixação do preço da oferta se baseie de modo predominante nas perspectivas de rendibilidade futura do emitente.

II. Quando o pedido de registo provisório for precedido por um contrato de tomada firme com efeitos imediatos, a CMVM pode aceitá-lo. O anúncio de lançamento e o prospecto não podem ser divulgados antes de o registo se converter em definitivo (157.°/3).

O preço pode não estar prefixado, seguindo-se o dispositivo do artigo 159.°[1643].

Havendo distribuição incompleta: a oferta é eficaz em relação aos valores mobiliários efectivamente distribuídos, salvo se o contrário resultar da lei ou dos termos da oferta (161.°). Já vimos o regime aplicável, quando esteja em causa a constituição de sociedade por subscrição pública[1644].

[1643] Na redacção dada pelo Decreto-Lei n.° 52/2006, de 15 de Março.

[1644] *Supra*, 614.

Quando a oferta seja acompanhada da informação de que os valores se destinam a ser admitidos à negociação em mercado regulamentado, podem os destinatários resolver os negócios de aquisição se a admissão à negociação não for requerida até ao apuramento da oferta ou se, sendo-o, ela for recusada por facto imputável aos intervenientes (163.°).

III. Até que a oferta seja tornada pública, as informações a ela relativas são reservadas. Assim, segundo o artigo 162.°/1, o emitente, o oferente, os intermediários financeiros e as pessoas relacionadas com qualquer deles devem limitar a revelação de elementos e devem restringir a sua utilização à preparação da oferta.

Quando a oferta se torne pública, as entidades que divulguem informações devem respeitar o artigo 162.°/2, que vela pela sua boa qualidade.

260. **Recolha de intenções de investimento**

I. O artigo 164.°/1 admite, de modo expresso, a recolha de intenções de investimento, para se apurar a viabilidade de uma eventual oferta pública de distribuição. Essa recolha faz-se após a divulgação de um prospecto preliminar (164.°/2). As intenções de investimento manifestadas (164.°/3):

– não podem servir como meio de formação de contratos;
– mas podem conferir às pessoas consultadas condições mais favoráveis em oferta futura.

II. O prospecto preliminar deve ser aprovado pela CMVM (165.°/1[1645]). Deve ser devidamente instruído (165.°/2), obedecendo ainda ao Regulamento n.° 809/2004, de 29 de Abril (165.°/3).

À responsabilidade pelo conteúdo do prospecto preliminar aplica-se o disposto sobre a responsabilidade pelo prospecto propriamente dito[1646], com as necessárias adaptações.

É ainda permitida a realização de acções publicitárias a partir do anúncio preliminar (167.°). Tal publicidade seguirá o disposto nos artigos 121.° e 122.°.

[1645] Na redacção dada pelo Decreto-Lei n.° 52/2006, de 15 de Março.
[1646] *Supra*, 645.

261. Ofertas públicas de subscrição e de venda

I. O Código de Valores Mobiliários consagra ainda alguns preceitos, de modo diferenciado, às ofertas públicas de subscrição (168.°[1647] e 169.°) e às ofertas públicas de venda (170.°[1648] a 172.°).

Quanto às ofertas públicas de subscrição exigem-se, no fundamental, elementos relativos aos promotores, ao projecto de contrato de sociedade e ao registo comercial provisório (168.°)[1649].

A sucessão de ofertas de subscrição ou as ofertas em série dependem do pagamento prévio da totalidade do preço de subscrição ou da colocação em mora dos subscritores remissos, bem como do cumprimento das formalidades associadas à emissão ou à série anterior (169.°).

II. No tocante às ofertas públicas de venda, o pedido de aprovação do correspondente prospecto deve ser instruído com certificado comprovativo do bloqueio dos valores mobiliários oferecidos (170.°[1650]).

O emitente deve oferecer ao oferente, ainda que a expensas deste, as informações e os documentos necessários para a elaboração do prospecto (171.°).

Finalmente: a CMVM pode autorizar a redução não inferior a 5% do preço inicialmente anunciado: só por uma vez (172.°).

[1647] Na redacção dada pelo Decreto-Lei n.° 52/2006, de 15 de Março.

[1648] *Idem.*

[1649] *Supra*, 612.

[1650] Na redacção dada pelo Decreto-Lei n.° 52/2006, de 15 de Março.

§ 71.° OFERTAS PÚBLICAS DE AQUISIÇÃO

262. Generalidades; objecto e segredo

I. As ofertas públicas de aquisição (OPA) constituem a fase mais visível e mais mediática do funcionamento do mercado de valores mobiliários. Elas permitem a tomada de sociedades (*takeover*), animam as cotações e dão corpo ao fenómeno da concentração empresarial. O Estado e as entidades de regulação intervêm, seja por via legislativa e regulamentar, seja através de decisões administrativas: trata-se de assegurar o bom funcionamento do mercado e de proteger os investidores, particularmente os pequenos.

Sobre OPAs existe uma literatura significativa, nacional[1651] e estrangeira[1652], havendo ainda que reter diversas novidades, nacionais, comparatísticas e europeias. Para os propósitos do presente *Manual* – que não o é de Direito mobiliário – cumpre, apenas, proceder a uma exposição sintética do regime vigente, tendo em vista um melhor conhecimento das sociedades anónimas e do seu funcionamento.

Cabe ainda deixar claro que as OPAs e as regras a elas relativas não suscitam questões dogmáticas autónomas. Elas têm a ver com uma concre-

[1651] Da nossa autoria e com expressa prevenção quanto à evolução legislativa: *Da tomada de sociedades (takeover): efectivação, valoração e técnicas de defesa*, ROA 54 (1994), 761-777, *Ofertas públicas de aquisição*, ROA 56 (1996), 499-533 e AAVV, *Direito dos valores mobiliários* (1997), 267-290, *OPAs estatutárias*, ROA 1998, 133-145 e *13ª Directriz do Direito das sociedades (ofertas públicas de aquisição)*, ROA 64 (2004), 97-111, todas com indicações. Referimos, ainda, JORGE RIBEIRO MENDONÇA, *A tomada de sociedade através de oferta pública de aquisição*, RFDUL 2004, 47-81 e LUÍS MENEZES LEITÃO, *A defesa contra OPAs*, O Direito 2006, 457-475.

[1652] JÖRG KUBALEK, *Die Stellungnahme der Zielgesellschaft zu öffentlichen Angeboten nach dem WgÜG* (2006), 266 pp.; embora sobre um ponto específico, esta monografia dá uma panorâmica actualizada da matéria.

tização dos mecanismos civis de formação dos contratos. Queda, depois, conhecer e aplicar as múltiplas regras delimitativas, informativas e procedimentais.

II. As ofertas públicas de aquisição podem ser objecto de diversas distinções: ajudam a entender o seu conteúdo e a sua função. Assim, de acordo com o valor mobiliário, temos:

– OPAs de acções;
– OPAs de outros valores mobiliários.

A OPA pode visar, ou não, a aquisição de todos os valores mobiliários do tipo em causa. Daí resultam:

– OPAs totais;
– OPAs parciais.

A OPA pode suscitar a concordância ou a discordância da administração da sociedade visada ou sociedade-alvo. Assim teremos:

– OPAs amigáveis;
– OPAs hostis[1653].

Lançada uma OPA sobre uma sociedade, pode a própria sociedade-alvo reagir com uma OPA sobre a sociedade primeiro oferente ou podem, outras entidades, lançar novas OPAs sobre a mesma sociedade-alvo. Trata-se de matéria estritamente regulada e que corresponde a:

– contra-OPAs;
– OPAs concorrentes.

III. A OPA é dirigida a todos os titulares dos valores mobiliários que dela sejam objecto (173.º/1). De outro modo, não estaria assegurada a regra do igual tratamento: a própria OPA já não seria "pública", uma vez que passaria a ter destinatários predeterminados. Verifica-se ainda, pelo

---

[1653] Por definição, a "hostilidade" terá de o ser em relação à administração e não aos accionistas: estes são sempre objecto do tratamento "amigável", pressuposto por qualquer oferta pública, que lhes dará a oportunidade (que usarão ou não) de vender, arrecadando um prémio.

teor do artigo 173.°/3, que a generalidade das regras sobre OPAs se aplica, afinal, àquelas que visem acções de sociedades abertas.

IV. Desde o momento em que se ponha a hipótese de uma OPA, o oferente, a sociedade visada, os seus accionistas e os titulares de órgãos sociais, bem como todos os que lhes prestem serviço a título permanente ou ocasional devem guardar segredo sobre a sua preparação e até à publicação do anúncio preliminar (174.°). Este ponto é muito relevante, constituindo informação privilegiada. O artigo 393.°/2, *e*), considera a violação do segredo como uma contra-ordenação muito grave. De facto, a divulgação do segredo pode permitir ganhos especulativos e injustos, pondo em crise a estrutura básica da confiança no mercado.

263. A marcha do processo

A OPA dá, depois, azo a todo um processo, com diversas fases, ora necessárias ora eventuais e que passamos a sumariar. Temos:

1.° O anúncio preliminar: logo que tome a decisão da OPA, o oferente deve enviá-la à CMVM, à sociedade visada e às entidades gestoras do mercado regulamentado em causa, procedendo à publicação (175.°/1); a publicação obriga o oferente a lançar a OPA em termos não menos favoráveis e a requerer o registo da oferta no prazo de 20 dias, prorrogáveis, nas ofertas públicas de troca, pela CMVM, até 60 (175.°/2).

O anúncio preliminar tem o conteúdo prescrito no artigo 176.°, o qual inclui, designadamente, a contrapartida oferecida: dinheiro, valores mobiliários ou outros (177.°); na hipótese de valores mobiliários, temos uma oferta pública de troca (178.°).

2.° O requerimento do registo da OPA: deve ser instruído com os elementos referidos nos artigos 115.°, 116.° e 179.°.

3.° A decisão sobre esse requerimento, a proferir pela CMVM no prazo de 8 dias (118.°).

4.° A pendência da oferta, entre duas e dez semanas, que a CMVM poderá prorrogar (183.°).

5.° A eventual revisão da oferta, até 10 dias antes do fim do prazo: no tocante à contrapartida e quanto à sua natureza ou montante; a nova contrapartida deve ser majorada em, pelo menos, 5% (184.°).

6.° Eventuais OPAs concorrentes, no condicionalismo do artigo 185.°.

No mais, têm aplicação as regras sobre ofertas públicas, já examinadas[1654].

264. A pendência da OPA

I. A pendência da OPA tem relevância em diversos domínios e, designadamente, no que tange a certas transacções e aos deveres e poderes da sociedade visada.

Quanto às transacções: a partir da publicação do anúncio preliminar e até ao apuramento do resultado da oferta, o oferente e as pessoas a ele ligadas nos termos do artigo 20.° não podem negociar, fora do mercado regulamentado em jogo, valores mobiliários cuja aquisição pretenda ou que ofereça em contrapartida, salvo com autorização da CMVM e parecer prévio da sociedade visada – 180.°/1, *a*)[1655]; além disso, devem avisar diariamente a CMVM sobre transacções relativas a valores mobiliários emitidos pela sociedade visada – *idem*, *b*).

II. Por seu turno, a administração da sociedade visada deve, no prazo de 8 dias a contar da recepção do projecto de anúncio de lançamento, enviar ao oferente e à CMVM e publicar um relatório sobre a oportunidade e as condições da oferta (181.°/1). Ver-se-á, nessa ocasião, se a OPA é amigável ou hostil.

Além disso, o órgão de administração da sociedade visada, deve, desde a publicação do anúncio preliminar e até ao apuramento do resultado da oferta (181.°/2):

a) Informar diariamente a CMVM acerca das transacções realizadas pelos seus titulares sobre valores mobiliários emitidos pela sociedade visada ou por pessoas que com esta estejam em alguma das situações previstas do n.° 1 do artigo 20.°;

b) Prestar todas as informações que lhe venham a ser solicitadas pela CMVM no âmbito das suas funções de supervisão;

c) Informar os trabalhadores, directamente ou através dos seus representantes, sobre o conteúdo dos documentos da oferta;

d) Agir de boa fé, designadamente quanto à correcção da informação e quanto à lealdade do comportamento.

1654 *Supra*, 639 ss..

1655 O parecer em causa não é vinculativo: a decisão pertence, pois, à CMVM.

III. Desde o momento em que tome conhecimento da decisão de lançamento da OPA que incida sobre mais de 1/3 dos valores mobiliários da respectiva categoria e até ao apuramento do resultado ou à cessação do processo, ocorre uma denominada "limitação dos poderes da sociedade visada". Mais precisamente (182.°/1), o seu órgão de administração deve abster-se de

> (...) actos susceptíveis de alterar de modo relevante a situação patrimonial da sociedade visada que não se reconduzam à gestão normal da sociedade e que possam afectar de modo significativo os objectivos anunciados pelo oferente.

O n.° 2 especifica:

> Para efeitos do número anterior:
>
> *a*) Equipara-se ao conhecimento do lançamento da oferta a recepção pela sociedade visada do anúncio preliminar;
>
> *b*) Consideram-se alterações relevantes da situação patrimonial da sociedade visada, nomeadamente, a emissão de acções ou de outros valores mobiliários que confiram direito à sua subscrição ou aquisição e a celebração de contratos que visem a alienação de parcelas importantes do activo social.

IV. As limitações atingem, quanto a medidas inovatórias e próprias, o conselho de administração. Com efeito, segundo o n.° 3 do artigo 182.°:

> Exceptuam-se do disposto nos números anteriores:
>
> *a*) Os actos que resultem do cumprimento de obrigações assumidas antes do conhecimento do lançamento da oferta;
>
> *b*) Os actos autorizados por deliberação de assembleia geral convocada especificamente para o efeito durante o prazo da oferta.

Quanto à assembleia geral, mantêm-se certas restrições, como se alcança do artigo 183.°/4:

> Durante o período referido no n.° 1, as deliberações da assembleia geral previstas na alínea *b*) do n.° 3, bem como as relativas à distribuição antecipada de dividendos e de outros rendimentos, apenas podem ser tomadas pela maioria exigida para a alteração dos estatutos.

A oferente é responsável quando tenha lançado a oferta com o objectivo principal de provocar esta limitação de poderes.

V. Na pendência de OPA, o legislador pretende, fundamentalmente, o funcionamento do mercado. Além disso, visa obstar a que o mecanismo das OPAs dê azo à mera destruição de riqueza. A situação de *capitis deminutio* da sociedade visada também não é conveniente. Igualmente neste plano encontramos uma justificação para os poderes da CMVM: tudo isto só se justifica perante OPAs sérias e bem estruturadas.

265. **OPA obrigatória**

I. O artigo 187.° dispõe sobre o dever de lançamento de uma oferta pública de aquisição[1656]. Segundo o seu n.° 1, tal dever impende sobre aquele que, directamente ou através das imputações de voto previstas no artigo 20.°, ultrapasse um terço ou metade dos direitos de voto numa sociedade aberta.

Esse lançamento não é exigível quando o visado prove, perante a CMVM, que mesmo ultrapassando o limite de um terço, não tem o domínio da sociedade visada, nem está com esta numa relação de grupo (187.°/2). Fica todavia obrigado a determinadas comunicações à CMVM e a lançar a OPA caso a situação se modifique (187.°/3).

II. A obrigatoriedade fica derrogada, nos casos do artigo 189.°/1: aquisição de valores em OPA lançada sobre a totalidade, execução de saneamento financeiro e de fusão que já previsse a OPA. A derrogação é objecto de declaração pela CMVM, requerida e imediatamente publicada pelo interessado (189.°/2).

E a mesma obrigatoriedade ficará suspensa se o obrigado, em comunicação escrita dirigida à CMVM no prazo de 5 dias úteis após a ocorrência de facto constitutivo do dever de lançamento, se obrigar a pôr termo ao facto que adstringe ao lançamento nos 120 dias subsequentes (190.°/1).

III. A publicação do anúncio preliminar relativa a OPA obrigatória deve ocorrer até 30 dias após a verificação do facto constitutivo do dever de lançamento (191.°/1), podendo haver substituição (191.°/2).

[1656] Cf. PAULO CÂMARA, *O dever de lançamento de oferta pública de aquisição no novo Código dos Valores Mobiliários*, em *Direito dos Valores Mobiliários* 2 (2000), 203-284.

A contrapartida da oferta pública obrigatória não pode ser inferior ao mais elevado dos seguintes montantes:

a) O maior preço pago pelo oferente ou por qualquer das pessoas que, em relação a ele, estejam em alguma das situações previstas no n.° 1 do artigo 20.° pela aquisição de valores mobiliários da mesma categoria, nos seis meses imediatamente anteriores à data da publicação do anúncio preliminar da oferta;

b) O preço médio ponderado desses valores mobiliários apurado em mercado regulamentado durante o mesmo período.

Se a contrapartida não puder ser fixada com recurso a esses elementos ou se a CMVM entender que ela não é equitativa, por excesso ou por defeito, recorrer-se-á a um auditor independente, a expensas do oferente e indicado pela CMVM.

IV. O incumprimento do dever de lançamento de uma OPA determina a imediata inibição dos direitos de voto e a dividendos[1657] inerentes às acções que ultrapassem o limite a partir do qual o lançamento seja devido ou que tenham sido adquiridas por exercício de direitos inerentes às acções em causa ou a outros valores mobiliários que confiram direito à sua subscrição ou aquisição (192.°/1).

A inibição vigora por cinco anos e cessa ou com o lançamento da OPA ou com a alienação das acções cuja titularidade cause o dever em jogo (192.°/3).

São anuláveis as deliberações que não teriam sido tomadas sem os votos inibidos (192.°/4).

Finalmente: o infractor é responsável pelos danos causados aos titulares dos valores mobiliários sobre os quais deveria ter incidido a OPA (193.°).

266. **Aquisição e alienação potestativa**

I. Na sequência do funcionamento de OPAs, o CVM estabelece hipóteses de aquisição e de alienação potestativa (194.° a 197.°). Estamos perante concretizações do instituto previsto no artigo 490.° do Código das Sociedades Comerciais[1658].

1657 Os quais revertem para a sociedade: 192.°/5.

1658 *Vide* os nossos *Da constitucionalidade das aquisições tendentes ao domínio total*

Na origem temos a aquisição potestativa do artigo 194.°/1: se após uma OPA relativa a uma sociedade aberta, o oferente ultrapassar os 90% dos direitos de voto pode, nos seis meses subsequentes ao apuramento da oferta, adquirir as acções remanescentes mediante uma contrapartida calculada nos termos do artigo 188.° (194.°/1). Tomada a inerente decisão deve o sócio dominante publicar de imediato o anúncio preliminar e enviá-lo à CMVM, para efeitos de registo (194.°/2).

A publicação do anúncio obriga o sócio dominante a consignar em depósito, junto de instituição de crédito, a contrapartida, à ordem dos titulares das acções remanescentes (194.°/4). A aquisição torna-se eficaz a partir da publicação, pelo interessado, do registo na CMVM (195.°/1).

II. Não sendo o direito de aquisição potestativa tempestivamente exercido, pode cada um dos titulares de acções remanescentes dirigir por escrito, ao sócio dominante, convite para, no prazo de trinta dias, lhe fazer proposta de aquisição das suas acções (196.°/1). Na falta de proposta, pode cada interessado provocar a alienação potestativa, nos termos regulados no artigo 196.°/2.

Neste processo deve ser observado o princípio do igual tratamento (197.°).

(artigo 490.°, n.° 5, do Código as Sociedades Comerciais), BMJ 480 (1999), 5-30 e *Aquisições tendentes ao domínio total: constitucionalidade e efectivação da consignação em depósito (artigo 490.°/3 e 4 do Código das Sociedades Comerciais)*, O Direito 2005, 446-463.

CAPÍTULO V

AS ACÇÕES

§ 72.° GENERALIDADES

267. **Natureza e princípios gerais**

I. No Direito das sociedades anónimas, o termo acção tem um triplo significado[1659]:

– a participação social do sócio ou accionista;
– a quota de capital por ele subscrita ou detida;
– o título representativo.

Enquanto participação social, a acção implica todo um *status*, com direitos, deveres e encargos[1660]. Como quota de capital, ela traduz o *quantum* absoluto e percentual assacado ao titular, no universo societário considerado. E na vertente título representativo[1661]: a acção, seja na versão tradicional de suporte em papel, seja em simples suporte escritural é uma figuração de todos esses aspectos, legitimando quem a detenha.

II. O regime das acções depende de vários factores e, designadamente, do tipo de acção em causa. Todavia, podemos estabelecer alguns princípios gerais tendencialmente aplicáveis:

– patrimonialidade;

1659 HÜFFER, *Aktiengesetz* cit., 7ª ed., § 1, Nr. 13 (7) ROSSELLA CAVALLO BORGIA, *Azioni e obbligazioni di società* (1988), 3 ss. e ASSIS TAVARES, *As sociedades anónimas* cit., 1, 80-81.

1660 *Manual*, 559 ss..

1661 KARSTEN SCHMIDT, *Gesellschaftsrecht* cit., 4ª ed., 777.

– transmissibilidade;
– literalidade;
– autonomia;
– abstracção.

As acções traduzem uma realidade económica, susceptível de avaliação pecuniária. Trata-se de um ponto importante, que permite de imediato a aplicação, às acções, dos princípios da constituição patrimonial privada. Elas são garantidas pelos artigos 62.°/1 (Direito da propriedade privada) e 61.°/1 (Iniciativa privada), da Constituição; ninguém pode ser, *ad nutum*, privado das suas acções ou impedido, em igualdade de circunstâncias, de as subscrever ou adquirir.

III. Ligada à patrimonialidade, temos a transmissibilidade: ela emerge, de resto, do artigo 62.°/1, 2ª parte, da Constituição. Em princípio, as acções são livremente transmissíveis; são, ainda, oneráveis e penhoráveis. As limitações possíveis à livre transmissão constam dos artigos 328.° e 329.° e requerem especiais assentimento do próprio e publicidade, para tutela de terceiros.

IV. A literalidade, a autonomia e a abstracção prendem-se à dimensão das acções como títulos de crédito.

A literalidade diz-nos que as particularidades do regime de cada acção só valem se estiverem transcritas nos títulos ou nas contas de registo das próprias acções: pelo menos perante terceiros de boa fé (328.°/4). Além disso e à cabeça: as acções têm um valor nominal: não podem ser emitidas por valor inferior (298.°/1).

A autonomia explica que o adquirente de uma acção seja havido como o seu subscritor originário: não lhe são oponíveis os óbices que pudessem afligir os seus antecessores (cf. 58.° do CVM).

A abstracção implica que ao titular de boa fé de uma acção não possam ser opostas relações imediatas existentes entre a sociedade e o seu antecessor ou entre antecessores dessa mesma acção.

V. Todos estes princípios actuam em conjunto constituindo, na sua harmonia, a base do regime das acções. Como matriz, devemos ter presente que elas representam uma especial técnica de apropriação privada da riqueza. O direito de propriedade está sempre subjacente.

268. Modalidades; títulos provisórios

I. As acções são tituladas ou escriturais[1660]:

– tituladas: quando representadas por documentos de papel;
– escriturais: sempre que resultem de registos em conta.

Inicialmente, a regra era a da titulação. O título de papel figuraria facilmente a acção e as suas características relevantes e circulava, assegurando ainda a dimensão cambiária da realidade em jogo. Todavia, a multiplicação das transacções, particularmente em bolsa, em que muitos milhões de acções mudam diariamente de mãos, veio suscitar problemas de praticabilidade e de segurança[1663]. Surgiu a ideia de representar a acção apenas por uma inscrição em conta, mantida pela própria sociedade emitente. O sistema foi facilitado com a introdução da informática, que permitiu contas seguras e eficazes nos intermediários e, por fim, nos sistemas centrais. Cada vez mais as acções são escriturais, embora a titulação em papel se mantenha e seja útil. Assim, a lei prevê a conversão de acções escriturais em tituladas e vice-versa (49.° e 50.° do CVM).

II. As acções tituladas, na versão original do Código das Sociedades Comerciais, podiam ser sujeitas, por diplomas especiais ou por iniciativa dos seus titulares, ao regime do registo ou do depósito (ex-331.°/1 e 2). O registo era feito em livro adequado existente na sociedade emitente (ex-330.°/1 e ex-335.°)[1664]. O depósito era efectuado em instituição de crédito, numa conta que identificasse o seu titular ou contitulares (ex-332.°/2).

Naturalmente: tratando-se de acções ao portador, a ocorrência de registo ou de depósito permitiria conhecer, em cada momento, o seu titular.

A matéria transitou para o CVM: o Decreto-Lei n.° 486/99, de 13 de Novembro, revogou, no seu artigo 15.°, os pertinentes preceitos do Código das Sociedades Comerciais.

Quanto ao depósito dos valores mobiliários titulados rege, hoje, o artigo 99.° do CVM.

[1662] Cf. o artigo 46.°/1 do CVM.

[1663] Sobre toda esta solução, com importantes elementos de Direito comparado: CARLOS FERREIRA DE ALMEIDA, *Registo de valores mobiliários* cit., 51 ss..

[1664] Trata-se de um registo meramente informativo, na base do qual não podiam ser resolvidas questões de propriedade ou de posse: RPt 9-Mai.-1995 (GONÇALVES VILAR), CJ XX (1995) 3, 213-215 (215/I).

III. Numa segunda classificação, as acções dizem-se nominativas ou ao portador. Quando tituladas, a distinção era óbvia:

– nominativas: o nome do titular está inscrito no próprio título;
– ao portador: o título não especifica quem é o titular; este vem a ser o possuidor material do título.

As leis determinavam que as acções fossem nominativas sempre que, por qualquer razão, fosse necessário conhecer, em cada momento, quem é o titular das acções.

Tratando-se de acções escriturais, a ideia de base mantém-se[1665]:

– nominativas: o emitente tem a faculdade de conhecer a todo o tempo a identidade dos titulares;
– ao portador: o emitente não tem essa possibilidade.

IV. As acções escriturais consideram-se nominativas, na falta de cláusula estatutária ou de decisão do emitente (52.°/2, do CVM). Em relação às acções tituladas, não há regra supletiva: cabe aos estatutos definir, necessariamente, esse ponto – 272.°/*d*). Também supletivamente (portanto: na falta de regra contratual ou legal em contrário) as acções ao portador podem converter-se livremente em nominativas e inversamente, por iniciativa e a expensas do titular (53.° do CVM). A conversão opera (54.° do CVM):

– nas escriturais, através de anotação na conta do registo;
– nas tituladas, por substituição dos títulos ou alteração do seu texto.

Perante este preceito, torna-se desnecessária a indicação, no pacto social, das regras sobre eventuais conversões – 272.°, *d*), *in fine*. Tais regras podem, porém, ser previstas pelas partes.

V. O artigo 299.°/2 prevê três situações nas quais as acções devem ser nominativas:

– enquanto não estiverem integralmente liberadas;
– quando, pelo pacto social, haja qualquer restrição à sua livre transmissibilidade;

[1665] Artigo 52.°/1, do CVM.

– sempre que, pelo mesmo pacto, o seu titular estiver obrigado a efectuar prestações acessórias à sociedade.

Outros diplomas impõem acções nominativas; assim sucede com o artigo 14.°, *d*), do RGIC, dado o interesse que a supervisão tem em poder conhecer, em cada momento, quem são os accionistas das diversas instituições de crédito.

VI. As acções tituladas – ao portador ou nominativas – podem ser munidas de cupões destinados à cobrança dos dividendos (301.°). O cupão equivale a um pequeno rectângulo de papel, impresso em folha anexa ao título representativo da acção, devidamente identificado e que se recorta para efeitos do pagamento que representa.

Ainda quanto a acções tituladas: antes da emissão dos títulos definitivos, pode a sociedade entregar ao accionista um título provisório nominativo (304.°/1). Tais títulos provisórios substituem, para todos os efeitos, as acções (304.°/2), devendo os definitivos ser entregues aos seus titulares no prazo de seis meses (304.°/3). O não-acatamento deste prazo apenas responsabiliza as sociedades e os seus administradores, nos termos gerais[1666].

Note-se ainda que a qualidade de sócio não se adquire com a emissão e a entrega das acções, mas com a outorga do contrato e a subscrição do capital social: a entrega do título é, apenas, condição de legitimação[1667].

269. Categorias de acções; *golden shares*

I. As sociedades anónimas movem-se no Direito privado. Assim e à partida, podem os interessados criar situações privilegiadas. As preocupações de normalização que dominam neste campo levam o legislador a reportar as possíveis diferenciações não às posições dos sócios em si, mas a categorias de acções.

Logo o artigo 24.°/4, a propósito de direitos especiais dos sócios, dispõe:

> Nas sociedades anónimas, os direitos especiais só podem ser atribuídos a categorias de acções e transmitem-se com estas.

[1666] João Labareda, *Das acções* cit., 37.

[1667] RPt 17-Fev.-2000 (Pinto de Almeida), CJ XXV (2000) 1, 220-222 (222/I).

Por seu turno, o artigo 302.° (Categorias de acções) dispõe:

> 1. Podem ser diversos, nomeadamente quanto à atribuição de dividendos e quanto à partilha do activo resultante da liquidação, os direitos inerentes às acções emitidas pela mesma sociedade.
>
> 2. As acções que compreendem direitos iguais formam uma categoria.

No tocante à disposição dos seus direitos, os accionistas detentores de acções especiais reúnem em assembleias autónomas (24.°/6).

II. O artigo 302.°/1 especifica, quanto à possível diversidade das categorias de acções, a "atribuição de dividendos" e a "partilha do activo". Fá-lo, assumidamente, a título exemplificativo. São configuráveis numerosas outras "especialidades". Assim, temos acções que conferem:

– o direito de vetar um certo número de administradores[1668];
– o direito de indicar ou de vetar outros membros dos órgãos sociais: presidente da mesa, membros dos órgãos de fiscalização ou administradores executivos;
– o direito de vetar determinadas deliberações ou alterações estatutárias;
– o voto plural (proibido pelo artigo 384.°/5).

Tais acções recebem a designação "acções de ouro" ou *golden shares*, figura muito característica quando as acções privilegiadas pertençam ao Estado[1669].

III. A existência de *golden shares*, só por si, não levanta quaisquer dúvidas: nem no plano do Direito interno, nem no comunitário. Voltamos a frisar que estamos no campo de organizações privadas, cabendo aos particulares moldar os seus interesses como entenderem. A pessoa que adquira acções num ente cujos estatutos prevejam *golden shares* não tem que se queixar. Do mesmo modo, se houver livre iniciativa, a presença de uma sociedade com *golden shares* não impede nem o livre estabeleci-

1668 *Vide* o artigo 391.°/2.

1669 *Vide* NUNO CUNHA RODRIGUES, *"Golden-shares"/As empresas participadas e os privilégios do Estado enquanto accionista minoritário* (2004), 454 pp. e PEDRO DE ALBUQUERQUE/MARIA DE LURDES PEREIRA, *As "golden shares" do Estado português em empresas privatizadas: limites à sua admissibilidade e exercício* (2006), 17 ss..

mento de sociedades estrangeiras, nem a existência interna de sociedades concorrentes[1670].

Portugal tem tudo a ganhar mantendo a possibilidade de diferenciação do seu próprio Direito.

As *golden shares* do Estado português existem na EDP – Energia de Portugal, SA, na Galp Energia, SGPS, SA e na Portugal Telecom, SGPS, SA. Na prática, elas têm levado a uma concertação entre o Estado e os accionistas de referência dessas empresas.

Não foi defrontada a confiança de nenhum accionista. Resta apenas acrescentar que o Governo é politicamente responsável pelo modo por que use os poderes do Estado, cujo exercício lhe esteja constitucionalmente atribuído.

IV. No plano das sociedades, a figura paradigmática das acções especiais é a das acções privilegiadas sem voto. Desenvolveremos, a seu propósito, a dogmática geral daquela figura[1671].

270. **Contitularidade**

I. Tal como sucede com as quotas[1672], também as acções podem incorrer numa situação de contitularidade. Interessa, nessa eventualidade, compatibilizar os direitos dos contitulares com a vida da sociedade, que não deve tornar-se mais gravosa.

O artigo 303.°/1 determina que os contitulares de uma acção exerçam os direitos a ela inerentes por meio de um representante comum. Quanto a ele e às deliberações dos contitulares, manda o artigo 303.°/4 aplicar os artigos 223.° e 224.°, sobre a contitularidade de quotas[1673].

II. As comunicações e declarações da sociedade devem ser dirigidas ao representante comum; na falta deste: a um dos contitulares (303.°/2).

[1670] Cf. STEFAN GRUNDMANN/FLORIAN MÖSLEIN, *Die Golden Aktie und der Markt für Unternehmenskontrolle im Rechtsvergleich/insbesondere Staatskontrollrechte, Höchst- und Mehrfachstimmrechte sowie Übernahmeabwehrmassnahmen*, ZvglRW 2003, 289-345.

[1671] *Infra*, 689 ss..

[1672] *Supra*, 345 ss..

[1673] *Supra*, 348 ss..

Os contitulares respondem solidariamente para com a sociedade pelas obrigações legais ou contratuais inerentes à acção (303.°/3).

III. Pergunta-se como proceder na hipótese de se verificarem os pressupostos da amortização de acções apenas em relação a um dos contitulares. O artigo 238.°, que prevê a divisão de quotas, não é aplicável, dado o princípio da indivisibilidade da acção. Mas as próprias acções podem ser repartidas pelos contitulares, de modo a que só as do visado sejam amortizadas[1674].

[1674] João Labareda, *As acções* cit., 77.

§ 73.° ACÇÕES PRÓPRIAS

271. O problema e a sua evolução

I. As acções funcionam como representações figurativas da inerente posição social. Nas sociedades abertas, elas estão disponíveis, circulando no mercado: qualquer interessado adquire-as. Nas fechadas, a sua aquisição é possível, havendo um sócio vendedor. Em ambos os casos: pode agir como compradora a sociedade de cujas acções se trate. Teremos, então, as denominadas "acções próprias".

O fenómeno das acções próprias era conhecido desde o século XIX[1675]: impôs-se como pura decorrência da objectivação das acções e da sua livre circulação no mercado. Todavia, ele levanta dificuldades e, desde logo, a seguinte: a aquisição de uma acção própria pode envolver um reembolso mascarado do valor realizado, implicando a diminuição do capital, com riscos para os credores e com quebra de igualdade entre os próprios sócios[1676].

Mas além disso, a aquisição de acções próprias[1677]:

- desequilibra o funcionamento interno das sociedades, uma vez que a administração passaria a dispor dos votos correspondentes às acções próprias;
- falseia as regras do mercado, podendo dar corpo a uma procura artificial de acções, com a não menos artificial e consequente subida de cotações;

[1675] Em especial: SIEGFRIED SCHÖN, *Geschichte und Wesen der eigene Aktien* cit., 1 ss., bem como as referências de LORENZO MOSSA, *Trattato del nuovo diritto commerciale*, IV – *Società per azioni* (1957), 334.

[1676] GASTONE COTTINO, *Società (diritto vigente): società per azioni*, NssDI XVII (1970), 570-670 (608/I)

[1677] *Supra*, 357-368, quanto ao tema paralelo das suas quotas próprias.

– artificializa o esquema societário, que perde na dimensão básica da cooperação entre pessoas;
– desequilibra qualquer negociação: a sociedade, por definição, dispõe de informação privilegiada sobre o seu estado económico e sobre as suas perspectivas, podendo tirar partido desse conhecimento, em detrimento do público interessado.

II. O recurso a acções próprias contribuiu, ao longo das crises do século XIX e da primeira parte do século XX, para mascarar, durante algum tempo, as quebras de cotações. Mas o *crash* subsequente ainda resultava mais complicado. As diversas legislações vieram, deste modo, restringir ou mesmo proibir a aquisição de acções próprias[1678]. Todavia, em certas margens, tal aquisição poderia exibir determinadas vantagens:
– representaria o único destino possível nos casos de perda ou de abandono de acções;
– preveniria a entrada de sócios objectivamente indesejáveis, cuja presença representaria um prejuízo para a própria sociedade: pense-se em sócios concorrentes;
– evitaria a dispersão do capital, quando desvantajosa;
– traduziria uma defesa perante quebras conjunturais de cotações;
– daria corpo a uma certa linha de defesa contra OPAs hostis.

O desafio estava lançado: caberia aos legisladores encontrar um ponto de equilíbrio no qual, pelo menos em certa medida, seriam admitidas as acções próprias.

III. A experiência recente francesa no tocante às acções próprias é bastante elucidativa.

Na preparação do Código das Sociedades de 1966, prevaleceu uma visão restritiva da aquisição. Assim, a versão original do seu artigo 217.° dispunha[1679]:

> São proibidas a subscrição e a compra, pela sociedade, das suas próprias acções, seja directamente, seja através de uma pessoa que aja em seu nome, mas por conta da sociedade.

[1678] Assim sucedeu na Alemanha, com a reforma de 1931 e, depois, com a lei de 1937. Abaixo referiremos a experiência francesa.

[1679] Cf. *Code des sociétés*, 17ª ed. (2000), intr. PAUL LE CANNU, 367.

Contudo, a assembleia geral que haja decidido uma redução do capital não motivada por perdas pode autorizar o conselho de administração ou o directório, consoante os casos, a comprar um número determinado de acções, para as anular.

(...)

Nesta redacção muito restritiva, foi tido especialmente em conta o facto de, por via da aquisição das próprias acções, poder entrar em crise o princípio da intangibilidade do capital social. Tal visão foi posta em causa[1680].

Muito impressivo: o modelo americano, que permitia, às sociedades com excedentes, a diminuição dos seus títulos, provocando a subida das cotações e o aumento dos benefícios por título; além disso, haveria aqui uma medida contra OPAs predadoras, permitindo em simultâneo, ao accionista vendedor, a reinjecção dos seus fundos em novas operações mobiliárias. Tudo isto pesou em França: na base do relatório ESAMBERT, a Lei de 2-Jul.-1998 veio alterar o Código das Sociedades, introduzindo-lhe os artigos 217-1A a 217-10, que facultavam, numa série de circunstâncias, a aquisição de acções próprias[1681].

A matéria consta hoje do Código de Comércio: artigos L. 225-206 a L. 225-217[1682]. A aquisição de acções próprias torna-se possível, até 10% do capital.

Em termos mobiliários desenvolveram-se as OPRA: ofertas públicas de recompra de acções, que conheceram um vivo êxito[1683].

IV. O Direito alemão das sociedades anónimas parte, também, de uma proibição de princípio, na qual abre, depois, numerosas excepções[1684]. Hoje, o § 56 do AktG proíbe a subscrição de acções próprias[1685], enquanto o § 71 do mesmo diploma se limita a enunciar os casos nos quais a aquisição é admitida, sendo de transcrever logo o primeiro[1686]:

1680 PHILIPPE MERLE, *Droit commercial/sociétés commerciales* cit., 10ª ed., 327 ss., com diversos elementos.

1681 *Code des sociétés* cit., 17ª ed., 368-372.

1682 *Code de commerce*, 102ª ed. da Dalloz (2007), anot. NICOLAS RONTCHEVSKY, colab. ÉRIC CHEVRIER e PASCAL PISONI, 318-321.

1683 PHILIPPE MERLE, *Droit commercial/sociétés commerciales* cit., 9ª ed., 322-325.

1684 KARSTEN SCHMIDT, *Gesellschaftsrecht* cit., 4ª ed., 894 e HUECK/WINDBICHLER, *Gesellschaftsrecht* cit., 20ª ed., 357 ss..

1685 UWE HÜFFER, *Aktiengesetz* cit., 6ª ed., § 51 (279 ss.).

1686 Com elementos: UWE HÜFFER, *Aktiengesetz* cit., 7ª ed., § 71 (348-349) e WIESNER, no *Münchener Handbuch* cit., 4, § 15 (112 ss.).

A sociedade só pode adquirir acções próprias:

1. Quando a aquisição seja necessária para evitar um dano pesado e eminente à sociedade;

(...)

Seguem-se outras "excepções": algumas latas, que têm vindo a ser aprofundadas pela doutrina e pela jurisprudência[1687].

V. A ligação existente entre o tema das acções próprias e a tutela do capital chamou a atenção do legislador europeu. As acções próprias foram objecto da 2ª Directriz do Direito das sociedades[1688], cujos artigos 18.° a 24.° se reportam, precisamente, às acções próprias[1689].

Seguiram-se-lhe diversas alterações legislativas nacionais, na linha da harmonização[1690] e que acabariam por ter reflexos significativos no Código das Sociedades Comerciais de 1986.

A 2ª Directriz foi alterada pela Directriz n.° 92/101/CEE, de 23 de Novembro, que lhe aditou um artigo 24.°-A, sobre acções detidas por sociedades dominadas[1691].

A influência comunitária originou estudos em diversos países[1692].

272. As leis portuguesas

I. O Código VEIGA BEIRÃO, quanto ao tema das acções próprias, limitava-se a dispor, no seu artigo 169.°, § 2.°:

[1687] HANS-JOACHIM KOPP, *Erwerb eigener Aktien/ökonomische Analyse vor dem Hintergrund von Unternehmenverfassung und Informationseffizienz des Kapitalmarktes* (1996), 197 pp. e ANDREAS BENCKENDORFF, *Erwerb eigener Aktien im deutschen und US-Amerikanischen Recht* (1998), 335 pp..

[1688] Mais precisamente a Directriz n.° 77/91/CEE, de 13 de Dezembro de 1976, publ. no JOCE N.° L-26, 1-13, de 31-Jan.-1977 e em *Direito europeu das sociedades*, 181-203.

[1689] MATHIAS HABERSACK, *Europäisches Gesellschaftsrecht*, 3ª ed. cit., 154-159 e STEFAN GRUNDMANN, *Europäisches Gesellschaftsrecht* (2004), 155-157.

[1690] UWE HÜFFER, *Harmonisierung des aktienrechtlichen Kapitalschutzes/Die Durchführung der Zweiten EG-Richtlinie zur Koordinierung des Gesellschaftsrechts*, NJW 1979, 1065-1070 (1068/II ss.).

[1691] JOCE N.° L-347, 64-66, de 28-Nov.-1992 e *Direito europeu das sociedades*, 204-206.

[1692] Uma referência deve ser feita a BARBARA POZZO, *L'acquisto di azioni proprie/ /La storia di un problema in un'analisi di diritto comparato* (2003), XVII + 555 pp.; quanto à 2ª Directriz cf., aí, 199 ss..

A aquisição de acções próprias e as operações sobre ellas só poderão ser feitas pela respectiva sociedade, nos termos estipulados no contrato social, sendo no silencio d'este absolutamente prohibidas.

A literatura da época explicava essa proibição com duas ordens de razões[1693]:

– para prevenir os abusos que poderiam advir de a sociedade poder negociar com conhecimentos não disponíveis por parte dos outros accionistas;
– para evitar que os administradores diminuam o capital que garante os direitos dos credores sociais.

II. A proibição legal, perante o artigo 169.°, § 2.°, do Código Comercial, transformava-se em permissão sem limites, desde que houvesse uma previsão estatutária. Daí resultaram abusos, particularmente sensíveis no sector bancário e que o legislador procurou coarctar, especialmente após a grave crise subsequente a 1891. Lê-se no preâmbulo do Decreto de 12 de Julho de 1894 (HINTZE RIBEIRO e JOÃO FRANCO)[1694]:

(...)

A compra de acções proprias, ou de outros bancos, bem como o empréstimo sobre os próprios titulos, são operações que o governo entendeu deverem ser reguladas de fórma a evitar inconvenientes que já infelizmente resultaram da absoluta liberdade na realisação d'estas operações.

Se, por vezes, effectuadas com prudencia e sinceridade, taes transacções podem ser vantajosas para os interesses de um estabelecimento, não é menos verdade que o abuso se insinuou primeiramente d'este modo. A compra dos proprios titulos foi o modo de manter artificial e ruinosamente cotações ficticias de que a boa fé ficou victima mais de uma vez; e o emprestimo feito por um banco sobre o penhor dos titulos de outro foi o processo ordinario pelo qual se levantaram tantas edificações ephemeras unicamente destinadas á especulação bolsista. Nos termos que o projecto de decreto prescreve, sem se impossibilitarem operações que, em certas hypotheses podem ser uteis, e sem se desvalorisar um papel, que, depois de liberado, é um titulo negociavel como outro qualquer, acaitelam-se, no entretanto, abusos por mais de um motivo perigosos e condemnaveis.

1693 ADRIANO ANTHERO, *Commentario ao Codigo Commercial Portuguez* cit., 1, 325.

1694 COLP 1894, 593-597 (594/I e II).

O codigo commercial no § 2.° do artigo 169.°, prescreve que a compra das proprias acções, no silencio dos respectivos estatutos, é absolutamente prohibida. Esta imposição bem claramente revela o intuito do legislador. Mas à sombra d'ella medrou o abuso, reformando-se *ad hoc* muitos estatutos para n'elles se introduzir a clausula que a lei, em regra, queria prohibir. D'ahi a necessidade da urgencia de se providenciar no sentido que propomos.

(...)

Isto posto, o artigo 4.° do diploma em causa veio dispor:

É prohibido aos bancos:

(...)

3.° Comprar de conta propria as suas proprias acções.

A proibição manteve-se na legislação subsequente[1695].

Idêntica medida foi tomada pelo importante Decreto de 21 de Outubro de 1907 (JOÃO FRANCO), em relação às companhias de seguros[1696]:

Artigo 25.° As sociedades de seguros não poderão emittir obrigações e adquirir acções proprias, nem fazer quaesquer operações sobre ellas.

Resta acrescentar que as operações com acções próprias, quando não permitidas por lei ou pelos estatutos, foram sancionadas pelos tribunais[1697]. Ter-se-á atingido um equilíbrio, de tal modo que os comentadores, no âmbito do Código Comercial, não procedem a especiais desenvolvimentos sobre o tema[1698].

III. O tema das acções próprias foi aprofundado por RAÚL VENTURA, numa ambiência de preparação do Código das Sociedades Comerciais[1699].

[1695] Assim: na Lei de 3-Abr.-1896, artigo 4.°, n.° 3.

[1696] COLP 1907, 959-969 (963/II).

[1697] Lisboa (1ª Vara Comercial) 30-Nov.-1929 (JOÃO TEIXEIRA DIREITO), GRLx 44 (1930), 6-8 (8/I), confirmado em RLx 29-Nov.-1930 (MOURISCA), GRLx 44 (1930), 243-246 (244-245).

[1698] CUNHA GONÇALVES, *Comentário ao Código Comercial* cit., 1, 412, STRECHT RIBEIRO, *Código Comercial Português* cit.,1, 279 e PINTO FURTADO, *Código Comercial anotado* cit., II/1, 286-288.

[1699] RAÚL VENTURA, *Auto-participação da sociedade: as acções próprias*, ROA 1978, 217-277. Ainda antes da aprovação do Código, cumpre referir ANTÓNIO CAEIRO, *Aumento de capital e acções próprias*, em *Temas de Direito das sociedades* (1984), 287-300.

Nessa ocasião, RAÚL VENTURA trabalhou já com a proposta de 2ª Directriz. Mais tarde, perante o texto do diploma comunitário, RAÚL VENTURA preparou um anteprojecto de transposição[1700], publicado em 1980. Nessa ocasião, a adopção do Código das Sociedades Comerciais estava ainda indecisa, pelo que o Autor optou por um articulado que tanto podia ser utilizado para alterar leis velhas – *maxime*: o Código Comercial – como para preparar leis novas[1701].

Um articulado próximo da versão final ocorreu no projecto de 1983[1702]: artigos 304.° a 313.°.

IV. No Código das Sociedades Comerciais, as acções próprias foram objecto da secção III do capítulo dedicado às acções. Ocuparam-se delas nada menos do que 10 artigos[1703]:

316.° Subscrição. Intervenção de terceiros;
317.° Casos de aquisição lícita de acções próprias;
318.° Acções próprias não liberadas;
319.° Deliberação de aquisição;
320.° Deliberação de alienação;
321.° Igualdade de tratamento de accionistas;
322.° Empréstimos e garantias para aquisição de acções próprias;
323.° Tempo de detenção das acções;
324.° Regime das acções próprias;
325.° Penhor e caução de acções próprias.

O Decreto-Lei n.° 280/87, de 8 de Julho, veio alterar os artigos 317.°/4 e 322.°/2 e 3[1704]. O Decreto-Lei n.° 328/95, de 9 de Dezembro, aditou, à secção sobre acções próprias, mais dois preceitos[1705]:

325.°-A Subscrição, aquisição e detenção de acções;
325.°-B Regime de subscrição, aquisição e detenção de acções.

1700 RAÚL VENTURA, *Adaptação do Direito português à Segunda Directiva do Conselho da Comunidade Europeia sobre o Direito das sociedades*, DDC 3 (1980), 5-152 (135-152, o articulado).

1701 RAÚL VENTURA, *Adaptação* cit., 135.

1702 BMJ 327 (1983), 219-225.

1703 DR I Série n.° 201, de 2-Set.-1986, 2350-2352.

1704 DR I Série n.° 154, de 8-Jul.-1987, 2663-2664.

1705 DR I Série n.° 283, de 3-Dez.-1995, 7695.

Tratou-se, fundamentalmente, de transpor a Directriz n.° 92/101/CEE, de 23 de Novembro, que introduziu um artigo 24.°-A no articulado da 2ª Directriz de Direito das sociedades.

Finalmente, o Decreto-Lei n.° 76-A/2006, de 29 de Março, alterou os artigos 316.°/5, 319.°/1, *c*), 2, 3 e 4, 320.°/1 e 2, 323.°/4, 324.°/2 e 325.°/2: visou-se, apenas, um conjunto de redenominações relativas à "bolsa" e aos órgãos das sociedades anónimas.

Ao abrigo do Código desenvolveu-se toda uma literatura: sobre acções próprias em geral[1706] e sobre aspectos específicos a elas relativos[1707].

V. O artigo 538.°/2 e 4 estabeleceu um regime transitório para as acções próprias detidas antes da entrada em vigor do Código de 1986: este diploma veio, de facto, estabelecer regras mais rigorosas do que as anteriormente vigentes.

273. **As proibições de base**

I. O sistema vigente relativo a acções próprias assenta na seguinte articulação de proibições:

- uma sociedade não pode subscrever acções próprias (316.°/1, 1ª parte);
- uma sociedade só pode adquirir e deter acções próprias nos casos e condições previstos na lei (316.°/1, 2ª parte);
- uma sociedade não pode encarregar outrem de, em nome dele e por conta da sociedade, subscrever ou adquirir acções dela própria (316.°/2);
- o contrato de sociedade pode proibir totalmente a aquisição de acções próprias ou reduzir os casos em que ela é permitida por lei (317.°/1);

[1706] Desde logo: Raúl Ventura, *Acções próprias*, em *Estudos vários sobre sociedades anónimas* (1992), 337-408. Temos, ainda: Maria Victória Ferreira da Rocha, *Aquisição de acções próprias no Código das Sociedades Comerciais* (1994) e João Gomes da Silva, *Acções próprias e interesses dos accionistas*, ROA 2000, 1221 a 1296. Refira-se, ainda, João Labareda, *Das acções* cit., 79-109.

[1707] Carlos Osório de Castro, *A contrapartida de aquisição de acções próprias*, RDES 1988, 249-272.

– a sociedade não pode conceder empréstimos ou por qualquer forma fornecer fundos ou prestar garantias para que um terceiro subscreva ou por outro meio adquira acções representativas do seu capital (322.°/1); exceptuam-se operações correntes de bancos e operações relativas a aquisições pelos trabalhadores, dentro de certos limites (322.°/2).

Além disso, as acções subscritas, adquiridas ou detidas por uma sociedade daquela dependente consideram-se acções próprias da sociedade dominante (325.°-A/1).

II. O sistema resulta bastante diferente do do Código Comercial de 1888. Este, como vimos, parte de uma proibição de princípio que os estatutos podiam, pura e simplesmente, abolir. Desta feita, há uma proibição com excepções, excepções essas que podem ser suprimidas ou aprovadas pelos estatutos: não ampliadas. O legislador nacional aproximou-se, deste modo, do esquema alemão, através do prescrito na 2ª Directriz do Direito das sociedades.

III. A proibição básica de subscrição e de aquisição de acções próprias pretende ter uma efectiva dimensão material. Por isso, o legislador veda operações indirectas que a ela possam conduzir:

– a aquisição indirecta por interposta pessoa;
– a concessão de fundos ou de garantias para que outrem proceda a essa aquisição.

A proibição de operações indirectas, prossegue, ainda, a transparência: vai, por isso, mais longe do que a aquisição em si, uma vez que, ao contrário desta, não admite excepções.

IV. No caso de aquisições indirectas, o artigo 316.° fixou, ainda, um regime dissuasivo, que não prejudique os terceiros alienantes. Assim:

– as acções adquiridas em violação do artigo 316.°/2 pertencem, para todos os efeitos, incluindo a obrigação de as liberar, ao terceiro que as haja adquirido (316.°/3): em regra, será um mandatário sem representação;
– a sociedade não pode renunciar ao reembolso das importâncias que

tenha adiantado a esse terceiro, devendo proceder com toda a diligência para que esse reembolso se efective (316.°/4);
- os administradores que tenham intervindo na operação são pessoal e solidariamente responsáveis pela liberação das acções (316.°/5);
- os actos pelos quais a sociedade adquira as acções aos mandatários em causa são nulos, excepto se em execução do crédito e se o devedor não tiver outros bens suficientes (316.°/6).

Tratando-se de uma "aquisição indirecta" através da concessão de empréstimos ou de garantias a terceiros para que ela se efective, opera a sanção do artigo 322.°/3: os correspondentes contratos ou actos unilaterais são nulos.

V. Todo este regime é aplicável às sociedades dependentes daquelas de cujas acções se trate (325.°-B/1): as acções que elas adquiram das sociedades dominantes são, para todos os efeitos, tratadas como acções próprias destas.

274. Casos de aquisição lícita: a alienação

I. Quando o contrato de sociedade o não proíba, pode este adquirir acções próprias até ao limite de 10% do seu capital social (317.°/2). Esse montante pode ser ultrapassado nos casos previstos no artigo 317.°/3:

- a aquisição resulte de uma imposição legal – *a*);
- a aquisição vise facultar uma deliberação de redução do capital – *b*);
- seja adquirido um património a título universal, onde se incluam essas acções – *c*);
- trate-se de uma aquisição a título gratuito – *d*);
- a aquisição seja feita em processo executivo para cobrança de dívidas de terceiros ou por transacção em acção declarativa proposta para esse mesmo fim – *e*);
- a aquisição decorra do processo relativo à falta de liberação de acções pelos seus subscritores – *f*).

II. Além dos aspectos apontados, verifica-se ainda que:

- a sociedade só pode adquirir acções liberadas, excepto nos casos do artigo 317.°/3, *c*), *e*) e *f*) – 318.°/1 – sob pena de nulidade – *idem*, 2;

– a aquisição deve passar por uma deliberação da assembleia geral donde constem os pontos inseridos nas quatro alíneas do artigo 319.°/1: número máximo e mínimo de acções a adquirir; prazo, não excedente a 18 meses, durante o qual a aquisição possa ser executada; as pessoas a quem as acções devam ser adquiridas, quando não se ordene que a aquisição ocorra no mercado; as contrapartidas máxima e mínima;
– os administradores não podem executar as deliberações de aquisição se não se verificarem os requisitos dos artigos 317.°/2, 3 e 4 e 318.°/1;
– a administração pode decidir a aquisição de acções próprias, mesmo sem deliberação da assembleia geral, quando se trate de evitar "... um prejuízo grave e iminente para a sociedade ..." o qual se presume existir nos casos do artigo 317.°/3, *a*) e *e*) – 319.°/4; cabe-lhes, então, relatar o caso na primeira assembleia geral seguinte (319.°/5).

III. A aquisição de acções próprias pode representar um problema só por si: pela descapitalização que envolva, pelas condições que lhe subjazam e pela situação que decorra da autotitularidade. Mas ela pode ainda ser perturbante no momento da alienação: de novo pode haver conhecimentos selectivos e prejuízos para o mercado e os outros accionistas. Por isso, a alienação de acções próprias depende de deliberação da assembleia geral, da qual constem (320.°/1):

a) O número mínimo e, se o houver, o número máximo de acções a alienar;
b) O prazo, não excedente a 18 meses a contar da data da deliberação, durante o qual a alienação pode ser efectuada;
c) As modalidades da alienação;
d) O preço mínimo ou outra contrapartida das alienações a título oneroso.

Se for imposta por lei, a alienação pode ser decidida pela administração (320.°/2) a qual deve, depois, relatar a operação na primeira assembleia geral subsequente (320.°/3).

IV. Tanto nas aquisições como nas alienações de acções próprias, deve a sociedade respeitar o princípio da igualdade entre os accionistas, salvo se a tanto obstar a própria natureza do caso (321.°). Quer isso dizer que, na compra, poderá haver que lançar uma oferta pública de aquisição (em França: uma oferta pública de recompra); na alienação, o caso será de oferta pública de venda ou, pelo menos, de oferta de venda dirigida a todos os accionistas, acompanhada de rateio proporcional às participações que eles detenham, quando a procura exceda a oferta.

275. O regime das acções próprias

I. No tocante às regras a aplicar às acções próprias, temos a registar, em primeira linha, a existência de limites temporais à sua detenção ou, pelo menos, a certas detenções.

Assim, quanto a acções próprias que ultrapassem a cifra dos 10% do capital, mesmo que licitamente adquiridas: a sua detenção não pode ultrapassar os três anos (323.°/1). Sendo a aquisição ilícita: não pode exceder um ano e isso quando a lei não decrete a nulidade da aquisição (323.°/2).

Quando as alienações obrigatórias não sejam oportunamente efectuadas, há que proceder à anulação das acções (322.°/3, 1ª parte); sendo a aquisição lícita, a anulação deve recair sobre as acções mais recentemente adquiridas (323.°/3, 2ª parte).

Os administradores são responsáveis, nos termos gerais, pelos danos resultantes da anulação ou da não-anulação de acções (323.°/4). Além disso, há que contar com as sanções prescritas no artigo 510.° para a aquisição ilícita de quotas e de acções.

II. As acções, enquanto pertencerem à sociedade, ficam numa especial situação de quase quiescência. Assim, segundo o artigo 324.°/1, *a*), devem:

> Considerar-se suspensos todos os direitos inerentes às acções, excepto o de o seu titular receber novas acções no caso de aumento de capital por incorporação de reservas.

São atingidos, em especial, o direito de voto e o direito aos lucros. Daí resultam correspondentes vantagens para os outros accionistas. Além disso, segundo o artigo 324.°/1, *b*), deve:

> Tornar-se indisponível uma reserva de montante igual àquele por que elas estejam contabilizadas.

Evita-se, assim, que a aquisição de acções próprias implique uma descapitalização paralela da sociedade em causa.

III. A existência de acções próprias deve, ainda, ser devidamente informada e publicitada. Segundo o artigo 324.°/2, no relatório anual da administração, devem ser claramente indicados:

a) O número de acções próprias adquiridas durante o exercício, os motivos das aquisições efectuadas e os desembolsos da sociedade;
b) O número de acções próprias alienadas durante o exercício, os motivos das alienações efectuadas e os embolsos da sociedade;
c) O número de acções próprias da sociedade por ela detidas no fim do exercício.

IV. O artigo 325.° dispõe sobre as acções próprias que uma sociedade receba em penhor ou caução: elas são contadas para o limite estabelecido no artigo 317.°/2 (o dos 10%), exceptuadas as que se destinarem a caucionar responsabilidades pelo exercício de cargos sociais (325.°/1). Os administradores são responsáveis, nos termos do artigo 323.°/4, se elas vierem a ser adquiridas pela sociedade (325.°/2).

Finalmente, os artigos 325.°-A e 325.°-B, aditados em 1995 em obediência às alterações introduzidas na 2ª Directriz, equiparam, com adaptações, às acções próprias, as detidas pelas sociedades dominadas, sobre as dominantes.

§ 74.° TRANSMISSÃO, REGISTO E DEPÓSITO

276. Transmissibilidade e formas

I. As acções representam posições patrimoniais privadas. São essencialmente transmissíveis, embora o contrato de sociedade possa exarar certas limitações, nos termos do artigo 328.°/1. Essa transmissibilidade dá ainda corpo ao "direito de deixar de ser sócio", que a todos assiste[1708].

A transmissão das acções opera, em princípio, por força do contrato transmissivo, típico ou atípico, que tenha sido concluído entre as partes. Trata-se de regra tradicional dos países latinos, genericamente consagrada no artigo 408.°/1, do Código Civil[1709]. Razões de segurança levam o Direito das sociedades a prever, seja formas específicas para a validade da transmissão, seja formalidades subsequentes necessárias para que a mesma se torne eficaz[1710] ou, pelo menos: produza todos os seus efeitos[1711].

De todo o modo: concluído o acordo tansmissivo, desencadeiam-se os seus efeitos *inter partes*.

II. As formas de transmissão das acções vinham reguladas nos artigos 326.° e 327.°[1712]. Segundo o artigo 326.°/1, as acções nominativas

---

[1708] ARMANDO MANUEL TRIUNFANTE, *A tutela das minorias/Direitos individuais* cit., 282.

[1709] STJ 16-Jun.-1972 (MANUEL JOSÉ FERNANDES COSTA), BMJ 218 (1972), 278-283 (281).

[1710] A jurisprudência refere, por vezes, a "natureza constitutiva" das formalidades de transmissão: RCb 12-Dez.-1995 (VIRGÍLIO DE OLIVEIRA), CJ XX (1995) 5, 58-61 (60) ou a presença de formalidades essenciais: RPt 20-Mar.-2001 (AFONSO CORREIA), CJ XXVI (2001) 2, 183-190 (187).

[1711] STJ 6-Fev.-1997 (ALMEIDA E SILVA), BMJ 464 (1997), 551-559 (559) e RLx 24-Jun.-1999 (FERNANDES DO VALE), CJ XXIV (1999) 3, 123-125 (124).

[1712] Segundo a legislação então vigente: PAULA COSTA E SILVA, *A transmissão de valores mobiliários fora do mercado secundário*, ROA 1998, 337-376 (350 ss.) e *Direito*

transmitem-se entre vivos por declaração do transmitente escrita no título e pelo pertence lavrado no mesmo e averbado no livro de acções da sociedade por esta efectuados. Quanto às acções ao portador: pelo artigo 327.°/1, a sua transmissão efectua-se pela entrega dos títulos, dependendo da posse dos mesmos o exercício dos direitos sociais. Tínhamos um esquema tradicional:

– transmissão por endosso, no caso de acções nominativas;
– transmissão por tradição, no das acções ao portador.

III. Este sistema veio a ser ultrapassado pela evolução legislativa posterior. Desde logo, ele ocupava-se, apenas, de acções tituladas. O aparecimento de acções escriturais, introduzidas pelo Decreto-Lei n.° 229-D/88, de 4 de Julho[1713], logo obrigou a prever novos esquemas de transmissão. Segundo o artigo 5.°/1 desse diploma:

> A transmissão de acções escriturais opera-se pela inscrição da alienação, na conta do alienante, e da aquisição, na conta do adquirente, a qual, no caso de este ainda não ser accionista, será para o efeito aberta.

O Código do Mercado de Valores Mobiliários (CódMVM), aprovado pelo Decreto-Lei n.° 142-A/91, de 10 de Abril, veio regular os valores escriturais, revogando o Decreto-Lei n.° 229-D/88, de 4 de Julho. As matérias relativas à transmissão de tais valores transitaram, com desenvolvimento, para o novo Código: artigos 67.°, 68.° e 69.° do CódMVM[1714].

Chegou-se, assim, a um sistema complexo, com regras dispersas por legislação especial, pelo Código das Sociedades Comerciais e pelo Código do Mercado de Valores Mobiliários[1715].

IV. O Código dos Valores Mobiliários intentou clarificar a matéria, chamando-a a si. Revogou os artigos 326.° e 327.° do Código das Socie-

---

dos valores mobiliários 1 (1999), 217-252 (229 ss.) e NUNO MARIA PINHEIRO TORRES, *Da transmissão de participações sociais não tituladas* (1999), 47 ss..

[1713] DR I Série n.° 152 (Suplemento), de 4-Jul.-1988, 2732-(9)-2732-(17).

[1714] DR I Série-A, n.° 83 (Suplemento), de 10-Abr.-1991, 1918-(2)-1918-(118) [1918-(26)-1918-(27)].

[1715] *Vide* PAULA COSTA E SILVA, *A transmissão de valores mobiliários* cit. (pelo *Direito dos Valores Mobiliários*), 241 ss. e STJ 6-Out.-1998 (SILVA PAIXÃO), BMJ 480 (1998), 490-496 (495).

dades Comerciais. O Direito português, apesar de dispor de um Código das Sociedades recente e regularmente actualizado, remete as regras imediatas sobre transmissão das acções para o Código dos Valores Mobiliários[1716]. São elas:

– as acções escriturais transmitem-se pelo registo na conta do adquirente (80.°/1, do CVM);
– as acções tituladas ao portador transmitem-se por entrega do título ao adquirente ou ao depositário por ele indicado (101.°/1, do CVM);
– as acções tituladas nominativas transmitem-se por declaração de transmissão, escrita no título, a favor do transmissário, seguida de registo junto do emitente ou junto do intermediário financeiro que o represente (102.°/1, do CVM).

Há que estar sempre atento às formalidades que devem acompanhar este núcleo regulativo: em si, simples[1717].

277. **Limitações**

I. O contrato de sociedade pode impor limitações à livre transmissibilidade das acções[1718]. Dá-se, assim, corpo às situações nas quais a sociedade anónima opera na base de uma especial ligação entre os seus membros.

As limitações à negociabilidade não podem ser totais (328.°/1). Antes se restringem às hipóteses previstas no artigo 328.°/2:

a) Subordinar a transmissão das acções nominativas ao consentimento da sociedade;
b) Estabelecer um direito de preferência dos outros accionistas e as condições do respectivo exercício, no caso de alienação de acções nominativas;

1716 No Direito alemão, por exemplo, a matéria resulta de regras gerais e do AktG; cf. HÜFFER, *Aktiengesetz* cit., 6ª ed., § 67 (325 ss.) e HUECK/WINDBICHLER, *Gesellschaftsrecht* cit., 20ª ed., 355 ss..

1717 Cf. RCb 5-Jul.-2000 (PIRES DA ROSA), Proc. 2558/2000/ITIJ, visitado em 24-Abr.-2006 (acções nominativas) e RLx 7-Dez.-1999 (SANTOS MARTINS), CJ XXIV (1999) 5, 121-124 (123/II)(acções registadas).

1718 HÜFFER, *Aktiengesetz* cit., 7ª ed., § 68, III (341 ss.).

c) Subordinar a transmissão de acções nominativas e a constituição de penhor ou usufruto sobre elas à existência de determinados requisitos, subjectivos ou objectivos, que estejam de acordo com o interesse social.

II. O consentimento para a transmissão de acções nominativas compete, supletivamente, à assembleia geral; pode o pacto social atribuí-lo a outro órgão e, *maxime*, à administração (329.°/1).

Os estatutos podem consignar uma pura e simples necessidade de consentimento da sociedade – *a*) – ou podem subordinar a transmissão à existência de certos requisitos, de apreciação mais ou menos lata – *b*). No primeiro caso, a recusa de consentimento pode operar com base em qualquer interesse relevante da sociedade, o qual deve, contudo, ficar exarado na competente deliberação (329.°/2). Trata-se, pelo menos, de evitar votos abusivos. No segundo caso, há que invocar e apurar os motivos para a recusa. Quando preveja a necessidade do consentimento, o pacto social deve exarar os elementos contidos no artigo 329.°/3, sob pena de nulidade da cláusula em jogo.

Cabe à sociedade alegar e provar os factos que conduzam a uma não-transmissão.

Quanto ao direito de preferência: compete ao pacto social fixar os seus contornos e atribuir-lhe, ou não, eficácia real[1719].

III. As limitações à livre negociabilidade das acções atingem os direitos de todos os accionistas. Assim, elas só podem ser introduzidas *ex novo* com o consentimento de todos os afectados (328.°/3, 1ª parte); mas podem ser atenuadas ou extintas nos termos gerais (328.°/3, 2ª parte). É ainda possível estabelecer tais limitações apenas para certo aumento de capital (328.°/3, 3ª parte).

IV. As cláusulas limitativas só podem ser oponíveis a terceiros de boa fé se se encontrarem transcritas nos títulos ou nas contas de registo das acções (328.°/4). Além disso, as necessidades de consentimento ou de verificação de certos requisitos, para a transmissão de acções, não podem ser invocadas em processo executivo ou de liquidação de patrimónios (328.°/5): prevalece a tutela dos credores e do mercado.

[1719] Esse direito mantém-se na transmissão de acções não tituladas: PINHEIRO TORRES, *Da transmissão de participações* cit., 85 ss..

278. Registo e depósito

O Código das Sociedades Comerciais, na sua versão original, incluía, na secção relativa às acções das sociedades anónimas, uma subsecção III intitulada *regime do registo e regime do depósito* (330.° a 340.°).

Esses preceitos foram revogados pelo artigo 15.°/1, *d*), do Decreto--Lei n.° 486/99, de 13 de Novembro, que aprovou o Código dos Valores Mobiliários.

O registo dos valores mobiliários escriturais rege-se, a partir daí, pelos artigos 61.° a 79.° do CVM, enquanto o depósito dos valores titulados tem a sua sede legal nos artigos 99.° e 100.° do mesmo diploma. Na presente edição deste *Manual*, limitamo-nos às considerações acima feitas sobre os valores mobiliários[1720]: incluem as acções.

[1720] *Supra*, 633 ss..

§ 75.° ACÇÕES PREFERENCIAIS SEM VOTO

279. Nota comparatística

I. A lei regula expressamente uma especial categoria de acções: as preferenciais sem voto. Elas habilitam o seu titular a um dividendo prioritário não inferior a 5%, mas sem direito de voto (341.°/2 e 3). Tem interesse posicionar dogmaticamente esta figura: até porque emblemática, no universo das acções especiais.

II. Os antecedentes das acções preferenciais sem voto, que foram introduzidas no Direito alemão em 1937, residem na prática do voto plural.

Desde 1840 que as sociedades de caminhos de ferro admitiam, nos seus estatutos, a figura das *Prioritäts-Actien*: conferiam aos seus titulares o direito a um juro fixo[1721]. Mais tarde, o *ADHGB* de 1861 veio inserir, no seu artigo 224 II, a figura do voto plural, desde que prevista nos estatutos. Ao abrigo destes, poderia ficar consignada uma particular categoria de acções que facultasse aos seus titulares vários votos por unidade. O esquema passou ao *HGB* que permitia ainda, aos estatutos, fixar categorias especiais de acções com direito preferencial aos dividendos – § 252, I. Estas possibilidades foram especialmente usadas no período subsequente à I Guerra Mundial. O *HGB* permitira o voto plural para facilitar a estruturação financeira das sociedades; mas ele terá sido pouco usado dentro desses parâmetros[1722]. No período de inflação, o voto plural foi utilizado para permitir controlar sociedades comerciais sem se ser detentor de capital social significativo. O titular maioritário podia apontar um esquema de voto plural a seu favor e, depois, alienar a maioria das acções, conservando

[1721] Cf. TILMAN BEZZENBERGER, *Vorzugsaktien ohne Stimmrecht* (1991), 7, que considera tratar-se, de facto, de obrigações.

[1722] HUECK/WINDBICHLER, *Gesellschaftsrecht* cit., 20ª ed., 236-237.

o controlo da sociedade[1723]. O esquema do voto plural aumentou de modo exponencial: passou-se de uns quantos votos por acção até centenas ou milhares de votos por unidade: assim se chegou a extremos que exigiam reforma[1724].

Com estes antecedentes, compreende-se que o *AktG* de 1937 tenha evitado o voto plural. Visando um sistema que facultasse a uma sociedade aumentar os capitais próprios, mas sem alterar a estrutura de poder nela existente, o *AktG* de 1937 aproveitou uma solução já praticada nalguns estatutos de sociedades, no período de Weimar, na base das facilidades então concedidas pelo *HGB*: o de acções que atribuíam vantagens patrimoniais, a troco do direito de voto[1725]. Assim, nos seus §§ 115 a 117, o *AktG* de 1937 estabeleceu e regulou o esquema das acções privilegiadas sem voto[1726], em termos de resto muito semelhantes aos que hoje se encontram em vigor: os accionistas sem voto têm direito a um dividendo prioritário e, ainda, a todos os demais direitos sociais: excepto o de voto – § 116[1727]. Mais tarde, sublinhou-se o seu papel na manutenção de sociedades familiares[1728]. As acções preferenciais sem voto foram, na altura, saudadas como um esquema especialmente adequado para a obtenção de capital[1729]. Tiveram, contudo, pouca expressão prática. Segundo números de BEZZENBERGER haveria, em 1941, 6 sociedades com acções preferenciais sem voto, tendo esse número subido para 20, em 1963: as vésperas da aprovação do *AktG* de 1965[1730].

[1723] Comentam GÖTZ HUECK e CHRISTINE WINDBICHLER, ob. e loc. cit. que, por esta via, separava-se o poder da efectiva titularidade do capital, pondo em crise um dos princípios básicos das sociedades anónimas.

[1724] Cf. ALFRED HUECK, *Vorzugsaktien und mehrfaches Stimmrecht* (1922), GUENTHER FRANK-FAHLE, *Die Stimmrechtsaktie* (1923) e HANS FRANZ BUMBACHER, *Die Aktie als Grundlage des Stimmrechts* (s/d, mas 1925), de entre a literatura da época.

[1725] Cf. BEZZENBERGER, *Vorzugsaktien ohne Stimmrecht* cit., 8 ss. e 15 ss..

[1726] Cf. SCHLEGELBERGER/QUASSOWSKI, *Aktiengesetz*, 3ª ed. (1939), § 115 (483 ss.); na anot. 1, estes Autores explicam que se trata de um esquema que visa a obtenção de capital.

[1727] SCHLEGELBERGER/QUASSOWSKI, *Aktiengesetz*, 3ª ed. cit., § 116 (486). Cf., ainda, WALTER SCHMIDT/MEYER-LANDRUT, *Aktiengesetz / Grosskommentar*, 2ª ed. (1961), § 116 (814 ss.).

[1728] HORST KRIEBEL, *Mehr stimmrechtslose Vorzugsaktien?*, AG 1963, 175-178 (177).

[1729] HERBIG, *Die Massnahmen der Kapitalbeschaffung im neuen Aktiengesetz*, JW 1937, 510-513 (510 I e II).

[1730] BEZZENBERGER, *Vorzugsaktien ohne Stimmrecht* cit., 32.

O *AktG* de 1965 manteve, nos seus §§ 139 a 141 e com poucas alterações, o esquema das acções preferenciais sem voto[1731]: um regime bastante semelhante ao nosso. O instituto das acções preferenciais sem voto conservou, todavia, uma aplicação escassa. Apenas no período de expansão dos anos 80, foi possível assinalar um acréscimo de sociedades alemãs que a ele recorreram.

III. Quanto ao Direito italiano: o Código Civil de 1942 começava por estabelecer o princípio de que cada acção atribui o direito de voto – artigo 2351.°/I. O n.° III desse mesmo preceito proíbe o voto plural. Nesse contexto, o artigo 2351/II admite que o acto constitutivo preveja acções que estabeleçam privilégios na repartição dos lucros e no reembolso do capital social, em caso de dissolução da sociedade. Tais acções privilegiadas poderiam ter um direito de voto limitado: restrito aos aumentos da assembleia extraordinária prevista no artigo 2365.° do Código Civil e que têm a ver com a alteração dos estatutos ou com a emissão de obrigações[1732]. O artigo 2351.°/II foi alterado, na reforma de 2003, de modo a ampliar a liberdade das partes[1733].

As acções de voto limitado não correspondem totalmente às acções privilegiadas sem voto consignadas no Direito alemão. Esta última figura, sob o título "acções de poupança" (*azioni di risparmio*) foi introduzida pela Lei n.° 216, de 7 de Junho de 1974. Nos seus artigos 14.° a 16, a Lei n.° 216 prevê uma categoria de acções que, de todo em todo, não dão lugar a qualquer direito de voto. Só podem ser emitidas por sociedades cotadas na bolsa e conferem, como contrapartida da privação do voto, o direito a uma percepção privilegiada na recepção de lucros e no reembolso do capital. Diplomas posteriores desenvolveram a matéria.

IV. Em França, as acções prioritárias sem voto foram introduzidas pela Lei n.° 78-741, de 13 de Julho de 1978[1734]. Este diploma visava, em

---

1731 HÜFFER, *Aktiengesetz* cit., 7ª ed., §§ 139 ss. (771 ss.).

1732 Cf. CARLO ANGELICI, *Della società per azioni / Le azioni* (1992), 168 ss. e FRANCESCO FERRARA JR./FRANCESCO CORSI, *Gli imprenditori e le società*, 9ª ed. (1994), 457-458.

1733 ENRICO CARATOZZOLO e outros, *Società per azioni/Azioni, società collegate e controllate, assemblee (artt. 2346-2379-ter c.c.)* (2003), 83 ss. e BRACCIODETA, *La nuova società per azioni* cit., 145 ss..

1734 Cf. G. DELMOTTE, *Les actions à dividende prioritaire sans droit de vote*, JNot 1978, 1533-1553 (1533 ss.) e LAMY/*Sociétés commerciales* (1998) n.° 4 183 ss. (1872 ss.).

geral, orientar a poupança para o financiamento das empresas. Nesse sentido e entre outros instrumentos nele previstos, veio aditar, ao Código das Sociedades, diversos preceitos – artigos 269 a 269-9.

Em termos sistemáticos, o artigo 269 admitia que, aquando da constituição de uma sociedade ou no decurso da sua existência, pudessem ser criadas acções prioritárias com certas vantagens em relação a todas as outras. O número 2, acrescentado, possibilita igualmente a criação de acções com dividendo prioritário sem direito de voto. As precauções então tomadas pelo legislador foram pouco incentivadoras. Apenas surgiram, por isso e no hexágono gaulês, 6 sociedades com acções desse tipo[1735]. Assim, a Lei n.° 83-1, de 3 de Janeiro de 1983. Mais tarde o tema foi retomado pela Ordenança n.° 2004-604, de 24 de Junho de 2004, tendo transitado para o Código de Comércio: artigos L. 228-35-2 a L. 228-35-11[1736]: num sentido mais promissor.

Um tanto à semelhança da experiência alemã – e diversamente da italiana – a experiência francesa das acções privilegiadas sem voto visa, além de atrair investimentos a longo termo, possibilitar a sociedades fechadas, de tipo familiar, obter financiamentos sem modificar a sua estrutura interna de poder[1737]. As acções prioritárias sem voto aproximam-se das obrigações[1738], embora apresentem particularidades de regime em relação a estas; traduzem, de todo o modo, uma dissociação entre os detentores do poder e os do capital[1739]. O regime aplicável é semelhante ao dos Direitos alemão, italiano e português.

280. **A experiência portuguesa**

I. Entre nós[1740], o Código Ferreira Borges e o Código Veiga Beirão não contemplavam a hipótese das acções privilegiadas sem voto.

[1735] Lamy, loc. cit.. O texto actualizado pode confrontar-se no *Code des sociétés* da Dalloz, col. Paul le Cannu, 17ª ed. (2000).

[1736] *Code de Commerce* cit., 101ª ed., 343-347.

[1737] Cf. Michel de Juglart/Benjamin Ippolito/Jacques Dupichot, *Les sociétés commerciales*, 10ª ed. (1991), 387.

[1738] Georges Ripert/René Roblot, *Traité de Droit Commercial*, II, 15ª ed. (1993), n.° 1186 (889); cf., também, Delmotte, *Les actions à dividende prioritaire sans droit de vote* cit., 1538.

[1739] Michael Jeantins, *Droit des sociétés*, 3ª ed. (1994), 230, nota 44.

[1740] Com mais elementos: J. Vieira Peres, *Acções preferenciais sem voto*, RDES

Apenas o artigo 114.° deste último Código poderia ter alguma relevância nesse domínio. Segundo esse preceito,

> O título constitutivo das sociedades especificará:
>
> (...)
>
> 6.° As vantagens especiais que porventura se conferirem a alguns sócios;

CUNHA GONÇALVES admitia, por esta via, o aparecimento de acções privilegiadas, ainda que sem especificar a hipótese das preferenciais sem voto[1741].

II. As dúvidas provocadas pela insuficiência legal levaram o legislador, através do Decreto n.° 1:645, de 15 de Junho de 1915, a permitir às sociedades anónimas – artigo 1.°[1742]:

> (...) por deliberação das assembleas gerais extraordinárias, não havendo nos seus estatutos disposição proibitiva expressa, criar acções privilegiadas, conferindo aos seus possuidores preferência quer sobre os lucros até determinada percentagem, quer sobre o capital, quer sobre ambas as coisas.

O § único deste preceito facultava o voto plural.

Resta acrescentar que o Decreto n.° 1:645 previa que os sócios privilegiados se reunissem em assembleia especial para deliberar sobre os seus direitos. Constituíam, pois, uma categoria especial[1743].

Durante muitas décadas, a comercialística nacional viveu apenas com estes escassos preceitos. Segue-se o Decreto-Lei n.° 598/73, de 8 de Novembro, relativo ao regime da fusão e da cisão de sociedade. Este diploma, no tocante à fusão – numa regra aplicável à cisão – veio determinar que

---

1998, 329-399, MENEZES CORDEIRO, *Acções preferenciais sem voto*, ROA 2000, 1001-1056 e CARLOS OSÓRIO DE CASTRO, *Acções preferenciais sem voto*, IDET/*Problemas de Direito das sociedades* (2002), 281-320.

[1741] LUIZ DA CUNHA GONÇALVES, *Comentário ao Código Comercial Português* cit., 1, 261.

[1742] COLP 1915, I, 388-389 (389/II).

[1743] Cf. PAULO OLAVO CUNHA, *Os direitos especiais nas sociedades anónimas: as acções privilegiadas* (1993), 33-34 e RAÚL VENTURA, *Acções preferenciais sem voto, acções preferenciais remíveis, amortização de acções (acções de fruição)*, em *Estudos vários sobre sociedades anónimas* (1992), 409-511 (414 ss.).

havendo várias categorias de acções, a deliberação de fusão da respectiva assembleia geral só fosse eficaz depois de aprovada pela assembleia especial de cada categoria.

III. Assim chegamos ao Código das Sociedades Comerciais de 1986, cujo diploma preambular[1744] revogou expressamente, no seu artigo 3.°, quer o Decreto n.° 1:645, de 15 de Junho de 1915 – alínea *c*) – quer o Decreto-Lei n.° 598/73, de 8 de Novembro – alínea *b*).

IV. Correspondendo, em geral, ao projecto, o Código das Sociedades Comerciais veio prever, no seu artigo 24.°, a hipótese de direitos especiais. Trata-se de um preceito genérico, aplicável a todos os tipos sociais, mas que não deixa de prever, de modo específico, o caso das sociedades anónimas. Vamos recordar, do referido artigo 24.°, as seguintes regras:

> 1 – Só por estipulação no contrato de sociedade podem ser criados direitos especiais de algum sócio.
> (...)
> 4 – Nas sociedades anónimas, os direitos especiais só podem ser atribuídos a categorias de acções e transmitem-se com estas.
> 5 – Os direitos especiais não podem ser suprimidos ou coarctados sem o consentimento do respectivo titular, salvo regra legal ou estipulação contratual expressa em contrário.

V. Finalmente, no Título IV do Código das Sociedades Comerciais, relativo a sociedades anónimas, surge um capítulo III, sobre acções, que contém uma secção V expressamente epigrafada "acções preferenciais sem voto".

A matéria das acções preferenciais sem voto ocupa os quatro artigos da referida secção, que iremos considerar em separado. São eles:

artigo 341.° (Emissão e direitos dos accionistas);
artigo 342.° (Falta de pagamento do dividendo prioritário);
artigo 343.° (Participação na assembleia geral);
artigo 344.° (Conversão de acções).

Iremos ponderar estes preceitos a propósito do regime da acções preferenciais sem voto.

[1744] Portanto: o Decreto-Lei n.° 262/86, de 2 de Setembro.

281. **Emissão e direitos dos accionistas**

I. Nos termos do artigo 341.°/1, o pacto social pode prever a emissão de acções preferenciais sem voto até ao montante representativo de metade do capital. Tratava-se da solução constante da lei alemã – § 139/II do AktG[1745] – e da lei italiana – artigo 14/I da Lei n.° 216 de 7 de Junho de 1974[1746]; o Direito francês é mais estrito, uma vez que só admite – artigo 269-1/II do Código das Sociedades, na redacção da Lei n.° 83/I de 3 de Janeiro de 1983 – acções prioritárias sem voto até 1/4 do capital social[1747]. Esse preceito mantém-se no artigo L. 228-35-3/II do Código de Comércio.

A presença, nos estatutos, da possibilidade de recorrer a acções privilegiadas sem voto é um ponto fundamental para defesa da segurança jurídica e da confiança dos envolvidos[1748].

O esquema das acções privilegiadas sem voto foi aprontado para permitir angariar capital[1749], para facilitar o autofinanciamento[1750] ou para manter certas sociedades no âmbito duma família sem, com isso, impedir o seu acesso ao mercado de capitais[1751]. A essa luz, ele deve dispor dum regime coerente e que permita prosseguir a finalidade do instituto. No essencial, podemos dizer que as acções preferenciais sem voto facultam,

---

[1745] Cf. WOLFGANG HEFERMEHL, em GESSLER/HEFERMEHL, *Aktiengesetz* II (1974), § 139 (379 ss., 383), WOLFGANG ZÖLLNER, *Köllner Kommentar zum AktG* I (1985), § 139, N. 25 (1489), CARL HANS BARZ, *Aktiengesetz / Grosskommentar*, 3ª ed. (1973), § 139 (1176 ss.) e GODIN/WILHELM, *Aktiengesetz* I, 4ª ed. (1971), § 139 (821 ss.) e UWE HÜFFER, *Aktiengesetz* cit., 7ª ed. (773 ss.).

[1746] Em conjunto com outras acções de voto limitado, segundo o artigo 2354.° do Código Civil; cf. FRANCESCO GALGANO, *Diritto civile e commerciale*, vol. III, tomo 2 (1990), 397-398.

[1747] Cf. LAMY/*Sociétés commerciales* cit., n.° 4184 (1873).

[1748] HEINER BENFELD, *Die Satzungsstung im Aktiensrecht und ihre Bedeutung für Rechtssicherheit* (1999), em geral.

[1749] NORBERT HERZIG/MICHAEL EBERING, *Substanzsteuerlichen Folgen der Börseneinführung stimmrechtsloser Vorzugsaktien*, AG 1989, 221-230 (221).

[1750] GEROLD BEZZENBERGER, *Zum Bezugsrecht stimmrechtsloser Vorzugsaktionäre*, FS Quack 1991, 153-166 (153) e GABRIELE RECKINGER, *Vorzugsaktien in der Bundesrepublik*, AG 1983, 216-222 (219).

[1751] Cf. BRUN-HAGEN HENNERKES/PETER MAY, *Überlegung zur Rechtsformwandel im Familienunternehmen*, DB 1988, 483-489 e 537-542 (538) e FRANZ-JORG SEMLER, no *Münchener Handbuch* cit., 4, 2ª ed., § 38 (498).

ao seu titular, precisamente os mesmos direitos que atribuem as acções em geral[1752]. Trata-se, aliás, da solução prevista nos diversos ordenamentos.

II. No fundamental, uma acção representa uma parcela do capital social, um direito de participação societário e um valor mobiliário[1753]. No tocante à participação societária, a posição de accionista envolve o direito aos lucros, o direito de informação e o direito de voto[1754]. A acção privilegiada sem voto implica uma distorção em relação a estes vectores. Por um lado, ela comporta privilégios reportados ao capital social e à participação; por outro, ela envolve a supressão do direito de voto.

Os privilégios são essencialmente dois – artigo 341.°/2[1755]:

– o direito a um dividendo prioritário não inferior a 5% do respectivo valor nominal;
– o reembolso prioritário do seu valor nominal na liquidação da sociedade.

De notar que o direito ao dividendo prioritário não é fatal: ele depende de haver lucros que, nos termos dos artigos 32.° e 33.°, possam ser distribuídos. O accionista prioritário sem voto continua, pois, associado ao risco próprio da vida societária. Caso não haja lucros, ou lucros bastantes, funciona o artigo 342.°: o dividendo não pago deve sê-lo nos três exercícios sociais seguintes. Se não for integralmente pago durante dois exercícios sociais, as acções preferenciais passam a conferir o direito de voto, só o perdendo no exercício seguinte em que tiverem sido pagos os dividendos em atraso.

III. A acção privilegiada sem voto não confere, por definição, o direito de voto. Em tudo o mais, além dos privilégios referidos, ela atribui os restantes direitos próprios dos accionistas, como foi visto.

1752 BARZ, *AktG/GrossK*, 3ª ed. cit., § 140, Nr. 2 (1181), T. BEZZENBERGER, *Vorzugsaktien Stimmrecht* cit., 104 e YVES GUYON, *Droit des affaires*/I, 7ª ed. (1992), 773.

1753 ALFONS KRAFT/PETER KREUTZ, *Gesellschaftsrecht*, 11ª ed. (2000), 329-330.

1754 Cf. WILHELM CHRISTIANS, *Der Aktionär und sein Stimmrecht*, AG 1990, 47-49.

1755 Cf. HEFERMEHL, em GESSLER/HEFERMEHL, *Aktiengesetz* II cit., 385 ss., ZÖLLNER, *Köllner Kommentar* cit., § 140 (1490 ss.) e GODIN/WILHELMI, *Aktiengesetz*, 4ª ed. cit., § 140 (825).

É diversa, no Direito comparado, a saída encontrada para a participação em assembleias gerais. O artigo 343.°/1 parte do princípio de que, embora sem voto, o accionista prioritário participa na assembleia, quando os estatutos o não proíbam[1756]. Na verdade, é frequente os pactos sociais permitirem a participação na assembleia apenas aos accionistas com o direito de voto. Quando isso suceda, os titulares de acções preferenciais sem voto de uma mesma emissão são representados na assembleia por um deles. A esse representante comum e no tocante à sua eleição e destituição aplica-se o regime próprio dos obrigacionistas.

282. A conversão de acções ordinárias em preferenciais sem voto

I. As acções ordinárias podem, nos termos do artigo 344.°, transformar-se em preferenciais sem voto. O n.° 1 desse preceito manda, então, observar os artigos 24.° (Direitos especiais), 341.°/1 (Emissão) e 389.° (Assembleias especiais de accionistas). Vamos ver.

II. Em sequência lógica, a primeira condição para se proceder à conversão de acções ordinárias em preferenciais sem voto é a competente alteração estatutária. Nos termos do artigo 341.°/1, a emissão de acções preferenciais sem voto depende de previsão no pacto social.

De seguida, devemos pensar que a conversão de acções ordinárias em preferenciais sem voto vai comprimir os lucros a distribuir prioritariamente. Atinge, de modo directo, o direito especial dos accionistas prioritários preexistentes, pelo que estes devem dar o seu acordo prévio à operação.

A deliberação que tomem será formalizada em assembleia especial de accionistas da categoria em causa.

283. A supressão dos direitos dos accionistas preferenciais

I. A supressão ou limitação dos direitos especiais dos accionistas preferenciais sem voto exige, nos termos do artigo 24.°/5 do CSC, a autorização dos visados. A lei portuguesa, que contém uma "parte geral" no

---

[1756] Veja-se, ainda, o artigo 379.°/2.

Código das Sociedades Comerciais, limitou-se, no citado artigo 24.°/5, a prever uma regra geral. A sua aplicação à situação técnica muito especializada das acções privilegiadas sem voto levanta algumas dúvidas, que cumpre esclarecer.

II. O *AktG* alemão contempla a hipótese numa norma específica, dirigida aos accionistas preferenciais. Assim, segundo o § 141 e na parte agora em jogo,

> (1) Uma deliberação através da qual o privilégio seja revogado ou limitado necessita, para ser eficaz, da concordância dos accionistas preferenciais.
>
> (2) Uma deliberação relativa à emissão de acções preferenciais que, no tocante à repartição dos lucros ou do património social prevaleça ou equivalha às acções preferenciais sem voto requer igualmente o acordo dos accionistas preferenciais. O acordo não é requerido quando a emissão, aquando da concessão do privilégio ou, caso o direito de voto tivesse sido posteriormente excluído, aquando da exclusão, tivesse sido expressamente prevista e o direito de preferência dos accionistas preferenciais não tivesse sido excluído.
>
> (...)

A lei francesa – hoje, o Código de Comércio – contém uma regra geral no seu artigo L. 228-35-6/IV:

> Sob reserva do artigo L. 228-35-7, toda a decisão que modifique os direitos dos titulares de acções com dividendo prioritário sem direito de voto não é definitiva a não ser após aprovação pela assembleia especial referida na primeira alínea deste artigo, estatuindo nas condições de *quorum* e de maioria prevista no artigo L. 225-99.

No tocante à redução do capital, temos o artigo L. 228-35-9/II a ter em conta:

> No caso de redução de capital não motivada por perdas, as acções com dividendo prioritário sem direito de voto são, antes das acções ordinárias, resgatadas nas condições previstas nas duas últimas alíneas do artigo 269-8 e anuladas.

A contrario, o dever de resgate não opera perante a redução de capital motivada por perdas[1757].

Quanto ao direito italiano, cumpre reter, neste preciso ponto, o artigo 16 da Lei n.° 216, de 7 de Junho de 1974:

1757 Cf. Lamy/*Sociétés commerciales* cit., N. 4189 (1877) e Delmotte, *Les actions à dividende prioritaire sans droit de vote*, JNot 1978, 1533-1553 (1549-1550).

A assembleia especial de possuidores de acções de poupança delibera:
(...)
2) Sobre a aprovação das deliberações da assembleia da sociedade que prejudiquem os direitos da categoria.

Esta breve resenha mostra que a posição dos accionistas preferenciais sem voto só pode ser atingida com o seu prévio consentimento. Mas nem sempre. Os diversos ordenamentos prevêem que isso suceda perante a supressão de "privilégios", "prioridades" ou "direitos especiais".

Assim, se por hipótese a sociedade, através dos seus órgãos competentes, delibera entrar num esquema de investimento a médio ou longo prazo que irá diminuir os lucros distribuíveis, os "direitos" dos accionistas preferenciais sem voto ressentir-se-ão. Mas não está em causa a necessidade duma prévia autorização.

Tanto basta para mostrar a premência de ulteriores distinções.

III. Visando clarificar o problema da supressão dos direitos dos accionistas preferenciais, a doutrina alemã introduziu uma distinção da maior importância: a que distingue – numa versão portuguesa que agora propomos – entre a compressão directa e a indirecta[1758].

Devemos ter presente, como ponto prévio, que o problema só se põe perante os *direitos especiais* dos sócios prioritários. No tocante aos direitos gerais, o regime é igual para todos. Os accionistas preferenciais são protegidos por via das regras tendentes à tutela das minorias[1759] ou em face dos parâmetros que mandam ter em conta a materialidade das situações ou a supressão das deliberações abusivas[1760]: trata-se duma problemática geral, sempre actuante e a que não iremos, agora, aludir.

Temos uma compressão directa dos direitos do accionista prioritário sem voto sempre que a deliberação em jogo vise, pela sua estrutura e pela

[1758] Winfried Werner, *Die Beschlussfassung der Inhaber von stimmrechtslosen Vorzugsaktien*, AG 1971, 69-76 (69 ss.), Godin/Wilhelmi, *Aktiengesetz* cit., I, 4ª ed., § 141 (829), Barz, *Aktiengesetz/Grosskommentar* cit., 3ª ed., § 141 (1183 ss.), Hefermehl, em Gessler/Hefermehl, *Aktiengesetz* II cit., § 141 (391 ss.), Zöllner, *Köllner Kommentar*, I cit., § 141 (1493 ss.) e Hüffer, *Aktiengesetz* cit., 7ª ed., § 141 (779 ss.).

[1759] Manfred Kühn, *Der Minderheitenschutz nach dem neuen Aktiengesetz*, BB 1965, 1170-1172 (1170/II) e, em geral, Viola Sailer, *Aktienrechtliche Minderheitskompetenzen zwischen Missbrauch und unternehmerischer Entscheidungsfreiheit* (1999).

[1760] Joachim Natterer, *Kapitalveränderung der Aktiengesellschaft, Bezugsrecht der Aktionäre und "sachlicher Grund"* (2000), 107 ss., referindo o tema do controlo material.

sua finalidade, a supressão ou a limitação dos direitos especiais que lhe assistam. Pelo contrário, a compressão será simplesmente indirecta quando ela tenha qualquer outro objectivo admissível, de ordem geral, sobrevindo a compressão dos direitos do accionista preferencial sem voto apenas como consequência legal ou necessária da via tomada.

A distinção é necessária, sob pena de bloquear todo o sistema. É evidente que qualquer deliberação de fundo irá agir sobre os direitos dos preferenciais: por ténues que sejam, os seus efeitos sempre se repercutirão sobre os lucros e o capital. Ora, justamente: a lógica das acções preferenciais sem voto reside na opção por manter certa categoria de acções totalmente à margem da gestão societária. Tudo visto: apenas a compressão imediata exige o consentimento dos accionistas preferenciais sem direito de voto.

IV. Esta construção parece-nos especialmente útil para interpretar e aplicar o artigo 24.°/5[1761]. O consentimento exigido para se suprimir ou coarctar um direito especial ocorre perante medidas directamente dirigidas a tanto. Trata-se, em suma, de deliberações selectivas, especificamente destinadas a atingir o privilégio.

Pelo contrário, nenhum consentimento é requerido para deliberações sociais que tenham outros objectivos. Por certo que os direitos dos sócios privilegiados poderão ser atingidos, indevidamente, por elas. Nessa altura, funcionam as regras gerais sobre a tutela das minorias e, no limite, a proibição de deliberações abusivas – artigo 58.°/1, *b*), do CSC. Há tutela: mas é uma tutela geral, tal como geral é o âmbito da deliberação em jogo.

Caso a caso haverá pois que verificar se a deliberação que atinge os sócios privilegiados o faz directa ou indirectamente. Apenas no primeiro caso se exige o consentimento dos atingidos[1762].

V. O tema da necessidade de autorização dos accionistas privilegiados para a compressão dos seus direitos é especialmente candente a propósito da redução do capital. Esta, designadamente quando decidida para cobrir prejuízos, vai atingir todos os accionistas, incluindo os privilegiados. Será exigível o consentimento destes?

[1761] Contra: CARLOS OSÓRIO DE CASTRO, *Acções preferenciais sem voto* cit., 313 ss..

[1762] Cf. ROGER KIEM, *Die Stellung der Vorzugsaktionäre bei Unwandlungsmassnahmen*, ZIP 1997, 1627-1635 (1628-1629).

Uma primeira hipótese seria, a propósito de semelhante deliberação, fazê-los recuperar o direito de voto: tomariam, assim, assento nas assembleias em que o problema fosse discutido, podendo votar como qualquer outro accionista. Na falta de qualquer base legal, não vemos como admitir tal solução. A lei portuguesa só admite a "recuperação" do direito de voto em situações de "supressão", de facto, do benefício do dividendo prioritário – artigo 342.°/3. Fora desse circunstancialismo, a regra será sempre: todos os direitos menos o de voto. Além disso, devemos atentar nos valores em jogo: o accionista preferencial é um financiador que optou por se ligar ao risco empresarial: ele não tem a mentalidade empresarial própria de quem seja obrigado a reduzir o capital.

Fica, pois, uma segunda hipótese: a redução do capital iria limitar ou suprimir as acções preferenciais, pelo que exigiria o consentimento dos visados – artigo 24.°/5. A doutrina maioritária alemã afasta a necessidade de tal consentimento: assim depõem WERNER[1763], GODIN/WILHELMI[1764], BARZ[1765], HEFERMEHL[1766], ZÖLLNER[1767] e HÜFFER[1768]. No fundamental, estes Autores explicam que na redução do capital não há uma deliberação directamente dirigida contra direitos especiais; a vantagem dos preferenciais sem voto não é atacada enquanto tal; apenas se sujeita às contingências que, por igual, atinjam todo o ente societário.

Existe uma doutrina minoritária, subscrita por BEZZENBERGER, que entende ser necessário o consentimento dos preferenciais para reduzir o capital social[1769]. Não chega, todavia, a responder aos argumentos da doutrina dominante. Designadamente: como poderiam os preferenciais, necessariamente em minoria, bloquear uma deliberação de redução conveniente aprovada pelos accionistas ordinários? Resta acrescentar que a opção maioritária foi acolhida pela única decisão judicial publicada sobre o tema[1770]: o Tribunal de Frankfurt entendeu, em 25-Abr.-1991, que

---

1763 WINFRIED WERNER, *Die Beschlussfassung der Inhaber von stimmrechtslosen Vorzugsaktien* cit., 69/II e 70/I.

1764 GODIN/WILHELMI, *Aktiengesetz* cit., I, 4ª ed., § 141, Nr. 2 (830).

1765 BARZ, *Aktiengesetz/Grosskommentar* cit., 3ª ed., § 141, 2 (1185).

1766 GESSLER/HEFERMEHL, *Aktiengesetz* cit., II, § 141, Nr. 3 (392).

1767 WOLFGANG ZÖLLNER, *Köllner Kommentar zum Aktiengesetz*, I, 2ª ed. (1987), § 141, Nr. 18 (1498).

1768 HÜFFER, *Aktiengesetz* cit., 7ª ed., § 141, Nr. 8 (782).

1769 T. BEZZENBERGER, *Vorzugsaktien ohne Stimmrecht* cit., 171 ss..

1770 Baseamo-nos em HÜFFER cujo comentário, de 2006, ainda surge especialmente actualizado.

não era necessária uma deliberação especial dos accionistas preferenciais sem direito de voto para reduzir o capital social, uma vez que os seus privilégios não eram directamente atingidos por essa medida[1771].

VI. A lógica desta opção mantém-se intacta perante certas versões modernas de redução de capital, aprontadas pela actual engenharia financeira. Pensamos, designadamente, numa denominada *operação acórdeão*[1772]: redução do capital a zero e depois elevação do capital, com supressão da categoria das acções preferenciais e na qual os accionistas privilegiados não votam. Nessa ocasião, é essencial que os (antigos) accionistas preferenciais tenham, em pé de igualdade com os (também antigos) accionistas ordinários, o direito de subscrever as novas acções, em termos proporcionais às antes detidas: os accionistas preferenciais sem voto têm todos os direitos, excepto o de votar.

284. A natureza das acções preferenciais e da autorização para a compressão dos seus direitos

I. As considerações anteriores podem ser confirmadas através do perfil dogmático das acções preferenciais sem voto e da autorização dos respectivos titulares para a compressão dos seus direitos.

Segundo a doutrina unânime e com o apoio directo na legislação dos diversos países, o accionista prioritário é um verdadeiro sócio: não é um mero obrigacionista ou credor da empresa. Quer isso dizer que, nos termos gerais, ele correrá os riscos inerentes ao comércio. A diminuição do capital ser-lhe-á repercutida, tal como sucede a qualquer outro accionista. É certo que ele tem privilégios: mas esses privilégios, que operam como contrapartida da privação de voto, manifestam-se no estrito domínio que a lei prescreve.

II. A proibição de pactos leoninos é estruturante, no nosso Direito das sociedades comerciais – artigo 22.°/3. Ora essa proibição seria defraudada pela solução que colocasse os preferenciais sem voto fora das contingências da redução do capital. Também não parece pensável que, pelo

[1771] LG Frankfurt 25-Abr.-1991, AG 1991, 405-406 (406/I).
[1772] *Vide*, em geral: VICTOR SÉRGIO DE CASTRO NUNES, *As "operações acordeão" nas sociedades anónimas* (2005), 222 pp..

exercício dum veto que a lei não prevê, os prioritários sem voto pudessem bloquear a reestruturação de uma empresa que passe pela redução do capital.

As normas gerais do Código das Sociedades Comerciais, no que tange à tutela das minorias e à proibição de deliberações abusivas, dispensa, a todas, uma tutela eficaz.

III. Quanto à autorização para a compressão de direitos: não se trata de nenhuma deliberação social. A vontade que dela resulte não é imputável à sociedade. A autorização em causa é apenas o exercício conjunto, por parte dos preferenciais sem voto, de uma posição jurídica que lhes cabe. Pois justamente: essa posição jurídica tem exclusivamente a ver com o privilégio: não com a gestão geral da sociedade, ainda que esta seja existencial para todos os sócios.

§ 76.° ACÇÕES PREFERENCIAIS REMÍVEIS

285. Origem e regime

I. O artigo 345.°/1 apresenta as acções preferenciais remíveis:

> Se o contrato de sociedade o autorizar, as acções que beneficiem de algum privilégio patrimonial podem, na sua emissão, ficar sujeitas a remição em data fixa ou quando a assembleia geral o deliberar.

Este preceito adveio do artigo 39.° da 2ª Directriz de Direito das sociedades[1773] o qual, baseado na legislação inglesa, entendeu limitar as condições em que a remição é possível[1774].

II. O regime resulta do artigo 345.°/2 a 8, que transcrevemos para facilidade de análise:

> 2. As referidas acções deverão ser remidas em conformidade com as disposições do contrato, sem prejuízo das regras impostas nos números seguintes.
>
> 3. As acções devem estar inteiramente liberadas antes de serem remidas.
>
> 4. A remição é feita pelo valor nominal das acções, salvo se o contrato de sociedade previr a concessão de um prémio.
>
> 5. A contrapartida da remição de acções, incluindo o prémio, só pode ser retirada de fundos que, nos termos dos artigos 32.° e 33.°, possam ser distribuídos aos accionistas.
>
> 6. A partir da remição, uma importância igual ao valor nominal das acções remidas deve ser levada a uma reserva especial, que só pode ser utilizada para incorporação no capital social, sem prejuízo da sua eliminação no caso de o capital ser reduzido.

1773 *Direito europeu das sociedades*, 201-202.

1774 Raúl Ventura, *Estudos vários sobre sociedades anónimas* cit., 456-457, com os textos dadores britânicos.

7. A remição de acções não importa redução do capital e, salvo disposição contrária do contrato de sociedade, podem ser emitidas por deliberação da assembleia geral novas acções da mesma espécie em substituição das acções remidas.

8. A deliberação de remição de acções está sujeita a registo e publicação.

III. Por fim, o Decreto-Lei n.° 76-A/2006, de 29 de Março, veio desdobrar o artigo 345.°/9 original, actualizando-se perante a nova "dissolução por via administrativa" e melhorando a sua redacção. Temos, agora, dois números:

9. O contrato de sociedade pode prever sanções para o incumprimento pela sociedade da obrigação de remir na data nele fixada.

10. Na falta de disposição contratual, qualquer titular dessas acções pode requerer a dissolução da sociedade por via administrativa, depois de passado um ano sobre aquela data sem a remição ter sido efectuada.

§ 77.° AMORTIZAÇÃO DE ACÇÕES; EXONERAÇÃO E EXCLUSÃO

286. Generalidades; a amortização sem redução do capital

I. O capítulo III do título IV do Código das Sociedades Comerciais, sobre acções, acaba com uma secção VII relativa à sua amortização. Essa secção compreende dois extensos artigos: o 346.° e o 347.°. Os dois preceitos equivalem a uma transposição, muito próxima, dos artigos 35.° e 36.° da 2ª Directriz de Direito das sociedades[1775], preceitos esses que, por seu turno, foram beber inspiração a diversos Direitos, com relevo para o alemão[1776]. O sentido geral dos preceitos é o de oferecer, aos accionistas atingidos, uma tutela mínima[1777].

Deve ainda adiantar-se que o esquema relativo à amortização das acções é bastante diferente do da amortização de quotas[1778]: quer quanto aos objectivos, quer quanto ao funcionamento. Há, pois, que prevenir quaisquer transposições apressadas[1779].

II. A chamada amortização de acções sem redução de capital não é, em bom rigor, uma verdadeira amortização: as acções "amortizadas" mantêm-se, apenas vendo modificados os direitos patrimoniais a que dão azo. De facto, este instituto melhor ficaria como "reembolso de entradas" aos accionistas ou, quando muito, como "amortização imprópria".

1775 *Direito europeu das sociedades*, 200-201.

1776 RAÚL VENTURA, *Estudos vários sobre sociedades anónimas* cit., 476-480.

1777 Com indicações: HÜFFER, *Aktiengesetz* cit., 7ª ed., § 237 ss. (1174 ss.); para facilidade de busca recordamos que, em alemão, amortização diz-se *Einziehung*.

1778 *Supra*, 379 ss..

1779 RAÚL VENTURA, *Estudos vários sobre sociedades anónimas* cit., 480-481.

À partida, temos uma deliberação da assembleia geral, tomada pela maioria exigida para a alteração do contrato (346.°/1). Tal deliberação implica:

– a decisão de reembolsar o capital social, no todo ou em parte;
– recebendo os accionistas o valor nominal de cada acção ou parte dele;
– desde que, para o efeito, sejam utilizados apenas fundos que, nos termos dos artigos 32.° e 33.°, possam ser distribuídos aos accionistas.

Além disso (346.°/3):

– o reembolso parcial do valor nominal deve ser feito por igual, relativamente a todas as acções à data existentes;
– só sendo permitido o reembolso de certas acções por sorteio se o contrato de sociedade o permitir e sem prejuízo do disposto quanto a acções remíveis.

III. O reembolso (mesmo total) não implica a redução do capital (346.°/2). Logo: não conduz à extinção das acções. Estas modificam-se: passam a denominar-se "acções de fruição", constituindo uma categoria e passando esse facto a constar do título ou do registo das acções (346.°/5). Feito o reembolso, os direitos patrimoniais inerentes às acções atingidas são modificados da seguinte forma (346.°/4):

a) Essas acções só compartilham dos lucros de exercício, juntamente com as outras, depois de a estas ter sido atribuído um dividendo, cujo máximo é fixado no contrato de sociedade ou, na falta dessa estipulação, é igual à taxa de juro legal; as acções só parcialmente reembolsadas têm direito proporcional àquele dividendo;

b) Tais acções só compartilham do produto da liquidação da sociedade, juntamente com as outras, depois de a estas ter sido reembolsado o valor nominal; as acções só parcialmente reembolsadas têm direito proporcional a essa primeira partilha.

IV. As acções reembolsadas convertem-se, como foi dito, em acções de fruição. A conversão é definitiva: mas mediante deliberações da assembleia geral e da assembleia especial dos respectivos titulares, tomadas pela maioria exigida para a alteração do contrato de sociedade, elas podem ser convertidas em acções de capital (346.°/6). Essa conversão é efectuada (346.°/7):

– ou por meio de retenção dos lucros que, num ou mais exercícios, caberiam às acções de fruição;
– ou, mediante autorização das assembleias (geral e especial), através de entradas realizadas pelos accionistas interessados.

Quando o reembolso seja parcial, aplicam-se as mesmas regras. Fala-se, então, na reconstituição das acções parcialmente reembolsadas (346.°/8). A conversão considera-se efectuada quando os dividendos retidos atinjam o montante dos reembolsos ou no fim do exercício em que as entradas tenham sido realizadas (346.°/9).

As deliberações de amortização e de conversão estão sujeitas a registo e a publicação (346.°/10).

287. A amortização com redução do capital

I. O artigo 347.°[1780] ocupa-se da amortização de acções com redução do capital. Desta feita, as acções amortizadas extinguem-se (347.°/2): estamos perante uma verdadeira amortização.

A amortização só é possível se estiver prevista no contrato de sociedade: seja (347.°/1) como:

– amortização imposta, desde que se verifiquem certas características;
– amortização permitida, a deliberar pela assembleia geral.

Os factos que a tanto dêem azo devem estar concretamente definidos no pacto social (347.°/3). Não bastam, pois, meras previsões genéricas.

II. Quando a concretização seja imposta pelo contrato social (347.°/4):

> (...) deve este fixar todas as condições essenciais para que a operação possa ser efectuada, competindo ao conselho de administração ou conselho de administração executivo apenas declarar, nos 90 dias

[1780] Alterado pelo Decreto-Lei n.° 76-A/2006, de 29 de Março: fundamentalmente, pela supressão de referências à escritura pública e pela redenominação dos órgãos sociais.

posteriores ao conhecimento que tenha do facto, que as acções são amortizadas nos termos do contrato e dar execução ao que para o caso estiver disposto.

Sendo, porém, a amortização meramente permitida pelo pacto social (347.°/5):

> (...) compete à assembleia geral deliberar a amortização e fixar as condições necessárias para que a operação seja efectuada na parte que não constar do contrato.

Neste caso, a deliberação deve, ainda, ser concreta: não antecipada, nem abstracta[1781]. O pacto social deve também fixar um prazo não superior a um ano para que a deliberação seja tomada: seis meses, no silêncio do mesmo (347.°/6).

III. Quanto à redução do capital, aplica-se o artigo 95.°, excepto (347.°/7):

> *a*) Se forem amortizadas acções inteiramente liberadas, postas à disposição da sociedade, a título gratuito;
> *b*) Se para a amortização de acções inteiramente liberadas forem unicamente utilizados fundos que, nos termos dos artigos 32.° e 33.°, possam ser distribuídos aos accionistas; neste caso, deve ser criada uma reserva sujeita ao regime de reserva legal, de montante equivalente à soma do valor nominal das acções amortizadas.

IV. Note-se que é possível uma amortização de acções meramente prevista na lei e operacional simplesmente por verificação dos factos nesta figurados[1782]. Será a hipótese de uma comum redução de capital, por adaptação do artigo 94.°/1, *b*) e pelo artigo 463.°.

[1781] RLx 17-Mai.-1994 (Pais do Amaral), Proc. 0079271/ITIJ, visitado em 24-Abr.-2006.

[1782] STJ 20-Jan.-1999 (Aragão Seia), Proc. 98A963/ITIJ, visitado em 24-Abr.-2006.

288. Exoneração e exclusão

I. A parte IV do Código das Sociedades Comerciais, relativa às sociedades anónimas, é omissa quanto à exoneração dos accionistas. Esta surge, todavia, na parte geral:

- 3.°/6: transferência da sede social para o estrangeiro;
- 45.°/1: erro, dolo, coacção ou usura, na celebração do contrato de sociedade;
- 105.°: fusão de sociedades;
- 120.°: cisão;
- 137.°: transformação;
- 161.°/5: regresso à actividade.

Existe, na literatura actual, alguma pressão no sentido de se generalizar a figura ou, pelo menos, de se prever uma cláusula geral de exoneração, assente em justa causa[1783]. Efectivamente, faz-se notar que, nas sociedades anónimas fechadas, o sócio ficaria prisioneiro da sua posição, o que seria desvantajoso.

De facto, o sócio poderá sempre alienar as acções; se não obtiver o consentimento necessário, funciona o artigo 329.°/3, *c*), que obriga a sociedade a fazer adquirir as acções ou a pagá-las pelo preço justo.

II. Propendemos, pois, para a inexistência da faculdade de exoneração, fora dos casos previstos na lei. Quando muito e nas relações puramente internas, poder-se-ia aplicar o artigo 437.°/1, do Código Civil (resolução por alteração das circunstâncias): mas logo que o contrato se torne oponível *erga omnes*, essa hipótese cessa, substituída pela paralisação de certos actos, *ex bona fide* (334.°, do Código Civil).

E a razão de fundo será a seguinte: a exoneração de um sócio faz cair, sobre os restantes, ónus diversos, que vão desde a sua substituição até ao pagamento da posição afectada e, no limite, a dissolução da sociedade; ora, pela lógica das sociedades anónimas, cada sócio apenas responde pelas entradas, não podendo ver a sua posição *ad nutum* afectada pelas opções de outros sócios.

[1783] Cf. DANIELA FARTO BAPTISTA, *O direito de exoneração dos accionistas* cit., *maxime* 537 ss. (as conclusões) e EMMANUEL GEORGES, *Essai de généralisation d'un droit de retrait dans la société anonyme* (2005), 335-336 (as conclusões).

Na prática, sucede sim que certos interessados em sociedades de pessoas recorram ao tipo sociedade anónima. Quando percam a possibilidade de se exonerar por erro (45.°/1), *sibi imputet*. Terão de vender a sua participação social.

III. Também a possibilidade de exclusão de sócios não tem qualquer referência no Direito das sociedades anónimas. Já se tem entendido que, quando domine o *intuitus personae*, tal exclusão deveria ser possível, por via da aplicação do artigo 242.°/1: exclusão judicial do sócio por quotas, por "... comportamento desleal ou francamente perturbador ..."[1784]. Mas essa via de aparente bom senso não é praticável: porque não extinguir o direito de propriedade do vizinho "gravemente perturbador"?

A única via de exclusão de um sócio de sociedade anónima está na amortização de acções: quando prevista no pacto social e quando se verifiquem as competentes causas nele inseridas. Fora dessa hipótese: quaisquer perturbações provocadas por accionistas podem ser juridicamente contidas, mesmo nas sociedades fechadas. Agora: se erroneamente se elegeu uma sociedade anónima para reger situações *intuitu personae*, *sibi imputet*. Pertence à essência do tipo "sociedade anónima" a indestrutibilidade da participação accionista: salvo o expressa e legalmente previsto.

Não pode haver confiscos punitivos nem transmutações coercivas, sem adequado suporte legal e constitucional.

[1784] Carolina Cunha, *A exclusão de sócios* cit., 231-233.

CAPÍTULO VI

AS OBRIGAÇÕES

§ 78.º IDEIA E EVOLUÇÃO

289. Origem e papel

I. As obrigações são, à partida, títulos de crédito negociáveis e homogéneos, dirigidos a destinatários indeterminados. Dada a possibilidade da sua desmaterialização fala-se, a seu propósito, em "valores mobiliários". Trata-se de uma forma típica de financiamento[1785], em princípio acessível a qualquer interessado que tenha lugar no mercado. Apenas especiais razões de absorção cultural levam a que a matéria nos surja a propósito das sociedades anónimas. De todo o modo, fica claro que as sociedades anónimas são as grandes emitentes de obrigações.

II. As obrigações têm origem em títulos de crédito: podemos, assim, seguir o seu rasto até à Idade Média[1786]. Todavia, apenas na segunda metade do século XIX, com o aprofundamento das grandes sociedades anónimas e com a crescente integração dos mercados mobiliários, podemos falar em verdadeiras obrigações[1787].

Uma vez conhecidas, reguladas e institucionalizadas, as obrigações viram crescer lenta mas seguramente a sua relevância no tocante à animação do mercado mobiliário e ao financiamento das sociedades. Mais recentemente, o crescimento dos valores que elas envolvem veio a aumentar com amplitude[1788].

[1785] ROSSELLA CAVALLO BORGIA, *Azioni e obbligazioni di società* cit., 297 ss..

[1786] ANTÓNIO SILVA DIAS, *Financiamento de sociedades por emissão de obrigações* (2002), 15 ss..

[1787] MOSSA, *Trattato* cit., IV, 532 ss..

[1788] PHILIPPE MERLE, *Droit commercial* cit., 10ª ed., 388 ss..

III. Enquanto meio de financiamento, as obrigações apresentam diversas vantagens que são relevadas pela teoria económica[1789]. Efectivamente:

– elas permitem recolher fundos avultados em mercados de capitais sem provocar modificações na composição accionista das sociedades: o obrigacionista não é sócio; apenas credor[1790];
– elas podem facultar condições de financiamento mais aliciantes do que um mútuo bancário comum;
– elas colocam, perante o emitente devedor, credores mais acessíveis e menos exigentes do que o banqueiro profissional;
– os juros a pagar pela sociedade emitente são dedutíveis fiscalmente, ao contrário do que sucede com os dividendos.

IV. Paralelamente e pelo prisma dos subscritores de obrigações:

– passam a dispor de uma fonte segura de rendimento: ao contrário das acções, cujo dividendo depende da álea do negócio, a obrigação oferece uma retribuição prefixada certa;
– permitem uma composição mais diversificada da carteira de títulos;
– são negociáveis, permitindo um refinanciamento;
– dependendo da natureza do emitente: podem representar uma colocação segura e tranquila do capital, não obrigando a mais custos de gestão.

Perante estas virtualidades, cabe ao legislador explicitar um regime equilibrado, flexível, claro e seguro para as obrigações. A confiança no mercado e na iniciativa privada deverá levar a uma liberalização na emissão e a um recuo das cautelas administrativas e dos formalismos associados: conduzem, sem vantagens, a um aumento dos seus custos marginais e, logo, a uma perda de atractividade[1791].

[1789] PEDRO PAIS DE VASCONCELOS, *As obrigações no financiamento da empresa*, IDET/*Problemas do Direito das sociedades* (2002), 321-329.

[1790] Isto pelo prisma das sociedades anónimas; no tocante a outras entidades – desde as sociedades por quotas às empresas e institutos públicos –, as obrigações permitem um acesso ao mercado de capitais por parte de entidades que, de outro modo, dele permaneceriam apartadas.

[1791] Veja-se, assim, a aprofundada reforma levada a cabo, nesse sentido, pelo Direito italiano; *vide* GIOVANNI LO CASCIO e outros, *Società per azioni/Obbligazioni, bilancio, recesso, operazioni sul capitale (artt. 2410-2447 c.c.)* (2003), 1 ss.; por exemplo: salvo

290. A experiência portuguesa

I. No Direito português, as obrigações foram-se tornando conhecidas através da expansão dos títulos de dívida pública, com relevo para o empréstimo de 1796[1792]. Todavia, o Código FERREIRA BORGES nada referiu sobre obrigações e isso apesar de o seu ilustre autor bem as conhecer[1793]. Caberia à Lei sobre as Sociedades Anónimas, de 22 de Junho de 1867, tratar, numa secção VII, a emissão de obrigações. Dispunha ela[1794]:

> Art. 38.° As sociedades anonymas, que nos seus estatutos estipulem emissão de obrigações ao portador amortisaveis por sorteio, unicamente podem emittir taes titulos fiduciarios com as seguintes condições:
>
> 1ª Estando definitivamente constituidas;
> 2ª Representando a emissão uma somma nominal, que nunca exceda o capital social effectivamente pago;
> 3ª Sendo todos os titulos do mesmo typo, e não se concedendo a nenhum vantagens especiaes;
> 4ª Fixando-se, para amortisação e juros do capital assim mutuado, uma somma annual certa e constante por todo o tempo da duração do emprestimo.
>
> Art. 39.° As sociedades anonymas, que pelos seus estatutos sejam auctorisadas a emittir obrigações ao portador, publicarão mensalmente no diario oficial os balancetes, contendo o resumo do seu activo e passivo.

---

cláusula ou lei em contrário, a emissão de obrigações é deliberada pelos administradores, dependendo de formalismos menores.

[1792] Autorizado por Decreto de 29-Out.-1796 na *Collecçaõ das Leys, Decretos e Alvarás/D. Maria I* (s/d): 10 milhões de cruzados, a 5%. Mais precisamente:

> (...) nelle mande aceitar todo o dinheiro, que se offerecer por via de emprestimo, até á quantia de dez milhões de cruzados, a Juro de cinco por cento em cada hum anno (...): Dando-se aos Proprietarios delles Apolices de cem mil reis cada huma, e desta quantia para cima (...)

Cf., também, o alvará de 6-Ago.-1757, cujo § 14 refere as obrigações da Fábrica das Sedas:

> Que em quanto naõ forem cobradas as referidas dividas, corraõ impressas, como escritos da Alfandega, as obrigações dellas: (...)

[1793] FERREIRA BORGES, *Diccionario Jurídico-Commercial* cit., 276.

[1794] COLP 1867, 177-178.

Ao abrigo destas regras muito simples e à sombra da expansão das sociedades, subsequente à Lei de 1867, os títulos obrigacionistas no mercado duplicaram em 10 anos[1795].

II. O passo subsequente coube ao Código VEIGA BEIRÃO. Apesar de muitas vezes criticado pela sua concisão nesta matéria, o Código de 1888 reservou a secção VII do capítulo relativo às sociedades anónimas à emissão de obrigações. Eis o texto pertinente[1796]:

> Art. 195.° As sociedades anonymas que emittirem obrigações publicarão nos primeiros quinze dias de cada mez um balancete referido ao ultimo dia do mez anterior.
>
> Art. 196.° As sociedades anonymas podem emittir obrigações, nominativas ou ao portador, até á importância do capital já realisado e existente nos termos do ultimo balanço approvado.
>
> § único. São considerados obrigações quaesquer escriptos de obrigação geral, seja qual a sua denominação.
>
> Art. 197.° A emissão de obrigações, embora prevenida no titulo constitutivo, só se poderá realisar com voto affirmativo da assembleia geral.
>
> Art. 198.° A emissão e transmissão de obrigações far-se-ha nos termos prescriptos para as das acções e nos seguintes:
>
> 1.° O typo das obrigações deve ser identico em cada emissão, podendo porém differir de uma para outra, quanto a juro e prazo de amortisação.
>
> 2.° Não póde fazer-se emissão nova antes de subscripta e realisada a anterior, nem com premio tirado á sorte.
>
> § único. A aquisição de obrigações proprias às obrigações sobre ellas só poderão ser feitas pela sociedade que as emittiu, nos termos prescriptos no artigo 169.° § 2.°, ou para o fim de conversões ou amortisações.

III. Pouco depois da entrada em vigor do Código Comercial, deflagrou a crise de 1891, cujos efeitos perduraram, com numerosas falências. O Estado acabaria por intervir, restringindo e fiscalizando, também, a emissão de obrigações. Previu a organização dos obrigacionistas.

[1795] Cf. DAVID JUSTINO, *História da Bolsa de Lisboa* (1994), 111.

[1796] ADRIANO ANTHERO, *Comentario ao Codigo Commercial Portuguez* cit., 1, 373-374.

Como antecedentes próximos das assembleias de obrigacionistas[1797] temos a Lei de 27-Jul.-1893, que autorizou o Governo a tomar medidas para o saneamento da Companhia Real dos Caminhos de Ferro Portuguezes[1798]. Entre as medidas a adoptar contavam-se a conversão de todas as obrigações da Companhia, "... quando essa conversão se mostre acceita pela maioria dos obrigacionistas" e o "conceder representação na administração da Companhia aos portadores das obrigações" – 1.°/1.°, *a*) e *c*). Em seu seguimento, o Decreto de 9-Nov.-1893 veio, de facto, prever a representação dos "obrigatarios" na administração da Companhia[1799].

Quanto à intervenção do Estado na emissão de obrigações: ela foi prevista, pela primeira vez, no Decreto de 12-Jul.-1894, sobre os bancos[1800]. Este diploma permitia a organização dos obrigacionistas na hipótese de mora do banco no pagamento das inerentes obrigações (16.°) e acabava por prever, em geral[1801]:

> Art. 18.° A creação e emissão de obrigações dos bancos ou de quaesquer sociedades anonymas, ficarão sujeitas à approvação do governo, que a não concederá sem que a sociedade requerente mostre (...)

Seguiu-se, com o mesmo teor, a Lei de 3-Abr.-1896. Em execução, temos o Decreto de 27-Ago.-1896, o qual compreendia um capítulo II sobre a emissão de obrigações. Aí (artigos 6.° a 21.°) surgia todo um conjunto detido e pormenorizado de normas. A regra de autorização prévia surgia no artigo 7.°[1802]:

> Toda a sociedade anonyma, seja de que natureza for, quando pretenda crear e emittir obrigações, requererá ao governo, pela repartição do commercio, no ministerio das obras publicas, commercio e industria, a competente autorisação.

Este diploma previa, no seu artigo 14.°, que quando o juro ou a amortização não fossem pagos pela sociedade emitente, os portadores das obrigações atingidas pudessem requerer, à Repartição de Comércio, a convocação da "... assembleia geral dos obrigacionistas a fim de elegerem os seus representantes que, conjuntamente com a direcção, tomarão parte na gerên-

[1797] Antecedentes mais remotos podem ser confrontados em NUNO BARBOSA, *Competência das assembleias de obrigacionistas* (2002), 25 ss..

[1798] COLP 1893, 482-483 (482/II).

[1799] COLP 1893, 813-816 (815/I).

[1800] COLP 1894, 593-597.

[1801] *Idem*, 596/II-597/I.

[1802] CLP 1896, 562-566 (562/II).

cia da sociedade". Temos, aqui, a origem próxima da assembleia dos obrigacionistas.

Apesar de algumas críticas pontuais, o Decreto de 27-Ago.-1896 mereceu o apoio da doutrina[1803].

IV. A literatura jurídica da época procedia a uma cuidadosa contraposição entre acções e obrigações. Assim e com exemplo em ADRIANO ANTHERO[1804]:

a) A acção supõe uma sociedade; a obrigação pode ser emitida elo Estado, pela "junta geral do distrito" ou pela "junta da paróquia";
b) A acção produz um dividendo variável; a obrigação um juro fixado previamente;
c) Os accionistas não têm direito ao reembolso das acções, sem que sejam pagos os obrigacionistas;
d) Os obrigacionistas, uma vez pagos, perdem o direito aos juros; os accionistas, quando reembolsados, mantêm o direito aos dividendos;
e) Os obrigacionistas não tomam parte na "administração" da sociedade;
f) As obrigações valem, em geral, mesmo que a subscrição não seja completa: ao contrário das acções;
g) A sociedade pode resgatar as obrigações antes do vencimento, sem observar as regras estabelecidas para a redução do capital;
h) Os subscritores de obrigações que entrem em mora quanto à sua realização, devem os juros mas não uma indemnização pelo prejuízo.

Subsequentemente e durante os longos anos de vigência do Código Comercial, a matéria das obrigações veio-se enriquecendo com alguma doutrina e com alterações legislativas[1805]. Refira-se, ainda, o Decreto-Lei n.° 187/70, de 30 de Abril, que considera perdidas a favor do Estado as obrigações[1806] abandonadas durante mais de 20 anos, isto é: aquelas cujo

[1803] VISCONDE DE CARNAXIDE, *Sociedades anonymas* cit., 165-167.

[1804] ADRIANO ANTHERO, *Comentario ao Codigo Commercial* cit., 1, 374-375; *vide* CUNHA GONÇALVES, *Comentário* cit., 1, 505.

[1805] STRECHT RIBEIRO, *Código Comercial Português anotado* cit., 1, 329-333 e PINTO FURTADO, *Código Comercial anotado* cit., II/II (1979), 678-711, onde pode ser confrontada a panorâmica da matéria antes da aprovação do Código das Sociedades Comerciais.

[1806] DG I Série, n.° 101, de 30-Abr.-1970, 532-533 (532/II).

titular tivesse descurado, durante esse período, de cobrar os juros e os reembolsos – artigo 1.°, *a*).

291. O Código das Sociedades Comerciais

I. Na preparação do que seria o Código das Sociedades Comerciais de 1986, a matéria das obrigações foi desenvolvida, constando do projecto (331.° a 355.°) em termos próximos dos definitivos[1807].

II. No Código, a arrumação das obrigações é a seguinte:

Secção I – Obrigações em geral (348.° a 359.°);
Secção II – Modalidades de obrigações (360.° a 372.°-B).

A regulação é desenvolvida com pormenor, em 27 artigos, por vezes extensos. Será uma tradição que remonta, entre nós, ao Decreto de 1896.

III. A temática relativa às obrigações foi alterada, designadamente:

- pelo Decreto-Lei n.° 52/2006, de 15 de Março: artigos 348.°, 349.° e 351.°;
- pelo Decreto-Lei n.° 76-A/2006, de 29 de Março: artigos 352.°, 355.°, 358.°, 362.°, 365.°, 368.°, 370.°, 371.° e 372.°-A.

Anteriormente, para além de diversas correcções introduzidas pelo Decreto-Lei n.° 280/87, de 8 de Julho, o capítulo sobre obrigações fora alterado:

- pelo Decreto-Lei n.° 229-B/88, de 4 de Julho: artigo 360.°, acrescentando os artigos 372.°-A e 372.°-B;
- pelo Decreto-Lei n.° 486/99, de 13 de Novembro: artigo 371.°.

O sentido geral destas alterações, que se prolongam por já quase duas décadas, tem sido o da progressiva mobiliarização das obrigações. Cada vez mais elas são sentidas como um instrumento financeiro, base de valores mobiliários e que apenas por tradição está ligado às sociedades anónimas.

[1807] BMJ 327 (1983), 236-251.

Anote-se ainda que apenas nos últimos anos surgiram, entre nós, estudos monográficos relativos a obrigações[1808].

IV. Actualmente, as obrigações animam boa parte dos mercados mobiliários. A prática tem vindo a diversificá-las, sendo possível encontrar as mais diversas modalidades, muitas vezes sob denominações anglo-saxónicas. Trata-se de mais um sector especializado, que requer, por parte dos juristas que o sirvam, conhecimentos e experiência.

[1808] Temos em mente: FÁTIMA GOMES, *Obrigações convertíveis em acções* (1999), 274 pp., ANTÓNIO SILVA DIAS, *Financiamento de sociedades por emissão de obrigações* (2002), 319 pp. e NUNO BARBOSA, *Competência das assembleias de obrigacionistas* (2002), 260 pp.. Encontraremos ainda diversos artigos, como o de PEDRO PAIS DE VASCONCELOS, *As obrigações no financiamento da empresa*, já cit. e o de MÁRIO SANTOS LEITE, *Obrigações convertíveis. Alguns aspectos do seu regime jurídico*, RB 1991, 93-172.

§ 79.° PRINCÍPIOS GERAIS

292. Quanto à emissão

I. As obrigações são valores mobiliários: 348.°/1[1809] e 1.°/1, *b*), do CVM. Nessa medida, elas assumem as regras e os valores próprios dessa realidade, para que remetemos[1810]. Para os propósitos do presente *Manual*, apenas vamos considerar a matéria inserida no Código das Sociedades Comerciais e que, *grosso modo*, se prende com as sociedades anónimas.

II. Com base no competente articulado, podemos enunciar os seguintes princípios relativos à emissão das obrigações:

- princípio da estabilidade do emitente;
- princípio da contenção da emissão;
- princípio da publicidade.

O princípio da estabilidade do emitente exige, da parte deste, um mínimo de indícios no tocante à continuidade da sua existência e da sua actuação. Assim:

- a sociedade emitente deve estar registada há mais de um ano, salvo determinadas eventualidades ou dispensa administrativa (348.°/2 e 3);
- o capital deve estar totalmente liberado ou devem estar em mora todos os accionistas que não hajam liberado oportunamente as suas acções (348.°/4).

[1809] Na redacção dada pelo Decreto-Lei n.° 52/2006, de 15 de Março.

[1810] *Supra*, 633 ss..

II. O princípio da contenção da emissão leva a que esta se mantenha dentro de certos limites que denotem o porte da sociedade emitente. Assim:

- as obrigações (o seu preço de subscrição) não podem exceder o dobro dos capitais próprios da emitente (349.°/1), devidamente verificados em parecer do conselho fiscal ou do fiscal único (349.°/3);
- não pode ser deliberada nova emissão de obrigações enquanto não estiver subscrita e realizada uma emissão anterior (350.°/2), numa regra aplicável ao lançamento de novas séries (350.°/4);
- havendo subscrição pública incompleta, a emissão limitar-se-á às obrigações subscritas (353.°/1).

O princípio da contenção associa-se, por vezes, ao da estabilidade. Assim, os limites às emissões não se aplicam (349.°/4):

a) A sociedades emitentes de acções admitidas à negociação em mercado regulamentado;
b) A sociedades que apresentem notação de risco da emissão atribuída por sociedade de notação de risco registada na Comissão do Mercado de Valores Mobiliários;
c) Às emissões cujo reembolso seja assegurado por garantias especiais constituídas a favor dos obrigacionistas.

III. O princípio da publicidade sujeita a registo comercial as emissões de obrigações, incluindo a emissão de cada uma das suas séries (351.°). Há ainda que contar com as publicações mobiliárias obrigatórias.

293. Quanto às obrigações

I. As obrigações propriamente ditas submetem-se a diversas regras. Por clareza, também aqui podemos apontar princípios que se reflectem, depois, em várias normas. São eles:

- o nominalismo;
- a patrimonialidade;
- a transmissibilidade;
- a literalidade, a autonomia e a abstracção.

O princípio do nominalismo diz-nos que a obrigação tem um valor nominal expresso em moeda com curso legal no País (352.°/3). Hoje: o euro.

II. A patrimonialidade recorda que as obrigações representam um valor económico, susceptível de expressão pecuniária. Aplicam-se-lhe, por isso, as regras básicas da tutela da propriedade privada e da livre iniciativa empresarial (62.°/1 e 61.°/1 da Constituição). Ninguém pode ser despojado das suas obrigações ou das vantagens que elas representem.

A transmissibilidade é, ainda, um elemento básico. Em princípio, os direitos de crédito podem circular livremente (577.°/1, do Código Civil). No caso das obrigações, dogmaticamente construídas através da sua incorporação em títulos, essa situação é, ainda, mais evidente. De outro modo, aliás, elas não poderiam aceder ao mercado, designadamente à bolsa.

III. As obrigações são títulos de crédito, mantendo características aparentadas mesmo quando desmaterializadas. Nessa dimensão surgem os princípios da literalidade, da autonomia e da abstracção. Literalidade: as particularidades de cada obrigação[1811] valem quando transcritas nos títulos ou nas contas de registo. Autonomia: o adquirente de uma obrigação é tido como subscritor originário: não lhe são oponíveis os problemas que pudessem afligir os seus antecessores (58.° do CVM). Abstracção: ao titular de boa fé não podem ser contrapostas as relações imediatas existentes entre a sociedade e os antecessores ou entre antecessores.

Toda esta matéria deve ser compaginada e precisada à luz do Direito dos valores mobiliários.

294. Quanto ao funcionamento

I. Quanto ao funcionamento das obrigações, podemos apontar, com conteúdo útil, os seguintes princípios:

– a equiparação às acções;
– a organização;
– a participação.

[1811] Matéria antes constante do artigo 352.°/1 e 2, revogado pelo Decreto-Lei n.° 76-A/2006, de 29 de Março: a correspondente regulação consta do CVM.

O princípio da equiparação às acções – que não contunde com a profunda diferenciação existente entre as duas figuras – diz-nos que, em diversos pontos do seu funcionamento, as obrigações seguem um regime formalmente moldado sobre o daquelas. Assim:

– a emissão, a subscrição e a realização: as obrigações são emitidas pela sociedade, podendo ser oferecidas a particulares ou ao público; os interessados subscrevem-nas, assumindo com isso o dever de as realizar, isto é: de entregar à sociedade o correspondente valor; a realização implica o cumprimento desse dever, dizendo-se as obrigações liberadas;
– obrigações próprias[1812]: aplica-se-lhes o regime das acções próprias, sendo ainda possíveis para amortização (354.°);
– convocação e invalidade das deliberações dos obrigacionistas: seguem o regime geral das deliberações de accionistas (355.°/2, *in fine* e 356.°).

II. O princípio da organização leva a que os obrigacionistas:

– possam reunir em assembleia, de acordo com as regras fixadas no artigo 355.°;
– possam designar e destituir um representante comum (357.° e 358.°), com as atribuições e a responsabilidade fixadas no artigo 359.°.

A assembleia de obrigacionistas delibera sobre todos os assuntos que, por lei, lhe sejam atribuídos ou que sejam do interesse comum dos accionistas[1813], designadamente (355.°/4):

a) Nomeação, remuneração e destituição do representante comum dos obrigacionistas;
b) Modificação das condições dos créditos dos obrigacionistas;
c) Propostas de concordata e de acordo de credores;
d) Reclamação de créditos dos obrigacionistas em acções executivas, salvo o caso de urgência;

[1812] Silva Dias, *Financiamento de sociedades por emissão de obrigações* cit., 219 ss..

[1813] Cf. Nuno Barbosa, *Competência das assembleias de obrigacionistas* cit., 113 ss. e Silva Dias, *Financiamento* cit., 195 ss..

e) Constituição de um fundo para as despesas necessárias à tutela dos interesses comuns e sobre a prestação das respectivas contas;
f) Autorização do representante comum para a proposição de acções judiciais.

Ao contrário do que vimos suceder nos inícios, a assembleia de obrigacionistas não está apenas associada a situações de incumprimento por parte da emitente. Todavia, é lógico pensar que só nessa eventualidade se irão dispender fundos e tempo com a sua reunião.

III. Finalmente, quanto ao princípio da participação: os obrigacionistas, através do representante comum, têm acesso às informações relativas à sociedade emitente: 359.°/1, *d*) e 359.°/2. De notar que esse representante não tem de ser, ele próprio, obrigacionista; pode ser uma sociedade de advogados ou uma sociedade de revisores de contas (357.°/2). O representante comum pode, ainda, estar presente nas assembleias gerais de accionistas.

Apesar da figura do representante comum, os obrigacionistas podem exercer directamente os seus direitos[1814]. Segundo o artigo 379.°/2, se o pacto social o não proibir, os obrigacionistas podem mesmo assistir às assembleias gerais dos accionistas e participar na discussão dos assuntos indicados na ordem do dia.

[1814] RLx 27-Jun.-1996 (Santos Bernardino), CJ XXI (1996) 3, 132-133 (133/I).

§ 80.° MODALIDADES

295. Quadro legal: juro suplementar ou prémio de reembolso; variabilidade

I. Ao abrigo da autonomia privada, podem as sociedades emitentes preparar modalidades diversas de obrigações. Não há, nesse domínio, nenhum princípio de tipicidade[1815]. De todo o modo, o artigo 360.° exemplificou cinco modalidades. Temos obrigações que:

a) Além de conferirem aos seus titulares o direito a um juro fixo, os habilitem a um juro suplementar ou a um prémio de reembolso, quer fixo quer dependente dos lucros realizados pela sociedade;
b) Apresentem juro e plano de reembolso, dependentes e variáveis em função dos lucros;
c) Sejam convertíveis em acções;
d) Confiram o direito a subscrever uma ou várias acções;
e) Apresentem prémios de emissão.

Trata-se de modalidades que operam com base nos direitos conferidos aos obrigacionistas.

II. Na primeira modalidade, temos os obrigacionistas dotados, além de um juro fixo, de um juro suplementar ou de um prémio de reembolso. Nesta hipótese, o mesmo ainda poderá ser fixo ou dependente dos lucros.

Quanto ao juro suplementar e ao prémio de reembolso: segundo o artigo 361.°/1, elas poderão:

a) Ser estabelecidos como percentagem fixa do lucro de cada exercício, independentemente do montante deste e das oscilações que registe durante o período de vida do empréstimo;

[1815] Silva Dias, *Financiamento de sociedades por emissão de obrigações* cit., 57 ss. (58, com indicações).

b) Ser fixados nos termos da alínea anterior, mas apenas para a hipótese de o lucro exceder um limite mínimo que se estipulará na emissão, aplicando-se a percentagem estabelecida a todo o lucro apurado ou somente à parte que exceder o limite referido;

c) Ser determinados por qualquer das formas previstas nas alíneas precedentes, mas com base numa percentagem variável em função do volume dos lucros produzidos em cada exercício ou dos lucros a considerar para além do limite estipulado nos termos da alínea *b*);

d) Ser apurados nos termos das alíneas anteriores, mas com imputação dos lucros a accionistas e obrigacionistas na proporção do valor nominal dos títulos existentes, corrigindo-se ou não essa proporção com base em coeficiente estipulado na emissão;

e) Ser calculados por qualquer outra forma similar, aprovada pelo Ministro das Finanças, a requerimento da sociedade interessada.

III. Registando-se lucros inferiores ao limite de que dependa a participação estabelecida, os obrigacionistas apenas têm direito ao juro (361.°/2). O artigo 362.° fixa os lucros a considerar para o efeito, enquanto o artigo 363.° se ocupa da deliberação de emissão. Nos seguintes e precisos termos:

1. Para as obrigações referidas no artigo 361.°, n.° 1, alíneas *a*) e *b*), a proposta de deliberação da assembleia geral dos accionistas definirá as seguintes condições:

a) O quantitativo global da emissão e os motivos que a justificam, o valor nominal das obrigações, o preço por que são emitidas e reembolsadas ou o modo de o determinar;

b) A taxa de juro e, conforme os casos, a forma de cálculo da dotação para pagamento de juro e reembolso ou a taxa de juro fixo, o critério de apuramento de juro suplementar ou do prémio de reembolso;

c) O plano de amortização do empréstimo;

d) A identificação dos subscritores e o número de obrigações a subscrever por cada um, quando a sociedade não recorra a subscrição pública.

2. A deliberação poderá reservar aos accionistas ou obrigacionistas, total ou parcialmente, as obrigações a emitir.

O todo é rematado pelo artigo 364.°, que fixa o pagamento do juro suplementar e do prémio de reembolso.

296. **Obrigações convertíveis em acções**

I. A figura das obrigações convertíveis em acções surgiu na Alemanha[1816], no século XIX. Hoje, ela consta do § 221 do AktG[1817], dando lugar a vasta literatura[1818].

Entre nós as obrigações convertíveis em acções foram introduzidas pelo Decreto-Lei n.° 397/71, de 22 de Setembro[1819]: um diploma que se inseriu num esforço para a modernização do sistema bancário e do mercado de capitais processado nos finais do Estado Novo.

O Decreto-Lei n.° 397/71 apresentava o tema no seu artigo 1.°/1:

> As sociedades anónimas podem emitir obrigações que confiram aos seus titulares o direito de conversão em acções da sociedade emitente, nos termos previamente fixados.

O artigo 2.° era restritivo:

> Só poderão emitir obrigações convertíveis as sociedades anónimas que preencham os seguintes requisitos:
>
> *a*) Estarem definitivamente constituídas há dois ou mais anos e com os dois últimos balanços regularmente aprovados pelas suas assembleias gerais, ou resultarem da fusão de sociedades, das quais uma, pelo menos, se encontre nestas condições;
>
> *b*) Terem as suas acções cotadas em uma das Bolsas de valores de Lisboa ou Porto.

A emissão tinha de ser previamente autorizada pelo Ministro das Finanças (3.°/1). Deveria ser deliberada na assembleia geral, que fixaria as suas condições (5.°/1). Haveria uma preferência dos accionistas, salvo exclusão pela assembleia (7.°/1).

1816 Com indicações referentes, também, a outros países: FÁTIMA GOMES, *Obrigações convertíveis em acções* cit., 37 ss..

1817 HÜFFER, *Aktiengesetz* cit., 7ª ed., § 221 (1094-1123): *Wandelschuldverschreibungen* ou *convertible bonds*.

1818 P.ex.: BERNHARD EICH, *Kreditbeschaffung durch Wandelsschuldverschreibungen*, NJW 1965, 239-241, AXEL G. OSENBERG, *Wandelsschuldverschreibungen*, NJW 1965, 1364-1365 e MICHAEL SCHLITT/OLIVER SEIRER/BERND SINGHOF, *Aktuelle Rechtsfragen und Gestaltungsmöglichkeiten im Zusammenhang mit Wandelsschuldverschreibungen*, AG 2003, 254-268. Diversos elementos podem ainda ser confrontados em GERD KRIEGER, no *Münchener Handbuch* cit., 4, 2ª ed., § 63 (853 ss.).

1819 DG I Série n.° 224, de 22-Set.-1971, 1348-1351.

A matéria passaria ao projecto de 1983 (348.° a 355.°)[1820] e, daí, ao Código de 1986. Ocupa, aí, os artigos 365.° a 372.°[1821]:

365.° Obrigações convertíveis em acções;
366.° Deliberação de emissão;
367.° Direito de preferência dos accionistas;
368.° Proibição de alterações na sociedade;
369.° Atribuição de juros e de dividendos;
370.° Formalização e registo do aumento de capital;
371.° Emissão de acções para conversão de obrigações;
372.° Concordata com credores e dissolução de sociedade.

II. As obrigações convertíveis originam um regime que combina os aspectos atinentes à emissão de acções e à de obrigações.

A deliberação de emissão não pode ser tomada por maioria inferior à exigida para o aumento do capital com novas entradas (366.°/1): implica, de resto e como é lógico, a aprovação de tal aumento (366.°/3). Uma vez aprovado, não pode haver alterações que reduzam as vantagens dos subscritores sem o consentimento destes. Na mesma linha, surgem diversas proibições de alterações na sociedade (368.°). E aos accionistas não pode deixar de ser atribuído o direito de preferência (367.°).

Até à conversão, os obrigacionistas têm direito aos juros (369.°/1). Operada a referida conversão, há que formalizar e registar o aumento de capital (370.°). A deliberação pode fixar um prazo para o exercício do direito de conversão (370.°/2).

III. A natureza das obrigações convertíveis é discutida[1822]. Trata-se, do nosso ponto de vista, de uma figura autónoma, que abrange uma participação social potestativa.

As modernas técnicas de financiamento têm permitido outras diversificações.

297. *Stock options* e *warrants*

I. Outras modalidades de obrigações ou figuras aparentadas, mais ou menos próximas das acções, podem ser referidas. Temos, como primeiro

[1820] BMJ 327 (1983), 247-251.
[1821] Mário Santos Leite, *Obrigações convertíveis* cit., 104 ss..
[1822] *Vide* Fátima Gomes, *Obrigações convertíveis em acções* cit., 247 ss..

exemplo, as *stock options*. De origem norte-americana[1823], as *stock options* são opções ou preferências na subscrição de acções, conferidas aos administradores ou aos dirigentes de uma sociedade. Deve considerar-se lícitas, perante a latitude por que surgem as obrigações convertíveis[1824].

II. O *warrant* é uma opção ou direito de opção. No campo mobiliário, ele surge como um valor que confere, ao seu titular, o direito potestativo de adquirir um outro valor[1825]. O artigo 1.°, *e*), do CVM, introduzido pelo Decreto-Lei n.° 66/2004, de 24 de Março, veio referir os *warrants* autónomos como valores mobiliários[1826].

III. Os *warrants* associam-se às obrigações através do artigo 360.°, *d*): o direito conferido ao titular de certas obrigações, de subscrever uma ou mais acções. O Decreto-Lei n.° 76-A/2006, de 29 de Março, alterou o artigo 372.°-A/1 passando a referir, expressamente e a tal propósito, as obrigações com *warrant*.

As obrigações com *warrant* só podem ser admitidas à negociação no mercado regulamentado se também o estiverem as acções que lhes sirvam de activo subjacente (372.°-A/2). O seu regime surge explicitado no artigo 372.°-B.

1823 Com indicações: Olaf Lüke, *Stock options/Ökonomische Grundlagen, Aktienrecht, Konzernrecht, Arbeitsrecht, Insiderrecht, Bilanzrecht, Steuerrecht* (2004), 19 ss..

1824 Krieger, no *Münchener Handbuch* cit., 4, 2ª ed., 862-863.

1825 Helena Marques da Silva, *O* ***warrant*** *no âmbito do mercado de valores mobiliários*, em *Direito dos valores mobiliários* 2 (2000), 351-396 (353) e Alexandre Brandão da Veiga, *Direitos destacados e* ***warrants*** *autónomos*, *idem*, 3 (2001), 85-120 (92 ss.).

1826 *Vide* o Decreto-Lei n.° 172/99, de 20 de Maio, rect. n.° 10-A5/99, de 30 de Junho. Esse diploma dá, no seu artigo 2.°, a seguinte noção:

> Warrants autónomos são valores mobiliários que, em relação a um dos activos subjacentes referidos no artigo 3.°, conferem, alternativa ou exclusivamente, algum dos seguintes direitos:
>
> *a*) Direito a subscrever, a adquirir ou a alienar o activo subjacente, mediante um preço, no prazo e nas demais condições estabelecidas na deliberação de emissão;
> *b*) Direito a exigir a diferença entre o preço do activo subjacente fixado na deliberação de emissão e o preço desse activo no momento do exercício.

CAPÍTULO VII

ASSEMBLEIA GERAL DAS SOCIEDADES ANÓNIMAS

§ 81.° DELIBERAÇÕES DOS ACCIONISTAS

298. Aspectos sistemáticos e papel

I. O capítulo V da parte relativa às sociedades anónimas tem, como epígrafe, "deliberações dos accionistas"[1827]. O Código dedica a esse tema 18 artigos: alguns de grande extensão. Eis o seu conteúdo mais geral:

373.°	Forma e âmbito das deliberações;
374.°	Mesa da assembleia geral;
374.°-A	Independência dos membros da mesa da assembleia geral;
375.°	Assembleias gerais de accionistas;
376.°	Assembleia geral anual;
377.°	Convocação e forma de realização da assembleia;
378.°	Inclusão de assuntos na ordem do dia;
379.°	Participação na assembleia;
380.°	Representação de accionistas;
381.°	Pedido de representação;
382.°	Lista de presenças;
383.°	Quórum;
384.°	Votos;
385.°	Unidade de voto;
386.°	Maioria;
387.°	Suspensão da sessão;
388.°	Actas;
389.°	Assembleias especiais de accionistas.

[1827] *Vide* o nosso *SA: assembleia geral* cit., 854 ss., para mais elementos.

II. A mera sistematização legal logo permite apurar a presença de um duplo sentido para "assembleia geral". Temos:

– a assembleia geral enquanto órgão da sociedade que reúne os accionistas;
– a assembleia geral como reunião desse mesmo órgão.

Talvez por pretender evitar a confusão, a lei optou por "deliberações dos accionistas" em vez de assembleia geral. Esta, porém, corresponde à imagem comum da orgânica das sociedades, estando igualmente consagrada a nível europeu: artigos 52.° e seguintes do Regulamento n.° 2157/2001, de 8 de Outubro, relativo à sociedade anónima europeia. Mantê-la-emos, assim, como órgão emblemático no qual se exprimem as deliberações dos accionistas.

III. O Código de 1986 decidiu, ainda, inserir a matéria atinente à assembleia geral antes das da administração e da fiscalização. Não o fez de modo inóquo: tal ordenação transmite a ideia de um predomínio da assembleia geral sobre os outros órgãos. Recordamos que o Código Comercial seguia uma orientação inversa[1828].

Além do seu papel cimeiro na orgânica das sociedades anónimas, as regras sobre a assembleia anónima têm, ainda, um papel noutras latitudes:

– aplicam-se supletivamente às sociedades por quotas (248.°/1);
– aplicam-se, por remissão de segundo grau, às sociedades em nome colectivo (189.°/1);
– aplicam-se às assembleias de obrigacionistas (355.°/1, *in fine* e 356.°/1);
– aplicam-se, subsidiariamente, às cooperativas (9.° do Código Cooperativo[1829]);
– aplicam-se, por analogia, a todas as pessoas colectivas que tenham assembleia, incluindo associações;
– aplicam-se, também por analogia e precedendo adequada sindicância, a todas as assembleias, mesmo *ad hoc*.

[1828] Com efeito, o Código Comercial de 1888 tratava a administração e a fiscalização das sociedades anónimas nos artigos 171.° a 178.°; posto o que passava às assembleias gerais: 179.° a 187.°. *Vide* Pinto Furtado, *Código Comercial Anotado* cit., II/II, 447 ss..

[1829] Os artigos 44.° e 45.° do CCoop reportam-se às assembleias gerais das cooperativas; as regras sobre sociedades anónimas só terão aplicação na falta de preceitos específicos.

299. **Modalidades**

I. O artigo 373.°/1 recorda que os accionistas deliberam ou nos termos gerais do artigo 54.° ou em assembleias gerais "regularmente convocadas e reunidas"[1830]. Temos, assim[1831]:

- deliberações unânimes por escrito;
- deliberações em assembleias universais sem observância de formalidades prévias;
- deliberações em assembleias gerais "regulares".

As duas primeiras hipóteses são objecto de regras inseridas na parte geral. A generalidade das regras inseridas na parte IV (sociedades anónimas) sobre deliberações dos sócios tem a ver com assembleias gerais normais ou comuns.

II. Encontramos igualmente na parte geral as regras sobre a irregularidade, a nulidade e a anulabilidade de deliberações sociais (55.° e seguintes)[1832]. Trata-se de matéria aplicável nos diversos tipos societários. Tais regras tiveram, no essencial, origem no Direito das sociedades anónimas; a grande matriz de todo o Direito das sociedades[1833]. Para além dos aspectos legislados e das precisões estatutárias, têm ainda relevância os usos e a prática[1834].

300. **Objecto**

I. O artigo 373.°/2 fixa, preliminarmente, as matérias sobre que podem recair as deliberações dos accionistas. Temos:

- as atribuídas por lei;

[1830] *Manual*, 693 ss.; cf. J. PINTO FURTADO, *Deliberações de sociedades comerciais* (2005), 375 ss. (411 ss.).

[1831] EDUARDO DE MELO LUCAS COELHO, *Formas de deliberação dos sócios*, em IDET/*Problemas de Direito das sociedades* (2002), 333-370 (334 ss.).

[1832] *Manual*, 709 ss..

[1833] Uma análise comparatística sobre assembleias gerais: ARMANDO MANUEL TRIUNFANTE, *A tutela das minorias nas sociedades anónimas/Quórum de constituição e maiorias deliberativas* (2005), 299 ss..

[1834] Com indicações úteis: ANGELINA BARBOSA LEÃO/IVA CARLA VIEIRA, *Guia prático das assembleias gerais*, 2ª ed. (2005), 219 ss..

– as atribuídas pelo contrato;

– todas as que não estejam compreendidas nas atribuições dos outros órgãos.

Aparentemente, a assembleia geral receberia uma competência específica (*ex lege* ou *ex contractu*) e uma competência genérica residual. Todavia:

– o artigo 376.°/1 fixa uma competência limitada (embora fundamental) para a assembleia;

– o artigo 373.°/3 só permite aos accionistas deliberar sobre matérias de gestão a pedido do órgão de administração.

Conclui-se, daqui, que as deliberações dos accionistas têm um objecto delimitado pela positiva e, ainda, pela negativa: não interferem no campo dos outros órgãos.

II. As matérias relevantes para deliberações dos accionistas devem, em cada problema, ser procuradas por todo o Código e em diplomas especiais. Uma boa redacção do pacto social poderá, ainda, dirimir muitas dúvidas.

§ 82.° O PRESIDENTE DA MESA

301. Perfil geral

I. Nenhuma assembleia humana pode funcionar sem um mínimo de organização e de direcção[1835]. Desse modo, mesmo os ordenamentos que pouco ou nada digam sobre a presidência da assembleia geral, têm vindo, na base da prática e da doutrina, a desenvolver a figura em causa[1836].

Adiantamos já que o Direito português, designadamente perante o Código das Sociedades Comerciais de 1986 e, reforçadamente, após a reforma de 2006, é o que mais longe levou a autonomização do presidente da assembleia geral e o modo de funcionamento desta última. Começaremos por verificar o estado das fontes:

II. O Direito português tem uma tradição própria no tocante à autonomia e à consideração do presidente da mesa da assembleia geral. A recente reforma do Código das Sociedades Comerciais – tal como a própria versão original desse Código – inscrevem-se nessa linha.

O Visconde de Carnaxide explica que inicialmente (pela Lei de 1867) não havia mesa previamente organizada[1837]. Todavia, o Código Veiga Beirão, com boas razões práticas, reviu essa orientação prevendo, de modo expresso, no seu artigo 182.°, a eleição pela assembleia, por dois anos, de um presidente, de um vice-presidente, de dois secretários e de dois vice-secretários. Previa-se, depois, todo um esquema[1838] que garantia, de facto,

[1835] *Vide* o nosso *SA: assembleia geral* cit., 45.

[1836] Hüffer, *Aktiengesetz* cit., 6ª ed., § 129, Nr. 18 (663) e Hans-Peter Fischer/ /Ralf Pickert, *Die Versammlungsleitung*, em Johannes Semler/Rüdiger Volhard, *Arbeitshandluch für die Hauptversammlung*, 2ª ed. (2003), § 11, Nr. 1 e 2 (363). Refira-se, ainda Andreas Schaaf, *Publikumshauptversammlung und Rederecht*, ZIP 1997, 1324-1328.

[1837] Visconde de Carnaxide, *Sociedades anonymas* cit., 139.

[1838] Esse preceito tinha, depois, três parágrafos:

§ 1.° É permitida a reeleição para estes cargos.

a independência do presidente perante quaisquer maiorias circunstanciais. E o presidente tinha, *ex lege*, competência própria: pelo artigo 183.° cabia--lhe convocar e dirigir a assembleia geral, reconhecendo-se-lhe certa discricionariedade[1839].

Tudo visto, já o VISCONDE DE CARNAXIDE reconhecia, no presidente da mesa da assembleia geral, um "órgão permanente"[1840], o qual não podia ser livremente substituído pelos accionistas a não ser findo o período para que foi designado[1841].

Por pressão de (algum) Direito comparado, o anteprojecto de VAZ SERRA sobre assembleias gerais representava um grande retrocesso quanto à figura do presidente: as próprias assembleias passariam a ser convocadas pela administração[1842]. Mas houve críticas, designadamente de LOBO XAVIER: representaria "... um corte radical com a tradição do Direito português no presente assunto"[1843].

O projecto, por influência de RAÚL VENTURA, inverteu esta orientação[1844]: pensamos que em boa hora, como a evolução subsequente do Direito das sociedades viria a demonstrar.

Quanto à lei civil: ficou aquém da comercial, não autonomizando o presidente da mesa da assembleia geral[1845]. Todavia, a generalidade dos estatutos das associações corrige este aspecto prevendo e regulando a figura.

---

§ 2.° Na falta ou impedimento do presidente e vice-presidente, servirá o maior accionista, ou, quando este não queira ou não possa aceitar esse cargo, o imediato em acções, e assim sucessivamente, preferindo o mais velho e igualdade de circunstâncias.

§ 3.° Na falta ou impedimento dos secretários e vice-secretários, convidará o presidente os dois accionistas que julgar idóneos para esses cargos.

Cf. ADRIANO ANTHERO, *Comentário do Codigo Commercial* cit., 1, 350 ss. e STRECHT RIBEIRO, *Código Comercial* cit., 1, 306 ss..

1839 PINTO FURTADO, *Código Comercial Anotado* cit., II/II, 498 ss., com especificações importantes.

1840 VISCONDE DE CARNAXIDE, *Sociedades anonymas* cit., 139.

1841 *Idem*, 140.

1842 VAZ SERRA, *Assembleia geral* cit., 133, como exemplo.

1843 VASCO DA GAMA LOBO XAVIER, *Anulação de deliberação social e de deliberações conexas* (1976), 315-316 (nota 70). De notar que as notas 70 e 71 desta obra clássica (314 a 321) albergam ricas informações e um importante desenvolvimento dogmático sobre a figura do presidente da mesa da assembleia geral.

1844 BMJ 327 (1983), 265-273.

1845 *Vide* os artigos 172.° a 175.° do Código Civil.

III. O Código de 1986 faz as seguintes referências directas ao presidente da assembleia geral:

- 374.°/1: a mesa da assembleia é constituída, pelo menos, por um presidente e um secretário;
- 374.°/2: o contrato de sociedade pode determinar que o presidente, o vice-presidente e os secretários da mesa sejam eleitos pela assembleia por um período não superior a quatro anos, de entre accionistas ou outras pessoas;
- 374.°/3 e 4: dispõem sobre presidentes *ad hoc*, na falta de pessoas designadas;
- 374.°-A/1: impõe regras de independência aos membros da mesa da assembleia geral;
- 374.°-A/2: os membros da mesa podem ser destituídos com justa causa, pela assembleia geral;
- 374.°-A/3: os membros da mesa têm direito a uma remuneração fixa;
- 375.°/3: o requerimento por accionistas que detenham, pelo menos, 5% do capital social deve ser feito por escrito e dirigido ao presidente da mesa;
- 375.°/4: o presidente da mesa deve promover a publicação da convocatória nos 15 dias seguintes à recepção do requerimento;
- 375.°/5: quando não defira o requerimento ou não convoque a assembleia, o presidente deve justificar por escrito a sua decisão;
- 377.°/1: as assembleias gerais são convocadas pelo presidente da mesa ou, em certos casos, por outras entidades;
- 377.°/6: as assembleias podem ser efectuadas fora da sede da sociedade, em local escolhido pelo presidente;
- 377.°/7: o conselho fiscal, a comissão de auditoria ou o conselho geral e de supervisão só podem convocar a assembleia geral dos accionistas depois de terem, sem resultado, requerido a convocação ao presidente da mesa;
- 378.°/2: o requerimento relativo à inclusão de certos assuntos na ordem do dia de uma assembleia geral já convocada deve ser dirigido, por escrito, ao presidente da mesa;
- 378.°/4: não sendo satisfeito o requerimento, podem os accionistas tomar certas iniciativas;
- 379.°/6: o presidente da mesa pode autorizar a presença, na assembleia, de pessoas que não tenham o direito de nela comparecer; a assembleia pode revogar essa autorização;
- 380.°/2: como instrumento de representação voluntária na assembleia vale um documento escrito dirigido ao presidente da mesa;

– 382.°/1: o presidente da mesa deve mandar organizar a lista dos accionistas presentes e representados no início da reunião;
– 384.°/8: o presidente determina a forma do exercício do voto, quando a mesma não resulte do contrato social ou de deliberação;
– 387.°/1: o presidente pode determinar suspensões normais da assembleia;
– 388.°/2: as actas devem ser redigidas e assinadas pelo presidente e pelo secretário.

Deve notar-se que, destes preceitos, foram alterados pelo Decreto-Lei n.° 76-A/2006, de 29 de Março, os artigos 374.°/3 e 4, 377.°/1, 6 e 7 e 380.°/2, tendo sido aditado o artigo 374.°-A. Este último preceito traduz um importante reforço do presidente, tendo as demais alterações a ver com questões de redenominação.

IV. As regras relativas à mesa e ao presidente da assembleia geral surgem dispersas e sem uma ordenação de conjunto. Todavia, elas pressupõem uma linha coerente que importa reconstituir. Iremos distinguir, quanto ao presidente:

– a sua designação e a sua destituição;
– as suas funções;
– a condução da assembleia;
– a articulação com a mesa.

302. A designação; o presidente

I. O artigo 374.°/2 prevê que o contrato de sociedade determine que:

> (...) o presidente, o vice-presidente e os secretários da mesa da assembleia geral sejam eleitos por esta, por período não superior a quatro anos, de entre accionistas ou outras pessoas.

Esta regra indica ainda os limites de autonomia estatutária; assim, pode o contrato:

– prever uma mesa menor: deverá ter apenas, no mínimo, um presidente e um secretário (374.°/1);
– dispor um mandato inferior a quatro anos;
– admitir ou não que a eleição recaia em não-accionistas.

II. Na falta de presidente, a assembleia não pode funcionar. Tal falta pode derivar de um de três factores:

– de o contrato nada dizer;
– de não se ter procedido a qualquer eleição;
– de não comparecer o presidente eleito.

Terá de ser encontrado, para a reunião considerada, um presidente *ad hoc*[1846]. Servirá, então, de presidente da mesa da assembleia geral, sucessivamente (374.°/3 e 4):

– o presidente do conselho fiscal, da comissão de auditoria ou do conselho geral e de supervisão;
– um accionista, por ordem do número de acções de que seja titular;
– havendo igualdade: o accionista mais antigo de entre eles;
– mantendo-se a igualdade: o mais velho.

O presidente *ad hoc* escolherá um accionista presente, para secretário.

III. O presidente *ad hoc* tem os poderes inerentes ao cargo, mas de modo limitado ao âmbito da assembleia a que seja chamado a presidir. Exceptua-se o caso de a falta de presidente permanente advir do silêncio do contrato. Nessa eventualidade, o presidente do conselho fiscal ou seus sucedâneos assumirão o cargo de presidente permanente da assembleia geral, com os poderes de convocação e de acompanhamento que lhe assistem[1847].

IV. Interessa ainda sublinhar que, do sistema legal da designação, resultam directrizes úteis quanto ao perfil e à função do presidente. O legislador evitou, a todo o custo, que o presidente pudesse resultar da maioria, porventura circunstancial, de uma concreta assembleia. Por isso, o cargo irá recair sobre alguém escolhido em função de elementos objectivos e predeterminados: independente, em todo o caso, de qualquer votação de momento. Por duas razões:

[1846] Pedro Maia, *O presidente das assembleias de sócios*, em IDET/*Problemas do Direito das sociedades* (2002), 421-468 (425).

[1847] Pedro Maia, *O presidente das assembleias* cit., 431.

– de ordem prática: uma eleição *ad hoc* sempre obrigaria a que surgisse um "pré-presidente"; de outro modo, nem seria possível constatar a regularidade das presenças, nem dar início à sessão; bastará passar o "pré-presidente" a presidente para que o problema fique resolvido;
– de ordem funcional: a lei pretende que o presidente adopte uma posição isenta, equidistante de órgãos e dos accionistas; desenha-se, deste modo, um perfil moderador e de fiscalização.

A independência do presidente da mesa da assembleia geral será confirmada pelos desenvolvimentos subsequentes.

V. A lei não prescreve, pela positiva, as qualidades que deve assumir a pessoa designada presidente da mesa da assembleia. Trata-se de matéria que fica ao critério dos accionistas que o elejam, devendo ainda observar-se o que digam os estatutos. De todo o modo, para além de independência e de não reunir incompatibilidades, nos termos que abaixo examinaremos, o presidente deve ter capacidade física e intelectual para o cargo, reunindo ainda conhecimentos mínimos de Direito das sociedades: de outra forma, depressa cairá em justa causa de destituição. Perante sociedades com valores admitidos a negociação em mercado regulamentado: o presidente deve poder exprimir-se, com fluência e correcção, em língua portuguesa, por interpretação extensiva do artigo 6.° do CVM[1848]. De outro modo, não se estabelecerá um adequado plano de comunicação entre os accionistas e a mesa, num ponto fundamental para os investimentos em jogo.

303. **Independência, remuneração e destituição**

I. O artigo 374.°-A, aditado pelo Decreto-Lei n.° 76-A/2006, de 29 de Março, veio dispor, de modo expresso, sobre a independência do presidente. Fê-lo com referência, apenas, às sociedades emitentes de

[1848] Na Alemanha, os tribunais já entenderam que seria lícita a situação em que o presidente da assembleia não se exprimisse em língua alemã, desde que haja tradução simultânea: OLG Hamburgo 12-Jan.-2001, AG 2001, 359-363 (363/I). Não é a mesma coisa, por bom que seja o sistema de tradução. No nosso País, até pela escassa divulgação que ainda apresenta a língua inglesa (bem falada) e pelo dever que impende sobre o presidente de redigir a acta (em português), impõe-se a aptidão para o uso do vernáculo.

valores mobiliários admitidos à negociação em mercado regulamentado e às sociedades que atinjam os critérios fixados no artigo 413.°/2, *a*)[1849] – 374.°-A/1. Todavia: a independência mantém-se no tocante às restantes sociedades, ainda que não tenham de ser cumpridos os requisitos de seguida indicados.

Os requisitos em causa, por remissão do artigo 374.°-A/1 para o 414.°/5, relativo à independência de, pelo menos, um dos membros do conselho fiscal das sociedades referidas no artigo 413.°/2, *a*)[1850], são:

– não estar associado a qualquer grupo de interesses específico na sociedade;
– não se encontrar em alguma circunstância susceptível de afectar a sua isenção de análise ou de decisão, nomeadamente por:

a) ser titular ou actuar em nome ou por conta de titulares de participação qualificada igual ou superior a 2% do capital social da sociedade;
b) ter sido reeleito por mais de dois mandatos, de forma contínua ou intercalada.

Na hipótese (pouco mais do que académica) de se dever providenciar um presidente *ad hoc* para uma sociedade que caia no âmbito de aplicação do artigo 374.°-A/1, haverá que aplicar estas mesmas exigências de independência. Com uma consequência prática: o lugar não pode recair sobre um accionista que detenha uma percentagem igual ou superior a 2% do capital social.

II. Além disso, aplica-se aos membros da mesa da assembleia geral das sociedades referidas no artigo 374.°-A/1 o regime de incompatibilidades previsto no artigo 414.°-A/1, relativo a membros do conselho fiscal, ao fiscal único ou ao revisor oficial de contas; são atingidos, não podendo ser eleitos:

a) Os beneficiários de vantagens particulares da própria sociedade;
b) Os que exercem funções de administração na própria sociedade;

[1849] Ou seja, durante dois anos consecutivos, ultrapassem dois dos seguintes limites:
i) Total do balanço – € 100 000 000;
ii) Total das vendas líquidas e outros proveitos – € 150 000 000;
iii) Número de trabalhadores empregados em média durante o exercício – 150.

[1850] Ou a maioria desses membros, quando se trate de sociedades emitentes de acções admitidas à negociação em mercado regulamentado: 414.°/6.

c) Os membros dos órgãos de administração de sociedade que se encontrem em relação de domínio ou de grupo com a sociedade fiscalizada;

d) O sócio de sociedade em nome colectivo que se encontre em relação de domínio com a sociedade fiscalizada;

e) Os que, de modo directo ou indirecto, prestem serviços ou estabeleçam relação comercial significativa com a sociedade fiscalizada ou sociedade que com esta se encontre em relação de domínio ou de grupo;

f) Os que exerçam funções em empresa concorrente e que actuem em representação ou por conta desta ou que por qualquer outra forma estejam vinculados a interesses da empresa concorrente;

g) Os cônjuges, parentes e afins na linha recta e até ao 3.° grau, inclusive, na linha colateral, de pessoas impedidas por força do disposto nas alíneas *a*), *b*), *c*), *d*) e *f*), bem como os cônjuges das pessoas abrangidas pelo disposto na alínea *e*);

h) Os que exerçam funções de administração ou de fiscalização em cinco sociedades, exceptuando as sociedades de advogados, as sociedades de revisores oficiais de contas e os revisores oficiais de contas, aplicando-se a estes o regime do artigo 76.° do Decreto-Lei n.° 487/99, de 16 de Novembro;

i) Os revisores oficiais de contas em relação aos quais se verifiquem outras incompatibilidades previstas na respectiva legislação;

j) Os interditos, os inabilitados, os insolventes, os falidos e os condenados a pena que implique a inibição, ainda que temporária, do exercício de funções públicas.

Os estatutos da sociedade podem fixar outras incompatibilidades. A eleição de uma pessoa inibida é nula. A superveniência de alguma causa de inibição implica a caducidade da designação (414.°-A/2).

III. Ainda no tocante às sociedades que caibam na previsão do artigo 374.°-A, os membros da mesa das respectivas assembleias gerais têm direito a uma remuneração fixa, nos termos do artigo 427.°-A: a determinar pela assembleia geral ou por uma comissão de vencimentos, nos termos do artigo 399.°/1: 374.°-A/3.

Este elemento vem acentuar:

– a atenção que o presidente da assembleia geral deve pôr no exercício das suas funções, que tendem para a permanência;
– a dignificação do cargo;

– a contrapartida pelo trabalho e pelas inibições e incompatibilidades decretadas em 2006.

Todos estes factores serão ponderados, de modo a calcular, com adequação, a remuneração a fixar.

IV. Quanto à destituição dos membros da mesa da assembleia geral: a doutrina anterior a 2006 já havia explicado que, dadas as suas funções, estávamos mais próximos da fiscalização do que da administração. E assim sendo, ao contrário do que sucede com os administradores[1851], os membros da mesa só poderiam ser destituídos com fundamento em justa causa[1852]. O artigo 374.°-A/2, no tocante às sociedades que caem sob o seu âmbito de aplicação, solucionou quaisquer dúvidas: a destituição só é possível desde que ocorra justa causa[1853]. E para manter a coerência do sistema: justa causa terá, aqui, um sentido subjectivo, traduzindo uma violação culposa dos deveres de eficiência e de isenção exigíveis para o cargo. Não chega, para tanto, uma mera alteração da maioria accionista: o legislador pretendeu, justamente, manter o cargo independente de tais flutuações.

[1851] Sendo todavia certo que a destituição, sem justa causa, de um administrador obriga ao pagamento de uma indemnização.

[1852] PEDRO MAIA, *O presidente das assembleias* cit., 430 e 430-431, nota 22.

[1853] No Direito alemão, mau grado o total silêncio da lei, há dúvidas. HANS-PETER FISCHER, *Die Versammlungsleitung* cit., Nr. 15-27 (365-368), distingue quatro situações:

- o presidente é escolhido pela assembleia geral por maioria simples, por exigência dos estatutos ou no silêncio deles: pode ser livremente destituído pela mesma;
- o presidente é escolhido por maioria qualificada: a assembleia pode destituí-lo livremente, por idêntica maioria ou por maioria simples, no caso de actuação gravemente ilícita na condução dos trabalhos;
- o presidente é indicado pelos estatutos: a destituição requer uma sua actuação gravemente ilícita;
- o presidente é indicado pelo tribunal: está excluída qualquer destituição pelos accionistas.

Vide, ainda, SEMLER, *Münchener Handbuch* cit., 4, 2ª ed., § 36, Nr. 38 (464); ZÖLLNER, *Kölner Kommentar zum Aktiengesetz* cit., 1, 2ª ed., § 119, Nr. 17, exige todavia, para qualquer destituição, a justa causa.

§ 87.° AS FUNÇÕES DO PRESIDENTE DA MESA

304. Acompanhamento geral e convocações

I. Na base dos preceitos dispersos relativos à mesa da assembleia geral, torna-se possível construir um esquema genérico de funções do seu presidente. Podemos distinguir[1854]:

– funções gerais de acompanhamento da sociedade;
– convocação e preparação das reuniões da assembleia geral;
– apreciação e decisão de pedidos de convocação extraordinária e convocação por iniciativa própria;
– direcção e condução das reuniões da assembleia.

Quanto a este último aspecto, será possível autonomizar diversos princípios.

II. O presidente da mesa da assembleia geral deve, entre outros aspectos, convocar a assembleia remetendo a ordem do dia (337.°/1 e 375.°/4), escolhendo o local da reunião (377.°/6), apreciar e decidir os pedidos de convocação feitos por minorias (375.°/3 e 5) ou de inclusão de assuntos na ordem do dia também formulados por estas (378.°/2). Pressupõe-se, naturalmente, que faça tudo isso por si, apreciando e ponderando os valores que se lhe deparem.

Esta actuação só é possível se ele acompanhar a vida da sociedade, conhecendo os problemas com que ela se debata e as grandes linhas do desenvolvimento da sua actividade.

Tais deveres de acompanhamento, para serem acatados, pressupõem que o presidente da mesa tenha acesso à necessária informação. Consideramos assim aplicável, por analogia, o artigo 421.°, relativo aos poderes de

---

1854 *Vide* o nosso *SA: assembleia geral* cit., 59 ss..

informação que cabem aos membros do conselho fiscal. O presidente poderá contratar a prestação de serviços de peritos que o coadjuvem, solicitando, por exemplo, pareceres de direito ou de natureza económica ou contabilística. Não faz sentido atribuir funções sem dar, para tanto, os meios necessários.

III. Ao presidente da mesa cabe convocar e preparar as reuniões da assembleia geral. Quanto à convocação, ela é feita[1855]:

– quando a lei o determine (375.°/1);
– a pedido do conselho de administração, da comissão de auditoria, do conselho de administração executivo, do conselho fiscal ou do conselho geral e de supervisão (*idem*);
– a pedido de 5% dos accionistas, por escrito e com indicação justificada dos motivos da reunião (375.°/3);
– por iniciativa própria.

Nas duas primeiras hipóteses, a convocação é vinculada. Todavia, quando o presidente entenda, pela ordem de trabalhos que lhe é sugerida ou por qualquer outra razão ponderosa, que a reunião não tem qualquer razão de ser, cabe-lhe recusar a convocação, justificando a decisão. Quando a entidade preterida não se conforme: caber-lhe-á requerer a convocação judicial (375.°/6, por interpretação extensiva) ou, tratando-se do conselho fiscal, da comissão de auditoria ou do conselho geral e de supervisão, convocar directamente os accionistas (377.°/7). Não vemos como adstringir seja quem for a condutas ilegais, inúteis ou indignas.

IV. No caso de pedido feito por accionistas que representem 5% do capital social, cabe ao presidente ponderar e tomar uma decisão, seguindo a tramitação do artigo 375.°/3 a 5. Na dúvida, afigura-se-nos que a assembleia deve ser convocada. De todo o modo, entre os valores que o presidente deverá ponderar, temos:

– a tutela das minorias;
– os custos que tem para a sociedade uma reunião de assembleia geral; esta poderá, designadamente, paralisar ou coarctar a administração;

[1855] *Vide* JOCHEM REICHERT/MICHAEL SCHLITT, *Die Einberufung*, em SEMLER//VOLHARD, *Arbeitshandbuch für die Hauptversammlung*, 2ª ed. (2003), § 4, 123-226 (126 ss.).

– o preço a pagar pelos accionistas por reuniões extraordinárias a pedido de minorias: desconfiança no mercado, quebra nas cotações e retracção de investimentos.

O presidente deve, perante conflitos internos, assumir um papel de moderador.

Finalmente e em quarto lugar: o presidente deverá poder convocar a assembleia por iniciativa própria[1856]. Temos duas ordens de razões:

– em termos formais: não há nenhuma entidade que possa sindicar qualquer convocatória; esta terá de ser auto-suficiente, sob pena de fragilizar tudo quanto se delibere;
– em termos substanciais: imaginam-se situações nas quais apenas o presidente possa tomar a iniciativa da convocação, quando esta seja objectivamente necessária; assim sucede, por exemplo, com o pedido de um bloco accionista que não atinja os 5% mas que, numa sociedade aberta, pode ser muito significativo ou com o desejo manifestado por parte do conselho de administração ou do órgão de fiscalização.

V. A decisão de convocar reuniões implica a de redigir a convocatória com os elementos incluídos no artigo 377.°/5 e, ainda, a de decidir sobre a ordem do dia. Esta deverá incluir os elementos requeridos pela lei (376.°/1), pelos estatutos e pelas entidades de quem tenha partido a iniciativa de convocação. Também aqui entendemos que, embora os poderes do presidente sejam vinculados, não pode deixar de haver, da sua parte, uma sindicância mínima sobre o que lhe seja pedido. Caber-lhe-á, no exercício das suas funções, afastar da ordem do dia os pontos manifestamente não pertinentes, ilegais ou despropositados.

305. **Segue: data, hora e local da reunião; assembleias virtuais**

I. A convocatória deve conter a data da reunião. O artigo 375.°/4 fixa, quando se trate de reuniões convocadas a requerimento de minorias,

---

[1856] Nesse sentido: Pedro Maia, *O presidente das assembleias* cit., 435 e António Pereira de Almeida, *Sociedades comerciais* cit., 4ª ed., 407. Note-se que esta posição era já adoptada por Cunha Gonçalves, *Comentário ao Código Comercial* cit., 1, 449-450: em 1914 e perante um quadro legal bem menos favorável.

o período que vai dos 15 dias subsequentes à recepção de requerimento aos 45 dias a contar da publicação da convocatória. Para as reuniões solicitadas pelos órgãos da sociedade, cabe distinguir:

- quanto à assembleia geral anual, a pedir pelo conselho de administração ou pelo conselho de administração executivo (376.°/2): deve reunir no prazo de três meses a contar da data do encerramento do exercício ou no prazo de cinco meses a contar da mesma data, quando se tratar de sociedades que devam apresentar contas consolidadas ou que apliquem o método da equivalência patrimonial;
- quanto às assembleias extraordinárias: haverá que providenciar datas razoáveis, que permitam salvaguardar o efeito útil pretendido, sem pôr em crise a mobilização dos accionistas.

Não existem outras limitações. Nada impede convocações para períodos de férias ou, até, para dias feriados. Haverá, contudo, um uso que determina a guarda dos Domingos e dias santos[1857].

II. Compete ao presidente da mesa da assembleia geral fixar a hora do início da reunião. Fará sentido fixá-la cedo (8 horas da manhã) ou tarde (19 horas), consoante se queira privilegiar o acantonamento da reunião ao dia da convocação ou a afluência de accionistas trabalhadores: uma opção que a lei deixa ao presidente[1858]. Marcações disparatadas são contrárias à boa fé, podendo dar lugar a justa causa de destituição.

III. Não tem de constar da convocatória a hora do termo da reunião. Na verdade, todos os participantes na reunião da assembleia têm o direito de nela intervir. Torna-se, assim, imprevisível a duração das reuniões. A prefixação do seu termo poderá limitar o direito de intervenção. De todo o modo, nada obsta a que se fixem limites tendenciais, como modo de melhor proporcionar a distribuição do tempo. Como indicação importante: marcada para um dia, a assembleia deverá concluir-se nesse mesmo dia.

[1857] SEMLER, *Münchener Handbuch* cit., 4, 2ª ed., § 35, Nr. 30 (432).

[1858] HÜFFER, *Aktiengesetz* cit., 7ª ed., § 121, Nr. 17 (630-631), dá como pista: não antes das 8 horas e não depois da meia-noite. Uma boa prática poderá ser a de manter os usos da empresa, quando tenham dado boas provas.

No foro alemão, já se discutiu se, estando a reunião marcada para certo dia, os trabalhos podem prosseguir depois da meia-noite, prolongando-se pelo dia seguinte[1859]. A resposta é positiva: não há nenhum fundamento de invalidade relativamente a deliberações que venham a ser tomadas a altas horas. Dentro dos limites da boa fé, o prolongamento, noite fora, de uma reunião é um meio legítimo (porque imposto pela natureza ou pela Providência) de pressionar no sentido de se alcançarem resultados práticos.

IV. O artigo 377.°/6 dispõe sobre o local da reunião. Trata-se de um preceito alterado pelo Decreto-Lei n.° 76-A/2006, de modo a permitir "reuniões telemáticas".

Quanto a reuniões convencionais[1860] – 377.°/6, *a*):

– decorrem na sede da sociedade;
– ou noutro local escolhido pelo presidente da mesa, dentro do território nacional, desde que as instalações sociais não permitam a reunião em condições satisfatórias.

Fica, assim, à discricionária apreciação do presidente a escolha do local da reunião, mas apenas quando as instalações da sede não permitam a reunião em termos satisfatórios. Será o caso de assembleias gerais onde se aguardem centenas de accionistas[1861].

A lei só permite assembleias gerais em território nacional[1862]. Evitam-se, com isso, problemas de competência territorial do foro; além disso, previnem-se dificuldades de deslocação para os accionistas. Admita-se, contudo, que em graves situações de perturbação geral, uma assembleia

[1859] Wilhelm Happ/Angelika Freitag, *Die Mitternachtsstand' als Nichtigkeitsgrund?*, AG 1998, 493-497, com uma série de indicações.

[1860] No Direito alemão: Semler, *Münchener Handbuch* cit., 4, 2ª ed., § 35, Nr. 31 e 32 (433), Wolfgang Richter, *Ort der Hauptversammlung*, em Semler/Volhard, *Arbeitshandbuch für die Hauptversammlung*, 2ª ed. (2003), § 7 (289-293) e Hüffer, *Aktiengesetz* cit., 7ª ed., § 121, VI (Nr. 12 e 16a, 628-630).

[1861] Recorde-se a assembleia geral relativa à fusão da Daimler/Benz, em 18-Set.-1998, com cerca de 16.000 participantes: 13 horas de duração.

[1862] O tema é discutido, na Alemanha. Em OLG Hamm 1-Fev.-1974, NJW 1974, 1057-1059 (1057), relativo a uma GmbH, decidiu-se pela negativa, quanto a reuniões no estrangeiro. A própria decisão contém múltiplas indicações. Cf. Karl Winkler, *Beurkundung gesellschaftlicher Akte im Ausland*, NJW 1974, 1032-1034. Actualmente: Richter, *Ort der Hauptversammlung* cit., Nr. 7 (290-291), Semler, *Münchener Handbuch* cit., 4, 2ª ed., § 35, Nr. 32 (433) e Hüffer, *Aktiengesetz* cit., 7ª ed., § 121, Nr. 14 (619).

possa funcionar validamente no estrangeiro: ao abrigo da boa fé ninguém poderia, sob pena de abuso, prevalecer-se do artigo 377.°/6, *a*).

V. O artigo 377.°/6, *b*), admite que as assembleias sejam efectuadas:

> Salvo disposição em contrário no contrato de sociedade, através de meios telemáticos, devendo a sociedade assegurar a autenticidade das declarações e a segurança das comunicações, procedendo ao registo do seu conteúdo e dos respectivos intervenientes.

Esta eventualidade depende, também, de decisão do presidente da mesa[1863]. Temos, aqui, uma referência às assembleias gerais virtuais, que vinham já sendo levadas a cabo por algumas sociedades, ao abrigo dos seus estatutos.

Assembleias telemáticas ou virtuais são as que decorram sem necessidade de os participantes estarem lado a lado, num recinto determinado. O contacto entre todos ou alguns deles será assegurado, em tempo real, por meios de comunicação. Têm sido apontadas três possíveis modalidades de assembleias virtuais[1864]:

– assembleia paralela (também dita "assembleia satélite" ou "tele-assembleia"): a assembleia geral decorre, simultaneamente, em locais distintos, nos quais se concentram os accionistas; meios de telecomunicação, visuais e auditivos, permitem que todos sigam o que se passa nos vários locais;
– ciber-assembleias ou assembleias na net: abdica-se de qualquer contacto físico entre os accionistas participantes; o contacto é assegurado pela Internet; trata-se de assembleia virtual em sentido estrito;
– assembleia on-line: combina uma reunião física de accionistas com presenças telemáticas, servidas por um representante presente no local.

Os Direitos modernos tendem a admitir tais esquemas[1865]. De todo o modo, cumprirá ponderar o seguinte: o ambiente de assembleia, com as suas

[1863] Ou dos órgãos de fiscalização, quando devem ser eles a fazer a convocação: 377.°/7, *in fine*.

[1864] Ralf Pickert/Thomas Rappers, *Virtuelle Hauptversammlung*, em Semler/ /Volhard, *Arbeitshandbuch für die Hauptversammlung*, 2ª ed. (2003), § 8 (295-317).

[1865] Cf., além da nossa própria lei: Theodor Baums (publ.), *Bericht der Regierungskommission Corporate Governance* (2001), Nr. 108 ss. (143 ss.).

muitas subtilezas e com os modos analógicos de comunicação, não é virtualmente reconstituível. Haverá que ponderar a efectiva capacidade mobilizadora da telemática e os ganhos que, para a sociedade, eles representem.

306. **Preparação e condução das reuniões**

I. Ainda pelo prisma do presidente da mesa da assembleia geral, as reuniões devem ser preparadas. Desde logo o singular acto de convocar a reunião, remetendo a ordem do dia, implica que o presidente conheça os elementos pertinentes, decidindo. A escolha da data, da hora e do local da reunião requerem novas ponderações e preparativos. O sítio da reunião deverá, ainda, estar apetrechado com os elementos necessários: instalações de som, salas de apoio, serviço de café e logística necessária.

O presidente terá os poderes para mobilizar todos estes meios.

II. Na condução das reuniões da assembleia geral, o presidente deverá observar os princípios da imparcialidade, do igual tratamento, da proporcionalidade dos meios e da legalidade[1866]. Assim:

- imparcialidade: o presidente não deve tomar partido nas questões que surjam entre accionistas ou entre órgãos da sociedade; deve assegurar o quadro para o livre encontro de opiniões, operando, quando muito, como moderador e em prol da sociedade;
- igual tratamento: o presidente deve assegurar que todos os accionistas têm idênticas possibilidades de expressão e de questionamento; no âmbito da assembleia – e com excepção, como é óbvio, do voto – todas as pessoas têm iguais direitos, devendo a igualdade ser mantida por cabeça e não por voto;
- proporcionalidade: a direcção da reunião deve adequar-se ao que sucede e aos objectivos; por exemplo, perante um accionista perturbador, há que, sucessivamente: adverti-lo; retirar-lhe a palavra; expulsá-lo da reunião; interromper a reunião se nada mais puder fazer; tais medidas deverão ser adequadas ao tipo e à duração dos desacatos efectivamente registados;
- legalidade: o presidente é o guardião da lei e dos estatutos, agindo em consequência.

[1866] PEDRO MAIA, *O presidente das assembleias* cit., 441 ss..

É importante recordar que o presidente da mesa recebe os seus poderes da lei e dos estatutos: não é um delegado dos accionistas nem, muito menos, da maioria que o tenha elegido. Embora ao serviço da sociedade – logo: dos accionistas – ele deva tratá-los *em modo colectivo*, o que pode pressupor que se deva opor, em certas circunstâncias, à maioria da assembleia.

III. Quanto à condução da assembleia: podemos seguir os poderes do presidente através da marcha dos trabalhos. Desde logo, ele tem poderes relativos à própria formação da assembleia e, designadamente, quanto à:

– constituição da assembleia: cabe-lhe mandar organizar a lista dos accionistas que estiverem presentes e representados no início da reunião (382.°/1), com as especificações e formalidades previstas na lei (382.°/2 e 4);
– verificação das representações: os respectivos pedidos são-lhe dirigidos (380.°/2);
– regularidade das participações: em virtude da legalidade, o presidente não é passivo nestas operações: antes deve, por si ou pelos seus auxiliares, certificar-se preliminarmente da idoneidade de todas as presenças.

O presidente deve ainda assegurar-se de que apenas permanecem no local da reunião as pessoas que, segundo o artigo 379.°, possam participar na assembleia. Além disso, cabe-lhe autorizar outras presenças (379.°/6), embora essa decisão seja revogável pela assembleia; *a contrario*, a assembleia não pode permitir presenças contra a vontade do presidente[1867].

Isto posto, compete ao presidente:

– declarar aberta a sessão: um ponto formal importante para esclarecer todos os presentes de que se está perante um órgão social colectivo em funcionamento, que pode deliberar;
– permitir um período antes da ordem do dia: serão dadas informações ou trocadas impressões sem qualquer conteúdo deliberativo;

[1867] Quanto à comunicação social: a praxe manda que seja permitida uma rápida recolha de imagens antes do início dos trabalhos; posto isso, serão mandadas sair todas as pessoas que não se enquadrem na previsão do artigo 379.°.

– seguir a ordem do dia, de modo adequado: introduzindo alterações na sequência dos pontos em discussão, quando conveniente[1868];
– admitir novos pontos ausentes da ordem do dia, no caso de a lei o permitir ou de, tratando-se de uma assembleia universal, todos os sócios concordarem;
– organizar e conduzir a discussão a propósito de cada ponto;
– colocar à votação os pontos que entenda estarem devidamente esclarecidos e discutidos;
– determinar o modo de votação: braço no ar, sentados e levantados, nominal, escrutíneo secreto ou outros;
– verificar, a propósito de cada votante, o seu direito e a regularidade dos votos;
– determinar "suspensões normais" da assembleia (387.°/1), designadamente para conversações entre accionistas, para café ou para refeições curtas; embora a lei não ponha limites, afigura-se que tais pausas não deverão exceder os 30/60 minutos, não pondo em causa a conclusão dos trabalhos;
– apurar o resultado de cada votação e proclamá-lo[1869];
– admitir contraprova, em caso de dúvida, repetindo a votação;
– declarar a reunião encerrada: de novo um ponto formal importante, para que todos se apercebam de que não haverá mais deliberações possíveis.

307. **As limitações ao uso da palavra**

I. No decurso a assembleia geral e relativamente a cada ponto, pode exercer-se o direito dos accionistas à informação (290.°). Trata-se de um aspecto importante e delicado, até porque a sua recusa injustificada pode originar a anulabilidade da subsequente deliberação (290.°/3). Além disso, cada accionista tem o direito de expor a sua opinião. O exercício desses direitos deve ser compatibilizado: só assim todos poderão intervir, chegando

[1868] Será o caso, designadamente, de se aguardarem novos elementos informativos, que recomendem o adiamento de algum ponto ou de se apresentar uma conexão entre pontos, que justifiquem a antecipação de algum deles. Quanto à alteração da ordem do dia: FISCHER, *Die Versammlungsleitung* cit., Nr. 73 (379).

[1869] EDUARDO LUCAS COELHO, *Direito de voto dos accionistas nas assembleias gerais das sociedades anónimas* cit., 123 ss..

ao seu termo a assembleia geral. Esta, como regra e sem prejuízo da sempre indesejável ultrapassagem da marca da meia-noite, deverá concluir-se no dia para que foi convocada[1870]. Compete ao presidente da mesa da assembleia geral assegurar essa compatibilização de direitos, a qual pode exigir[1871]:

– a limitação das inscrições para o uso da palavra;
– a limitação do tempo de intervenção de cada participante.

II. Em qualquer dessas operações, é necessário que a mesa tenha critérios objectivos claros, justos e perceptíveis. Também aqui se apela aos princípios da adequação, da necessidade e da proporcionalidade das medidas, dobrado pelo do igual tratamento dos accionistas[1872]. Tudo isto deve ser temperado pela ponderação material das situações.

Qualquer accionista que invoque o direito à informação deve ver o seu pedido satisfeito. Só assim não será quando se torne patente haver repetição ou não-pertinência no pedido. Todos têm, ainda, o direito a usar a palavra, pelo menos uma vez. A partir daí, qualquer repetição pode envolver prejuízo para o direito dos outros.

A limitação das inscrições é tecnicamente possível a partir do momento em que o ponto em debate já esteja suficientemente esclarecido e que, sobre ele, tenham sido prestadas as pertinentes informações. De modo a assegurar a igualdade, poderá ser proclamado à assembleia, por exemplo, que só se admitirão inscrições nos próximos cinco minutos ou até ao termo da intervenção em curso. Outro método poderá ser o de abrir um período inicial de inscrições para todos os pontos, encerrando-o, de seguida.

III. A limitação do tempo de intervenção de cada participante é reclamada por todas as obras da especialidade[1873], já tendo sido considerada conforme com a Constituição pelo exigente Tribunal Constitucional alemão[1874]. Vários métodos são preconizados: pode-se anunciar previa-

[1870] FISCHER, *Die Versammlungsleitung* cit., Nr. 121 (390).

[1871] SEMLER, *Münchener Handbuch* cit., 4, 2ª ed., 468.

[1872] FISCHER, *Die Versammlungsleitung* cit., Nr. 71 (378).

[1873] FISCHER, *Die Versammlungsleitung* cit., Nr. 123 ss. (391), SEMLER, *Münchener Handbuch* cit., 4, 2ª ed., § 36, Nr. 48 (467) e HÜFFER, *Aktiengesetz* cit., 7ª ed., § 121, Nr. 20 (631). *Vide* PEDRO MAIA, *O presidente das assembleias* cit., 457-459.

[1874] BVerfG 20-Set.-1999, NJW 2000, 349-351 (351/II), sublinhando, designadamente, que intervenções desmesuradas limitam a possibilidade de intervenção de outros accionistas.

mente um limite geral de 10 ou 15 minutos para cada intervenção e, depois, fixar um de 5 minutos, quando a matéria estiver mais esclarecida: o interveniente de 5 minutos já não terá, assim, uma pretensão de igual tratamento perante o de 10[1875].

Numa assembleia bem dirigida, todos se apercebem com facilidade do decurso dos trabalhos e do debate dos temas. A assembleia será a primeira a sentir a desnecessidade de certas intervenções ou do seu prolongamento.

IV. Está hoje adquirido na doutrina que o presidente da mesa da assembleia geral, ao dirigir os debates, limitando, eventualmente, as inscrições e o tempo das intervenções, exerce um direito potestativo próprio, directamente conferido pela lei e pelos estatutos. Ele poderá, assim, conforme entender, pedir ou não o consentimento da assembleia para as decisões que vá tomando[1876].

A assembleia não tem poderes para avocar matéria processual de condução dos trabalhos nem, muito menos, para, fora de qualquer agendamento e sem justa causa, destituir o presidente. Embora seja o órgão máximo, a assembleia geral não é soberana, no sentido de fazer o que entender. Trata-se de uma consequência da tutela dos valores em modo colectivo, destinada a assegurar os interesses dos ausentes, das minorias e da própria sociedade, pela imagem de estabilidade e de isenção que transmita para o mercado.

308. Admissão de propostas, recusa de votos e encerramento da reunião

I. O presidente deve colocar à discussão e à votação todas as propostas que surjam na assembleia, desde que consentâneas com a ordem do dia. Admitem-se, porém, excepções a esta regra[1877]. Desde logo, o presidente deve ordenar as propostas em termos coerentes, procurando fundir as similares. No caso de repetição manifesta, pode recusar admissões autónomas.

[1875] FISCHER, *Die Versammlungsleitung* cit., Nr. 146 (395).

[1876] FISCHER, *Die Versammlungsleitung* cit., Nr. 155 (397) e HÜFFER, *Aktiengesetz* cit., 7ª ed., § 129, Nr. 21 (685). Entre nós, PEDRO MAIA, *O presidente das assembleias* cit., 450.

[1877] PEDRO MAIA, *O presidente das assembleias* cit., 460.

De seguida, o presidente pode recusar as propostas que dêem azo a situações de nulidade (56.°), especialmente se recaírem sobre matéria alheia à ordem do dia. A decisão de recusa é definitiva: dela não cabe recurso para a assembleia, em virtude da natureza própria dos poderes do presidente[1878]. Todavia, o presidente deve estar consciente de que uma recusa injustificada pode, no limite, conduzir a uma convocação judicial de nova assembleia: só usará esse poder em casos manifestos e com o devido amparo técnico-jurídico.

Devem ainda ser recusadas propostas formuladas por accionistas em matérias sobre que não possam votar (384.°/6) ou que façam uso de acções inibidas (485.°/3 e 487.°/2, como exemplos). Vale um argumento *a fortiori*: se não pode votar, não pode propor.

Já quanto a propostas que originem deliberações anuláveis (58.°): o presidente deve advertir a assembleia do vício e das possíveis consequências; se a proposta persistir, deverá pô-la à votação. Caberá, depois, às pessoas que tenham o direito (potestativo) de invocar o vício exercê-lo, se quiserem e em tempo e local oportunos.

II. O presidente deve recusar os votos ilícitos ou indevidos. Assim sucederá com os votos que violem proibições legais (384.°/6, como exemplo) ou que contundam com a unidade do voto (385.°/1). E recusará também os votos que provenham de representantes não titulados ou que ultrapassem os limites estatutários – 384.°/1, *b*)): tudo sem recurso para a assembleia e a título definitivo.

III. O presidente, como foi dito, pode determinar "suspensões normais" (387.°/1)[1879]. Mas não lhe cabe suspender os trabalhos da assembleia: apenas esta o poderá fazer, para data que não ultrapasse os 90 dias (387.°/2) e apenas por duas vezes (387.°/3). A própria assembleia não poderá, todavia, suspender arbitrariamente os seus trabalhos: iria, com isso, manter a minoria refém daquilo que ela própria não quereria decidir, quanto ao fundo. Caberá, assim, ao presidente recusar propostas de adiamento que não se mostrem fundamentadas.

[1878] Pode ainda invocar-se o artigo 379.°/6, *a contrario sensu*: apenas em situações limitadas e expressamente referidas na lei pode a assembleia revogar decisões do presidente.

[1879] *Supra*, 755.

Entende-se, ainda, que a assembleia deve ficar concluída no dia para que foi convocada. Todavia e dentro do razoável, pode ser ultrapassada a marca da meia-noite[1880].

IV. O encerramento da reunião, proclamado pelo presidente, põe termo à assembleia enquanto tal e ao seu poder deliberativo. Salvo força maior, o encerramento só pode ocorrer depois de esgotada a ordem do dia. Poderá, todavia, consistir na única saída para situações de grande perturbação. O presidente manterá, então, os poderes necessários para convocar nova reunião.

309. **O presidente e a mesa**

I. No desenvolvimento anterior, temos tratado o presidente da mesa da assembleia como um órgão singular. Aliás, a própria lei põe como limite mínimo um presidente e um secretário (374.°/1). Todavia, é frequente – particularmente nas sociedades abertas – os estatutos preverem uma mesa completa, com presidente, vice-presidente e secretários. Pergunta-se, nessa altura, se a própria mesa funciona como um órgão colectivo ou se o presidente conserva, individualmente, os poderes de acompanhamento, de preparação e de condução da assembleia.

II. As diversas referências legais relevantes são, sempre, feitas ao presidente: não à mesa. Além disso, não vemos utilidade em consagrar, frente à assembleia, um novo órgão colectivo, isto é: a própria mesa. Também esta teria de ser convocada, de ter ordem do dia, de debater o que se lhe oferecesse e de deliberar, se necessário com votação, elaborando-se uma acta.

O presidente da mesa é, assim, um órgão individual[1881]. O vice-presidente substitui-o, com plenos e próprios poderes, nas suas ausências. Os secretários coadjuvam: podem ter uma tarefa complexa e delicada. O artigo 374.°-A alargou as incompatibilidades, a tutela perante a destituição e

---

[1880] *Supra*, 751.

[1881] Chegou-se, aliás, a esta situação mercê de uma evolução especialmente marcada no Direito português: cf. o nosso *SA: assembleia geral* cit., 79 ss.

a remuneração, a todos os membros da mesa. Fê-lo de modo a, claramente, reconhecer as funções de cada um, valorizando os cargos em jogo.

III. Nada impede – antes tudo aconselha – que o presidente, antes de tomar qualquer decisão, consulte os seus colegas da mesa. A decisão que tome é, porém, da sua exclusiva responsabilidade.

§ 84.° COMPOSIÇÃO, FUNCIONAMENTO E COMPETÊNCIA

310. Composição, representação e presenças

I. Têm assento na assembleia, podendo aí discutir e votar, os accionistas que, segundo a lei e o contrato, tiverem direito a, pelo menos, um voto (379.°/1).

O contrato de sociedade pode exigir a titularidade de um certo número de acções para conferir um voto: nessa altura, os detentores de menor número podem agrupar-se de modo a completar o número exigido ou superior, sendo representados por um dos agrupados (379.°/5).

II. O accionista pode fazer-se representar, nos termos gerais. O artigo 380.°/1 reforça essa regra, proibindo o contrato de sociedade de a contrariar. O artigo 380.°/2 dispõe sobre uma forma expedita de representação: carta assinada dirigida ao presidente da mesa. Entende-se que o contrato de sociedade possa limitar a função de representante aos próprios accionistas; nada dizendo, a representação pode ser assegurada por qualquer pessoa[1882].

A carta em causa funciona como procuração. Subjacente haverá um mandato ou outra figura, pela qual o representante assegurará os interesses do representado.

Em assembleias concorridas, particularmente de sociedades abertas, pode alguém solicitar representações a accionistas. Se ultrapassar o número de cinco accionistas, tem aplicação o artigo 381.°, claro e pormenorizado. Assinale-se que a iniciativa de pedir representações não pode caber

[1882] RPt 16-Dez.-1993 (Cesário de Matos), Proc. 9350535/ITIJ, visitado em 3-Mai.-2006 e RPt 15-Mai.-1995 (Couto Pereira), Proc. 9440679/ITIJ visitado em 3-Mai.-2006.

a pessoas com funções de fiscalização (381.°/2). Tratando-se de sociedades abertas, há ainda que ter em conta o artigo 23.° do CVM.

Ocorre uma referência ao *proxy system* e ao *proxy voting*[1883]. Trata-se, fundamentalmente, de um esquema desenvolvido no Direito e na prática norte-americanos, pelo qual os accionistas conferem representação para efeitos do exercício do voto à própria sociedade ou à sua administração. Na origem do fenómeno está o grande abstencionismo denotado pelas sociedades abertas: os pequenos accionistas estão desligados do seu funcionamento. Desenvolve-se uma rede de intermediários que visam captar esses votos; um dos destinos em vista é, precisamente, a administração.

Os direitos europeus, mesmo facilitando a representação, previnem ou limitam o *proxing-voting*[1884]. Também no Direito alemão os exactos contornos são discutidos[1885]. Entre nós, o tema está resolvido na lei.

O Direito português é claro: não é possível constituir com representantes os membros de órgãos de fiscalização; tão-pouco pode a própria sociedade solicitar representações (381.°/2). Nada impede que os administradores representem accionistas ou solicitem mais de cinco representações: nas condições do artigo 381.°/1[1886].

III. Além dos accionistas com direito de voto, que têm o direito de comparecer na assembleia, a lei prevê outras presenças, ainda que sem voto (salvo se forem também accionistas "comuns":

– obrigatórias: os administradores e os membros dos órgãos de fiscalização; no caso das assembleias anuais: os ROC que tenham examinado as contas (379.°/4); todos estes elementos podem intervir para prestar esclarecimentos, para responder a questões ou para justificar e defender as propostas que apresentem;

1883 Como obra recente de referência: SUSANNE LENZ, *Die gesellschaftsbenannte Stimmrechtsvertretung (Proxy Voting) in der Hauptversammlung der deutschen Publikums-AG* (2005), 553 pp. (133 ss.).

1884 SUSANNE LENZ, *Die gesellschaftsbenannte Stimmrechtsvertretung* cit., 174-184, com indicações sobre os vários países.

1885 JOHANNES SEMLER, *Die Zuständigkeit der Hauptversammlung*, em SEMLER/ /VOLHARD, *Arbeitshandluch für die Hauptversammlung*, 2ª ed. (2003), 3-73 (11) e HÜFFER, *Aktiengesetz* cit., 7ª ed., § 134, Nr. 26a (741), FRANZ-JÖRG SEMLER, no *Münchener Handbuch* cit., 4, 2ª ed., § 38, Nr. 52 (508), manifesta-se contra, invocando o § 136/2 do AktG: proíbe os contratos pelos quais o accionista se obrigue a votar de acordo com as indicações da administração.

1886 Cf. o sentido da proposta constante de BAUMS, *Bericht der Regierungskommission Corporate Governance* cit., 153.

- facultativas com direito à palavra: accionistas sem voto e obrigacionistas, salvo se o contrato de sociedade determinar o contrário (379.°/2);
- facultativas sem direito à palavra: representantes comuns de titulares de acções preferenciais sem voto e de obrigacionistas (379.°/3); outras pessoas autorizadas pelo presidente, salvo revogação pela assembleia (379.°/6).

311. **Quórum, votos e maioria**

I. A regra básica de quórum consta do artigo 383.°/1: salvo os casos de seguida indicados ou salvo o disposto no pacto social, a assembleia geral pode deliberar, em primeira convocação, qualquer que seja o número de accionistas presentes ou representados. Vê-se, logo por aqui, a importância das convocatórias e a necessidade de proteger mesmo os ausentes.

Ainda em primeira convocação, tratando-se de deliberar sobre alteração do contrato, fusão, cisão, transformação, dissolução ou outros assuntos para os quais a lei exija maioria qualificada, sem a especificar, o quórum é de um terço do capital social (383.°/2).

Em segunda convocação, a assembleia delibera seja qual for o número de accionistas presentes ou representados e o capital detido (383.°/3).

Na convocatória da assembleia pode logo ser fixada a segunda convocatória: contanto que entre as datas desta e da primeira medeiem mais de 15 dias (383.°/4).

II. A cada acção corresponde, supletivamente, um voto (384.°/1). Pode o contrato de sociedade desviar-se desta regra (384.°/2):

- fazendo corresponder um só voto a um certo número de acções, desde que sejam abrangidas todas elas e caiba um voto, pelo menos, a cada € 1000 de capital;
- proibindo que sejam contados votos acima de um certo número, quando emitidos por um só accionista, em nome próprio ou, também, como representante de outro; esta limitação pode ser estabelecida para todas as acções ou apenas para acções de uma ou mais categorias, mas não para accionistas determinados (384.°/3).

Esta última solução é conhecida, na gíria societária, como "blindagem dos estatutos"[1887]. Efectivamente, se cada accionista, por si ou por outros, por muito capital que detenha, não puder dispor de mais de, por exemplo, 10% dos votos, fica dificultado qualquer *take over*. O hipotético *raider*, para se assegurar do controlo da sociedade, teria de adquirir mais de 90% das suas acções[1888]. Na prática, o problema deve ser resolvido nos termos seguintes: o autor de OPA sobre uma sociedade de estatutos "blindados" inscreve, como condição da oferta, o levantamento, por parte da sociedade alvo, da blindagem[1889].

O artigo 384.°/3, depois de "accionistas determinados" acrescentava ainda, na sua versão inicial:

> (...) e não vale em relação aos votos que pertençam ao Estado ou a entidades a ele equiparadas por lei para este efeito.

É evidente que o Estado não é uma pessoa, entre outras, que se submeta a uma regra de igualdade. A situações diferentes regimes diferentes: não vemos qualquer obstáculo de Direito privado a que o Estado disponha de um regime especial, desde que ele fosse conhecido no momento em que os diversos interessados particulares tenham adquirido as suas acções. De todo o modo, o Decreto-Lei n.° 76-A/2006, de 29 de Março, suprimiu essa ressalva. Dizem os comentadores especializados que se pretendeu, com isso, desarmar a EDP perante as investidas do capital estrangeiro. Lamentável. De todo o modo, a supressão de 2006 não pode ser retroactiva: as participações do Estado anteriores à entrada em vigor da reforma de 2006 continuarão, mesmo depois dela, a não se submeter à blindagem. Esta orientação parece, de resto, sufragada pelo artigo 60.° do Decreto-Lei n.° 76-A/2006.

III. A lei estabelece ainda diversas proibições de voto: ora absolutas (o accionista não pode, de todo, votar) ora relativas (não pode votar em certos assuntos), ora objectivas (certas acções não permitem votar), ora subjectivas (o problema reside no titular das acções). Temos:

[1887] Em sentido amplo, a "blindagem" irá abranger todas as medidas destinadas a prevenir ou a contrariar OPAs; cf. PAULO LOPES MARCELO, *A blindagem da empresa plurissocietária* (2002), que inclui acções privilegiadas (39 ss.), OPAs estatutárias (49 ss.) e outras.

[1888] LOPES MARCELO, *A blindagem* cit., 66 ss..

[1889] Vejam-se as OPAs da Sonae sobre a PT e do BCP sobre o BPI: em ambos os casos, as sociedades-alvos estão "blindadas". A OPA da Sonae falhou justamente por a PT, em assembleia geral, ter recusado a "desblindagem".

– o accionista em mora quanto à entrada não pode votar (384.°/4); recordemos que também não pode votar o detentor de acções próprias – 324.°/1, *a*);
– é proibido o voto plural (384.°/5);
– não é possível o voto, havendo conflito de interesses (384.°/6): uma norma imperativa (384.°/7).

O conflito de interesses[1890] ocorre quando a deliberação incida sobre:

a) Liberação de uma obrigação ou responsabilidade própria do accionista, quer nessa qualidade quer na de membro de órgão de administração ou de fiscalização;
b) Litígio sobre pretensão da sociedade contra o accionista ou deste contra aquela, quer antes quer depois do recurso a tribunal;
c) Destituição, por justa causa, do seu cargo de titular de órgão social;
d) Qualquer relação, estabelecida ou a estabelecer, entre a sociedade e o accionista, estranha ao contrato de sociedade.

A última alínea em causa consigna uma ampla cláusula geral, que permite exclusões vastas, nas mais diversas situações de conflito. A sua aplicação cabe ao presidente da mesa da assembleia.

IV. O Decreto-Lei n.° 76-A/2006, de 29 de Março, admite o voto por correspondência. Segundo o artigo 384.°/9, dele resultante,

Se os estatutos não proibirem o voto por correspondência, devem regular o seu exercício, estabelecendo, nomeadamente, a forma de verificar a autenticidade do voto e de assegurar, até ao momento da votação, a sua confidencialidade, e escolher entre uma das seguintes opções para o seu tratamento:

a) Determinar que os votos assim emitidos valham como votos negativos em relação a propostas de deliberação apresentadas ulteriormente à emissão do voto;
b) Autorizar a emissão de votos até ao máximo de cinco dias seguintes ao da realização da assembleia, caso em que o cômputo definitivo dos votos é feito até ao 8.° dia posterior ao da realização da assembleia e se assegura a divulgação imediata do resultado da votação.

[1890] Cf. o denso escrito de Dominique Schmidt, *Les conflits d'intérêts dans la société anonyme* (2004), 565 pp.; *vide*, aí, 91 ss..

Este esquema, que irá sendo aclarado pela prática, insere-se num grande movimento tendente a facultar as assembleias virtuais, a representação e a participação dos accionistas[1891]. Os comentadores assinalam um crescente interesse pela participação em assembleias, com uma mediatização de temas societários antes reservados a especialistas. As próprias sociedades tornam-se sensíveis à opinião pública dos seus accionistas, mesmo minoritários[1892].

Dois exemplos de estudo: na assembleia geral da Walt Disney Company, em Filadélfia, 3-Mar.-2004, foi proposta a reeleição de MICHAEL EISNER, simultaneamente, para presidente do conselho de administração e para administrador delegado (*chairman* e *chief executive officer*); numerosos minoritários opuseram-se, vindo a eleição a dar-se por 57% de votos e 43% contra; embora a isso não fosse obrigado, o conselho de admininistração optou por dissociar os cargos, perante o peso dos minoritários; na assembleia geral da Daimler Chrysler, em Berlim, 7-Abr.-2004, os accionistas minoritários puseram em causa as escolhas estratégicas de J. SCHREMPP, presidente do conselho de administração; este, embora apoiado pela maioria, preferiu assim renunciar a um controverso programa de *stock options*, majorando os dividendos.

Digamos que, num sinal dos tempos, as sociedades anónimas devem preocupar-se, também, com a opinião pública: não apenas com a maioria dos votos na assembleia geral.

V. Fundamentalmente, os votos contam-se para apurar maiorias. O artigo 385.° impõe a regra de unidade do voto: um accionista com vários votos deve usá-los todos no mesmo sentido (285.°/1), sob pena de nulidade de todos eles (385.°/4). Impedem-se jogos menos claros ou a possibilidade de alguém votar uma proposta e, sendo simultaneamente vencido, poder ainda impugná-la.

Mas já assim não será se o accionista actuar como representante de outrem: pode votar diversamente com os votos próprios e com os do representado (385.°/2) do qual pode, aliás, ter recebido instruções quanto

[1891] *Supra*, 732 ss.. Refira-se, ainda, MARIO HÜTER, *Namensaktien, Internet und die Zukunft der Stimmrechtsvertretung*, AG 2001, 68-78.

[1892] Cf. PHILIPPE MARCHANDISE, *Les assemblées générales, nouveaux lieux du pouvoir?*, em GEORGES DE LEVAL (intr.), *L'organisation du pouvoir dans la société anonyme* (2004), 119-201 (124 ss.), donde são retirados os dois exemplos que figuram no texto.

ao sentido de voto. Essa regra é aplicável às situações descritas no artigo 385.°/3.

VI. Quanto à maioria e ao seu apuramento, temos a considerar as regras seguintes (386.°):

– a assembleia delibera por maioria de votos emitidos, seja qual for a percentagem do capital social presente e salvo disposição diversa da lei ou do contrato (n.° 1);
– as abstenções não são contadas (n.° 1, *in fine*);
– nas eleições, havendo várias propostas, basta a maioria relativa (n.° 2);
– quanto a alterações do contrato, fusão, cisão, transformação, dissolução ou outros pontos assim previstos por lei ou pelos estatutos, a aprovação exige 2/3 dos votos emitidos, em primeira ou segunda convocação (n.° 3);
– em segunda convocação, estando presente, pelo menos, metade do capital social, esses mesmos pontos podem ser aprovados por maioria simples (n.° 4);
– quando a lei ou o contrato exijam uma maioria qualificada determinada em função do capital social, não são contadas para o cálculo dessa maioria as acções cujos titulares estejam impedidos de votar, nem funcionam, a não ser que o contrato disponha diferentemente, as limitações de voto permitidas pelo artigo 384.°/2, *b*) (n.° 5); aparentemente, trata-se de facilitar a desblindagem dos estatutos, de modo a facilitar operações de *take over*.

312. **Competência**

I. O artigo 373.°/2 fixa a competência da assembleia geral:

– matérias atribuídas por lei;
– matérias fixadas pelo contrato;
– todas as outras não reservadas a outros órgãos.

Logo o n.° 3 do mesmo preceito retira-lhes qualquer papel no campo da gestão, salvo a pedido do órgão de administração. Os poderes de gestão vêm elencados no artigo 406.°, cuja alínea *n*) abarca qualquer outro assunto sobre o qual algum administrador requeira deliberação do conselho. Também os poderes de representação cabem, em exclusivo, ao conselho de administração (405.°/2).

Torna-se muito discutível afirmar alguma competência residual da assembleia. No fundo, esta tem a competência que a lei ou o pacto social lhe atribuam.

II. O artigo 376.°/1 elenca a competência básica da assembleia geral anual. Por todo o Código enxameiam as referências à assembleia ou a deliberações dos sócios. Há que proceder a um levantamento cuidadoso da matéria.

Além disso, a competência para certo tema envolve:

– a competência para as questões instrumentais de que ele dependa;
– a competência para certas questões conexas.

Caso a caso haverá que interpretar as normas em presença, valorando em especial o seu objectivo.

III. A assembleia geral, para além dos seus poderes jurídico-societários, funciona ainda como órgão de informação, de discussão e de descompressão. Ela tem um papel importante na formação da opinião pública. Tem uma dimensão legitimadora que tende a ser posta em relevo.

CAPÍTULO VIII

ADMINISTRAÇÃO E FISCALIZAÇÃO DAS SOCIEDADES ANÓNIMAS

§ 85.º OS MODELOS DE ORGANIZAÇÃO

313. A evolução até ao Código VEIGA BEIRÃO

I. A organização das sociedades anónimas evoluiu lentamente, durante o século XIX. Nos finais do século XX, o fenómeno da integração europeia conduziu a novos desenvolvimentos. Vão seguir-se algumas notas.

As companhias coloniais pressupunham já uma certa organização. No essencial, segundo o modelo da Companhia Geral do Grão-Pará e Maranhão[1893], a direcção caberia a:

> (...) hum corpo politico composto de hum Provedor, de oito Deputados, e de hum Secretario (...),

sendo que:

> As eleiçoens do sobredito Provedor, Deputados e Conselheiros se farão sempre na Casa do despacho da Companhia pela pluralidade de votos dos interessados, que nella tiverem cinco mil cruzados de acçoens, ou dahi para cima.

Tínhamos um embrião de assembleia geral e de administração.

II. No Código FERREIRA BORGES, a orgânica das sociedades – particularmente das "companhias de commercio" (sociedades anónimas) – era

[1893] *Da responsabilidade civil dos administradores*, 190.

ainda mais incipiente do que no Direito do século XVIII. Os artigos 538.° e 541.°, entre outros, falavam em "administradores ou directores", tomados como "mandatarios temporarios". Outros preceitos pressupunham decisões dos sócios (p. ex., 617.°): porém, também se requeria, pura e simplesmente, o acordo de todos eles (595.°) ou a iniciativa de um (653.°). Faltavam preceitos que dessem corpo a uma assembleia geral.

III. A Lei de 22 de Junho de 1867, sobre sociedades anónimas, consagraria finalmente a sua orgânica. Nela surgem, com clareza, a administração e o conselho fiscal, para além, naturalmente, da assembleia geral. Quanto à administração, retemos:

> Art. 13.° As sociedades anonymas são administradas por mandatarios temporarios, revogaveis, retribuidos ou gratuitos, escolhidos de entre os associados.
>
> § 1.° Estes mandatarios representam a sociedade em todos os actos judiciaes e extrajudiciaes.
>
> § 2.° As attribuições dos mandatarios, qualquer que seja a sua denominação, são sempre indicadas nos estatutos e regulamentos especiaes.
>
> Art. 14.° Os mandatarios, cujo numero é fixado nos estatutos, são eleitos pela assembléa geral dos associados por tempo certo e determinado, entendendo-se porem que o mandato é sempre revogavel, quando a assembléa geral o julgue conveniente.
>
> (...)

No que respeita ao conselho fiscal:

> Art. 21.° Em todas as sociedades anonymas haverá um conselho fiscal, composto pelo menos de tres membros associados, eleitos pela assembléa geral nos periodos marcados nos estatutos, e podendo ser pela assembléa exonerados.
>
> § único. Os estatutos indicarão o modo de supprir o impedimento temporario ou permanente dos membros do conselho fiscal.
>
> Art. 22.° Incumbe ao conselho fiscal:
>
> 1.° Examinar sempre que o julgue conveniente a escripturação da sociedade;
>
> 2.° Convocar a assembléa geral quando julgar necessario, exigindo-se n'este caso o voto unanime do conselho, quando for composto de tres mem-

bros, e dois terços dos votos, quando a elle pertencer um maior numero de associados;

3.° Assistir, com voto unicamente consultivo, ás sessões da direcção, sempre que o julgue conveniente;

4.° Fiscalisar a administração da sociedade;

5.° Dar parecer sobre o balanço, inventario e relatorio a que se refere o artigo 31.°.

Esta evolução é fácil de explicar. Por outro lado, assistia-se a um aperfeiçoamento dogmático da própria Ciência do Direito das sociedades. Por outro, a Lei de 22 de Junho de 1867, ao liberalizar a constituição das sociedades anónimas, tinha de providenciar quanto a um esquema de fiscalização interna. Donde o conselho fiscal.

Este sistema assentava num único órgão de administração, sendo comum nos países latinos e nos anglo-saxónicos. Ficou conhecido como o modelo monista ou latino.

IV. O sistema monista transitou para o Código Veiga Beirão (1888). Recordemos os preceitos básicos:

Art. 171.° A administração das sociedades anonymas é confiada a uma direcção, e a fiscalisação d'esta a um conselho fiscal, eleitos pela assembleia geral.

(...)

Art. 172.° A eleição dos directores será feita d'entre os socios por tempo certo e determinado não excedente a tres annos, sem prejuizo da revogabilidade do mandato, sempre que qualquer assembleia geral o julgue conveniente.

(...)

Art. 175.° O conselho fiscal será composto, pelo menos, de tres socios, eleitos pela assembleia geral.

(...)

Art. 176.° São attribuições do conselho fiscal:

1.° Examinar, sempre que julgue conveniente, e pelo menos de tres em tres mezes, a escripturação da sociedade;

2.° Convocar a assembleia geral extraordinariamente, quando o julgue necessario, exigindo-se n'este caso o voto unanime do conselho, quando fôr composto só de tres membros, e de dois terços dos vogaes, quando fôr composto de maior numero;

3.° Assistir ás sessões da direcção, sempre que o entenda conveniente;

4.° Fiscalisar a administração da sociedade, verificando frequentemente o estado da caixa, e a existencia dos titulos ou valores de qualquer especie confiados á guarda da sociedade;

5.° Verificar o cumprimento dos estatutos relativamente ás condições estabelecidas para a intervenção dos socios nas assembleias;

6.° Vigiar pelas operações da liquidação da sociedade;

7.° Dar parecer sobre o balanço, inventario e relatorio apresentados pela direcção;

8.° E, geralmente, vigiar por que as disposições da lei e dos estatutos sejam observados pela direcção.

O legislador evitava, em boa verdade, referir-se aos "directores" ou "administradores" como um verdadeiro órgão. O artigo 176.°, 3.°, usava a expressão inóqua "sessões da direcção".

No fundo, o Código Veiga Beirão mantinha-se tributário do clássico pensamento oitocentista. Num certo retrocesso perante as companhias coloniais do século XVIII, os administradores eram simples mandatários da sociedade, surgindo como uma emanação da assembleia geral. Esta poderia a todo o tempo revogar o mandato, dando ainda directrizes aos administradores. A própria expressão "conselho de administração" era evitada.

314. As reformas de 1969 e 1986: modelos monista e dualista

I. A evolução no terreno ditou que os administradores "mandatários" se viessem a institucionalizar num órgão colectivo: o conselho de administração. A lei viria a reconhecê-lo essencialmente mercê dos problemas postos pela fiscalização das sociedades anónimas e pela responsabilização dos administradores.

Após toda uma evolução[1894] e precedendo adequados estudos preparativos[1895], foi apontado o Decreto-Lei n.° 49 381, de 15 de Novembro

[1894] *Manual*, 107 ss..

[1895] Raúl Ventura/Luís Brito Correia, *Responsabilidade civil dos administradores de sociedades anónimas e de gerentes de sociedades por quotas/Estudo comparativo dos direitos alemão, francês, italiano e português*, BMJ 192 (1970), 5-112, 193 (1970), 5-182 e 194 (1970), 5-113, já citado.

de 1969, relativo ao regime jurídico de fiscalização das sociedades anónimas. Esse diploma não alterou, propriamente, o modelo monista de organização das sociedades anónimas, tal como se mantinha no Código Comercial. Aperfeiçoou, todavia, o esquema organizatório em jogo.

II. Quanto aos administradores: o Decreto-Lei n.° 49 381 veio regular, nos seus artigos 17.° e seguintes, a sua responsabilidade[1896]. Fazendo-o, introduziu formalmente a expressão "conselho de administração" (17.°/3), como meio de extrair responsabilidade de deliberações por ele tomadas.

No tocante ao conselho fiscal, o artigo 10.°/1 começou por ampliar as suas obrigações, assim ordenadas:

a) Fiscalizar a administração da sociedade;
b) Vigiar pela observância da lei e dos estatutos;
c) Verificar a regularidade dos livros, registos contabilísticos e documentos que lhes servem de suporte;
d) Verificar, quando o julgue conveniente e pela forma que entenda adequada, a extensão da caixa e as existências de qualquer espécie dos bens ou valores pertencentes à sociedade ou por ela recebidos em garantia, depósito ou outro título;
e) Verificar a exactidão do balanço e da conta de resultados ou de ganhos e perdas;
f) Verificar se os critérios valorimétricos adoptados pela sociedade conduzem a uma correcta avaliação do património e dos resultados;
g) Elaborar anualmente relatório sobre a sua acção fiscalizadora e dar parecer sobre o relatório, balanço, contas e propostas apresentados pela administração;
h) Convocar a assembleia geral, quando a respectiva mesa o não faça, estando vinculada à convocação;
i) Cumprir as demais obrigações impostas pela lei e pelos estatutos.

Os membros do conselho fiscal receberam deveres específicos (12.°/1):

a) A participar nas reuniões do conselho e a assistir às assembleias gerais e às reuniões da administração para que o presidente da mesma os convoque ou em que se apreciem as contas do exercício;
b) A exercer uma fiscalização conscienciosa e imparcial;

[1896] RAÚL VENTURA/LUÍS BRITO CORREIA, *Notas explicativas ao Capítulo II do Decreto-Lei n.° 49.381, de 15 de Novembro de 1969*, BMJ 195 (1970), 21-90.

c) A guardar segredo dos factos e informações de que tiverem conhecimento em razão das suas funções, sem prejuízo do dever enunciado no n.° 3 do artigo 35.°;

d) A dar conhecimento à administração das verificações, fiscalizações e diligências que tenham feito, e dos resultados das mesmas;

e) A informar, na primeira assembleia que se realize, de todas as irregularidades e inexactidões por eles verificadas, e bem assim se obtiveram os esclarecimentos de que necessitaram para o desempenho das suas funções.

III. Entretanto, foi aprovada, na Alemanha e em 1937, uma primeira lei sobre as sociedades anónimas. Nesse importante diploma, a administração surgiu sob uma filosofia diferente: os administradores não operavam como uma emanação da assembleia geral; antes surgiam *ex lege* como um órgão próprio, dotado de poderes de direcção não-provenientes da assembleia. Esta era tomada como um conjunto circunstancial de não-especialistas, porventura menos motivados para encabeçar os interesses, a médio e a longo prazo, da empresa. Donde a necessidade de reforçar a administração[1897].

As limitações intrínsecas da assembleia geral e a necessidade de, apesar disso, assegurar uma fiscalização eficaz da administração levaram o legislador alemão a reafirmar um esquema bipartido ou dualista:

– o conselho de vigilância;
– a direcção.

O conselho de vigilância era eleito pela assembleia geral. Tinha poderes de acompanhamento e de fiscalização e, ainda, certos poderes executivos. A direcção era eleita pelo conselho de vigilância, concentrando o essencial dos poderes de administração da sociedade.

A este modelo dualista chama-se, ainda, modelo germânico.

IV. O modelo germânico alargou-se a outros países. Em França, o Código das Sociedades de 1966 adoptou, como uma das suas grandes novidades, a possibilidade de os interessados optarem[1898]:

[1897] *Da responsabilidade civil dos administradores*, 95 ss..

[1898] PHILIPPE MERLE, *Droit commercial/Sociétés commerciales* cit., 10ª ed., 417 ss. e 518 ss..

– pelo sistema monista ou tradicional, com um conselho de administração (hoje: artigos L. 225-17 a L. 225-56 do Código Comercial francês); ou:
– pelo sistema dualista, com um directório e um conselho de vigilância (hoje: artigo L. 225-57 e L. 225-93, do mesmo Código[1899].

A proposta de 5ª Directriz do Direito das sociedades, relativa à estrutura das sociedades anónimas, depois de modificada[1900], veio igualmente permitir a escolha por um dos dois modelos: monista ou dualista (artigo 2.°)[1801]. A proposta acabaria, porém, por ser abandonada.

O modelo dualista era, de todo o modo, especialmente adequado para os países que, como a Alemanha, vieram introduzir regras de co-gestão: os representantes eleitos pelos trabalhadores tinham assento no conselho de vigilância[1902]. Por influência comunitária, designadamente do Regulamento n.° 2157/2001, de 8 de Outubro, relativo à sociedade anónima europeia e que também permite a opção pelos modelos monista ou dualista[1903], outros países vieram abrir os dois modelos à escolha dos interessados[1904].

V. Todos estes elementos, com relevo para a então proposta de 5ª Directriz comunitária, pesou sobre o legislador nacional, aquando da preparação do Código das Sociedades Comerciais de 1986[1905]. Este Código, na versão original do seu artigo 278.°/1[1906],

> A administração e a fiscalização da sociedade podem ser estruturadas segundo uma de duas modalidades:
>
> *a*) Conselho de administração e conselho fiscal;
> *b*) Direcção, conselho geral e revisor oficial de contas.

1899 *Code de commerce* cit., 101ª ed., 260-280.

1900 *Direito europeu das sociedades*, 714 ss.; numa primeira versão, sob total influência alemã, ela só admitia sociedades anónimas de feição dualista.

1901 *Direito europeu das sociedades*, 680 ss..

1902 *Idem*, 727 ss..

1903 *Idem*, 874 ss..

1904 Quanto à experiência belga: KOEN GEENS, *Le conseil d'administration dans le système moniste belge*, em *L'organisation du pouvoir dans la société anonyme* (2004), 25-52 (27 ss.).

1905 *Direito europeu das sociedades*, 733 ss..

1906 DR I Série n.° 201, de 2-Set.-1986, 2343/I.

No desenvolvimento subsequente, tínhamos um capítulo VI, relativo à administração e fiscalização, com a seguinte ordenação:

Secção I – Conselho de administração (390.° a 412.°);
Secção II – Conselho fiscal (413.° a 423.°);
Secção III – Direcção (424.° a 433.°);
Secção IV – Conselho geral (434.° a 445.°);
Secção V – Revisor oficial de contas (446.°).

Tal como sucedeu em França[1907], a generalidade das sociedades optava pelo modelo monista: mais adequado aos hábitos individualistas dos países do Sul. Na verdade, um sistema verdadeiramente dualista pressupõe uma forte interacção entre os dois órgãos (direcção e conselho de vigilância), sob pena de paralisar o funcionamento da sociedade.

A reforma de 2006 introduziu uma profunda alteração no sistema português: vamos vê-la de seguida.

315. **A reforma de 2006: a *mens legislatoris***

I. A reforma introduzida pelo Decreto-Lei n.° 76-A/2006, de 29 de Março, pretendeu actuar profundamente no domínio da organização das sociedades anónimas. Trata-se de uma reforma fortemente empenhada na prossecução de certos ideários. Apontemos algumas linhas de força[1908].

O legislador de 2006 começa por, neste domínio, exprimir as intenções:

– de uma revisão aprofundada do governo das sociedades;
– de alargar às diversas sociedades regras elaboradas para as sociedades com acções admitidas à negociação em mercados regulamentados (na gíria: acções cotadas);
– de (aparentemente) juridificar o *soft law*, isto é: as regras assentes em recomendações e regulamentos da CMVM.

[1907] Segundo informa PHILIPPE MERLE, *Droit commercial/Sociétés commerciales* cit., 10ª ed., 417, nota 2, em França, no ano de 2002, em 150 000 sociedades anónimas, apenas 6 491 eram dualistas.

[1908] É importante o *Livro Branco sobre* Corporate Governance *em Portugal* (2006), 192 pp., org. ARTUR SANTOS SILVA e outros.

Diz, com efeito, o legislador, no preâmbulo do referido Decreto--Lei n.° 76-A/2006, de 29 de Março[1909]:

> O presente decreto-lei visa também actualizar a legislação societária nacional, em vigor desde 1986, que carecia de uma revisão aprofundada atendendo, em particular, aos desenvolvimentos ocorridos na temática do governo das sociedades nos últimos anos, de forma a adaptar os modelos societários previstos no actual Código das Sociedades Comerciais.
>
> No ordenamento jurídico nacional, o tema do governo das sociedades tem estado restrito a um pequeno, mas muito significativo, universo empresarial, caracterizado pelas sociedades com acções admitidas à negociação em mercados regulamentados. Por outro lado, a intervenção normativa nesta matéria tem-se restringido à soft law, ou seja, a recomendações e a regulamentação aprovada pela autoridade reguladora e supervisora do mercado de capitais português, a Comissão do Mercado de Valores Mobiliários (CMVM).
>
> Ora, considerou-se que a experiência recolhida nesta área poderia ser alargada ao restante universo societário nacional, sem deixar de atender às suas especificidades e condicionantes.

II. O legislador apela, depois, aos habituais postulados da competitividade e do progresso: porventura com mais veemência do que é comum em diplomas politicamente neutros, como é (e deve ser) um Código de Sociedades Comerciais. Diz[1910]:

> Assim, as linhas de fundo da reforma realizada por este decreto-lei prendem-se com as seguintes ideias. De um lado, a preocupação de promover a competitividade das empresas portuguesas, permitindo o seu alinhamento com modelos organizativos avançados. A presente revisão do Código das Sociedades Comerciais assenta no pressuposto de que o afinamento das práticas de governo das sociedades serve de modo directo a competitividade das empresas nacionais. Esse é o primeiro objectivo de fundo que este decreto-lei visa prosseguir, em prol de uma maior transparência e eficiência das sociedades anónimas portuguesas. Ao encetar este caminho, Portugal colocar-se-á a par dos sistemas jurídicos europeus mais avançados no plano do direito das sociedades, salientando-se o Reino Unido, a Alemanha e a Itália como países que têm identicamente orientado reformas legislativas com base nestes pressupostos.

[1909] DR I Série-A, n.° 63 (Supl.), de 29-Mar.-2006, 2328-(3)/I e II.

[1910] *Idem*, 2328-(3)/II.

Fica preparada a ideia de multiplicar os modelos de organização societária. De novo a palavra ao próprio legislador[1911]:

> Também a ampliação da autonomia societária, designadamente através da abertura do leque de opções quanto a soluções de governação, é uma das linhas de fundo desta reforma. O direito das sociedades é direito privado e, como tal, deve considerar-se determinado e conformado pelo princípio da autonomia privada. E a autonomia privada postula, de entre as suas concretizações principais, a liberdade de escolha do modelo de governação, vertente essa que se aprofunda nesta reforma. Com efeito, em 1986, o Código das Sociedades Comerciais então aprovado deu um importante sinal de abertura ao disponibilizar dois modelos possíveis de estruturação do governo societário. Contudo, impunha-se agora dar continuidade a este regime, proporcionando três modelos de organização da administração e da fiscalização igualmente credíveis, somando aos dois figurinos actuais a possibilidade de se optar por um terceiro modelo de organização, típico das sociedades anglo-saxónicas, que compreende a existência obrigatória de uma comissão de auditoria dentro do órgão de administração.

III. Na própria *mens legislatoris*, não se trataria, todavia, de prever três modelos onde antes só havia dois. Dentro de cada modelo, os interessados poderiam introduzir variantes. Diz o preâmbulo do Decreto-Lei n.° 76-A/2066, a esse propósito[1912]:

> Além disso, impõe-se também uma ampliação de normas permissivas, em reforço da margem de escolha de soluções de governação, aspecto que tem sido corroborado pela jurisprudência do Tribunal de Justiça das Comunidades Europeias, que, em sede de livre estabelecimento de sociedades, tem encorajado movimentos migratórios de constituição destas, em direcção a sistemas jurídicos mais flexíveis. Este cenário de concorrência legislativa constitui uma oportunidade para que os Estados europeus com legislações societárias mais ágeis chamem a si a constituição de sociedades, ou seja, a criação de riqueza, para o âmbito interno das suas fronteiras geográficas.

Mas o legislador foi ainda mais ambicioso. Mesmo no *ius cogens*, ainda haveria que introduzir alterações para tornar mais "competitivo" o modelo dualista[1913]:

[1911] *Idem*, loc. cit..
[1912] *Idem*, loc. cit..
[1913] *Idem*, loc. cit..

A eliminação das distorções injustificadas entre modelos de governação é também um dos propósitos desta revisão do Código das Sociedades Comerciais. Cada modelo de governação oferece características próprias, que decorrem nomeadamente do contexto histórico em que surge e das necessidades funcionais a que visa responder. Sucede que, em Portugal, o modelo dualista, além de denotar especificidades, tem sido objecto de algumas distorções, que o tornaram quase inaplicado nas sociedades portuguesas. Ora, uma vez que os modelos de governação não constituem fórmulas organizativas imutáveis, procurou-se eliminar tais elementos de distorção de modo que a liberdade de escolha de modelo de governo societário passasse a ser efectiva. Mantém-se, em todo o caso, a proibição de combinações de elementos típicos de modelos distintos (*cherry-picking*) nos órgãos de existência obrigatória.

Entre os "factores de distorção" que o legislador entendeu remover contam-se, antes de mais, os terminológicos. E à cabeça: os "directores" (membros da direcção) das sociedades dualistas deveriam passar a "administradores", por razões de prestígio pessoal.

Este raciocínio esteve na base de uma remodelação linguística de grandes proporções, que obrigaria a modificar muitas dezenas de artigos do Código das Sociedades Comerciais.

316. **Segue; a multiplicação dos modelos**

I. Na sequência do anunciado programa, o artigo 278.° recebeu nova redacção[1914]:

1. A administração e a fiscalização da sociedade podem ser estruturadas segundo uma de três modalidades:
   a) Conselho de administração e conselho fiscal;
   b) Conselho de administração, compreendendo uma comissão de auditoria, e revisor oficial de contas;
   c) Conselho de administração executivo, conselho geral e de supervisão e revisor oficial de contas.

(...)

[1914] *Vide* PAULO CÂMARA, *Os modelos de governo das sociedades anónimas*, em *Estudos sobre a reforma do Código das Sociedades comerciais* (2007).

O "conselho de administração executivo" e o "conselho geral e de supervisão" equivalem aos antigos "direcção" e "conselho geral": trata-se do modelo dualista germânico. A novidade estará na introdução do modelo "comissão de auditoria": o anunciado terceiro modelo, de origem anglo-saxónica[1915].

II. Em consequência destas alterações, depois desenvolvidas[1916], o capítulo VI da parte relativa às sociedades anónimas ficou com a seguinte configuração:

Secção I – Conselho de administração (390.° a 412.°);
Secção II – Fiscalização (413.° a 423.°-A);
Secção III – Comissão de auditoria (423.°-B a 423.°-H);
Secção IV – Conselho de administração executivo (424.° a 433.°);
Secção V – Conselho geral e de supervisão (434.° a 445.°);
Secção VI – Revisor oficial de contas (446.°).

III. Todavia, os três modelos básicos albergam, ainda, diversas possibilidades organizativas. Assim, o modelo monista latino (conselho de administração/conselho fiscal) pode, na realidade, ser (390.°/2):

– um modelo de conselho de administração;
– um modelo de administrador único, por opção dos estatutos e quando o capital social não exceda os € 200.000.

Além disso, o mesmo modelo ainda se pode subdividir em (278.°/2):
– modelo com conselho fiscal;
– modelo com fiscal único.

O modelo monista anglo-saxónico (comissão de auditoria) parece mais rígido, uma vez que não comporta (aliás: por definição) a hipótese de um administrador único (278.°/5).

[1915] Em Itália, ainda que sob uma terminologia diversa, a reforma de 2003 também procedeu a inovações similares. Cf. BRACCIODIETA, *La nuova società per azioni* cit., 501 ss. e LOREDANA NAZZICONE/SALVATORI PROVIDENDI, *Società per azioni/Amministrazione e controlli (artt. 2380-2409-novies decies c.c.)* (2003), 351 ss..

[1916] *Vide* PEREIRA DE ALMEIDA, *Sociedades comerciais*, 4ª ed. cit., 413 ss., 454 ss. e 460 ss..

Já o modelo dualista admite, hoje, várias composições (424.°/2):

- um modelo de conselho de administração executivo;
- um modelo de administrador único, por opção dos estatutos, e quando o capital não exceda os € 200.000.

Além disso, os administradores executivos podem obedecer a dois submodelos (425.°/1):

- um submodelo de designação pelo conselho geral e de supervisão;
- um submodelo de designação pela assembleia geral, quando os estatutos assim o determinem.

IV. O Direito português das sociedades é o que mais hipóteses organizativas dá às suas sociedades anónimas.

No fundo, os modelos continuam a ser dois: o monista e o dualista, uma vez que o modelo anglo-saxónico é um modelo monista, como pacificamente tem sido entendido no Direito europeu: veja-se, por exemplo, o Regulamento n.° 2157/2001, de 8 de Outubro, relativo à *societas europaea*. Agora dentro de cada um deles, multiplicam-se, efectivamente, as sub-hipóteses. Isso já sucedia antes do Decreto-Lei n.° 76-/2006, sendo que este diploma teve, entre outros, o mérito de clarificar o quadro legal.

Veremos o proveito prático que as empresas nacionais irão tirar do novo cenário. Em termos jurídico-científicos, passaremos a dispor de mais e melhor material para estudo.

§ 86.° O CONSELHO DE ADMINISTRAÇÃO

317. Aspectos gerais

I. O conselho de administração ou órgão colectivo composto pelos administradores de uma sociedade anónima assume um papel central em todo o desenvolvimento dogmático da administração das sociedades[1917]. Esse papel pode ser explicitado nalgumas proposições:

- o administrador da sociedade anónima constitui a matriz na base da qual se desenvolveu toda a dogmática dos administradores das sociedades;
- as regras relativas ao administrador, no modelo monista latino, aplicam-se, em geral, aos demais modelos das sociedades anónimas.

Boa parte das regras ora relevantes pertencem à parte geral do Direito das sociedades. Como tal foram tratadas. Quedam-nos, agora, diversos aspectos específicos.

II. O Código das Sociedades Comerciais ocupa-se do conselho de administração em 23 artigos, alguns de notável extensão. Adiantamos a matéria:

390.°: composição;
391.°: designação;
392.°: regras especiais de eleição;
393.°: substituição de administradores;
394.°: nomeação judicial;

[1917] *Manual*, 789 ss. e *Da responsabilidade civil dos administradores*, 335 e *passim*. Referimos, ainda, PEDRO MAIA, *Função e funcionamento do conselho de administração da sociedade anónima* (2002) e, como nota de actualização, a obra colectiva org. por HOLGER FLEISCHER, *Handbuch des Vorstandsrechts* (2006), 927 pp. maciças.

395.°: presidente do conselho de administração;
396.°: caução;
397.°: negócios com a sociedade;
398.°: exercício de outras actividades;
399.°: remuneração;
400.°: suspensão de administradores;
401.°: incapacidade superveniente;
402.°: reforma dos administradores;
403.°: destituição;
404.°: renúncia;
405.°: competência do conselho de administração;
406.°: poderes de gestão;
407.°: delegação de poderes de gestão;
408.°: representação;
409.°: vinculação da sociedade;
410.°: reuniões e deliberações do conselho;
411.°: invalidade de deliberações;
412.°: arguição da invalidade de deliberações.

Mau grado a sua extensão, voltamos a frisar que a dogmática relacionada com esta matéria foi estudada na parte geral: a sua sede própria.

318. **Composição e designação**

I. O conselho de administração é composto pelo número de membros indicado no contrato de sociedade (390.°/1). Ao contrário do que sucede noutros Direitos, como o francês[1918], a lei portuguesa não fixa números mínimo e máximo. No silêncio do pacto, o número de administradores será ditado pela designação.

O artigo 390.°/2 admite, nas sociedades cujo capital social não exceda os € 200.000, um administrador único: aplicam-se-lhe as regras próprias do conselho de administração, na parte em que não pressuponham a pluralidade de administradores.

[1918] Que fixa um mínimo de 3 e um máximo de 18: artigo L. 225-17; *Code de Commerce* cit., 101ª ed., 260.

II. Quanto aos requisitos dos administradores:

- podem ser ou não accionistas (390.°/3);
- devem ser pessoas singulares com capacidade jurídica plena (390.°/3); ficam afastados os menores, os interditos, os inabilitados cuja incapacidade caia no âmbito de administração e os insolventes[1919];
- sendo designada uma pessoa colectiva: ela deve nomear uma pessoa singular para exercer o cargo em nome próprio, ficando solidariamente responsável com ela (390.°/4).

Em regra, os administradores têm uma formação teórica e prática avançada. A lei exige-o, em áreas sujeitas a especial supervisão: assim sucede no caso da banca[1920].

III. A designação dos administradores pode ocorrer segundo várias fórmulas. Eles, podem ser designados:

- no próprio contrato de sociedade – 391.°/1;
- por eleição da assembleia geral – *idem* e 393.°/1, *d*);
- por nomeação pelo Estado – 392.°/11;
- por chamada de suplentes – 393.°/3, *a*);
- por cooptação – 393.°/3, *b*);
- por designação feita pelo conselho fiscal ou pela comissão de auditoria – 393.°/3, *c*);
- por nomeação judicial – 394.°/1.

As circunstâncias em que devem ocorrer alguns destes modos de designação constam dos respectivos preceitos legais: para aí remetemos.

IV. A eleição pode obedecer a regras especiais: impostas pelo contrato ou pela própria lei. Com efeito, o contrato pode prever:

- que a eleição dos administradores seja aprovada por votos correspondentes a determinada percentagem de capital (391.°/2, 1ª parte);

1919 Tanto quanto se depreende do artigo 81.° do CIRE: não prima pela clareza; cf. Luís Menezes Leitão, *Código da insolvência e da recuperação de empresas*, 3ª ed. (2006), 111.

1920 Artigos 30.° e 31.° do RGIC.

– que a eleição de um certo número deles, não superior a um terço, seja aprovada pela maioria de certas categorias de acções[1921] (391.°/2, 2ª parte): mas não podem essas categorias ter o direito de, *ad nutum*, designar administradores;
– que, até um terço, alguns administradores sejam eleitos em separado, entre pessoas propostas em listas subscritas por grupos de accionistas, desde que nenhum possua mais de 20% nem menos de 10% do capital social (392.°/1); cada uma das listas a eleger deve propor, pelo menos, duas pessoas elegíveis por cada um dos cargos (n.° 2), não podendo o mesmo accionista subscrever mais de uma lista (n.° 3);
– que uma minoria de accionistas que haja votado contra a proposta vencedora tenha o direito de designar, pelo menos, um administrador, desde que ele represente pelo menos 10% do capital (392.°/6); a eleição é feita entre os minoritários em causa (392.°/7), substituindo o eleito o maioritário menos votado ou o que figura em último lugar na lista (*idem*);
– que haja administradores suplentes (390.°/5 e 392.°/10).

De notar que, nas sociedades com subscrição pública ou concessionárias do Estado ou de entidade a ele equiparada, é obrigatória a inclusão no contrato de alguns dos esquemas incluídos no artigo 392.°; havendo omissão, aplicam-se os números 6 e 7 (eleição por minoritários) – 392.°/8.

Estas regras obrigam a uma cuidada engenharia preparatória das eleições. Elas podem ainda levar ao conselho de administração pessoas que, de todo, não tenham a confiança da equipa dirigente. No fundo, elas pretendem evitar que os accionistas minoritários se desinteressem pelas suas participações, vendendo-as com prejuízo para o mercado. Na organização interna do conselho de administração haverá que conciliar esse aspecto com a necessidade de cumprir a lei, tornando atractivo, para todos, o regime de detenção de acções.

V. A designação dos administradores é feita para um período de quatro anos, o qual pode ser encurtado pelos estatutos (391.°/3). Uma vez

---

[1921] Trata-se de uma via seguida pelas *golden shares* do Estado; esta construção equivale à possibilidade de apor um veto em relação a um terço dos administradores.

designados e mau grado esse limite, os administradores mantêm-se em funções até nova designação, com diversas ressalvas (391.°/4): evita-se, assim, qualquer vazio de poder.

319. **Suspensão e cessação**

I. Os administradores podem ser suspensos pelo conselho fiscal ou pela comissão de auditoria (400.°/1):

- quando as suas condições de saúde os impossibilitem temporariamente de exercer funções;
- quando outras circunstâncias obstem a esse exercício por um período presumivelmente superior a 60 dias e eles o solicitem ou se entenda que o interesse da sociedade o exige.

O contrato de sociedade pode regulamentar os efeitos da suspensão, prevendo a lei supletivamente: suspendem-se todos os seus poderes, direitos e deveres, salvo os que não pressuponham o exercício efectivo de funções.

II. Quanto a fundamentos de cessação, a lei indica:

- a falta definitiva, a declarar pela administração, quando ocorram faltas a reuniões, seguidas ou interpoladas e sem justificação, em número superior ao fixado no contrato (393.°/1);
- a incapacidade superveniente, não removida no prazo de 30 dias, por declaração do conselho fiscal ou da comissão de auditoria (401.°);
- a reforma, com determinadas possibilidades conferidas à sociedade (402.°);
- a destituição, a todo o tempo, a deliberar pela assembleia (403.°);
- a destituição judicial, com base em justa causa (403.°/3);
- a renúncia, mediante carta dirigida ao presidente do conselho de administração ou, sendo este o renunciante, ao conselho fiscal ou à comissão de auditoria (404.°).

A destituição pode operar com ou sem justa causa. Neste último caso, a sociedade deve indemnizar condignamente o administrador destituído, sem limites quanto a danos indemnizáveis, incluindo os morais[1922]. Há, hoje, uma confluência com as regras relativas à gerência da sociedade por quotas[1923].

Tenha-se ainda presente que a regra da livre destituibilidade dos administradores não prejudica as eleições por minoritários: estes só podem ser destituídos com justa causa (403.°/2).

III. Quanto à noção de justa causa: o artigo 403.°/4 limita-se a explicitar:

– a violação grave dos deveres do administrador;
– a sua inaptidão para o exercício normal das respectivas funções.

Vale a integração sistemática[1924] que faz, deste tema, um ponto da parte geral[1925].

320. **Deveres e direitos**

I. Os administradores incorrem em múltiplos deveres. Assim:

– devem prestar caução, nos termos e com as isenções do artigo 396.°;
– não podem celebrar negócios com a sociedade, salvo especiais condições (397.°);
– não podem exercer outras actividades na sociedade ou em sociedades que, com ela, estejam em relações de domínio ou de grupo (398.°/1 e 2); note-se o regime especial quanto ao contrato de trabalho;
– não podem exercer actividades concorrentes, salvo autorização da assembleia geral (399.°/3 a 5).

Aplica-se-lhes quanto resulte do *status* geral de administrador, com as necessárias adaptações e uma especial menção ao artigo 64.°.

[1922] *Manual*, 894 ss.. Era a solução que então se retirava dos princípios gerais: após a reforma de 2006, ela resulta do artigo 403.°/5, descontando o final: inconstitucional por pretender limitar a indemnização.

[1923] *Supra*, 431 ss..

[1924] *Supra*, 433, quanto a gerentes das sociedades por quotas.

[1925] *Manual*, 895 ss..

II. Quanto a direitos e poderes, cabe aos administradores:

– uma remuneração, fixada nos termos do artigo 399.°;
– o exercício pleno dos poderes inerentes ao seu cargo.

As precisas condições de remuneração do administrador devem ser fixadas ou acordadas antes da aceitação. Depois disso: constituem um compromisso que todos devem respeitar. Há que pôr termo à fácil demagogia cultivada em torno de certas remunerações. Estamos no Direito privado. A justiça social é prosseguida pelo imposto.

321. **Competência e funcionamento**

I. O conselho de administração tem, fundamentalmente[1926]:

– poderes de gestão (405.°/1 e 406.°);
– poderes plenos de representação (405.°/2)[1927].

Apenas a pedido do próprio conselho pode a assembleia geral deliberar sobre questões de gestão (373.°/3).

Os poderes de gestão podem ser delegados (407.°), surgindo a figura do presidente da comissão executiva (407.°/6).

A representação e a vinculação da sociedade são explicitadas nos artigos 408.° e 409.°: concretizam as regras gerais, de acordo com as actuais exigências comunitárias.

II. No funcionamento do conselho de administração, cabe salientar o seu presidente (395.°)[1928]. A ele cabe:

– dirigir o conselho e as suas reuniões;
– com voto de qualidade.

As reuniões e deliberações do conselho seguem o regime do artigo 410.°.

[1926] Toda esta matéria consta, essencialmente, da parte geral: *Manual*, 794 ss..

[1927] Recordamos: Alexandre Soveral Martins, *Os poderes de representação dos administradores de sociedades anónimas* (1998), 416 pp. e Rui Rangel, *A vinculação das sociedades anónimas* (1998), 90 pp..

[1928] Raúl Ventura, *Reuniões e deliberações do conselho de administração de sociedades anónimas*, em *Estudos vários sobre sociedades anónimas* (1992), 529-565 (534 ss.).

III. O artigo 411.°/1 considera nulas as deliberações do conselho de administração:

a) Tomadas em conselho não convocado, salvo se todos os administradores tiverem estado presentes ou representados, ou, caso o contrato o permita, tiverem votado por correspondência;
b) Cujo conteúdo não esteja, por natureza, sujeito a deliberação do conselho de administração;
c) Cujo conteúdo seja ofensivo dos bons costumes ou de preceitos legais imperativos.

O n.° 3 do mesmo preceito reporta-se às deliberações anuláveis: as que violem disposições quer da lei, quando ao caso não caiba a nulidade, quer do contrato de sociedade.

O artigo 412.° dispõe sobre a arguição da invalidade das deliberações. Trata-se de um preceito com várias normas interpenetradas, que mais claro fica quando transcrito:

1. O próprio conselho ou a assembleia geral pode declarar a nulidade ou anular deliberações do conselho viciadas, a requerimento de qualquer administrador, do conselho fiscal ou de qualquer accionista com direito de voto, dentro do prazo de um ano a partir do conhecimento da irregularidade, mas não depois de decorridos três anos a contar da data da deliberação.

2. Os prazos referidos no número anterior não se aplicam quando se trate de apreciação pela assembleia geral de actos de administradores, podendo então a assembleia deliberar sobre a declaração de nulidade ou anulação, mesmo que o assunto não conste da convocatória.

3. A assembleia geral dos accionistas pode, contudo, ratificar qualquer deliberação anulável do conselho de administração ou substituir por uma deliberação sua a deliberação nula, desde que esta não verse sobre matéria da exclusiva competência do conselho de administração.

4. Os administradores não devem executar ou consentir que sejam executadas deliberações nulas.

IV. A jurisprudência tem procurado precisar alguns aspectos em aberto. Assim, contra uma deliberação inválida do conselho de administração, haverá que reagir, no plano cautelar, com uma providência comum e não com uma suspensão de deliberação social[1929].

[1929] RPt 28-Set.-1993 (Norman de Mascarenhas), Proc. 9350415/ITIJ, visitado em 29-Abr.-2006.

Já quanto ao problema da legitimidade para a invocação das invalidades de deliberações do conselho de administração, a doutrina e a jurisprudência estão divididas:

– qualquer interessado poderia invocar tais invalidades, recorrendo à via judicial, se necessário: Raúl Ventura[1930], RPt 20-Nov.-2003[1931] e RPt 20-Abr.-2004[1932];
– a invocação teria de ser feita previamente, na assembleia geral: Carlos Osório de Castro, em princípio[1933], RPt 1-Dez.-1997[1934], RPt 4-Fev.-2003[1935] e RPt 15-Mar.-2004[1936].

O Tribunal Constitucional entendeu que não era inconstitucional a via de só permitir ao interessado o acesso aos tribunais depois de passar pela assembleia geral: tendo o cuidado de explicar que não se pronunciava quanto ao fundo[1937].

Não pode deixar de ser dada plena razão a Raúl Ventura. Qualquer posição jurídica dá azo à possibilidade de defesa judicial: trata-se de um dado básico estruturante do nosso sistema – de qualquer sistema civilizado! – no qual mal ficaria virmos insistir (artigos 1.° e 2.°/1 do CPC e 20.°/1 da Constituição).

Uma deliberação inválida do conselho de administração, sobretudo quando nula, não produz efeitos. Os próprios administradores não a devem executar ou consentir que seja executada (412.°/5). Fará algum sentido que

1930 Raúl Ventura, *Reuniões e deliberações* cit., 558 ss..

1931 RPt 20-Nov.-2003 (Oliveira Vasconcelos), CJ XXVIII (2003) 5, 198-199 (199/I), com indicações.

1932 RPt 20-Abr.-2004 (Marques de Castilho), Proc. 0220836/ITIJ, visitado em 29-Abr.-2006, bem documentado e com outras indicações.

1933 Carlos Osório de Castro, *Valores mobiliários*, 2ª ed. (1998), 76, que admite, porém, o recurso directo aos tribunais, em casos extremos.

1934 RPt 11-Dez.-1997 (Pires Condesso), Proc. 9730158/ITIJ, visitado em 29-Abr.-2006.

1935 RPt 4-Fev.-2003 (Pelayo Gonçalves), Proc. 0222397/ITIJ, visitado em 29-Abr.-2006.

1936 RPt 15-Mar.-2004 (Marques Pereira), Proc. 0354886/ITIJ, visitado em 29-Abr.-2006; este acórdão já admite o recurso directo das deliberações da comissão de vencimentos.

1937 TC n.° 415/2003, de 24-Set.-2003 (Artur Maurício), Proc. n.° 245/03, 1ª Secção, em www.tribunalconstitucional.pt, visitado em 1-Mai.-2006, com indicações doutrinárias.

alguém tenha de se lhe submeter até que, porventura, uma assembleia geral se venha a pronunciar sobre o tema, de modo que, depois, se possa então recorrer para os tribunais? Obviamente: não. Quanto a deliberações anuláveis: quem tiver o direito potestativo de as impugnar poderá fazê-lo; não há razão para aguardar por uma assembleia geral, retomando o processo.

Contra, vem-se invocar:

– o silêncio do artigo 412.°;
– os riscos de insegurança para a vida social.

O artigo 412.° dispõe sobre legitimidades extraordinárias para invocar a invalidade de deliberações do conselho de administração. Não iria tudo repetir nem, muito menos, recordar o óbvio: o acesso aos tribunais.

Quanto à insegurança, o argumento é reversível. Deixar uma invalidade em suspenso, aguardando por uma assembleia geral para, depois dela, recorrer aos tribunais é ampliar, sem qualquer vantagem, a insegurança que se pretende combater.

As invalidades de deliberações do conselho de administração podem ser invocadas por quaisquer interessados com legitimidade para o fazer, nos termos gerais. E os mesmos interessados podem, se necessário, defender a sua posição perante os tribunais: por acção ou por excepção.

§ 87.° A FISCALIZAÇÃO (CONSELHO FISCAL OU FISCAL ÚNICO)

322. Conselho fiscal ou fiscal único; qualidades

I. O artigo 413.° fora alterado pelo Decreto-Lei n.° 257/96, de 31 de Dezembro e, de novo e profundamente, pelo Decreto-Lei n.° 76-A/2006, de 29 de Março. Há, pois, que estar atento aos textos em vigor.

Estão aqui em causa as sociedades que tenham assumido o modelo de organização previsto no artigo 278.°/1, *a*): monista, de tipo latino. Segundo o artigo 413.°/1, cabe, aí, a fiscalização:

a) A um fiscal único, que deve ser revisor oficial de contas ou sociedade de revisores oficiais de contas, ou a um conselho fiscal; ou

b) A um conselho fiscal e a um revisor oficial de contas ou uma sociedade de revisores oficiais de contas que não seja membro daquele órgão.

O recurso à solução indicada na alínea *b*) depende do pacto social. Ela será obrigatória, todavia (413.°/2):

> (...) em relação a sociedades que sejam emitentes de valores mobiliários admitidos à negociação em mercado regulamentado e a sociedades que, não sendo totalmente dominadas por outra sociedade que adopte este modelo, durante dois anos consecutivos, ultrapassem dois dos seguintes limites:
>
> *i*) Total do balanço – € 100 000 000;
> *ii*) Total das vendas líquidas e outros proveitos – € 150 000 000;
> *iii*) Número de trabalhadores empregados em média durante o exercício – 150;

II. A composição do conselho fiscal bem como a pessoa do fiscal único devem ter as qualidades inseridas no artigo 414.°. Alguns aspectos:

– o fiscal único deve ser ROC ou SROC e não pode ser accionista (414.°/1);
– o conselho fiscal deve incluir um ROC ou SROC, salvo se se optar pela modalidade do artigo 413.°/1, *b*) (414.°/2);
– os restantes membros podem ser sociedades de advogados, de revisores oficiais de contas ou accionistas, desde que sejam pessoas singulares capazes, com qualificações e experiência (414.°/3);
– tratando-se de sociedades que, obrigatoriamente, tenham conselho fiscal e ROC/SROC, o conselho fiscal deve contar, pelo menos, com um membro que tenha um curso superior adequado, conhecimento em auditoria ou contabilidade e que seja independente (414.°/4);
– em sociedades emitentes de acções admitidas à negociação em mercado regulamentado, o conselho fiscal deve ser composto por uma maioria de membros independente (414.°/6).

A noção de independência vem expressamente tratada no artigo 414.°/5:

> Considera-se independente a pessoa que não esteja associada a qualquer grupo de interesses específicos na sociedade nem se encontre em alguma circunstância susceptível de afectar a sua isenção de análise ou de decisão, nomeadamente em virtude de:
>
> *a*) Ser titular ou actuar em nome ou por conta de titulares de participação qualificada igual ou superior a 2% do capital social da sociedade;
> *b*) Ter sido reeleita por mais de dois mandatos, de forma contínua ou intercalada.

III. O artigo 414.°-A/1 compreende uma lista de incompatibilidades: extensa. Trata-se de um campo em que o legislador de 2006 fez um patente esforço. Veremos a sua concretização.

323. **Designação, substituição e cessação**

I. Os membros do conselho fiscal ou o fiscal único, bem como os suplentes, são eleitos pela assembleia geral por um período estabelecido nos estatutos mas não superior a quatro anos (415.°/1). O contrato ou a assembleia designarão o presidente do conselho fiscal (415.°/2), cabendo ao próprio conselho fazê-lo quando isso não suceda (414.°-B). O artigo 415.°/3 a 5, dispõe sobre substituições.

Temos, ainda:

– nomeação oficiosa do ROC, pela Ordem dos Revisores Oficiais de Contas, quando falte (416.°);
– nomeação judicial do membro do conselho fiscal ou fiscal único, a pedido da administração (que deve fazê-lo) ou de qualquer accionista (que pode fazê-lo) (417.°);
– nomeação judicial de um membro do conselho fiscal, a requerimento de minorias (418.°).

II. A assembleia geral só pode destituir os membros do conselho fiscal, o ROC ou o fiscal único que não tenham sido nomeados judicialmente e isso se ocorrer justa causa (419.°/1), devendo os interessados ser previamente ouvidos na assembleia (419.°/2). A destituição dos elementos judicialmente nomeados exige justa causa e decisão judicial (419.°/3).

Tudo isto é importante, para acentuar o perfil independente das pessoas a quem caiba a fiscalização da sociedade.

324. **Deveres e direitos**

I. Cada membro do conselho fiscal é responsável, devendo garantir essa sua responsabilidade através de caução ou de seguro (418.°-A/1). O seguro dos ROCs rege-se por lei especial (418.°-A/2).

Cabe, a todos, o exercício das inerentes funções, especificando o artigo 422.°/1 as seguintes obrigações[1938]:

a) Participar nas reuniões do conselho e assistir às assembleias gerais e bem assim às reuniões da administração para que o presidente da mesma os convoque ou em que se apreciem as contas do exercício;
b) Exercer uma fiscalização conscienciosa e imparcial;
c) Guardar segredo dos factos e informações de que tiverem conhecimento em razão das suas funções, sem prejuízo do dever enunciado no n.° 3 deste artigo;

[1938] Nos termos do artigo 422.°/3, eles devem ainda participar ao Ministério Público os factos delituosos de que tenham tomado conhecimento e que constituam crimes públicos.

d) Dar conhecimento à administração das verificações, fiscalizações e diligências que tenham feito e do resultado das mesmas;

e) Informar, na primeira assembleia que se realize, de todas as irregularidades e inexactidões por eles verificadas e bem assim se obtiveram os esclarecimentos de que necessitaram para o desempenho das suas funções;

f) Registar por escrito todas as verificações, fiscalizações, denúncias recebidas e diligências que tenham sido efectuadas e o resultado das mesmas.

II. Os membros do conselho fiscal – e o fiscal único (423.°-A) – têm direito a uma remuneração, a qual deve consistir numa quantia fixa (422.°-A/1). A remuneração é fixada pela assembleia geral ou por uma comissão de vencimentos (399.°/1, *ex vi* 422.°-A).

III. Além disso, os membros do conselho fiscal têm múltiplos poderes, que podem exercer conjunta ou separadamente:

a) Obter da administração a apresentação, para exame e verificação, dos livros, registos e documentos da sociedade, bem como verificar as existências de qualquer classe de valores, designadamente dinheiro, títulos e mercadorias;

b) Obter da administração ou de qualquer dos administradores informações ou esclarecimentos sobre o curso das operações ou actividades da sociedade ou sobre qualquer dos seus negócios;

c) Obter de terceiros que tenham realizado operações por conta da sociedade as informações de que careçam para o conveniente esclarecimento de tais operações;

d) Assistir às reuniões da administração, sempre que o entendam conveniente.

325. **Funcionamento e competência**

I. O conselho fiscal é um órgão colectivo, dotado do seu presidente, em termos já examinados. O artigo 423.° dispõe quanto às suas reuniões e deliberações:

1. O conselho fiscal deve reunir, pelo menos, todos os trimestres.

2. As deliberações do conselho fiscal são tomadas por maioria, devendo os membros que com elas não concordarem fazer inserir na acta os motivos da sua discordância.

3. De cada reunião deve ser lavrada a acta no livro respectivo ou nas folhas soltas, assinada por todos os que nela tenham participado.

4. Das actas deve constar sempre a menção dos membros presentes à reunião, bem como um resumo das verificações mais relevantes a que procedam o conselho fiscal ou qualquer dos seus membros e das deliberações tomadas.

5. É aplicável o disposto no n.° 9[1939] do artigo 410.°.

Nos termos da remissão efectuada neste último número, a reunião poderá ser virtual, se os estatutos o não proibirem.

II. A competência do conselho fiscal resulta dos poderes dos seus membros e de diversos preceitos dispersos pelo Código. Além disso, o artigo 420.°/2 elenca os pontos seguintes:

a) Fiscalizar o processo de preparação e de divulgação de informação financeira;
b) Propor à assembleia geral a nomeação do revisor oficial de contas;
c) Fiscalizar a revisão de contas aos documentos de prestação de contas da sociedade;
d) Fiscalizar a independência do revisor oficial de contas, designadamente no tocante à prestação de serviços adicionais.

A competência deve ser usada nos termos do artigo 420.°/3, com especiais deveres para o ROC (420.°/4). E sobre este recai ainda o dever de vigilância pormenorizadamente explicitado no artigo 420.°-A. Um preceito complexo, com diversas regras procedimentais.

III. O artigo 421.°/3 a 5 atribui ainda, ao conselho fiscal, a competência para deliberar a contratação da prestação de serviços de peritos. Para esse efeito, os próprios membros do conselho fiscal têm poderes de representação: em derrogação da regra (quase) absoluta de que tais poderes só cabem ao conselho de administração.

[1939] Deverá ser "8".

§ 88.° COMISSÃO DE AUDITORIA

326. **Generalidades; composição, designação e destituição**

I. A comissão de auditoria é um órgão das sociedades que tenham optado pelo modelo organizatório previsto no artigo 278.°/1, *b*): monista, de tipo anglo-saxónico. Fundamentalmente, ela é composta por parte dos membros do conselho de administração, que não têm funções executivas. Trata-se de matéria que foi introduzida, *ex novo*, pelo Decreto-Lei n.° 76-A/2006, de 29 de Março.

Na prática, este sistema já era reconhecido entre nós: os administradores não executivos de certas sociedades anónimas, iam exercendo um acompanhamento vigilante sobre a comissão executiva. A novidade de 2006 foi, nesses casos:

– intensificar os poderes da comissão de auditoria;
– exigindo, para os seus membros, acrescidos requisitos;
– e dispensando as sociedades, nesses casos, do conselho fiscal.

II. A comissão de auditoria é composta pelo número de membros fixado nos estatutos, no mínimo de três (423.°-B/2). É-lhes vedado o exercício de funções executivas, aplicando-se-lhes o regime das incompatibilidades previsto no artigo 414.°-A (423.°-B/3).

Quando se trate de sociedades emitentes de valores mobiliários admitidos à negociação em mercado regulamentado e nas que atinjam os critérios do artigo 413.°/2, *a*), a comissão de auditoria deve incluir, pelo menos, um membro que:

– tenha um curso superior adequado;
– tenha conhecimentos em auditoria ou contabilidade;
– seja independente, nos termos do artigo 414.°/5.

Se se tratar de sociedades emitentes de acções admitidas à negociação em mercado regulamentado, a maioria dos membros da comissão de auditoria deve ser independente.

III. Os membros da comissão de auditoria são designados em conjunto com os demais administradores, pela assembleia geral (423.°-C/1). A assembleia pode designar o presidente da comissão; se o não fizer, o poder em causa cabe à própria comissão (423.°-C/3).

Quanto à destituição: ela só é possível com justa causa (423.°-E/1).

327. Direitos e deveres

I. Os membros da comissão de auditoria têm uma remuneração que deve consistir numa quantia fixa (423.°-D). Também ela deverá ser fixada pela assembleia geral ou pela comissão de vencimentos.

II. Os membros da comissão de auditoria têm múltiplos deveres funcionais, sendo de reter os elencados no artigo 423.°-G/1:

a) Participar nas reuniões da comissão de auditoria, que devem ter, no mínimo, periodicidade bimensal;

b) Participar nas reuniões do conselho de administração e da assembleia geral;

c) Participar nas reuniões da comissão executiva onde se apreciem as contas do exercício;

d) Guardar segredo dos factos e informações de que tiverem conhecimento em razão das suas funções, sem prejuízo do disposto no n.° 3 do presente artigo;

e) Registar por escrito todas as verificações, fiscalizações, denúncias recebidas e diligências que tenham sido efectuadas e o resultado das mesmas.

Ao presidente da comissão de auditoria cabe o dever de vigilância referido no artigo 420.°-A (423.°-G/2), bem como efectuar participações ao Ministério Público (423.°-G/3).

Cumpre sempre atentar nas remissões do artigo 423.°-H.

328. **Competência**

I. A competência da comissão de auditoria é lata. Vem sumariada no artigo 423.°-F:

a) Fiscalizar a administração da sociedade;
b) Vigiar pela observância da lei e do contrato de sociedade;
c) Verificar a regularidade dos livros, registos contabilísticos e documentos que lhes servem de suporte;
d) Verificar, quando o julgue conveniente e pela forma que entenda adequada, a extensão da caixa e as existências de qualquer espécie dos bens ou valores pertencentes à sociedade ou por ela recebidos em garantia, depósito ou outro título;
e) Verificar a exactidão dos documentos de prestação de contas;
f) Verificar se as políticas contabilísticas e os critérios valorimétricos adoptados pela sociedade conduzem a uma correcta avaliação do património e dos resultados;
g) Elaborar anualmente relatório sobre a sua acção fiscalizadora e dar parecer sobre o relatório, contas e propostas apresentados pela administração;
h) Convocar a assembleia geral, quando o presidente da respectiva mesa o não faça, devendo fazê-lo;
i) Fiscalizar a eficácia do sistema de gestão de riscos, do sistema de controlo interno e do sistema de auditoria interna, se existentes;
j) Receber as comunicações de irregularidades apresentadas por accionistas, colaboradores da sociedade ou outros;
l) Fiscalizar o processo de preparação e de divulgação de informação financeira;
m) Propor à assembleia geral a nomeação do revisor oficial de contas;
n) Fiscalizar a revisão de contas aos documentos de prestação de contas da sociedade;
o) Fiscalizar a independência do revisor oficial de contas, designadamente no tocante à prestação de serviços adicionais;
p) Contratar a prestação de serviços de peritos que coadjuvem um ou vários dos seus membros no exercício das suas funções, devendo a contratação e a remuneração dos peritos ter em conta a importância dos assuntos a eles cometidos e a situação económica da sociedade;
q) Cumprir as demais atribuições constantes da lei ou do contrato de sociedade.

II. Os pontos em causa pressupõem uma efectiva profissionalização. Aguarda-se, agora, a aplicação do novo modelo.

§ 89.° CONSELHO DE ADMINISTRAÇÃO EXECUTIVO

329. Generalidades; composição, designação e destituição

I. O conselho de administração executivo equivale à direcção das sociedades anónimas que hajam optado pelo modelo dualista ou germânico. O legislador de 2006 redenominou o órgão por entender que a designação "directores", equivalendo aos comuns directores de serviços, não era do agrado dos dirigentes societários; estes, preferindo o tratamento de "administradores", optariam antes pelo modelo monista.

O conselho de administração executivo é composto pelo número de administradores fixado no contrato (424.°/1). Não excedendo o capital social os € 200.000, pode haver um administrador único (424.°/2).

II. Quanto à designação (425.°/1): ela é feita,

– nos estatutos; ou,
– pelo conselho geral ou de supervisão; ou,
– pela assembleia geral, se assim o determinarem os estatutos.

Esta última hipótese foi aditada pelo Decreto-Lei n.° 76-A/2006. Se bem se pensar, ela altera qualitativamente o modelo, aproximando-o do monista. Na verdade, a chave do dualismo está na articulação entre a direcção e o conselho de vigilância, dependendo aquela deste. Caso a direcção passe a depender – e a responder – directamente perante a assembleia geral, ela ganha uma legitimidade e um protagonismo contrário a toda a lógica do modelo e ficando o conselho geral remetido para um (mero) órgão de fiscalização.

III. A substituição vem tratada no artigo 425.°/5. Os administradores podem não ser accionistas, aplicando-se a incompatibilidade do artigo 425.°/6.

É ainda possível uma nomeação judicial (426.°).

IV. Quanto à destituição: ela vem tratada no artigo 430.° que, aparentemente e após a reforma de 2006, suprimiu o requisito de justa causa antes inserido nesse preceito. Todavia, têm aplicação as regras acima recordadas quanto aos administradores: a destituição é sempre possível; mas se não se basear em justa causa, obriga a indemnizar. Competente para a destituição será o conselho geral e de supervisão ou a assembleia geral, consoante o órgão estatutariamente indicado para a eleição (430.°/1). De qualquer modo, o conselho geral pode decidir sempre a suspensão até dois meses.

330. **Posição jurídica, funcionamento e competência**

I. A posição jurídica dos administradores executivos é, em grande parte, semelhante à dos administradores *proprio sensu*. Todo o esquema subjacente aos artigos 426.° a 429.° é, no fundo, o de uma remissão. E é ainda sob o signo da remissão que opera o seu funcionamento, bem como diversos outros aspectos que a lei trata em conjunto (433.°).

II. Quanto à competência: rege o artigo 431.°, também na base de remissões[1940]. Dispõe:

> 1. Compete ao conselho de administração executivo gerir as actividades da sociedade, sem prejuízo do disposto no n.° 1 do artigo 442.°
>
> 2. O conselho de administração executivo tem plenos poderes de representação da sociedade perante terceiros, sem prejuízo do disposto na alínea *c*) do artigo 441.°
>
> 3. Aos poderes de gestão e de representação dos administradores é aplicável o disposto nos artigos 406.°, 408.° e 409.°, com as modificações determinadas pela competência atribuída na lei ao conselho geral e de supervisão.

[1940] Quanto ao paralelo *Vorstand* alemão, HOLGER FLEISCHER, *Leitungsaufgabe des Vorstands*, em FLEISCHER (publ.), *Handbuch des Vorstandsrechts* (2006), 1-38 e MICHAEL KORT, *Vertretungs- und Geschäftsführungsbefugnis des Vorstands*, *idem*, 39-95, com inúmeras indicações.

331. **Relações com o conselho geral e de supervisão**

I. O artigo 432.°, de considerável extensão, regula as relações do conselho de administração executivo com o conselho geral e de supervisão. Trata-se de um ponto delicado, na lógica do sistema dualista[1941].

II. Logo na base dessas relações encontramos diversos deveres de comunicação:

a) Pelo menos uma vez por ano, a política de gestão que tenciona seguir, bem como os factos e questões que fundamentalmente determinaram as suas opções;
b) Trimestralmente, antes da reunião daquele conselho, a situação da sociedade e a evolução dos negócios, indicando designadamente o volume de vendas e prestações de serviços;
c) Na época determinada pela lei, o relatório completo da gestão, relativo ao exercício anterior.

Seguem-se deveres de informação específicos, quanto a negócio significativos (432.°/2), incluindo ocorrências relativas a sociedades que se encontrem em relação de domínio ou de grupo (432.°/3).

III. Por seu turno, o presidente do conselho geral e de supervisão pode exigir as informações que entenda convenientes (432.°/4). Cabe-lhe ainda, em conjunto com os modelos referidos no artigo 432.°/5, assistir às reuniões do conselho de administração executivo, devendo fazê-lo quando sejam apreciadas as contas (432.°/6).

Opera, ainda, uma regra de colegiabilidade (432.°/7).

[1941] ANDREAS PENTZ, *Vorstand und Aufsichtsrat*, em FLEISCHER (publ.), *Handbuch des Vorstandsrechts* (2006), 531-591.

§ 90.° CONSELHO GERAL E DE VIGILÂNCIA

332. Generalidades; composição, designação e substituição

I. O conselho geral e de vigilância resultou da redenominação, levada a cabo pelo Decreto-Lei n.° 76-A/2006, de 29 de Março, do conselho geral previsto na versão inicial do Código das Sociedades Comerciais. Este, por seu turno, equivale ao conselho de vigilância ou *Aufsichtsrat* alemão[1942], sendo um elemento-chave do sistema dualista.

A transposição para o Direito português dá azo a uma realidade não rigorosamente coincidente com a da entidade dadora. O desvio mais se acentua quando, na sequência da reforma de 2006, a direcção (aliás: o conselho de administração executivo) seja eleita directamente pela assembleia geral.

Temos, de todo o modo, uma abertura organizatória para as empresas nacionais que pode, *in concreto*, ter o maior interesse. O Código dedica-lhe doze artigos (434.° a 445.°), por vezes densos.

II. A composição do conselho geral e de vigilância resulta do contrato de sociedade. A lei (434.°/1) apenas exige que os seus membros sejam em número superior ao dos administradores executivos. Operam diversas remissões designadamente para o artigo 414.°-A, que fixa incompatibilidades para os membros do conselho fiscal. A remissão deve ser interpretada em termos restritivos, dados os valores em presença[1943]. Na falta de autorização do conselho de vigilância, os membros em causa não podem desenvolver actividades concorrentes com as da sociedade (434.°/5).

[1942] MICHAEL HOFFMANN-BECKING, *Münchener Handbuch* cit., 4, 2ª ed., §§ 28 a 33 (297 a 404), com indicações, bem como HÜFFER, *Aktiengesetz* cit., 7ª ed., §§ 95 ss. (498 ss.).

[1943] Remetemos para PEDRO DE ALBUQUERQUE, *Os limites à pluriocupação dos membros do conselho geral e de supervisão e do conselho fiscal* (2007).

Há também incompatibilidade entre as funções de administrador executivo (a epígrafe do artigo 437.° continua a falar em "director") e as de membro do conselho geral e de supervisão (437.°).

III. Os membros do conselho geral e de supervisão são designados no pacto social ou eleitos pela assembleia geral ou constitutiva. Quanto a regras especiais de eleição e quanto ao seu presidente operam remissões para o modo de eleição dos membros do conselho de administração (435.°/2 e 3 e 436.°).

As substituições fazem-se por apelo a suplentes ou por eleição em assembleia geral (438.°). Havendo falta de membros, pode recorrer-se à nomeação judicial (439.°).

333. **Posição jurídica e funcionamento**

I. Os membros do conselho geral e de vigilância podem ter direito a remuneração, nos termos do artigo 440.°: fixada pela assembleia geral ou por uma comissão de vencimentos. Estão adstritos a um dever de segredo (441.°-A) e ao prescrito no artigo 445.°/1, quanto aos negócios com a sociedade. Devem, ainda, garantir a sua responsabilidade (445.°/3).

II. O conselho pode funcionar em plenário ou em comissões. Estas são nomeadas, de entre os seus membros, para funções específicas (444.°/1). Nas sociedades emitentes de valores mobiliários admitidos à negociação em mercado regulamentado e nas que atinjam os critérios referidos no artigo 413.°/2, *a*), o conselho deve constituir uma comissão para as matérias financeiras referidas nas alíneas *f*) a *o*) do artigo 441.° (444.°/2), comissão essa que deve incluir, pelo menos, um membro que tenha um curso superior adequado ao exercício das suas funções e conhecimentos em auditoria e contabilidade e que seja independente, nos termos do artigo 414.°/5 (444.°/5).

III. Às reuniões e deliberações do conselho geral ou de supervisão aplica-se o disposto quanto às do conselho de administração comum, com as seguintes adaptações (445.°/2):

a) O conselho geral e de supervisão deve reunir, pelo menos, uma vez em cada trimestre;

b) A convocação pode ser feita pelo conselho de administração executivo, se o presidente do conselho geral e de supervisão não o tiver convocado para reunir dentro dos 15 dias seguintes à recepção do pedido por aquele formulado;

c) O pedido de declaração de nulidade de deliberação pode ser formulado por qualquer administrador ou membro do conselho geral e de supervisão.

334. **Competência**

I. A competência do conselho geral e de vigilância é, no essencial, de índole fiscalizadora. Assim e na longa enumeração do artigo 441.°, ela abrange:

a) Nomear e destituir os administradores, se tal competência não for atribuída nos estatutos à assembleia geral;

b) Designar o administrador que servirá de presidente do conselho de administração executivo e destituí-lo, se tal competência não for atribuída nos estatutos à assembleia geral, sem prejuízo do disposto no artigo 436.°;

c) Representar a sociedade nas relações com os administradores;

d) Fiscalizar as actividades do conselho de administração executivo;

e) Vigiar pela observância da lei e do contrato de sociedade;

f) Verificar, quando o julgue conveniente e pela forma que entenda adequada, a regularidade dos livros, registos contabilísticos e documentos que lhes servem de suporte, assim como a situação de quaisquer bens ou valores possuídos pela sociedade a qualquer título;

g) Verificar se as políticas contabilísticas e os critérios valorimétricos adoptados pela sociedade conduzem a uma correcta avaliação do património e dos resultados;

h) Dar parecer sobre o relatório de gestão e as contas do exercício;

i) Fiscalizar a eficácia do sistema de gestão de riscos, do sistema de controlo interno e do sistema de auditoria interna, se existentes;

j) Receber as comunicações de irregularidades apresentadas por accionistas, colaboradores da sociedade ou outros;

l) Fiscalizar o processo de preparação e de divulgação de informação financeira;

m) Propor à assembleia geral a nomeação do revisor oficial de contas;

n) Fiscalizar a revisão de contas aos documentos de prestação de contas da sociedade;

o) Fiscalizar a independência do revisor oficial de contas, designadamente no tocante à prestação de serviços adicionais;
p) Contratar a prestação de serviços de peritos que coadjuvem um ou vários dos seus membros no exercício das suas funções, devendo a contratação e a remuneração dos peritos ter em conta a importância dos assuntos a eles cometidos e a situação económica da sociedade;
q) Elaborar anualmente um relatório sobre a sua actividade e apresentá-lo à assembleia geral;
r) Conceder ou negar o consentimento à transmissão de acções, quando este for exigido pelo contrato;
s) Convocar a assembleia geral, quando entenda conveniente;
t) Exercer as demais funções que lhe sejam atribuídas por lei ou pelo contrato de sociedade.

II. Além disso, o artigo 442.° permite que o contrato de sociedade atribua, ao conselho geral e de vigilância, determinados poderes de gestão. Mais especificamente: a necessidade de ele dar um consentimento prévio para a prática, pelo conselho de administração executivo, de certas categorias de actos. Havendo recusa, pode o conselho de administração submeter a divergência à assembleia geral, nos termos do artigo 442.°/2.

III. O conselho geral e de vigilância pode ainda ter certos poderes de representação, para o que designará dois dos seus membros (443.°/1). Tais poderes manifestam-se:

– nas relações com os administradores;
– na contratação de peritos;
– no requerimento de actos de registo comercial.

§ 91.° REVISOR OFICIAL DE CONTAS

335. Antecedentes; a projectada "Câmara dos Verificadores"

I. A figura do revisor oficial de contas remonta aos finais do século XIX e à necessidade, então sentida, de prever uma fiscalização adequada das sociedades anónimas[1944].

Um Decreto de 13 de Abril de 1911, do Governo Provisório da República, veio dispor,

> Artigo 1.° É instituída a fiscalização de todas as sociedades anonymas a cargo de uma Repartição Technica, cuja organização e attribuições constam do regulamento annexo.

A fiscalização prevista pelo Decreto incidia, essencialmente, sobre a escrita e outros documentos[1945]. O Regulamento foi revogado, pelo artigo 19.° da Lei do Orçamento, de 30 de Junho de 1913; porém, alguns dos seus artigos foram, de novo, postos em vigor, pelo Decreto n.° 24, de 7 de Julho de 1913, que veio regular o funcionamento do serviço de fiscalização das sociedades anónimas e a situação dos respectivos funcionários[1946].

II. A fiscalização das sociedades, particularmente das anónimas, seria discutida durante todo o período do Estado Novo, tendo-se mantido

---

1944 *Manual*, 131 ss., onde, particularmente, pode ser confrontada a oposição entre o modelo do VISCONDE DE CARNAXIDE, favorável a uma "fiscalização externa" e o de JOSÉ BENEVIDES, que defendia uma "fiscalização interna", isto é: conseguida dentro da própria sociedade, com a responsabilização dos titulares dos seus órgãos.

1945 O *Regulamento da fiscalização das sociedades anonymas*, de 13-Abr.-1911, assinado pelo Ministro das Finanças JOSÉ RELVAS, pode ser confrontado na CLP 1911, 2072-2077. Note-se que este Regulamento, mau grado o título, abrangia, também, as sociedades por quotas.

1946 CLP 1913, 343-344.

uma tendência para a fiscalização estadual, um tanto ao arrepio das experiências exemplares, registadas noutros países europeus.

A Lei n.° 1:936, de 18 de Março de 1936, autorizou o Governo a modificar, oportunamente, o regime de fiscalização das sociedades anónimas, de modo a ser realizada, com a intervenção de técnicos especializados e ajuramentados, designados por entidade estranha à sociedade[1947]. Porém, o Governo só se desempenharia, anos depois, aprontando uma *Proposta de lei relativa à fiscalização das sociedades por acções*. A *Proposta* foi remetida, à Câmara Corporativa. Esta elaborou um parecer, relatado por PAULO CUNHA, onde se fez notar que havia uma série de diplomas que permitiam, às Finanças, fiscalizar as sociedades. Mas faltariam regras no tocante à verificação das contas em si. A fiscalização impor-se-ia para o bem das próprias empresas, sendo, porém, difícil criar auditores bastantes, uma vez que haveria 533 sociedades por acções. A hipótese do regresso à autorização governamental para a constituição de sociedades por acções, é rejeitada. Preconizaram-se verificadores, organizados, em termos de independência, podendo o conselho fiscal ser, facultativamente, conservado. O parecer concluía com a proposta de novo texto[1948].

O diploma foi discutido, sendo, finalmente, aprovado como Lei n.° 1:995, de 17 de Maio de 1943[1949]. Os aspectos mais marcantes, deste diploma, resultam das bases seguintes:

Base II

1. A fiscalização será exercida por peritos ajuramentados e com intervenção do tribunal.

2. Os peritos fazem parte de um organismo colegial denominado *Câmara dos Verificadores das Sociedades por Acções*.

(...)

Base III

A constituição das sociedades por acções depende de prévia aprecia-

---

[1947] Lei n.° 1:936, de 18 de Março de 1936, Base VII.

[1948] PAULO CUNHA (rel.), *Fiscalização das sociedades anónimas/Parecer*, DSess n.° 19, de 12-Mar.-1943, 172-194 (172-174, 175, 179-180, 181-182 e 191-194).

[1949] A Lei n.° 1:995, de 17 de Maio de 1943, abrange 26 bases, repartidas por 5 capítulos: I – Disposições gerais; II – Fiscalização da constituição das sociedades por acções; III – Fiscalização do funcionamento das sociedades por acções; IV – Câmara dos verificadores das sociedades por acções; V – Disposições especiais e transitórias.

ção do tribunal, quanto à sua conformidade com a lei e respectivos elementos de facto.

Base IV

1. A Câmara dos Verificadores gozará de autonomia, com as limitações desta lei.

2. O número de verificadores será fixado por decreto e irá sendo aumentado à medida das necessidades e possibilidades, sem prejuízo da rigorosa selecção dos candidatos.

(...)

Os verificadores recebiam uma larga competência, no domínio da fiscalização.

336. A "lista dos revisores oficiais de contas" de 1969

I. Carecida de regulamentação, que nunca viria a ser aprovada[1950], a Lei n.° 1:995, de 17 de Maio de 1943, acabaria por não vigorar, dando lugar a um "... insucesso ...", nas palavras do preâmbulo do Decreto-Lei n.° 49.381, de 15 de Novembro de 1969[1951]. Não será arriscado avançar que tal "... insucesso ..." ficou a dever-se a um excesso de intervenção estadual nas sociedades anónimas, pouco consonante com a inclusão do País no bloco ocidental, após o termo da II Guerra Mundial.

Seguiu-se o Decreto-Lei n.° 49.381, de 15 de Novembro de 1969, praticamente acolhido no Código das Sociedades Comerciais. Esse diploma veio tentar um compromisso entre as duas correntes que há quase um

[1950] Não obstante, chegou a ser publicado um *Projecto de Decreto Regulamentar da Lei n.° 1:995*, "... elaborado por alguns professores de direito, membros da Comissão de Revisão do Código Civil, revisto no Ministério da Justiça": BMJ 25 (1951), 157-195. Tratava-se dum projecto complexo, de 96 artigos, em seis capítulos, pormenorizado e tecnicamente bem elaborado. O interesse suscitado, na época, pela fiscalização das sociedades anónimas, ressalta, ainda, no escrito de RUY ENNES ULRICH, *Sociedades anónimas e sua fiscalização*, ROA 1941, 1, 14-27, onde se esquematizam os regimes vigentes na época, incluindo o português, fazendo-se, em paralelo, um certo apelo aos valores tradicionais das sociedades anónimas e na obra de JOSÉ PIRES CARDOSO, *Problemas do anonimato – II Fiscalização das sociedades anónimas* (1943), onde são ponderadas as experiências italiana (25 ss.), francesa (66 ss.), inglesa (114 ss.) e alemã (164 ss.).

[1951] DG, I Série, n.° 268, de 15-Nov.-1969, 1665.

século se defrontavam: a de uma fiscalização exterior das sociedades e a da fiscalização interior, através de órgãos e dos próprios sócios e concretizada, se necessário, na responsabilidade civil.

II. Apesar de aprovado sob a forma de Decreto-Lei, o diploma aqui em causa, então como Projecto de Decreto-Lei n.° 13/IX, foi expedido para parecer da Câmara Corporativa. Esta desempenhou-se, elaborando o parecer n.° 32/IX, de que foi relator ADELINO DA PALMA CARLOS. O parecer era relativamente crítico, sublinhando ter-se acompanhado o modelo francês. Relevou-se, entre outros aspectos, que não faria sentido prever a responsabilidade do conselho fiscal e não a dos administradores. Vinha proposto um articulado alternativo[1952]. Houve dois votos de vencido: um de PIRES CARDOSO[1953] e outro de PAULO CUNHA[1954]: ambos consideravam globalmente inadequado o texto do projecto, preferindo, antes, que se providenciasse uma regulamentação para a Lei n.° 1:995.

Na parte atinente à fiscalização, a regra fundamental constava do artigo 1.°/3: um dos membros do conselho fiscal ou o fiscal único e um suplente têm de ser designados de entre os inscritos, na lista de revisores oficiais de contas. Trata-se de uma regra que, hoje, consta do artigo 414.°/2 do Código das Sociedades Comerciais. O artigo 43.° previa uma regulamentação para as actividades de revisor oficial de contas e de sociedades de revisão.

III. O regime dos revisores oficiais de contas seria aprovado, apenas, pelo Decreto-Lei n.° 1/72, de 3 de Janeiro. Segundo o artigo 3.°/1 desse diploma, só poderiam exercer funções de revisor de contas quem estiver inscrito numa lista própria, chamada "lista dos revisores oficiais de contas". As condições de inscrição eram apertadas (4.°), prevendo-se um exame, com provas escritas e orais (11.°)[1955] a efectuar após um estágio (6.°).

1952 ADELINO DA PALMA CARLOS (rel.), *Regime de fiscalização das sociedades anónimas/Parecer*, ACC n.° 149 de 8 de Outubro de 1969 = CC/Pareceres (IX Legislatura) Ano de 1969 (1970), 897-947 (cita-se por esta última publicação), 898, 925 e 926 e 942.

1953 CC/Pareceres 1969 cit., 942-946.

1954 CC/Pareceres 1969 cit., 946-947.

1955 O competente júri, presidido por um juiz-desembargador, era integrado, entre outros, por dois professores de qualquer das Faculdades de Direito ou de Economia ou do Instituto Superior de Ciências Económicas e Financeiras, nomeados pelo Ministro da Justiça. Nós próprios, na qualidade de professor de Direito, integrámos esse júri, na versão

Estabelecia-se, como organismo corporativo, a Câmara dos Revisores Oficiais de Contas – artigos 21.º e seguintes – e, como sociedades civis, as sociedades de revisores – artigos 59.º e seguintes.

IV. Um novo regime resultaria do Decreto-Lei n.º 519-L2/79, de 29 de Dezembro: tratava-se de corresponder ao acréscimo de atribuições dos ROC, dado o seu papel na fiscalização das empresas públicas e de acentuar a sua independência. A Câmara dos ROC passava a ser uma pessoa colectiva de direito privado e utilidade pública – artigos 114.º/1 – dependendo, porém, o acesso à função de inscrição numa lista, de que se encarregava uma comissão, presidida por um juiz do Tribunal da Relação de Lisboa – artigos 56.º e seguintes. Seguiu-se o Decreto-Lei n.º 80/81, de 21 de Abril, que veio corrigir inexactidões – aliás numerosas – que surgiam no Decreto-Lei n.º 519-L2/79.

O regime aprovado por este diploma foi substituído pelo do Decreto-Lei n.º 422-A/93, de 30 de Dezembro, com a Ratificação n.º 23/94, de 28 de Fevereiro, que veio dar corpo à Directriz do Conselho n.º 84/253/CEE (8ª Directriz), respeitante às habilitações dos ROC. A Câmara dos ROC passou a associação pública – artigo 1.º – que concentra a generalidade das competências relativas aos ROC. Prevê-se, ainda, a posição dos "revisores comunitários" – artigos 146.º e seguintes.

V. Posteriormente, na sequência das Leis n.º 84/88, de 20 de Julho e n.º 11/90, de 5 de Abril, assistiu-se a um movimento generalizado de transformação das empresas públicas, resultantes da Revolução de 1974-75, em sociedades anónimas de capitais públicos, tendencialmente submetidas aos esquemas comuns de fiscalização.

O movimento inverter-se-ia: o Decreto-Lei n.º 26-A/96, de 27 de Março, veio abolir os conselhos fiscais das sociedades anónimas de capitais públicos, determinando que, em sua substituição, fossem, pelas assembleias gerais respectivas, designados ROCs; por seu turno, a Lei n.º 14/96, de 20 de Abril, veio submeter as sociedades de capitais públicos e mistos, entre outras entidades, à fiscalização financeira do Tribunal de Contas.

---

do diploma de 1979, abaixo citado: podemos testemunhar a seriedade e a selectividade das provas.

337. A reforma de 1999; a Ordem dos Revisores Oficiais de Contas

I. Com os antecedentes apontados, chegamos à reforma de 1999. No uso da autorização legislativa concedida pela Lei n.° 125/99, de 20 de Agosto, o Governo aprovou o Decreto-Lei n.° 487/99, de 18 de Novembro, relativo à Ordem dos Revisores Oficiais de Contas.

O novo diploma, desde logo e à cabeça, veio instituir, em Ordem, a organização dos ROC. Fica implicada, por razões culturais e jurídico-científicas toda uma filosofia importante de independência, de deontologia especializada e de especial exigência no acesso e no exercício da profissão.

II. Para além disso, o diploma teve em vista adaptar o Estatuto dos ROC[1956]:

– às modificações ocorridas, a nível interno, na legislação comercial e no mercado mobiliário;
– às exigências de harmonização comunitária;
– à crescente relevância reconhecida aos ROC "... na defesa do interesse público, subjacente à credibilidade do exame às contas de empresas e outras entidades ...".

O preâmbulo do Decreto-Lei n.° 487/99, de 16 de Novembro, proclamava, ainda:

> Assim sendo, com a consequente atribuição aos revisores oficiais de contas de competências exclusivas relativamente ao exercício dessa actividade, bem como de quaisquer outras funções que por lei exijam a intervenção própria e autónoma deste profissionais sobre actos ou factos patrimoniais das mesmas entidades, todas as matérias de revisão/auditoria às contas, seja legal, estatutária ou contratual, ficam submetidas à disciplina normativa e ao controlo da Ordem.

III. O novo Estatuto anunciava, igualmente, medidas inovatórias do tipo seguinte:

– a exigência de licenciatura para o acesso à profissão;
– a instituição de exames e do estágio;

1956 Trata-se de matéria que está, igualmente, consignada no preâmbulo do diploma.

– a sujeição à intervenção de ROC de quaisquer empresas ou outras entidades com contabilidade organizada;
– a instituição do conselho superior e do conselho directivo;
– diversas regras quanto à Ordem e aos honorários.

É à luz de toda esta evolução que deve ser entendida a matéria atinente aos revisores oficiais de contas, tal como ocorre no Código das Sociedades Comerciais.

338. **A designação**

I. O revisor oficial de contas faz parte da organização (446.°/1):

– das sociedades de tipo monista anglo-saxónico – 278.°/1, *b*): conselho de administração compreendendo uma comissão de auditoria e revisor oficial de contas;
– das sociedades de tipo dualista – 278.°/1, *c*): conselho de administração executivo, conselho geral e de supervisão e revisor oficial de contas;
– das sociedades de tipo monista tradicional ou latino – 413.°/1: quando se trate de um fiscal único ou, a aditar ao conselho fiscal, perante emitentes de valores mobiliários admitidos à negociação em mercado regulamentado e a sociedades que ultrapassem os critérios do artigo 413.°/2, *a*).

A designação é feita pela assembleia geral, por um período não superior a quatro anos e sob proposta da comissão de auditoria, do conselho geral ou de supervisão, da comissão para as matérias financeiras ou do conselho fiscal, conforme os casos (446.°/2). Nos termos gerais, em vez de revisor oficial de contas, pode ser designada uma sociedade de revisores oficiais de contas.

Caber-lhe-ão as funções previstas no artigo 420.°/1, *c*), *d*), *e*) e *f*).

II. A matéria da designação do ROC tem levantado algum contencioso, designadamente quando haja que recorrer à nomeação judicial[1957]. Assim:

[1957] Cf. STJ 31-Mar.-1998 (Lemos Triunfante), BMJ 475 (1998), 600-608 (606-607).

- o ROC designado pela gerência deve ser ratificado pela assembleia geral; não vale como ratificação tácita a aprovação das contas por ele assinadas[1958];
- a não-ratificação de um ROC pela assembleia não constitui mera invalidade sanável pela renovação de uma deliberação[1959];
- não é inconstitucional a designação judicial de um fiscal único[1960].

Como vector básico retiramos, destas orientações, um princípio de dignificação do papel do ROC. Trata-se de uma área onde será de esperar desenvolvimentos jurídico-societários importantes.

[1958] RPt 1-Jul.-1999 (João Bernardo), CJ XXIV (1999) 4, 185-188 (188/I).

[1959] RPt 8-Jun.-2000 (Custódio Montes), CJ XXV (2000) 3, 206-211.

[1960] TC n.° 47/2003, de 29-Jan.-2003 (Bravo Serra), Proc. n.° 530/2002, www.tribunalconstitucional.pt, visitado em 1-Mai.-2006.

§ 92.º SECRETÁRIO DA SOCIEDADE

339. Instituição do cargo e designação

I. O capítulo relativo à administração e à fiscalização das sociedades anónimas encerra com uma secção VII: secretário da sociedade. Trata-se de uma figura introduzida pelo Decreto-Lei n.º 257/96, de 31 de Dezembro: um diploma conhecido, antes de mais, pela transposição da figura da sociedade unipessoal por quotas.

Quanto ao secretário da sociedade, explica o respectivo preâmbulo[1961]:

> 4. Com a instituição da figura do secretário da sociedade anónima, ou por quotas, perseguem-se dois objectivos primaciais: o de valorar uma realidade de facto já existente nas sociedades de maior dimensão e o de aumentar a eficácia da vida societária ao evitar a contínua sobrecarga dos cartórios notariais e das conservatórias do registo comercial com a emissão reiterada e sistemática de certidões de mera repetição de elementos que entretanto não sofreram qualquer alteração.
>
> Por isso se cria o cargo de secretário das sociedades, vinculativo para as que estejam cotadas em bolsa e facultativo para as demais. Entende-se dever abrir um período de experimentação da figura, findo o qual se poderá justificar a obrigatoriedade para outro tipo de sociedades.
>
> Na competência do secretário destacam-se, entre outras, as funções de secretariado dos órgãos sociais (assembleia geral, administração, direcção e conselho geral), de redacção das actas, de conservação e guarda dos respectivos livros da sociedade, de certificação de certos eventos sociais, de garantia do exercício do direito de informação dos accionistas, de contactos com as conservatórias do registo comercial.

A secção aditada ocupa-se do secretário em seis preceitos:

446.º-A – Designação;

[1961] DR I Série-A, n.º 302, de 31-Dez.-1996, 4703-4704.

446.°-B – Competência;
446.°-C – Período de duração das funções;
446.°-D – Regime facultativo de designação do secretário;
446.°-E – Registo do cargo;
446.°-F – Responsabilidade.

II. O secretário é designado pelos sócios, no acto de constituição da sociedade (446.°-A/1). Pode, igualmente, ser designado pelo conselho de administração ou pelo conselho de administração executivo (446.°-A/2). É possível um suplente.

A escolha deve recair sobre pessoa habilitada com curso superior ou solicitador; a função não pode ser exercida em mais de 7 sociedades, salvo se coligadas (446.°-A/3).

O cargo está sujeito a registo (446.°-E) e o secretário é responsável, civil e criminalmente, pelos actos que praticar no exercício das suas funções (446.°-F).

340. **Competência e perfil**

I. A competência do secretário da sociedade resulta do artigo 446.°-B. Segundo o n.° 1 desse preceito, para além de outros pontos fixados no contrato de sociedade, compete ao secretário:

a) Secretariar as reuniões dos órgãos sociais;
b) Lavrar as actas e assiná-las conjuntamente com os membros dos órgãos sociais respectivos e o presidente da mesa da assembleia geral, quando desta se trate;
c) Conservar, guardar e manter em ordem os livros e folhas de actas, as listas de presenças, o livro de registo de acções, bem como o expediente a eles relativo;
d) Proceder à expedição das convocatórias legais para as reuniões de todos os órgãos sociais;
e) Certificar as assinaturas dos membros dos órgãos sociais apostas nos documentos da sociedade;
f) Certificar que todas as cópias ou transcrições extraídas dos livros da sociedade ou dos documentos arquivados são verdadeiras, completas e actuais;
g) Satisfazer, no âmbito da sua competência, as solicitações formuladas pelos accionistas no exercício do direito à informação e prestar

a informação solicitada aos membros dos órgãos sociais que exercem funções de fiscalização sobre deliberações do conselho de administração ou da comissão executiva;

h) Certificar o conteúdo, total ou parcial, do contrato de sociedade em vigor, bem como a identidade dos membros dos diversos órgãos da sociedade e quais os poderes de que são titulares;

i) Certificar as cópias actualizadas dos estatutos, das deliberações dos sócios e da administração e dos lançamentos em vigor constantes dos livros sociais, bem como assegurar que elas sejam entregues ou enviadas aos titulares de acções que as tenham requerido e que tenham pago o respectivo custo;

j) Autenticar com a sua rubrica toda a documentação submetida à assembleia geral e referida nas respectivas actas;

l) Promover o registo dos actos sociais a ele sujeitos.

Segundo o n.° 2 desse preceito, as certificações referidas nas alíneas *e*), *f*) e *h*) acima transcritas substituem, para todos os efeitos legais, a certidão do registo comercial.

II. A figura do secretário pode ter um especial interesse prático, sobretudo nas sociedades de grande porte.

Quanto ao seu perfil: estamos perante um elemento instrumental que apoia os diversos órgãos sociais.

§ 93.º APRECIAÇÃO ANUAL DA SITUAÇÃO DA SOCIEDADE

341. O dispositivo legal

I. O Código das Sociedades Comerciais, num capítulo autónomo – o VIII – consigna as regras sobre a apreciação anual da situação da sociedade. Trata-se de uma matéria prescritiva simples, com o seguinte apanhado:

451.º – Exame das contas nas sociedades com conselho fiscal e com comissão de auditoria;
452.º – Apreciação pelo conselho fiscal e pela comissão de auditoria;
453.º – Exame das contas nas sociedades com conselho geral e de supervisão;
454.º – Deliberação do conselho geral (revogado);
455.º – Apreciação geral da administração e da fiscalização.

II. Os preceitos em causa complementam a competência dos órgãos envolvidos. Eles devem ser aproximados de uma disciplina de prestação de contas cuja autonomia se vem afirmando, na prática.

CAPÍTULO IX

PUBLICIDADE DE PARTICIPAÇÕES E ABUSO DE INFORMAÇÃO

§ 94.° PUBLICIDADE DE PARTICIPAÇÕES

342. O dever de comunicar

I. Os artigos 447.° e 448.°, inseridos num capítulo intitulado publicidade de participações e abuso de informações, impõe, a certas pessoas, o dever de comunicar à sociedade determinadas participações que detenham. Tais participações serão, depois, publicitadas pela sociedade, no seu relatório anual. Estes preceitos têm um âmbito de aplicação geral. Dobram, assim, preceitos mobiliários similares, que se destinam a sociedades abertas[1962].

II. O dever de comunicar incide, primeiro, sobre os membros dos órgãos de administração e de fiscalização das sociedades anónimas. Abrange participações latas: acções e obrigações e isso no tocante a aquisições, onerações ou cessações de titularidade[1963]: quer da própria sociedade, quer de outras que, com ela, estejam em situação de domínio ou de grupo (447.°/1).

O dever abrange não só as titularidades próprias mas, também, as do cônjuge ou de outras pessoas, referidas no artigo 447.°/2 e que, com o titular, tenham as relações de proximidade aí enunciadas.

1962 *Supra*, 623 ss..

1963 Abrangendo, nos termos do artigo 447.°/3, os contratos-promessas (e nunca "contratos de promessa" como consta da lei!), os contratos de opção, de reporte ou outros, que produzam efeitos semelhantes.

A lei regula o modo de comunicação e o seu tempo, bem como a publicação no relatório anual (447.°/4 a 7). A falta culposa do cumprimento do dever de comunicar origina justa causa de destituição (447.°/8).

III. Também os accionistas titulares de acções ao portador não registadas, titulares de, pelo menos, um décimo, um terço ou metade do capital de uma sociedade, devem comunicar à sociedade o número de acções de que sejam titulares (448.°/1). Ficam abrangidas as acções próprias e as de pessoas em relação de proximidade, referidas no artigo 447.°/2 (448.°/1, *in fine*).

Tais comunicações são feitas, no prazo de trinta dias e por escrito, ao órgão de administração e ao órgão de fiscalização (448.°/3). A lista das pessoas em causa é publicada em anexo ao relatório anual (448.°/4).

Não há, pois, titularidades significativas "secretas".

§ 95.° ABUSO DE INFORMAÇÃO (*INSIDER TRADING*)

343. Aspectos gerais

I. Os artigos 449.° e 450.° reportam-se ao abuso da informação, vulgarmente referido como *insider trading*. Trata-se de um tema introduzido a propósito das sociedades anónimas mas que assume um especial relevo mobiliário. Tem ainda merecido especiais intervenções do legislador europeu.

Todavia, estamos, materialmente, perante um tema clássico do Direito das sociedades comerciais. Há que lhe prestar algum cuidado.

II. O mercado mobiliário pode ser apontado como uma decorrência da democratização do capital das sociedades. Tal democratização, iniciada nos Estados Unidos e aprofundada, em todo o mundo, ao longo do século XX[1964], parece não ter hoje alternativas credíveis. Seja na base de puras ordenações do Estado, seja através de organizações privadas auto-regulamentadas, foram-se fixando quadros normativos próprios aplicáveis às bolsas de valores ou, mais latamente, ao mercado mobiliário[1965].

Essas regras visavam, no essencial, assegurar a justiça e a regularidade dos mercados e, sobretudo: incentivar e manter a confiança do público na excelência do sector mobiliário[1966]. Efectivamente, a existência de um mercado alargado depende da convicção generalizada de que os capitais de cada um, mesmo pequenos, estão igualmente protegidos, tendo

---

[1964] *Manual*, 81 ss..

[1965] Quanto às "bolsas privadas" *de lege ferenda*, JAN BLUMENTRITT, *Die privatrechtliche organisierte Börse* (2003), 3 ss. e 111 e ss.. No tocante à organização do mercado, SIEGFRIED KÜMPEL/HORST HAMMEN, *Borsenrecht/Eine systematische Darstellung* (2003), 215 ss..

[1966] Cf., com indicações, HANS-PETER SCHWINTOWSKI/FRANK A. SCHÄFER, *Bankrecht/Commercial Banking – Investment Banking* (2004), 73 ss..

tantas probabilidades de ganho como quaisquer outros. E o relevo da confiança merecida pelos mercados torna-se tanto mais ponderoso quanto mais numerosas forem as alternativas. Falamos de alternativas ao próprio mercado mobiliário e em alternativas mobiliárias: a livre circulação de capitais permite que o operador, eventualmente descontente com uma determinada praça, dirija os seus investimentos para outra que lhe dê mais garantias de idoneidade e de bom funcionamento.

III. Um dos aspectos que as regras atinentes aos mercados mobiliários mais têm procurado acautelar têm a ver com a prevenção e a repressão do uso (e abuso) de informação privilegiada ou *insider trading*, base de um autêntico "Direito de informação privilegiada" ou *Insiderrecht*[1967]. Trata-se de uma dimensão que se impôs a partir da década de sessenta do século XX: havia que regular a situação das pessoas que, por circunstâncias várias, estivessem na posse de informações desconhecidas do mercado e que pudessem relevar para a formação das cotações.

IV. Em abstracto, haveria duas possibilidades a considerar:

- ou se vedava o mercado a pessoas que, pela sua posição, pudessem ter acesso a informação privilegiada;
- ou se obrigavam os responsáveis a, perante qualquer informação dessa natureza, publicitá-la, de imediato, a todos.

A primeira hipótese tinha um evidente óbice prático: nunca seria possível garantir que a informação privilegiada não viesse a circular, aproveitando a pessoas que, embora não ligadas funcionalmente a lugares sensíveis, dela viessem a ter conhecimento. A abertura, a todos, da bolsa e a dificuldade em compartimentar a circulação de informações relevantes recomendavam a segunda alternativa[1968].

1967 SIEGFRIED KÜMPEL, *Bank- und Kapitalmarktrecht*, 3ª ed. (2004), 2007 ss.; somos levados a privilegiar a literatura alemã, quer pelos seus desenvolvimentos e precisão quer por ser a que mais influenciou as regras comunitárias, quer, finalmente, por se tratar da que mais directamente pode ser usada pelo Direito português, em virtude dos paralelos que, com ele, apresenta.

1968 Cf. THOMAS M. J. MÖLLERS/KLAUS ROTTER, *Ad-hoc Publizität/Handbuch der Rechte und Pflichten von börsennotierten Unternehmen und Kapitalanlagern* (2002), 1 ss..

V. Uma segunda ordem de questões tinha a ver com o concreto modo de assegurar o dever de publicitar as tais informações privilegiadas. Em abstracto, tínhamos dois caminhos: ou o recurso a sanções de Direito público ou a utilização dos esquemas da responsabilidade civil[1969].

O Direito comparado, particularmente o cotejo entre as experiências norte-americana e alemã[1970], permite documentar a excelência da protecção delitual do *outsider*[1971]. As leis actuais entendem ainda não prescindir de uma cobertura penal para o tema[1972].

Assinale-se, ainda, que o dever de informação ligado à proibição do *insider trading* deve associar-se à obrigação de publicitar as participações sociais ou, pelo menos, as participações mais significativas[1973], como acima demos conta. Haverá, em suma, que montar todo um esquema de informações e publicitações dotado de coerência.

Mas tudo isso deve ainda ser conciliado com deveres de sigilo. É óbvio que a divulgação de hipóteses ainda não consubstanciadas, só para prevenir qualquer *insider trading*, acabaria por transformar o mercado num universo de boatos que não serviria nenhum operador. As leis do mercado mobiliário têm, pois, de definir uma fronteira: até uma certa margem num qualquer processo susceptível de relevar, imporão um dever de sigilo; a partir dela, um dever de publicitação.

Finalmente, cumpre chamar a atenção para o *continuum* que sempre representa o mercado mobiliário. Os operadores directos interligam-se com os detentores de participações significativas e com os consultores e os revisores, dos quais depende, em última análise, a confecção e a divulgação das informações relevantes ou a sua credibilização. Estes são responsáveis pelos deveres que sobre eles impendam[1974] perante avaliações ope-

---

1969 MÖLLERS/ROTTER, *Ad-hoc Publizität* cit., 237 ss. e 271 ss..

1970 NINA MILLER, *Das Haftungsrecht als Instrument der Kontrolle von Kapitalmärkten/Eine vergleichende Analyse* (2003), 29 ss. e 40 ss..

1971 HANS-ULRICH LAUERMANN, *Gesellschafts- und zivilrechtliche Aspekte börslichen Insiderhandels* (2003), 77 ss..

1972 Cf. STEFAN FRISCH, em PETER DERLEDER/KAI-OLIVER KNOPS/HEINZ GEORG BAMBERGER, *Handbuch zum deutschen und europäischen Bankrecht* (2004), § 46, Nr. 60 (1175-1176).

1973 Sobre o tema, TILL M. STARKE, *Beteiligungstransparenz im Gesellschafts- und Kapitalmarktrecht* (2002), 28 ss. e 69 ss..

1974 DIRK KOCH, *Verantwortlichkeit von Wirtschaftsprüfern bei der Bewertung von Unternehmen vor einem Börsengang* (2003), 103 ss..

radas[1975] e em face dos detentores de capital[1976]. Também em jogo ficará a responsabilidade dos peritos pelo papel que desempenhem em processos de ofertas públicas[1977].

Estamos, em resumo, em face de uma área complexa, que exige uma cuidada definição de fronteiras.

344. As directrizes europeias

I. O Direito europeu acabaria por intervir no domínio mobiliário e, particularmente, no tema agora em causa do *insider trading*[1978]. A opção era natural: a preparação do mercado único, que assegurasse o direito de livre estabelecimento e com condições niveladas no domínio da concorrência, exigia um grau significativo de harmonização quanto às regras em presença. Podemos adiantar que o papel do Direito europeu é, neste domínio, da maior importância[1979].

Isto posto, cumpre referir as directrizes seguintes[1980]:

- Directriz n.° 88/627/CEE, de 12 de Dezembro, do Conselho, relativa às informações a publicar por ocasião da aquisição ou alienação de uma participação importante numa sociedade cotada em bolsa[1981]; esta Directriz foi revogada pela Directriz n.° 2001/34/CE, abaixo referida; mantém, todavia, interesse interpretativo;

1975 *Idem*, 7 ss. e *passim.*

1976 Manuel Strasser, *Die Haftung der Wirtschaftsprüfer gegenüber Kapitalanlegen für fehlerhafte Testate* (2002), 5 ss., quanto aos fundamentos de responsabilidade e 65 ss., quanto à sua limitação.

1977 Bernd Grassl, *Die Finanzierung öffentlicher Übanahmetransaktionen und die besondere Rolle sachverständiger Dritter während des Angebotsverfahrens* (2003), 59 ss., 235 ss. e *passim.*

1978 Cf., como referência, Heiner Feldhaus, *Die Eignung zur erheblichen Kursbeeinflussung bei der Ad-hoc-Publizität/Eine vergleichendende und interdisziplinäre Untersuchung unter Berücksichtigung der europarechtlichen Vorgaben* (2003), 359 pp., com elementos dos vários países; quanto a Portugal *vide*, aí, 260 ss..

1979 Frisch, em Derleder/Knops/Bamberger, *Handbuch zum deutschen und europäischen Bankrecht* cit., § 46, Nr. 4 (1167).

1980 O texto destas fontes pode ser confrontado em *Direito europeu das sociedades*, 551 ss..

1981 JOCE N.° L-348, 62-65, de 17-Dez.-1988.

- Directriz n.° 89/592/CEE, de 13 de Novembro, do Conselho, relativa às operações de iniciados (*insider trading*)[1982];
- Directriz n.° 2001/34/CE, de 28 de Maio, do Parlamento Europeu e do Conselho, relativa à admissão de valores mobiliários à cotação oficial de uma bolsa de valores e à informação a publicar sobre esses valores[1983];
- Directriz n.° 2003/6/CE, de 28 de Janeiro, do Parlamento Europeu e do Conselho, relativa ao abuso de informação privilegiada e à manipulação de mercado (abuso de mercado)[1984]; trata-se de uma Directriz que revoga a n.° 89/592/CEE, de 13 de Novembro, e que foi transposta para o CVM pelo Decreto-Lei n.° 52/2006, de 15 de Março.

Assinale-se que a Directriz n.° 2003/6/CE foi objecto de duas Directrizes de execução:

- a Directriz n.° 2003/124/CE, de 22 de Dezembro, da Comissão, que estabelece as modalidades de aplicação da Directriz n.° 2003/6/CE, no que diz respeito à definição e divulgação pública de informação privilegiada e à definição de manipulação do mercado[1985];
- a Directriz n.° 2003/125/CE, de 22 de Dezembro, da Comissão, que estabelece as modalidades de aplicação da Directriz n.° 2003/6/CE, do Parlamento Europeu e do Conselho, no que diz respeito à apresentação imparcial de recomendações de investimento e à divulgação de conflitos de interesses[1986].

345. **Definição de conceitos**

I. Conhecida a panorâmica geral europeia, cumpre proceder à definição dos conceitos. Pelo natural progresso que denota, daremos um especial interesse à Directriz n.° 2003/6/CE, de 28 de Janeiro.

Comecemos pelo problema linguístico. O português é uma das línguas oficiais da Comunidade: mas em pé de igualdade com as restantes. Havendo sentidos não coincidentes, o Tribunal de Justiça Europeu já deci-

[1982] JOCE N.° L-334, 30-32, de 18-Nov.-1989.
[1983] JOCE N.° L-184, 1-66, de 6-Jul.-2001.
[1984] JOCE N.° L-96, 16-25, de 12-Abr.-2003.
[1985] JOCE N.° L-339, 70-72, de 24-Dez.-2003.
[1986] JOCE N.° L-339, 73-77, de 24-Dez.-2003.

diu, em vários acórdãos exemplares – TJE 5-Dez.-1967[1987], 12-Nov.-1969[1988] e 12-Jul.-1979[1989] – que o sentido a validar deveria resultar do cotejo entre as versões feitas nas diversas línguas oficiais. Na época, porém, elas eram quatro, enquanto lidamos hoje com vinte línguas, ainda que algumas não sejam oficiais. Na prática, haverá que ter em conta a língua do litígio e as chamadas línguas de trabalho.

Em termos concretos, poderemos considerar as versões em português, inglês, francês e alemão.

II. Interessa, em especial, a noção de "informação privilegiada". Em inglês, diz-se *inside information*, em francês, *information privilégiée* e em alemão *Insider-Information* – artigo 1.°/1 da Directriz n.° 2003/6/CE, nas suas diversas versões. Como se vê, as línguas latinas dão a primazia à natureza da informação, enquanto as do norte sublinham a sua origem. Curiosamente, a definição do artigo 1.°/1, 1.° §, dá primazia ao sentido latino; entende-se por:

> "Informação privilegiada", toda a informação com carácter preciso que não tenha sido tornada pública e diga respeito, directa ou indirectamente, a um ou mais emitentes de instrumentos financeiros ou a um ou mais instrumentos financeiros e que, caso fosse tornada pública, seria susceptível de influenciar de maneira sensível o preço desses instrumentos financeiros ou dos instrumentos financeiros derivados com ele relacionados.

A definição lida com dois conceitos indeterminados: "carácter preciso" (*precise nature*, *caractère précis* e *präzise Information*, nas três

[1987] TJE 5-Dez.-1967, Proc. n.° 19/67 (Van der Vecht), na *Internet*: "A necessidade de uma interpretação uniforme dos regulamentos comunitários exclui que o texto de uma disposição seja considerado isoladamente, antes exigindo, em caso de dúvida que seja interpretado e aplicado à luz das versões estabelecidas nas outras três línguas". (Não existe em português; usou-se a versão francesa).

[1988] TJE 12-Nov.-1969, Proc. n.° 29/69 (Erich Stauder), na *Internet*: "(...) a necessidade de uma aplicação e, daí, de uma interpretação uniformes exclui que o texto seja considerado isoladamente numa das suas versões, antes requerendo que seja interpretado em função do fim prosseguido, à luz, designadamente, das versões escritas em todas as línguas". (*Idem*, quanto à versão francesa).

[1989] TJE 12-Jul.-1979, Proc. n.° 9/79 (Marianne Koschniske), na *Internet*: "A necessidade de uma interpretação uniforme (...) exige que ele seja interpretado e aplicado à luz das versões estabelecidas noutras línguas oficiais", a propósito do sentido de *diens echtgenote*, expressão holandesa literalmente equivalente ao francês *son épouse*, mas que deve ser interpretada latamente. (*Idem*, quanto à versão utilizada).

apontadas línguas de trabalho) e "susceptível de influenciar de maneira sensível o preço" (*would be likely to have a significant effect on the prices, susceptible d'influencer de façon sensible le cours* e *geignet wäre, den Kurs (...) erheblich zu beeinflussen*, nas mesmas línguas. Quanto ao "carácter preciso", há uniformidade. Já quanto a influenciar "de maneira sensível", deparamos com uma graduação:

"sensível", em português e francês, é algo que seja perceptível;
"*significant*", em inglês, equivale a algo que tenha um significado e, portanto: mais do que sensível;
"*erheblich*", em alemão, exprime algo de considerável: mais do que significativo.

III. Peçamos auxílio à Directriz n.° 2003/124, que vem regulamentar a aplicação da Directriz n.° 2003/6: temos (1.°/1 e 2):

– a informação é precisa "se fizer referência a um conjunto de circunstâncias existentes ou razoavelmente previsíveis ou a um acontecimento já ocorrido ou razoavelmente previsível e se essa informação for suficientemente precisa para permitir retirar uma conclusão quanto ao eventual efeito desse conjunto de circunstâncias ou acontecimentos a nível dos preços (...)";
– e ela será susceptível de influenciar de maneira sensível o preço se se tratar de uma "... informação que um investidor razoável utilizaria normalmente para basear em parte as suas decisões de investimento".

A informação "precisa" terá de assentar em factos que permitam conclusões. Tudo isso em termos objectivos. Quanto a influenciar consideravelmente os preços, o legislador comunitário recorreu a uma noção funcional[1990]: a informação terá de atingir a intensidade suficiente para ser utilizada por um investidor razoável nas suas decisões de investimento. Dentro da funcionalização, ela apela para uma bitola objectiva: o *investidor razoável*. Exclui-se, pois, a noção de especulador, do ultra-sensível e

[1990] Cf. CHRISTIAN STRUCK, *Ad-hoc-publizitätspflicht zum Schutz der Anleger vor vermögens-schädigenden Wertpapierhandel/Eine Untersuchung zu § 15 Wertpapierhandelsgesetz mit vergleichender Darstellung des US- Rechts* (2002), 153 ss. (e 181 ss., quanto ao "modo considerável").

do oportunista: o investidor razoável sempre procurará confirmar de modo fidedigno, quanto oiça, antes de investir.

IV. Quanto à natureza não-pública da informação aqui em causa: temos defendido que a não-divulgação exigida diz respeito aos factos sobre que ela assente. Por exemplo: a pessoa que, lendo o balanço publicado de uma empresa, tire uma conclusão genial não passa, por isso, a ser detentora de uma "informação privilegiada": qualquer leitor, com a mesma análise, poderia chegar a idêntica (ou a ainda melhor) conclusão.

346. **O Direito português**

I. O artigo 378.° do CVM, na redacção dada pelo Decreto-Lei n.° 52/2006, de 15 de Março, inserido em secção relativa a crimes contra o mercado, comporta algumas normas. Passamos a destacar:

> 1. Quem disponha de informação privilegiada:
>
> *a*) Devido à sua qualidade de titular de um órgão de administração ou de fiscalização de um emitente ou de titular de uma participação no respectivo capital; ou
>
> *b*) Em razão do trabalho ou do serviço que preste, com carácter permanente ou ocasional, a um emitente ou a outra entidade; ou
>
> *c*) Em virtude de profissão ou função pública que exerça; ou
>
> *d*) Que, por qualquer forma, tenha sido obtida através de um facto ilícito ou que suponha a prática de um facto ilícito;
>
> a transmita a alguém fora do âmbito normal das suas funções ou, com base nessa informação, negoceie ou aconselhe alguém a negociar em valores mobiliários ou outros instrumentos financeiros ou ordene a sua subscrição, aquisição, venda ou troca, directa ou indirectamente, para si ou para outrem, é punido com pena de prisão até 3 anos ou com pena de multa.

O n.° 4 do mesmo artigo vem explicitar o seguinte:

> 3. Entende-se por informação privilegiada toda a informação não tornada pública que, sendo precisa e dizendo respeito, directa ou indirectamente, a qualquer emitente ou a valores mobiliários ou outros instrumentos financeiros, seria idónea, se lhe fosse dada publicidade, para influenciar de maneira sensível o seu preço no mercado.

II. Vamos decompor o crime previsto no preceito transcrito. Temos:

- um detentor de informação privilegiada, por via de ser titular de certos órgãos da sociedade emitente ou de uma sociedade titular de uma participação na emitente ou, ainda, em razão do seu trabalho, profissão ou por via ilícita;
- que a transmita a alguém fora do âmbito normal das suas funções ou que, com base nessa informação, negoceie ou acolhe alguém a negociar em valores mobiliários;
- ou que ordene negócios a ele relativos, directa ou indirectamente, para si ou para outrem.

Ou, mais sinteticamente:

- uma informação privilegiada;
- a realização de negócios;
- com base nessa informação;
- para o agente ou para terceiros.

A articulação entre os apontados *items* não deve ser tomada em sentido crassamente literal. No limite: um cidadão singular que decida comprar certas acções fica na posse de uma informação privilegiada (a tal decisão de compra, que sendo minimamente significativa, pode alterar as cotações, sendo divulgada); se comprar mesmo as acções, está a ordenar um negócio para si, cometendo um crime ... É óbvio que não pode ser esse o entendimento do preceito. Onde está o *gap*? O óbice reside *na causalidade da actuação*. No pequeno exemplo que construímos, o agente não compra *com base* na informação; ele compra porque decidiu fazê-lo, com base noutros elementos; só depois de tomada a decisão podemos falar em *informação privilegiada*, a qual não foi causal da decisão, por evidente imperativo lógico.

Pergunta-se, agora, como se organiza o artigo 378.°/1, do CVM, aqui em causa, quando – mantendo o exemplo – a decisão de aquisição seja tomada não por uma pessoa singular mas, através dos órgãos próprios, por uma pessoa colectiva. Nessa ocasião, mercê da teoria da representação orgânica, tudo é imputado à pessoa colectiva. Esta decide adquirir "por si" e não na base de uma informação do administrador de que deve fazê-lo. Ou seja: a circulação de elementos de decisão dentro dos órgãos próprios não constitui, por si, informação privilegiada.

IIII. Também o Código das Sociedades Comerciais, em execução das suas orientações comunitárias, dispõe sobre informação privilegiada. O seu artigo 449.° dispõe[1991]:

> 1. O membro do órgão de administração ou do órgão de fiscalização de uma sociedade anónima, bem como a pessoa que, por motivo ou ocasião de serviço permanente ou temporário prestado à sociedade, ou no exercício de função pública, tome conhecimento de factos relativos à sociedade aos quais não tenha sido dada publicidade e sejam susceptíveis de influenciarem o valor dos títulos por ela emitidos e adquira ou aliene acções ou obrigações da referida sociedade ou de outra que com ela esteja em relação de domínio ou de grupo, por esse modo conseguindo um lucro ou evitando uma perda, deve indemnizar os prejudicados, pagando-lhes quantia equivalente ao montante da vantagem patrimonial realizada; não sendo possível identificar os prejudicados, deve o infractor pagar a referida indemnização à sociedade.
>
> 2. Respondem nos termos previstos no número anterior as pessoas nele indicadas que culposamente revelem a terceiro os factos relativos à sociedade, ali descritos, bem como o terceiro que, conhecendo a natureza confidencial dos factos revelados, adquira ou aliene acções ou obrigações da sociedade ou de outra que com ela esteja em relação de domínio ou de grupo, por esse modo conseguindo um lucro ou evitando uma perda.
>
> (...)

O Código das Sociedades Comerciais deu guarida ao vector importante que recorre à responsabilidade civil para prevenir (e reparar) o abuso de informação privilegiada. A estrutura do artigo 449.°, cujo essencial acima transcrevemos, assume uma feição própria da responsabilidade civil. Temos:

– um membro de um órgão da sociedade ou alguém que lhe preste um serviço temporário ou permanente;
– que tome conhecimento de informações privilegiadas relativas a valores dessa sociedade;
– e que adquira ou aliene os valores em causa;
– assim conseguindo um lucro ou evitando uma perda.

Manifestamente, este dispositivo não opera quando o agente não adquira ou aliene quaisquer valores. Por outro lado, a sociedade não é

[1991] Cf., quanto a este preceito, Raúl Ventura, *Novos estudos sobre sociedades anónimas e sociedades em nome colectivo* cit., 76 ss..

"terceiro", para efeitos do artigo 449.°/2: perante a doutrina da "representação" orgânica, ela é parte.

Consegue-se, assim, manter o abuso de informação dentro das fronteiras próprias.

IV. O artigo 450.° confere, a qualquer accionista, o acesso à figura do inquérito judicial para sancionar o abuso de informação. Esse meio processual faculta a destituição de responsáveis e a cominação de deveres de indemnizar.

Pode haver abuso do direito de acção, com todas as legais consequências.

CAPÍTULO X

AUMENTO E REDUÇÃO DE CAPITAL E DISSOLUÇÃO DAS SOCIEDADES ANÓNIMAS

§ 96.° O AUMENTO DE CAPITAL E AS SUAS ESPECIFICIDADES

347. Aspectos gerais; aumento deliberado pelo órgão de administração e subscrição incompleta

I. As alterações do contrato de sociedade e, particularmente, as que impliquem aumento ou redução do capital constam da Parte I do Código das Sociedades Comerciais: 85.° a 93.° e 94.° a 96.°[1992]. Estes preceitos são tendencialmente aplicáveis às sociedades anónimas, cabendo apenas verificar se eles não são afastados por normas especialmente dirigidas a esse tipo societário.

Tais normas especiais surgem, efectivamente, no capítulo IX do Título IV, relativo às sociedades anónimas. Ficam abrangidos os seguintes preceitos:

456.° – Aumento de capital deliberado pelo órgão de administração;
457.° – Subscrição incompleta;
458.° – Direito de preferência;
459.° – Aviso e prazo para o exercício de preferência;
460.° – Limitação ou supressão do direito de preferência;
461.° – Subscrição indirecta;
462.° – Aumento de capital e direito de usufruto;
463.° – Redução de capital por extinção de acções próprias.

1992 *Manual*, 955 ss..

II. O contrato de sociedade pode autorizar o órgão de administração a aumentar o capital, uma ou mais vezes, por entradas em dinheiro (456.°/1)[1993]. A assembleia geral, deliberando por maioria exigida para a alteração do contrato, pode renovar os poderes conferidos ao órgão de administração (456.°/4).

O aumento assim decidido pode ser útil. O órgão de administração poderá conhecer melhor o momento mais vantajoso para decidir o aumento: seja em função de dados atinentes à própria sociedade, seja mercê de factores ligados com o mercado de capitais. Todavia, a sua liberdade não é total. Cabe ao contrato de sociedade estabelecer as condições para o aumento a decidir pela administração, devendo (456.°/2):

a) Fixar o limite máximo do aumento;
b) Fixar o prazo durante o qual aquela competência pode ser exercida, sendo que, na falta de indicação, o prazo é de cinco anos;
c) Mencionar os direitos atribuídos às acções a emitir; na falta de menção, apenas é autorizada a emissão de acções ordinárias.

O projecto de aumento deve obter parecer favorável do órgão de fiscalização[1994]: sem o que terá de ser submetido à assembleia geral (456.°/3)[1995].

III. Não sendo o aumento de capital totalmente subscrito, considera-se a deliberação respectiva (da assembleia ou do conselho) sem efeito, salvo se, ela própria, tiver previsto que o aumento fique limitado às subscrições recolhidas (457.°/1)[1996]. Seguir-se-á a tramitação do artigo 457.°/2 e 3.

348. A denominada preferência dos accionistas

I. O artigo 458.°/1 do Código das Sociedades Comerciais estabelece o denominado direito de preferência dos accionistas. E fá-lo nos seguintes e precisos termos:

[1993] *Vide* STJ 24-Abr.-1985 (LIMA CLUNY), BMJ 346 (1985), 268-274 (272 ss.), onde são apresentados e resolvidos vários problemas.

[1994] A falta desse parecer dita apenas a anulabilidade da deliberação: RLx 26-Mar.-1998 (QUIRINO SOARES), CJ XXIII (1998) 2, 117-122 (119/II).

[1995] Não havendo parecer desfavorável, a assembleia geral já não pode contraditar o aumento: RPt 26-Set.-1995 (ARAÚJO BARROS), CJ XXIII (1995) 4, 190-194 (192/I).

[1996] STJ 15-Jun.-1999 (PAIS DE SOUSA), CJ/Supremo VII (1999) 2, 144-148 (147/II).

> Em cada aumento de capital por entradas em dinheiro, as pessoas que, à data da deliberação de aumento de capital, forem accionistas podem subscrever as novas acções, com preferência relativamente a quem não for accionista.

Este preceito foi reconhecidamente introduzido por exigência da 2ª Directriz do Conselho da CEE[1997], cujo artigo 29.°/1 dispõe[1998]:

> Em todos os aumentos do capital subscrito por entradas em dinheiro, as acções devem ser oferecidas com preferência aos accionistas, proporcionalmente à parte do capital representada pelas suas acções.

No Direito português anterior havia dúvidas quanto à existência de tal preferência[1999]. A prática, contudo, mostrava que as partes solucionavam o problema inserindo a preferência nos estatutos das diversas sociedades anónimas. Esclareça-se, ainda, que o artigo 29.°/1 da 2ª Directriz, acima referido, se ficou a dever a considerações doutrinárias que já haviam logrado êxito em diversas legislações comunitárias, com relevo para a italiana[2000] e para a alemã[2001], cujo apuro técnico justifica a sua conhecida influência entre nós.

[1997] Assim, RAÚL VENTURA, *Alterações do contrato de sociedade* (1986), 172.

[1998] *Direito europeu das sociedades*, 197-198; cf. MARCUS LUTTER, *Europäisches Gesellschaftsrecht*, 2ª ed. (1984), 95 ss. e G. FERRI, *Manuale di diritto commerciale*, 5ª ed. (1983), 312.

[1999] Cf. a bibliografia citada, a tal propósito, em RAÚL VENTURA, *Alterações do contrato de sociedade* cit., 197, onde se referem escritos de J.G. PINTO COELHO, FERNANDO OLAVO, CAVALEIRO DE FERREIRA, FERRER CORREIA, FERRER CORREIA/ANTÓNIO CAEIRO e AMÂNDIO D'AZEVEDO.

[2000] Assim, o artigo 2441.°/1, do Código Civil italiano, que engloba, sabidamente, o Direito comercial. Cf. ENRICO MANGO, *Opzione (diritto di) (nelle società per azioni)*, NssDI/*Appendice*, V (1986), 523-527 (523), GIOVANNI SILVIO COCO/VINCENZO CORRENTI, *Opzione nelle società per azioni*, ED, XXX (1980), 573-583 (574) e FRANCESCO FERRARA/FRANCESCO CORSI, *Gli imprenditori e le società* 13ª ed. cit., 697 ss.. O preceito remonta, por seu turno, ao § 152 da Lei Alemã das Sociedades Anónimas de 1937; cf. TULLIO ASCARELLI, *Due questione sul diritto di opzione*, em Banca, Borsa e Titoli di credito 1950, I, 81 ss.. = *Studi in tema di società* (1952), 275-278 (275), citado por este último local.

[2001] Tal o conteúdo do § 186 AktG; cf., quanto à literatura da época, GÖTZ HUECK, *Gesellschaftsrecht*, 18ª ed. (1983), 273, HERBERT WIEDEMANN, *Gesellschaftsrecht – I – Grundlagen* (1980), 447 ss., RUDOLF REINHARDT/DIETRICH SCHULTZ, *Gesellschaftsrecht/ /Ein Lehrburch*, 2ª ed. (1981), 236 e FRIEDRICH KÜBLER, *Gesellschaftsrecht*, 2ª ed. (1986), 219 ss.. O preceito alemão teve o seu correspondente no § 152 do AktG de 1937 e, ante-

II. O referido direito de preferência dos accionistas tem sido justificado, nas diversas doutrinas, com recurso a duas ordens de razões[2002]:

– o interesse dos sócios na conservação do peso relativo de que disfrutavam desde o início;
– a manutenção, na esfera da sociedade de (eventuais) mais-valias correspondentes ao valor de mercado das acções.

Na síntese de ASCARELLI, este dispositivo visa conservar o peso relativo que cada sócio detinha, no ente social, desde o início, quer nas dimensões sociais, quer nas patrimoniais[2003].

Em termos técnicos, a preferência dos accionistas na subscrição de novas acções é um direito dos sócios[2004], de conteúdo patrimonial[2005], concedido no interesse deles[2006]. Trata-se, pois, de uma figura que obedece à lógica do comércio privado.

A doutrina tem sublinhado que a denominada preferência dos accionistas só impropriamente é designada como tal. Na verdade, a preferência comum[2007] corresponde à situação da pessoa que, caso pretenda celebrar um contrato, o deva fazer com determinado beneficiário, desde que este acompanhe as condições oferecidas por um terceiro interessado.

---

riormente, no § 282 do HGB – o Código Comercial alemão. Quanto aos antecedentes históricos cf., p. ex., WIEDEMANN, *Gesellschaftsrecht* cit., 1, 415 ss. e 447 ss.. Segundo ASCARELLI, *Diritto d'opzione nell'aumento di capitale e emissione delle nuove azioni com aggio* (1954) = *Saggi di diritto commerciale* (1955), 429-437 (430), a preferência dos accionistas teria a sua origem primeira na jurisprudência do Estado de Massachussets, no ano de 1807.

2002 Cf., na época, G. COTTINO, *Società per azioni* cit., 656 e *Diritto comercial* cit., 1.° vol., 737, GIOVANNI SILVIO COCO/VINCENZO CORRENTI, *Opzione nelle società per azione* cit., 574, LIDIA LUCARINI, *Art. 2441 Cod. Civ. 3ª comma: diritto di prelazione o diritto di opzione?*, RDComm LXXV (1977), I, 260-263 (260) e KÜBLER, *Gesellschaftsrecht,* 2ª ed. cit., 218.

2003 ASCARELLI, *Diritto d'opzione nell'aumento di capitale* cit., 430.

2004 Cf. RAFFAELE NOBILI, *Il diritto d'opzione degli azionisti e i suoi limiti*, Riv. Soc. II (1957), 656-695 (657), ALESSANDRO GRAZIANI, *Sopraprezzo delle azioni e diritto di opzione,* Riv. Soc. VI (1961), 51-64 (52).

2005 Assim, COTTINO, *Società per azioni* cit., 656.

2006 Assim, MANGO, *Opzione* cit., 524. Por isso, é seguro que a preferência em causa pode ser alienada, quando se constitua, pelo seu titular. Sobre todo este tema, cumpre citar PEDRO DE ALBUQUERQUE, *Direito de preferência dos sócios em aumentos de capital nas sociedades anónimas e por quotas* (1993), já citado.

2007 Cf. *Direito das Obrigações*, 1, 483.

A "preferência" do accionista, porém, coloca-se noutro plano: ela existe independentemente de qualquer terceiro interessado. Por isso, ela opera não como uma preferência simples, mas antes como um verdadeiro direito de subscrição. Mas apesar desta precisão, parece haver um patente paralelo entre as duas preferências: assim, além das idênticas designações, é de esperar a presença de regras comuns, como a possibilidade de recorrer à acção de preferência.

III. A doutrina chama ainda a atenção para um aspecto da construção técnica da preferência do accionista, que tem grande relevo prático. Reside ele na distinção entre[2008]:

– o direito abstracto de preferência;
– o direito concreto de preferência.

O direito abstracto de preferência corresponde à posição genérica que qualquer sócio, pelo simples facto de o ser, tem de poder subscrever futuros e eventuais aumentos de capital, em certa proporção, e verificados os demais requisitos.

O direito concreto de preferência equivale à posição específica que certo sócio tem de, perante um determinado aumento de capital concretamente deliberado e em curso de verificação, vir subscrever certas acções, desde que concorram os demais requisitos.

Na verdade, estas duas situações teórica e praticamente muito distintas, concitam regimes diferentes.

Anote-se, ainda, que importantes aspectos regulamentares constam dos artigos 458.°/3 e 4 e 459.°: este último sobre o aviso e o prazo para o exercício do direito de preferência[2009].

349. A exclusão da preferência por deliberação dos sócios

I. A preferência dos accionistas na subscrição de novas acções visa, como foi dito, o interesse destes. Contudo, pode suceder que a prossecução

[2008] Cf., p. ex., VASCO LOBO XAVIER, *Anulação de deliberações sociais* cit., 227, nota 99a, com indicações.

[2009] RCb 30-Abr.-1991 (AUGUSTO VIEIRA), CJ XVI (1991) 2, 102-104 e RLx 12-Jun.-1997 (CARLOS VALVERDE), CJ XXII (1997) 3, 110-114, ilustrando diversos problemas ocasionados na aplicação desses normativos.

atomística de tais interesses venha contundir com o interesse da própria sociedade (portanto: os interesses dos sócios em modo colectivo) em termos tais que todos acabem por ser prejudicados. Por isso, as diversas ordens jurídicas admitem que os sócios possam deliberar a exclusão da preferência.

II. O Direito italiano, na redacção dada ao Código Civil pela Lei n.° 216, de 7-Jun.-1974, admite a exclusão da preferência dos sócios em três situações[2010]:

- quando, segundo a deliberação de aumento, as acções devam ser liberadas em espécie – 2441.°/4;
- sempre que a mesma deliberação, por exigência do interesse da sociedade, entenda efectuar a exclusão – 2441.°/5;
- nas hipóteses de a aludida deliberação decidir destinar parte das acções a subscrição pelos trabalhadores – 2441.°/7, todos do Código Civil italiano.

A realização das acções em espécie não é compatível com a preferência[2011]. Na verdade, há aí uma situação semelhante à da troca, em que o preferente não pode oferecer exactamente o que propõe – ou o que se solicita – ao terceiro interessado.

A deliberação por interesse da sociedade exige uma ponderação dos interesses desta, cotejados com os dos sócios[2012]; o interesse social tem sido entendido em termos puramente privados[2013].

Finalmente, a atribuição de acções aos trabalhadores, caso eles as queiram subscrever, tende a ser autonomizada do interesse da sociedade, com o qual não coincidiria necessariamente[2014]. De notar que a lei italiana distingue consoante a percentagem de acções reservadas aos trabalhadores ultrapasse, ou não, um quarto; no primeiro caso, requer-se uma maioria que

---

[2010] Cf. ENRICO MANGO, *Opzione* cit., 523 ss., onde pode ser confrontado o sentido da reforma de 1974, GASTONE COTTINO, *Società per azioni* cit., 656 e *Diritto Commerciale* cit., 1, 737, GIOVANNI SILVIO COCO/VINCENZO CORRENTI, *Opzione nelle società per azioni* cit., 577, RAFFAELE NOBILI, *Il diritto d'opzione degli azionisti e i suoi limiti* cit., 682 ss. e *Contributo allo studio del diritto di opzione nelle società per azioni* (1958), 185 ss..

[2011] Cf. NOBILI, *Il diritto d'opzione* cit., 682.

[2012] Cf. LUIGI MENGONI, *Interesse sociale ed esclusione del diritto di opzione*, RDComm LIII (1955), II, 281-290 (290); uma casuística pode ser confrontada em NOBILI, *Contributo allo studio del diritto di opzione* cit., 209.

[2013] COTTINO, *Società per azioni* cit., 657 e *Diritto commerciale*, 1 (1976), 738.

[2014] NOBILI, *Contributo allo studio del diritto di opzione* cit., 211.

represente metade do capital da sociedade, exigência que não se verifica, em ulteriores convocações, se essa cifra não for atingida.

Também o Direito alemão admite a exclusão da preferência dos accionistas[2015] – § 186, III do AktG. Tal exclusão deve, contudo, ser deliberada aquando do aumento do capital social e por uma maioria qualificada de 3/4. A decisão em causa deve, ainda, fundar-se no interesse da sociedade[2016], o que exige uma ponderação de interesses susceptível de ser controlada pelo tribunal[2017].

Resta acrescentar que a preferência dos accionistas, com os seus limites, embora encontre nas experiências italiana e alemã as suas mais interessantes consagrações, é conhecida por muitas outras legislações europeias[2018].

III. Nestas condições, compreende-se que a 2ª Directriz da CEE também tenha admitido a exclusão da preferência dos accionistas. Tal exclusão poderia operar por deliberação da assembleia geral, adoptada nos termos do seu artigo 29.°/4. O artigo 41.°/1 da mesma 2ª Directriz admite ainda que os Estados-membros não apliquem a preferência, quando se trate de favorecer a participação dos trabalhadores.

Todos estes elementos estão na base do esquema estabelecido pelo actual Código das Sociedades Comerciais português[2019].

IV. O artigo 460.° do CSC dispõe sobre a limitação ou supressão do direito de preferência[2020]. Tem utilidade, desse preceito, referenciar os números 2 e 3 – embora todos devam ser considerados:

> 2. A assembleia geral que deliberar o aumento de capital pode, para esse aumento, limitar ou suprimir o direito de preferência dos accionistas, desde que o interesse social o justifique.

2015 Cf. Friedrich Kübler, *Gesellschaftsrecht* cit., 2ª ed., 218.

2016 Hueck/Windbichler, *Gesellschaftsrecht* cit., 20ª ed., 405 ss. e Karsten Schmidt, *Gesellschaftsrecht* cit., 4ª ed., 901 ss..

2017 Reinhart/Schultz, *Gesellschaftsrecht* cit., 2ª ed., 235 e Wiedemann, *Gesellschaftsrecht* cit., 1, 447.

2018 Cf. Alain Couret, *Le développement du droit préférentiel de souscription de l'actionnaire en droit comparé*, RS 1979, 505-519 (507 ss.).

2019 Cf. Raúl Ventura, *Alterações do contrato de sociedade* cit., 202 ss..

2020 Para além de Raúl Ventura, ob. e loc. cit. na nota anterior, verificam-se, sobre este preceito, as referências de João Labareda, *Das acções das sociedades anónimas* cit., 326-327. Tem ainda interesse confrontar o artigo 370.° do anteprojecto, correspondente, com algumas alterações, ao artigo 460.° em vigor; cf. o *Código das Sociedades (Projecto)*, no BMJ 327 (1983), 262.

3. A assembleia geral pode também limitar ou suprimir, pela mesma razão, o direito de preferência dos accionistas relativamente a um aumento de capital deliberado ou a deliberar pelo órgão de administração, nos termos do artigo 456.°.

A supressão da preferência é compreensível: está em causa uma posição patrimonial, disponível e que põe em causa a vida da sociedade. Parece também normal que se fixem condições particulares para a sua supressão, de modo a garantir bem a posição dos sócios e que elas incluam uma ponderação que mostre ser esse o interesse da sociedade.

A exigência de uma deliberação a propósito de cada aumento de capital torna-se mais clara se se tiver em conta a distinção, acima referida e presente, duma ou doutra forma, em toda a doutrina comercialística, entre o direito abstracto e o direito concreto de preferência. O primeiro é indisponível: faz parte do *status* de sócio e envolve sempre todos os membros, actuais ou futuros, da sociedade; o segundo, pelo contrário, é um direito comum, que pode ser condicionado, renunciado ou mesmo suprimido por deliberação competente. A exigência do artigo 460.°/2 do CSC tem, pois, o sentido de só admitir a supressão da preferência concreta; não da preferência abstracta.

V. O sentido e o alcance da técnica, acima apontada, da exclusão da preferência dos accionistas dá, também, a dimensão dos seus limites. Em especial, haverá que precisar três pontos:

– se a exclusão da preferência pode ser decidida pelo conselho de administração;
– se essa exclusão pode ser decidida pelos estatutos;
– se a mesma exclusão pode ser operada pela assembleia geral depois de deliberado o aumento e desencadeadas as competentes operações.

O primeiro ponto – exclusão da preferência pela administração – poderia parecer bastante claro: ela não é possível, uma vez que tanto a 2ª Directriz como o artigo 460.°/1 reservam tal competência à assembleia geral. A questão pode, porém, recolocar-se por outra via: a lei admite que o próprio aumento de capital seja deliberado pelo órgão de administração, por autorização dos estatutos – artigo 456.°/1. Quando isso suceda, o contrato de sociedade estabelecerá as condições para o exercício dessa competência – *idem*, n.° 2. Finalmente, o artigo 87.°/1, relativo ao aumento de capital, sem distinções, explicita:

> 1. A deliberação de aumento do capital deve mencionar expressamente:
> (...)
> *g*) As pessoas que participarão nesse aumento.

Parece possível, perante os textos portugueses em vigor, defender que a administração, podendo decidir o mais – o aumento de capital – decida o menos – a limitação de preferência. Tal interpretação é, aliás, possibilitada pela 2ª Directriz da CEE[2021]: o Estado português teria facultado à administração, a possibilidade de exclusão da preferência, através da confluência dos artigos 456.°/1 e 87.°/1, *g*), ambos do CSC.

Aliás, a assim não ser, perder-se-ia boa parte das vantagens derivadas da deliberação e, designadamente: a rapidez e a flexibilidade. Querendo aumentar o capital com certas limitações à preferência, a administração só poderia tomar meia decisão – o aumento – devendo convocar a assembleia para debater a preferência: a complicação seria maior, jogando contra a sociedade e contra os sócios.

Os valores da lei ficariam facilmente assegurados pela observância, aquando da concessão de poderes à administração, dos requisitos postos, por ela própria, pela exclusão pela assembleia geral e, designadamente, o da maioria qualificada. Não se ignora que tal via interpretativa não corresponde à intenção subjectiva do projecto; mas ela é legitimada pelo sentido objectivo da lei e pela ponderação dos valores em presença.

Conclui-se, pois, que o conselho de administração de uma sociedade anónima pode ser autorizado a aumentar o capital, definindo as condições desse aumento, o que abrange a possibilidade de exclusão ou de limitação da preferência dos accionistas, nos termos dos artigos 87.°/1, *g*) e 456.°/1

[2021] Cujo artigo 29.°/5 dispõe:

> A legislação dum Estado membro pode estabelecer que os estatutos, o acto constitutivo ou a assembleia geral, deliberando em conformidade com as regras de quorum, de maioria e de publicidade indicadas no n.° 4, possam conceder o poder de limitar ou de suprimir o direito de preferência ao órgão da sociedade autorizado a decidir o aumento de capital subscrito, nos limites do capital autorizado. Esta competência não pode ter um prazo de exercício superior à do poder previsto no n.° 2 do artigo 25.°.

O poder em causa é o de deliberar, através da Administração, o aumento de capital.

do CSC e do artigo 29.°/5 da 2ª Directriz da CEE. São ainda lícitas as restrições ao direito de preferência reportadas a um aumento de capital concreto que o conselho de administração fique autorizado a deliberar[2022].

VI. Quanto à possibilidade de exclusão da preferência pelos estatutos, a resposta não pode ser, *a priori*, negativa. O assunto tem de ser melhor ponderado.

A aprovação dos estatutos de uma sociedade comercial corresponde à manifestação máxima da autonomia privada consentida no campo societário. Aliás, basta ver que na outorga inicial subscreve quem quer, enquanto nas deliberações subsequentes pode haver vencedores e vencidos. Por isso, bem estranho se torna que haja efeitos possíveis através de deliberação ulterior dos sócios e impossíveis para os estatutos. A regra geral é precisamente a inversa; assim:

– os preceitos dispositivos da lei podem ser derrogados pelo contrato de sociedade, salvo se este permitir expressamente a derrogação por deliberação dos sócios – artigo 9.°/3;
– os direitos especiais estipulados no contrato de sociedade não podem ser suprimidos ou coarctados sem o consentimento do respectivo titular – artigo 24.°/1 e 5.

A dissonância que assim se perfila, a propósito da exclusão da preferência, pode ser evitada com recurso à distinção fundamental, já sublinhada, entre a preferência concreta e a preferência abstracta. Quando se diga que os estatutos não podem excluir a preferência, tem-se em vista a preferência abstracta; quando se afirme que tal exclusão é possível por deliberação dos sócios, visa-se uma preferência concreta. E tudo fica, então, claro: a preferência abstracta é uma prerrogativa comum, correspondente ao *status* de sócio e que escapa à autonomia privada, seja qual for o modo da sua relevação. A preferência concreta é uma vantagem especial, submetida à lógica do comércio privado, que poderá ceder perante valores superiores.

Mas assim sendo, nenhum inconveniente existe em que os estatutos, como qualquer conjunto de deliberações, prevejam um concreto aumento

---

[2022] RPt 26-Jun.-1990 (Martins da Costa), Proc. 0224278/ITIJ, visitado em 1-Mai.-2006.

de capital e, em relação à correspondente preferência concreta, efectuem limitações ou supressões, também concretas.

A lei exige, para a limitação ou supressão do direito de preferência, uma deliberação tomada pela assembleia que decida o aumento de capital – artigo 460.°/2, do CSC. Não diz que tal deliberação não possa ser (também) estatutária; tem é de ser concreta.

Conclui-se, pois, que os estatutos que prevejam um concreto aumento de capital podem, também, prever uma concreta limitação da preferência dos accionistas, nas condições em que o poderia fazer uma deliberação comum.

VII. Finalmente, pergunta-se se, depois de deliberado um aumento de capital pela administração, pode a assembleia geral decidir a exclusão da preferência dos accionistas. Este ponto encontrou, na lei, uma solução expressa; segundo o artigo 460.°/3,

> A assembleia geral pode também limitar ou suprimir, pela mesma razão, o direito de preferência dos accionistas relativamente a um aumento de capital deliberado ou a deliberar pelo órgão de administração, nos termos do artigo 456.°.

A resposta é, pois, positiva. Apenas se requererá, em nome da boa fé, que o órgão de administração não delibere um aumento limpo e, depois, vá pedir à assembleia a exclusão da preferência, em termos que possam provocar danos por quebra de confiança.

A dilação entre a decisão da administração e a da assembleia não tem limites legais. Induz-se, porém, das regras gerais que ela não pode ser tal que ponha em causa direitos já constituídos dos sócios. Ora, nos termos gerais expressamente confirmados pelo artigo 88.°, tais direitos surgem com a escritura pública do aumento de capital. Assim, a deliberação prevista no artigo 460.°/3 pode surgir até ao momento da outorga da escritura de aumento de capital.

A concluir, julga-se que não haverá dificuldades em, também aqui, permitir que a limitação ou supressão referidas no artigo 460.°/3 possam ser deliberadas através de alteração estatutária, desde que reportada a uma preferência concreta e desde que aprovada com os requisitos legais. As posições dos sócios só ficariam, com isso, mais protegidas.

350. **Aumento indirecto; aumento e usufruto**

I. A assembleia geral ao deliberar um aumento de capital pode ainda deliberar que as novas acções sejam subscritas por uma instituição financeira a qual assumirá, por acordo com a sociedade, a obrigação de as oferecer aos accionistas ou a terceiros, nos termos aplicáveis (461.°/1): é a denominada subscrição indirecta[2023].

Este esquema é aplicável aos aumentos decididos pelo órgão de administração (461.°/2), sendo os accionistas avisados pela sociedade, por meio de anúncio (461.°/3). As vantagens de subscrição indirecta podem ser várias. Designadamente: a instituição interveniente terá, por certo, boas condições para colocar a emissão junto dos mais diversos investidores.

II. O aumento de capital por emissão de novas acções coloca ainda problemas quando exista um usufrutuário[2024]. O artigo 462.° procura conciliar as posições dos dois intervenientes, em termos que se afiguram claros.

[2023] Raúl Ventura, *Alterações do contrato de sociedade* cit., 215-227.
[2024] *Idem*, 232-242.

§ 97.° A REDUÇÃO DE CAPITAL E A DISSOLUÇÃO

351. Redução por extinção de acções próprias

I. A redução do capital das sociedades anónimas pode operar[2025]:

– pela redução do valor nominal de cada acção;
– pela redução do número de acções;
– pela compra de acções próprias, para anulação;
– pela extinção de acções próprias.

Esta última modalidade teve assento no artigo 463.°. As restantes regem-se pelas regras gerais.

II. A extinção de acções próprias é deliberada pela assembleia (463.°/1). Posto isso, aplicar-se-á o artigo 95.°, excepto:

a) Se forem extintas acções inteiramente liberadas, adquiridas a título gratuito depois da deliberação da assembleia geral;
b) Se forem extintas acções inteiramente liberadas, adquiridas depois da deliberação da assembleia geral, unicamente por meio de bens que, nos termos dos artigos 32.° e 33.°, pudessem ser distribuídos aos accionistas; neste caso, deve ser levada a reserva especial, sujeita ao regime da reserva legal, quantia equivalente ao valor nominal total das acções extintas.

352. Dissolução

I. Na dissolução das sociedades anónimas, há que ter em conta as alterações introduzidas nos artigos 141.° a 145.°, pelo Decreto-Lei

[2025] Raúl Ventura, *Alterações do contrato de sociedade* cit., 357-362.

n.° 76-A/2006, de 29 de Março, designadamente através do processo de dissolução administrativa[2026]. Dominam, na matéria, as regras incluídas na parte geral.

Quanto a determinados aspectos específicos, dispõe o artigo 464.°.

II. A deliberação de dissolução cabe à assembleia geral, nos termos dos artigos 383.°/2 e 3 e 386.°/3 a 5; o contrato pode exigir uma maioria mais elevada para a sua efectivação (464.°/1). O ponto é delicado, pelo que não se dispensa o formalismo: a simples vontade do sócio ou sócios, quando não se manifeste através da competente deliberação, não pode constituir causa legal de dissolução (464.°/2).

As sociedades anónimas podem ser dissolvidas por via administrativa quando, durante mais de um ano, o número de accionistas for inferior ao legal: salvo se um deles for de natureza pública ou legalmente equiparado, para esse efeito (464.°/3).

[2026] *Vide* o *Regime jurídico dos procedimentos administrativos de dissolução e de liquidação de entidades comerciais*, anexo III ao Decreto-Lei n.° 76-A/2006, de 29 de Março: DR I Série-A, n.° 63 (Supl.), de 29-Mar.-2006, 2328-(184)-2328-(190).

ÍNDICE DE JURISPRUDÊNCIA

JURISPRUDÊNCIA PORTUGUESA

STJ 24-Jun.-1955 (Eduardo Coimbra; vencidos: A. Baltasar Pereira e Lencastre da Veiga), SQ; exclusão do sócio remisso – 329.
STJ 16-Dez.-1955 (Eduardo Coimbra), quotas próprias não liberadas – 360.
STJ 1-Mai.-1956 (Agostinho Fontes), amortização de quotas; prazos – 381.
STJ 1-Jun.-1956 (Beça de Aragão), SQ; direito de voto; eleição do próprio – 411.
STJ 13-Jul.-1956 (sem ind. relator), SQ; direito de voto; eleição do próprio – 411.
STJ 7-Dez.-1956 (sem ind. relator), amortização de quotas; actos prejudiciais – 382.
STJ 21-Dez.-1956 (A. Baltasar Pereira), contitularidade de quotas; exercício – 347.
STJ 29-Abr.-1958 (Lencastre da Veiga), transmissão de quotas; autorização – 364.
STJ 3-Mar.-1959 (Agostinho Fontes; vencido: Lencastre da Veiga), amortização compulsiva de quotas; casos fixados no pacto – 381.
STJ 27-Mai.-1960 (Sousa Monteiro), SQ; voto escrito – 405.
STJ 20-Out.-1961 (Lopes Cardoso), amortização de quota; deliberação – 411.
STJ 13-Abr.-1962 (José Osório), amortização de quota; abuso – 382.
STJ 15-Jun.-1962 (Lopes Cardoso), amortização de quota; deliberação – 382.
STJ 15-Jun.-1962 (Ricardo Lopes), SQ; assembleia geral; contas de gerência – 411.
STJ 6-Nov.-1962 (Bravo Serra), SQ; direitos especiais; consentimento do próprio – 411.
STJ 5-Fev.-1963 (Arlindo Martins), SQ; distribuição de lucros; amortização – 312, 382.
STJ 5-Fev.-1963 (José Meneses), SQ; exclusão de sócio remisso – 329.
STJ 14-Jun.-1963 (Gonçalves Pereira), divisão de quota; consentimento da sociedade – 342.
STJ 29-Out.-1963 (Alberto Toscano), transmissão de quota; invalidade – 364.
STJ 14-Jan.-1964 (Albuquerque Rocha), SQ; afectação de lucros – 312.
STJ 17-Jul.-1964 (Gonçalves Pereira), amortização de quotas; compensação – 382.
STJ 2-Out.-1964 (Lopes Cardoso), contitularidade de quotas; exercício – 347.
STJ 15-Dez.-1964 (Albuquerque Rocha), transmissibilidade de quotas – 364.
STJ 12-Fev.-1965 (Torres Paulo), SQ; exclusão de sócio remisso; direitos – 329.
STJ 9-Abr.-1965 (Gonçalves Pereira), amortização de quotas; casos fixados no pacto – 382.
STJ 11-Fev.-1966 (Gonçalves Pereira), transmissibilidade das quotas – 364.
STJ 22-Nov.-1966 (Lopes Cardoso), arrendamento; usucapião – 377.
STJ 2-Dez.-1966 (Gonçalves Pereira), SNQ; morte de sócio; liquidação – 212.
STJ 22-Mar.-1968 (Torres Paulo), SNQ; cessão não autorizada de parte – 210.
STJ 11-Out.-1968 (Ludovico da Costa), contitularidade de quotas; representante comum – 347.
STJ 11-Jul.-1969 (Ludovico da Costa), SQ; assembleia geral – 405.
STJ 24-Out.-1969 (Ludovico da Costa), SNQ; comunicabilidade das partes sociais – 209.
STJ 28-Nov.-1969 (Ludovico da Costa), comunicabilidade das partes sociais – 209.
STJ 16-Jan.-1970 (Adriano de Campos de Carvalho), SNC; responsabilidade subsidiária dos sócios – 174.
STJ 16-Jan.-1970 (Oliveira Carvalho), contitularidade de quotas; escolha de representante comum – 347.
STJ 15-Mai.-1970 (Adriano de Campos de Carvalho), SQ; exclusão de sócio remisso – 329.
STJ 12-Jan.-1971 (Albuquerque Rocha), amortização de quotas; estatutos – 382.

Relação de Coimbra

Relação de Évora

Relação de Guimarães

Relação de Lisboa

Relação do Porto

Primeira instância

JURISPRUDÊNCIA ESTRANGEIRA

Tribunal de Justiça Europeu

ÍNDICE ONOMÁSTICO

ÍNDICE BIBLIOGRÁFICO

AAVV – *La riforma del diritto societario/Atti del Convegno*, 2003.

AAVV – *Münchener Handbuch des Gesellschaftsrechts*, 2ª ed., 1 – *BGB-Gesellschaft/ /Offene Handelsgesellschaft* (2004), 2 – *Kommanditgesellschaft/Stille Gesellschaft* (2004), 3 – *Gesellschaft mit beschränkter Haftung* (2003) e 4 – *Aktiengesellschaft* (1999).

AAVV – *Münchener Kommentar zum Bürgerlichen Gesetzbuch*, 4ª ed., 5 – *Schuldrecht/ /Besonderer Teil III* (2004).

ABRANCHES, JOAQUIM – *Amortização de quotas*, Revista de Justiça 30 (1945), 157-159.

ABREU, ERIDANO DE – anot. a STJ 10-Mar.-1981 (ANTÓNIO FURTADO DOS SANTOS), ROA 1982, 155-163.

ABREU, JORGE M. COUTINHO DE – *Suprimentos*, em *Estudos em Homenagem ao Prof. Doutor Raúl Ventura* II (2003), 71-80.

ADLER, KARL – *Zur Entwicklungslehre und Dogmatik des Gesellschaftsrechts*, 1958.

AFFERNI, VITTORIO – *L'amministrazione, la responsabilità e la rappresentanza*, em NICOLA ROCCO DI TORREPADULA, *Le disposizioni generali sulle società e le società di persone/Prospettive di riforma* (2001), 119-143.

AFFOLTER, A. – *Die rechtliche Natur der offenen Handelsgesellschaft*, AbürglR 5 (1891), 1-11

ALBUQUERQUE, PEDRO DE – *Direito de preferência dos sócios em aumentos de capital nas sociedades anónimas e por quotas*, 1993;
– *Os limites à pluriocupação dos membros do conselho geral e de supervisão e do conselho fiscal*, 2007.

ALBUQUERQUE, PEDRO DE/PEREIRA, MARIA DE LURDES – *As "golden shares" do Estado português em empresas privatizadas: limites à sua admissibilidade e exercício*, 2006.

ALEXANDER-KATZ, HUGO/DYHRENFURTH, RICHARD – *Die Aktiengesellschaft unter dem neuen Aktiengesetz*, 1899.

ALLEGRI, VINCENZO – *Contributo allo studio della responsabilità civile degli amministratori*, 1979.

ALMEIDA, ANTÓNIO PEREIRA DE – *La société à responsabilité limitée en Droit portugais et sa réforme*, 1975 ;
– *Sociedades comerciais*, 4ª ed., 2006;
– *Sociedades abertas*, em IVM/*Direito dos valores mobiliários* VI (2006), 9-49.

ALMEIDA, CARLOS FERREIRA DE – *Registo de valores mobiliários*, em IVM/*Direito dos valores mobiliários* VI (2006), 51-138;
– *O registo comercial na reforma do Direito das sociedades comerciais de 2006*, em *Estudos sobre a reforma das sociedades comerciais*, 2007.

ALTMEPPEN, HOLGER – anot. a BGH 20-Mar.-1995, NJW 1995, 1749-1750.

ANDRADE, ABEL DE e outros – *Companhia das Lezírias/Parecer*, GRLx 37 (1923), 81-100.

ANDRADE, MARGARIDA COSTA – *A incindibilidade da participação social nas sociedades anónimas*, em *Estudos em Comemoração do Décimo Aniversário da Licenciatura em Direito da Universidade do Minho* (2004), 495-528.

ANDRADE, VICENTE JOAQUIM DE – *Memorias sobre as Pescarias Reaes do Reino do Algarve*, 1813.

ANGELICI, CARLO – *Della societa per azioni/Le azioni*, 1992.

ANTHERO, ADRIANO – *Comentario ao Codigo Commercial Portuguez*, I, 1913.

ANTUNES, JOSÉ ENGRÁCIA – *Direito das sociedades comerciais/Perspectivas do seu ensino*, 2000;
– *O direito à informação nas sociedades de capitais*, em *Colóquio/Os quinze anos de vigência do Código das Sociedades Comerciais*, org. FERRER CORREIA (2003), 45-55.

Appendice ao codigo commercial portuguez, 3ª ed., 1906

APROLI, CESARE – *Lezioni di diritto commerciale* 2, 1855.

ARMELIN JUNIOR – rec. a VISCONDE DE CARNAXIDE, *Sociedades anonymas/Estudo theorico e pratico de direito interno e comparado* (1913), O Direito 46 (1914), 22-24, 50-52 e 47 (1915), 357-359.

ASCARELLI, TULLIO – *Appunti di diritto commerciale* II – *Società commerciali*, 1933 ;
– *Due questione sul diritto di opzione*, em Banca, Borsa e Titoli di credito 1950, I, 81 ss. = *Studi in tema di società* (1952), 275-278;
– *Diritto d'opzione nell'aumento di capitale e emissione delle nuove azioni com aggio* (1954) = *Saggi di diritto commerciale* (1955), 429-437.

ASCENSÃO, JOSÉ DE OLIVEIRA – *O E.I.R.L. ou o falido rico*, O Direito 120 (1988), 17-33;
– *Estruturas jurídicas da empresa* (1989), 13-35;
– *O novíssimo conceito de valor mobiliário*, em IVM/*Direito dos valores mobiliários* VI (2006), 139-162.

ASSMANN, HEINZ-DIETER – *vide* KÜBLER, FRIEDRICH.

ASTOLFI, FULVIO/NAPOLITANO, ALESSANDRO/RICCI, PAOLO – *La semplificazione del diritto societario*, 2001.

AULETA, GIUSEPPE – *Risoluzione del rapporto sociale per inadempimento*, RTDPC 1955, 522-531.

AULETA, GIUSEPPE/SALANITRO, NICCOLÒ – *Diritto commerciale*, 8ª ed., 1993.

AZEVEDO, J. LÚCIO DE – *Épocas de Portugal Económico*, 1ª ed., 1929, 2ª ed., 1947.

BALSER, HEINRICH – *Die Aktiengesellschaft nach dem neuen Aktiengesetz insbesondere im Handelsregisterverkehr*, I, 1966.

BALSER/BOKELMANN/PIORRECK – *Die Aktiengesellschaft*, 1984.

BALTZER, SIGURD – *Die gesellschaftliche Treupflicht im Recht der AG und GmbH*, s/d, mas 1968.

BALZ, GERHARD K. – *Die Beendigung der Mitgliedschaft in der GmbH/eine empirische und dogmatische Untersuchung zur Ausschliessung und zum Austritt von Gesellschaftern*, 1984.

BÄLZ, ULRICH – *vide Münchener Handbuch*, 1.

BAMBERGER, HEINZ GEORG – *vide* FRISCH, STEFAN.

BAPTISTA, DANIELA FARTO – *O direito de exoneração dos accionistas/das suas causas*, 2005.

BARBOSA, NUNO – *Competência das assembleias de obrigacionistas*, 2002.

BARBRY, PAUL – *Le régime actuel de l'administration des sociétés anonymes*, 1943.

BARROS, MAGALHÃES – *vide* CORREIA, ANTÓNIO FERRER.

BARTHOLOMEYCZIK, HORST – *Das Gesamthandsprinzip beim gesetzlichen Vorkaufsrecht der Miterben*, FS Nipperdey I (1965), 145-175.

BARZ, CARL HANS – *Aktiengesetz/Grosskommentar*, 3ª ed., 1973.

BAUMBACH – *vide* HUECK/FASTRICH, LORENZ.

BAUMBACH – *vide* ZÖLLNER, WOLFGANG.

BAUMBACH, ADOLF/HOPT, KLAUS J. – *Handelsgesetzbuch*, 32ª ed., 2006.

BAUMBACH, ADOLF/HUECK, ALFRED – *GmbH-Gesetz/Gesetz betreffend die Gesellschaften mit beschränkter Haftung*, 18ª ed., 2006.

BAUMBACH/HOPT – *Handelsgesetzbuch*, 31ª ed., 2003.

BAUMS, THEODOR (publ. e intr.) – *Gesetz über die Aktiengesellschaften für die Königlich Preussischen Staaten vom 9.November 1843/Text und Materialien*, 1981; (publ.) – *Bericht der Regierungskommission Corporate Governance*, 2001.

BAYER – *vide* LUTTER.

BECKER, MICHAEL – *Der Austritt aus der GmbH/Durchsetzung eines unentziehbaren Individualrechts im Interesse effectiven Minderheitenschutzes*, 1985.

BEIRÃO, VEIGA – *vide* SOUTO, ADOLPHO DE AZEVEDO.

BEKKER, E. J. – *Beiträge zum Aktienrecht*, ZHR 17 (1872), 379-465.

BENCKENDORFF, ANDREAS – *Erwerb eigener Aktien im deutschen und US-Amerikanischen Recht*, 1998.

BENFELD, HEINER – *Die Satzungsstung im Aktiensrecht und ihre Bedeutung für Rechtssicherheit*, 1999.

BERGMANN, ALFRED – *vide* ROWEDDER, HEINZ.

BERGMANN, ARTHUR – *Die Einflussnahme öffentlicher Körperschaften auf dem Aufsichtsrat/Ein Beitrag zur Frage der gemischtwirtschaftlichen* Unternehmung, 1929.

Bericht der durch den 34. Juristentag zur Prüfung einer Reform des Aktienrechts eingesetzen Kommission, 1928.

BERTUZZI, MARIO/MANFEROCE, TOMMASO/PLATANIA, FERNANDO – *Società per azioni/Costituzionem patti parasociali, conferimenti (artt. 2325-2345 c.c.)*, em GIOVANNI LO CASCIO (org.), *La riforma del diritto societario* (2003), 36 ss. e 39 ss..

BEZZENBERGER, GEROLD – *Zum Bezugsrecht stimmrechtsloser Vorzugsaktionäre*, FS Quack 1991, 153-166.

BEZZENBERGER, TILMAN – *Vorzugsaktien ohne Stimmrecht*, 1991.

BIONDI, ARTHUR – *Neue Wege des* Aktienrechts, 1933.

BITTER, CHRISTIAN VON – *Das Informationsrecht der GmbH-Gesellschafter*, ZIP 1981, 825-832.

BLOMEYER, JÜRGEN – *Die Rechtsnatur der Gesamthand*, JR 1971, 397-403.

BLUMENTRITT, JAN – *Die privatrechtliche organisierte Börse*, 2003.

BOCK, ANDREAS – *Kapitalaufbringung mit Gesellschafterdarlehen in der Vor-GmbH und der GmbH*, 1991.

BODENHEIMER, EDGAR – *Das Gleichheitsprinzip im Aktienrecht*, 1933.

BOKELMANN – *vide* BALSER.

BOLAFFIO, LEONEL/VIVANTE, CESARE – *Il Codice di Commercio commantato*, III, *Delle società e delle associazioni commerciali*, por ALBERTO MARGHIERI, col. CALOGERO GANGI, 3ª ed., 1909.

BOPP, HANS-PETER – *Die Informationsrecht des GmbH-Gesellschafters/Eine rechtsvergleichende Untersuchung des deutschen, französischen und schweizerischen Rechts*, 1991.

BORGES, JOSÉ FERREIRA – *Diccionario juridico-commercial*, 1837, reimp. póstuma 1856.

BORGIA, ROSSELLA CAVALLO – *Azioni e obbligazioni di società*, 1988.

BORNIER – *Ordonnance de Louis XIV sur le commerce enrichie d'annotations et de décisions* importantes, 1749.

BÖSSELMANN, KURT – *Die Entwicklung des deutschen Aktienwesens im 19. Jahrhundert/ /Ein Beitrag zur Frage der Finanzierung gemeinschaftlichen Unternehmungen und zu den Reformen des Aktienrechts*, 1939.

BRACCIODETA, ANGELO – *La nuova società per azioni*, 2006.

BRANDMÜLLER, GERHARD – *Die GmbH-Geschäftsführer im Gesellschaften, Steuer- und Sozialvesicherungsrecht*, 17ª ed., 2005.

BRAVO, ADOLFO – *Amortização de cotas: sua regulamentação e pagamento*, GRLx 54 (1940), 97-98.

BREMER, JÜRGEN – *Herausgabe von Informationen im Rahmen einer Due diligence*, GmbHR 2000, 176-180.

BRODMANN, ERICH – *Aktienrecht Kommentar*, 1928.

BRONDICS, KLAUS – *Die Aktionärsklage*, 1988.

BRÖNNER, HERBERT – *Kapitalerhöhung am Gesellschaftsmitteln/Die kleine Aktienrechtsreform*, 1961.

BRUNETTI, ANTONIO – *Trattato di diritto delle società*, 1, 2ª ed., 1948; 2 – *Società per azioni*, 1948; 3, 1950;
– *Riflessioni sulla società a responsabilità limitata*, RTDPC III (1949), 619-636.

BUCHDA, GERHARD – *Geschichte und Kritik der deutschen Gesamthandlehre*, 1936.

BUMBACHER, HANS FRANZ – *Die Aktie als Grundlage des* Stimmrechts, s/d, mas 1925.

BUONOCORE, VINCENZO (org.) – *Manuale di dirtto commerciale*, 6ª ed., 2005.

BUSANI, ANGELO – *La riforma delle società s.r.l./Il nuovo ordinamento dopo il D. lgs. 6/2003*, 2004.

BUSSOLETTI, MARIO – *Società semplice*, ED XLII (1990), 908-938.

CAEIRO, ANTÓNIO – *A exclusão estatutária do direito de voto nas sociedades por quotas* (1966), em *Temas de Direito das sociedades* (1984), 9-160;
– *Aumento de capital e acções próprias*, em *Temas de Direito das sociedades* (1984), 287-300;
– *O projecto de Código das Sociedades. Parte geral. Sociedades em nome colectivo*, RDE X/XI (1984/85), 53-86;
– *vide* CORREIA, ANTÓNIO FERRER.

CAETANO, MARCELLO – *As pessoas colectivas no novo Código Civil português*, O Direito 99 (1967), 85-110.

CÂMARA, PAULO – *O dever de lançamento de oferta pública de aquisição no novo código dos valores mobiliários*, em *Direito dos Valores Mobiliários* 2 (2000), 203-284;
– *Os modelos de governo das sociedades anónimas*, em *Estudos sobre a reforma do Código das Sociedades Comerciais*, 2007.

CANARIS, CLAUS-WILHELM – *Die Übertragung des Regelungsmodelle der §§ 125-130 HGB auf die Gesellschaft bürgerlichen Rechts als unzulässige Rechtsfortbildung contra legem*, ZGR 2004, 69-125;
– *vide* STAUB, HERMANN.

CANDEIAS, RICARDO – *Os gerentes e os actos de mero expediente*, ROA 2000, 243-282.

CANDIAN, AURELIO – *Riflessioni im tema di esclusione del socio*, em *Saggi di diritto* III (1949), 63-70.

CANNU, PAUL LE (org.) – *Code des sociétés*, 17ª ed., 2000;
– intr. a *Code des sociétés*, 17ª ed. (2000), 367.

CARATOZZOLO, ENRICO e outros – *Società per azioni/Azioni, società collegate e controllate, assemblee (artt. 2346-2379-ter c.c.)*, 2003.

CARDOSO, JOSÉ PIRES – *Problemas do anonimato* – II *Fiscalização das sociedades anónimas*, 1943.

CARDOSO, LOPES – *vide* SERRA, VAZ.

CARESTIA, ANTONIETTA e outros – *Società a responsabilità limitata (artt. 2462-2483 c.c.)*, 2003.

CARLOS, ADELINO DA PALMA (rel.) – *Regime de fiscalização das sociedades anónimas//Parecer*, ACC n.º 149 de 8 de Outubro de 1969 = CC/Pareceres (IX Legislatura) Ano de 1969 (1970), 897-947;
– *Posse: quotas sociais; embargos de terceiro/Parecer*, CJ VIII (1983), 5-9

CARVALHO, ARTUR DE MORAES – *Companhias de colonização*, 1903.

CARVALHO, FERNANDO MARTINS DE – *Amortização de quotas*, O Direito 69 (1937), 130-136;
– *Das firmas e denominações das sociedades*, 1939;
– *Amortização de cotas*, ROA 1 (1945) 1, 57-68.

CARVALHO, OLIVEIRA – *vide* SERRA, VAZ.

CARVALHO, TAVARES DE – *As minhas afirmações sobre firmas: depoimento sobre a razão de uma atitude*, 1943.

CARVALHO, TITO AUGUSTO – *As companhias portuguesas de colonização*, 1902.

CASCIO, GIOVANNI LO (org.) – *La riforma del diritto societario*, 2003;
– *vide* BERTUZZI, MARIO.

CASCIO, GIOVANNI LO e outros – *Società per azioni/Obbligazioni, bilancio, recesso, operazioni sul capitale (artt. 2410-2447 c.c.)*, 2003.

CASTRO, ARMANDO DE – *Sociedades anónimas*, DHP VI (1979), 51-53.

CASTRO, CARLOS OSÓRIO DE – *A contrapartida de aquisição de acções próprias*, RDES 1988, 249-272;
– *Valores mobiliários*, 2ª ed., 1998;
– *Acções preferenciais sem voto*, IDET/*Problemas de Direito das sociedades* (2002), 281-320.

CHAPUT, YVES – *Droit des sociétés*, 1993.

CHEVRIER, ÉRIC – *vide* RONTCHEVSKY, NICALAS.

CHIO, GIUSEPPE DI – *vide* COSTI, RENZO.

CHRISTIANS, WILHELM – *Der Aktionär und sein Stimmrecht*, AG 1990, 47-49.

CLAUSSEN, CARSTEN PETER – *vide* KRONSTEIN, HEINRICH.

COCO, GIOVANNI SILVIO/CORRENTI, VINCENZO – *Opzione nelle società per azioni*, ED, vol. XXX (1980), 573-583.

Code Civil da Dalloz, 105ª ed., 2006.

Code de commerce, 101ª ed. da Dalloz, 2006, org. RONTCHEVSKY, NICOLAS (colab. CHEVRIER, ÉRIC e PISONI, PASCAL) e 102ª ed., 2007.

Code de commerce/édition conforme à l'édition originale de l'impremerie impériale à laquelle ou a ajouté l'exposé des motifs, 1807.

Codice di commercio del Regno d'Italia preceduto dalla Relazione del Guardasigilli, ed. Casa Editrice E. Pietrocola, Nápoles, 1982.

Código das Sociedades (Projecto), BMJ 327 (1983), 43-339.

Código de Comercio, edición oficial, 1885.

Código dos Valores Mobiliários, 3ª ed., 2007.

COELHO, EDUARDO DE MELO LUCAS – *Formas de deliberação dos sócios*, em IDET/*Problemas de Direito das sociedades* (2002), 333-370;
– *Direito de voto dos accionistas nas assembleias gerais das sociedades anónimas*, 1987.

COELHO, JOSÉ GABRIEL PINTO – *As firmas e o Decreto n.° 19.638: Resposta ao Dr. Fernando Tavares de Carvalho*, 1943;
– *Usufruto de acções*, RLJ 90 (1957), 49-52, 64-67, 81-83, 97-100, 129-132, 161-163, 176-179, 193-195, 209-211, 224-229 e 241-243, 90 (1958), 257-259, 273-275. 289-291, 305-307, 321-323, 337-339, 353-355 e 369-370, e 91 (1958), 33-36, 49-51 e 65-67.

COELHO, LUÍS PINTO – *Da compropriedade no Direito civil português*, 1, 1939;
– *Lições de Direito comercial*, 1, 3ª ed. (1957

COELHO, MARIA ÂNGELA – *vide* CORREIA, ANTÓNIO FERRER;
– *vide* XAVIER, VASCO LOBO.

COHENDY, EM./DARRAS, ALCIDE – *Code de Commerce Annoté*, tomo I, 1903.

COING, HELMUT – *Europäisches Privatrecht/1500 bis 1800* – Band 1 – *Älteres Gemeines Recht*, 1985;
– *Europäisches Privatrecht/1800 bis 1914* – Band 2 – *19. Jahrhundert*, 1989;
– *vide* WAGNER, WOLFGANG.

Collecçaõ das Leys, Decretos e Alvarás/D. Maria I, s/d.

Collecçaõ das Leys, Decretos, e Alvarás, que comprehende o feliz reinado del Rey fidelíssimo D. José o I. nosso Senhor/Desde o anno de 1750 até o de 1760, e a Pragmatica do Senhor Rey D. Joaõ o V. do anno de 1749, tomo I, 1790.

COPPER, ROYER – *Traité theorique et pratique des sociétés anonymes*, 1, 3ª ed., 1925

CORDEIRO, ANTÓNIO MENEZES – *Direitos reais* 1, 1979;
– *Direito das obrigações*, 1980, reimp. 1994;
– *Da boa fé no Direito civil*, 1985, reimp. 2001;
– *Das publicações obrigatórias nos boletins de cotações das bolsas de valores: aspectos do regime do aumento de capital das sociedades anónimas por subscrição de novas acções*, O Direito 120 (1988), 341-370 = *Banca, bolsa e crédito/ /Estudos de Direito comercial e de Direito da economia*, 1 (1990), 103-133;
– *Ciência do Direito e metodologia jurídica nos finais do século XX*, 1989;
– *Manuais de Direito do trabalho*, 1990, reimp. 1996;
– *Da preferência dos accionistas na subscrição de novas acções: exclusão e violação*, ROA 1990, 345-362;
– *Da tomada de sociedades (takeover): efectivação, valoração e técnicas de defesa*, ROA 54 (1994), 761-777;
– *Ofertas públicas de aquisição*, ROA 56 (1996), 499-533;
– *Da responsabilidade civil dos administradores das sociedades comerciais*, 1997;
– *OPAs estatutárias*, ROA 1998, 133-145;
– *Da constitucionalidade das aquisições tendentes ao domínio total (artigo 490.°, n.° 5, do Código as Sociedades Comerciais)*, BMJ 480 (1999), 5-30;
– *Da posse: perspectivas dogmáticas actuais*, 3ª ed., 2000;
– *Acções preferenciais sem voto*, ROA 2000, 1001-1056;
– *Manual de Direito Comercial*, 2ª ed., 2007;
– *Regime português do euro: um anteprojecto*, RFDUL 2001, 515-531;
– *Tratado de Direito civil português* I/2, 2ª ed., 2002;
– *Da compensação no Direito civil e no Direito bancário*, 2003;
– *Tratado de Direito civil português* I/3, 2ª ed., 2007;
– *Manual de Direito das sociedades* 1, 2004;
– *O levantamento da personalidade colectiva*, 2004;

– *13ª Directriz do Direito das sociedades (ofertas públicas de aquisição)*, ROA 64 (2004), 97-111;
– *Tratado de Direito civil português* I/1, 3ª ed., 2005;
– *Tratado de Direito civil português* I/4, 2005;
– *Direito europeu das sociedades*, 2005;
– *Do Direito privado como Direito comum português*, O Direito 137 (2005), 9-36;
– *Aquisições tendentes ao domínio total: constitucionalidade e efectivação da consignação em depósito (artigo 490.º/3 e 4 do Código das Sociedades Comerciais)*, O Direito 2005, 446-463;
– *Introdução ao Direito da insolvência*, O Direito 2005, 465-506;
– *Manual de Direito bancário*, 3ª ed., 2006;
– *A lealdade no Direito das sociedades*, ROA2006, 1033-1065;
– *Evolução do Direito europeu das sociedades*, ROA 2006;
– *Regulação económica e supervisão bancária*, O Direito 138 (2006), 245-276;
– *SA: assembleia geral e deliberações sociais*, 2007;
– *vide* LEITÃO, LUÍS MENEZES.

CORDEIRO, MARQUES – *vide* MENDES, EVARISTO.

CORREIA, ANTÓNIO FERRER – *Amortização e cessão de quotas*, anotação a STJ 20-Jun.-1943 (MAGALHÃES BARROS), RDES 1 (1945-46), 53-75;
– *Sociedades fictícias e unipessoais*, 1948;
– *Pessoas colectivas/Anteprojecto de um novo Código Civil*, BMJ 67 (1957), 247-281;
– *O problema das sociedades unipessoais*, BMJ 166 (1967), 183-217;
– *Lei das sociedades comerciais (Anteprojecto)/Disposições gerais*, BMJ 185 (1969), 25-81;
– *Direito comercial* 1, 1973;
– *Discurso na posse dos Presidentes das Comissões encarregadas da reforma do Código Civil, do Processo Civil, Penal, de Processo Penal e Comercial, em 10-Jan.-1977*, BMJ 263 (1977), 25-34;
– *A sociedade por quotas de responsabilidade limitada segundo o Código das Sociedades Comerciais*, em *Temas de Direito comercial e de Direito internacional privado* (1989), 123-169 = ROA 1987, 659-700;
– *Estudos preparatórios inéditos*, transcrito em PIRES DE LIMA/ANTUNES VARELA, *Código Civil Anotado*, 2, 4ª ed., 1997, 288;
– *vide* ANTUNES, JOSÉ ENGRÁCIA;
– *vide* MAIA, PEDRO.

CORREIA, ANTÓNIO FERRER/XAVIER, VASCO LOBO/COELHO, MARIA ÂNGELA/CAEIRO, ANTÓNIO A. – *Sociedades por quotas de responsabilidade limitada/Anteprojecto de lei – 2ª redacção e exposição de motivos*, RDE 3 (1977), 153-224 e 349-423 e RDE 5 (1979), 111-141 e 142-200.

CORREIA, FRANCISCO ANTÓNIO – *História Económica de Portugal* 1 (1929) e 2 (1930).

CORREIA, LUÍS BRITO – *Direito Comercial*, 2, 1986;

– *Os administradores de sociedades anónimas*, 1991;
– *vide* VENTURA, RAÚL.

CORRENTI, VINCENZO – *vide* COCO, GIOVANNI SILVIO.

CORSI, FRANCESCO – *vide* FERRARA JR., FRANCESCO.

CORTE-REAL, CARLOS PAMPLONA – *Dos suprimentos nas sociedades comerciais*, 1967.

COSACK, KONRAD – *Eingene Aktien als Bestandteile des Vermögens einer Aktiengesellschaft*, 1907.

COSTA, RICARDO ALBERTO SANTOS – *Algumas considerações a propósito do regime jurídico da sociedade por quotas unipessoal*, em *Estudos dedicados ao Prof. Doutor Mário Júlio de Almeida Costa* (2001), 1227-1298;
– *A sociedade por quotas unipessoal no Direito português*, 2002;
– *As sociedades unipessoais*, em IDET/*Problemas do Direito das sociedades* (2002), 25-63.

COSTANZO, PAOLO/GAZZANI, MASSIMO/NOVATI, FRANCESCA – *Le società/Commento al D. lgs. 6/2003*, 2003.

COSTI, RENZO/CHIO, GIUSEPPE DI – *Società in generale/Società di persone/Associazioni in partecipazione*, 2ª ed., 1980.

COTTINO, GASTONE – *Società (diritto vigente): società per azioni*, NssDI XVII (1970), 570-670;
– *Diritto commerciale*, I/2, *Le società*, 2ª ed., 1987;
– *Il diritto che cambia: dalle compagnie coloniali alla grande società per azioni*, RTDPC XLIII (1989), 493-502.

COURET, ALAIN – *Le développement du droit préférentiel de souscription de l'actionnaire en droit comparé*, Revue des Sociétés, 1979, 505-519.

CRUZ, BRANCA MARTINS DA – *Assembleias gerais nas sociedades por quotas*, 1987.

CUNHA, CAROLINA – *A exclusão de sócios (em particular nas sociedades por quotas)*, em IDET/*Problemas do Direito das sociedades* (2003), 201-233.

CUNHA, PAULO (rel.) – *Fiscalização das sociedades anónimas/Parecer*, DSess n.° 19, de 12-Mar.-1943, 172-194;
– *Teoria Geral do Direito Civil/Apontamentos inéditos das lições*, 1971/1972, 26ª aula teórica em 20-Jan.-1972.

CUNHA, PAULO OLAVO – *Os direitos especiais nas sociedades anónimas: as acções privilegiadas*, 1993;
– *Direito das sociedades comerciais*, 2ª ed., 2006.

DAGEVILLE, M. G. F. – *Code de commerce expliqué par la jurisprudence*, 1828.

DALMARTELLO, ARTURO – *L'esclusione del soci delle società commerciali*, 1939.

DALSACE, A. – *L'administration et la direction des sociétés anonymes et le projet de loi sur les sociétés commerciales*, RTDComm XVIII (1965), 13-22.

DAMMACCO, R./DAMMACCO, S. – *Le società di persone* (1995

DAMMACCO, S. – *vide* DAMMACCO, R..

DANIELCIK, HANS PETER – *Aktiengesetz/Gesetz über Aktiengesellschaften und Kommanditgesellschaften auf Aktien*, 1937.

DARRAS, ALCIDE – *vide* COHENDY, EM..

DAVID, F. – *La réforme de la législation des sociétés par actions d'après les enseignements du droit comparé*, RGDComm 3 (1940), 496, 501 e 506.

DAVID, RENÉ – *La protection des minorités dans les sociétés par actions*, 1929.

DELANGLE, M. – *Des sociétés commerciales/Commentaire du titre III, livre 1 du code de commerce* 1, 1843.

DELEBECQUE, PHILIPPE – *vide* DUTILLEUL, FRANÇOIS COLLART.

DELITALA, GIACOMO – *I reati concernenti le società di commercio e la legge Rocco del 1930,* RDComm 1931, 1, 176-185.

DELMOTTE, G. – *Les actions à dividende prioritaire sans droit de vote*, JNot 1978, 1533-1553

DELVINCOURT – *Institutes de Droit Commercial Français*, 2.° vol., 1825, reimp. 1834.

DENOZZA, FRANCESCO – *vide* JAEGER, PIER GIUSTO.

DERLEDER, PETER – *vide* FRISCH, STEFAN.

DIAS, ANTÓNIO SILVA – *Financiamento de sociedades por emissão de obrigações*, 2002.

DIDIER, PAUL – *Droit commercial* – Tomo 2 – *Les entreprises en société*, 1993.

DIEKMANN – *vide* MARSCH-BARNER, REINHARD.

DOMINGUES, PAULO DE TARSO – *Do capital social/Noção, princípios e função*, 2ª ed., 2004; – *Capital e património sociais, lucros e reservas*, em PEDRO MAIA e outros (org.), *Estudo de Direito das sociedades*, 7ª ed. (2005), 129-177.

DOSSETTO, MARIO – *Teoria della comunione/Studi sulla comunione dei diritto reali*, 1948.

DREHER, MEINRAD – *Treupflichten zwischen Aktionärs und Verhaltenspflichten bei Stimmrechtsbündelung*, ZHR 157 (1993), 150-171.

DROUETS, GEORGES – *La société à responsabilité limitée (Commentaire de la Loi du 7 Mars 1925)*, 1925.

DUARTE, INNOCENCIO DE SOUSA – *Diccionario de Direito Commercial*, 1880.

DUARTE, RICARDO TEIXEIRA – *Commentario ao titulo XII, parte I, livro II do Codigo Com-*

mercial Portuguez que se inscreve nas Companhias, Sociedades e Parcerias Commerciais, 1872.

DUARTE, RUI PINTO – *Suprimentos, prestações acessórias e prestações suplementares*, em *Problemas de Direito das sociedades* (2002), 257-280.

DUCOULOUX-FAVARD, CLAUDE – *Évolution du droit des sociétés et de l'entreprise en France au cours des cinq dernières années*, RS 34 (1989), 817-855 ;
– *Trente années d'influence du droit communautaire sur le droit français des sociétés*, RS 1995, 649-658.

DÜLFER, EBERHARD – *Die Aktienunternehmung/Eine betriebswirtschaftlich-morphologische Betrachtung der Aktiengesellschaft und ihrer Ordnungsprobleme in Hinblick auf eine Reform des Aktienrechts*, 1962.

DUPICHOT, JACQUES – *vide* JUGLART, MICHEL DE.

DUPIN, AINÉ – *vide* POTHIER, ROBERT JOSEPH.

DÜRINGER, A./HACHENBURG, M. – *Das* Handelsgesetzbuch, 1899.

DUTILLEUL, FRANÇOIS COLLART/DELEBECQUE, PHILIPPE – *Contrats civils et commerciaux*, 4ª ed., 1998.

DYHRENFURTH, RICHARD – *vide* ALEXANDER-KATZ, HUGO.

EBBING, FRANK – no MICHALSKI/*Kommentar* 1.

EBERING, MICHAEL – *vide* HERZIG, NORBERT.

EHRENBERG, VICTOR – *vide* REHME, PAUL.

EICH, BERNHARD – *Kreditbeschaffung durch Wandelsschuldverschreibungen*, NJW 1965, 239-241.

ENDERMANN, WILHELM – *Das Recht der Aktiengesellschaften, der Kommanditgesellschaften auf Aktien und der Genossenschaften*, 2ª ed., 1861;
– *Handbuch des deutschen Handels-, See- und Wechselrechts* I – *Die Personen des* Handelsrechts, 1881;
– *vide* LASTIG, GUSTAV.

ENGLÄNDER, KONRAD – *Die regellmässige Rechtsgemeinschaft*, I – *Grundlegung*, 1914.

ENSTHALER, JÜRGEN/FAHSE, HERMANN – *IHG/KG/Stille Gesellschaft/Kompaktkommentar zu der §§ 105 bis 237 HGB*, 2002.

Entwurf eines Gesetzes betreffend die Kommanditgesellschaften auf Aktien und die Aktiengesellschaften nebst Begründung und Anlage, 1883.

Entwurf eines Handelsgesetzbuchs/Amtliche Ausgabe, 1896.

ESCARRA, JEAN – *Cours de Droit Commercial*, 1952.

ESSER, FERDINAND – *vide* ESSER, ROBERT.

ESSER, ROBERT – *Das Reichgesetz betreffend die G.m.b.H.*, 1902.

ESSER, ROBERT/ESSER, FERDINAND – *Die Aktiengesellschaft nach den Vorschriften des Handelsgesetzbuchs vom 10. Mai* 1897, 3ª ed., 1907.

FAHSE, HERMANN – *vide* ENSTHALER, JÜRGEN.

FARINHA, JOÃO DE DEUS PINHEIRO – *Código Comercial Português (Breves notas de legislação, jurisprudência e doutrina)*, 1963.

FASTRICH, LORENZ – *vide* HUECK, ALFRED.

FECHNER, ERICH – *Die Treubindungen des Aktionärs/Zugleich eine Untersuchung über das Verhältnis von Sittlichkeit, Recht und Treue*, 1942.

FELDHAUS, HEINER – *Die Eignung zur erheblichen Kursbeeinflussung bei der Ad-hoc-Publizität/Eine vergleichendende und interdisziplinäre Untersuchung unter Berücksichtigung der europarechtlichen Vorgaben*, 2003

FERNANDES, LUÍS A. CARVALHO – *Teoria geral do Direito civil* 1, 3ª ed., 2001.

FERRARA JR., FRANCESCO/CORSI, FRANCESCO – *Gli imprenditori e le società*, 1ª ed., 1987, 9ª ed., 1994, 12ª ed., 2001, 13ª ed., 2006.

FERREIRA, JOSÉ DIAS – *Codigo Civil Annotado*, 2, 2ª ed., 1895.

FERRI, G. – *Manuale di diritto commerciale*, 5ª ed., 1983.

FIGUEIREDO, LUÍS FILIPE C. BARROS – *O contrato de suprimento nas sociedades por quotas*, 1989.

FIKENTSCHER, WOLFGANG/HEINEMANN, ANDREAS – *Schuldrecht*, 10ª ed., 2006.

FISCHER, HANS-PETER/PICKERT, RALF – *Die Versammlungsleitung*, em JOHANNES SEMLER/ /RÜDIGER VOLHARD, *Arbeitshandluch für die Hauptversammlung*, 2ª ed., 2003.

FLEISCHER, HOLGER – *Leitungsaufgabe des Vorstands*, em FLEISCHER (publ.), *Handbuch des Vorstandsrechts* (2006), 1-38.

FLEISCHER, HOLGER (org.) – *Handbuch des Vorstandsrechts*, 2006.

FLEISCHER – *vide* KORT, MICHAEL.

FLUME, WERNER – *Gesellschaft und Gesamthand*, ZHR 136 (1972), 177-207.

FONSECA, MANUEL BAPTISTA DIAS DA – *vide* SOUTO, ADOLPHO DE AZEVEDO.

FOURNEL, M. – *Code de commerce acompagné de notes et observations*, 1819.

FRANÇA, MARIA AUGUSTA – *Direito à exoneração*, em FDL/CEJ, *Novas perspectivas do Direito comercial* (1988), 205-227.

FRÄNKEL, FRANZ – *Die Gesellschaft mit beschränkter Haftung/Eine volkswirtschaftliche Studie*, 1915.

FRANKENBURGER, HEINRICH – *Handelsgesetzbuch für das Deutsche Reich,* 4ª ed., 1914.

FRANK-FAHLE, GUENTHER – *Die Stimmrechtsaktie*, 1923.

FREITAG, ANGELIKA – *vide* HAPP, WILHELM.

FREYMUTH, A. – *Die GmbH in der Rechtsprechung der deutschen Gerichte von 1916 bis 1924*, 3 vol., 1925.

FRISCH, STEFAN – em PETER DERLEDER/KAI-OLIVER KNOPS/HEINZ GEORG BAMBERGER, *Handbuch zum deutschen und europäischen Bankrecht*, 2004.

FROHNER, GÜNTHER – *Aktiensonderdepot und* Legitimationsübertratung, 1929.

FURTADO, J. PINTO – *Código Comercial Anotado* – I/*Artigos 1.° a 150.°*, 1975;
– *Código Comercial Anotado* – II/*Das sociedades em especial*, tomo I – *Artigos 151.° a 178.°*, 1979;
– *Curso de Direito das sociedades*, 5ª ed., 2004;
– *Deliberações dos sócios*, 2005.

GAISER, ANJA SOFIA – *Die Freistellung geringfügig beteiligter Gesellschafter von der Ausfellhaftung nach § 24 GmbHG im Rahmem einer Kapitalerhöhung*, GmbHR 1999, 210-217.

GALGANO, FRANCESCO – *Società (diritto privato)*, ED XLII (1990), 865-883;
– *Diritto civile e commerciale*, vol. III, tomo 2, 1990;
– *Diritto civile e comerciale*, III – *L'impresa e le società*, 1 – *L'impresa, le società in genere. Le società di persone*, 4ª ed., 2004.

GALLESIO-PIUMA, MARIA ELENA/POLLERI, VITTORIO – *Elementi di diritto commerciale*, 2ª ed., 1996.

GANGI, CALOGERO – *vide* BOLAFFIO, LEONEL.

GASTAMINZA, EDUARDO MARIA VALPUESTA – *La sociedad nueva empresa*, 2004.

GAZZANI, MASSIMO – *vide* COSTANZO, PAOLO.

GEENS, KOEN – *Le conseil d'administration dans le système moniste belge*, em *L'organisation du pouvoir dans la société anonyme* (2004), 25-52.

GEHRLEIN, MARKUS – *Ausschluss und Abfundung von GmbH-Gesellschaftern*, 1997.

GEILER, KARL – *Die wirtschaftlichen Strukturwandlungen und die Reform Aktienrechts*, 1927.

GELPCKE, W. – *Die Handelsgesellschaft als juristische (moralische) Person*, em *Zeitschrift für Handelsrecht*, 2, 1852.

GEORGES, EMMANUEL – *Essai de généralisation d'un droit de retrait dans la société anonyme*, 2005

GEPKEN-JAGER, ELLA/SOLINGE, GERARD VAN/TIMMERMANN, LEVINUS – *VOC 1602-2002/400 years of Company Law*, 2005.

GERALDES, ANTÓNIO SANTOS ABRANTES – *Temas da responsabilidade civil* – vol. II – *Indemnização dos danos reflexos*, 2005.

GERKAN, HARTWIN VON/HOMMELHOFF, PETER – *Handbuch des Kapitalersatzrechts*, 2ª ed., 2002.

GESSLER – *vide* HEFERMEHL, WOLFGANG.

GHIDINI, MARIO – *Estinzione e nullità della società commerciale*, 1937.

GIEZENDANNER, PAUL – *Die Vertretung der Arbeitnehmer in den Organen der Aktiengesellschaft*, 1925.

GMÜR, RUDOLF – *Die Emder Handelscompagnien des 17. und 18. Jahrhunderts*, FS Westermann (1974), 167-197.

GODDE, GEORGES – *De la responsabilité des administrateurs de sociétés anonymes en droit français et en droit* étranger, 1912.

GODIN/WILHELM – *Aktiengesetz* I, 4ª ed., 1971.

GOETTE, WULF – *Aktuelle GmbH-Rechtsprechung: Kapitalaufbringung und Kapitalschutz in der GmbH*, 2004.

GOLDMANN, SAMUEL – *Das Handelsgesetzbuch* I, 1901;
– *Das Handelsgesetzbuch vom 10. Mai* 1897, 1905.

GOLDSCHMIDT, FRIEDRICH – *Die Aktiengesellschaft/Handelsgesetzbuch § 178 bis §* 319, 1927;
– *Das neue Aktienrecht*, 1932.

GOLDSCHMIDT, LEVIN – *Handbuch des Handelsrechts*, Teil A, *Universalgeschichte des Handelsrechts*, 1891, 2ª reimp. 1973.

GOMES, FÁTIMA – *Obrigações convertíveis em acções*, 1999.

GOMES, J. J. VEIGA – *Sociedades anónimas (uma perspectiva de direito económico)*, 1981.

GOMES, JANUÁRIO – *Assunção fidejussória de dívida/Sobre o sentido e o âmbito da vinculação do fiador*, 2000.

GONÇALVES, A. LUÍS – *Exercício do direito de preferência pelos sócios de uma sociedade por quotas na cessão de uma das quotas*, RDES XXXVII (1995), 89-93.

GONÇALVES, LUIZ DA CUNHA – *Comentário ao Código Comercial Português*, vol. I, 1914;
– *Tratado de Direito civil* 7, 1933.

GOTTSCHALK, HELLMUT – *Die Lehren aus den Aktienskandalen der Nachkriegszeit*, 1934.

GOUGET, CHARLES – *La responsabilité civile des administrateurs de Sociétés Anonymes après la loi du 16 Novembre 1940*, 1943.

GOURLAY, PIERRE-GILLES – *Le conseil d'administration de la société anonyme/Organisation et fonctionnement*, 1971.

GOZARD, GILLES – *La responsabilité du président du Conseil d'Administration des Sociétés par Actions depuis la loi du 16 Novembre 1940*, 1941.

GRALHEIRO, JOÃO CARLOS – *Da usucapibilidade das quotas sociais*, ROA 1999, 1137-1152.

GRASSL, BERND – *Die Finanzierung öffentlicher Übanahmetransaktionen und die besondere Rolle sachverständiger Dritter während des Angebotsverfahrens*, 2003

GRAZIANI, ALESSANDRO – *Sopraprezzo delle azioni e diritto di opzione,* Riv. Soc. VI (1961), 51-64.

GREGORIO, ALFREDO DE – *Delle società e delle associazioni commerciali*, 1938.

GROSSFELD, BERNHARD – *Aktiengesellschaft, Unternehmenskonzentration und Kleinaktionär*, 1968.

GRUNDMANN, STEFAN – *Europäisches Gesellschaftsrecht*, 2004.

GRUNDMANN, STEFAN/MÖSLEIN, FLORIAN – *Die Golden Aktie und der Markt für Unternehmenskontrolle im Rechtsvergleich/insbesondere Staatskontrollrechte, Höchst- und Mehrfachstimmrechte sowie Übernahmeabwehrmassnahmen*, ZvglRW 2003, 289-345.

GRUNEWALT, BARBARA – *Einsichts- und Auskunftsrecht des GmbH-Gesellschafters nach neuem Recht*, ZHR 146 (1982), 211-237.

GRZIWOTZ, HERBERT – no *Münchener Handbuch des Gesellschaftsrechts*, 3 – *Gesellschaft mit beschränkter Haftung*, 2ª ed., 2003.

GUERRERA, FABRIZIO – *Società in nome collettivo*, ED XLII (1990), 938-961.

GUISAN, FRANÇOIS – *La notion de gesamte Hand ou de conjonction appliquée à la société en nom collectif*, 1905.

GUSTAVUS – *Die Neuregelung im Gesellschaftsrecht nach dem Regierungsentwurf eines Handelsrechtreformgesetzes*, GmbHR 1998, 17-22.

GÜTERBOCK, KARL – *Zur Geschichte des Handelsrechts in England*, ZHR 4, 1861.

GUYON, YVES – *Droit des affaires*/I, 7ª ed., 1992;
– *Die Société par Actions Simplifiée (SAS) – eine neue Gesellschaftsform in Frankreich*, ZGR 1994, 551-569.

HABERMEIER – *vide* STAUDINGER.

HABERSACK, MATHIAS – *Europäisches Gesellschaftsrecht*, 3ª ed., 2006.

HACHENBURG, MAX – *Staub's Kommentar zum Gesetz, betreffend die Gesellschaften mit beschränkter Haftung*, 3ª ed., 1909;
– *Gesetz betreffend die Gesellschaften mit beschränkter Haftung*, 7ª ed., 1979;
– *vide* DÜRINGER, A..

HALMBURGER, ALEXANDER – *vide* HÜTTSCHE,TOBIAS.

HAMIAUT, MARCEL – *La réforme des sociétés commerciales/Loi n.° 66-537, du 24-Jul.-1966* II – *Les sociétés par actions*, 1966.

HAMMEN, HORST – *vide* KÜMPEL, SIEGFRIED.

HÄMMERLE, FERDINAND – *vide* KASER, MAX.

HAPP, WILHELM – no *Münchener Handbuch des Gesellschaftsrechts* I – *BGB-Gesellschaft – Offene Handelsgesellschaft – Partnerschaftsgesellschaft, Partenreederei – EWIN*, 2004;
– no *Münchener Handbuch des Gesellschaftsrechts* I – *BGB-Gesellschaft*, 2ª ed., 2004.

HAPP, WILHELM/FREITAG, ANGELIKA – *Die Mitternachtsstand' als Nichtigkeitsgrund?*, AG 1998, 493-497.

HAUSCHKA, CHRISTOPH E. – *vide* SCHIMMELPFENNIG, HANS CHRISTOPH.

HAUSSMANN, FRITZ – *Vom Aktienwesen und vom Aktienrecht*, 1928.

HAUSSMANN, HERMANN – *Die Gründung der Aktiengesellschaft/Zugleich ein Beitrag zur Lehre von der juristischen Konstruktion und zur Lehre von den juristischen* Personen, 1911.

HEFERMEHL, WOLFGANG – em GESSLER/HEFERMEHL, *Aktiengesetz* II, 1974.

HEIDER, KARSTEN – *Einführung der nennwertlosen Aktie in Deutschland anlässlich der Umstellung des Gesellschaftsrechts auf den Euro*, AG 1998, 1-10.

HEINEMANN, ANDREAS – *vide* FIKENTSCHER, WOLFGANG.

HEMMER, FRITZ – *Die Anwendung des Gesellschaftsrechts des BGB auf die offene Handelsgesellschaft*, 1927.

HENNERKES, BRUN-HAGEN/MAY, PETER – *Überlegung zur Rechtsformwandel im Familienunternehmen*, DB 1988, 483-489 e 537-542.

HENNRICHS, JOAQUIM – *Treupflichten im Aktienrecht/zugleich Überlegungen zur Konkretisierung der Generalklausel des § 1242 BGB sowie zur Eigenhaftung des Stimmrechtsvertreters*, AcP 195 (1995), 221-273.

HENSE, BURKHARD – *vide* MÜLLER, WELF;
– *vide* SCHMIEGELT, KARL-HEINZ;
– *vide* SCHWAIGER, HELMUT.

HENZE, HARTWIG – *Die Treupflicht im Aktienrecht*, BB 1996, 489-499;

– *Treupflichten der Gesellschafter im Kapitalgesellschaftrecht*, ZHR 162 (1998), 186-196.

HERBIG – *Die Massnahmen der Kapitalbeschffung im neuen Aktiengesetz*, JW 1937, 510-513.

HERFENHAHN, THEODOR – *Die offene Handelsgesellschaft (Artikel 85-149 des Allgem. Handelsgesetzbuchs)*, 1894.

HERGENHAHH, TH. – *Das Reichsgesetz betreffend die Kommanditgesellschaften auf Aktie und die Aktiengesellschaften von 18-Juli*-1884, 1891.

HERZIG, NORBERT/EBERING, MICHAEL – *Substanzsteuerlichen Folgen der Börseneinführung stimmrechtsloser Vorzugsaktien*, AG 1989, 221-230.

HOECHSTER, E. G./SACRÉ, AUGUSTE/OUDIN, LÉONEL – *Manuel de Droit Commercial français et étranger*, 1874.

HOFFMANN, DIETRICH/LIEBB, RÜDIGER – *Der GmbH-Geschäftsführer*, 2ª ed., 2000.

HOFFMANN, JOCHEN – no MICHALSKI/*Kommentar* 2.

HOFFMANN-BECKING, MICHAEL – no *Münchener Handbuch des Gesellschaftsrechts*, 4 – *Aktiengesellschaft*, 2ª ed., 1999.

HOFMEISTER, JÖRG – *Die Entwicklung des Gesellschafterwechsels im Recht der Personengesellschaften vom ALR bis zum ADHGB*, 2002.

HOHNER, GEORG – *Zur Beteiligung von Personengesellschaften an Gesellschaften*, NJW 1975, 718-720.

HOMMELHOFF, PETER – *Eigenkontrolle statt Stattskontrolle/Rechtsdogmatischer Überblick zur Aktienrechtsreform 1884*, em SCHUBERT/PETER HOMMELHOFF, *Hundert Jahre modernes Aktienrecht/Eine Sammlung von Texten und Quellen zur Aktienrechtsreform 1884 mit zwei Einführungen* (1985), 53-125;
– *vide* GERKAN, HARTWIN;
– *vide* LUTTER ;
– *vide* SCHUBERT, WERNER.

HOMMELHOFF, PETER/KLEINDICK, DETLEF – *Flexible Finanzierungsinstrument im GmbH-Recht*, FS GmbHG 1992, 421-445.

HÖPPNER, MARTIN – *Praxis des Aktienrechts/Rechte, Pflichten und Verantwortlichkeiten der* Beteiligten, 1935.

HOPT – *vide* BAUMBACH.

HUECK, ALFRED – *Vorzugsaktien und mehrfachen* Stimmrecht, 1922;
– *Der Treugedanke im Recht der offenen Handelsgesellschaft*, FS Hübner (1935), 72-91;
– *Der Treugedanke im modernen Privatrecht*, 1947;
– *Das Recht der offenen Handelsgesellschaft*, 2ª ed. (1951), 4ª ed., 1971;

– *Gedanken zur Reform des Aktienrechts und des GmbH-Rechts*, 1963;
– *vide* ZÖLLNER, WOLFGANG.

HUECK, ALFRED/FASTRICH, LORENZ – em ADOLF BAUMBACH/ALFRED HUECK, *GmbH-Gesetz*, 18ª ed. (2006), Introd.

HUECK, GÖTZ – *Der Grundsatz der gleichmässigen Behandlung im Privatrecht*, 1958;
– *Gesellschaftsrecht*, 18ª ed., 1983;
– *Vorgesellschaft*, em FS 100 Jahre GmbH-Gesetz (2002), 127-158.

HUECK, GÖTZ/WINDBICHLER, CHRISTINE – *Gesellschaftsrecht*, 20ª ed., 2003.

HUECK/FASTRICH, LORENZ – em BAUMBACH/HUECK, *GmbH-Gesetz*, 18ª ed., § 23.

HÜFFER, UWE – *Harmonisierung der aktienrechtlichen kapitalschutzes/Die Durchführung der Zweiten EG-Richtlinie zur Koordinierung des Gesellschaftsrechts*, NJW 1979, 1065-1070;
– *Die Gesellschaftsversammlung/Organ der GmbH oder blosses Beschlussverfahren?*, FS 100 Jahre GmbH-Gesetz (1992), 521-537.
– *Aktiengesetz*, 7ª ed., 2006.

HÜTER, MARIO – *Namensaktien, Internet und die Zukunft der Stimmrechtsvertretung*, AG 2001, 68-78.

HÜTTSCHE,TOBIAS/HALMBURGER, ALEXANDER – no *Münchener Handbuch* cit., 3, 2ª ed., § 56

IMMENGA, ULRICH – *Bindung von Rechtsmacht durch Treupflicht*, FS 100 Jahre GmbH-Gesetz (1992), 189-243.

Instituiçaõ da Companhia Geral do Graõ Pará, e Maranhaõ, 1755.

IPPOLITO, BENJAMIN – *vide* JUGLART, MICHEL DE.

JAEGER, GEORG – *Der Anstellungsvertrag des GmbH-Geschäftsführer*, 4ª ed., 2001.

JAEGER, PIER GIUSTO/DENOZZA, FRANCESCO – *Appunti di diritto commerciale – I – Impresa e società*, 2ª ed., 1992.

JEANTINS, MICHAEL – *Droit des sociétés*, 3ª ed., 1994.

JHERING – *Der Zweck im Recht*, 1, 4ª ed., 1904.

JILG, THOMAS – *Die Treupflichten des Aktionärs*, 1996.

JOLLY, JULIUS – *Das Recht der Actiengesellschaften*, ZdR 11 (1847), 317-449.

JOURDAIN – *vide* MALEPEYRE.

JUGLART, MICHEL DE/IPPOLITO, BENJAMIN – *Traité de Droit Commercial*, II vol. – *Les sociétés*, 2.° vol., 3ª ed., por EMMANUEL DU PONTAVICE/JACQUES DUPICHOT, 1982.

JUGLART, MICHEL DE/IPPOLITO, BENJAMIN/DUPICHOT, JACQUES – *Les sociétés commerciales*, 10ª ed., 1999.

JUSTINO, DAVID – *História da Bolsa de Lisboa*, 1994.

KAMINSKIK, KLAUS – *Nachschusspflichten*, 1965.

KÄMMERER, LUDWIG – *Die Rechtsnatur der offenen Handelsgesellschaft/Versuch einer Neubegründung*, NJW 1966, 801-806.

KARGER, FRITZ – *Emission von Aktien und Anleihen*, 1927.

KARL, GÜNTER – *Das Anskunfts- und Einsichtsrecht des GmbH-Geschäftsführers nach § 51a GmbHG*, DStR 1995, 940-944.

KASER, MAX – *Direito privado romano*, trad. SAMUEL RODRIGUES/FERDINAND HÄMMERLE, 1999.

KAYSER, PAUL – *Gesetz betreffend die Kommanditgesellschaften auf Aktien und die Aktiengesellschaften vom 18-Juli-*1884, 1884.

KESSELMEIER, BARBARA – *Ausschliessung- und Nachfolgeregelung in der GmbH-Satzung*, 1999.

KIEM, ROGER – *Die Stellung der Vorzugsaktionäre bei Unwandlungsmassnahmen*, ZIP 1997, 1627-1635.

KIESSLER, RICHARD – *Die Verantwortlichkeit der in dem Aufsichtsrat einer Aktiengesellschaft entsandten Betriebsratmitglieder*, 1928.

KINDLER, PETER – *Gemeinschaftsrechtliche Grenzen der Konzernhaftung in der Einmann-GmbH*, ZHR 157 (1993), 1-30.

KLAUSING, FRIEDRICH – *Gesetz über Aktiengesellschaften und Kommanditgesellschaften auf Aktien (Aktien-Gesetz)*, 1937.

KLEIN, FRANZ – *Die wirtschaftlichen und sozialen Grundlagen der Erwerbsgesellschaften*, 1914.

KLEINDICK, DETLEF – *vide* HOMMELHOFF, PETER.

KNÖPFEL, GOTTFRIED – *Die Treupflicht im Recht der GmbH*, 1954, polic..

KNOPS, KAI-OLIVER – *vide* FRISCH, STEFAN.

KOCH, DIRK – *Verantwortlichkeit von Wirtschaftsprüfern bei der Bewertung von Unternehmen vor einem Börsengang*, 2003.

KOEHLER, WALTER – *vide* KOENIGE, HEINRICH.

KOENIGE, HEINRICH/TEICHMANN, ROBERT/KOEHLER, WALTER – *Handausgabe des Handelsgesetzbuchs vom 10. Mai 1897*, 1929.

KOHLER, JOSEF – *Das Recht des Markenschutzes/mit Berücksichtigung ausländischer Gesetzgebungen u. mit bes. Rücksicht auf d. engl., angloamerikanische, franz., belgische u. italien. Jurisprudenz*, 1884;
– *Die offene Handelsgesellschaft als juristische Person*, ZHR 74 (1913), 456-461;
– *Nochmals die offene Handelsgesellschaft als juristische Person*, AbürglR 40 (1914), 229-261.

KOLLER, INGO – em INGO KOLLER/WULF-HENNING ROTH/WINFRIED MORCK, *Handelsgesetzbuch*, 5ª ed., 2005.

KONZEN, HORST – *Geschäftsführung, Weisungsrecht und Verantwortlichkeit in der GmbH und GmbH & Co KG*, NJW 1989, 2977-2987.

KOPP, HANS-JOACHIM – *Erwerb eigener Aktien/ökonomische Analyse vor dem Hintergrund von Unternehmenverfassung und Informationseffizienz des Kapitalmarktes*, 1996.

KOPPENSTEINER – em ROWEDDER/SCHMIDT-LEITHOFF, *GmbHG*, § 51c

KOPPENSTEINER, HANS-GEORG – *GmbH-Gesetz Kommentar*, 1994.

KORT, MICHAEL – *Zur Treupflicht des Aktionärs*, ZIP 1990, 294-297;
– *Vertretungs- und Geschäftsführungsbefugnis des Vorstands*, em FLEISCHER (publ.), *Handbuch des Vorstandsrechts* (2006), 39-95.

KOTTWITZ, HENNING VON – *Konfliktaustragung in der Zwei-Personen-GmbH*, 2003.

KPOPFF, BRUNO/SEMLER, JOHANNES – *Münchener Kommentar zum Aktienrecht*, 2ª ed., 2003-2005.

KRAFT, ALFONS/KREUTZ, PETER – *Gesellschaftsrecht*, 11ª ed., 2000.

KRIEBEL, HORST – *Mehr stimmrechtslose Vorzugsaktien?*, AG 1963, 175-178.

KRONSTEIN, HEINRICH/CLAUSSEN, CARSTEN PETER – *Publizität und Gewinnverteilung im neuen Aktienrecht*, 1960.

KUBALEK, JÖRG – *Die Stellungnahme der Zielgesellschaft zu öffentlichen Angeboten nach dem WgÜG*, 2006.

KÜBLER, FRIEDRICH – *Kodifikation und Demokratie*, JZ 1969, 645-651;
– *Gesellschaftsrecht*, 2ª ed., 1986, 5ª ed., 1999.

KÜBLER, FRIEDRICH/ASSMANN, HEINZ-DIETER – *Gesellschaftsrecht*, 6ª ed., 2006.

KÜHN, MANFRED – *Der Minderheitenschutz nach dem neuen Aktiengesetz*, BB 1965, 1170-1172.

KÜMPEL, SIEGFRIED – *Bank- und Kapitalmarktrecht*, 3ª ed., 2004.

KÜMPEL, SIEGFRIED/HAMMEN, HORST – *Borsenrecht/Eine systematische Darstellung*, 2003.

LABAND – *Dogmatik der Handelsgesellschaften*, ZHR 30 (1885), 469-532 e 31 (1885), 1-62.

LABAREDA, JOÃO – *Das acções das sociedades anónimas*, 1988;
– *A cessação da relação de administração*, em *Direito societário português* (1998), 65-166;
– *Sobre a deliberação de amortização de quotas*, em *Direito societário português/ /Algumas questões* (1998), 231-268;
– *Direito à informação* em IDET/*Problemas de Direito das sociedades* (2002), 119-151;
– *Posição do sócio alienante na deliberação sobre o pedido de consentimento para a cessão de quotas*, em *Estudos em Homenagem ao Prof. Doutor Raúl Ventura*, II (2003), 467-494.

LAMY – *Sociétés commerciales*, 1998.

LARENZ, KARL – *Zur Lehre von der Rechtsgemeinschaft*, JhJb 83 (1933), 108-177.

LASTIG, GUSTAV – *Beiträge zur Geschichte des Handelsrechts*, ZHR 24 (1879), 387-449;
– em W. ENDEMANN, *Handbuch des deutschen Handels-, See- und Wechselrechts* I – *Ein leitung*, 1 – *Die Personen des Handelsrechts* (1881), 343 ss..

LAUERMANN, HANS-ULRICH – *Gesellschafts- und zivilrechtliche Aspekte börslichen Insiderhandels*, 2003.

LAURIN, AUGUSTE – *Cours élémentaire de droit commercial*, 1888.

Lavori preparatorii del codice di commercio del Regno d'Italia, 2 volumes, 1883.

LEÃO, ANGELINA BARBOSA/VIEIRA, IVA CARLA – *Guia prático das assembleias gerais*, 2ª ed., 2005.

LEFEBVRE, JEAN – *Le président-directeur-général/Loi du 16 Novembre 1940*, 1941.

LEHMANN, KARL – *Die geschichtliche Entwicklung des Aktienrechts bis zum Code de Commerce*, 1895 ;
– *Entgegnung*, ZHR 74 (1913), 462-469;
– *Das Recht der Aktiengesellschaft*, 1.° vol., 1898, reimpr. 1964 ;
– *Aktienrechtsreform 1965*, 1965.

LEHR, ERNST – *Code de commerce portugais de 1888/traduit et annoté*, 1889.

Lei das sociedades por quotas de responsabilidade limitada acompanhada do relatório e proposta de lei e dos pareceres das comissões parlamentares, 1901.

LEITÃO, JOÃO DE MENEZES – *As obrigações de prestações acessórias nas sociedades por quotas*, 1989.

LEITÃO, LUÍS MENEZES – *Pressupostos da exclusão de sócio nas sociedades comerciais*, 1989;
– *Contrato de sociedade*, em MENEZES CORDEIRO (org.), *Direito das obrigações*, 3.° vol., 2ª ed. (1994);
– *Código da insolvência e da recuperação de empresas*, 3ª ed., 2006;
– *As medidas defensivas contra uma oferta pública de aquisição hostil*, O Direito 2006, 457-475.

LEITE, MÁRIO SANTOS – *Obrigações convertíveis. Alguns aspectos do seu regime jurídico*, RB 1991, 93-172.

LENZ, SUSANNE – *Die gesellschaftsbenannte Stimmrechtsvertretung (Proxy Voting) in der Hauptversammlung der deutschen Publikums-AG*, (2005).

LENZ, TOBIAS – no MICHALSKI/*Kommentar* 2, 51 ss..

Les cinq codes, Napoléon, de Procedure Civile, de Commerce, d'Instruction Criminelle, et Pénal, por T. D., (1811).

LEVAL, GEORGES DE – *vide* MARCHANDISE, PHILIPPE.

LIEBB, RÜDIGER – *vide* HOFFMANN, DIETRICH.

LIMA, PIRES DE – *vide* CORREIA, ANTÓNIO FERRER.

LIMA, PIRES DE/VARELA, ANTUNES – *Código Civil Anotado*, II vol., 4ª ed. (1997).

Loi n.° 66-537 du 24 juillet 1966 sur les Sociétés Commerciales, BMJ 169 (1967), 229-350 e 170 (1967), 287-359.

LOURENÇO JÚNIOR, JOSÉ – *vide* MAGALHÃES, BARBOSA DE.

LOURENÇO, SANTOS – *Das sociedades por cotas/Comentário à Lei de 11 de Abril de 1901* (s/d, mas 1926), 2 volumes

LUCARINI, LIDIA – *Art. 2441 Cod. Civ. 3ª comma: diritto di prelazione o diritto di opzione?*, RDComm LXXV (1977), I, 260-263.

LÜKE, OLAF – *Stock options/Ökonomische Grundlagen, Aktienrecht, Konzernrecht, Arbeitsrecht, Insiderrecht, Bilanzrecht, Steuerrecht*, 2004.

LUTTER, MARCUS – *Zur Treupflicht des Grossaktionärs*, JZ 1976, 225-233;
– *Zum Informationsrecht des Gesellschafters nach neuem Recht*, ZGR 1982, 1-14;
– *Europäisches Gesellschaftsrecht*, 2ª ed., 1984;
– *Die Entwicklung der GmbH in Europa und in der Welt*, FS 100 Jahre GmbH-Gesetz (1992), 49-83;
– *Das Girmes-Urteil*, JZ 1995, 1053-1056;
– *Treupflichten und ihre Anwendungsprobleme*, ZHR 162 (1998), 164-185.

LUTTER, MARCUS/BAYER, WALTER – em LUTTER/HOMMELHOFF, *GmbH-Gesetz Kommentar*, 16ª ed. (2004), § 11.

LUTTER, MARCUS/HOMMELHOFF, PETER – *GmbH-Gesetz Kommentar*, 16ª ed., 2004.

MACHADO, JOÃO BAPTISTA – *Pressupostos da resolução por incumprimento* (1979), em *Obra dispersa*, vol. I (1991), 125-193.

MACIEIRA, ANTÓNIO – *Do problema jurídico nacional/Sociedades anonymas/Inquilinato commercial/Direito marítimo*, GRLx 24 (1910), 153-154.

MAGALHÃES, J. M. VILHENA BARBOSA DE – rec. a VISCONDE DE CARNAXIDE, *Sociedades anonymas/Estudo theorico e pratico de direito interno e comparado* (1913), GRLx 27 (1913), 636-637;
– *Sociedades anónimas*, GRLx 27 (1913), 225-226;
– *Direito comercial*, por JOSÉ LOURENÇO JÚNIOR, 1936;
– *Usufruto de acções de partes e de quotas sociais*, ROA 1952, 45-90.

MAIA, PEDRO – *Função e funcionamento do conselho de administração da sociedade anónima*, 2002;
– *O presidente das assembleias de sócios*, em IDET/*Problemas do Direito das sociedades* (2002), 421-468;
– *Cessão de quotas*, no *Colóquio: Os quinze anos de vigência do Código das Sociedades Comerciais*, org. FERRER CORREIA (2003), 125-149;
– *vide* DOMINGUES, PAULO DE TARSO.

MAKOWER, H. – *Das allgemeine Deutsche Handelsgesetzbuch*, 1864.

MALEPEYRE/JOURDAIN – *Traité des Sociétés Commerciales/Accompagné d'un précis sur l'arbitrage forcé*, 1835.

MANARA, ULISSE – *Delle società e delle associazioni commerciali/Trattato teorico-pratico/Parte generale*, 1, 1902.

MANFEROCE, TOMMASO – *vide* BERTUZZI, MARIO.

MANGO, ENRICO – *Opzione (diritto di) (nelle società per azioni)*, NssDI/*Appendice*, vol. V (1986), 523-527.

MARCELO, PAULO LOPES – *A blindagem da empresa plurissocietária*, 2002.

MARCHANDISE, PHILIPPE – *Les assemblées générales, nouveaux lieux du pouvoir?*, em GEORGES DE LEVAL (intr.), *L'organisation du pouvoir dans la société anonyme* (2004), 119-201.

MARCOS, RUI MANUEL DE FIGUEIREDO – *A legislação pombalina*, BFD/Supl. XXXIII (1990), 1-314;
– *As companhias pombalinas/Contributo para a história das sociedades por acções em Portugal*, 1995.

MARGHIERI, ALBERTO – *Manuale del diritto commerciale italiano*, 2ª ed., 1902;
– *vide* BOLAFFIO, LEONEL.

MARKOWER, H./MARKOWER, F. – *Handelsgesetzbuch mit Kommentar*, 13ª ed., 1906.

MARTINEZ, PEDRO ROMANO – *A cessação do contrato* (2005

MARTINHO, ISIDORA BORGES – *As sociedades comerciais por quotas irregulares* (2001

MARTINS, ALEXANDRE SOVERAL – *O exercício de actividades concorrentes pelos gerentes de sociedades por quotas*, BFD LXXII (1996), 315-344;
– *Código das Sociedades Comerciais/Alterações introduzidas pelo Decreto-Lei n.°*

253/96, de 31 de Dezembro, em Revista Jurídica da Universidade Moderna I, 1 (1998), 305-318;
– *Os poderes de representação dos administradores de sociedades anónimas*, 1998;
– *Sobre o consentimento da sociedade para a cessão de quotas*, BFD/Volume comemorativo (2003), 673-688;
– Anotação a STJ(P), JU n.° 1/2002, CDP 2, Abril/Junho 2003, 26-28.

MATEUS, RAÚL – *vide* MENDES, EVARISTO.

MATOS, ALBINO DE – *Constituição de sociedades*, 5ª ed., 2001.

MATTHES, GOTTFRIED – *Aktienrecht/Gesetz über Aktiengesellschaft und Kommanditgesellschaften auf Aktien vom 30. Januar 1937*, 1937.

MAY, PETER – *vide* HENNERKES, BRUN-HAGEN.

MAZET, JEAN – *Évolution de la société anonyme, ses conséquences et la réforme du 16 Novembre 1940*, 1943.

MEDEIROS, JOÃO JACINTO TAVARES DE – *Commentario da Lei das Sociedades Anonymas de 22 de Junho de 1867*, 1886.

MEDEIROS, RUI – *vide* MIRANDA, JORGE.

MENDES, EVARISTO – anot. a STJ 25-Set.-1990 (MARQUES CORDEIRO), RDES XXXVI (1994), 192-198;
– anot. a STJ 7-Jan.-1993 (RAÚL MATEUS), RDES XXXVIII (1996), 283-364;
– *Lucros de exercício*, RDES 38 (1996), 283-364;
– *Direito ao lucro de exercício no CSC (Arts. 217/294)*, em *Estudos dedicados ao Prof. Doutor Mário Júlio de Almeida Costa* (2002), 487-543.

MENDES, JOÃO DE CASTRO – *Direito Civil* (*Teoria Geral*), 1.° vol., 1967.

MENDONÇA, JORGE RIBEIRO – *A tomada de sociedade através de oferta pública de aquisição*, RFDUL 2004, 47-81.

MENGONI, LUIGI – *Interesse sociale ed esclusione del diritto di opzione*, RDComm LIII (1955), II, 281-290.

MERLE, PHILIPPE – *Droit commercial/Sociétés commerciales*, 4ª ed., 1994; 10ª ed., 2005.

MERTENS, HANS-JOACHIM/STEIN, URSULA – *Das Recht des Geschäftsführers der GmbH*, 2ª ed., 1997.

MESTMÄCKER, ERNST-JOACHIM – *Verwaltung, Konzerngewalt und Rechte der Aktionäre/ /Eine Rechtsvergleichende Untersuchung nach deutschen Aktienrecht und dem Recht der Corporations in den Vereinigten Staaten*, 1958.

MEYER-LANDRUT – *vide* SCHMIDT, WALTER.

MICHALSKI, LUTZ – *Kommentar zum Gesetz betreffend die Gesellschaften mit beschränkter Haftung (GmbH)*, 2002;
– *vide* EBBING, FRANK;

– *vide* HOFFMANN, JOCHEN;
– *vide* LENZ, TOBIAS;
– *vide* NERLICH, JÖRG;
– *vide* RÖMERMANN, VOLKER.

MIGNOLI, ARIBERTO – *Idee e problemi nell'evoluzione della "company" inglesa*, RSoc V (1960), 633-684.

MILLER, NINA – *Das Haftungsrecht als Instrument der Kontrolle von Kapitalmärkten/Eine vergleichende Analyse*, 2003.

MIRANDA, GIL – *vide* OLAVO, FERNANDO.

MIRANDA, JORGE/MEDEIROS, RUI – *Constituição Portuguesa Anotada*,

MITTERMAIER – *Die Leistungen der Gesetzgebung, Rechtsprechung und Wissenschaft in Italien auf dem Gebiete des Handelsrechts*, ZHR 4 (1861), 327-340.

MÖHLE, FRITZ – *Die Personengesellschaft*, 1950.

MÖLLERS, THOMAS M. J./ROTTER, KLAUS – *Ad-hoc Publizität/Handbuch der Rechte und Pflichten von börsennotierten Unternehmen und Kapitalanlagern*, 2002.

MONTEIRO, ANTÓNIO PINTO – *Cláusula penal e indemnização*, 1990;
– *vide* PINTO, CARLOS ALBERTO DA MOTA.

MORCK, WINFRIED – *vide* KOLLER, INGO.

MOREIRA, GUILHERME – *Instituições do Direito civil português*, vol. I – *Parte geral*, 1907.

MOSER, ULRICH – *Kapitalersetzende Gesellschafterdarlehem bei der GmbH*, 1989.

MÖSLEIN, FLORIAN – *vide* GRUNDMANN, STEFAN.

MOSSA, LORENZO – *L'esclusione del socio della società di due soci*, RDComm (1915) II, 637-644 (639-640), em anotação a CAp Genova 11-Jan.-1915, *idem*, 637-644;
– *Per la società anonime italiana*, RDComm 1939, 1, 509-522;
– *Trattato del nuovo diritto commerciale/III – Società a responsabilità limitata*, 1953;
– *Trattato del nuovo diritto commerciale* – IV – *Società per azioni*, 1957.

MOSTHAF, OLIVER – *Die Reformen des Rechts der Gesellschaften mit beschränker Haftung*, 1994.

MOUTINHO, JOSÉ LOBO – *A responsabilidade do sócio em nome colectivo, em face do Código das Sociedades Comerciais*, DJ VI (1992), 172-250 e VII (1993), 83-137.

MÜLLER, KLAUS – *Schranken der Informationsrecht nach § 51a GmbHG*, GmbHR 1987, 87-94;
– *vide* SCHMIEGELT, KARL-HEINZ;
– *vide* SCHWAIGER, HELMUT.

MÜLLER, WELF/HENSE, BURKHARD – *Beck'sches Handbuch der GmbH*, 3ª ed., 2002.

MÜLLER-ERZBACH, RUDOLF – *Das deutsche Aktienwesen seit der* Inflationszeit, 1926;
– *Deutsches Handelsrecht*, 2ª e 3ª ed., 1928;
– *Umgestaltung der Aktiensgesellschaft zur Kerngesellschaft verantwortungsvoller Grossaktionäre/Entwicklung des Aktienrechts aus dem mitgliedschaftlichen Interesse/Zur Reform der Aktiengesellschaft und der Gesellschaft m. b. H.*, 1929.

MURAWO, MAXIMILIAN – *Die unrechte Vorgesellschaft im GmbH- und Aktienrecht*, 2006.

NAPOLITANO, ALESSANDRO – *vide* ASTOLFI, FULVIO.

NATTERER, JOACHIM – *Kapitalveränderung der Aktiengesellschaft, Bezugsrecht der Aktionäre und "sachlicher Grund"*, 2000.

NAVARRINI, UMBERTO – *Trattato elementare di diritto commerciale*, II, 5ª ed., 1937.

NAZZICONE, LOREDANA/PROVIDENDI, SALVATORI – *Società per azioni/Amministrazione e controlli (artt. 2380-2409-noviesdecies c.c.)*, 2003.

NERLICH, JÖRG – no MICHALSKI/*Kommentar* 2, 1702 ss.

NETO, ABÍLIO – *Sociedades por quotas/Notas e comentários*, 1977;
– *Código das Sociedades Comerciais*, 3ª ed., 2005.

NETTER, OSKAR – *Probleme des lebenden* Aktienrechts, 1929.

NOACK, ULRICH – *vide* ZÖLLNER, WOLFGANG.

NOBILI, RAFFAELE – *Il diritto d'opzione degli azionisti e i suoi limiti*, Riv. Soc. II (1957), 656-695;
– *Contributo allo studio del diritto di opzione nelle società per* azioni, 1958.

NORD, WALTHER – *Das Recht der Aktionäre auf* Mitverwaltung, 1927.

NOTO-SARDEGNA, G. – *Le società anonime*, 1908.

NOVATI, FRANCESCA – *vide* COSTANZO, PAOLO.

NUNES, ANTÓNIO AVELÃS – *O direito de exclusão de sócios nas sociedades comerciais*, 1968; existe uma reimp., de 2002.

NUNES, VICTOR SÉRGIO DE CASTRO – *As "operações acordeão" nas sociedades anónimas*, 2005.

NUSSBAUM, ARTHUR – *Aktionäre und* Verwaltung, 1928.

OBERHAMMER, PAUL – *Die offene Handelsgesellschaft im Zivilprozess*, 1998.

OLAVO, CARLOS – *Direitos e deveres dos sócios nas sociedades por quotas e anónimas*, CJ XI (1986) 5, 7-14;
– *A firma das sociedades comerciais e civis sob forma comercial*, em *Estudos em Homenagem ao Professor Doutor Raúl Ventura*, II (2003), 379-419.

OLAVO, FERNANDO – *Manual de Direito comercial* 1, 1964;
– *Sociedade em nome colectivo – Ensaio de anteprojecto*, BMJ 179 (1968), 15-37;
– *Direito comercial* 1, 2ª ed., 1970;
– *Alguns apontamentos sobre a reforma da legislação comercial*, BMJ 293 (1980), 5-22.

OLAVO, FERNANDO/MIRANDA, GIL – *Sociedade em comandita/Notas justificativas*, BMJ 221 (1972), 11-42, 223 (1973), 15-65 e 224 (1973), 5-79.

Ordenações Filipinas, Liv. IV, tit. XLIV = ed. Gulbenkian

OSENBERG, AXEL G. – *Wandelsschuldverschreibungen*, NJW 1965, 1364-1365.

PALANDT/SPRAU, HARTWIG – *BGB*, 66ª ed., 2007.

PALMA, VÍCTOR MANUEL GARRIDO DE (org.) – *Estudios sobre la sociedad de responsabilidad limitada*, 2004.

PECHMANN, WILHELM FREIHERR VON – *vide* PETERSON, JULIUS.

PECORELLA, CORRADO – *Società (diritto intermedio)*, ED XIII (1990), 860-865.

PEETZ, CARSTEN – *Voraussetzungen und Folgen der Einziehung von GmbH-Geschäftsanteilen/Gesellschafts- und steuerrechtliche Gesichtspunkte*, GmbHR 2000, 749-757.

PENTZ, ANDREAS – em ROWEDDER/SCHMIDT-LEITHOFF, *GmbHG*, 4ª ed., § 23;
– *Vorstand und Aufsichtsrat*, em FLEISCHER (publ.), *Handbuch des Vorstandsrechts* (2006), 531-591.

PERALTA, ANA MARIA – *Sociedades unipessoais*, em *Novas perspectivas do Direito comercial*, 1988.

PEREIRA, JOÃO AVEIRO – *O contrato de suprimento*, 2ª ed., 2001.

PEREIRA, MARIA DE LURDES – *vide* ALBUQUERQUE, PEDRO DE.

PERES, J. VIEIRA – *Acções preferenciais sem voto*, RDES 1998, 329-399.

PERTINARI, ALBERTO – *La cessione di quote di società commerciale*, 2ª ed., 1997;
– *La società a responsabilità limitata com socio único*, 1998.

PETERSON, JULIUS/PECHMANN, WILHELM FREIHERR VON – *Gesetz betreffend die Kommanditgesellschaften auf Aktien und die Aktiengesellschaften vom 18-Juli-1884*, 1890.

PIC, PAUL – *Traité général théorique et pratique de droit commercial: des sociétés commerciales* 1, 2ª ed., 1925.

PICKERT, RALF/RAPPERS, THOMAS – *Virtuelle Hauptversammlung*, em SEMLER/VOLHARD, *Arbeitshandluch für die Hauptversammlung*, 2ª ed., 2003.

PIEHLER, KLAUS/SCHULTE, NORBERT – no *Münchener Handbuch des Gesellschaftsrechts* I – *BGB-Gesellschaft*, 2ª ed., 2004.

PIMENTA, ALBERTO – *A nova lei alemã das sociedades por acções*, BMJ 175 (1968), 303-383, 176 (1968), 207-330 e 177 (1968), 269-393, com índice, 394-397;
– *A prestação das contas do exercício nas sociedades comerciais*, BMJ 200 (1970), 11-106, 201 (1970), 5-71, 202 (1971), 5-57, 203 (1971), 5-53, 204 (1971), 5-48, 205 (1971), 5-58, 207 (1971), 5-46 e 209 (1971), 5-36.

PIMENTEL, DIOGO PEREIRA FORJAZ DE SAMPAIO – *Projecto de Codigo de Commercio*, 1870;
– *Annotações ou synthese annotada do Codigo de Commercio* 2, 1875.

PIMENTEL, JOSÉ MANUEL MENÉRES – nota preambular ao *Código das Sociedades (Projecto)*, BMJ 327 (1983), 43-44.

PINA, CARLOS COSTA – *Dever de informação e responsabilidade pelo prospecto no mercado primário de valores mobiliários*, 1999.

PINNER, ALBERT – *Das Deutsche Aktienrecht/Kommentar zu Buch 2, Abschnitt 3 und 4 des Handelsgesetzbuchs vom 10. Mai* 1897, 1899.

PINTO, ALBERTO ALVES – *vide* SERRA, VAZ.

PINTO, ALEXANDRE MOTA – *Do contrato de suprimento/O financiamento da sociedade entre capital próprio e capital alheio*, 2002.

PINTO, CARLOS ALBERTO DA MOTA – *Teoria geral do Direito civil*, 4ª ed. por ANTÓNIO PINTO MONTEIRO E PAULO MOTA PINTO, 2005.

PINTO, PAULO MOTA – *vide* PINTO, CARLOS ALBERTO DA MOTA.

PIORRECK – *vide* BALSER.

PISONI, PASCAL – *vide* RONTCHEVSKY, NICALAS.

PITA, MANUEL ANTÓNIO – *Direito aos lucros*, 1989;
– *O regime da sociedade irregular e a integridade do capital social*, 2004.

PLATANIA, FERNANDO – *vide* BERTUZZI, MARIO.

PÖHLS, MENO – *Das Recht der Aktiengesellschaften mit besonderer Rücksicht auf Eisenbahnergesellschaften*, 1842.

POLLERI, VITTORIO – *vide* GALLESIO-PIUMA, MARIA ELENA.

PONTAVICE, EMMANUEL DU – *vide* JUGLART, MICHEL DE.

POTHIER, ROBERT JOSEPH – *Oeuvres contenant les traités de Droit français*, par AINÉ DUPIN, II (1831).

POZZO, BARBARA – *L'acquisto di azioni proprie/La storia di un problema in un'analisi di diritto comparato*, 2003.

PRIESTER, HANS-JOACHIM/SCHMIDT, KARSTEN – *Due GmbH-Novelle/Konsequenzen für die Praxis*, 1980.

Projecto de Decreto Regulamentar da Lei n.° 1:995, BMJ 25 (1951), 157-195.

PROSS, HELGE – *Manager und Aktionäre in Deutschland/Untersuchung zum Verhältnis von Eingentum und* Verfügungsrecht, 1965.

PROTÁSIO, CÉLIA MARIA DE JESUS – *Sociedade por quotas de responsabilidade limitada: sociedades de pessoas ou de capital?*, 1988.

QUASSOWSKI – *vide* SCHLEGELBERGER.

QUASSOWSKI, LEO – *vide* SCHLEGELBERGER, FRANZ.

RACUGNO, GABRIELE – *Società a responsabilità limitata*, ED XLII (1990), 1042-1071; – *Società a responsabilità limitata*, GiurComm I (1990), 577-622.

RAISCH, PETER – *Geschichtliche Voraussetzungen, dogmatische Grundlagen und Sinnwandlung des Handelrechts*, 1965.

RAISER, THOMAS – *Gesamthand und juristische Person im Licht des neuen Umwandlungsrechts*, AcP 194 (1994), 494-512.

RAISER, THOMAS/VEIL, RÜDIGER – *Recht der Kapitalgesellschaften*, 4ª ed., 2006.

RANGEL, RUI – *A vinculação das sociedades anónimas*, 1998.

RAPPERS, THOMAS – *vide* PICKERT, RALF.

RASCH, HAROLD – *Richtige und falsche Wege der Aktienrechtsreform/Der Regierungsentwurf eines neuen Aktiengesetzes*, 1960.

RECKINGER, GABRIELE – *Vorzugsaktien in der Bundesrepublik*, AG 1983, 216-222.

REHME, PAUL – em VICTOR EHRENBERG (publ.), *Handbuch des gesamten Handelsrechts*, 1 (1913), 167.

REI, RAQUEL – *A justa causa no contrato de mandato*, inédito.

REICH, NORBERT – *Die Entwicklung des deutschen Aktienrechtes im neunzehnten Jahrhundert*, IC 2 (1969), 239-276.

REICHERT, JOCHEM/SCHLITT, MICHAEL – *Die Einberufung*, em SEMLER/VOLHARD, *Arbeitshandbuch für die Hauptversammlung*, 2ª ed., 2003.

REINHARDT, RUDOLF/SCHULTZ, DIETRICH – *Gesellschaftsrecht/Ein Lehrburch*, 2ª ed., 1981.

REIS, JOSÉ ALBERTO DOS – *Código Comercial actualizado e Código de falências*, 1936; – *Jurisprudência crítica sobre processo civil* II – *Legitimidade das partes*, RLJ 81 (1948), 203-206.

RENAUD, ACHILLES – *Das Recht der Aktiengesellschaften*, 2ª ed., 1875.

Reportorio commercial para uso e commodidade não só de jurisconsultos mas de negociantes, seguradores, capitães de navios e mais pessoas que se empregam no Commercio, 1844.

RESCIGNO, PIETRO (org.) – *Codice civile*, 3ª ed., 1997; 4ª ed., 2003; 5ª ed., II, 2003; 6ª ed., 2006.

REUFELD, HANS/SCHWARZ, OTTO – *Handelsgesetzbuch ohne* Seerecht, 1931.

REUTER, ALEXANDER – *§ 51a GmbHG – Quo vadis?*, BB 1986, 1653-1660.

RIBEIRO, AURELIANO STRECHT – *Código Comercial Português actualizado e anotado*, I, 1939.

RICCI, PAOLO – *vide* ASTOLFI, FULVIO.

RICHTER, WOLFGANG – *Ort der Hauptversammlung*, em SEMLER/VOLHARD, *Arbeitshandbuch für die Hauptversammlung*, 2ª ed. (2003), § 7.

RICKEL, AUGUST – *Der Einfluss wirtschaftlicher Vorgänge auf die Ausgestaltung des deutschen Aktienrechts*, 1935.

RING, VIKTOR – *Das Reichsgesetz betreffend die Kommanditgesellschaften auf Aktien und die Aktiengesellschaften vom 18-Juli-1884*, 2ª ed., 1893.

RING, VIKTOR/SCHACHIAN, HERBERT – *Die Praxis der Aktiengesellschaft*, 1929.

RIPERT, GEORGES/ROBLOT, RENÉ – *Traité de Droit Commercial*, II, 15ª ed., 1993.

ROBLOT, RENÉ – *vide* RIPERT, GEORGES.

ROCHA, COELHO DA – *Instituições de Direito civil portuguez*, 3ª ed., 1846 = 8ª ed., 1917, II.

ROCHA, MARIA VICTÓRIA FERREIRA DA – *Aquisição de acções próprias no Código das Sociedades Comerciais*, 1994.

RODRIGUES, ILÍDIO DUARTE – *A administração das sociedades por quotas e anónimas/Organização e Estatuto dos* Administradores, 1990.

RODRIGUES, NUNO CUNHA – *"Golden-shares"/As empresas participadas e os privilégios do Estado enquanto accionista minoritário*, 2004.

ROGRON, J. A. – *Code de commerce expliqué par ses motifs et par des exemples*, 1834.

ROITZSCH, FRANK – *Der Minderheitenschutz im Verbandsrecht*, 1981.

RÖMERMANN, VOLKER – no MICHALSKI/*Kommentar* 1, 1113 ss.

RONTCHEVSKY, NICALAS (colab. ÉRIC CHEVRIER e PASCAL PISONI) – anot. a *Code de commerce*, 101ª ed. da Dalloz (2006), 309-312.

ROSAPEPE, ROBERTO – *La società a responsabilità limitata unipersonale*, 1996.

ROSE, GERD – *Verdeckte Gewinnausschüttungen im Zusammenhang mit eigenen GmbH-Anteilen*, GmbHR 1999, 373-380.

ROSSI, GUIDO – *La riforma del diritto societario nel quadro comunitario e internazionale*, em AAVV, *La riforma del diritto societario/Atti del Convegno* (2003), 13-24.

ROTH, WULF-HENNING – *vide* KOLLER, INGO.

ROTTER, KLAUS – *vide* MÖLLERS, THOMAS M. J..

ROWEDDER, HEINZ – *vide* KOPPENSTEINER, GEORG;
– *vide* SCHMIDT-LEITHOFF, CHRISTIAN.

ROWEDDER, HEINZ/BERGMANN, ALFRED – em ROWEDDER/SCHMIDT-LEITHOFF, *GmbHG*, 4ª ed., § 34.

ROWEDDER/SCHMIDT-LEITHOFF – *Gesetz betreffend die Gesellschaften mit beschränkter Haftung*, 4ª ed., 2002.

RÜMELIN, G. – rec. a SCHEURL, *Zur Lehre von der Teilbarkeit der Rechte. Bedeutung der Begriffsbildung und legislatorische Behandlung*, JhJb 28 (1889), 386-484.

RUTH, RUDOLF – *Eigene Aktien und Verwaltungsaktien*, 1928.

SABATO, FRANCO DI – *Capitale e responsabilità interna nelle società di persone*, reimp., 2005;
– *Le società*, 6ª ed., 1999 ;
– *Diritto delle società*, 2ª ed., 2005.

SAILER, VIOLA – *Aktienrechtliche Minderheitskompetenzen zwischen Missbrauch und unternehmerischer Entscheidungsfreiheit*, 1999.

SALANITRO, NICCOLÒ – *vide* AULETA, GIUSEPPE.

SAMPAIO, FORJAZ DE – *Annotações ou synthese annotada do Codigo de Commercio*, II, 1875.

SAMUEL RODRIGUES – *vide* KASER, MAX.

SANDULLI, MICHELE – *Lo scioglimento e la fine della società*, em NICOLA ROCCO DI TORREPADULA, *Le disposizioni generali sulle società e le società di persone/Prospettive di riforma* (2001), 145-162.

SANGER, AUGUST – *Gemeinschaft und Rechtsteilung*, 1913.

SANTO, JOÃO ESPÍRITO – *Sociedades por quotas e anónimas/Vinculação: objecto social e representação plural*, 2000.

SANTORO, VITTORIO – *La nuova disciplina della società a responsabilità limitata*, 2003.

SANTOS, ANTÓNIO DE ALMEIDA – *Discurso de S. E. o Ministro da Justiça na posse dos Presidentes das Comissões encarregadas de preparar a revisão dos Códigos Civil, de Processo Civil, Penal, de Processo Penal e Comercial, em 10-Jan.-1977*, BMJ 263 (1977), 5-24.

SANTOS, ANTÓNIO FURTADO DOS – *vide* ABREU, ERIDANO DE.

SANTOS, FILIPE CASSIANO DOS – *O direito aos lucros no Código das Sociedades (À luz de 15 anos de vigência)*, em IDET/*Problemas de Direito das Sociedades* (2002), 185-199.

SANTOS, MÁRIO LEITE – *Obrigações convertíveis. Alguns aspectos do seu regime jurídico*, RB 1991, 93-172.

SANTOSUOSSO, DANIELE U. – *La riforma del diritto societario*, 2003.

SARAIVA, JOSÉ MENDES DA CUNHA – *Companhias gerais de comércio e navegação para o Brasil*, vol. I, 1938;
– *Companhia Geral de Pernambuco e Paraíba*, 1941;
– *A fortaleza de Bissau e a Companhia do Grão Pará e Maranhão*, em *Congresso Comemorativo do Quinto Centenário do Descobrimento da Guiné*, vol. I (1946), 157-191.

SCHAAF, ANDREAS – *Publikumshauptammlung und Bederecht*, ZIP 1997, 1324-1328.

SCHACHIAN, HERBERT – *vide* RING, VIKTOR.

SCHÄFER, FRANK A. – *vide* SCHWINTOWSKI, HANS-PETER.

SCHEURL – *vide* RÜMELIN, G..

SCHILLING, WOLFGANG – *vide* STAUB, HERMANN.

SCHIMMELPFENNIG, HANS CHRISTOPH/HAUSCHKA, CHRISTOPH E. – *Die Zulassung der Ein--Personen-GmbH in Europa und die Änderungen des deutschen GmbH-Rechts*, NJW 1992, 942-945.

SCHLEGELBERGER, FRANZ – *Die Erneuerung des deutschen Aktienrechts*, 1935.

SCHLEGELBERGER, FRANZ/QUASSOWSKI, LEO/SCHMÖLDER, KARL – *Verordnung über Aktienrecht vom 19. September 1931 nebst den Durchführungs-bestimmungen*, 1932;
– *Aktiengesetz*, 3ª ed., 1939.

SCHLIEKMANN – *Die GmbH/Darstellung dieser Gesellschaft zum Gebrauche in der Praxis*, 1895.

SCHLITT, MICHAEL – *vide* REICHERT, JOCHEM.

SCHLITT, MICHAEL/SEIRER, OLIVER/SINGHOF, BERND – *Aktuelle Rechtsfragen und Gestaltungsmöglichkeiten im Zusammenhang mit Wandelsschuldverschreibungen*, AG 2003, 254-268.

SCHMALZ, WOLFGANG – *Die Verfassung der Aktiengesellschaft in geschichtlicher vergleichender und rechtspolitischer* Betrachtung, 1950.

SCHMIDT, DOMINIQUE – *Les conflits d'intérêts dans la société anonyme*, 2004.

SCHMIDT, KARSTEN – *Zur Stellung der OHG im System der Handelsgesellschaften/Eine Untersuchung des gesellschaftsrechtlichen Grundsatzes der unbeschränkten Haftung*, 1972 ;
– *Kapitalersetzende Bankenkredite*, ZHR 147 (1983), 165-194;
– *Informationsrecht Gesellschaften und Verbänden*, 1984;
– *Die Information des Gesells chafters*, FS 100 Jahre GmbH-Gesetz (1992), 559-586 ;

– *Gesellschaftsrecht*, 3ª ed., 1997, 4ª ed., 2002;
– *HGB-Reform und gesellschaftsrechtliche Gestaltungspraxis*, DB 1998, 61-65;
– no *Münchener Kommentar zum Handelsgesetzbuch* 2 – *Handelsgesellschaften und stille Gesellschaft*, 1 – *Offene Handelsgesellschaft*, §§ 105-160 (2004);
– *vide* PRIESTER, HANS-JOACHIM.

SCHMIDT, WALTER/MEYER-LANDRUT – *Aktiengesetz/Grosskommentar*, 2ª ed., 1961.

SCHMIDT-LEITHOFF, CHRISTIAN – em HEINZ ROWEDDER/CHRISTIAN SCHMIDT-LEITHOFF, *Gesetz betreffend die Gesellschaften mit beschränkter Haftung (GmbHG)*, 4ª ed. (2002), Introd.;
– *vide* KOPPENSTEINER, GEORG;
– *vide* ROWEDDER, HEINZ;
– *vide* ROWEDDER.

SCHMIEGELT, KARL-HEINZ – em MÜLLER/HENSE, *Beck'sches Handbuch*, 3ª ed., § 3.

SCHMÖLDER, KARL – *vide* SCHLEGELBERGER, FRANZ.

SCHMULEWITZ, MAXIMILIAN – *Die Verwaltungsaktie/Herrschafts- und Vorratsaktie – ihre Rechtlichen und Wirtschaftlichen* Grundlagen, 1927.

SCHNEIDER, HENNING C. – *vide* FALKENHAUSEN, JOACHIM FRHR. VON.

SCHOLZ – *Kommentar zum GmbH-Gesetz*, 7ª ed., 1986 ss..

SCHÖN, SIEGFRIED – *Geschichte und Wesen der eigene* Aktie, 1937.

SCHÖN, WOLFGANG – *Die vermögensverwaltende Personenhandelsgesellschaft/Ein Kind der HGB-Reform*, DB 1998, 1169-1177.

SCHÖNWANDT, M. – *Neues und altes Aktienrecht*, 1937.

SCHUBERT – *Die Entstehung des Aktiengesetzes*, em WERNER SCHUBERT/PETER HOMMELHOFF, *Hundert Jahre modernes Aktienrecht/Eine Sammlung von Texten und Quellen zur Aktienrechtsreform 1884 mit zwei Einführungen* (1985), 1-52;
– *vide* HOMMELHOFF, PETER.

SCHUBERT, WERNER – *Das GmbH-Gesetz von 1892 – "eine Zierde unserer Reichsgesetzsammlung"*, FS 100 Jahre GmbH-Gesetz (1992), 1-47.

SCHUBERT, WERNER/HOMMELHOFF, PETER – *Hundert Jahre modernes Aktienrecht/Eine Sammlung von Texten und Quellen zur Aktienrechtsreform 1884 mit zwei Einführungen*, 1985.

SCHULTE, NORBERT – *vide* PIEHLER, KLAUS.

SCHULTZ, DIETRICH – *vide* REINHARDT, RUDOLF.

SCHULZE-OSTERLOH, JOACHIM – *Das Prinzip der gesamthänderischen Bindung* (1972).

SCHÜNEMANN, WOLFGANG B. – *Grundprobleme der Gesamthandgesellschaft* 1975.

SCHÜNKING, CHRISTOPH – no *Münchener Handbuch des Gesellschaftsrechts* I – *BGB--Gesellschaft*, 2ª ed., 2004.

SCHWAIGER, HELMUT – em MÜLLER/HENSE, *Beck'sches Handbuch*, 3ª ed., § 7 D.

SCHWARZ, OTTO – *vide* REUFELD, HANS.

SCHWINTOWSKI, HANS-PETER/SCHÄFER, FRANK A. – *Bankrecht/Commercial Banking – Investment Banking*, 2004.

SCIALOJA, A. – *Sulle origini delle società commerciale*, em *Saggi di vario* diritto, 1 (1927), 223-250.

SCIALOJA, VITTORIO – *Teoria della proprietà nel diritto romano* 1, 1928.

SEHER, INGE – *Die aktienrechtliche Untreue in rechtsvergleichender Darstellung*, 1965.

SEIRER, OLIVER – *vide* SCHLITT, MICHAEL.

SEMLER, JOHANNES – *Die Zuständigkeit der Hauptversammlung*, em SEMLER/VOLHARD, *Arbeitshandluch für die Hauptversammlung*, 2ª ed. (2003), 3-73;
– *vide* FISCHER, HANS-PETER/PICKERT, RALF;
– *vide* KPOPFF, BRUNO;
– *vide* PICKERT, RALF ;
– *vide* REICHERT, JOCHEM ;
– *vide* RICHTER, WOLFGANG.

SENFTNER, GEORG – *Die Offene Handelsgesellschaft und die Stille Gesellschaft*, 11ª ed., 1958.

SERRA, ADRIANO PAES DA SILVA VAZ – anot. a STJ 22-Nov.-1966 (LOPES CARDOSO), RLJ 100 (1967), 200-203;
– *Acções nominativas e acções ao portador*, BMJ 175 (1968), 5-43, 176 (1968), 11-82, 177 (1968), 5-94 e 178 (1968), 17-85;
– *Assembleia geral*, BMJ 197 (1970), 23-176;
– anot. a STJ 16-Jan.-1970(OLIVEIRA CARVALHO), RLJ 104 (1971), 28-32 e 36-43;
– anotação a STJ 1-Fev.-1977 (OCTÁVIO DIAS GARCIA), RLJ 111 (1978), 6-9, 9-16;
– anot. a STJ 14-Dez.-1978 (ALBERTO ALVES PINTO), RLJ 112 (1979), 167-172, 172-176.

SICARD, GERMAIN – *Aux origines des sociétés anonymes/Les moulins de Toulouse aux Moyen Âge*, 1953.

SILBERNAGEL, ALFRED – *Die Gründung der Aktiengesellschaft, nach deutschem, schweizerischem, französischem und englischem* Aktienrecht, 1907.

SILVA, ARTUR SANTOS e outros (org.) – *Livro Branco sobre* Corporate Governance *em Portugal*, 2006.

SILVA, GASPAR PEREIRA DA – *Fontes proximas do Codigo Commercial Portuguez ou referencia em Codigos das Nações Civilisadas e ás obras dos melhores Jurisconsultos onde se encontrão disposições ou doutrinas identicas ou similhantes á legislação do mesmo Codigo*, 1843.

SILVA, HELENA MARQUES DA – *O* warrant *no âmbito do mercado de valores mobiliários*, em *Direito dos valores mobiliários* 2 (2000), 351-396.

SILVA, J. F. AZEVEDO E – *Commentario ao Novo Codigo Commercial Portuguez*, Fasc. 1.°, *Introdução*, 1888.

SILVA, JOÃO GOMES DA – *Acções próprias e interesses dos accionistas*, ROA 2000, 1221-1296.

SILVA, PAULA COSTA E – *A transmissão de valores mobiliários fora do mercado secundário*, ROA 1998, 337-376;
– *Direito dos valores mobiliários* 1 (1999), 217-252;
– *Direito dos valores mobiliários/Relatório*, 2004;
– *Domínio de sociedade aberta e respectivos efeitos*, em IVM/*Direito dos valores mobiliários* V (2004), 325-342.

SIMON, HERMANN VEIT – *Der Entwurf eines Gesetzes, betreffend die Kommanditgesellschaften auf Aktien und die Aktiengesellschaften*, ZHR 29 (1883), 445-489;
– *Die Bilanzen der Aktiengesellschaften und der Kommanditgesellschaften*, 4ª ed., 1910;
– *Die Interimsscheine/Zugleich ein Beitrag zur Geschichte und Lehre der Aktien- und* Anleihepapiere, 1913.

SINGHOF, BERND – *vide* SCHLITT, MICHAEL.

SIRTOLI, MARIO – *I soci di società*, 2ª ed., 1996.

SOARES, ANTÓNIO – *O novo regime da amortização de quotas*, 1988.

SOARES, MARIA ÂNGELA COELHO BENTO – *A transmissão mortis causa de quotas no anteprojecto de lei das sociedades por quotas*, RDE 2 (1976), 3-34;
– *Aumento de capital*, em IDET, *Problemas do Direito das sociedades* (2002), 235-255.

SÖHNCHEN, MARKUS – *Die historische Entwicklung der rechtlichen Gründungsvoraussetzungen von Handels- und Aktiengesellschaft*, 2005.

SOLINGE, GERARD VAN – *vide* GEPKEN-JAGER, ELLA.

SONTAG, ERNST – *Die Aktiengesellschaften im Kampfe zwischen Macht und Recht*, 1918.

SOPRANO, ENRICO – *Della responsabilità civile e penale degli amministratori di società per* azioni, 1910;
– *La società a responsabilità limitata nel nuovo Codice Civile*, RDComm XXXIX (1941) I, 394-420.

SOTGIA, SERGIO – *La responsabilità personale nella società in nome colletivo*, 1931.

SOUTO, ADOLPHO DE AZEVEDO – *Lei das sociedades por quotas anotada*, 2ª ed., 1922.

SPADA, PAOLO – *Tipologia delle società e società di persone*, em NICOLA ROCCO DI TORREPADULA, *Le disposizioni generali sulle società e le società di persone/Prospettive di riforma*, 2001.

SPRAU, HARTWIG – no *Palandt Kommentar BGB*, 66ª ed., 2007;
– *vide* PALANDT.

STARKE, TILL M. – *Beteiligungstransparenz im Gesellschafts- und Kapitalmarktrecht*, 2002.

STASSANO, GIUSEPPE – *Società a responsabilità limitata*, 3ª ed., 1997.

STASSANO, GIUSEPPE/STASSANO, MATTEO – *La nuova società a responsabilità limitata*, 5ª ed., 2003.

STASSANO, MATTEO – *vide* STASSANO, GIUSEPPE.

STAUB, HERMANN (fund.) – *Handelsgesetzbuch/Grosskommentar*, ed. publ. CLAUS-WILHELM CANARIS/WOLFGANG SCHILLING/PETER ULMER, II vol., *§§ 105-237*, 2004.

STAUDINGER/HABERMEIER, STEFAN – *BGB §§ 705-740*, 13ª ed., 2003.

STRASSER, MANUEL – *Die Haftung der Wirtschaftsprüfer gegenüber Kapitalanlegen für fehlerhafte Testate*, 2002.

STROTH, RONALD IN DER – *Das Recht der GmbH bis 1933: Tatsachen, Kritik, Reformverschläge* (1992) 1.

STRUCK, CHRISTIAN – *Ad-hoc-publizitätspflicht zum Schutz der Anleger vor vermögensschädigenden Wertpapierhandel/Eine Untersuchung zu § 15 Wertpapierhandelsgesetz mit vergleichender Darstellung des US- Rechts*, 2002.

STUHLFELNER, ULRICH – no *Heidelberger Kommentar zum Handelsgesetzbuch*, 7ª ed. (2007), 313 ss..

SUDHOFF, HEINRICH/SUDHOFF, MARTIN – *Der Gesellschaftsvertrag der GmbH*, 1987.

SUDHOFF, MARTIN – *vide* SUDHOFF, HEINRICH.

SUHR, DIETER – *Eigentumsinstitut und Aktieneigentum/Eine verfassungsrechtliche Analyse der Grundstruktur des aktienrechtlich organisierten Eingentums*, 1966.

TALAMANCA, MARIO – *Società (diritto romano)*, ED XLII (1990), 814-860.

TAVARES, ASSIS – *As sociedades anónimas*, 1, 2ª ed., 1972.

TAVARES, JOSÉ – *Sociedades e empresas comerciais*, 2ª ed., 1924.

TEICHMANN, ROBERT – *vide* KOENIGE, HEINRICH.

TELLES, INOCÊNCIO GALVÃO – *Amortização de quotas*, ROA 6 (1946), 3 e 4, 64-69.

THALLER, E. – *Les sociétés par actions dans l'ancienne France*, ADC 1901, 185-201.

THALLER, E./PERCEROU, J. – *Traité Élémentaire de Droit commercial*, 7ª ed., 1925.

TIETZE, JÖRG – *Die Informationsrechte des GmbH-Gesellschafters*, 1985.

TIMMERMANN, LEVINUS – *vide* GEPKEN-JAGER, ELLA.

TORREPADULA, NICOLA ROCCO DI – *vide* AFFERNI, VITTORIO ;
– *vide* SANDULLI, MICHELE ;
– *vide* SPADA, PAOLO.

TORRES, CARLOS MARIA PINHEIRO – *O direito à informação nas sociedades comerciais*, 1998.

TORRES, NUNO MARIA PINHEIRO – *Da transmissão de participações sociais não tituladas*, 1999.

TREEGER-HUBER, BARBARA – *Rechtliche Probleme der Stückaktien*, 2004.

TRIEPEL, HEINRICH – *Goldbilanzenverordnung und Vorzugsaktien*, 1924.

TRIOLA, ROBERTO – *Codice Civile annotato*, 3ª ed., 2003.

TRIUNFANTE, ARMANDO MANUEL – *A tutela das minorias nas sociedades anónimas/Quórum de constituição e maiorias deliberativas*, 2005.

TROPLONG, M. – *Commentaire du contrat de société en matière civile et commerciale*, 1843.

TUHR, ANDREAS VON – *Allgemeiner Teil des Deutschen Bürgerlichen Rechts* / I – *Allgemeine Lehre und Personenrecht*, 1910, reimp. 1957.

ULMER, PETER – *Umstritten Fragen im Recht der Gesellschaftsrechtdarlehen (§ 32a GmbHG)*, ZIP 1984, 1163-1174;
– *Hundert Jahre Personengesellschaft Rechtsfortbildung bei OHG und KG*, ZHR 161 (1998), 102-132;
– *Die Gesamthandsgesellschaft/Ein noch immer unbekanntes Wesen?*, AcP 198 (1998), 113-151;
– no *Münchener Kommentar zum BGB*, 5.° vol., *Schuldrecht/Besonderer Teil*, III, 4ª ed., 2004.
– *vide* STAUB, HERMANN.

ULRICH, RUY ENNES – *Sociedades anónimas e sua fiscalização*, ROA 1941, 1, 14-27.

UNGARI, PAULO – *Profilo storico del diritto delle anonime in Italia*/Lezioni, 1974.

VALE, MARIA DE LOURDES CORREIA E – *Evolução da sociedade anónima*, ESC II (1963) 6, 79-104.

VARELA, JOÃO ANTUNES – *Usucapião/Quotas de sociedade/Pareceres*, CJ/Supremo I (1993) 1, 265-272;
– *vide* CORREIA, ANTÓNIO FERRER;
– *vide* LIMA, PIRES DE.

VASCONCELOS, PEDRO PAIS DE – *As obrigações no financiamento da empresa*, IDET/*Problemas do Direito das sociedades* (2002), 321-329;
– *Teoria geral do Direito civil*, 2ª ed., 2003;
– *A participação social nas sociedades comerciais*, 2005.

VAVASSEUR, A. – *Traité des sociétés*, 1, 6ª ed., 1910;
– *Traité des sociétés civiles et commerciales* 2, 6ª ed., 1910.

VEIGA, ALEXANDRE BRANDÃO DA – *Direitos destacados e warrants autónomos*, em *Direito dos valores mobiliários* 3, 2001, 85-120.

VEIGA, CAETANO MARIA BEIRÃO DA – *O valor da técnica na administração das sociedades anónimas*, EF/Anais 15 (1946), 59-86;
– *Direitos destacados e* warrans *autónomos*, em *Direito dos valores mobiliários* 3 (2001), 85-120.

VEIL, RÜDIGER – *vide* RAISER, THOMAS.

VENTURA, RAÚL – *Sociedades por quotas de responsabilidade limitada/Anteprojecto – primeira redacção*, BMJ 160 (1966), 75-113;
– *Sociedades por quotas de responsabilidade limitada*, 1966;
– *Cessão de quotas*, 1967;
– *Associação à quota*, 1968;
– *A firma das sociedades por quotas*, RFDUL XXII (1968/69), 111-150;
– *Apontamentos para a reforma das sociedades por quotas de responsabilidade limitada*, BMJ 182 (1969), 25-196;
– *Sociedades por quotas de responsabilidade limitada/Anteprojecto – segunda redacção*, BMJ 182 (1969), 197-247;
– *Auto-participação da sociedade: as acções próprias*, ROA 1978, 217-277;
– *Adaptação do Direito português à Segunda Directiva do Conselho da Comunidade Europeia sobre o Direito das sociedades*, DDC 3 (1980), 5-152;
– *Suprimentos a sociedades por quotas no direito vigente e nos projectos*, RDES 1980, 165-225;
– *Obrigações acessórias dos sócios nas sociedades por quotas*, CJ VI (1981) 2, 5-16;
– *Dissolução e liquidação de sociedades*, 1987;
– *Alteração do contrato de sociedade*, 1ª ed., 1986; 2ª ed., 1988;
– *Sociedades por quotas*, 1, 2ª ed., 1989, 3ª reimp. 2004; 2, 1989, e 3 1991;
– *Estudos vários sobre sociedades anónimas*, 1992;
– *Reuniões e deliberações do conselho de administração de sociedades anónimas*, em *Estudos vários sobre sociedades anónimas* (1992), 529-565;
– *Acções preferenciais sem voto, acções preferenciais remíveis, amortização de acções (acções de fruição)*, em *Estudos vários sobre sociedades anónimas* (1992), 409-511;
– *Acções próprias*, em *Estudos vários sobre sociedades anónimas* (1992), 337-408;
– *Novos estudos sobre sociedades anónimas e sociedades em nome colectivo*, 1994, reimp., 2003;
– *Apontamentos sobre sociedades civis*, 2006.

VENTURA, RAÚL/CORREIA, LUÍS BRITO – *Notas explicativas ao Capítulo II do Decreto-Lei n.° 49.381, de 15 de Novembro de 1969*, BMJ 195 (1970), 21-90;
– *Responsabilidade civil dos administradores de sociedades anónimas e dos gerentes de sociedades por quotas/Estudo comparativo dos direitos alemão, francês, italiano e português*, BMJ 192 (1970), 5-112, 193 (1970), 5-182 e 194 (1970), 5-113;
– *Transformação de sociedades/Anteprojecto e notas justificativas*, BMJ 218 (1972), 5-129, 219 (1972), 11-69 e 220 (1972), 13-83.

VETTER, JOCHEN – *Verpflichtung zur Schaffung von 1 Euro-Aktien?*, AG 2000, 193-208.

VIEIRA, IVA CARLA – *vide* LEÃO, ANGELINA BARBOSA.

VIGHI, ALBERTO – *Notizie storiche sugli amministratori ed i sindaci delle società per azioni anteriori al codice di commercio francese (Contributo alla storia delle società per azioni)*, RSoc XIV (1969), correspondendo à reedição de um texto de 1898.

VISCONDE DE CARNAXIDE – *Sociedades anonymas/Estudo theorico e pratico de direito interno e comparado*, 1913;
– *vide* ARMELIN JUNIOR;
– *vide* MAGALHÃES, J. M. VILHENA BARBOSA DE.

VIVANTE, CESARE – *La difesa nazionale delle società per azioni*, RDComm 1916, 1, 637-647;
– *Sul risanamento delle società anonime*, RDComm 1917, 1, 59-70;
– *Trattato di diritto commerciale*, II – *Le società comerciali*, 5ª ed., 1929;
– *vide* BOLAFFIO, LEONEL.

VOLHARD, RÜDIGER – *vide* FISCHER, HANS-PETER/PICKERT, RALF;
– *vide* PICKERT, RALF;
– *vide* REICHERT, JOCHEM;
– *vide* RICHTER, WOLFGANG;
– *vide* SEMLER, JOHANNES.

WAGNER, WOLFGANG – *Gesellschaftsrecht* no monumental *Handbuch der Quellen und Literatur der neuen europäischen Privatrechtsgeschichte*, publ. por HELMUT COING, III, *Das 19. Jahrhundert*, tomo 3 (1986), 2969-3151.

WARSCHAUER, OTTO – *Die monographische Darstellung der* Aktiengesellschaften, 1910.

WEBER, MAX – *Zur Geschichte der Handelsgesellschaften im Mittelalter/Nach südeuropäischen Quellen*, 1889.

WEIDER, MANFRED – *Der Niessbrauch an* Aktien, 1925.

WEISSER, JOHANNES – *Nachschusspflicht von GmbH-Gesellschaftern für sog. Milestone Payments im Insolvenzfall?*, GmbHR 2004, 1370-1375.

WELTER, ERICH – *Erneuerung des Aktienrechts! Ein Appell und ein Program*, 1929.

WENGLER, A. – *Das allgemeine deutsche* Handelsgesetzbuch, 1867.

WERNER, WINFRIED – *Die Beschlussfassung der Inhaber von stimmrechtslosen Vorzugsaktien*, AG 1971, 69-76.

WESTERMANN, HARM PETER – *Einziehung und Abfindung* (§ 34 GmbHG), FS 100 Jahre GmbH-Gesetz (1992), 447-472.

WIEDEMANN, HERBERT – *Minderheitenschutz und Aktienhandel*, 1968;
– *Gedanken zur Vermögensordnung der Personengesellschaft*, FS Odersky (1996), 925-941;
– *Gesellschaftsrecht* – I – *Grundlagen*, 1980;
– *Gesellschaftsrecht/Ein Lehrbuch des Unternehmens- und Verbandsrechts* 1 – *Grundlagen*, 1980.

WIELAND, KARL – *Handelsrecht* I – *Das kaufmännische Unternehmen und die Handelsgesellschaften*, 1921.

WIETHÖLTER, RUDOLF – *Interessen und Organisation der Aktiengesellschaft im amerikanischen und deutschen* Recht, 1961.

WILHELM – *vide* GODIN.

WINDBICHLER, CHRISTINE – *vide* HUECK, GÖTZ.

WINKLER, KARL – *Die Lückenausfüllung des GmbH-Rechts durch das Recht der Personengesellschaften*, 1967;
– *Beurkundung gesellschaftlicher Akte im Ausland*, NJW 1974, 1032-1034.

WITTE, ANDREAS – *Zum Informationsrecht des Gesellschafters einer mitbestimmten GmbH*, ZGR 1998, 151-166.

WOHLLEBEN, HERMANN PETER – *Informationsrecht des Gesellschafters* (1989

WOLFF, LUTZ-CHRISTIAN – *Das Schicksal eingezagener GmbH-Geschäftsanteile und alternative Setzungsregelungen*, GmbHR 1999, 958-963.

WÜRDINGER, HANS – *Gesellschaften*, 1. Teil: *Recht der Personalgesellschaften*, 1937.

XAVIER, VASCO DA GAMA LOBO – *Anulação de deliberação social e de deliberações conexas*, 1976.

XAVIER, VASCO LOBO – *vide* CORREIA, ANTÓNIO FERRER.

XAVIER, VASCO LOBO/COELHO, MARIA ÂNGELA – *Lucro obtido no exercício, lucro do balanço e lucro distribuível*, RDE 8 (1982), 259-275.

ZAHN, JOHANNES C. D. – *Wirtschaftsführertum und Vertragsethik im neuen Aktienrecht*, 1934.

ZIEBE, JÜRGEN – *Der Erwerb eigener GmbH-Geschäftsanteile in den Staaten der Europäischen Gemeinschaft*, 1982.

ZÖLLNER, WOLFGANG – *Köllner Kommentar zum AktG*I, 1985;
– *Köllner Kommentar zum Aktiengesetz*, I, 2ª ed., 1987;
– *100 Jahre GmbH/Überlegungen zu Grundfragen des GmbH – Rechts aus Anlass ihres Jubiläums*, JZ 1992, 381-385;
– *Inhaltsfreiheit bei Gesellschaftsverträgen*, em FS 100 Jahre GmbH-Gesetz (1992), 85-125;
– *Treupflichtgesteuertes Aktienkonzernrecht*, ZHR 162 (1998), 235-248;
– em BAUMBACH/HUECK, *GmbH-Gesetz* cit., 18ª ed.,

ZÖLLNER, WOLFGANG/NOACK, ULRICH – em BAUMBACH/HUECK, *GmbH-Gesetz*, 18ª ed., § 52.

Zur grossen Aktienrechtsreform (Referate und Diskussion einer Fachtagung der Forschungsstelle) (1962), organizado pela Friedrich-Ebert-Stiftung

ÍNDICE IDEOGRÁFICO